世界传世藏书

【图文珍藏版】

二战通史

马博⊙主编

第四册

二战
通史

线装书局

五、特战疑踪

（一）现代特种部队的雏形——第三帝国勃兰登堡部队

保罗·冯·莱托沃贝克，一战时，他是德属东非一支殖民小分队的司令。与协约国军队的数量相比，他的小部队显然是寡不敌众，在这种情况下，莱托沃贝克成功地使用了游击战术，困住了大量的英军部队，这批原本是可以用于欧洲战场的英军部队。这一经验对他的一名下级军官产生了深远的影响，这名军官是西奥多·冯·希普尔上尉——正是他创建了后来的勃兰登堡部队。

希普尔不但从老上级那里得到启示，他还对战争中产生的英雄事迹特别的向往，他借鉴了其他国家非正规作战的成功战例，并且深信非正规作战可产生的巨大作用。他的想法是由少数的优秀人员组成小分队，为正规部队开道。在实施进攻前甚至是在正式宣战以前，这些小分队可以先深入敌后，占领桥梁、道口以及主要的通讯设施，他们可以散播假情报、炸掉供给仓库、攻打敌人的司令部，总的来说，是以少数人造成大的混乱局面。

对于小分队这种破坏活动，让国防军最高统帅部感到荣誉上的难堪。一些死板地追求传统作战原则的军官对这种活动常常报以轻蔑的态度，而且就连希特勒本人对这样的活动也不是很提倡。德国军官们把军人职业看的无比神秘、无比崇高，不仅一致把特种战争看作是对军人职业的亵渎，而且对他们个人的荣誉，乃至国家的荣誉也看作是一种侮辱，偷偷穿上敌人的军装是对自己军服的一种亵渎。

然而，德国的军事思想在迅速的发展，希普尔的这一想法与当时一个创造性的新概念相距不远，这一概念便是闪电战。闪电战的核心要依赖闪电似的速度和高度的灵活性来对付敌人在数量上的优势，这一战术与普希尔的战术思想是吻合的。

1938 年底，应德国武装部队最高统帅部的要求，德国谍报局二处开始征召一支特种临时小分队，小分队的成员要求是自愿加入，这支小分队就是后来的勃兰登堡部队。加入勃兰登堡部队的一个先决条件是至少能流利地说一种外语，当时的一部分勃兰登堡队员能说多达 6 种语言，少部分人甚至能说一些鲜为人知的语言，如藏语、阿富汗语。招募来的人员能说多国外语说明了第三帝国的野心。

勃兰登堡部队队员必需要对欧洲各国当地的风俗习惯特别的熟悉，可以说欧洲所有的国家，没有勃兰登堡部队队员不熟悉的。因为他们对当地的风俗习惯特别的熟悉，很难把他们和当地的人区分开，所以他们可以毫不费力地融合到敌国民众中去。用一个德国谍报局特工的话来说，每一个进入俄国的勃兰登堡部队队员都知道如何像"俄国人一样地吐唾沫"。

1939年10月15日，这个特种部队的第一个组织建立起来了，叫作特种任务训练与建设第800中队。它的总部设在普鲁士的老城勃兰登堡，这个组织也因此而得名——勃兰登堡部队。勃兰登堡部队不是职业的特务和破坏分子，而是武装部队穿军服的人员，是因为具备专门的特长而招募来的，为执行特种任务而接受训练。他们的任务由最高统帅部决定，被派遣到具体的部队执行特种任务。

勃兰登堡部队的一个重要任务就是在战争爆发时快速夺取、控制敌方的桥梁交通枢纽。勃兰登堡部队是一支语言天才的部队，能够适应欧洲任何一国的化装侦察任务，完成正规军队无法完成的打击任务。

1940年4月6日，当时一个说丹麦语、穿着丹麦军装的勃兰登堡排占领了跨越小带海峡的一座桥梁，为德国军队入侵挪威扫清了道路。

1940年5月10日凌晨2时，威廉·沃尔瑟中卫及其他8名勃兰登堡队员假扮成3名荷兰警察护送6名被解除武装的德国军人，他们跨越边境进入到当时仍处于中立的荷兰境内，径直走到了位于河东岸的警卫房，迅速地制服了哨兵。与此同时，他们的"俘虏"蜂拥冲上铁路桥，迅速地切断了引爆线。几分钟后，第一辆德军的装甲列车隆隆地从桥上开了过去，为德军从北翼长驱直入比利时和法国奠定了基础。

从全局看，在德国谍报局计划要夺取的61个目标中，勃兰登堡部队成功地获得了42个，并转交给紧接而来的部队，在参与战斗的600人中，有3/4的人获得了铁十字勋章。阿道夫·希特勒感到十分的满意，他命令把特种任务训练与建设第800大队扩大到团的建制。

第二次世界大战中，特种部队的成功战例不胜枚举，其中德国党卫军勃兰登堡部队"波罗的海"连一部乔装成苏联内务部队，渗入到苏军后方100多千米，成功奇袭迈肯普油田是党卫军勃兰登堡部队苏德战争中一次漂亮的突袭作战，党卫军"勃兰登堡"部队以其狡诈和凶残赢得了荣誉，今天看来，不失为一种借鉴。

这支由弗克萨姆中尉指挥的62名能说一口流利俄语的渗透小分队夺取了比杰拉贾河的关键桥梁，为德军的装甲部队顺利在前线打开了突破口，弗克萨姆的突击队还占领了迈科普中心电报局，用官方口吻发布了一系列错误的命令，比如让一支苏军反坦克部队、一支炮兵部队和一支步兵部队在开往前线的途中撤回等，这最后导致了苏军整个防线的崩溃。该突击队还成功阻止了苏军破坏油井和炼油厂的企图，为了达到目的，突击队成员"指责"担负爆破油井和炼油厂任务的苏军爆破分队错误执行命令而枪决了整个苏军爆破分队。

勃兰登堡团的战士们得到的奖章和官方的嘉奖比国防军军别的任何一支部队都要多。勃兰登堡团得到了第三帝国高层的充分肯定。到1942年秋天，勃兰登堡部队已扩大到师的建制。

随着战争的推移，第三帝国的气数已日益衰败。为了填堵德军在战线上的漏洞，勃兰登堡部队被投入到惨烈的防御战中去，损失惨重。勃兰登堡部队已经在性质上发生了根本的变化，这支优秀的特种部队渐渐地退出了军事历史的舞台。

在战争中特种部队以自身的特点和绝技完成着正规作战部队无法完成的任务，在军事行动中特种部队甚至可以产生战略性的影响，用极小的规模产生极大的效果，起到四两拨千斤的作用。如今特种部队已是几乎世界各国军队的必备军种，创造着一个又一个的军事神话。在感叹特种部队英勇神奇的时候，不要忘了在历史上有这样一支部队，对特种部队的发展进程起着至关重要的影响，它就是现代特种部队的雏形——第三帝国的勃兰登堡部队。

（二）"威塞尔演习"——人类史上的首次空降战

丹麦位于波罗的海和北海之间，扼海上交通要冲。挪威地处斯堪的纳维亚半岛的西北部，北临巴伦支海，西滨大西洋，南起北海，战略地位十分重要。希特勒在进攻英、法之前，决定首先侵占北欧的这两个国家。德国占领了丹麦和挪威，就可以打破英、法对德国海军的封锁，使德国舰艇能畅通无阻地进入北海和大西洋，并可以在挪威西海岸建立海军基地，限制英国海军的行动，这就保障了德国进攻西欧的北翼安全。

1940年4月9日凌晨，德国以"防止英法入侵，用武力保卫丹麦、挪威的中立"为名，对丹麦和挪威发动了突然袭击。德军的装甲兵越过了丹麦和日德兰半岛的防线，登陆兵也在各主要港口登陆，在开战的第一时间里，德军空降兵分三路向丹麦和挪威的4个机场同时发起空降突击，在丹麦首都哥本哈根和各战略要地也都投下了伞兵。

4月9日5时30分，在丹麦著名的斯托尔斯德列姆大桥上空，Ju-52机舱内的红灯亮起，随着第四伞兵连连长格里克上尉下达跳伞命令，"威塞尔演习"正式开始。这是"俯冲之鹰"第一次战斗跳伞，也是在实战中第一次使用空降兵。德国伞兵以其大胆、机动及出其不意使世界为之震惊，展示了空降作战的巨大威力。由于准备对比利时和法国的入侵，德国伞兵在丹麦/挪威战役中还是有所保留的，只投入了第一伞兵团第一营。

丹麦和挪威都是小国，国防力量薄弱，丹麦只有两个步兵师，海军舰艇仅有两吨。1935 年与德国签订互不侵犯条约后，丹麦认为加强战备反会引起德国的猜疑，因而未做战争准备。挪威虽有 6 个步兵师，但不满员，且配置分散，挪威的防御作战计划是建立在英、法派遣远征军的基础之上的。德军针对丹麦和挪威的这些弱点，采取了闪击战，意欲在英、法大举介入之前就结束战争。在这次闪击战中德军首次使用了空降兵。德军闪击丹麦、挪威的空降作战，是战争史上第一次大规模的空降作战。

在德军伞兵的突然袭击下，丹麦军队未做任何抵抗，70 岁的丹麦国王克利西尔，急忙召开内阁会议，宣布接受德国的最后通牒，并命令只打了几枪的卫队放下武器。到上午 8 时，刚刚从睡梦中醒来的丹麦人从无线电广播中听到"丹麦已接受德国保护"的惊人消息时，都感到莫名其妙。就这样，德军花了不到一天时间便占领了丹麦全境。在进攻丹麦的同时，德军登陆兵和空降兵在挪威沿岸的奥斯陆等重要城市突击登陆或伞降着陆。空投在挪威境内的德国兵每人装备一辆折叠式自行车，着陆后就骑上它迅速集结，向预定目标发动猛攻。

索拉机场是挪威当时最现代化的机场，它位于重要港口城市斯塔万格附近，该机场建于 1937 年，拥有完备的水泥跑道，同时也是挪威西南部唯一的机场。它的价值在于：机场距斯卡帕湾仅 500 公里，能成为德国空军打击英国北部地区的重要基地。9 日凌晨 5 时 30 分，天空中响起了低沉的引擎轰鸣声，德军第 324 步兵团二营不顾大雾强行机降，经过战斗后占领了机场，当天，有 2000 名德军通过空中桥梁抵达索拉机场，180 架以上的战斗机和轰炸机也进驻该机场。

为了赶紧占领挪威首都奥斯陆，根据上级命令，在福内布着陆的空降部队以 1500 人组成数个阅兵方队，头扎彩带，在航空兵的掩护下，以古代征服者的姿态，沿着主要街道开进奥斯陆的市中心。

德军空降兵这种傲慢的样子，使住在奥斯陆闹市的一位美国记者感到非常惊讶。他写道："这是一支令人无法置信的兵力单薄的小部队，只要六七分钟队伍就可以过完，它仅仅由两个不完整的营组成。"

但德国人下的赌注赢了，当时挪威的国防部部长吉斯林，是一个亲德的反动分子，他秘密地组织了反对挪威、策应德国军队的"第五纵队"，配合德军入侵，进行了各种破坏活动，他们占领电台，颁发假命令，指令各要塞和舰艇投降，在人民中间制造了极大的混乱，动摇了挪威抵抗的决心，因此，德空降部队兵不血刃地占领了这个有 30 万人口的城市，这也是世界上首次被空降兵占领的首都。紧接着，空降部队从背后进攻港口，控制了奥斯陆港湾要塞，使德军 2000 余名登陆兵迅速上陆，德军于 6 月 10 日占领了挪威全境。

由于形势所迫，英国远征军在挪威北部进行了最后一次抵抗之后开始撤兵。德国用了两个月的时间，彻底占领了北欧的两个邻国——丹麦和挪威，为向英、法开战奠定了基础。

在这次战争中，德军空降突击丹麦和挪威，开创了战争史上第一次成功的空降作战和空运补给的战例，是德军陆、海、空三军进行的第一次协同作战，人类战争自此进入了立体战时代。在此次登陆战中，德国军队"兵从天降"，虽然由于天气的原因造成了一些损失和失误，但整个战役却获得了成功。这次空降突击为各国后来的空降作战提供了经验，德军甚至把它视为范例。

（三）鹰从天降——攻克埃本·埃马尔要塞

埃本·埃马尔要塞地处荷兰与比利时国境一侧，位于马斯特里赫特城和维斯城之间。这个要塞控制着缪斯河和艾伯特运河的交叉点，德军和盟军双方都认为这一个现代化的、具有战略地位的要塞是欧洲最难攻克的工事，它比法国的马其诺防线或德国在西壁防线上的任何工事都要更为坚固，人们普遍认为该要塞固若金汤，坚不可摧。

埃本·埃马尔要塞是艾伯特运河防线的一个重要组成部分，是马其诺防线北面延伸部的强大筑垒和重要支撑点，同时也是比利时东部防御体系的核心。它在当时被列为欧洲最重要的防御阵地之一和世界上最坚固的要塞，并被形象地比喻为比利时东边的"大门"，艾伯特运河防线上的一把"锁"。

一战后，比利时出于对德国这个强邻的畏惧，苦心经营 20 余年，沿艾伯特运河构筑了一条绵亘不断的防线，在防线的中部，重镇列日以北一座孤兀的岩质高地上，建有埃本·埃马尔要塞。要塞的向敌一侧是悬崖绝壁，艾伯特运河就流经崖下。要塞筑有四座半地下炮台，配置近 40 门巨型要塞炮。炮台外部披有厚厚的装甲，可抵御大口径火炮的轰击。各种明暗火力点比比皆是，火力点间均由坑道沟通。要塞火力控制着横跨运河的三座桥梁，遇有危急情况，随时可断桥阻敌。

埃本·埃马尔要塞的防守部队守军 1200 人，由桥特兰少校指挥，属第七步兵师，全部人员均可处于距地面 25 米以下的掩体内，并备有可供长期使用的饮水、食品以及大量弹药。要塞的武器配备齐全，沿着要塞的外缘，在壕沟和河旁，还有很多掩体和掩蔽壕，以及互相支援的火力发射阵地，对于一般的炮击，埃本·埃马尔要塞无疑是可以经得住的。

在西方盟军看来，这里是"一夫镇塞，万夫莫开"的天险，被誉为运河防线的一把锁。要塞背后便是坦荡的比利时平原，因此，整个比利时安危皆系于此。在这座现代化要塞的建造上，尽管比利时军队绞尽了脑汁，但因要塞主要是为了防御地面进攻，所以有一点他们没有考虑到，那就是敌人有可能来自空中，降落在炮台和装甲炮塔之间的空地上。

埃本·埃马尔要塞的抵抗并没有人们预期的那样久，德国人在这里大胆地使用了经过特殊训练的小股部队在黎明前用滑翔机着陆的战法，这一战法在夺取埃本·埃马尔要塞中取得了前所未有的成功。

1940年5月10日凌晨3时，莱茵河畔科隆附近的机场上，40架滑翔机在Ju-52型运输机的牵引下，依次升空，近千千米的进攻前线还悄然无声，整个欧洲都在沉睡中，滑翔机内载有400名德军，任务是夺取埃本·埃马尔要塞和运河上的三座桥。一小时后，机群越过德比边境，滑翔机开始解缆，分别向指定的目标飞去。

埃本·埃马尔要塞的顶部是一片宽阔的平台，在直升机尚未诞生的时代，滑翔机就是最好的突击工具，没有动力的缺点此时反变成了优点，因为听不到发动机的轰鸣，它们拍打着硕大的翅膀，无声无息，只是落地的一刹那，才发出沉闷的撞击声。德军唯一的失误是一架滑翔机迷航，里面乘坐着指挥官维哲希中尉，成功降落在要塞顶部的只有78名突击队员且没有指挥官。

"全部听我指挥！生死成败，在此一举。"温齐尔中士带领78名突击队员按预先的编组猛冲猛打，疾速向各个坑道口扑去。这地形太熟了，在德国内地两个埃本·埃马尔要塞的模拟地点，他们足足演练了4个月，4个月就是为了这决定命运的10分钟。

要塞指挥官乔德兰特少校从睡梦中被惊醒，惊醒他的不是哨兵报警的枪响，而是滑翔机对要塞顶层的撞击声。一周之前，西线战云趋密时，他的上司视察过这里，作为要塞司令，他当场拍过胸脯："没有问题！除非德国人插上翅膀。"少校也是饱读兵书，几千年的战争史，从未有人能插上翅膀从天而降。悲剧往往就在这里，多少个意料不到的"除非"结果演变成事实！

乔德兰特在坑道指挥所里心急如焚，这时他才发现，坑道工事的所有炮台、机枪火力点的射击方向都限定在四周的前下方，对顶部的敌人毫无办法！头顶传来巨大的爆炸声，德军工兵开始破坏炮台工事。80名在炮台顶上着陆的德国兵把一种特制的"空心弹"安放在装甲炮楼里，不仅使炮楼失去了作战能力，并且使下面的屋内布满了火焰和瓦斯。仅仅10分钟，一座经营20余年、被誉为坚不可摧的天然和人工要塞，就在德国78名突击队员的手里失去了战斗力！

第二天清晨，要塞工事被破坏殆尽，几十门大炮一弹未发。从一个残存的瞭望孔中，乔德兰特看到，大批的德军正跨过失守的运河大桥，开向比利时内地。他痛苦地闭上了眼睛，上午，守卫要塞的 1200 名比利时官兵只得打出白旗，从要塞里鱼贯而出，向 78 名突击队员投降。

在这次攻占要塞的战斗中，德军仅有 6 人阵亡，19 人受伤，指挥战斗的温齐尔中士战斗后被授予骑士铁十字勋章并晋升为上尉。

柏林的德军最高统帅部曾给这场战斗蒙上一层十分神秘的色彩，他们在 5 月 11 日发布的公告宣称埃本·埃马尔要塞已经被"一种新的进攻方法攻克了"这个声明引起了不少谣传，戈培尔也乐于到处散布，说什么德国发明了一种非常厉害的"秘密武器"。1940 年 5 月 11 日晚，即西线战争打响的第二天，柏林广播电台向全世界发布特别公报："德军一举攻克德比边境的艾伯特运河防线，此刻正向比利时心脏地带布鲁塞尔挺进。"宣传部部长戈培尔鼓动三寸不烂之舌，趁机大加渲染说：德军的成功，依赖于一种暂时还保密的"最新攻击样式"，在下一步的战争中，此种方式还将大显神威！

攻克埃本·埃马尔要塞之战，可以说是德军空降部队的辉煌史诗，战争的发展在这里又登上一层阶梯——无论进攻还是防御，从此都开始迈入立体化的时代。

（四）德国空降兵的坟墓——克里特岛空降行动

1941 年 4 月下旬，纳粹德军以势如破竹之势，迅速占领了位于巴尔干半岛最南端的希腊。希军和驻希腊的英联邦军被迫撤向与巴尔干半岛隔海相望的克里特岛。英国首相丘吉尔为确保英国在地中海、北非和中东的利益，命令撤到岛上的英联邦军停止撤退，坚守克里特岛。

然而，德国人是决不会允许英国人在他们的背后留下一颗钉子的，此时纳粹德国的将军都想尽快结束这场战争，然后抽出身来全力对付苏联，因此纳粹德国的不少高级将领都不约而同地把目光盯在了克里特岛。

克里特岛，位于东地中海，正处在爱琴海与地中海的交汇处，面积约 8200 平方千米，是地中海的第五大岛，也是爱琴海的最大岛屿。克里特岛是一处战略要地，只要英国控制该岛，盟军便能在地中海东面拥有海空优势。盟军可以将该岛用来作为沿巴尔干半岛海岸发动攻击的跳板，德国也意识到了克里特岛的战略意义和该岛对德国的威胁，并准备征服这个岛屿。

对德军伞兵部队创始人第 11 空降军军长斯图登特而言，克里特岛之战是他努力实现空降作战构想的一个绝佳机会，他费时数月计划，以及和罗尔、戈林甚至希特勒激烈争辩，以期能获得机会来证明空降构想的可能性，他要证明以伞兵及滑翔机突击，并以空运着陆部队实施后继攻击，其性质并非仅属于一支突击部队而已，而是一个强大的新兴兵种。斯图登特根据希特勒的旨意，第 11 空降军军长斯图登特拟订了一个旨在夺取克里特岛的空降作战计划，并把该计划命名为"水星"计划。在该计划中，攻占克里特岛的作战任务将由伞兵独立完成。

4 月 25 日，希特勒下达了攻占克里特岛的第 28 号作战命令。命令规定：空中作战由第四航空队司令洛尔上将统一指挥；伞兵着陆后的地面作战由萨斯曼上将统一指挥；发起空降作战的日期不得超过 5 月中旬。

1941 年 5 月 20 日凌晨，德军发动攻击。一波波的德国轰炸机与低飞的战斗机，以炸弹和机枪猛烈的攻击马里门、卡尼亚与苏达湾，摧毁了三处守军大部分的防空火炮以及通信网。德军伞兵在航空兵对英军克里特岛阵地实施密集突击进行伞降，遭到顽强抵抗，损失惨重。

德军付出重大损失的高昂代价才得以在马莱迈和哈尼亚地域站稳脚跟。行动的第一天以德国空降兵部队面临灾难性的后果结束，但在当天晚上，空降兵部队控制了三个机场，随后几天，在德国空军的近距空中支援下，运输机和滑翔机搭载的步兵部队对这些空降兵部队实施了增援，5 月 26 日，另有近两万名德国士兵在苏达湾登陆。

克里特岛空降战在经历了 12 天血战之后，终于降下帷幕。这是第二次世界大战中德军进行的规模最大的一次空降战役，德军共空降了 2.5 万余人，虽然最终占领了全岛，在克里特空降战役中，德军被击毙和失踪约 4000 人，受伤 2100 余人，损失飞机 220 架，其中运输机 119 架，以及大量舰船，这个数字对一直势如破竹的德军可以说是空前的。

德军为这场空降战付出了高昂的代价，第 11 空降军军长斯图登特把克里特岛称为"德国空降兵的坟墓"。希特勒本人被他最喜爱士兵的巨大伤亡深深震动，他向斯图登特授予勋章时说："克里特岛之战表明空降部队的时代已经结束，空降部队是一个秘密武器，但这一出奇制胜的要素被过高估计了。"从此希特勒再也没有下令进行大型空降，大多数德国空降兵后来在东线和西线成为主力步兵。

夺占克里特岛之战显示了空降兵作战能力的增长。同时事实证明，实施这样的战役，如不与其他军种协同，势必遭到重大损失。因此，夺占该岛之后，德军统帅部再未敢实施类似的大规模空降战役。

克里特岛空降战役是第二次世界大战期间的大规模空降战役之一，德军攻占克里特岛后，其东南欧陆上交通线得到了可靠的保障，控制了爱琴海和地中海东部航线，并使英国丧失了一个地中海内最重要的据点，战役中，完全掌握了制空权的德国空军起了决定性作用，使英国地中海舰队遭受重大损失。德军虽然以巨大的代价攻占了克里特岛，但随即在以后的日子里陷入了沉睡状态，其巨大的战略价值并未得到充分体现，其中最主要的原因是德国同时开展苏联、西欧两个战场，实在没有力量再开辟、扩大地中海战场。

1941年9月，驻扎在埃及的美军印制了一个关于克里特岛战役概况的总结报告，并对空降战役进行了详细的描述，美国下级军官也认为，空中机动对美国具有重要的意义，美国陆军也加快了建立空降师的进程，并从德国的案例中受益匪浅。在建立的空降兵部队中，最著名的有第82空降师和第101空降师，它们都是十分优秀的美国现役部队。美国空降兵部队在1942年11月进攻北非的"火炬"行动中第一次投入使用，美国空

库特·斯图登特

降兵部队的更大规模应用是1943年进攻西西里岛的"哈士奇"行动，在两次空降战役中，来自第82空降师的战斗队都参加了行动，但上面分析和提到的所有空降战役的规模都很小，最多只有师级规模。

（五）戴雪绒花的男人——第二次世界大战德军山地猎兵部队

雪绒花，学名火绒草，又名薄雪草，（德语中意为：高贵的白色），为菊科火绒草属的高山植物，原产西欧。多年生草本，植株高度约30厘米，植株被白色或灰白色绒毛，开银白色花，芳香清冽。

雪绒花约有40个种类，分布在亚洲和欧洲的阿尔卑斯山脉一带。雪绒花还有一个名字叫"勇敢者"，在奥地利，雪绒花象征着勇敢，这种花通常生长在海拔1700米以上的地方，由于它只生长在非常少有的岩石地表上，因而极为稀少。因为野生的雪绒花生长在环境艰苦的高山上，常人难以得见其美丽容颜，所以见过雪绒花的人都是英雄，雪绒花象征着勇敢、顽强、坚忍不拔，就是这样的花，在瑞士，军队曾经将它作为奖赏授予最勇敢的军人。

在第二次世界大战中，德国精锐部队除了有"绿色魔鬼"之称的空军伞兵部队和狂热好斗的武装党卫军，德国军队里还有一支训练有素、作风顽强的一支精锐部

队，它就是以"雪绒花"为标志的德国山地猎兵部队，他们人人佩戴有象征着荣誉和勇气的高山雪绒花标志。

德军第一山地步兵师于1938年4月9日组建，平时的训练包括装备多适合在复杂地形作战，比如丘陵、城市、沼泽等，其基础是最初的山地步兵旅。这个旅是德国武装力量在1935年重建时唯一的山地部队，其前身"猎兵师"起源于第一次世界大战时期德国、意大利和奥地利的山地部队，是一支由猎人组成的部队，因为猎人精明于射击和隐蔽，所以"猎兵师"在那个时期毫无疑问是精锐部队的象征。一战结束后，由于山地部队良好的战绩，虽然德国的陆军被限制在10万人，但德国人还是在其军队中保留了一小部分山地部队的骨干力量，到1935年，以这些骨干人员为基础组建了山地步兵旅，后来成了德军第一山地步兵师的核心。

1935年二三十年代是德国山地技术空前发展的一个时期，特别是1933年希特勒上台后开始重整军备，1938年，吞并奥地利后在原山地部队的基础上成立了第一和第二山地师。由于德国第二次世界大战时第一位山地部队司令、德国的"山地部队之父"爱德华是奥地利人，德国山地部队选择了奥地利国花（雪绒花）作为自己山地部队的标志。德军山地部队是希特勒亲自组建的嫡系部队，他们是"戴着雪绒花的男人"，无论在怎样艰难的环境下，山地部队都像它的象征物——生长在高山之巅的鲜花一样，具有无穷的生命力，绽放出迷人的光彩。

据说每个志在加入山地部队的年轻人，都必须只携带最少的装备爬上阿尔卑斯山，采下一朵雪绒花，以证明自己适合做一个真正的山地军人。德国山地部队以雪绒花作为兵种识别标记，不管是党卫军还是国防军部队的山地部队，都把金属雪绒花帽章别在山地软军帽左侧和军服上。

德军山地部队继承了他们山地祖先的凶悍传统，作战勇猛顽强，战斗力超群，在第二次世界大战中因为德国的兵力不足而被派遣四处作战，每到一处都留下山地雪绒花的赫赫威名。

在斯大林格勒战役期间，第一山地师孤军深入，奋勇进攻，竟然打得数倍于己的苏军节节败退，被苏军称为"魔鬼的山地一师"，苏联人客观地送了第一山地师"高加索雄鹰"的绰号，同时这样评价它："第一山地师，只要给它一座山，就休想从他身上爬过去。"

在挪威战役中，丘吉尔曾坦率承认："在纳尔维克，一个混合的、临时凑集的德国部队，为数仅6000人，竟能顽抗盟军两万人达6星期之久，在这次挪威战役中，我们一些精锐部队——苏格兰和爱尔兰卫队，被希特勒的精壮的、勇往直前的和训练有素的年轻士兵完全击败了。"他们在欧亚山脉各大的作战经验，让德国军队无惧高山深涧，使它们与德国伞兵、装甲兵一样，成为响当当的一支精锐之师，盟军以缴获到他们的军标为荣！

1940 年 7 月 19 日，德国武装力量第一枚橡叶骑士十字勋章授予了当时的第三山地师中将师长爱德华·迪特尔，迪特尔因在纳尔维克的卓越表现成为德国武装力量中第一位获得橡叶骑士十字勋章的英雄，立即成为德国公众眼中的一位传奇人物。为表彰纳尔维克战役中德国官兵的英勇顽强行为，德军统帅部专门设计并颁发了"纳尔维克盾章"，这也是德军首次颁发此类战役纪念臂章。

虽然德国山地师有着相对优良的作战武器，以及极高地战术素养，但其战斗性质的非正义，使得山地部队未能像盟军一些部队那样成为名垂青史的英雄部队。在第二次世界大战后期，由于德军兵力锐减，作为德军精锐的山地部队也投入了其他地形作战。德国山地师作为国防军和党卫军的精锐部队参加了从 1939 年的入侵苏联到 1945 年的意大利等一系列战役，很多战役都为人们所熟知。

德国的山地师从成立之初便以其作战的勇猛和顽强，作战的凶残而闻名，且山地师的部队很少有被俘的，在战争结束的时候山地部队是德国陆军最后放下武器的部队，其精神和他们的山地祖先一样坚忍不拔。第一山地师的身影几乎出现在第二次世界大战中所有需要它的地方，这支佩戴雪绒花软帽，在寒冷的阿尔卑斯山区和炎热的高加索山地艰苦作战、建立赫赫战功的山地部队，它比同时期的德军其他山地师还要强悍，它也许就是历史上最强悍的山地师。

不过"猎兵师"的精锐随着战争的发展也越来越不那么明显，很多不合格的军官和士兵被送上前线。

在战争的后期，很多士兵和军官也根本没有接受过合格的城市或者复杂地形训练，"猎兵师"成了德军后期装备人员不足的"步兵师"的替代名词。

1944 年 4 月，第一山地步兵师作为国防军最高统帅预备部队前往匈牙利，之后又回到巴尔干地区，同年 12 月，该师再次调往匈牙利与苏军作战，此后在 1945 年撤至奥地利。1945 年 5 月，第一山地步兵师在奥地利向美军投降。

第二次世界大战结束之后，新组建的德国国防军部分继承了原帝国军队的传统与标志，如继承了雪绒花标志的第 23 山地旅。现在的山地部队依然是德国国防军的一支精锐力量，而且其精锐不止于训练的严格以及任务的重要，山地部队的特殊装备也是其精锐于其他部队的重要保障。

（六）齐尔河畔的消防队——德国第 11 装甲师

1945 年 5 月，在德国巴伐利亚的科策廷镇盟军举行的受降仪式上，一支主动投降的德军装甲师受到了向来以傲慢著称的美军第 3 集团军司令巴顿将军的特别礼

遇。巴顿出人意料地对这支装甲师师长说："我们打了个平手，您的部队能征善战，是世界一流的部队。"这支部队就是以骁勇善战、行动诡诈而著称的德军王牌部队——第11装甲师。

1942年末，德军在斯大林格勒战役中损失惨重，遂全面转入防御，准备调整补充后，于第二年春再次发起进攻。苏军统帅部为缓解斯大林格勒的压力，决定以三个方面军的兵力分别从谢拉菲莫维奇和克列茨卡亚地域，突破由德军第48坦克军防守的顿河防线，围歼德军主力第6集团军于顿河以东、斯大林格勒以南地域。德军的顿河防线岌岌可危！为解第6集团军燃眉之急，稳定顿河防线，德军决定以第11装甲师、第336步兵师和一个空军野战师，支援第48坦克军驱歼突入之苏军，稳定防御态势。

12月8日4时，德第11装甲师在师长巴尔克的指挥下以迅雷不及掩耳之势向苏军发起猛烈进攻。而此时，正准备向德第336师发起进攻的苏军被这突如其来的打击惊得目瞪口呆，顿时乱作一团。

德军抓住这一有利时机，将苏军军长的坦克纵队拦腰割成数段，分而歼之。至8日午时，苏军坦克第一军被歼灭，德第11装甲师以仅损失坦克4辆、伤亡十余人的微小代价，取得击毁苏军坦克51辆的重大战果。突击全歼苏军坦克第一军后，第11装甲师继续在齐尔河畔担负机动作战任务，以巩固漏洞百出的齐尔河防线，扮演了战斗"消防队"的角色。

苏军的战术是一个奇怪的混合物。他们精于渗透行动，并特别善于构筑野战工事。苏军这次作战的行动特点是，不论在什么地方，不管什么时间，只要突进了德军的防御区域都要建立登陆场，以作为尔后进攻的基地。苏军控制的登陆场的确是很大的威胁，忽略这些登陆场，或者不及时清除这些登陆场，都是很错误的。苏军的登陆场，初建时可能很小，而且几乎没有什么危害，但是短时间内，他们就可以把它变成危害很大的阵地，不久就会成为难以克服的据点。晚间苏军一个连占领的登陆场，第二天早晨兵力至少要扩大到一个团，再一个夜晚就会变成一个装备了重武器的坚固据点，它可以具备所需的一切，使它达到几乎坚不可摧的程度。

苏军这种"到处建立登陆场"的原则会对德军构成非常严重的威胁，这是不能低估的。这里唯一可靠的，必须成为一条原则的办法是：若苏军正在建立登陆场，或者正在建立前进阵地，就向它发起冲击，而且立即冲击，猛烈地冲击，犹豫不决注定要失败。迟缓一个小时，冲击就可能受到挫折，迟缓两个小时就定然受挫折，迟缓一天就要召来大灾难，甚至是只有一个步兵排，只有一辆坦克，就要发起冲击！

德军第11装甲师在师长巴尔克的指挥下，在德军顿河防线的整个防御地带内南征北战，连续突击，以迅猛的行动在行进间对苏军予以沉重打击。充分发挥了其强大的装甲突击力和快速机动作战能力，出其不意地打击对方，多次达成了战斗的突然性，上演了一出出精彩纷呈、以少胜多、以弱胜强的"连轴戏"。连续几个星期，德军装甲师都是夜间转移，拂晓前到达最易攻击敌人的位置上，而在敌人出动的前一小时攻击。使用这种战术要求部队要消耗很大的精力和体力，但是伤亡却很小，因为这种做法常常出敌意外。德军装甲师的一句格言是"夜行军是救命星"。

在整个战斗过程中，他的装甲师简直是一支"消防队"，它在两个步兵师后边行进，熄灭一次"大火"，紧跟着再去熄灭另一次"大火"。遇到步兵不能对付的苏军登陆场，巴尔克就以坦克兵的全部力量去猛击敌人，他在遵守一句古老的格言："不必吝惜，只管猛击。"只要德军有沉着勇敢的士兵，有集中使用的坦克和火炮，就可以打败拥有大量兵力、兵器的苏军。

齐尔河这一仗，由于苏军坦克第5集团军指挥部所采取的方法不当，使德军打起来并不吃力。他们投入战斗的各个军，发起攻击时在时间上并没有什么协同，大量的步兵师之间也没有协同好。这样，德军第11装甲师就能够打完一个军再打一个军，等到把这个坦克集团军削弱到一定程度，德军装甲师甚至可以撤下来，再去对付苏军的另外一个坦克集团军。

德军第11装甲师连续奋战了十余昼夜，在这10余天的应急机动作战中，南征北战，左突右挡，消除了一个又一个危机，扑灭了齐尔河畔一次又一次"大火"，为巩固、稳定顿河防线立下了汗马功劳。并创造了以仅有的50辆坦克击毁、击伤苏军700辆坦克的辉煌战绩。

德军第11装甲师以其决定性的英勇行动，在齐尔河一线取得了防御的胜利。如果该地段的防御被突破，苏军得以进军罗斯托夫，高加索集团军群的退路将被切断，这会使它遭到斯大林格勒德军集团军同样的厄运，这样，形势逼着德军第11装甲师要竭尽全力去完成受领的任务。50辆坦克在两周内干掉苏军一个坦克军——歼灭700辆坦克，这就是著名的齐尔河畔的消防队——德国第11装甲师在巴克尔将军指挥下创造的众多优秀战例中最让人目瞪口呆的一个。

（七）"一种屠夫的精神状态"——武装党卫队

党卫队，1925年4月成立，1946年，在纽伦堡国际军事法庭上党卫队被宣判为犯罪组织，实际上党卫队内部共分为两个组织：党卫军秘密行动队和武装党卫队。前者就是负责组织屠杀犹太人、波兰人、战俘的主角和集中营的看守之类的肮脏角色。而武装党卫队中也有相当多的部队是纯粹的作战部队，并未过分参与屠杀战俘、平民的事件，无论东线西线的盟国部队对这类部队都是充满敬意的。

纳粹德国的武装党卫队是一支在德国史上唯一在敌我双方都享有神话般魔力的武装，它是希特勒手中挥舞着的一柄黑色利剑，象征着战争、死亡、血腥和恐怖。他们以消灭敌人和视死如归为最高准则，享有德国陆军的"消防队"的声誉，德国人把它称之为："陆军中的一块磐石，一支真正的精锐部队。"而它的敌人称之为："这是一种屠夫的精神状态！"

党卫队最早时是一支直属于希特勒本人的武装部队，它成立初期仅为阿道夫·希特勒的卫队和对付政敌的工具，隶属于 E. 罗姆领导的冲锋队，规模很小，1929年起由 H. 希姆莱领导，党卫队才有了很大发展。1933 年，希特勒成立了党卫队特别机动部队，到了 1935 年，党卫队的特别机动部队总共有 11 个营，后来的武装党卫队就是由党卫队特别机动部队发展而来。1938 年 8 月 17 日，希特勒签署了一项公告，它成为后来的武装党卫队的真正出生证。这项公告称党卫队特别机动部队是一支由他支配的常备武装部队，是用于执行党卫队全国领袖德国警察总监下达的并由我酌情做出保留的特殊内政任务，或执行陆军作战范围以内的任务，直到 1939年冬才开始使用"武装党卫队"这个名称。

武装党卫队一共有三类部队，其作战师一般分为三类：一级战斗部队由纯德国人组成，被用于战场主要位置或担当消防队挽救前线紧张局势。如帝国师、警卫旗队师等。志愿师由欧洲日耳曼裔人和德意志裔人组成，被定为二级作战部队，主要用于非主要方向和防御战。比如维京师、北欧师等，武装师由东欧人和巴尔干人组成，虽为党卫军控制，但是名义并不正式属于党卫军部队序列，主要执行主战线后游击队的清扫和占领区的控制等工作。

这只是理论情况，大战时期党卫军的人员组成极其复杂，例如，党卫军第一装甲师内就有部分匈牙利人，而党卫军志愿师和武装师里的军官大部分都是德国人。1939 年 10 月，波兰战役后，党卫队特别机动部队由团建制升为师建制，第一批武装党卫队师正式组建，因而也获得了一个新的名称——武装党卫队。随着战争的进行，最高峰时武装党卫队发展到了 39 个师，95 万人，从而真正成为德国的第二武装力量。

武装党卫队几乎参加了所有重要战役，到战争结束共组建了 38 个师，前后约95 万人加入。其中有许多党卫师的战斗力都是十分强悍的，比如警卫师、帝国师、"骷髅师"、维京师等都是一等的部队。武装党卫队以民族军事精锐自居，他们身着黑色军服，左臂佩戴印有黑色纳粹旗的红色袖章，黑色领章上缀着形似闪电的"SS"标志，武装带上写着："忠诚是我们的荣誉。"与普通国防军官兵明显不同，在战场上虽然他们换上灰绿色的国防军制服，但左臂仍佩戴着醒目的纳粹旗标志，他们拥有最先进的武器、最充足的给养，在作战中，常常充当攻城拔寨的尖刀，在许多残酷的战役中，武装党卫队都体现出了顽强的战斗力和忠诚的精神。

抛开政治立场与信仰的正邪之分，应该承认，第二次世界大战德国的纳粹武装党卫队的成员基本符合真正军人的标准。虽然建立在偏执的唯血统论基础上的纳粹主义，在一开始就注定是没有前途的，但武装党卫队遵从自己的信仰、忠信与服从，富有责任感、使命感与荣耀感，对领袖忠诚，对敌人凶狠，对同胞爱护。

武装党卫队对希特勒的忠诚令人吃惊，在战争后期，德国的国防军系统普遍开始反思战争，对希特勒和纳粹产生不信任感，唯有武装党卫队依然效忠元首，成了"救火队"，哪里最危急就出现在哪里。甚至出现了大量由青少年组成的志愿部队，仅凭一腔热血就对拥有强大的空优势的盟军发动近乎自杀的进攻。在东线，所有的德军部队严禁强奸苏联妇女，因为德国方面认为强奸苏联妇女会污染德军士兵的日耳曼血统，比较有名的就是一名帝国师团级军官因强奸苏联妇女而自杀。在战争中，武装党卫队第一、二、三师都有过屠杀战俘、平民的事件，充斥着狂热纳粹分子的党卫军这类事情并不能在战争中被避免，其中比较大规模的就是第一师在西线阿登战役枪杀 80 名美军战俘的马尔梅迪大屠杀事件，但苏军和盟军就善待战俘了吗？在第二次世界大战中，各方的战俘实际上是没受到应有的保护的，苏军的"卡廷惨案"就是一例，而死在盟军手中的战俘也不在少数，区别只是盟军和苏军是战胜者，在战争中以及战争结束，苏联人更是钻国际法的空子，因为党卫军部队不是正规部队，只是准军事化部队，所以就可以不接受他们的投降，直接枪毙！

武装党卫队并没有扭转败局，它也不可能扭转败局，虽然它曾多次创造了战场上的奇迹，但在大势所趋的情况下，它最多也就能起点延迟战争进展的作用。1945年4月，希姆莱在波罗的海沿岸的卢伯克瑞典领事馆与瑞典红十字会会长福尔克·贝纳多特伯爵会晤，表示同意西线德军向艾森豪威尔投降，实现单独媾和，以求在东线继续与苏军顽抗。希特勒得知其最忠实的追随者背叛自己的消息，狂怒不已，下令把希姆莱作为卖国贼予以逮捕，纳粹德国土崩瓦解之后，希姆莱改头换面，身着陆军士兵制服，剃去短胡子，左眼贴上眼罩，准备潜逃。5月21日，希姆莱被英军俘房，1945年5月23日，希姆莱在检查口腔时，咬破藏在口腔的氰化钾胶囊而自杀。1945年5月，希特勒自杀后，昔日不可一世的德意志第三帝国就只剩下柏林城内的帝国大厦里的 2000 名党卫军顽固分子还在垂死挣扎。

战后有美国人说，希特勒麾下的纳粹党卫军没有一人向联军主动缴械，基本上是打到最后一颗子弹而被俘房，此语虽然过于夸张，但从一名纳粹党卫军士兵的遗言可以看出，忠诚到近乎死，确实是一部分党卫军的特点："告诉元首我已经尽力，告诉父亲我依然爱他。"

任何一支在战争史上成名的军队，抛开立场和信仰的，往往具有很多共同点，那就是忠诚、勇敢、机智。如果真能不谈他们犯下的罪行，党卫军无疑符合这些标准，从忠诚和意志来说，也许就如美国记者 M&G. BL, sons 与朱可夫说的："第二次世界大战，德国希特勒麾下的纳粹党卫军是最值得依靠的军队，是最值得尊敬的对手。"

（八）"我们在哪里，哪里就是前线"——党卫军"骷髅师"

以"骷髅头"作标志的德国武装党卫军第三师是在波兰战役之后新组建的党卫军作战师，它就是党卫军部队中恶名昭著的第三"骷髅师"（第一是希特勒"旗卫队"，第二是"帝国师"），党卫队中的反人类罪大多数是这类部队犯下的。号称"死亡之星"的"骷髅师"俗称为"死人头师"，师徽骷髅图案的含义是"我们在我们的黑色帽子上佩戴骷髅标志，借以警告我们的敌人，并向我们的领袖表示，我们随时准备用自己的生命去实现他的理想。"

"骷髅师"的前身是党卫队集中营的看守部队，1939 年 11 月 1 日，正式组建为"骷髅师"，首任师长是西奥多·艾克。"骷髅师"的成员是各地集中营的看守，人员素质很差（这一点和希特勒"旗卫队"没法比，"旗卫队"都是百里挑一的人）。"骷髅师"的装备开始的时候并不是最好的，他们开始的装备和训练用的都是缴获的装备或者是老式装备。法国战役时"骷髅师"最初是作为陆军预备队的一部分，1940 年 5 月 16 日才被投入战斗。5 月 19 日，该师受命在勒卡特和康布雷作战。这期间其二团一营四连在一个名为拉帕拉迪斯的村庄曾屠杀过一批联军战俘。这个连的指挥官弗里兹·科诺切雷战后因此被处以绞刑。该连据说应对此次事件负责，但现在看来，证据很不充分，绞死他的动机很值得怀疑。

"骷髅师"早期战斗力很差，很小的战斗也会伤亡惨重，那是因为"骷髅师"的师长艾克初期拒绝他的师接受国防军的军事化改造，不过正因为如此，人员更新很快，素质反而提高了很多。后来随着战争的残酷和对它的军事化改造，战斗力才得以迅速提高。一开始，"骷髅师"严重缺乏自动武器和反坦克炮，在"骷髅师"中还有使用捷克产的武器，由于希特勒的亲自介入，这种情况很快便有所改观，到了德军入侵西欧的时候，"骷髅师"已经是一支装备精良、训练有素的武装党卫军战斗部队了。1941 年初，"骷髅师"从 2 万人扩大到 4 万人，其中有 1.3 万人是超龄服役者，这些士兵仅仅作为法国和挪威的常驻警备部队。1941 年 4 月，"骷髅师"被编入勒布指挥的德军北方集团军群准备入侵苏联。苏德战争爆发后，"骷髅师"在列宁格勒附近作战。

最令该师官兵难忘的恶战，是从 1941 年 9 月到 1942 年 4 月的德米扬斯克战役，这场历时将近半年的恶战，令"骷髅师"的减员数量为全师作战人员数量的二分之一，被围中的"骷髅师"遭受了严重的打击，人员装备损失惨重。该师的一份报告对所受的损失做了这样的描述："战斗迄今所受的损失，已消耗作战部队的主要领袖和副领袖这些骨干力量将近 60%。"总的来说这次德米扬斯克包围战体现了"骷髅师"顽强的战斗力，事后希特勒特意命令参谋本部颁发"德米扬斯克纪念臂章"，参与行动的全部士兵都获得了该荣誉臂章。这一战之后，"骷髅师"真正的打出了威风和名声，使"骷髅师"从此成为所有苏军最头痛的几支党卫军部队之一。

1942 年 10 月它被改编成了装甲师，名字也改为：第三武装党卫队"骷髅"装甲师。编入党卫军第一装甲军，参加哈尔科夫防御战。在这次战役中，"骷髅师"的师长兼党卫队副总指挥艾克阵亡。当月底，整个"骷髅师"被撤到法国休整补充。驻扎在法国的"骷髅师"部队的任务是管理法国维琪伪政府，并被重新命名为武装党卫军"骷髅"装甲掷弹兵师，并得到补充一个装甲营。"骷髅师"在法国一直休整到 1943 年 2 月，在迪米安斯克战役后再次获得荣誉臂章。1943 年 10 月，"骷髅师"被重组命名为武装党卫军"骷髅"装甲师。其下属的团也都被希特勒亲自命名。"骷髅师"参加了几乎所有德军在东线的军事行动，除了因为 1941 年重大损失后，后撤至法国进行休整期间躲过了斯大林格勒战役，其他包括著名的哈尔科夫，库尔斯克等无一例外。在东线最危险的地段永远可以看到他们和"维京师"的身影，作战的顽强程度在所有 11 个党卫军装甲师中它是名列前茅。

1944 年，整个东线的情况变得非常糟，苏军在每个地段都取得了突破。特别是在中央战线，苏军在一场可能是第二次世界大战中最大的攻势里打垮了德军中央集团军群，两周内向前推进了超过 300 公里。当攻势停止时，他们已经渡过维斯瓦河，站在华沙的大门口了。为配合苏军的挺进，华沙城内爆发了起义，"骷髅师"和其他德军一起紧急赶往华沙地区，制止了苏军的前进并镇压了起义，近两个苏联集团军被"骷髅"装甲师和"维京师"以及陆军第 19 装甲师一起击退，被迫回撤至维斯瓦河对岸。

武装党卫军并不是只在东线作战，东西两线都能看到他们作为主力的身影，西线比较有代表性的阿登反击战，武装党卫军"骷髅师"就被作为主要突击力量，结果就是在重装备损失严重、人员严重缺编的情况下痛击了美军。随着战争的发展，该师于 1945 年 5 月 9 日向美军投降，但作为战俘，2000 多名投降的"骷髅师"士兵被移交给了苏军，其中大部分人员在第二次世界大战之后的审判中被处决。"骷髅师"的末任师长、骑士十字勋章获得者 Hellmuth Becker，1945 年被移交给苏联后被叛服劳役 25 年，当他在监狱里服刑时，有传言说他准备了一枚手榴弹要炸开围墙逃跑，因此 1952 年 5 月 28 日他被苏联人绞死。

党卫军第三"骷髅"装甲师同希特勒"旗卫队"、"帝国师"合称为党卫军的三个王牌装甲师。就战绩而言，"骷髅师"比起另两个师要稍逊一筹，但它和希特勒旗卫队一样都有过屠杀无辜平民和战俘的劣迹。这几个师都比普通的德军装甲师要装备精良、编制庞大（普通的师编制兵员都在 1.8 万人左右），能取得好的战绩也算是比较正常的。

（九）"打开登陆欧洲的大门"——西西里岛登陆战役

1943 年 1 月美英卡萨布兰卡会议决定，北非战局结束后，盟军在西西里岛登陆。目的是占领该岛，以保证同盟国地中海航线畅通，吸引苏德战场德军西调，并迫使意大利投降。这次战役代号为"爱斯基摩人"的西西里岛登陆作战，由盟军驻北非部队负责实施，总司令为艾森豪威尔。

西西里岛是地中海最大的岛屿，是意大利的属地，整个岛屿成三角形，距意大利本土的卡拉布里亚市只有一条狭窄的墨西拿海峡相隔，整个岛屿易守难攻。1943年夏，盟军在北非沿海港口集中了大量军队，准备执行代号为"爱斯基摩人"的西西里岛登陆作战计划。负责实施该计划的是亚历山大将军指挥的第 15 集团军群，在西西里岛登陆作战中，盟军便面临这样的问题。当时，盟军肃清了北非战场，又攻占了班泰雷利亚岛，稍有军事常识的人都能够意识到盟军下一个目标是夺取西西里岛。正如英国首相丘吉尔所说的："傻瓜都知道下一步进攻方向将是西西里岛！"德意方面也认识到了这一点，在西西里岛部署了 30 万重兵，加强防守。

为隐蔽战役企图，美英采取一系列欺骗措施。例如，把一具带有假作战文件的"马丁少校"尸体空投到西班牙海岸附近，让希特勒看到文件后误认为盟军将在撒丁岛或希腊登陆，登陆编队在航渡中不从北非沿岸直接驶向登陆地域，而是绕过邦角向南再向东行驶，造成进攻希腊的假象，甚至对登陆地域不进行预先火力准备等，这些措施成功的骗过了希特勒，使德军的主要力量转移到了撒丁岛。盟军共出动 4000 架飞机在登陆前的三周对西西里岛上的机场和设施进行了昼夜轰炸。7 月 1日，盟军取得了西西里岛及意大利南部的制空权，德意空军的 1400 架飞机撤到意大利南中部和撒丁岛。

7 月 9 日，天气骤变，狂风怒号，恶浪滔天，德意军因此放松了警惕。10 日凌晨 2 时 40 分，空降部队首先发动攻击，美军第 82 空降师和英第一空降师的 5400 名官兵搭乘 366 架运输机和滑翔机从突尼斯出发，飞向西西里岛，盟军以空降登陆开始了西西里战役。3 时 45 分，巴顿和蒙哥马利指挥的 16 万美英登陆大军分乘 3200 艘军舰和运输船，在 1000 架飞机掩护下，在西西里岛的西南部和东南部实施登陆。海岸意军士气低落，仅进行了微弱抵抗，至中午时分，巴顿和蒙哥马利的部队顺利地登上了各自的目标滩头，并保持着攻击态势，西西里岛守军在意军古佐尼中将指挥下开始反击。由于希特勒在判断盟军登陆地点时严重错误，德军装甲师的反击被盟军粉碎，意军几乎未加抵抗便仓皇撤退，海岸防线很快被摧毁。8 月 10 日，德意部队退到墨西拿附近，由于盟军没有切断墨西拿海峡的计划和行动，4 万德军和 7 万意军用 6 天 7 夜的时间，完成了向意大利本土的敦刻尔克式撤退。

巴顿不甘心让蒙哥马利独唱主角，盟军向墨西拿的进军变成了美英两国军队的赛跑，8 月 17 日上午 6 时 30 分，美军先遣部队进入墨西拿，10 时 30 分，巴顿乘坐指挥车率领一个摩托车队驶进城里。一小时后，一队英军也吹吹打打地进了城，一位英国军官走到巴顿面前，同他握了握手说："这是一场有趣的竞赛，我祝贺你的成功。"当天，岛上的一切抵抗均告停止，西西里岛登陆战结束，盟军占领了西西里岛，从此在地中海往来无阻，打开了登陆欧洲的大门。

此役，美、英军伤亡 2.4 万余人，德、意军损失约 16 万人，另有 10 万人撤到意大利本土。战役中，盟军首次进行由岸到岸的登陆并实施大规模空降，为以后组织和实施登陆战役提供了经验。西西里岛战役是盟军自第二次世界大战爆发以来在敌领土上实施的一次重要战役，盟军不仅在军事上获取了直接进攻意大利的跳板，而且在政治上强烈震撼了已经动摇的意大利政府，导致墨索里尼垮台和意大利投降，为盟军打开从南部登陆欧洲的大门。

（十）"为元首而死"——希特勒青年团

第二次世界大战的硝烟早已散尽，但有人对纳粹德国武装力量的了解还仅限于国防军和武装党卫军。殊不知，当第三帝国濒临崩溃时，希特勒曾建立了一支由少年组成的部队，与盟军展开血战。仗打了 3 年，人员早已短缺，党卫军疯狂地从年轻人中挖掘兵员，1943 年夏，希特勒批准了一份将所有于 1926 年出生的团员编为一师的计划书，1943 年 9 月 1 日开始，多达 1.6 万名团员入伍及完成 6 个月的基本训练并列入希特勒青年团装甲掷弹师，重新定名为希特勒青年团装甲师。一支主要由希特勒青年团成员组成的师级部队——"纳粹童子军"武装党卫军"希特勒青年团师"问世了。在同年 10 月下旬，这支部队编制最终定名为党卫军第 12 装甲师，士兵均由希特勒青年团志愿者组成，这是一些刚刚离开国防训练营的少年，大多生于 1926 年，当兵时还不到 18 岁。

在那个疯狂的年代和那个疯狂的国度中，无数的德国青少年唱着他们所谓的团歌冲上了硝烟弥漫的战场。纳粹的宣传部部长戈培尔评价这首进行曲："先进装备能战胜一个个血肉之躯，但无法战胜人类不朽的精神！即使当有一天我们再举不起那面我们从一无所有中扯起的旗帜，年轻的一代会对今天充满憧憬——将紧紧抓在他们的手中！"

希特勒在 1933 年曾骄傲地说："当一个反对者说，'我不会站到你那一边'时，我平静地说，'你的孩子已经属于我们了，你会死去的，但你的后代现在站在一个新的阵营里，不久之后他们除了这个新组织之外什么也不会知道。'"成长于纳粹党宣传之下的希特勒青年团，狂热于忠诚纳粹的理想，但却缺乏任何军事才能。为了提供一个熟练的骨干部队作指挥，警卫旗队的老兵分派到希特勒青年师作为军官或军士。这支"纳粹童子军"接受了比较全面的训练，特别注重轻武器的运用和实战模拟。希特勒青年师是党卫队最后编成的装甲师，也是最特别的部队。编制为 SS 第 12 装甲师。士兵平均年龄只有 17~18 岁，他们均穿潜艇成员的黑皮制服，并且别具一格地将女朋友的名字漆在坦克上。队员年龄虽轻，但狂热勇猛的作战精神却胜过其他武装党卫队士兵，该师于 1943 年 7 月正式成立结训后，于 1944 年 4 月被调到法国。

1944 年 4 月初，结束训练的第 12 装甲师驻法国诺曼底地区，奉命抵御盟军登陆部队的优势兵力。6 月 7 日清晨，第 12 装甲师第一个赶到战场并进行反击。苦战多日后，由于盟军拥有绝对优势，该师被迫在卡昂地区转入防御作战。8 月初，盟军在法莱斯地区形成被称为"法莱斯口袋"的包围圈，试图全歼德军主力部队，第 12 装甲师临危授命守住袋口两侧，掩护主力跳出包围圈。第 12 装甲师以仅余的 60 辆抗击盟军 600 辆坦克，战斗异常惨烈。战场上，不断有身上绑着炸药的士兵从掩体中一跃而起，在冲天的烈焰中与盟军坦克同归于尽，这一仗第 12 装甲师共伤亡 1250 人，失踪 63 人，重型武器基本上消耗殆尽。第 12 装甲师在战斗中表现出的狂热和训练有素给盟军留下了深刻影响，战后一位英军士兵回忆道："此后我们开始走霉运了，我们遇上了一支第 12 装甲师的部队，他们疯狂战斗到最后一人也不投降，我们不得不杀死他们每一个人，真是太可怕了。"

一次又一次使盟军部队惊骇并遭受重大的损失的第 12 装甲师不管反击有多凶猛，他们也不能完成将盟军赶回大海的任务，当英军的援军源源到达并建立起一条坚固的防线后，第 12 装甲师已无力再次发动攻势，盟军已经牢固于欧洲大陆之上，尘埃落定，最终致使诺曼底得到解放。6 月的第一个星期，筋疲力尽的第 12 装甲师余部撤出战场，由诺曼底登陆时起直至 7 月 9 日，第 12 装甲师已有 4000 人死亡和超过 8000 人受伤及失踪。

1944 年 12 月，第 12 装甲师在得到了短暂的喘息后，在没有任何增援部队或配备补充的情况下很快又投入战斗，他们奔赴阿登地区，参加了著名的阿登反击战，他们要干的就是破坏美军的通讯网络、车辆和军用设施、报告美军炮兵阵地的位置、摧毁武器装备并暗杀美军中的特定目标。这些勇敢的纳粹少年带着手枪、匕首，甚至还在衣服里藏了手榴弹。他们试图尽最大的努力消灭对手或使其失去战斗力。这些德国孩子到处布设陷阱，包括可勒死人的钢丝、地雷和饵雷。剪断铁丝网或者将路标换个方向。他们破坏美军车辆的方式，通常是往油箱里撒把白糖，然后立即撤退。这些小战士的勇敢行为让美国人深感头疼，其行动方式后来被盟军称为"儿童式的袭击"。

1945 年 2 月初，第 12 装甲师于布达佩斯陷落前几天到达匈牙利，又投入攻击艾斯特根桥头堡的一个由苏军于多瑙河附近组成的坚固突出部的战斗，他们打得很好，而且在 2 月底便摧毁了这个桥头堡，给了苏军沉重的打击。但最终在弹药缺乏、装备落后加上兵力不足的情况下，几乎是以一敌十的第 12 装甲师被迫撤退。

1945 年 3 月 6 日，希特勒命令该师团重夺匈牙利油田，春天的积雪解冻使他们的攻击只局限于少而狭窄的道路上，在起初的胜利后，苏军的开始反击和包围迫使他们中止了计划。行动失败后，希特勒失去对武装党卫队的信任，并向有关师团人员取回已发出的荣誉袖标。由于对希特勒这个命令的愤慨，党卫军指挥官迪特里希拒绝传递有关指令，1945 年 3 月，这支部队开始向奥地利撤退，3 月 13 日，该师从维也纳以西穿过奥登堡和希尔登堡，最后抵达林茨。

1945 年 3 到 4 月间，希特勒的第三帝国已摇摇欲坠，但纳粹青年组织的活动仍未停止。他们奉命破坏盟军的交通线，杀害和盟国合作的德国叛徒。许多后方的作战小组纷纷隐匿在大街小巷，前进途中的苏联红军不断遭到希特勒青年团员的顽强抵抗，造成大量人员伤亡和物资损失。在几乎弹尽粮绝的情况下他们表现出视死如归，后在 5 月 8 日德国宣布战败投降的情况下，才放下武器。同年 5 月 8 日，第 12 装甲师越过恩斯分界线，进入了美军受降区，但这些纳粹少年拒绝把白旗挂在车上，以保持"荣誉和自尊"。

对于这支纳粹童子军他们的战斗力与其年龄完全不成比例，传统的老兵战斗力强的理论是否要有所动摇？从经历来说该师只能说是宝贝部队，但与其他德军部队相比一样是普通的消耗品，只是这个消耗品的成本很高，金碗装的米饭还是一碗米饭的作用。在战场的法律上，这支部队也是一个"文明之师"，即使有着对盟军士兵的恨，但他们仍无擅杀战俘的事出现，严格地把战俘送到了后方。曾有一个士兵因为抢劫平民而被军事法庭判处死刑，他们对于平民的保护也很到位，会掩护平民的安全撤离。

（十一）"红色恶魔"——"哥曼德"英国特种作战部队

英国哥曼德特种部队，是世界特种部队的"先行者"。1940年6月6日，为反击纳粹德国的疯狂进攻，英国首相丘吉尔下令"立即对整个德军占领区发动积极而又连续的反攻击"。于是，世界上第一支独立执行特种作战任务的新型部队——"哥曼德"应运而生，英军将其命名为"哥曼德"。

英国哥曼德特种部队

"哥曼德"这一名称源于20世纪初的布尔战争，相传在1899年至1902年非洲爆发的"布尔战争"期间，英国派出了25万军队对布尔族人进行镇压。布尔族人的军队只有英军的1/5，很难正面抵抗英军的强大攻势。但是，布尔人骁勇剽悍，机智灵活，在敌众我寡的形势下，采取了"化整为零""袭击骚扰"等打击方法，组织多股小部队，凭着熟悉地形的有利条件，在夜间和山谷、森林等地形或其他不良天候的情况下，对英军频频发起突然袭击，来无影去无踪，神出鬼没打了就跑，打得初来乍到的英国人顾此失彼，胆战心惊，大伤脑筋。最后，英军以伤亡近10万兵力的巨大代价，输掉了这场战争。当时英国称这些专门从事游击袭扰活动的布尔人小股部队为"哥曼德"。布尔人的这种战术给英国人以深刻印象，英国把自己的特种部队称作"哥曼德"。

1940年6月6日，德军发动了西线攻势，席卷欧洲大陆，英法联军招架不住德军的猛烈进攻，狼狈不堪地从法国的敦刻尔克逃回本土。回撤途中，溃不成军的英军虽然多数人活着回到英国本土，但几乎所有的装备都被遗弃。曾不可一世的大英帝国蒙受了开国以来从未有过的耻辱，民族自尊心受到严重的挫伤。

首相丘吉尔就此对民众发表演说："敦刻尔克撤退是个奇迹，但胜利是不能靠撤退去取得的!"为了尽快挽回败局，鼓舞全国军民抵抗纳粹德军的信心，在6月6日，丘吉尔首相在写给参谋长联席会议主席伊兹梅尔将军的信中说："防御作战必须到此结束，我期待英军对整个德军占领区发动积极而又连续的反攻。"丘吉尔首相认为，德军下一个攻击目标很明显是英国本土，而要阻止其占领英国，只有一个办法，就是向欧洲大陆的德军发起反攻。指示要尽快组建袭击部队，渡过英吉利海峡，对德军阵地发动突然袭击。丘吉尔坚持认为，这种破坏性的袭扰，如果计划周密，实施得当，就能使德军回过头去加强自己的防线，将会牵制敌人大量的部队，削弱德军在其他战场上的战斗力。同时，成功的偷袭行动能极大地鼓舞全国军民抗击德军的信心，有利于整个反击战场的形势。

他们想起了 40 年前，在非洲大陆使他们饱尝苦头的"哥曼德"人。鉴于德军将进攻英国本土，不能整建制地抽调防卫本土的部队，于是，英国组建了一支由海军陆战队的精锐部队组成的特种部队。首先编成了 10 支"突袭部队"，每支部队辖两个小队，每小队由 3 名军官、47 名不同级别的士兵组成，他们头戴绿色贝雷帽取名为"哥曼德"。其标志为一只跃跃欲试的青蛙和两支交叉在一起的船桨，是一支约有 400 人的特别舟艇队（简称 SBS），世界上第一支独立执行特种作战任务的新型部队应运而生。英国"哥曼德"特种部队诞生不久，就开始积极寻找战机来证明自己的价值，第二次世界大战为"哥曼德"提供了施展本领的舞台。

1940 年 6 月 23 日深夜，由托德少校指挥的第 8 独立中队所属的 120 名特种队员，分乘 6 艘救护艇，从纽黑文、福克斯通、多佛尔等港口出发，在空军的掩护下，对法国北部沿岸的布伦和贝尔克两个港口城市进行突然袭击，这是"哥曼德"成立后向德军发起的首次攻击。7 月 14 日，"哥曼德"实施了第二次袭击战斗行动，目标是位于法国瑟堡以西、英吉利海峡内的格恩济岛。这次袭击行动得到了上级情报部门的大力支持。英国间谍事先获悉，有大约 470 名德军已被空运到该岛执行守岛任务，特种突袭部队隐蔽地实施登陆，轻松地夺取并控制了格恩济岛，战斗中"哥曼德"没有遭到德军的顽强抵抗，也几乎没有付出流血的代价。这是组建以来"哥曼德"第一次成功而不流血的行动。

在第二次世界大战之前，英军并没有空降部队。战争初期德国伞兵和空运部队的频繁活动，刺激了英国决定必须拥有一支空降突击力量。于是，英军相继组建了一批空降"哥曼德"部队。这支部队官兵头戴红色贝雷帽，臂佩"皇冠和月桂叶"的徽标，手持汤姆逊轻机枪，经常从空中渗入德军后方，对港口、机场、仓库和交通线等重要目标展开不间断地破袭，沉重地打击了德军，被德军称为"红色恶魔"。

第二次世界大战中，"哥曼德"深入敌后偷袭破坏，使德军寝食不宁。1942 年 10 月 18 日，希特勒发布了著名的"根绝命令"，即"第 46 号指示"，命令对英军的"袭击破坏部队"，无论是否穿制服，无论是否有武装，务必"斩尽杀绝"，这从另一个侧面说明了"哥曼德"在战争中起到了震慑作用，然而，"哥曼德"非但没有被"杀绝"，反而在烈火和硝烟中创造了更多的辉煌，他们的业绩永载在反法西斯斗争的史册上。英国首相丘吉尔自豪地说："哥曼德"是大不列颠永远的骄傲！"哥曼德"一词从此名闻遐迩，现已成为世界特种部队的通称。

（十二）"亚平宁夜空中的闪电"——意大利"弗格尔"伞兵师

在突尼斯 Takrouna 附近的一座小山旁，竖立着一座并不起眼的纪念碑，上面这样写道："弗格尔师——军团的灵魂守望着沙漠"。就是这个弗格尔师，在第二次世界大战中，可谓是意大利武装力量中的精锐之师，是一支受过良好训练、作战顽强的部队。丘吉尔在阿拉曼战役胜利后在伦敦的一次演说中特别提到这个师，称它为"沙漠雄师"，可见这支部队的顽强赢得了对手的称赞。

意大利是世界上最早进行伞兵集体跳伞和组建伞兵营的国家，但遗憾的是，由于历史的原因，作为世界空降作战先驱的意大利空降部队的组建、发展与战斗经历一向少为人知。意大利的弗格尔伞兵师组建于 1938 年 3 月，它的前身是意大利驻利比亚总督巴尔博元帅大力支持发展起来的利比亚空中部队。"弗格尔"在意大利语中是闪电的意思，该师士兵大多是从其他战斗部队抽调来的老兵，很多人在阿比西尼亚和西班牙战斗多年，经验十分丰富。

1941 年 9 月 1 日，伞兵师正式成立，下辖两个伞兵团和一个炮兵团。这个伞兵师和一般的师差异很大，它的建制偏轻，支援问题较小，因此没有烦琐的后勤体系。炮兵团只装备 47 毫米炮，用来执行反坦克任务，但不适合进行常规的曲射火力支援。而且机枪与迫击炮装备数量很少，在火力方面唯一的优势是装备了贝雷塔M38 冲锋枪作为一般个人武器，这样的装备情况也是与它的作战任务相适应的——伞降并对一个关键目标进行奇袭、设立防御阵地并在有限的时间段内进行防御、最后与常规部队会师，但这些美妙的理论"闪电"师一次也未能实践，战争的旋涡无情地把它卷到了其他的方向。

德意方面本打算 1942 年春末发动攻击占领马耳他岛，意军方面此作战计划代号为"C3"，"弗格尔"伞兵师为此而展开专训，同时按计划参与作战的还有一个专门由空运机动的轻型步兵师的快速反应部队，可惜被胜利冲昏了头脑的隆美尔迫使墨索里尼拱手交出这些部队，"弗格尔"伞兵师被改称为第 185 步兵师——虽然该师士兵仍坚持自称弗格尔伞兵，但他们的确从头到尾一直是作为地面部队使用的。1942 年 7 月，陆军总参谋部准备将该师调往北非，在被调往北非的同时，该师被重新命名为"第 185 闪电伞兵师"——这个名字沿用了第一伞兵团的名称，来源于拉丁文谚语"ex alto Fluor"，意为"像闪电一样直劈而下"。

调往北非战场这个决定使伞兵们十分沮丧，大家都很清楚，在未来进行伞降的机会已经非常渺茫了，但跳伞装具还是被小心地收起保存了起来——大家心里还是抱着一丝希望。

当驻在埃尔达巴时，出于保密原因，伞兵们被命令摘下伞兵章，并且不得佩戴任何足以被敌军识别出来的徽章或者臂章，使伞兵们更加寒心的是，他们被授予了"非洲猎兵"的伪装代号，并从罗马得到了上缴全部跳伞装具，送回代尔纳储存的命令，伞降的最后一丝希望也消逝了。他们被派到阿拉曼，和其他三个意军步兵师一起固守阿拉曼防线南段。

"弗格尔"师参加的第一次战斗是 1942 年 8 月的阿拉姆—哈勒法之战，在 6 天的战斗中轴心国损失了大量的坦克，脆弱的补给线也被沙漠空军切断，隆美尔只得转入守势，固守自己的阵地。英国人惊讶地发现，他们所面对的这支意大利部队作战顽强，其战术水平也远非其他意大利部队可比。"弗格尔"师在巩固阵地的同时，还积极展开一些小规模的偷袭，渗透入英军的防线，从敌人那里获取饮用水、食物和武器。该师的反坦克武器极少，他们就用缴获的英军反坦克炮武装起来，在一次夜间防御战中，意大利伞兵甚至还俘获了第六新西兰旅旅长 Cliflon 准将和他的指挥部。

问题是，该师原本按照空降作战装备的——空降之后马上由地面推进的常规部队接应，所以重型火炮根本就没必要带，部队只装备了一些轻型反坦克炮。同理该部队也没有配备任何机动车辆，尤其在沙漠地带这将导致严重后果，而且该师大部是从意大利和希腊经由空运抵达北非，部队根本无法携带本来就不多的重装备——甚至连野战厨房装具都没有！

阿拉曼会战失利以后，隆美尔抢走了意大利部队的全部卡车、给养和重装备，仓皇逃窜，意大利部队组织了决死的抵抗，数个营战至最后一人，给英军造成了巨大损失，闪电师在阿拉曼打得非常顽强，重创第 44 师，自身的伤亡也非常高，全师的各级指挥官与部下们浴血奋战，18 名校级军官有 9 人阵亡，4 人受伤。隆美尔元帅在 11 月 1 日的家信中曾写道：闪电师是我方最优秀的部队之一。

随后在 11 月 3 日英军"增压器"战役中，"弗格尔"伞兵师大部被歼，更为不幸的是，意军在撤退时因为没有汽车而不得不徒步退回到利波里，他们被德国人抛弃，没有水没有食物，在沙漠中徒步行军，炮手们用人力拖着尚能使用的几门反坦克炮向西撤退——没了这些炮，他们在茫茫沙漠中只能任凭英军装甲部队宰割。由于没有任何运输工具，且武器弹药饮水均已消耗殆尽，意大利伞兵师根本不可能逃出机动能力远高于自己的英军包围，实际上该师的结局已经注定。最终，隆美尔来电："弗格尔师要在开阔的沙漠地上组成防御阵地，阻击尾追的英国人，能挡多长时间就挡多长时间。"

弗格尔师在三天的阻击战中打退英军装甲部队和步兵的多次进攻，英军曾数次召降闪电师，并以骑士风度对意大利伞兵的善战表示了敬佩，但回答他们的是一片

"Folgore" 的呼喊声。

11月6日，当英军进入意大利阵地时，意大利伞兵们以最后的姿态向敌人表达了他们的轻蔑：没有人摇白旗，所有士兵肃立不动，也没人向英军敬礼，有些意军士兵泪流满面，英军在旁边充满敬意地看着，曾经有5000名官兵的闪电伞兵师最后只有306名官兵幸存，英第44步兵师师长休斯将军说道："我的军旅生涯中还从未遇上像弗格尔师这样的对手。"

弗格尔师虽然打没了，但它的历史并没有画上句号，他们在本土又被重新组建，经历了意大利政局动荡后，这支部队站在了墨索里尼的傀儡政权——意大利社会共和国一边，继续与盟军对抗，"为意大利的荣誉而战"，该师的一部分人员最后被德国第四伞兵师吸收，直到第二次世界大战结束。

（十三）"魔鬼的杰作" ——"橡树行动"

1943年，当时盟军胜利的曙光显现，轴心国意大利经济已近绝境，人民食物匮乏、衣不蔽体，没有充足的兵员，军队也近乎崩溃。在这种情况下，意大利的统治集团决定抛弃带领意大利走向战争的墨索里尼。7月25日，墨索里尼按计划前往萨伏伊宫觐见国王维克多·埃曼纽尔三世，他的妻子预感不祥，劝他不要去，但墨索里尼坚持进宫，说道："20年来国王很信任我，不会有丝毫危险。"然后坐上汽车向王宫驶去。

这是一个宁静而闷热的星期天，国王亲自在萨伏伊宫门口迎接墨索里尼。他一反常态，身穿意大利元帅服，而且还在宫殿里布置了警察，这架势墨索里尼还是第一次见到，心中不禁忐忑不安。国王对他说："亲爱的领袖，现在内外形势面临严峻，军队士气低落，最高委员会已经决定解除你的职务。现在人们都恨你，我成了你唯一的支持者。我担心你的安全，让我来保护你吧！"墨索里尼听到这番话后面色苍白，呆若木鸡。国王还要讲点什么，但墨索里尼打断了他的话头，嘟哝着说："一切全完了！"

7月25日晚上10时45分，罗马电台向全国发表广播，说"国王已经批准了政府首脑本尼托·墨索里尼阁下的辞职，并任命彼得罗·巴多格里奥元帅接替这一职务。"接任的巴多里奥元帅下令将墨索里尼秘密关押起来，并准备与盟国签订停战协议。

意大利军方在国王的支持下逮捕了意大利法西斯领袖墨索里尼，并准备与盟国签订停战协议的消息迅速传到柏林，希特勒闻讯非常震怒，意大利的倒戈无疑将在德国欧洲堡垒的腹部撕开一个大缺口。而且，他也不能容忍自己的朋友被投靠盟军的人关押。必须救出墨索里尼，使之重掌意大利政权。7月27日，希特勒召开紧急会议，亲自制订了营救墨索里尼的"橡树行动"计划，责成伞兵司令斯图登特负责，并召见了该计划的具体执行人——德军奥拉宁堡师一个突击队队长奥托·斯科尔兹内上尉。并确定了行动代号——"橡树行动"，斯科尔兹内是第二次世界大战中非常著名的德国特种部队指挥官，指挥过几次著名的行动，"欧洲第一恶汉"是他知名代表绰号，接到任务后立即着手行动。

营救行动的首要问题是查明墨索里尼的去向，现在的问题是这个法西斯领袖究竟在哪里？正当斯科尔兹内一筹莫展的时候，德军无线电侦测部门发现，在距离罗马80英里的大萨索地区有不同寻常的无线电信号，非常频繁地提到"重要人物"，精明的德国人马上判断出墨索里尼可能就在大萨索山上！斯科尔兹内的目光立即转向了罗马东北约160公里的大萨索山。那里是亚平宁山脉的最高峰，战争爆发前夕意大利人在海拔两千米的半山腰处修建了一处冬季滑雪旅游地，山上建有一座饭店，名叫"坎波·因帕莱塔"。经过对各种情报的综合分析，认为墨索里尼很有可能就拘禁于此饭店内。斯图登特和斯科尔兹内都想找到关于该饭店的更多信息，但几乎一无所获。

9月7日，斯科尔兹内针对山势险峻的特点开始精心准备。9月10日，伞兵司令斯图登特将军召集莫尔斯少校和斯科尔兹内上尉，进一步研究了有关皇帝营的各种资料，决定从法国调来滑翔机，运载进攻的部队，并决定使用小型"鹳"式飞机，救出墨索里尼。

斯科尔兹内与副官拉德尔立即开始驾机空中侦察，发现坎波饭店位于亚平宁山脉最高峰蒙特柯诺南坡高约1800米处，十分巧妙地修建在一个陡峭的悬崖顶部，交通极为不便，只有一条缆车与下方100多米外的山谷相连，饭店周围有士兵把守，饭店前有块不大的三角地还算平坦，通往这个山区地带的每条道路都被意大利军队封锁着。斯科尔兹内感到这块三角地是所有问题的解决关键，他提出了一个大胆的方案：用12架滑翔机，每架运载10名突击队员（包括驾驶员在内）从天而降，以这块三角地为降落点，强攻饭店并救出墨索里尼。

这无疑是一次风险极大的行动。在行动开始前的一天夜里，斯科尔兹内召集队员们说："这次行动充满危险，随时可能丧生。如果你们当中有人不愿参加，可以离开，我绝不会对此做任何记录，也不会因此而蔑视你们。我将亲自参加并指挥这次行动，愿意参加的人请向前迈一步。"所有队员都向前迈了一步，这令斯科尔兹内非常满意。

9月12日下午，搭乘突击队员的滑翔机在拖拽飞机的牵引下从罗马郊区的玛亚机场起飞。突击队到达大萨索山时，天气依然很糟糕，而且突击队员们发现滑翔机降落时的危险性要比估计的大得多，但是他们已经不能考虑别的，只好强行着陆。斯科尔兹内的 3 号滑翔机第一个着陆，飞机一直滑行到距离旅馆大门口几米远的地方才停了下来。

驾驶员事后回忆降落时的情景说："视野中的小黑点很快变成了一栋大建筑。尽管滑翔机的机头装有减速装置，但我们很难降低速度，于是我改变航向，顶着来自山脊的强劲上升气流接近降落区。我向外望去，希望看到敌人的活动情况，但开始时一切都保持着平静。当我飞到饭店上方 150 米左右时，饭店里的士兵像被捅了窝巢的蚂蚁一样涌了出来。不过他们看上去并没有多大敌意，只是站在那里目瞪口呆地看着这群仿佛从刺眼的阳光中落下的袭击者。飞机剧烈地振动起来，并在距饭店大门台阶仅 40 米的地方停了下来。"从飞机中跳出的斯科尔兹内指挥部下迅速制服了饭店周围的意大利卫兵，随后推着作为人质的意大利宪兵司令索莱蒂将军向饭店冲去。

看守墨索里尼的意大利士兵拉响了警报，看守部队立即做好对付突然袭击的准备。亡命之徒斯科尔兹内一把将索莱蒂少将推在前面，用意大利语大声喊着："宪兵队士兵们，你们的索莱蒂司令要求你们与我们合作，否则，他就会在你们反抗之前死去！"这时，斯科尔兹内看见墨索里尼的面孔出现在二楼的一个窗户旁，急忙对他喊道："退回去！离开窗户！"

就在这时，墨索里尼在二楼喊了起来："不要开枪！不要开枪！你们没看到吗？那是一位意大利将军！谁都不准开枪，不要流一滴血！"卫兵中有的放下武器站住不动，有的则四下逃进山林。

斯科尔兹内带了几个伞兵冲进旅馆，他首先沿通信线路直奔无线电室，在制服了发报员并控制电台后，便直奔关押墨索里尼的房间。两名负责看管墨索里尼的意大利军官下令让所有意大利卫兵放弃抵抗，冲突几乎马上就结束了，整个旅馆地区全部被德国伞兵控制。

整个营救过程非常迅速，从第一架滑翔机着陆到控制饭店只用了 4 分钟，且几乎没有遭遇任何抵抗，未开一枪便救出了墨索里尼。斯科尔兹内见到墨索里尼行举手礼，然后大声说："领袖，德国党卫军上尉斯科尔兹内奉元首之命令前来营救您，您自由了。"墨索里尼异常激动，张开双臂拥抱斯科尔兹内，声音哽咽地说："我知道我的老朋友希特勒没有抛弃我！"

救出墨索里尼后，接下来的任务是把他安全送走，缆车站已经被德军占领，但山谷对面仍有大批意军防守，无法突围下山。此时所有的希望都寄托在正在饭店上空盘旋侦察的一架小型单发菲斯勒"鹳"式侦察机上。这架飞机是斯图登特将军专门派来观察营救行动的情况的，其驾驶员是德国王牌飞行员格拉赫上尉。当斯图登特从无线电中得知斯科尔兹内已得手的消息时，还有些半信半疑，但他命令格拉赫想办法帮助突击队。接到命令后，格拉赫开始压低飞行高度，临时选作飞机起飞的跑道上，坎坷不平，有不少大大小小的石头，此时也顾不上许多了，格拉赫上尉那架小型"鹳"式飞机小心翼翼地将飞机降落在这个临时跑道上。

当得知斯科尔兹内要与墨索里尼一起乘这架飞机离开时，格拉赫非常坚决地表示拒绝，因为这种飞机设计载运两人，若搭载 90 千克重的墨索里尼后再加上同样90 千克重的突击队长，飞机是否能起飞已令人怀疑。但斯科尔兹内坚持自己要亲自护送墨索里尼抵达安全地点，并暗示这是希特勒的指示后，格拉赫妥协了。

飞机在高低不平的跑道上滚动着，60 米简易跑道的尽头下远处就是悬崖峭壁。飞机飞速在临时修整的空地里蹦蹦跳跳地滑行，差一点撞上一块大岩石，但在经验丰富的格拉赫操纵下，终于摇摇晃晃地爬升到天空中。它围绕旅馆上空盘旋一周，然后径直飞往罗马郊外的普拉提卡机场。平安降落后，斯科尔兹内护送着墨索里尼上了一架 He-111 飞机转往维也纳，"橡树行动"大功告成。斯科尔兹内则在维也纳和柏林受到了英雄般的欢迎，他也因此一夜成名。欧洲各国的广播电台都在一遍遍地播放着关于这次营救的新闻，他的名字也以最大号的醒目字体出现在报纸上，甚至连丘吉尔也在下院演说中提到了斯科尔兹内的名字，称这是英勇无畏的表现……这无疑表明，在现代战争中，有许多这样的机会可以来展示人们的勇敢精神。"橡树行动"——德军历史上最为大胆的营救行动，被人们称为"魔鬼的杰作"，直到今天，很多研究特种作战的人仍旧把这个大胆而且成功的冒险行动作为一个范例。此后，斯科尔兹内又奉命指挥党卫队特种作战部队和新组建的党卫队第500 伞兵营，成功完成了制止匈牙利独裁者霍尔蒂背弃轴心国的"铁拳"行动，影响极大，以至于丘吉尔称斯科尔兹内为"欧洲最危险的罪犯"。虽然营救墨索里尼行动本身对德国的战略意义并不大，但德国的宣传部门清楚地认识到这次行动所产生的巨大宣传效果，在他们的大力渲染下，斯科尔兹内成了德国家喻户晓的战斗英雄，戈培尔还派了一个电影摄制组去大萨索山重拍营救过程，斯科尔兹内本人也被提升为少校，并获骑士十字勋章。

（十四）"胜利的摇篮"——攻克塔拉瓦

吉尔伯特群岛横跨赤道，由 16 个珊瑚岛组成，塔拉瓦和马金是群岛中最大的两个珊瑚环礁，1943 年初，美国海军作战部部长欧内斯特·金上将策划了一条反攻轴线，拟用较少的兵力沿密克罗尼西亚直指日本，塔拉瓦正位于美军对日战略反攻的轴线上。

塔拉瓦呈三角形，出水岛子约 20 个，其中，贝蒂欧是日军坚固的设防岛，正是美军此次攻击的重点目标。贝蒂欧岛，形状像一只栖鸟，长 3.5 千米，最宽处 500 米。岛上中部有一座飞机场，设跑道三条，其主跑道长 1200 余米，是整个吉尔伯特群岛中唯一的轰炸机跑道。岛四周是宽为 150 米至 400 米的珊瑚礁岛。一条 500 米长的椰木栈桥伸入礁湖，供舰船卸货，仿佛是贝蒂欧的鸟腿。1942 年 2 月，美军苦战几个月。终于取得瓜岛战争胜利，美军的下一个攻击目标是夺取塔拉瓦环礁。日军在塔拉瓦环礁的防御重点是贝蒂欧岛，岛上有日军的两个陆战队和工兵部队，共 4500 人。日军在岛上修筑有坚固的碉堡和工事，岸边还设置有 11 处岸炮阵地。日军守岛指挥官柴崎曾对部下夸口说："美国用 100 万大兵，花一百年时间，也攻不下塔拉瓦。"

1943 年 11 月 20 日黎明，美海军编队的战列舰用大口径舰炮不停地对贝蒂欧岛进行炮击，从航母上起飞的舰载机又进行猛烈轰炸，火力准备历时 80 分钟，共打出炮弹约 3000 吨。人们以为贝蒂欧已成齑粉，但实际效果远不理想，贝蒂欧地势平坦，一些炮弹形成"跳弹"，吸收力强的珊瑚沙和椰木也减弱了炸弹的破坏力，实际只摧毁了两门 203 毫米岸炮和 3 辆坦克，消耗了日军一些高射炮弹，真正的收获是彻底破坏了日军的通信系统。

美海军登陆舰艇靠近岛岸滩头，美军扫雷艇一面施放烟幕，一面在环礁的航道里扫雷，为登陆舰艇开道。美海军的 100 辆两栖装甲车和一批坦克登陆舰组成三个攻击波，扑向贝蒂欧岛北岸。日军严守柴崎司令官的命令："在这场敌优我劣的战斗中，必将敌诱至我固定炮火的射程内，然后尽全力歼灭。"在三个攻击波登上滩头时，日军猛烈的炮火猛然直泻到海面上。登陆部队受到三个方向的射击，所有两栖车均被击毁，人员全部战死，一个不剩。礁盘上留下了一片片血水，不少安然经过瓜达尔卡纳尔岛那样血腥恶战的陆战队员，竟在这个无名沙滩上战死了。第二天，获得增援的美军调整了指挥系统，在坦克和野战炮兵的掩护下重新开始进攻，日军依托坚固的工事展开了顽强的抵抗，每一个地堡、每一条战壕、每一个机枪巢甚至每一棵椰树，都成了美军难以攻克的目标，有时候，美军猛攻几个小时也只能前进几十米。为争夺塔拉瓦环礁，美军动用了坦克、火炮、机枪、炸药包、推土机、火焰喷射器。11 月 22 日，美军发动全线进攻。美军为争夺一个地堡、一条战壕、一道工事，都要全力拼杀，战斗进行得异常惨烈，美军伤亡惨重。残存的日军困兽犹斗，异常凶狠。这夜，岛上残存的日军士兵手持刺刀、手榴弹，从四面八方钻了出来，冲入美军阵地。双方在黑夜中进行肉搏战。日军发动 3 次袭击，都被美军击退。天亮时，发现日军尸横遍野，大约 300 名有战斗力的精兵，全部在夜袭中战死。11 月 23 日，美军在贝蒂欧岛上发动最后一次攻击，日军在最后一批堡垒中做最后的抵抗。美军军舰的舰炮不停地对日军堡垒进行炮击，舰载机在进行最后的轰炸，日军终于失去抵抗能力。精神和肉体都极度疲劳的日本士兵已经呆若木鸡，甚至连自杀的力气也没有了。他们木然地坐着，毫无表情地盯着逼近的美军，直等到喷火器把自己烧成焦炭。11月24日，美军在贝蒂欧岛上升起了星条旗。

塔拉瓦之战给了美军十分沉痛的教训，11月25日，尼米兹上将急不可待地在弹坑如麻的机场上降落，他们集中研究了日军的半地下式碉堡和美军的装备及战术。尼米兹惊叹："一生中从未见过如此狰狞的战场。"特纳和霍兰德·史密斯把贝蒂欧"当成课堂"，命令中太平洋舰队的两栖军官都来亲自"参观学习"。他们还在夏威夷寻找了一个荒岛，全部模仿贝蒂欧岛的工事，让舰炮和陆战队演习。美军汲取了血的教育，使自己在太平洋岛屿战争中逐渐成熟，美军在塔拉瓦所获取的经验，对于以后的登陆战具有极其重要的价值和意义，因此塔拉瓦岛战斗被美国海军战史专家莫里逊形象地誉为"胜利的摇篮"。

（十五）"疾风之鹰"——美军第101空降师

美国陆军第101空降（空中突击）师，昵称为"呼啸山鹰"，第101空降师由于其臂章上有一个正在嚎叫的鹰头，而被称为"鹰师"或"嚎叫的鹰"，它是隶属于美国陆军的一支空降师，其作战和训练是为空降突击行动服务。第二次世界大战结束后在越南战争期间，第101空降师被整编确立为空中突击师，由于历史的原因，这个师一直保留了"空降兵"这个标志符。

第101空降师的历史可追溯到第一次世界大战，美军于1918年7月23日正式组建了第101步兵师，但该师未及出征战火已停。第二次世界大战期间，美国陆军于1942年8月16日，在美国路易斯安那州的克莱伯尼训练营正式组建第101空降师，其人员装备主要来自第82摩托化步兵师，威廉准将出任第101空降师的首任师长。威廉准将向他的新部下宣布刚成立的101空降师虽然没有历史，但他却受命于危难之时，我们将要执行重要的军事远征，而且我们要经常性的完成各种任务，我在这里要提醒你们，我们的徽章是一只美国最伟大的雄鹰，这贴切的徽章预示着这个师将会像从天而降的闪电一样击垮一切敌人。

1942年10月，第101空降师开始在北卡罗来纳州布雷格堡进行严格的训练，训练是十分艰苦的。士兵们不仅要学会基本的步兵技能，还要学习新的战争法则，在整个秋冬两季，威廉将军都致力于建立一套崭新的空降作战战术。当年夏天，第101空降师在第二次陆军机动演习中证明自己已具备相当地作战能力，1943年6月底，第101空降师完成了所有的训练任务。8月，全师正在进行建师周年纪念活动时，师的先遣小组却悄悄奔赴英国，为部队赴欧参战打前站。9月，全师开始陆续登船开赴英国。在英国基地，第101师继续进行各种训练，这期间，威廉师长因病离任，刚刚参加了意大利战役的第82师炮兵指挥官泰勒将军调入，接掌了师的指挥大权。1944年3月，美军进行了一次大规模的演习，英国首相丘吉尔、盟军最高统帅艾森豪威尔，以及许多的军政要员观摩了这次演习。第101空降师作为演习的美军新武器登场，因为泰勒新到部队不久，他便让师炮兵指挥官、陆军准将安东尼·麦考利夫向丘吉尔和艾森豪威尔简要介绍部队的情况，演习的结果是美军的空降部队获得了一致的好评和尊敬，并奠定了空降部队在后来的诺曼底登陆的地位。

1944年5月，第101师接到了参加诺曼底战役的命令，全师官兵个个兴奋不已，等待了两年之后，他们终于得到了驰骋云天、为国建功的机会。在这次战役中，第101空降师的任务是在瑟堡半岛犹他滩头的敌军防线后面空降，肃清该地域内敌军，控制盟军登陆场后方地域，配合地面部队登陆，在那里他们要清除路障，为第4步兵师打开前进道路，还要阻止任何敌军向犹他滩头的增援行动，并夺取后方杜佛河上的桥梁及其他要地。作为美国军队中的精锐作战部队的第101空降师在诺曼底登陆日的前夜，也就是6月6日，全师所属部队计8个营全部进行伞降作战，空降到诺曼底德军阵线的后方。第101空降师6000多人搭乘C-47运输机飞到了法国上空，在接近伞降场时，他们遭到德军高射炮火的猛烈射击。许多运输机为了躲避高射炮火，把伞兵撒得到处都是。师长泰勒将军最初只能集合起百来人，并且大多数是军官。在带领他们去夺占通往"犹他"滩头的堤道时，他不无幽默地说："从来没有这么少的人受这么多人的指挥。"在此次空降作战中，第101空降师浴血奋战5昼夜，赶走了德军第6伞兵团，占领了卡朗唐，一直坚守到美军装甲部队从滩头赶来。在这场著名的诺曼底登陆战中，第101空降师连续激战33天，出色地完成了作战任务，该师由此一举成名，第101空降师的一些部队被授予"优异部队嘉奖令"。

1944年8月25日，该师成为第18空降军的一部分，并编入第一联合空降军，作为该军的一部分，该师参与了有史以来规模最大和最为大胆的空降作战行动——"市场花园作战行动"。被投入德军后方的他们在3天里击毙了德军300余人，俘虏1400余人，开辟了一条数千米的安全地带。第101空降师成功地击退了德军的反扑，解放了几个荷兰的城镇，有几次的战斗接近于残酷的白刃战，空降军的英勇战斗为盟军向安特卫普的进攻争取了宝贵的时间。11月底，安特卫普被盟军攻占，28日第一艘补给船驶入港口，巴顿将军亲自入城为官兵们颁奖授勋，艾森豪威尔将军也亲自向第101师颁发总统嘉奖令，他说"美国历史上，还从来没有一支陆军师因为自己的优异战绩得到战争部以总统的名义授予的嘉奖，今天的事情标志着美国陆军的一个新传统开始!"第 101 空降师随后接到放假休整的命令,但不久,德国人的阿登大反击打断了士兵们宝贵的休息时间。

1944 年 12 月 16 日,德国军队以 13 个精锐师的兵力发起了阿登反击战,他们的目标是占领比利时和法国接壤的阿登森林地区,瘫痪向西进攻的盟军,然后转向东线全力对付苏联红军。德军最初的进攻十分顺利,盟军陷入了崩溃状态,德军几乎突破了所有的盟军防线并向纵深推进。12 月 17 日,第 101 空降师接到命令,全力增援北部重镇巴斯托涅。巴斯托涅位于阿登东部公路网的中心,德军在西线的胜利取决于击败第 101 空降师和占领巴斯托涅,巴斯托涅的战斗是极其激烈的,德军进攻的欲望和盟军死守的决心一样的强。12 月 20 日,巴斯托涅被完全包围,第 101 空降师面对德军 5 个师的轮番进攻,始终坚守阵地,12 月 22 日,德军命令第 101 师缴械投降,而代理师长指挥的麦考利夫给予的则是一句简短而有名的回答——"呸!"激烈的战斗直到 12 月 26 日美军第 4 装甲师突破德军重围进入巴斯托涅为止。随后,第 101 空降师和第 3 步兵师一起清剿了阿登地区的德军,结束了德军的占领。保卫巴斯托涅的第 101 空降师赢得了"优异部队嘉奖令",在美国陆军历史上,全师获得这一荣誉还是第一次。第二次世界大战时的西方盟军总司令艾森豪威尔将军,曾这样评价过麾下的这支部队:"无论何时,只要你说明你是第 101 空降师的士兵,那么,每一个人,无论他是在大街上、在城市里、还是在前线,都会对你寄予绝对不同寻常的期望。"

在巴斯托涅的围困之后,第 101 空降师向鲁尔地区进发,它在接下来的鲁尔包围圈之战中再次大出风头。有一个完整的德国集团军驻扎在鲁尔,它是德军唯一一支未受重创的部队。从 1945 年 4 月开始,美国第 1 和第 9 集团军开始对鲁尔发起进攻。德国人用尽一切手段和盟军作战,但由于他们严重缺乏补给,最终无法抵御美军的强大攻势,4 月末,整个德军集团被消灭,美军俘虏了 32.5 万名德军。

第 101 空降师在第二次世界大战中的最后一次战斗任务是攻占希特勒的休养地贝希特斯加登。这次它再次与美军第三步兵师合作,顺利地完成了作战任务,随后,它就驻守贝希特斯加登,并在那里接受了德国党卫军第 13 师等部队的投降。1945 年 11 月 30 日,第 101 空降师在欧塞尔退出现役。自 1942 年创建以来,第 101 空降师屡上疆场,身经百战,创下了一个个辉煌战绩。该师有一个响亮的绰号,叫"呼啸山鹰",师徽是一只印在黑色底色上的美国鹰的鹰头。据说,这个标志产生于 20 世纪 20 年代,当时第 101 师还是支步兵部队,到威斯康星州驻训,他们听说在内战期间,当地有一支著名的第 8 威斯康星步兵团,每次开赴前线时都要带上一只名叫"老艾伯"的美国鹰,受到启发,便把鹰当成了自己的象征和标志。设计者恐怕并没有想到,第 101 师以后真的成了一只翱翔蓝天、叱咤风云的"钢铁雄鹰"!

（十六）第二次世界大战中规模最大的空降战役——"市场花园"行动

1944年9月8日，英国首都伦敦面临了一个可怕的突发威胁，"复仇天使"V2导弹的出现，使战况又出现了新的危险与恐惧。在这种形状怪异的武器面前，英国人感到惊恐万分，导弹爆炸后所引发的火灾也让英国的生产力急剧下降，到战争结束时，为躲避导弹的打击，有145万英国人被迫离开了伦敦。

由于V2导弹的发射基地设在荷兰境内，为了消除它的威胁，蒙哥马利元帅提出了一个冒险的军事行动计划——"市场花园"行动。该计划是以三支空降部队分别是美国第82空降师及第101空降师，与英第一空降师组成第一空降军团，由伞兵们先行空降敌后占领横跨莱茵河上的5座大桥，巩固后待装甲部队抵达会合，再一举进入德国边境，然后主力将扫向鲁尔工业区，使德国失去经济命脉而提早结束战争。

这个计划刚开始就遭到了美军将领的激烈反对，布莱德雷认为这个计划充满诡计和欺骗，冒险战略，简直不像是出自极端保守的蒙哥马利之手。盟军最高统帅艾森豪威尔并不喜欢性情古怪的蒙哥马利，对"市场花园计划"也存有疑问，他认为在后勤补给困难的情况下，实施这一计划甚为冒险，但由于来自盟国高层的压力，艾森豪威尔还是同意了这个计划。盟军高层的参谋人员和指挥官们无法预见战争的进程和结局，乐观的情绪影响着他们，他们不知道，千万名盟军士兵即将走向地狱。

自从在诺曼底登陆之后，盟军都普遍认为德国已经土崩瓦解了，德军都在溃败，胜利指日可待。尽管有很多情报可供利用，但对德军装甲部队在该地区的集结规模仍然未予重视，实际上德军远没有他们想象的那么不堪一击，德甲的战斗力仍然很强。对于盟军来说，在狭窄的地段上进行纵深突击，把希望寄托在快速回合和良好的天气条件上，这都是赌博性的冒险行为，但在一心只想快速取胜的时候，当然也值得一试，甚至有些危及作战成功的行动，也被毫无根据的接受下来。

在遭到了1944年夏季东线、诺曼底战役和塞纳河保卫战的巨大损失之后，德军此时已匆忙组建了10个装甲旅，这些部队被派往预计中的最危险的盟军进攻地段进行防御，"豹"式坦克的炮塔上甚至还没来得及喷涂编号，德国人就出发了。1944年9月中旬的一个清晨，空气中弥漫着薄薄的一层雾气，乡村的景色美极了，零星的农舍点缀在一望无际的田野和牧场上，林子里还有鸟儿在欢唱。

战争看起来离这里很遥远，但这种宁静很快就被德国坦克的轰鸣声打破了，在荷兰埃因霍温与阿纳姆之间，也就是"市场花园"行动主要的空降地区，人们被巨大的引擎声所吓呆，德国人来了。所不同的是这次德国人不是骑着偷来的自行车或牲畜慌乱不堪地向德国溃退，而是向相反方向——艾德霍芬进军，看看他们装备了什么：坦克、火箭发射车还有大炮！

"豹"式坦克

盟军情报部门认为在荷兰的德军是由老人和孩子组成的，没有什么战斗力，也没有装甲师。虽然也有人向他们提醒过荷兰有装甲师，并有照片，但最高统帅部显然不想再错过这次机会。

1944年9月17日上午，英国机场上空风和日丽，风速仅为每小时8英里，按照西欧的标准，这是一个飞行的好日子。9点45分，盟军1545架运输机拖曳着478架滑翔机，在1131架战斗机的护航下，从英格兰南部中央的24个机场凌空而起，向远方飞去。庞大的机群保持着整齐的队伍，轰鸣声充塞在天地之间，人类有史以来最大规模的空降作战行动开始了！艾森豪威尔的计划是调用盟军三个空降师加一个波兰的空降旅在荷兰的腹地空降，控制住荷兰的桥梁，空降师只需守桥两天地面部队就能到达。盟军的空降十分顺利，虽然在白天，没有遭到德军的什么抵抗，但落地后就不同了，德军显然和他们想象的并不一样。对盟军空降部队来说，"市场花园"行动是一次令人沮丧的经历，英国第一空降师在阿纳姆几乎全军覆没，他们遭到德军两个装甲师的集中攻击，原计划让英国第一空降师作战两天，而实际上他们孤立无援地坚持了10天。在这10天中，前线与盟军后方以及英国的联系中断，甚至连师属各独立营之间也失去联络，进攻中相互不协调，以致对战斗情况产生很多误解。根本不存在战斗机的空中支援，而货运飞机空投物资还是根据前几天的指示进行的，结果把80%以上的补给投到德军手中。他们在下莱茵河着陆时共有1万名士兵。到9月26日时，第一空降师仅剩下2163人，伤亡7000多人。突围后的第一空降师被送回英国，以后再也不能独立的执行任务了。

在整个"市场花园"行动中，盟军空降兵共损失约1.47万人，德军损失3300人，在此次战役中，盟军因错误估计德军在阿纳姆地区的兵力，空降地域距目标过远，地面部队进展缓慢等原因，没有达到预期目的，英军第一空降师的一位战地指挥官面对那座他们永远也未能到达的阿纳姆大桥哀叹道："那些桥对我们来说太遥远了！"

盟军自 1944 年夏季开始的诺曼底登陆带来的荣耀一直到 8 月份达到了巅峰，可是它却在荷兰冰冷的雨季、烂泥和混乱中结束。对于盟军士兵来说这是场噩梦，他们无法在圣诞节回家了，德国人根本没有被打败，还差得远呢！通过这次战役对德军抵抗力量的考验表明，敌人仍然很顽强，他们不仅可以成功的防守住皮尔的战线，还可以发动令人吃惊的强大反击。

盟军必须面对的事实是：市场花园行动彻底失败了。德军还成功的迟滞住了盟军进攻，最终是德军，而不是盟军自己，决定何时何地让盟军推进到马斯河。10 天的"市场花园"行动让盟军的空降部队共损失了 1.7 万人。虽然使盟军向前推进了 96 公里，从战术上说成功了 90%，但从战略上说百分之百地失败了。

诺曼底是盟军伟大的空降胜利，而"市场花园"行动却是盟军空降的惨败，盟军在 1944 年结束战争的希望破灭了。

（十七）攻克"太平洋上的坚固要塞"——哥黎希律岛空降战

美军逼近马尼拉后，为切断日军的海上补给，防止日军从海上撤走，决定以空降兵协同登陆兵，夺取马尼拉湾出海口处的哥黎希律岛。哥黎希律岛位于菲律宾马尼拉湾狭窄出海口的中间，扼马尼湾的咽喉，是掩护马尼拉港的大门，被称为"太平洋上的坚固要塞"。

1941 年 12 月 24 日，日军进攻吕宋岛，马尼拉受到威胁，麦克阿瑟将军被迫把他的司令部由马尼拉撤至哥黎希律岛。1942 年 3 月 11 日晚 7 时，麦克阿瑟带领家人及有关人员趁夜暗乘 4 艘鱼雷艇撤往澳大利亚。

走之前，他派人请来即将接替他指挥的温莱特将军，对他说："守住这里，直到我回来和你会合为止。"但当 5 月 6 日该岛遭到日军攻击时，温莱特将军并没能坚持住，而是被迫投降，该岛被日军占领。

日军占领哥黎希律岛后，在岛上部署了约 6000 人，由海军军官坂垣指挥。由于该岛地理位置重要，日军在岛上严密设防。坂垣曾得到山下将军关于"美军有对该岛实施空降的企图"和"加强反空降措施"的指示，但他绕岛巡视后认为哥黎希律岛地势狭小、险要，美军不可能对其进行空降突击，因而未做任何反空降准备。坂垣把主要防守兵力部署在顶部和马林塔山上，用于对付海上的登陆，把预备队隐蔽在马林塔山隧道内，指挥所设在顶部台地上，与所有部队都有电话联系。

1945 年，太平洋战争进入最后关头，美军对日军展开全线反击。1 月 9 日美军在仁牙因湾登陆，31 日，空降兵第 11 师又在纳苏格布登陆和伞降，从而形成南北夹击马尼拉之势。战斗进行了半个月，由于日军重兵防守，仗打得非常残酷。为了切断日军的海上补给，防止日军从海上撤走，美军决定以空降兵协同登陆兵，夺取哥黎希律岛。美军为夺取哥黎希律岛，组成了"岩崖部队"。该部队由美伞兵第503团和步兵第34团3营编成，由伞兵第503团团长琼斯上校指挥。

美军要想空降突击夺取哥黎希律岛确非易事，因为该岛没有便于空降兵着陆的地方。唯一适合空降的地域，是位于岛的尾部的金德里机场，但它离山顶台地太远，而且日军的主要阵地正处在跑道上面的峭壁上。为了解决这一难题，美军一名空降参谋建议在山顶台地实施伞降，这样既可以控制制高点，又能出敌不意。琼斯上校看过空降地域的航空照片后，决定采纳参谋的意见，挑选山上仅有的两块比较开阔的高尔夫球场和练兵场作为空降场。

1945年2月16日，天刚蒙蒙亮，从陡峭峡谷中徐徐升起的晨雾气过哥黎希律岛上的练兵场和高尔夫球场。这时，停泊在马尼拉海湾口外的美军3艘重巡洋舰、5艘轻型巡洋舰和14艘驱逐舰开始对岛实施炮击。

舰炮射击后，美军第5和第13航空队的70多架轰炸机和攻击机又从7时47分开始把3100余吨倾泻到岛上各种军事设施和炮兵阵地上。岛上的35个高射炮阵地被摧毁，到处是断垣残壁和被炸断的树木，日军的所有电话线都被炸断，坂垣的指挥所已和外界完全失去联络。

8时30分，正当美军的航空火力从顶部台地转向岛的尾部地带时，首批C-47运输机经过1小时15分的飞行，在海拔330米的高度上成两路纵队从西南方向进入了哥黎希律岛上空。

伞兵着陆后，只受到日军微弱的抵抗，因此迅速地控制了空降场。当美军伞兵对日军发起攻击时，坂垣才开始明白，他已处于空降突击之下。由于电话线被炸断，他手持军刀冲出指挥所，企图亲自组织反击。

可是坂垣刚出指挥所几步，被风刮到峭壁后面的一颗美军伞兵扔的手榴弹在他身边爆炸，坂垣当即被炸死，跟随他的传令兵也被美军生俘。由于岛上事先无反空降准备，日军的指挥官又在战斗刚刚开始就被打死，日军失去指挥，不能组织有效的防御，顶部台地的防御阵地很快被美军突破，日军则被分割包围，由于缺少指挥和通信联络，虽然有时从洞穴出来与美军伞兵进行白刃战，但也无法夺回主动权。

随着夜晚的降临，日军的扰乱性攻击开始了，黎明时分，日军从切尼山谷向外发起了一次猛烈的反冲击，一支600人的日军部队一直打到练兵场，后来遭到美军打击，因伤亡惨重而败退下去。在随后几天里，美军遭到固守在坑道和岩洞内的日军的顽强抗击，双方展开激战。截至2月底，除了美军在岛上追捕日军零星的狙击手外，整个哥黎希律岛已平静下来。

这次空降作战，是在地形气候条件非常不利的情况下实施的。但由于出敌不意，攻敌不备，"岩崖部队"一举夺取了该岛。日军亡4500人，被俘19人，"岩崖部队"也遭受严重损失，参加作战的共4000人，伤1000余人，亡197人。

3月2日，美军太平洋战区司令麦克阿瑟将军邀请和他当年一起逃离哥黎希律岛的人，又乘4艘巡逻鱼雷艇，沿着他们离开时的路线驶往该岛，所不同的是，三年前他是在阴沉的黑夜逃离该岛，这次则是带着胜利的喜悦在青天白日下返回。

登陆后，麦克阿瑟看到的是挂在树枝上零零落落的降落伞，当年总部的白色营房只剩下一个躯壳。当夺取该岛的指挥官琼斯上校走上前欢迎时，麦克阿瑟对琼斯说："我看见那根老旗杆还立在那里，请吩咐你的士兵把军旗挂到旗杆顶上去，决不能再让敌人把它扯下来！"

（十八）"自愿者和犯人"组成的部队——党卫队第五百伞兵营

1943年10月，党卫军第500伞兵营组建于捷克斯洛伐克，早在1937年，党卫军领袖海因里希·希姆莱就想建立一支由自愿人员组成的伞兵分队，但是由于种种原因，这个计划一直未能实现。第500伞兵营的组成人员比较复杂，有来自党卫军各单位的志愿兵，以及但泽的军事监狱和达豪党卫军惩戒营中的一些有犯罪记录的人。

这支部队一般被认为是一支"刑事部队"，但事实上这支部队是由志愿者和党卫队内部的一些曾被指控犯有轻量罪行的犯人所构成。其中很多人有过纪律处分记录，多半是因为他们拒绝去执行一些非军事目的的行动，还有一些人曾有不支持纳粹的言论。这些"不光彩"的党卫队人员一进入这支部队便全部恢复了他们原有的职位，但他们需要在这支部队中戴罪立功。因此，这个营的部队番号表明这是一支受审查的"缓刑"部队，尽管这个营超过半数的人都为志愿人员。

党卫军第500伞兵营的官兵均身着党卫军野战制服，配以伞兵跳伞服和M-38式钢盔，武器也是伞兵制式的，如无后坐力步枪和FC-42自动步枪。1943年10月，这个新成立的党卫队第500伞兵营的部队在捷克斯洛伐克开始集训，它的首任指挥官是来自党卫队第十装甲师的党卫队二级突击队大队长赫伯特·吉尔霍夫，11月，他们被送到塞尔维亚/波斯尼亚的第三空降兵训练学校进行跳伞训练，此后又前往匈牙利继续训练，并在那里完成了所有的科目之后，伞兵营返回了南斯拉夫，开始执行反游击作战。

在第二次世界大战中，南斯拉夫是一个特殊的战场，那里抵抗运动的规模远远超过其他欧洲国家，因此法西斯占领军的表现也更加残忍和疯狂。从1941年开始，德军相继对铁托领导的南斯拉夫游击队发动了 4 次"围剿",但是游击队顽强地熬过了最艰难的时期。进入 1944 年,游击队变得比以往更强大了。在英国和苏联的帮助下,战场上的主动权已落入铁托手中。整个南斯拉夫农村都在游击队的控制下,而德国人及其傀儡只能龟缩在主要交通线上的大城市里。

1944 年 2 月,第 500 伞兵营的官兵接到了他们的第一次任务,但这次并不是空中突击,而是肃清南斯拉夫的游击队。伞兵部队被首先计划用于即将在南斯拉夫进行的新一轮清剿在波斯尼亚—黑塞哥维那的铁托领导的南斯拉夫游击队行动。其计划中最大胆的行动——突袭在图兹拉的南斯拉夫游击队最高统帅部的任务将由党卫队第 500 伞兵营的伞兵们完成,计划目的就是要活捉铁托。

突袭将于 5 月 25 日也就是铁托的生日这一天开始,总共投入 654 名伞兵,一半伞降,一半乘坐滑翔机降落,行动名称为"跳马行动"。5 月 25 日,伞兵顺利空降到指定地区,在那里,他们遭到顽强抵抗的游击队员的阻击,伞兵们只能艰难地一边作战一边向铁托指挥部所在的山洞进攻,他们在从滑翔机上下来的战友帮助下终于冲进了铁托的指挥部,但是失望的伞兵只能在那里找到游击队的裁缝为庆贺铁托的生日刚为铁托做的一件新元帅制服。

从山洞逃出去的铁托开始着手对德军发动反击,他命令驻扎在德瓦尔城郊的部队火速前来增援,大约 9 时许,第六利卡无产阶级师接到命令,他们从 12 公里外的驻地跑步赶来投入了战斗,第 500 伞兵营遭到了游击队的围攻,损失极大,5 月 25 日到 26 日的一整夜中,伞兵营击退了游击队一次又一次的进攻。此时的士兵们都已筋疲力尽了,且包括雷伯卡在内的许多人都受了伤。

在 26 日的黎明到来前的那个夜晚,对于他们来说真是太漫长了!直到党卫军欧根亲王师赶来支援,才把第 500 伞兵营救出重围。在这场战斗结束后,党卫队第 500 伞兵营只有 200 人安然无恙地幸存下来,他们是幸运的!

6 月 3 日,铁托从姆利尼什特附近一个游击队控制的机场搭乘英国飞机前往意大利的巴厘岛,6 月 6 日,皇家海军的"猎人"级驱逐舰"布莱克默"号把铁托送到了维斯岛,在那里,铁托将度过第二次世界大战余下的岁月。在德瓦尔,皇家空军从 5 月 26 日起,开始对游击队提供空中支援,一周之内,出动了大约 1000 架次的飞机对德军展开攻击。游击队的主力趁机冲出了德军的包围圈,德国人精心策划的"跳马"作战计划只好不了了之。"跳马行动"失败后,第 500 伞兵营继续被用于清剿游击队的作战中,到 1944 年 6 月,党卫队二级突击队队长谢格菲尔德·梅缪斯接替成为部队指挥官时,这个原来有 1000 人的队伍只剩下 15 名军官、81 个士官和 196 名士兵了。

1944 年 7 月 10 日,这个营随同"大德意志"师的一个团前往维尔纽斯去解救陷入重围的德军部队，并掩护伤员和给养物资撤退，以避开苏军装甲部队的进攻。他们将俄国人的推进拖延了两个多星期之久，直到德军部队完全撤出维尔纽斯城。当月，党卫军第500伞兵营奉命从东线撤回到奥地利，在那里，它被更换番号为党卫军第600伞兵营，从此，他们已经不再是一支有犯罪记录的部队了，其"缓刑部队"的身份也不存在了。这个营先是做了一段时间的"战场救火队"，然后一个新的任务来了，这次带领他们战斗的是德国特种作战的英雄，党卫队一级突击队大队长奥托·斯科尔切尼，目的是阻止匈牙利的独裁者霍尔蒂海军上将退出战争。

这年秋天，斯科尔兹尼化装为一个平民潜入匈牙利的布达佩斯，在这里他成功地囚禁了意图与盟军媾和的匈牙利独裁者霍尔蒂。

1944年12月的阿登战役中，这个重命名的伞兵营的两个连很快又作为奥托·斯克尔兹内的第150装甲旅的一部分参加了决定命运的阿登攻势。第150装甲旅，事实上这是一支特种作战部队，它的前身就是党卫军的奥宁堡特种训练班，也称奥宁堡部队。这个150装甲旅在阿登反击中由于个别特种士兵的勇敢和狡诈而名声大噪，阿登反击失败后，这个营的余部又赶赴奥德河前线去帮助巩固东岸的阵地，但最终他们还是挡不住强大的苏联红军的攻势，于1945年4月1日撤到了奥德河西岸驻防。斯科兹内拼凑了两个营，再加上第600伞兵营的单位，组成了"施韦特森林"防线。到了7日，更多的杂牌部队被拼凑起来，整个施韦特要塞有1.5万名守卫者。苏联红军并没有给他们太多的时间，9日苏军便开始进攻施韦特。

3月3日，第600伞兵营的残部从城市的废墟上撤退，到了28日，伞兵营只剩下38人了，这支小小的部队又坚持了半个月，在战争临近结束时，党卫队第600伞兵营已经被孤立在德国北部的小块地区。最后，他们为了不落入俄国人的手里而于1945年5月初向美军投降。党卫队第500、第600伞兵营的命运就这样结束了，虽然他们从1943年组建到1945年投降，但在这并不长的时间内他们参加了南斯拉夫、阿登和东线的许多重要行动。虽然他们曾是一支有着不光彩历史的队伍，但在战争的最后几个月中所表现出来的团结拼搏的集体主义精神，使他们无愧于胸前的"Diving Eagle"徽章的一支精锐部队的称号……

（十九）撒旦之翼——第二次世界大战期间的日本"神风"突击队

在日本，所谓的"神风"就是现在所说的台风，据说，1274年，元世祖忽必烈先后两次派出强大的舰队攻打日本九州，每次都是在眼看日本就要被征服时，海上突然刮起强烈的台风，使蒙古大军船毁人亡，全军覆没。素来崇尚神灵的日本国民便把这两次葬元军于鱼腹、救日本于转瞬的暴风称之为"神风"。

进入1944年，即第二次世界大战结束的前一年，战争局势对日本愈加不利，特别是在太平洋海战场上，日海军更是连连受挫，节节败退。其航空兵却为此元气大伤，面对日本全线崩溃的危局，刚刚就任日本第一航空舰队司令的大西泷治郎中将认为："最大效率地使用我们的微薄力量的唯一办法就是组织由'零'式战斗机编成的敢死攻击部队，每架带上250千克炸药，俯冲撞击敌航母，只有这样，才有可能阻止住美军的锐利锋芒以挽救危局，此外，别无他法。"

大西泷治郎的想法得到了许多狂热的日本飞行员的欣赏。10月19日深夜，大西召集第一航空舰队的精华，成立了以寻歼航母为目的"神风"突击队。当大西泷治郎询问上尉关行男，是否愿意带领此种史无前例的"神风"突击队，据闻当时23岁，刚刚结婚才4个月的关行男，闭起了双眼，低下头沉思了10多秒，才说出"请让我去带领他们"。如此，世界上第一个"神风"突击队小组产生。

而关行男成了这一小队的第24名队员，无法跟自己的太太再见一面，就在自杀式的攻击中阵亡。

后来，日本的"神风"突击队全部由十六七岁的青少年组成，他们的任务危险艰巨，生还的概率很渺茫，通常是为了扭转战局才付以使命。

在太平洋战争中，面对盟军的最后进攻，一批又一批稚气尚未脱尽的日本青少年，在空战中高呼"效忠天皇"的口号，驾驶飞机冲向对方与之同归于尽。

1944年10月17日，历史上规模最大的海战——莱特湾海战拉开帷幕，而一场血淋淋的"神风"特别攻击亦在此战中首开先河。

25日上午10时50分，莱特湾海面一片寂静，突然，美"范肖湾"号护航航母的瞭望哨发现9架日机直奔美航母编队而来，由于日机飞得很低，雷达没有发现，不一会儿的工夫，只见5架"零"式战斗机从天空你追我赶的混乱中出现，朝着航母编队的方向俯冲下来，这5架日机是由新婚不久的关行夫海军大尉率领的。其中一架"零"式战机扫着机枪朝着"基昆湾"号护航航母冲了下来，此时"基昆湾"号上的舰员们还认为它会再次拉起来，不料它却直冲着航母左舷的狭窄通道撞去，只听一声巨响，飞机炸成碎片，"基昆湾"号甲板上顿时血肉横飞。

另外两架则咆哮着冲向"范肖湾"号航母，显然也是要撞击它，庆幸的是"范肖湾"号上的舰面火力将其击中，飞机在临近航母的刹那间解体。最后两架日机则对准了"怀特普莱恩斯"号航母，在"怀特普莱恩斯"号猛烈的舰面火力打击下，两架日机均被命中，然而其中一架却拖着长长的浓烟，一个右转弯向着"圣洛"号航母冲了过去，似乎是要降落，但在着舰的瞬间，飞行员把飞机一翻，轰隆一声坠毁在"圣洛"号的飞行甲板上，停机甲板上顿时成为一片火海，继而引起舰内一连串剧烈的爆炸，久经海战片甲未损的"圣洛"号航母却因此葬身海底。

莱特湾海战，日"神风"突击队共出动"神风"机55架，击沉美航母1艘，重创4艘，轻伤1艘；击沉巡洋舰1艘，重创1艘，另击沉、击伤其他各种小型舰船若干。莱特湾之战首开有组织的自杀飞机攻击的先河，此后，"神风"特攻愈演愈烈。由于自杀式飞机能高速飞行，在飞行员的操控下，它相当于一颗精确制导炸弹，爆炸效果非常不错，一架自杀飞机如果击中目标，有可能炸沉美军一艘驱逐舰甚至航空母舰。这也就成了日后日本军部为何大规模运用自杀飞机进行攻击的原因之所在。"神风"突击队被普遍称为"特种部队"——飞行员们没有把自己称为"神风"突击队员，但这个词很快就传开了，并深深印在西方人的脑海里。

最初的特种部队都是被他们的上级直接要求自愿执行这种任务的，但后来飞行员们还是被要求填表声明他们是否愿意执行这种任务，绝大多数飞行员都说他们愿意。因为飞行员们知道他们的生还机会微乎其微，所以当时他们一心想着应该抓住一切机会阻止敌军登陆日本海岸，这样他们才不会白死。

前"神风"突击队队员中岛说："没有人追求死亡或试图自杀——我们这样做是因为我们有责任保卫我们的国家。对我来说，两者有重大区别。"但也有报道说部分"神风"突击队队员是被迫的，尤其是在战争后期，指挥官甚至命令其空军的优秀飞行员一并充当敢死队。

他们强求志愿送死，年纪轻轻便要接受为祖国、家人，甚至神的荣耀和家人的荣誉去送死的命运，因此即使心中有不愿意也必须默默接受。不能否认，有不少"神风"突击队员是在这种状态下踏上飞机的。

这种把人当成导弹驾驶仪，把飞机变成导弹的方法是迄今为止战争史上规模最大、最残酷的自杀攻击行动。这种疯狂的行为令美国人不寒而栗，眼睁睁地看着一架飞机不顾死活地向你的舰只撞来，飞行员决心和你一起炸得粉身碎骨，这真是使人周身血液都凝固了。

"神风"攻击产生的最直接的后果，是使美国对在日本本土进行登陆作战的代价做了最充分的考虑，最终决定在广岛和长崎投下原子弹，迫使日本投降。大西泷治郎中将在天皇裕仁宣布投降后，为对他推出的战术造成的约4000名日本青年的死难者及其家属致歉，切腹自杀身亡。目前还活着的"神风"突击队队员大约只有几百人，而驾机出击之后尚能生还的更是极少。

（二十）人操导弹——日本"樱花"式火箭特攻机

在第二次世界大战中，德国的v1和v2可谓是导弹的先驱，日本也发明了一种

"导弹"，可惜日本的"导弹"与德国的导弹有着本质的区别。

在现代战略攻击武器中，有一种机载飞航式导弹，它的外形和一架小飞机一模一样，有机身、机翼、尾翼和各种操纵面，后机身内装一颗弹头。它被挂在战略轰炸机的机身或机翼下面，由轰炸机把它带到距轰炸目标几百甚至上千千米的距离处投下，靠其本身的动力、自动驾驶仪和导航设备飞向目标。

日本"樱花"式火箭特攻机

1945年3月下旬，美、日在冲绳岛西南海面上空所进行的20分钟空战中，美国飞行员看到的不是用自动驾驶仪驾驶的导弹，而是由将要与目标同归于尽的敢死队员驾驶的炸弹，简称"人弹"。

日本军国主义分子给这种有人驾驶的炸弹，起了个很动听的名字，叫"樱花"，使用樱花作战的部队被称为"樱花特攻队"。

1944年8月，日本在太平洋战场已是四面楚歌，为重振所谓的"大和之魂"，日本军方认为，抗衡美军优势海军力量和强大生产能力的最好办法就是"一机一舰"，只用一个人就可以击伤或击沉一艘航空母舰或战列舰，并让1000名敌人和自己一起葬身鱼腹。为此，日本海军航空研究机构研制了一种速度无法截击、尺寸小、携带炸药多、动力装置简单、几乎不装设仪表、不再装设起落装置，采用木质结构的飞机，这就是"樱花"自杀飞机。准确地说，它并不是飞机，而是一种"人控炸弹"。

一款利器为什么会起一个这么优雅的名字？实际上它有着很深的象征性并非随意取的。

在日本京都的京都御所有一座紫宸殿，在通往大殿的石梯左侧伫立着一排璀璨的樱花树，这些神圣的树木被视为守护神并且给予官职。因此日本军方以"樱花"命名飞机就是希望这种飞机与它们的驾驶员一起能像那些在紫宸殿前的神树一样，成为日本帝国的守护神。

樱花飞机，是世界上唯一的一种专门以自杀攻击为目的而设计的飞机。也许盟军对它恨之入骨，所以很快给了它一个"八格"的绰号，它似乎来自日文中的"蠢货"一词。樱花飞机不是第一个飞上天的喷气式飞机，它甚至都还没走出原型机阶段，一生中只接受过两次试飞，然而它的诞生却是第二次世界大战时日本航空技术达到巅峰的标志。

该飞机由母机携带升空后，在距离海上目标数十公里处投下，然后靠火箭发动机作短暂推进，在进行一定的机动飞行后，俯冲滑翔到目标上空，最后以直接撞击的方式与目标同归于尽。

在实战中，"樱花飞机"的使用却并没他们所希望的那么理想，1945 年 3 月 21 日，九州东南方向海面上的美国海上机动部队遭到日海军神雷特攻飞行队的奇袭，这是樱花自杀飞机首次参战。

当天，在野中五郎少将的直接指挥下，共出动 18 架 1 式陆攻轰炸机和 16 架"樱花 11 型"，在 30 架战斗机的掩护下，从鹿屋基地出发直扑美国舰队所在地。可就在距目标 110 公里处，突然遇到 F6F"泼妇"式舰载战斗机的凌厉攻击，一时间令日机方寸大乱。笨拙的 1 式陆攻为了仓促应战，纷纷扔掉樱花。经过短短十几分钟的空战，日机悉数葬身鱼腹，无一幸免，樱花首战大败。

"樱花"是一种特别攻击机，由横须贺第一航空工厂研制，全木制，装有推力为 79 千牛的火箭发动机，载有 1200 千克烈性炸药，最远航程 37 公里，由 1 式陆攻机作为载机，这种"人弹"最大速度可达每小时 876 公里，这在当时已是很了不起的高速度，因为当时最好的活塞式战斗机的最大速度只有每小时 700 多公里。

1944 年 10 月，一架"樱花"原型机在相模湾上空成功地进行了第一次投掷滑翔试验。11 月，在鹿岛海滩上做了首次（无人驾驶）撞击地面靶标的实验。

1945 年元月，空技厂在相同空域以遥控方式对樱花进行了飞行性能的测试。测得在 3500 米高度的最大滑翔速度为每小时 463 公里，如果打开发动机助推，则可达每小时 648 公里。

"樱花"特攻队又名神雷特攻队，是日本在第二次世界大战时期使用的一种特殊部队，其宗旨是飞行员驾驶满载炸药的飞行器撞击敌舰。"樱花飞机"的驾驶员是从青年飞行员中按武士道精神选出来的愿为"大日本"而死的敢死队员，与著名的神风敢死队很相似，区别在于神风队使用飞机，"樱花"特攻队使用的是一种类似于飞弹的特制飞行器。"樱花"的致命伤是续航距离过短，它必须依赖母机延长作战半径。于是，研制续航距离更远的改良型便成为当务之急，但由于喷气发动机的试制工作进展缓慢，所以改良型"樱花 22 型"最终没能投产。

日本的第五舰队利用"樱花"组织了一个专门的空中特攻队，代号"神雷"。这支部队有 50 架以岸上机场为基地的 1 式陆攻机，100 名愿意献身的"樱花"驾驶员，以及 90 架护航用的普通战斗机。

空中特攻队的队员们必须进行专门的特权训练。训练方法是每个队员都乘坐一次不载炸药的"樱花"，从飞行高度 3000 米的运载母机上抛下来，然后操纵这架小飞机滑翔下降。

实际上每试验一次，队员都等于是丢了半条命。战后活下来的原"樱花"部队

飞行员浅野昭典在接受某杂志的专访时说："由于战事吃紧，器材又奇缺，所以每一位改装樱花的飞行员只有一次总共才有两次的体验飞行。即转入特别攻击必修的俯冲训练。"对于从未接触过高速飞机的我们来说，如同一步登天。因此，一切都得靠自己的悟性和运气。

日本军国主义发动的太平洋战争，不仅给周边国家带来了无法估量的巨大灾难，也给本国人民带来了难以抹去的创伤。

到战争末期，为了挽回败局，日本最高军事当局就是这样诱骗和逼迫飞行员坐上所谓的特攻机——即"人肉炸弹"，频频撞向盟国的舰船。

"樱花"炸弹诞生于1945年初，日本海军曾对"樱花"这种有人驾驶炸弹寄予了很大的希望，企图利用这种残酷的"人弹"来击败盟国的舰队，可惜的是这种"人弹"并没有为日本军国主义挽回败局。

自从首战失败后，神雷特攻飞行队一改集体行动的战术，变为单机游猎的攻击方式，其猎物都是冲绳周边近海的美国舰只。它们或一架、或二至三架靠母机携带结伴而行，借着拂晓、黄昏或月明之夜，天光灰暗之际，看到大的目标就一头扎下去。总以为这样可以大大减少中途被歼的厄运，可惜战果依然微乎其微。由于数量有限，直到终战，也没见到"樱花"有什么杰出的建树。

随着日本的投降，昙花一现的"樱花"终归寿终正寝，只是成为第二次世界大战时日军的笑柄。

（二十一）第二次世界大战中最短命的伞兵部队——日本空降兵

日本伞兵的历史要从1944年说起了，当年，日本滨松陆军飞行学校训练部首先开始训练日本第一支伞兵部队。1941年，伞兵们转到东北白城子陆军飞行学校受训，指挥官是河岛庆吾中佐。

当年10月，伞兵正式附属于陆军航空总监陆军挺进训练部。空降兵是以伞降、机降方式投入地面作战的特殊兵种，第二次世界大战爆发后，空降作战在欧洲战场上异军突起，世界各军事强国都紧随军事发展大势先后组建了各自的空降兵。纳粹德国是当时世界上最早将空降兵投入实战并取得辉煌战果的国家，在战争初期就组建有两个空降兵师，不久又发展到8个师，在战争中无论是大规模突击，还是对局部目标的清除占领，都将空降作战理论和战斗力发挥到了极致。

看到强悍的德国空降兵不菲的战绩，法西斯小伙伴日本也不甘落后，从1940年11月便开始从德国"引进"组建了伞兵部队的技术和设备，一方面从中国战场的精锐部队和海军陆战队中选调"精英"人员去德国伞兵学校学习，另一方面又专门从德国聘请空降兵专家来日"言传身教"培训骨干，并先后将伞兵训练队扩编为伞兵旅团和海军特种陆战队，妄图以此扭转其在中国战场陷入泥潭的颓势，并为下一步横扫太平洋战场做准备。

日本的伞兵联队虽然名义上是联队，但其兵力就是一个加强大队的程度，就是三个步兵中队、一个工兵中队、一个速射炮中队和一个山炮中队，所以实际上是7个加强大队组成的，也就是一万人的规模。

日本空降兵组建后立刻受到了日军大本营的青睐，妄图依靠这支后起之秀在即将发动的"大东亚圣战"中一举击败美英等国在东南亚的军事力量，在太平洋战场创造出比纳粹"老大哥"更辉煌的战绩。

日军久米伞兵旅团是日本陆军部在滨松空降训练队基础上扩编成立的第一支伞兵旅团，该旅团成立后虽然在中国战场并无大的"建树"，但却在不久前进攻苏门答腊岛作战中有过"出色"的表现，留下了不少令人啼笑皆非的战绩。

1942年1月，日军在进攻荷属东印度群岛外围岛屿的作战中，夺占万雅老机场是日海军空降兵的首次使用，太平洋战争爆发后，日军为加快作战进程，曾在万雅老和帝汶岛登陆战以及攻占苏门答腊岛的作战中进行了数次空降作战，但均以事故高发和损失惨重而告结束，被大本营"高看一眼"的空降兵非但没有"露脸"，反而因诸多作战"奇观"而被日军最高当局骂得狗血喷头，被当时的德国军事专家尖刻地评价为"战术和技术最糟糕的空降部队"。

日军在进攻苏门答腊时，日本陆军空降兵决心在腊戌创造世界空降史上的一次奇迹，他们也确实是创造出了空降史上最离奇的大空降。一架返航的侦察机在阴暗的夜空中辨错了方向，竟与刚起飞的"零"式战斗机群迎头相撞，两架飞机当时就凌空爆炸。第一批装载伞兵的60架运输机才接踵升空，返航途中偏偏又人祸迭起，先是两架运输机在空中不慎相撞，当机群飞临机场时，又有一架运输机不知何故突然起火，机组人员和所乘伞兵无一幸存。此次空降作战，伞兵第二营亡38人，伤50人，失踪10人。

1944年10月，美军开始向菲律宾群岛发起进攻，首先攻占莱特岛。美军除继续发展进攻外，同时在岛的布劳恩等地修建简易机场，储存作战物资，为进攻山区和尔后进攻菲律宾其他岛屿进行准备。11月27日夜，日军曾派出4架飞机运送一个伞兵队袭击布劳恩机场，共60人，但未达到目的。一架飞机途中失事坠毁，一架为美军击落，一架迫降在水上沉没，一架在布里机场强行着陆，着陆后被歼。

1945年4月1日，美军在冲绳登陆。4日占领了岛上近岸的嘉手纳和读谷两个机场。美军使用这两个机场袭击日本本土和反击日军特攻机，使日军受到严重威胁。为此，日军下决心破坏这两个机场。

5月1日，日驻冲绳的第32军司令牛岛满中将制订了以空降兵为核心强行攻击机场的计划。决定使用一个"不求生还的敢死空降队"，在嘉手纳、读谷两机场机降，破坏机场设施，摧毁机场上的飞机。这支由陆军伞兵第一旅抽调120人组成的空降队，命名为"义烈空降队"，队长为奥山少校。这次作战称为"义号作战"。空降队由联合舰队司令指挥，12架轰炸机运送。

5月24日18时40分，载运"义烈"空降队的12架飞机起飞，22时飞抵目标。途中，有四架飞机因故障迫降或返航，在两个机场着陆的为8架飞机。所有飞机上，除队长乘坐的有电台外，均无通信设备，队长的飞机在飞抵目标后也即中断通信，因此，飞机着陆时的情况日军指挥部全不知道，空降队及机组人员全部战死。

在欧洲战场，美英伞兵履行的是战争任务，以数个伞兵师在对手纵深伞降，割裂对手的布阵，配合正面部队的登陆和攻势，而日本兵实际上近似于本日的空降特战部队，是战术空降部队，以营团规模夺取对手纵深内重要目标，直接协同登陆或正面部队的。比如执行的主要是奇袭的任务，对机场、油井、炼油厂等高价值目标进行袭击夺取，到了后期的比如"义烈特攻队"时实际上已经演化成了特种部队，执行的是窃取、袭扰和破坏的任务。

在战场上接二连三的事故，使得陆军航空兵和空降兵名誉扫地，日军空降兵如同霜打的茄子，就此再也无力发动新的空降作战。空降兵唯一的伞兵旅团也在此后不久奉命撤销编制，被改编成常规的步兵部队，最后在塞班岛与美军的血战中全军覆灭，第二次世界大战中最糟糕短命的日军空降兵由此画上了句号。

六、谍光秘影

（一）活动于中国的间谍魅影

在日本对华侵略史上，有一个最成功，也最臭名远扬的女间谍，她就是川岛芳子。

川岛芳子，原是清王室肃亲王善耆的第14个女儿。但是，正当这位公主天真烂漫之时，中国政局发生了重大更迭。为了"匡复大清社稷"，肃亲王将自己的几个儿子分别送到了东北、蒙古和日本，让他们为复辟做准备，并把自己最心爱的十

四格格送到了日本，给他的把兄弟川岛浪速做了养女，加以魔鬼式的调教。从此之后，年仅6岁的十四格格就有了一个日本名字，叫作川岛芳子。

12年后，川岛芳子已经出落得美若天仙，同时骑术精湛，枪法超群，而川岛浪速更是对她进行了搜集资料、使用谍报器材，以及利用美色获取情报等方面的培训。

1928年，日本人密谋杀害张作霖，派川岛芳子到中国调查张作霖的行程。经过一系列秘密活动之后，川岛芳子发现张作霖的防备十分严密，很难有机会接近他身边的人。但是，不久之后，她在一次高级幕僚聚会中得知张作霖娶了天津名妓马月清为六姨太，并且十分宠爱。

于是，她从北平去了天津，女扮男装去了马月清曾经待过的"天宝班"妓院，从众多妓女的身上了解到了马月清的生活习惯、个人爱好等大量的信息。川岛芳子知道马月

川岛芳子

清与净月姑娘感情最深，于是用一两黄金买到了马月清送给净月的一只玉手镯，最后还要了一张马月清与净月的合影照片。

摸清了马月清的底细，回到北平的川岛芳子又从西装革履、风流倜傥的"富家公子"摇身变成了花枝招展、艳丽无比的娇弱小姐，乘坐着豪华轿车来到了大帅府，让人通报说天津"娘家人"天宝班派人来问候六姨太。当时闲得无聊的六姨太听到了"娘家人"有些激动，就让她进了大帅府。见面后虽然有些诧异，六姨太不认识川岛芳子。但由于川岛芳子拿出了六姨太送给净月的玉手镯，睹物如见人，六姨太的怀疑很快就消除了。

当川岛芳子将从天津一老字号金店买的金首饰送给六姨太的时候，六姨太彻底相信了川岛芳子就是天宝班的人，于是盛情款待了她。吃饭的时候，川岛芳子有意无意地"提醒"六姨太"我们天津的姐妹真怕您与大帅北归关东，离得远了，见个面也就不容易了"。六姨太随口说："真让你们猜对了，大帅最近就要返回奉天。"绕来绕去，终于探听到了自己要的消息，借故匆匆离开了帅府。关东军本部从电报里收到川岛芳子发来的情报后，就紧锣密鼓地策划起来。

1928年6月4日凌晨五点半，一列从北平驶来的火车在晨曦当中驶上了沈阳皇姑屯车站附近的大铁桥。突然一声巨响，一整节车厢飞上了半空中。曾经威震四方

的东北王张作霖被炸死。事发后，日本兵迅速赶到现场，以抢修铁路为名销毁了现场证据，还抓了两名抽大烟的中国人，诬陷他们是北伐军派来搞爆炸的案犯，两人做了替死鬼，被就地枪决了。

川岛芳子在皇姑屯事件中的表现得到了关东军和日本军部的一致认可，这次行动之后，"间谍之花""格格间谍"的名号也渐渐在中日两国传开了。

1931年9月18日，侵华日军在沈阳发动了"九一八"事变，东北三省沦陷。10月，日本人将溥仪劫持到旅顺软禁。川岛芳子连哄带骗，说动了婉容皇后，与她双双化装成男子，从天津抵达旅顺，与溥仪"团聚"，为建立伪"满洲国"创造了"皇帝与皇后同时登场"的条件。

日本积极策划伪"满洲国"，又害怕国际社会反对，所以他们要求川岛芳子在上海挑起事端，把各国的注意力吸引过去。川岛芳子利用其特殊的身份，经常出席上流社会的舞会，从国民党行政院院长孙科嘴里套出了"蒋介石下野"的消息。她又以记者身份从蔡廷锴军长那里，摸清了19路军坚决抗战的意向。情报密告日本东京，日本政府根据上述情况，悍然决定侵犯上海。

1932年1月18日傍晚，川岛芳子买通了3个日本浪人前去三友实业社闹事；之后又去五洲大药房绑架爱国人士；并且，在1932年1月27日的晚上，炸了日本的"出云号"旗舰。第二天早上，日军就以此为借口，向驻扎在上海的19路军全面开火。

当时驻防的19路军原已奉命调离上海，突遭日军进攻。19路军总指挥蒋光鼐和军长蔡廷锴激于民族义愤，并受全国人民抗日运动的影响，毅然率部奋起抵抗。第5军军长张治中在蒋介石同意后，也率部从南京开到上海参加作战。经过1个月的激战，具有绝对优势的日本军队，竟然被中国军队打得一败涂地。日本朝野一片哗然。

日本军部进行了深刻的检讨之后，认为必须探明19路军的布防，攻其弱点才能够取得胜利。川岛芳子接到任务后立即去找汪精卫，因为川岛芳子的父亲肃亲王曾经对汪精卫有过救命之恩。汪精卫碍于情面就写了一封信交给川岛芳子，让她去找上海警备司令部参谋王庚。川岛芳子宴请王庚，就在王庚喝得半醉的时候，事先已经准备好的日本特务突然出现，逼着王庚画出了19路军的防备绝密图，得知防守最弱的地方就在吴淞要塞的背后。

1932年3月1日凌晨，日军绕过吴淞要塞，在浏河白茹口成功登陆，和正面日军一起对19路军实行了腹背夹击的总攻。19路军为了避免全军被歼，被迫全面撤退，轰轰烈烈的淞沪抗战就这样被断送了。就在同一天，日本关东军发表了伪"满洲国"成立的宣言。川岛芳子出任伪"满洲国"安国军总司令。

东条英机上台后，为川岛芳子掌握的消息的准确性感到吃惊，将她派到北京，让她以东兴楼饭庄女老板的身份与国民党在京要员广泛接触，搜集有关和谈动向的情报。

川岛芳子利用自己过生日的机会大事铺张，遍请在京朝野名流。其中，华北政务委员会情报局局长官翼贤、常来华北的邢士廉（据说此人与戴笠私交甚深）、伪"满洲国"实业部部长张燕卿、三六九画报社社长朱书绅等新闻杂志社知名人士，以及不少梨园名人都成了座上宾。宴会刚开始，川岛芳子差人抬来一块刻着"祝川岛芳子生日快乐——北支那方面军司令多田勘"等字的银色大匾。在场的人看到这份礼物，顿时就被她的声势镇住了。这样川岛芳子很快便打通了她与国民党政界要人接触的渠道。

紧接着，川岛芳子又通过大汉奸周佛海、陈公博等人，与蒋介石的红人——戴笠搭上了线。川岛芳子在征得日本驻华北方面军参谋部的同意后，将一些非战略性的消息有意透露给戴笠，使军统感到有必要把这位蜚声中日谍报界的"东方魔女"收到麾下效力……

随着日本广岛、长崎两股死亡之烟的升起，东亚的"太阳"坠落了。那些曾挑起世界大混乱的侵略者、阴谋挑唆者、煽动战争者和狂热的军国主义者们，在世界各个角落作为战犯受到了历史的严惩。1947年10月22日，中国法庭最终宣判：川岛芳子通谋敌国，判处死刑。

（二）促使二战提前结束的德国"义谍"

根据近年来美国国家档案局的揭秘档案，在二战中美国派出的间谍竟然有两万多人。更令人诧异的是，罗斯福之子及著名作家海明威父子都是间谍。

原来，在"珍珠港事件"中，美国损失惨重。美国当局得出的教训是：由于没有一个实行集中统一领导的情报机构，各情报机构之间的竞争和隔阂妨碍了情报的充分利用。于是，在1942年6月13日，罗斯福总统下令组建了战略情报局，招募了大约24000名间谍为该局工作。

这些间谍大多数来自美国陆军，但其中有1/4是包括演员、历史学家、律师、教授、田径运动员、记者等来自各行各业的普通百姓。还有很多高级工程师也加入了这个行列，他们设计了手枪消音器、钢笔式引爆装置、小型摄影机等便携间谍器材。

在这些间谍中，最特殊的一位居然是德国人，他所提供的情报使第二次世界大战欧洲战场提前结束，挽救了无数人的生命，使日本海军遭到了毁灭性的打击！

事情发生在 1943 年 8 月 22 日，一位德国官员悄然溜进了瑞士伯尔尼英国领事馆，指名道姓要见领事馆情报部门的最高负责人。当时的英国情报人员看到那些绝密情报之后大吃一惊，他们根本不敢相信其中的内容，因为这些情报几乎包罗万象：德国国内的士气和民意、至关重要的军工厂的位置、德军的防御工事图、导弹布防情况、第三帝国与其盟友间的关系、日本的军事基地、纳粹在许多国家的情报机构和间谍名单等等，英国人以为这是纳粹设下的圈套。

在被英国情报人员赶出来之后，这个神秘的德国人又去了美国情报局。美国人当时对他的身份也很怀疑，但并没有像英国人那样一口回绝。他们对这位德国人提供的情报进行了仔细的研究，断定这是货真价实的纳粹德国绝密情报。这些情报随后被迅速送到了罗斯福总统手中。罗斯福总统也断定这个情报是真的，于是立即指示将这个德国人发展成为美国安插在德国境内最重要的间谍，代号"乔治·伍德"。于是，"这名处处表现谦卑、微微秃顶的中年男子如同一只老鼠"，在纳粹中间游走，从没人意识到这样一名盟军超级间谍已经安插在纳粹"帝国"最高层。

实际上，这名德国人的真名叫科尔贝，1900 年出生于柏林，1939 年进入德国外交部工作。虽然科尔贝在部里的职位并不高，只是个中下层官员。但是，他每天都要接收来自德国在全世界各个外交结构数以百计的机密电报和文件。

1941 年 9 月，科尔贝被派到位于德国东部边境的元首大本营"狼窝"去送外交部的秘密文件时，听到纳粹上层领导的谈话。两名高官鼓动军队去残杀战俘、平民以及他们认为不值得活下去的人，这让科尔贝非常震惊。他第一次知道，原来这个国家已经被魔鬼统治。他希望把有情报价值的外交部文件偷偷地提供给纳粹的敌对国，帮助他们尽早结束这场罪恶的战争，建立一个新生的和平的德国。

1943 年 8 月，他将本应销毁的外交电报和文件用绳子绑在大腿上，然后穿好长裤作为掩饰，直接跳上了开往瑞士的列车。由于他具有外交部的特别通行证，所以躲过了德国警察的严密检查。

在得到美国人支持之后，从 1943 年 8 月到 1945 年 3 月之间，他一共 5 次以外交部信使的身份去了伯尔尼。一次又一次的冒险让美国获得了价值不可估量的情报。在二战期间，正当英国赫赫有名的埃尼格码几百名专家绞尽脑汁破译纳粹绝密电报的时候，美国总统早已经在安乐椅上轻松地看科尔贝送来的绝密情报了，所以英国人往往比美国人晚好几个星期才能知道相同的情报，并且还是相当不完整的情报。

根据美国中情局后来解密的文件，在二战期间，科尔贝一共向美国提供了 1600 份价值连城的绝密情报，这些情报要用好几个巨大的盒子才能装下，摞起来足足有 10 米高！所有这些情报的代号都是"波士顿系列"。

因为这些情报，美国知道西班牙独裁者佛朗哥已经违背了原先西班牙保持中立的承诺，正向纳粹德国秘密提供大量用于提炼钢铁的原料。于是盟国下令对西班牙实施燃油禁运，从而使西班牙的船队无法继续向德国运送纳粹军队最急需的生产钢铁所需的原材料。

科尔贝还曾将一份完整的日本海军战斗序列的清单绝密情报交给美国海军，从而让美国海军能够按单消灭太平洋上的日本海军军舰。更重要的是，美国据此破解了日本海军的通信密码，从而使美国海军在太平洋战争几次决定性的战役中取得了辉煌的胜利。

除此之外，科尔贝还曝光了一些安插在盟国内的危险德国间谍。在科尔贝提供的纳粹间谍名单中，有一个名叫"西塞罗"的人，这是一个在土耳其境内活动的德国间谍，这个间谍本来有机会弄到盟军在诺曼底的登陆计划。还有一份科尔贝提供的材料说明，柏林方面估计盟军会将登陆地点选在荷兰或者斯堪的纳维亚半岛，而不是诺曼底。并且，科尔贝还是第一个让盟国知道纳粹对欧洲犹太人进行系统大屠杀的人。

直到二战结束，科尔贝的间谍身份也没有暴露。战后，他继续为在柏林的美国人工作，帮助美军查出隐匿起来的纳粹分子。但是，科尔贝最终在纽伦堡审判中作为证人出庭，却葬送了他想回到新的外交部工作的打算。新的外交部里仍然充斥着曾在纳粹手下工作的官员，他们把科尔贝视作盟军的走狗和祖国的叛徒，说他是"靠不住的家伙"。科尔贝也没能在其他官僚机构中谋到职，他失去了工作、朋友和声誉。

最后，来到美国的科尔贝只找到一个在瑞士代销美国电锯的工作，艰难度日，孤独终老。而曾经接受科尔贝情报的艾伦·杜勒斯则当上了新成立的美国中央情报局的首任局长。

科尔贝于1970年默默无闻地死去，没有任何人公开承认他在第二次世界大战中做出如此之大的贡献。许多德国人甚至至今仍认定他是叛国贼，但科尔贝对自己所做的一切没有丝毫的后悔，他最后留下的话是："一切为了德国和德意志民族，总有一天会有人理解我的良苦用心的！"50年后的今天，德国人在了解了这所有的真相后也许真能理解他了。

（三）"红色谍星"佐尔格

美国五星上将艾森豪威尔说过这样的话："由于得知对方部署是战争取胜的关键，所以运用谍报人员已成为现代战争中的普遍手段。"有些间谍甚至改变了战争的进程，改变了国家的命运。1941 年，日本政府破获了一起间谍案，因此直接导致了日本近卫内阁的倒台。这起间谍案的主角，就是二战六大间谍奇案的谍首、被誉为"红色谍星"的理查德·佐尔格。

举止高雅、气度雍容的理查德·佐尔格是二战中最富有传奇色彩的人物之一，他是毕业于柏林大学和基尔大学的博士。他的信条更加传奇：不撬保险柜，但文件却主动送上门来；不持枪闯入密室，但门却自动为他打开。

谁也不会想到，这位在东京德国使馆内有单独办公室的著名记者居然是苏联间谍！1941 年 11 月 23 日清晨 5 点钟，德国《法兰克福日报》驻东京特派记者佐尔格被捕。这样一位名记者被捕的消息一经传开，东京的德国人莫不目瞪口呆，难以置信。和他是多年私人朋友的德国大使馆官员们都不敢相信，同其他在东京的德国人一样，认为佐尔格绝不会有叛国的嫌疑。他的德国记者同行们还立即联名写信给大使，一致表示支持佐尔格，怀疑对他提出的指控。

德国人对这件事情非常关心，因为这是一个很微妙的时刻，他们很担心这个事件会危害德国和日本之间在军事、政治和经济等方面的全面合作关系。几天后，日本向德国使馆提交了一份照会。照会上说："经我方调查核实，佐尔格本人已供认，长期以来他一直在为共产国际工作。有关案件的进一步调查正在着手进行。"听到这骇人听闻的消息，整个德国都感到震惊。他们想不通，为什么如此优秀的德国博士会是苏联间谍呢？

佐尔格在高中时就报名参军，先是在西线同法国军队作战，后来又在东线与俄国人作战。他在战役中作战勇敢，还被提升为军士，被授予二级铁十字勋章。在一次战斗受伤后，他被送到了哥尼斯堡大学医院。在那里，年轻的佐尔格在思想上和性格上经历了一场革命性的转变。像同时代的许多人一样，佐尔格接受过战火的洗礼，依然对人生很迷茫。佐尔格说："我们虽然在战场上拼命，但我和我的士兵朋友们没有一个了解战争的真正目的，更谈不上它的深远意义了。"

在极度迷惑的茫茫黑夜中，他看到了共产主义，他觉得那是一道冲破黑夜的光。于是他开始如饥似渴地阅读共产主义的经典著作。1916 年，他就读于柏林大学经济系。1918 年，他开始在基尔大学攻读国家法和社会博士。不久之后，他参加了新成立的德国共产党。1924 年，佐尔格偕妻子去了莫斯科。

1927 年，中国大革命失败后，中国共产党人遭到血腥残杀，苏联在中国的间谍小组也遭到破坏。1930 年 1 月 10 日，一艘日本客轮停靠在上海港，船上走下一名高个男子，约 35 岁左右，文质彬彬，双目明亮清澈，其证件上写着：德国记者理查德·佐尔格博士。

一周后，佐尔格向德国驻上海总领事科伦贝格男爵递交了德国外交部新闻司签发的介绍信。信中写道："理查德·佐尔格博士，家住柏林，现前往上海研究中国的金融和农业问题。敬请协助佐尔格博士收集相关资料。"

"研究金融和农业问题？"科伦贝格略微思索了一下，随即又似乎有所醒悟，心照不宣地冲佐尔格使了个眼色，"明白了……"他以为佐尔格肩负着柏林方面的特殊使命。

佐尔格到中国不久便结识了国民党政府的一些军政要员。在一次赛车活动中，他在最后一段超过了排在第一位的蒋介石。可是，快到终点的时候，佐尔格克制住了自己的好胜心，略微放松油门，让蒋介石率先冲过终点。赢得冠军的蒋介石显得宽容慈善，他下车后，径直走到佐尔格跟前，主动伸出手，请教佐尔格的尊姓大名，并且执意邀请他到自己的郊外官邸做客。从此之后，他们成了"密友"。

佐尔格通过收买在南京政府工作的德国工程师、无线电通信军官施特尔茨的中国太太，掌握了国民党军南京总司令部及

佐尔格

其所属部队的无线电通信密码、德国军事顾问相互之间的无线电通信密码和日本德国军事顾问与国民党进行联络的电话号码。此后，大量有关中国问题的情报源源不断地飞往莫斯科。

在中国期间，佐尔格以记者的身份采访了很多地方，广泛搜集情报。每到一个大城市，他都积极打入当地的德国人社交圈子和上流社会，广结人脉，并在广州、天津等地招募情报人员，设立情报网点。他发回莫斯科的情报包罗万象：蒋系军队的真正实力、武器装备、军队部署，各派军阀之间的关系，国民政府和直奉系北洋政府的对外政策与外交动向，美英法德日对华政策及其在中国的利益纠葛、相互矛盾和实力对比……

1931年，根据在中国的调研分析，他得出了答案：日军的下一步目标仍是中国，而不是苏联。与此同时，佐尔格还向中国共产党通报国民党军队的动向，对中国革命起了一定的作用。例如，他将有关国民党引进新式武器的情报通报中国共产党，在国民党尚未投入使用时，红军便熟悉了这种武器。

1932年1月18日，日本海军与中国19路军开火。佐尔格采访了上海各战区的战斗，亲自感受了中国军队的力量，并从中国方面的德国教官那里进一步得到有关

中国和日本的战术情报。

1932 年下半年，佐尔格被召回莫斯科，提前结束了他的中国之行。按佐尔格的说法："如果不是为了崇高的事业，我将在中国一直待下去，我已深深地迷恋上这个国家了。"

"九一八"事变后，苏联决定在日本组建情报网。1933 年，佐尔格被派到了日本。到了日本不久，他就成立了一个潜伏在日本的苏联谍报组织"拉姆赛"小组，搜集关于日本陆军体制、领导人、内部派系等多方面的情报。他与德国驻东京的奥特大使是好朋友。因为他的全力协助，奥特官运亨通。奥特难以抵挡佐尔格博士的友谊，他把使馆的军事密码都告诉了他。所以佐尔格可以公开在大使馆办公，有机会一连几小时地研究第三帝国的绝密材料，有时干脆把材料带回自己办公室拍照或收藏在自己的保险箱里。佐尔格说："我的第一件事是把来电分门别类地加以整理。挑选较重要的新闻给使馆高级人员过目；然后着手编新闻摘要，发给侨居日本的德国人。"此外，他还编新闻通报，分发给日本的报刊。

1937 年，日军攻占南京后，佐尔格曾短暂回到中国，亲眼见证南京大屠杀，将拍摄下来的一幅幅骇人照片寄回德国。

1938 年，根据他的情报，莫斯科知道关东军正在积极准备向苏联发动武装入侵，提前加强了战备。哈勒欣河之战前夕，关于关东军部署、武器装备、战争物资的运输等详细情报，又被及时送到了莫斯科。开战后，苏军获胜。日本被迫与蒙古人民共和国签订停战协定。

1941 年 8 月 23 日，日本最高统帅部在东京开会，做出"今年不向苏联宣战"的决定。佐尔格立即向莫斯科报告了会议情况。斯大林从东线抽调准备用于对付日本进攻的 11 个步兵师约 25 万人到西线作战，将德军遏制在莫斯科城下。约在 1941 年 10 月中旬，佐尔格又向莫斯科报告：日美关系相当紧张，日本不可能几周内向苏联开战。

佐尔格为了分析战争而钻研日本政策、计划，其详尽无遗和准确无误，真可谓达到了尽善尽美的程度。凡是他搜集到的情报都要相互验证，全面考虑，仔细加以分析。他工作之认真细致，堪称谍报活动的楷模。

佐尔格在集中精力搞情报工作的同时，自然不会忘记自己是"记者"。凭借自己敏锐的观察力和准确的判断力，他给《法兰克福日报》发回不少高质量的稿件，使自己在德国的声誉日增。

但是，在佐尔格不停向莫斯科传递情报的同时，日本特种部队的报务员们越来越频繁地截获到一个身份不明的密电码，但一时还无法破译出来。日本人因为东京有一个外国间谍网而惶惶不安，安装着无线电测向仪的汽车到处巡回搜索，整个东

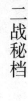

京的反间谍机关都投入了行动。不久，目标就锁定在了佐尔格身上。

因为佐尔格是德国大使馆的贵宾，处于日德友好的考虑，日本人不敢轻易下手。东京警察厅只好让他的情人石井花子去盘问。花子说根本没有这回事。实际上，佐尔格从未跟她透露过自己的真实身份。佐尔格知道石井花子被传讯后十分震惊，但表面故作镇静，并大胆而礼貌地批评警察厅打扰了一位盟国朋友，弄得警察厅长十分尴尬，只好赔礼道歉。

虽然逃过了这一劫，可等待佐尔格的依然是一个寒冬。警察厅从打击日本共产党入手，通过摸索搜捕了"拉姆赛"小组成员宫木。经不住严刑拷打，宫木招认了。"拉姆赛"小组的全体成员均被逮捕。佐尔格供认："我是间谍，但不是苏联间谍，而是德国间谍。"苏联政府也宣布：苏联与佐尔格毫无关系。

但是这些都没改变结局，1944 年 11 月佐尔格于东京被秘密绞死，终年 49 岁。沉默了 20 年后，1964 年莫斯科当局公开了佐尔格的秘密，并于佐尔格逝世的纪念日追认他为苏联的最高英雄。苏联报刊发表了许多文章，颂扬他在第二次世界大战做出的贡献。莫斯科一条大街、苏联的一艘油轮分别以佐尔格的名字命名。

1965 年春，苏联为纪念佐尔格发行了一枚面值为 4 戈比的纪念邮票。邮票的红色背景衬托着一枚苏联英雄勋章和佐尔格的肖像。

（四）风流艳谍夜盗大使馆

辛西娅原名贝蒂·索普，于 1910 年出生在美国一个高级海军军官家庭。11 岁时，全家随父亲搬到了夏威夷。十几岁时，她就曾以自己为原型写了《菲奥莱蒂》，直言不讳她 14 岁就与异性有了性关系。她的母亲不得不为这个聪明伶俐、美丽诱人的女儿提心吊胆，于是把她送到了瑞士日内瓦湖畔的女子学校接受教育，之后她又进入马萨诸州的达纳·霍尔学校就读。

18 岁时，辛西娅就已经出落得无比柔媚动人。据后来的一位外交官说，她的目光、身材不管什么场合，对男人都是一种挑衅。她的四周围着无数不同国籍和各种职位的年轻追求者，但是她最后却选择了比她大 20 岁的英国大使馆官员阿瑟·帕克。婚后，自私虚荣的帕克担心未婚先孕的孩子会招来舆论压力影响自己的仕途，不顾辛西娅的感受硬是将他们的儿子送给了别人。痛失亲子的辛西娅开始从一连串的情人中寻求慰藉。

西班牙内战前夕，辛西娅的丈夫在西班牙首都马德里工作，她则通过与一名西班牙高级军官的一段艳史，为英国获取了重要的军事情报。

1937 年，人们已经预感到战争的临近。她又随丈夫调往华沙。这个时候的辛西娅，已经 27 岁，仍然美丽得令人眩晕。她作为外交官夫人的身份，渊博的学识，幽默风趣的谈吐，特别是正视一切危险的惊人勇气，以及别人无法仿效的诱使男人的魅力，让她在间谍工作中游刃有余。

她坚决果断地把一个颇为英俊的波兰外交部机要副官诱入圈套。这位年轻的官员着魔一样地爱上了她，为了得到她的爱，小伙子甚至愿意付出生命的代价。所以她轻而易举地拿到了外交部长办公室里的文件。

不久之后，辛西娅就将一张德国埃尼格码密码机的关键样图送到英国秘密情报局的办公桌上。当时正在研究并试图掌握这种纳粹新型密码机的英国特工简直不敢相信自己的眼睛。之后，辛西娅带来了德国国防军密码系统的索引及其他很多情报，这让英国情报局心花怒放。

辛西娅在波兰的表现越来越出色，以至于英国情报局不得不考虑把她派到更大的舞台上去。他们编造出一套谎言使她既能顺理成章地离开波兰，又不致惹上她是在为英国人工作的嫌疑，谎言很快就在华沙流传开来。流言说，辛西娅有向纳粹外交官传递情报之嫌，她的情报是通过波兰外长的机要副官传递给德国人的。由于人们都知道这位机要副官正在寻求与希特勒达成谅解的协议，所以这一谎话很快就被华沙人接受。英国外交部立即决定，必须把贝蒂调离华沙。

为了获取意大利海军的军用密码，辛西娅再次引诱意大利驻华盛顿大使馆的海军武官艾伯托·莱斯上将。由于他们俩多年以前就已经认识，所以辛西娅并没有使用美色，而是凭着她睿智的头脑使这位中年男子心甘情愿地坠入了情网。为了辛西娅，他准备不惜牺牲自己的事业，甚至生命。很快，辛西娅就从莱斯手里拿到了意大利海军的密码和密表。

1941 年 3 月 28 日，英国皇家海军凭借着辛西娅提供的密码破译了地中海东部意大利海军的全部暗号，将这支舰队彻底打垮。对此，丘吉尔首相说："这一仗在此关键时刻清除了轴心国对地中海东部英国制海权的一切挑战。"

辛西娅具有一种准确无误地知道如何利用一个男人的感情及其敏感区的才能。如果她愿意，她能使任何一个男人向她吐露机密，敞开心扉。所以，英国情报局通过慎重考虑之后，又交给她一项更具挑战性的任务：得到维希政府驻华盛顿使馆和欧洲之间来往的全部邮件——函电、私人信件和明码电报。这项新任务要冒的风险相当巨大。因为维希法国大使馆有自己的秘密警察组织，对任何一个可疑分子，他们都会毫不犹豫地干掉。

辛西娅接到任务之后，并没有立即行动，而是花了大量的时间详细调查和研究法国维希大使馆的人员情况，特别是掌握了法国大使和一个叫查尔斯·布鲁斯的新闻专员的个人情况。知己知彼之后，她假扮成了一个对法国贝当政府相当友好的美国新闻记者，借此接近布鲁斯。

1941 年 5 月，熟知法国男人十分迷恋美女的辛西娅，将自己打扮成了一身纯洁无瑕的美丽女子，进入了法国使馆。毫无意外，她与布鲁斯"一见钟情"，一切都像拍电影那样，电光石火的爱情在二人之间传递。她那浅绿色的衣服和碧波荡漾的眼神让布鲁斯神魂颠倒。布鲁斯并没有马上带辛西娅去见大使，而是同她攀谈起来。

在闲聊中，布鲁斯突然对她产生了怀疑："你是美国人，为什么会持英国护照呢？"早有准备的辛西娅柔媚地笑道："我丈夫是英国人，所以我只能持英国护照了。"布鲁斯立即表示出理解。很快，像无数男人在美丽女人前的表现一样，布鲁斯开始情不自禁滔滔不绝地介绍起自己值得骄傲的事情来了。辛西娅莞尔一笑，开始了下一步的引诱。她告诉布鲁斯："我为了寻找爱自己的男人，已经离了婚，现在依然单身。"辛西娅还把丈夫将亲生儿子送出的事情告诉了布鲁斯，使布鲁斯对她恻然同情。他们之间的距离开始亲密靠近。布鲁斯开始不厌其烦地指点辛西娅如何与大使打交道时，辛西娅已经确定"鱼儿终于要上钩了"。替女人着想，是男人向女人献殷勤再平常不过的方式了。

毫无悬念，她与大使的谈话十分愉快。采访结束后，早在她和大使谈话时就已经频频暗送秋波的布鲁斯依依不舍地把她送到了门口，并吻了她的手。辛西娅笑纳了。

第二天，辛西娅就收到了布鲁斯的玫瑰花和一起午餐的请柬。饭后，辛西娅毫不迟疑地把布鲁斯请到了她的住处。布鲁斯当然是迫不及待，辛西娅似乎也是渴望已久，一场热情洋溢的爱情就此拉开帷幕。

在布鲁斯陷入热恋的时候，辛西娅直接告诉布鲁斯自己的真实身份是英国情报局特工，希望他与自己一起干。听到这种话的时候，布鲁斯惊得目瞪口呆，随即回答："我不会出卖我的祖国。"辛西娅则正言冷笑道："你的祖国？你们的维希政府在做什么，你比我更清楚。它值得你去爱吗？你们不过是在替纳粹做帮凶！"布鲁斯望着辛西娅愤怒的眼神，开始变得语无伦次："我不知道做什么了，我的脑子很乱……"经过几天的痛苦思考，对于辛西娅狂热的爱情以及对纳粹的厌恶最终征服了布鲁斯，布鲁斯成了辛西娅最忠实和最勤奋的情报提供者。凡是辛西娅可能感兴趣的东西，他都提供，例如，信函、电报、大使馆档案室里的文件，以及大使们的活动状况等。

1942 年，辛西娅接到盗取维希政府海军密码的任务。这是一个接近间谍极限的任务，布鲁斯认为辛西娅的老板准是个疯子，"难道你不了解密码本是由沉甸甸的好几册组成的，而且总是密藏在机要室的保险柜里？难道你不了解只有大使和首席译电员才知道保险柜的暗码?"布鲁斯狂吼道。

但是，辛西娅最终还是让布鲁斯平静下来，然后，她软硬兼施，无可奈何的布鲁斯只得接受任务，开始协助辛西娅想办法。但结果还是没有办法，只能夜盗大使馆。对于这个冒险的行动，英国方面认为是一个秘密情报组织发疯了的典型表现。但是丘吉尔当时已经在伦敦等得焦急难耐，英国情报局只好同意了他们的方案，并向美国战略情报局借了一名撬保险柜的专家——一个外号"乔治亚大盗"的加拿大人，把他从监狱里提了出来，帮助他们。其报酬是完成任务后，予以释放。

布鲁斯神秘地告诉保卫人员，这几天他需要在大使馆加班到很晚，还有一位小姐陪着他，为了避免老婆的怀疑，让他不要声张。布鲁斯悄悄给了保卫人员一笔数目不少的小费。保卫人员恍然大悟，认为布鲁斯把这样的小秘密都告诉他，是对他的信任，感到受宠若惊。

接下来，辛西娅几个晚上都待在了大使馆，这位保卫人员看到辛西娅和布鲁斯进出大使馆都开始习以为常了。他还帮他们计算了值班人员来回巡视的规律周期大概是 60 分钟左右。

盗窃密码的行动用了 4 个夜晚。整个过程简直就像是令人难以置信的小说。第 4 夜的时候，当他们带着"大盗"刚刚进入大使馆的时候，保卫人员就巡视过来了。在最危险的时刻，辛西娅急中生智，让布鲁斯把衣服脱了。当保卫人员过来的时候，发现他们裸体紧紧抱在一起，立即很尴尬地出去了。这一夜，他再也没有来过。

"大盗"只用了几秒钟就打开了保险柜，将密码本从布鲁斯的窗口传给隐蔽在花园中的英国特工。英国特工对密码本逐册逐页拍照之后，又让他们将密码本神不知鬼不觉地放回到保险柜里。

胶卷冲洗出来后，英国用它破译了法国的密码，对在土伦、卡萨布兰卡和亚历山大的维希法国舰队各分遣支队的分布、调动等战略部署情况了如指掌。1942 年 6 月，英美盟军很顺利地占领了马达加斯加。11 月，英美盟军几乎没有遇到维希政府军队的任何抵抗，就成功地在北非阿尔及利亚和摩洛哥登陆。

认识辛西娅的一位美国战略情报官员指着登在各家报纸上的醒目标题对辛西娅说"多亏你搞到了密码，才缩短了战争的进程。"后来一位历史学家甚至这样写道："一个美国女人又一次挽救了大不列颠。"后人评价辛西娅，或许可从辛西娅自己的话中得到诠释："我酷爱我的美国、英国，后来我也很爱法国。我相信我是一个爱国者。也许我用'爱情'换取了情报，但我问心无愧。我的工作挽救了很多人的生命。在我所遇到的情况面前，我知道对于那些体面的女人来讲可能会退缩，但我是义无反顾的。我觉得单靠一些'体面'的办法就无法赢得战争。"

二战结束后，布鲁斯和辛西娅这一对间谍正式结婚。他们隐居在法国南部的一个小村庄，过上了神仙眷侣般的田园生活。在那个遍地砾石而又充满乡村气息的村庄里，谁也不会想到，这对安宁祥和的夫妻，却有着惊心动魄的人生经历，特别是风韵犹存的漂亮妻子，竟是风流艳谍辛西娅。

（五）007 的原型：达斯科·波波夫

007，一个全世界都熟悉的著名间谍。可是真的有 007 这个人吗？有，他的原型就是达斯科·波波夫。但波波夫认为电影、小说和现实是有区别的，有时候是残酷的。他说，"有人告诉我，伊恩·弗莱明说他小说中詹姆斯·邦德这个角色在某种程度上是按照我的经历写成的。如果真的有那么一个邦德，恐怕在间谍舞台上他难以生存 48 个小时。"

在 007 的每一部电影中，邦德绝对是影片中的焦点，是人人都想效仿的英雄人物。但是，在现实生活中，如果邦德所展示的一切都是招摇过市、引人瞩目，那么他将会十分失败。因为世界上最具有效率的间谍更像是白天黑夜里隐形的幽灵，他们只窃取机密，并不希望引人注意。

一般情况下，最适合当间谍的人包括以下几种：

军人，具有天生的优势。

移民，并且在原籍地的军营、国企等要害部门工作过。

大学生，特别是新闻系的大学生，因为他们毕业后一般都能进入新闻部门或者是外交领域做最便于收集情报的记者。

具有特殊才能的人，比如盗窃高手。

高官子弟，特别是军警世家的高官子弟，他们一般都受到过良好的教育，并且低调地在国家要害部门工作，比如国家安全部门、军事机关等。

波波夫出身于南斯拉夫的富豪家庭，属于人脉极其广泛的类型。具有明显的间谍特质。在波波夫 28 岁之前，他还是当地一个有名的律师。但是，1940 年的那个圣诞节，一封从德国柏林发来的电报，彻底改变了波波夫的命运。电报上写着"急需见你，建议 2 月 8 日在贝尔格莱德塞尔维亚大饭店见面。你的挚友约翰尼·杰伯逊"。

约翰尼是波波夫大学时最好的朋友，两人都把彼此当成了最亲密的生死之交。所以接到电报后的波波夫毫不犹豫地赶到了约定的地点，约翰尼跟波波夫说出了他的担心：希特勒正在把德国人培养成傻子，在那些狼犬间谍的帮助下，他很可能会吞并全世界。约翰尼还告诉波波夫，德国有 5 艘商船被封锁在特里斯特，其中一艘

是约翰尼的。约翰尼已设法搞到许可证，想把它卖给某个中立国家，现在需要波波夫通过他的社会关系来帮他。

很讲朋友义气的波波夫直接找到了英国驻巴尔干国家的商务参赞斯德雷克，说出了自己的计划：假借某个中立国之名，将5艘商船弄给英国。英国方面批准了这个计划，并且汇来了购船的钱。

这个时候的波波夫还不知道，他在无意中已经开始迈出了间谍生涯的第一步。原来，约翰尼是德国军事情报局的人，约翰尼请他帮忙是上司的意思。波波夫已经被德国情报局的人看中。当时希特勒在英国铺开了全面的间谍网，但是大部分间谍都被英国的反间谍机关抓获。所以希特勒急需在英国发展本土间谍网络，利用他们的身份作为掩护，然后再利用他们的人脉打入英国军部获取更准确、更可靠的内部情报。

德国军事情报局在指令约翰尼发展波波夫之前就已经对他的家庭情况和个人情况调查得清清楚楚，甚至对他的星座和性格特征也进行了很认真的研究，他们最后认定波波夫是天生做间谍的料。可他们绝对没有想到的是，波波夫居然会成为一个危险的双料间谍。既是纳粹间谍，同时也为英国情报部门工作。

对于波波夫来说，双料间谍注定充满了风险，要付出沉重的代价，甚至是生命！有一天，有人将波波夫为英国情报局做事的行踪报告交到了德国情报局，幸好被他的好友约翰尼截获。如果落到了纳粹情报人员手里，他将死无葬身之地。受到惊吓的波波夫仔细回忆了那段时间自己身边发生的每一个细节，很吃惊地发现，那个内奸居然是家里的老佣人。他没有想到自己当间谍以来，策划要干掉的第一个人竟然是这个在他15岁就教他开车，并带他成长的人。

作为双面间谍，谎言是掩盖身份的最常用手段。有一次，德国情报局准备请柏林专家对他们已经有所怀疑的波波夫进行审问。提前得知信息的约翰尼为了能使波波夫通过考验，提前对他注射了测谎血浆进行了试验：

你不喜欢德国人吗？

不。

不喜欢纳粹党徒吗？

不。

不喜欢希特勒吗？

不。

你为什么在奥斯兰俱乐部里捣乱那次集会呢？

只是闹着玩。

你自己知道你干的什么好事，你在进行政治煽动。

我当然知道，我要不知道那才怪呢。不过，不管你怎么说，反正不是什么太了不起的事情。

几个小时后，波波夫又被注射了 50 毫升注射测谎血浆。约翰尼增加了审问难度，波波夫还是没有透露任何信息，最后他晕过去了。约翰尼后来开玩笑说波波夫可以拿到奥斯卡金像奖的最佳失去知觉演员奖。

随后，德国情报部门对波波夫进行了长达 9 个小时的审讯，但没能从他嘴里掏出些什么来。除了这种药物审讯，德国情报部门还经常派出不同的间谍对波波夫进行探测。波波夫所面临的危机就是，双重间谍在隐藏身份的同时，必须出来继续执行双方的任务，这样他也就面临被第三方，第四方怀疑的可能，随时都有可能遇到致命的危险。这是一般人难以通过的考验。

有一次，德国情报部门把波波夫派往英国，要求他搜集英国城市地貌、人口分布、政府机构、军事设施等情报，为"海狮行动"提供轰炸目标。半个月后，波波夫与其他间谍接上头后，又被告知情况有变，"海狮行动"计划暂时搁浅，空军总司令戈林元帅要亲自指挥战鹰狂轰伦敦和英国的港口，因此原定行动不变。经过特工头目再一次的严格审查之后，他被命令住进了阿维士饭店。

当波波夫进了饭店之后，每次抬头都能发现一个迷人的姑娘在朝他放电抛媚眼。他们每一次不小心"偶遇"，都能看到姑娘火辣辣的眼神。当他淋浴出来后，突然发现，那位美丽动人的姑娘已经躺在他的床上，媚笑着同他打招呼了。她那假装羞答答的样子使波波夫顿时起了疑心，对她的兴趣也抛到了九霄云外。但他也假装暧昧，顺着姑娘的意思讲了一大堆自己的经历。看得出来，姑娘对他编造的故事十分满意，因为还没等他讲完，她继续诱惑的热情早已经降到了零点。波波夫的猜测没错，她的确是德国间谍，是德国情报局故意派来探测他的。第二天，当波波夫向德国间谍上司汇报完工作之后，上司告诉他："关于那姑娘的事，你再不要追查了。头对你的警觉性很满意，他期待着你从伦敦带来的好消息。"

带着德国情报局的"厚望"，波波夫又跟英国情报部门接上了头。但是英国方面依然对他进行了 4 天的例行严厉审问，只差对他进行严刑拷打了。在证明一切都真实可信之后，他才与英国情报部门头目接上了头。在英方的协助下，他们进行了大量的"情报搜集工作"，比如拍摄伪造飞机场的照片，拍摄海军方面的"情报"，记录一些军舰和飞机的数目和型号，描绘重要地区的地形……这些都是德国人十分感兴趣的东西。

当他带着大量伪情报与德国情报头目接头后，德国方面再次对他进行细致持久的审讯，对他提供情报的每一个细枝末节都向猎犬一样寻根究底，从不同角度进行论证。

为了阻止毒气战，波波夫通过一个代号叫作"气球"的双重间谍向德国送去了"情报"，说明英国方面已经对毒气战做好了充分的准备，从而打消了纳粹们发动毒气战的念头。同时，波波夫还给德国情报局很多对战争没有直接影响的政治情报，提高他在德国间谍界的威望，这让德国情报局对他一直深信不疑。

长期的间谍生涯已将波波夫从当年的一个公子哥训练成一名职业的间谍干将，在风险丛生的环境中，学会反间谍技巧是保护自己生命的重要手段之一。例如一只普通的手提箱，看起来没有什么特别，一般人不会注意在箱子的拉链的合口处，有一根细细的头发丝，如果外人打开箱子后，又合上箱子，那根细细的头发丝就没有了，就会泄露出有外人来过这里，动过这个箱子，就会引起间谍的警觉。

1940 年到 1946 年共 6 年时间里，波波夫经常在葡萄牙和伦敦之间往返飞行，他把纳粹的秘密交给伦敦，然后再把编造的秘密送到柏林交到德国人手里，然后再从德国人手里拿到大笔的现金供他自己从事情报工作和挥霍。他曾按照自己搜集到的情报预测到日本有可能要袭击珍珠港，但是美国情报局并没有给予重视。

二战结束后，波波夫谢绝了英国政府提供的公民资格，在法国南部定居下来，开始写他的回忆录《间谍与反间谍》。1981 年达斯科·波波夫去世。在他 1974 年出版的回忆录中，对间谍生涯有这样的描述：

"这是一群神秘的人，他们无孔不入、无处不在，胜利了不可宣扬，失败了不能解释。我的武器就是谎言、欺骗和谋杀。但我并没有觉得内心不安，因为这只是战斗对我的考验。"

潇洒英俊的外表，强健的身体，聪明冷静的头脑和过人的技能以及风光体面的身份和挥金如土的奢华生活。即便同时拥有所有这一切，007 们依然时常要面对死里逃生的痛苦境地。波波夫不像电影中的 007 那样招摇过市。因为对一个真正的间谍来说，最重要的就是不露痕迹，不动声色，不被注意，不被跟踪。

正如达斯科·波波夫自传里那句名言所说，"要让自己在风险丛生的环境中幸存下来，最好还是不要对生活太认真"。

二战期间，许许多多的间谍有的活了下来过上了正常人的生活，有的离奇死亡或消失。而对那些我们根本就不知道，根本就没有资料证明他们曾经存在过的间谍呢？对他们隐姓埋名的生活，他们的生死我们又知道多少呢？他们都是谁，我们又能从哪里找到线索呢？也许有一天，他们的档案资料会跟达斯科·波波夫的一样重见天日。

（六）希特勒身边的"钉子"：奥尔加·契诃夫娃

1920 年，俄国著名作家契诃夫妻子的侄女奥尔加·契诃夫娃来到德国柏林，随后成了一名风靡德国的电影明星，并且成为纳粹元首希特勒最喜爱的女明星之一。然而希特勒到死都不知道，奥尔加竟然是苏联的一名超级间谍，她凭借自己的容貌迷倒了众多纳粹高官，并窃取到了许多纳粹核心机密。俄罗斯《绝密》杂志对此进行了详细的披露。

世界闻名的英国军情五处，曾通过地铁、车站和电台广告等方式发起过一场公开招聘女间谍的活动。而军情六处则干脆聘用《双面女间谍》女主角詹妮弗·嘉纳为形象代言人，在银屏上大打招聘广告。

拿破仑曾说过，男人靠征服世界来征服女人；女人靠征服男人来征服世界。大多数时候，在最美丽的女人面前，男人是没有秘密可言的。据说，苏联曾培训大量的"燕子"从各国政要那里获取情报，成果远远超出男间谍。而伊拉克王牌飞行员叛逃，是因为他背后有一个以色列情报机构派出的美女。

如果说正面战场是一场血腥的战争，那么间谍战则是另外一场没有硝烟的战争，在敌国内部安钉子是间谍战常用的一种方式。俄国著名作家契诃夫妻子的侄女奥尔加·契诃夫娃就是苏联安到纳粹元首希特勒身边的超级女间谍。

1898 年，奥尔加·契诃夫娃出生在一个俄罗斯显贵家族，从童年开始就出没于俄罗斯贵族和社交圈。几年之后她出落成一位楚楚动人的名门美少女。1914 年，拥有闭月羞花之貌的奥尔加在姑妈家邂逅了契诃夫年轻英俊的侄子米哈伊尔·契诃夫。米哈伊尔为她的美貌所倾倒，开始疯狂地追求奥尔加。在米哈伊尔的表演天赋和甜言蜜语面前，情窦初开的奥尔加禁不住诱惑，无可救药地爱上了他。两人在莫斯科的一座教堂里秘密结了婚。

然而，这段婚姻并没有维持多久。奥尔加震惊地发现，在她怀孕的时候，米哈伊尔竟然带了一个新女友回来。他们就此分手。尽管如此，米哈伊尔仍然是奥尔加心中的最爱，是她心中永远的偶像。这是她的第一次爱情，或许也可以说是唯一的一次。

不久之后，俄国十月革命爆发，年仅 22 岁的奥尔加离开了莫斯科，孤身来到柏林。在那里，来自契诃夫家族的背景和她出众的美貌一下子吸引了德国影界巨人爱里克·波默的注意。刚好当时的名导演弗雷德里奇·穆瑙正在为他的一部新电影《沃吉洛德城堡》寻找女主角，奥尔加谎称自己是莫斯科艺术剧院的演员，俄国戏剧大师斯坦尼斯拉夫斯基曾亲自训练过她。于是她成功地担任了女主角的演出。这部电影后来获得了巨大的成功，气质与美貌并存的奥尔加迅速成为德国电影界的一颗冉冉升起的新星。

此后，她以每年 8 部的数量接拍电影，奥尔加成了众多德国人心中的偶像，其中一名崇拜者正是阿道夫·希特勒。20 世纪 30 年代，希特勒向奥尔加发出郑重邀请，请她共进晚宴。

自纳粹上台后，奥尔加就成了纳粹宣传电影中的王牌主角，希特勒经常邀请她参加各种各样纳粹高官的宴会，风采迷人的奥尔加引来了众多纳粹高官的追求，纳粹宣传部部长戈培尔更是称她为"最迷人的女人"。

在二战期间，奥尔加在宴会上听到希特勒经常和手下讨论战况，希特勒当时做梦也想不到的是，他最喜爱的这名"纳粹女星"实际上在来柏林之前就已经被发展成了苏联的间谍，纳粹德国的很多高级军事机密就在不经意间通过奥尔加传到了克里姆林宫中。

在奥尔加离开苏联的半年前，苏联军事情报局的主管扬·别尔津找到了她，并亲自同她谈话。没有人知道这位情报局主管用了什么样的方法，也许是晓之以理动之以情，也许是讹诈恫吓，总而言之，别尔津最终成功地让奥尔加接受了谍报使命。在接下来的几个月里，她在情报机构接受了严格的培训，掌握了各种间谍器材的使用以及编码、密码、接头、货币的相关知识。

奥尔加离开了苏联，但是她的女儿和母亲作为"人质"留在了莫斯科。直到别尔津确信奥尔加提供资料的可靠性之后，她们才获准离开，与奥尔加团聚。

按照莫斯科的指示，她与希特勒的情妇艾娃·布劳恩成了亲密的朋友，并很快迷住了希特勒。痴迷艺术的希特勒认为奥尔加是最伟大的演员，并以内阁总理的名义专门为她设立了"德意志帝国国家演员"的荣誉称号。每次参加高级别的活动，始终把她的座位安排在自己的身边，以表示对她的赞赏和关心。在希特勒的众多情妇中，她是唯一得以幸免不被粗暴对待的女神，希特勒始终把她放在高于其他一切女性的位置上。

与此同时，奥尔加也在暗中一丝不苟地为苏联情报机关服务。从希特勒本人到帝国的其他头面人物，都是她的情报来源。

1942 年，前线的紧张局势促使斯大林做出了暗杀希特勒的决定，指示奥尔加配合苏联拳击运动员米克拉舍夫斯基负责实施暗杀行动。虽然后来斯大林考虑到"只要希特勒活着，德国就不会与西方单独媾和；同样，对美国和英国来说，只要希特勒在台上，他们就不可能与德国媾和。一旦希特勒死了，到时掌权的很可能是二号人物戈林，西方大国就会与德国媾和。这对我们不利，我们已经接近于彻底打败德国了"。所以暗杀计划取消了，但是奥尔加在传递情报的过程中建立的严密联络体系确保了她没有被暴露出来。

1944 年夏天，盖世太保头子米勒开始怀疑奥尔加，突然闯入奥尔加的房间企图有意想不到的发现。谁知聪慧异常的奥尔加提前知道了他们的计划，在盖世太保到来之前就把希特勒请到了家里，最后也只能不了了之。

苏联红军攻陷柏林之后，反情报局首脑维克多·阿巴库莫夫秘密派出飞机将奥尔加接回了莫斯科。曾经有历史学家怀疑，苏联情报机关曾怀疑奥尔加可能做了双重间谍，但就如同她如何被发展成"沉睡的间谍"的真相鲜为人知一样，她在苏联的这段时间究竟发生了什么，也是一段历史谜团。

经过两个多月的关押核实，奥尔加被送到了克里姆林宫，受到了斯大林的亲自接见，并向她颁发了列宁勋章。之后，奥尔加继续拍电影。1955 年，她息影从商，开了一家化妆品公司。在接受媒体采访的时候，她始终否认曾与苏联特工机构合作过。但是在西方出版的许多关于奥尔加的书里，都把她称为苏联的间谍女王。1980 年，奥尔加永远地离开了这个世界，带走了那些不想公开的秘密。

（七）纳粹谍王：卡纳里斯

德国是一个情报活动历史悠久的国家，也是被各国情报界视为楷模的国家。他们不仅首次把"埃尼格玛"机引入情报通信中，而且成功地窃听了罗斯福与丘吉尔的无线电通话，破译了美国使馆的"黑"密码和英国海军的密码通信，获取了苏联的最高机密……

1918 年，德国在第一次世界大战中战败，德国军队被改为国防军。但是，在最初的 4 年里德国的情报工作并没有受到凡尔赛条约的限制。1933 年希特勒上台以后，德国的情报机构同海陆空三军一样迅速发展起来，由卡纳里斯出任局长，负责整个德国的情报工作。

卡纳里斯的一生不仅充满了神秘的传奇色彩，还留下了许许多多的不解之谜。美国情报局认为他是"现代历史上最勇敢的人……幻想在欧洲建立一个以英、法、德为首的美国"。德国情报局称他为"空中飞人杂技员"。意大利驻柏林武官对他的评价是："毫无顾忌，智力超群。"德国军事情报局说他"诡计多端"。而德国党卫军的保安队队长则说他是"最大的叛国者，自始至终都在直接地、故意地向英国出卖自己国家的军事机密"。正是其特殊的工作性质、混乱的历史环境和复杂的个人经历，使卡纳里斯成了一个不可捉摸的人。

卡纳里斯于 1887 年出生于德国北部多特蒙德市郊一个十分富有的资产阶级家庭。1905 年，年仅 18 岁、身高 1.63 米的卡纳里斯以一名军校学员的身份加入德国

海军，毕业后被分配到"德累斯顿号"轻巡洋舰上服役。他的学长们是这样评价他的：尽管他有一定程度的羞涩，但他的英语说得确实很棒。卡纳里斯仿佛在语言方面天赋异常。他除英语外，还掌握了法语、意大利语，还能说一些俄语，并利用他远航南美的机会掌握了西班牙语。

卡纳里斯

第一次世界大战爆发时，卡纳里斯仍任职于"德累斯顿号"轻巡洋舰。1914年，卡纳里斯所在的小舰队击沉了两艘英国重巡洋舰。但是不久之后，在福克兰群岛之战中英国海军击沉了除"德累斯顿"号之外的所有德国舰船。"德累斯顿号"逃到智利水域之后，被英国军舰击沉，所有船员被拘禁在智利的基里基纳岛上。

这个时候，卡纳里斯第一次显露出了他的间谍天赋。他设法逃到了智利本土，之后又骑马翻越安第斯山脉进入亲德国的阿根廷境内。他化装成了英籍智利人，并搞到了护照，混上属于中立国荷兰的海轮返回了德国。

卡纳里斯的这一独特经历受到了德国海军情报部门的注意，后来他成为防卫军总司令泽克特在凡尔赛条约空隙中千方百计保留下来的约4000名战时表现出卓越才干的军官之一，目的是为了使德国能有一批未来重振军备的"种子"。1933年，卡纳里斯上任情报局局长后，希特勒亲自接见了这位新任局长，并对卡纳里斯满怀希望地说："我想建立一个像英国情报局那样的机构，团结一群人，满腔热情地去工作。"

卡纳里斯不负所望，在很短的时间内就迅速建立了一个庞大且严密的情报系统。以前德国的军事情报对象主要局限于欧洲，但是卡纳里斯建立的间谍网和反间谍网却遍布世界各地，间谍活动不但在欧洲深入渗透，更渗透到南、北美洲和中东地区。战前德国招收军事间谍的主要方式是在国外的报纸上刊登贷款广告，然后在那些急需用钱的人中挑选出好的种子发展成为间谍。但是卡纳里斯利用更多的方式招聘了不少层次较高的种子，比如，德国军官和一些大学教授、律师等，然后放手给这些人管理自己的下属情报机构，从而层层建立起高效的谍报机构。

卡纳里斯不仅揪出了不少潜伏在德国的超级间谍，在向他国本土派遣特务这一问题上也做得十分出色。1937年前，希特勒禁止在英国进行大量的间谍活动，但是战争爆发前卡纳里斯很快就在英国安插了250多名各式各样的间谍，其中包括几名

安插在英国高级官员家的佣人。这些间谍侦察到了位于英国东部的大多数重要机场、港口设施、军火工厂和油库的地址，帮了德国总参谋部的大忙。综合他们提供的点滴材料，德国军事谍报局和德国其他的情报分析家基本上对英国的战争能力有了清晰的了解。卡纳里斯甚至在 1938 年宣称："不仅英国沿岸的设施，而且大多数机场，还包括从伦敦到北海港口赫尔之间的油料贮存仓库我们都画有详细的地图。"1938 年慕尼黑会议期间，法军的动员令居然在法国海军司令达尔朗海军上将签署前就全文落到了卡纳里斯手里。英国陆空军的协作计划，他也有本事搞到。这让希特勒也惊叹不已。

在卡纳里斯的领导下，德国军事情报局无论是第二次世界大战前，还是在战争期间，其情报工作都相当活跃，特别是在德国发动入侵挪威、荷兰、比利时、卢森堡、法国和苏联的"闪电战"中，为希特勒制订作战计划，进行侵略战争，提供了大量可靠的情报依据，充当了希特勒侵略战争的急先锋。

1940 年，在德国闪电占领波兰前后，德国情报局早已从破译的大量英国海军密码电报中，全面摸清了英国临战部署、调动、作战企图等重要情报，并在入侵丹麦和挪威前实行了调虎离山之计迷惑英军，隐蔽了登陆的企图、时间和地点，使得德军在战争期间受益匪浅。

在希特勒迫不及待开始进行西线进攻荷、比、卢、法四国战争筹备的时候，德国情报局依然还在继续制造"西线无战事"的假象，德国的间谍和外交人员一起散布着和平的空气，说德国对法国没有任何要求，不愿意和法国打仗；对英国只等待它归还原来属于德国的殖民地，但通过谈判可以实现"体面的和平"等，以掩盖战争意图；对荷、比、卢三国德国一定尊重他们的中立。

在"西线无战事"假象的迷惑下，法国人以为德国入侵波兰之后，会继续东进，攻打苏联。即使要攻打法国，至少还需要四五年的准备时间。即使马上发生战争，法国的马其诺防线也可以抵抗一阵子。荷、比、卢三国的执政者特别是比利时国王利奥波德严守中立，不卷入战争的立场很坚定，对德国的承诺深信不疑。而英国对大战缺乏充分的准备，陆军少得可怜，装甲师刚刚开始筹建，空军也只有 1800 人。所以英国指望地面作战由其同盟承担，自己只以海上封锁战略轰炸来消耗德国赖以战争的经济潜力。

对于这 4 个国家都未认真备战的情况，希特勒已经通过卡纳里斯的情报系统了解得一清二楚。他暗中制订了代号叫"黄色方案"的军事计划。这一计划的指导思想是沿袭第一次世界大战时德国进攻法国的"史里芬计划"，即将主力放在右翼，向比利时北部的列日方向实施主要突击，横扫荷、比、卢和法国北部；而在左翼只投入较少的兵力，担任掩护。但是行动前，德国情报局一名化装成难民的女间谍，混进了马其诺防线司令部，窃走了防线地图。德军发现法国把大部分兵力赌注压在马其诺防线上，如果德军仍按原计划发起进攻，双方主力就会发生正面冲突，德军不仅要花很大的人力和物力代价，而且还不一定能成功。

基于这些考虑，希特勒立即重新制订了进攻荷、比、卢、法的作战计划：将主力放在左翼，出敌不意地从卢森堡和比利时南部的阿登山区实施主要突击，切断比利时北部英、法联军的退路，直扑加来海峡，而以右翼作为助攻方向。这样就可使法国的马其诺防线不起作用。

为了达成进攻阿登山地区的突然性，希特勒指示军事情报局进行了一个"意外泄露作战计划"的骗局：一名携带"史里芬计划"的德军军官，因天气严寒，在飞越风雪冰冻的莱茵河时迷失方向，飞到比利时被迫降落。德国进攻西欧的"史里芬计划"落入英、法军之手。英、法军得到这一计划后，果然中计。

1940年5月10日凌晨4时30分，德军突然对荷、比、卢和法国北部的72个机场实施了猛烈轰炸，很快夺取了制空权。与此同时，德军空降部队在荷军和比军的后方实施了空降，夺取机场、渡口、桥梁和一些战略要地。德军地面部队在空军掩护下大举进攻。在德国的猛烈进攻和国内"第5纵队"的破坏下，荷、比、卢三国很快就陷入失败。5月21日，从比利时撤下来的40多万英、法联军被逼到敦刻尔克周围的一小块三角地带上。英法联军面临强敌、背靠大海，又无力进行背水一战，眼看有覆灭的危险。不得已，英、法联军进行了战争史上有名的"敦刻尔克大撤退"。

英军从敦刻尔克撤退后，法国北部已经敞开，德军乘势横扫了法国北部，正当德军继续向法国腹地推进时，意大利军队越过阿尔卑斯山侵入法国，给法国背上又扎了一刀，使法国局势更加恶化。至6月20日，法军宣布投降，就这样，拥有300万大军、号称欧洲最大的陆军强国彻底沦亡。

1940年6月，德军在西线取得了胜利，希特勒便认为时机已成熟，可以腾出手来进攻苏联了。为了达成进攻的突然性，卡纳里斯领导的情报局故意制造德军统帅部准备执行轰炸英国进行"海狮计划"的舆论，故意把过时的"海狮计划"送给苏联情报机关。在英吉利东岸的港口，张贴"打到英国去，活捉丘吉尔"的标语，并给部队大量印发英国地图，配备英语翻译，在海峡沿岸集结大量渡海登陆器材，配置假火箭，进行频繁的登陆演习。为了避免苏联对德国军队东调产生怀疑，情报局还通过外交人员向苏当局进行所谓"解释"，说在波兰纠集的军队是派去接替即将退伍的老兵，说进驻罗马尼亚的军队只是派去协助该国训练军队的"教官"。甚至大批的德军在苏联边境集结完毕时，还说这是为了进攻英国而来到东方休整。

这些烟幕弹让当时的苏联领导人不相信德国会入侵苏联，德军顺利地把大批兵力集结在苏联边境上。1941 年 6 月 22 日凌晨 4 时 30 分，德军未经宣战就向苏联发起了大规模的"闪电战"。刚一天，苏军的第一道防线就被突破。苏军伤亡惨重，被迫撤退到了内地。

卡纳里斯及其指挥的庞大军事情报机构，无孔不入地奔赴于各条情报战线中，为希特勒发动侵略战争提供了重要的决策依据。他所取得的成就，在德国情报活动史上，可谓达到了登峰造极的程度。但是令人不解的是，他最后却在暗杀希特勒的"女神行动"失败后被判处绞刑。据说在二战期间，他还录用了几名反希特勒的密谋分子进入军事情报局，并掩护他们活动。二战期间担任英国情报局局长的孟席斯勋爵于 1964 年回忆说："卡纳里斯是个德国爱国者……拯救德国和欧洲免遭毁灭。我想我也许能帮忙，他也确实跟我联系过，要求我在中立国和他会见，目的是设计结束战争的办法。我把此事告诉安江尼·艾登。而艾登甚至禁止我给他一个回音……"

（八）太平洋战争中的秘密武器——纳瓦霍语密码

2001 年 7 月 26 日，时任美国总统的布什在国会山上举行隆重仪式，为一些已经沉默了半个多世纪的印第安"特殊密码员"颁发了美国政府最高勋章——国会金质奖章。对这迟到了半个世纪的表彰，布什也不胜感慨地说："他们勇敢工作，出色地完成了自己的任务……他们对国家的贡献值得所有美国人尊敬和感谢"。的确，正是他们编制出的不可破译的"无敌密码"，为盟军最终胜利立下了汗马功劳。

1941 年 12 月 8 日，日军如鬼魅般偷袭了珍珠港，美国被激怒，随即向日本宣战。交战初期，美国一直处于被动，因为他们的情报密码总能被精明的日本人破解。怎样才能既快速准确又绝对保密地传递军情和命令？这成了最令美军高层头痛的问题。

用纳瓦霍语编制军事密码，是一个叫菲利普·约翰逊的白人出的主意。当时的约翰逊还是一名戴着金丝眼镜、衣着举止十分传统的土木工程师。他是传教士的儿子，在纳瓦霍民族保留居住区长大，说一口流利的纳瓦霍语。纳瓦霍语对部落外的人来说，无异于"鸟语"。极具军事头脑的约翰逊认为，如果用纳瓦霍语编制军事密码，将非常可靠而且无法破译。因为这种语言口口相传，没有文字，其语法、声调、音节都非常复杂，没有经过专门的长期训练，根本不可能弄懂它的意思。另外，根据当时的资料记载，通晓这一语言的非纳瓦霍族人全球不过 30 人，其中没有一个是日本人。

就这样，几百名美国印第安纳瓦霍族人被征召入伍。美军利用他们的土著语言作为电报密码，并将他们训练成了专门的密码员，人称"风语者"。正是这套纳瓦霍密码，使美军在太平洋战役中逆转颓势，赢得了最终胜利。然而，无论是战争影片的描述，还是战争史实的记叙都不见纳瓦霍人的踪影。他们成了真正的无名英雄。丘吉尔曾形象地称这些密码员是"下了金蛋却从不叫唤的鹅"。

1. 带着玉米花粉的美军"酋长"

在美国亚利桑那州与新墨西哥州交界处，蜿蜒纵横着一条巨大深邃的峡谷。纳瓦霍人是这里的主人，他们祖祖辈辈生活在此已 400 多年。1941 年，当美国被卷入第二次世界大战的时候，总数不足 4 万的纳瓦霍人散居在美国西南部这片荒凉的高原上，他们的居住区内还保留着浓厚的原始气息，没有柏油马路，没有水电供应……几乎所有纳瓦霍居民都以牧羊为生，他们居住在叫作"霍根"的泥坯房子里。早在 19 世纪 60 年代美国武装力量曾与纳瓦霍族人兵戎相见，之后纳瓦霍人被押送穿越新墨西哥州到 560 公里外新的定居点，这就是历史上的纳瓦霍人的"大迁徙"。二战开始后，当时的美国政府又对纳瓦霍人的羊群发动"围剿"，力图减少羊群的数量以便减轻土壤侵蚀和过度放牧所造成的危害。他们为什么要去为一个曾经奴役自己的祖先、杀死自己的羊群，甚至不让他们参加选举的民族去打仗呢（在亚利桑那州，直到 1948 年纳瓦霍人才获得选举权）。

"纳瓦霍民族过去的遭遇是社会冲突造成的。"艾尔伯特·史密斯解释说，他是纳瓦霍语密码译员协会主席。"而当时的世界大战则是决定"大地母亲"是否要放弃异国统治的一场冲突。保卫祖国我们责无旁贷。"早在纳瓦霍族人被征兵入伍的一年前，鉴于世界的战争局势，纳瓦霍民族议会已经一致通过决议，要坚决保卫美国，抵御入侵。会议宣布："作为美洲的土著居民，没有人比我们对美国更忠贞不贰。"但是他们组成的志愿者却被送了回来，原因是国家尚未发出征兵令。再说，他们中的大部分只能讲纳瓦霍语。

1942 年 4 月，出于编译纳瓦霍密码的需要，海军陆战队征募人员来到这里，他们希望能物色一批能操流利的纳瓦霍语和英语的理想人选。1942 年 5 月，第一批 29 名纳瓦霍人被征召入伍，他们中很少有人离开过民族保留居住区。他们只是在集市上才见过"盎格鲁人"。而现在，他们很快就要跨过他们从未见过的大洋，去和他们从未见过的敌人打仗了，这实在太神秘而不可思议了。因此，他们理所当然地要举行宗教仪式。新兵们请来巫医主持被称为"赐福"的祈祷仪式。虔诚的青年们把神圣的玉米花粉当作护身之物带在身边。尚未配备武器，却已有神灵保佑的 29 名纳瓦霍士兵第一次看见了太平洋，从而走进了一个整天和教官以及海军陆战队打交道的新天地。

来到部队，纳瓦霍人游牧民族的精神马上显现了出来。当普通战士只能嚼到食之无味的压缩食品时，纳瓦霍人却能用弹弓打猎；当其他海军陆战队员在黑暗中面对寥无人迹的荒野退缩不前时，纳瓦霍人却擅长野外游击战，精于放夜哨；当其他士兵精疲力竭时，习惯了在荒野高原上行进的他们却依然马不停蹄……于是，白人士兵们把纳瓦霍人称做"酋长"。

2. 无法破译的纳瓦霍语密码

第一批29名纳瓦霍士兵于1942年5月组成了海军陆战队第383排，在加利福尼亚海滨的一个秘密基地编制密码。在保留居住区内，纳瓦霍语主要用于口头交往，密码设计者们受命同样只保留它的口语功能。他们打破了传统的密码构成公式，创建了有500个常用军事术语的词汇表，并编制了一本字典。这本"鸟语字典"不能随身携带，必须被牢牢记在脑子里。

纳瓦霍语本身已是高深莫测。德国人破译英语密码时可以从共有词根着手顺藤摸瓜；日本人往往用美国大学的留学毕业生来窃听美军通讯。但是源于亚达巴斯卡语、很可能是通过陆峡从亚洲传人美洲的纳瓦霍语，是一种音调语言。它的元音高低起伏，以语调的强弱不同来表达语言内涵。一个单一的纳瓦霍语动词，包括自己的主语、谓语和副词，可以翻译成一个完整的英语句子。这套密码体系有两种密码编制方法：一是用一些不相干的纳瓦霍语单词连起来表示一个英文的词汇。比如，纳瓦霍语三个单词所对应的英文词分别为"ant"（蚂蚁）、"apple"（苹果）和"axe"（斧子），它们的首字母都是"A"，那么这三个纳瓦霍单词都可以表示英文字母A。依此类推，英文中的26个字母都可以用几个纳瓦霍语的单词表示，这样再组词造句，就易如反掌。

另一种方法是直接用一些纳瓦霍单词代表特定的事物。纳瓦霍语密码编写者们在自然界中寻求灵感。他们用鸟类命名战机：猫头鹰——侦察机，蜂鸟——战斗机，燕子——鱼雷机；用鱼来命名舰船：鲸鱼——战列舰，鲨鱼——驱逐舰；有关敌方的词汇以特征代替：日本人——斜眼，希特勒——八字胡须，墨索里尼——大葫芦下巴……

3. 魔术般的编译速度

纳瓦霍语密码设计完成之后，美军情报部队对此进行了严格测试。密码专家花了3周时间力图破译一条纳瓦霍语密码编写的信息，终告失败。连未经密码使用训练的纳瓦霍新兵也无法破译。于是，除两名纳瓦霍密码译员留在后方，向下一批新兵传授密码外，其他人立即登船奔赴前线。

当他们被派到海军陆战队的四个独立团队后，却没有想到首先遭遇到的是不信任。一位上校同意接受他们的条件是，立即举行一次人机对抗演练，并且苛刻要求这些纳瓦霍士兵在演练中的准确性和速度必须比滴答作响传递信息的密码机胜一筹，而比赛结果，却令这位上校目瞪口呆，纳瓦霍密码译员轻松取胜。纳瓦霍士兵的表现终于折服了美军的一些军官，他们开始让其在战争中充分发挥作用。

太平洋战争中，美日双方大多是在远离本土的岛屿、大洋、山林、荒漠中作战，部队的调动指挥全靠无线电通信，无线电通信是维系千百万士兵的生命线，无线电通信的保密程度决定着交战双方的生死存亡。于是在每一个驻有美军的太平洋岛屿上都有纳瓦霍密码译员的足迹和身影。面对那些稀奇古怪的密码，日本情报专家费尽心机也猜不出是什么语言，更不要说破译了。

在著名的硫磺岛战役中，纳瓦霍语密码译员们两天两夜没有睡觉，在6个通讯网中传达了800多条信息和指令而无一差错。率领陆战队登陆硫磺岛的美军将领豪尔康诺说："要不是纳瓦霍密码译员随军传递接收机密正确的军事命令，海军永远不可能拿下硫磺岛。"纳瓦霍语密码挽救了数以百万美国士兵的生命，更是为美军在太平洋战争中的胜利立下了汗马功劳。

纳瓦霍密码成了日军的心头病。当时日本人曾俘虏了一名未经密码训练的普通纳瓦霍士兵，逼他解释密码的含义。萨姆·比利森回忆说："在冰天雪地里，日本人把这个被俘士兵的衣服剥光。他的脚和地面都冻在了一起。但那个可怜的俘虏确实翻译不出来。"人们已深信这套密码是不可破译的。凭着这样的绝对优势，纳瓦霍密码员赢得了信赖、尊重，甚至敬仰。

4. 永不消失的电波

战时及战后相当长的一段日子里，纳瓦霍密码曾被视为最高机密，每当有人问起战争时的经历，这些纳瓦霍密码译员总会简单地回答"我是个话务员"。无论是战争影片的描写还是战争史实的记叙都看不见纳瓦霍人的踪影。随着密码技术的进步，纳瓦霍密码再也没被使用过，1968年，它被美国官方正式解密，这一机密才被公之于世，这些密码员才获得了迟到的荣誉，但他们当中的大多数都已经默默无闻地离开了人世。

（九）谜一样的超级特工——上流社会间谍

间谍工作是善于伪装的技术，它必须有侦察员的机智、演员的演技以及在任何情况下都能保持的冷静与沉着。从事间谍工作的人属于各方面都比较优秀的佼佼者。如果是上流社会的间谍那就更加非比寻常了。

1. 克里斯汀娜·格兰维尔

美女间谍克里斯汀娜·格兰维尔，凭着自己的美貌与机智成为二战期间赫赫有名的优秀间谍之一，也是英国首相丘吉尔最喜欢的女间谍。

1915 年，克里斯汀娜出生于波兰华沙的一个贵族家庭，父亲格兰维尔是波兰伯爵，母亲是犹太银行家的女儿。克里斯汀娜从小胆识过人，擅长骑马。成年后的克里斯汀娜曾在一次波兰的选美大赛中获得冠军。19 岁时，她嫁给了波兰外交官司杰兹·吉兹基，随夫前往埃塞俄比亚从事外交工作。波兰亡国之后，身在国外的克里斯汀娜随即来到英国，主动要求为英国间谍机构"特别行动委员会"工作。

成为英国间谍之后，克里斯汀娜奉命完成了一系列卓有成效的间谍工作。凭着自己的美貌、良好的出身和过人的胆识，她多次打入上流社会获得许多珍贵情报。在 1941 年初，克里斯汀娜将有纳粹坦克在苏联边境大规模部署的情报告知英国，使英国首相丘吉尔预言德军将于 1941 年 6 月入侵苏联。另外，她还有令人称道的策反功绩，曾成功说服过好几支敌军部队倒戈投入盟军的阵营。1944 年 7 月 6 日，克里斯汀娜被派到法国传递情报，行动中两名间谍盟友被盖世太保逮捕，即将被处死。为了营救战友，克里斯汀娜大胆机智地打入敌人内部，贿赂纳粹官员，最后两名被捕战友终于成功得到营救。在危机重重的间谍生活中，克里斯汀娜自己也曾数次被盖世太保逮捕，但她每次都凭着自己的机智得以逃脱。克里斯汀娜的智勇双全深得英国首相丘吉尔的欣赏，曾表示克里斯汀娜是他"最喜爱的女间谍"。由于她的英勇表现与不凡功绩，她曾先后获得过法国戴高乐十字军功章、英国乔治十字勋章。奇怪的是，二战结束后克里斯汀娜却被英国情报部门"封杀"了，原因不得而知。曾逃脱数次劫难的克里斯汀娜，死于和平年代的一场情杀之中。是阴谋还是真正的情杀？只得任由后人评说了。

2. 罗伯特·楚克

各个国家的上流社会是高端情报汇集之地，上流人物们把握着整个国家的政治经济大权。如果一个间谍出身上流社会，那么这种出身本身就是获取情报的重要途径。罗伯特·楚克就是其中一个典型的例子。他出身于德国的一个小贵族，早年受到过良好的教育，通晓多国语言，看上去温文尔雅又风度翩翩。

20 世纪 30 年代晚期，希特勒进入准备发动战争阶段，罗伯特·楚克加入了由卡拉瑞斯领导的德国情报机构阿勃韦尔。从那时起，他就成为众多渗透到英国的德国间谍之一。凭着他出身德国上流社会的背景，罗伯特的主要任务就是打入英国的一个国际贵族组织中探听情报。这是一个极其严密的组织，其成员皆为在英国政经界翻云覆雨的大人物，非有贵族身份者休想进入。他在英国乡下的查平汉姆和巴斯之间租了很大的一片庄园，随后又用卡车运来了名贵的家具、油画、珠宝、雕塑等物什，另有彰显身份的 5 辆由纯种马拉的车。可以说，他几乎是有史以来最富有的一个间谍了。

从他来到莱克顿庄园的那一天起就受到了当地上层人物的热情欢迎，而他也时常在自己的庄园里邀请各路名人，定期举办盛大的社交舞会。不久，一个名为福比特的狩猎组织邀请他加入，该组织由英国皇室成员比福特公爵发起。适时，比福特公爵是白金汉宫的管家，对英国的政治经济有着极强的影响力。当然，其他成员也是非同寻常，都是组织中举足轻重的人物。进入这个组织之后，罗伯特获取了许多重要情报。希特勒向来鄙视贵族，无论是英国的还是德国的，但他对来自贵族间谍罗伯特的情报非常重视。罗伯特也因此而为德国阿勃韦尔立下了不少战功。

（十）恩尼格玛与超级——英德密码战

现代战争实际上就是一场情报战，谁能钻入敌人的大脑谁就把握了战争的主动权。二战正是由千千万万的情报战所汇集起来的大战争，制造密码与破译密码成为战争双方猫捉老鼠的游戏。

1. 恩尼格玛

1938 年，全世界都将目光聚焦在德国，各国国防部都紧张地提防着德国军队的一举一动。这年秋天，英国情报局驻柏林的秘密情报员弗朗塞斯·费勒少校向伦敦发来密电，告知德国陆军正在试验一种名为"恩尼格玛"的密码机。该种密码机被认为是有史以来最先进的、无法破译的密码机。倘若此机被德国人利用于军事谍报方面将会发挥巨大的作用。这个消息令英国情报局震惊了，为此英国情报局立刻下令调查这个恩尼格玛的来龙去脉。

原来恩尼格玛又称"哑谜"，最先由一位名叫胡葛·考克的荷兰数学家所发明。1919 年，考克在海牙以"密写器"为名获得了专利，他本想自己生产这种机器，可是由于财力不够，只得将这项专利卖给了柏林的德国工程师阿特·舒尔比茨。根据专利设计，舒尔比茨制造出第一台密码机，并为之取名为恩尼格玛。他打算卖给公司作为商业保密之用，可是这项业务进行得并不顺利，于是舒尔比茨只得再次将它转卖给另一家公司。正在这时，德军为了保证战争的顺利进行，正在研制新的密码机。机缘巧合，他们发现了恩尼格玛，这让他们大喜过望。在德国专家对这种机器进行了一系列试验之后，他们发现该机器无疑是当时技术最先进的密码机，与先前德军一直采用的人工编码和译码工作相比，有着无可比拟的优势。只要在发报机键盘上输入普通的一句话，发出时就会变成无逻辑的乱码，而只有接受方通晓编码程序，将机器调到适当的位置，输入接收密码，乱码电文才能还原为普通文字的电报。更让德国人高兴的是这种密码机一旦落入敌方之手，如果不知道它的编码程序、密钥，没有解读它的机器，敌方就很难将其破译。加上恩尼格玛体积小、成本低、坚固耐用且便于携带，德军立刻开始生产这种密码机。他们对恩尼格玛的信任，使他们在二战中都没有更换他们的密码系统。然而事情往往并不像当事人所想象的那样发展。百密总有一疏，更何况人类的智慧总是在不断地超越之中。

2. 失踪之谜

几乎在德国人大量制造恩尼格玛的同时，英国人收到一条有关恩尼格玛的重大情报。一位曾经在德国恩尼格玛密码机工厂里工作过的波兰数学家兼工程师因为信仰犹太教而被希特勒驱逐出境。这位名为理查德·莱温斯基的数学家后来回到了华沙。军情六处立刻派遣吉普森少校前往华沙与之会面。在一个昏暗的街角，莱温斯基向吉普森开出了他出售恩尼格玛的价码，即 1 万英镑外加他和妻子在法国的永久居留许可权。同时，吉普森也了解到眼前的这位工程师不仅可以画出精确的恩尼格玛的机器构造图，还可以复制出一台一模一样的恩尼格玛的复制品。对于英国政府来说，莱温斯基的开价根本不是问题，问题的关键在于需要确定这位波兰数学家是不是真的像他所说的那样了解密码机，或者说他会不会是德方派来的一个诱饵。

军情六处的负责人斯特沃尔特·曼斯就此请来了一些英国的顶尖级专家，他们检验了由吉普森少校送来的由莱温斯基所写下的一批技术资料，经研究后专家们告诉曼斯，这些资料看起来的确是真的。为了准确了解莱温斯基不是德国奸细，曼斯派出了两名通信数学方面的天才人物前往华沙与他正面会谈。48 小时后，三个人在华沙的大街上会合了，两位专家围绕恩尼格玛问了许多关键问题。很显然，莱温斯基能够很轻松地解答这些技术问题。曼斯在听取了专家的意见之后，迅速派遣吉普森少校将莱温斯基及其妻子偷偷带出华沙后安全护送其去往法国巴黎。在那里，他们被安置在一间舒适的公寓里，由军情六处的特工保护，几个月内，莱温斯基就在此处复制出了一台恩尼格玛。而在遥远的德国，元首不知道的是，他认为天衣无缝的密码机已经被英国情报处解开了。这是二战中英国破译德军密码的重大突破，对盟军后来取得战争的胜利起到了不可估量的作用。

1940 年 5 月 18 日，希特勒掉转枪口对准了实行绥靖政策的法国，巴黎岌岌可危。英国军情六处派遣考特恩中将驾驶飞机将莱温斯基夫妇从巴黎接到了相对安全的伦敦。他们被安排在一间舒适的公寓里，并派了一名警察保护，实际上也同时监视他们不脱离英国。但是，就在几天之后，莱温斯基突然失踪了，大量的调查资料表明莱温斯基没有接触过波兰驻英国使馆，也没有同在伦敦流亡的任何波兰人接触。那么，他是如何逃出公寓而没有被人发现的呢？难道是盖世太保获悉他泄密而谋杀了他？即便是这样，尸体在哪里呢？由此，莱温斯基失踪一案成为二战中众多谜案的又一个，他的消失像他的密码机一样，成为永远的"哑谜"。

3. 道高一丈

自从解开了恩尼格玛的核心技术之后，英国情报机构终于迈开了通向获取德军

密码的第一步，这时德军已经将"恩尼格玛"大大改进。英国人要破解德国人的密码系统还需要做更大更艰巨的工作。1940年5月，正是英国情报机构历史上最困难的时期，英国许多情报站被迫关闭，而向敌国派遣间谍获取情报亦绝非一朝一夕就能完成之事。因此，破译德军密码就成为英国获取情报的重要出路。

在离英国伦敦西北约80公里的地方有一座庄园。由一座大楼和许多尼森式小屋所组成，这个看上去并无独特之处的小山庄便是英国政府的密码破译中心——布莱切利庄园，这里会聚了各个领域的顶尖人才。由于密码破译是一种专业性极强的工作，需要深厚的数学功底，他们之中有许多是数学家和密码通信专家，年龄通常都在30岁至50岁之间。他们中间有一个怪才，就是后来被誉为计算机之父的阿兰·图林。二战期间，他一直在布莱切利庄园做着破译恩尼格玛密码的工作。很久之前他就有过一个想法，即是创造一种万能机器，它可以模仿德军千百个恩尼格玛机中任何一部的活动方式，通过推其编码程序来实现解码目的。同时，这也是现代计算机的雏形理论。在此设想下，"超级"便诞生了！英国莱奇沃恩公司为英国谍报局制造出一台专门用于模仿恩尼格玛内部线路的机器。这台长、宽均为2.4米的正方形机器像一个大铜柜子，它便是新的终极解码器——超级。自它出现后不久，英国首相丘吉尔的办公桌上便堆满了源源不断的德国最高司令部的情报。英国情报局为了防止德国人发现自己的密码已经被破译，甚至不惜忍痛放弃一些保护目标以获取更大的胜利。与此同时，他们还尽量减少超级的使用范围，以免其受到德军的破坏。正因为如此，超级才在二战之中立下了不可磨灭的功绩。

二战结束数十年后，英国政府公开了一批机密文件，其中就有关于英国情报机关在二战中成功破译德军无线电电码的部分。这些机密一经公开便在全世界引起轰动，布莱切利庄园、阿兰·图林以及"超级"从此便享誉天下。

（十一）潜入斯卡帕湾的黑色幽灵——"皇家橡树"号的沉没

从17世纪起至20世纪40年代，英国皇家海军一直是世界上最强大的舰队。几百年来的海军建设使其成为英国国家战略的基石，而辉煌的战绩更令每一个海军官兵都以身为其中的一分子而自豪。可惜的是，这种自豪感在一次偷袭中被彻底击碎了。

1. 潜藏的杀机

斯卡帕湾，位于英国苏格兰最北端的奥克尼群岛境内，这个由一个小岛所包围的半封闭水域，有3条航道可直通大西洋和北海，是天然最有利于驻扎船队的海湾。英国皇家海军选择了这里作为自己主力舰队的驻扎地，据此以控制北海。1919

年6月，战败的德意志帝国海军实施彩虹行动，在斯卡帕湾内集体自沉大批军舰，其后果使这一带的水域下布满了障碍物，星罗棋布的小岛更令斯卡帕湾的洋流强烈而复杂。由此英国人认为，如果不是特别熟悉当地的洋流情况，斯卡帕湾根本就是一个敌方潜艇无法到达的地方。在这样的安全屏障下，戒备并不森严。

对于德国人来说，斯卡帕湾具有极其重要的战略意义，这一地点恰恰位于德国海上运输线出入北海的要冲。一战中为了攻破斯卡帕湾重创英国海军，德国海军付出了惨痛的代价。二战伊始，德国海军情报部门做了大量的准备工作，通过德国空军以及部分出海巡逻的潜艇搜集到了部分关于斯卡帕湾的情报资料。最重要的，他们派出了精英间谍长期潜伏在斯卡帕湾附近，而这一切英国皇家海军似乎浑然不觉。1939年10月，英德开战已经有6个星期。在德国人掌握到准确的谍报信息之后，便开始着手实施奇袭英国海军舰队的行动。这次，邓尼茨派出了31岁的高特·普里恩上尉作为此次行动的执行人。他曾认为突破斯卡帕湾的攻击者"需要有最为大胆与强烈的进取心"，而普里恩的个人品质和专业技能符合了这些要求。黑夜中，英国"皇家橡树"号上的海军仍然在呼呼大睡，没有预料到一艘德国U型潜艇正在悄悄向他们逼近。"皇家橡树"号的名字缘于一株老橡树曾经救过查理二世的命，后来被命名为皇家橡树，成为英军的吉祥物。这艘3万吨级的战舰舰长189.1米，最高航速24海里/小时，携有强大的火力武器，有381毫米口径主炮9门、152毫米口径火炮12门及大量中小口径火炮等。如果不是防卫松懈，相信即便是再来一艘U型潜艇也不见得是它的对手。

2. 暗夜奇袭

1939年10月13日午夜，四周出人意料地宁静，"皇家橡树"号上1146名船员一大半都进入了梦乡。耀眼的探照灯下，一艘德国U型潜水艇悄悄沿着英吉利海峡弯弯曲曲的海岸线，缓缓地顺着斯卡帕湾缓和的潮水前进着。舰长普里恩上尉指挥U-47潜艇满载着鱼雷执行代号为"P"的作战任务。这是一次高度机密的任务，由邓尼茨亲自口述给海军司令雷德尔。在潜艇离开基尔港出发的时候，码头上甚至没有举行任何出海仪式。在距离奥克尼郡不到3.3公里的位置时，艇上不明实情的艇员甚至问普里恩："我们是否要去拜访奥克尼郡？"得到的回答是："不，是斯卡帕湾。"在准确的航线信息以及普里恩丰富的航海作战经验下，很快他们就找到了巨大的"皇家橡树"号。普里恩指示手下艇员借助夜色掩护，大胆地以水面航行状态接近目标，在距离不到3公里时，0时58分，3枚G7e型鱼雷成功入水并以30节的航速奔向"皇家橡树"号。

此时的"皇家橡树"号战列舰上的所有人几乎都在熟睡之中。第一枚鱼雷命中后只发出了低而沉闷的爆炸声，并未引起舰上官兵的注意。凌晨1时，右舷再次传出爆炸声，但并未发生火灾，很多人在未觉察到异样后继续睡觉。最后一枚鱼雷击中"皇家橡树"号后发出了巨大的爆炸声。这一次，巨大的声响终于惊醒了梦中人，舰长布拉格若于慌乱中看到任何救助都为时已晚。3枚爆炸的鱼雷撕破了3万吨级战舰的巨大舰体，黑色的海面上燃起冲天烈焰，舰体被炸成了几截，仅仅在15分钟内，包括布拉格若在内的833名官兵随舰丧生，只有375人生还。即便是这个时候，英国人也没有意识到是德国潜艇搞的鬼，德国海军普里恩率领U-47潜艇扬长而去。丘吉尔时任英国海军大臣，得知此事后痛心不已，称这是英国"皇家海军史上最黑暗的一天"。

普里恩回柏林之后获得了英雄般的欢迎，希特勒亲自为他戴上了骑士十字勋章，称这次奇袭斯卡帕湾作战行动的成功是"德国海军潜艇部队作战历史上最引以为豪的战绩"。当天，U-47潜艇全体艇员都与希特勒共进了晚餐。

"皇家橡树"号战列舰

3. 引狼入室

事发之后，号称当时海上第一强的英国皇家海军愤怒之余也颜面扫地。为了查明爆炸原因，皇家海军成立了由15名专家组成的调查委员会，经过分析后终于得出结论："皇家橡树"号是被德国潜艇的鱼雷所击沉！可是，令专家们百思不得其解的是，德国潜艇是如何通过斯卡帕湾那重重水下障碍的？于是，他们推断肯定是奥克尼岛内有人引狼入室。此人必定非常熟悉此地地形以及皇家海军的一举一动，否则以斯卡帕湾的复杂地形根本不可能有如此成功的袭击。为此，英国反谍报部门军情五处受到了指责。为了查明真相，军情五处立刻向奥克尼群岛派遣了精兵强将，试图找出这个狡猾的纳粹间谍。可所有的努力都是徒劳，这些调查不但没有查出真相反而弄得岛上人人自危，不自觉地怀疑身边的人是否就是间谍，更有人把这个间谍比作"斯卡帕湾的幽灵"，永远无法找到他。

1942年春天，美国的流行杂志《周六晚间报道》刊登出一篇爆炸性文章，指出这个斯卡帕湾的幽灵就是德国海军前军官阿尔弗雷德·韦林。此人精通英、法、德三国语言，一战爆发后加入德国海军，曾参加过著名的日德兰海战。1926年，韦林加入德军情报部门，以瑞士钟表商人的身份化名阿尔伯特·奥特，移居英国奥克尼岛后开了一家钟表店，并在此长期潜伏下来。韦林出身商人家庭，头脑精明，伪装巧妙，很快跻身于当地上流社会，英国反间谍机构丝毫没有觉察到他的异样。

1939年9月中旬，韦林收到柏林密电，要他密切关注位于斯卡帕湾的大型战舰并获取港湾航道图。在整整12年的间谍生涯里，他对斯卡帕湾的洋流、水下障碍以及湾内的驻扎舰队情形了如指掌。很快，机会就来了。10月初，斯卡帕湾来了一个大家伙——"皇家橡树"号，韦林赶紧记下了准确的停泊地点。接着，在参加海军俱乐部舞会时，韦林从几个基地军官口中打听到斯卡帕湾东面入口处的防潜网已经破烂，基地已经拆除了这些破网，而新防潜网要到月底才能运到。得知这一消息，韦林暗地欣喜若狂，这无疑是德军奇袭的一次大好机会。很快，他就把所掌握的"皇家橡树"号的停泊地点、在港时间以及防潜网被拆除的情报通过电台发给柏林。很快，一次成功的奇袭就实施了。韦林的情报是这样的准确，后来成为谍报学问中最成功的案例之一。

二战结束后，英国皇家海军并未放弃对嫌疑人韦林的搜索。可是跟所有间谍一样，他们往往隐姓埋名生活在了他乡。有人认为韦林在斯卡帕湾入口处就登上了U-47潜艇，直接引导潜艇进入港内，在行动成功之后随潜艇一起返回了德国。另有许多英国记者来到奥克尼岛寻找所谓的钟表商人，可是谁也没有找到过一个类似韦林的人。最重要的知情人和斯卡帕湾的立功者普里恩上尉在1941年指挥U型潜艇作战时，已经随着潜艇的沉没而消失。随着知道内情的高官一个个死去，韦林的下落就成为一个永远解不开的谜。

（十二）最离奇的特工——死而复活的间谍

二战中有许多令人匪夷所思的事情出现，是什么原因人们不需要去查证，死而复生的间谍们就是其中一个有趣的例子。

1. 在电波里复生的间谍

1940年7月，希特勒打算实施"海狮"计划，跨过英吉利海峡去征服英国。为了掩盖兵力的薄弱，英国军情处决定把俘虏的德国间谍派上用场。他们告知这些间谍两个选择，一个是死，一个是与英国情报部门合作，向德国发送虚假情报，大多数间谍都会选择后者而成为双面间谍。8月底，英国苏格兰场的侦探们聚集到剑桥附近的一个废弃的防空洞里。报告者称，这个洞里死了一个外国人。侦探们经过初步调查认定，这是一起谋杀案。虽说在大轰炸的日子里，每天都有上百人被炸死，但在英国发生谋杀案倒还是一件挺重要的事。经过英国侦探的进一步调查，死去的这个人是一个名叫简万特巴克的德国间谍。随后，侦探们确定简万特巴克是个假名字，他身上的文件也是伪造之物。据英国密码破译机构认定，只有密码本和指令是真实有效的。于是，利用这些密码和指令，英国情报局利用这名"复活"的间谍定期向德国上级汇报"高级"情报，告知他们英国军队从美国人那里获得了大量的武器弹药和坦克。希特勒得知这些假情报后，丝毫不怀疑它的真实性，因为在他看来英美本来就是一家。9月14日，希特勒终于放弃了已经计划周详的"海狮"计划，他认为英国人如果没有美国撑腰是维持不了这么久的。间谍简万特巴克的真实身份成为一个不解之谜，而他确实带给了要他实施间谍活动的那个国家好处。

2. 女间谍生死成谜

1943年4月中旬，8架日军战斗机轰炸了美军位于中国桂林的第14航空队03号秘密油库。事发之后，盟军总司令部派英军情报专家查尔斯来到桂林进行侦查。重庆方面，蒋介石责成军统局头子戴笠协助破案。经过调查，反谍人员对一个名叫苏姬的女子产生了怀疑，自她从香港来到桂林定居后，桂林的凶杀案和情报泄密案、破坏案明显增加。他们初步判定此人是日军间谍无疑，并对她的背景做了一番详细调查。原来苏姬原名陈素珍，1934年加入国民党的特务组织军委会特别调查处（军统局的前身），胆大心细的她曾立下不少功绩。1939年，陈素珍被日军逮捕，在酷刑之下变节成为日军的高级间谍，此后改名苏姬，潜入香港打探了许多英军的情报。而此时，军统局以为陈素珍已经死于日本人之手。

经查实，此次日军轰炸桂林03号美军油库正是苏姬串通国民党军统桂林站站长胡仰宗，向日本人泄密。1943年8月初，美14航空队情报处对苏姬进行了逮捕。后来，她被桂林行营军事法庭判处死刑。然而1946年秋，一位参与苏姬调查案的军统特工在重庆竟然再次看见活着的苏姬。当年连桂林的报纸上都刊登了日军女间谍苏姬被判死刑的消息，这究竟是怎么回事，是谁救了她？难道苏姬背后有强大的国民党高层实权派人物为她提供庇护？1946年之后，苏姬彻底消失了，其下落不得而知，成为又一个难解之谜。

（十三）被放弃的"菲利克斯"计划——德西关系的背后

为了赢得胜利，希特勒及其部下曾制订过一些高水准的计划，其中一些未能实现。"菲利克斯"计划就是其中一例，而且未实施的原因至今尚不明确。如果这个计划得以成功，那么或许历史将会改写。

1. 诱人的直布罗陀

1940年秋，德军占领了整个西欧。法国投降后，希特勒满怀信心地认为英国人会接受他提出的和平建议，可是英国首相丘吉尔下了誓死抵抗的决心。恼羞成怒的希特勒决定吃掉英国。1940年7月，他的手下已经在详细地策划"海狮"计划，该计划旨在9月中旬从法国北部和比利时跨海峡进攻英国，但希特勒还是决定把英国人赶出西地中海。要达成这一目标，就要占领直布罗陀。直布罗陀是位于西班牙最南部地中海沿岸的一个半岛，地理位置十分关键。早在1704年，英国就在同西班牙的持续战争中占领了它。如果德军跨过直布罗陀海峡，占领了直布罗陀，那么这条连接大西洋和地中海的通道将永远对盟军关上大门。

由此，德军高层制订了一个名为"菲利克斯"的计划，计划决定在1941年10月下旬进攻直布罗陀，要求两支装甲部队沿公路快速穿越西班牙。一旦德军到达直布罗陀，这座坚固的岩石要塞将会遭受地面和空中的双重致命打击。如果计划成功，另外两支部队就会进攻摩洛哥。希特勒命令德国反间谍机构阿勃韦尔的头目威海姆·卡拉瑞斯到西班牙去执行前期的准备工作。他的主要任务是侦察直布罗陀山脉周边的英军驻守情况，并设法使西班牙独裁者佛朗哥加入这次行动中。

2. 计划无限期搁置

卡拉瑞斯对这次行动十分热衷，他不仅亲自制订"菲利克斯"计划，还担任整个行动的总指挥。卡拉瑞斯带一个由德国精英间谍组成的小分队穿过直布罗陀海峡来到直布罗陀，成员包括他的助手汉斯·皮克布鲁克上校、德国在西班牙的间谍总头目威尔汉姆·雷森等，此外还有许多间谍渗透到西班牙。至1940年末，整个英国军队在直布罗陀的驻防情况已经被德国间谍打探得清清楚楚。就等他们元首的一句话，攻下直布罗陀指日可待。可是在这时候，希特勒却突然放弃了"菲利克斯"计划。

实际上，早在7月中旬，即在法国投降后，西班牙就参战一事摆明了意向，只要能满足西班牙对直布罗陀和法属北非殖民地的领土要求，并向西班牙提供所需的军事和经济援助，西班牙愿意以任何最适合于德国的形式进行合作。但在几星期之后，希特勒仍然没有向西班牙发出参战的邀请。这样一来，"菲利克斯"计划当然也就搁浅了。至于搁浅原因，至今仍是一个谜。经过这次事件之后，希特勒已经不再把西班牙当成盟友。人们在戈培尔的日记中找到这样一段话，希特勒在对待西班牙和德国关系时曾说："只有当战事的结局已定时，才会出来支持一方。"希特勒清醒地看到了佛朗哥的狡诈，也认识到表面上同西班牙保持友好对德国是有利的。但是就算是在1944年1月，他都不敢采取任何措施，因为有可能促使西班牙加入盟军的阵营中去。

（十四）纳粹铁蹄下的幸存者——为什么瑞士免于战火

瑞士，一个奉行永久中立的国家，占据重要战略位置。令人疑惑的是，德国人占领了与瑞士交界的其他7个国家，唯独这个国家幸免，这实在是一个难解之谜。

1. 下一个目标是瑞士

希特勒从来对国际法不屑一顾。二战爆发后，与德国交界的荷兰、比利时、卢森堡、丹麦、挪威等7个国家均在第一波攻击中倒下，可见奉行中立并不是瑞士避过二战硝烟的主要原因。面对嘴边的这块肥肉，贪婪的希特勒为什么没有下嘴呢？从1940年起，希特勒的反情报机构已经为进攻瑞士做了大量工作。德国人进出瑞士十分便捷，因此德国间谍在瑞士的数量远比在其他国家的要多。一个名为福兰克大叔的人掌管着德国在瑞士的间谍网，其人数超过1000人，这些间谍多配备有精良的电台、照相机、假身份证明等。当这些间谍掌握了一些情报之后，盖世太保就进入这个国家，他们的任务是挑起事端，为德国入侵瑞士寻找借口。

针对这些情况，瑞士情报机构的梅森上校制定了反间谍措施，抓捕了相当多的德国间谍，并努力遏制盖世太保制造破坏行动。至1941年，德国间谍机构对瑞士实施人海战术，即每失踪一名间谍，就补派五名间谍去代替他。在国际城市巴塞尔，许多德国间谍化装成铁路工人混过边界潜入瑞士。一次，两个瑞士反间谍人员在巴塞尔车站连着守了三个晚上，竟然数出了约350名认得出的德国间谍。德国人花费如此巨大的人力物力潜入瑞士，显然这并不是闹着玩的。1941年7月中旬，希特勒控制了几乎整个西欧之后，曾制订了名为"冷杉行动"的计划，打算进攻瑞士。梅森上校得到情报，表明德军在瑞士边境集结了6个师，随时准备向瑞士发动进攻。

2. 难测的事实真相

究竟打不打瑞士，希特勒本人肯定也颇费了一番脑筋。虽说在他眼里永久中立国的门槛并非越不过去，但关键在于这个小小的瑞士无论从军事位置还是经济上，都是他强有力的支柱。首先，德国与它的铁杆盟友意大利仅有的通道就是瑞士的圣哥达隧道和辛普朗隧道，德军必须通过这两条隧道才能把战略物资运往意大利。根据德国情报部门的情报，当时瑞士已经在这两条隧道附近埋下了大量地雷，一旦德军入侵瑞士，瑞士会立即将其炸毁。这样，德军和意大利的陆上交通将会完全中断，失去了德国的经济和军事援助，墨索里尼政权根本无法坚持下去。其次，在战争爆发前瑞士一直是德国最大的贸易伙伴。由于瑞士银行有为任何存款者保守秘密的"行业惯例"，纳粹通过战争掠夺来的巨额财产有相当一部分存在瑞士银行。也正是在瑞士银行的"间接帮助"下，希特勒才获得了巨额外汇，才能在世界市场上购买到维持战争的矿产、石油等重要物资。纳粹德国的帝国银行副行长就曾露骨地说："瑞士允许自由的外汇交易对帝国具有重要的意义。"

最后，也是最重要的一点，在于瑞士奉行的"对外和平中立，对内全民皆兵、武装中立"的国家政策。为了防备纳粹的突然袭击，全国进行了三次大动员。其中

最大的一次是在 1939 年 7 月的某天，几小时之内，一个当时只有 500 万人口的国家竟动员了 50 万人的大军。同时，纳粹德国的情报机构向希特勒汇报说瑞士不仅在地下有许多民防工事，地上还有许多伪装成山丘的飞机坦克洞库，加上全民武装，如果德军入侵，至少要付出 100 万精锐兵力的代价。在权衡入侵的利弊得失后，正当两线战事吃紧的希特勒最终放弃了入侵瑞士的计划。

（十五）是谁烧了法国巨轮——"诺曼底"号遇难记

刀光剑影的战场上硝烟弥漫，貌似平静的大后方暗藏杀机。世界格局风云变幻之际，大批间谍活动在敌人的后方。一场场看似猫捉老鼠的游戏，足以扭转乾坤置对方于死地。谍报工作是二战中不可忽略的重要部分，间谍与反间谍活动是二战中最精彩的篇章之一，其斗争激烈程度丝毫不亚于前线。在平静的大后方，他们进行着一场无硝烟的战斗。

1. 超级邮轮

恐怕世界上没有哪个国家的人像法国人那样讲究奢侈和享受，在 20 世纪 30 年代大西洋各国纷纷建造超级巨轮的竞赛中，该特点得到了相当充分的体现。英国的"不列颠女王"号、德国的"不来梅"号、意大利的"国王"号，一艘艘数万吨吨位的超级邮轮粉墨登场，面对此情此景，号称"欧洲第一大国"的法国岂能坐视？于是，法国人决定建造一艘前所未有的终极巨型邮轮。这艘邮轮的吨位达到 8 万吨，远远超出当时最大吨位为 5.6 万吨的英国巨型邮轮"庄严"号。1932 年 10 月 29 日，共有 20 万名观众观看了声势浩大的"诺曼底"号下水仪式。看着这个长度超过 300 米的庞然大物从面前缓缓滑过时，当时几乎所有人都为之惊叹不已。更令人叹为观止的是其内部前所未有的豪华设施，这艘船实际上是一座海上宫殿。船内有运动场、网球场、大型室内游泳池、影剧院、柔光照明以及全舱普及的冷暖空调等。除了现代化设施之外，绝无仅有的细节装饰亦是该船的一大亮点。

1935 年 5 月 29 日，"诺曼底"号在首航中创造了时速 29.98 节的新纪录。正当法国人为自己的杰作获得国际邮船业的好评时，英国却制造出 8.1 万吨的"玛丽王后"号巨型邮轮。为了超过它，法国人于同年将"诺曼底"号进行了改造，将吨位增加到 83423 吨。至此，"诺曼底"号真正成为世界上最庞大、最豪华的邮轮之一。在此后的 4 年中，"诺曼底"号以其优异的使用性能在大西洋上完成了 139 次航行。1939 年 9 月 1 日，"诺曼底"号驶往纽约，正在公海上航行时，德国发动了对波兰的闪击战，二战由此拉开帷幕。由于美国属于比较安全的中立国家，老东家CGT（跨大西洋海运公司）通知"诺曼底"号就地待命，暂时不要在可能有德国潜艇出没的大西洋上航行。此后，纽约港的88号码头上便多了一个庞然大物。然而，要养护这样一艘超级巨轮是很不容易的，它在港口的费用达到每停泊一天就要花去船东1000美元。为了节省费用，船上只保留了极少数船员以作留守和保养设备之用。谁也不会想到，两年之后，这艘船竟然会毁于一场大火之中。

2. 各方的关注

1940年6月，德军几乎没费多大力气便侵占了法国巴黎，以贝当为首的法国政府向德国投降，7月建立起称为维希政权的傀儡政府。为了防止德军对"诺曼底"号的利用与破坏，美国政府立即宣布羁押"诺曼底"号，由海岸警卫队负责保护和警戒任务。对于美国人来说，这艘超级大船说不定在将来可以派上大用场。而德国人也早就瞄上了它，就在法国投降两周后，德军著名间谍机构阿勃韦尔就向驻留在美国的间谍们发出了命令："严密监视'诺曼底'号！"不论是发起战争的德国，还是未参战的美国，谁都心知肚明，这艘超级邮轮如果用来运输战备的话，仅以士兵为例，它将一次运输1.2万名美国海军到欧洲参战。对于德军来说，这艘超级战备船依然不可小觑。在纽约港附近，有许多小酒馆与凌乱的客栈，这里是间谍们活动的天堂。昏暗的灯光下充斥着形形色色的从世界各地来的海员、士兵、普通人，其中当然不会少了德军间谍。随着战事的逐渐扩大，1941年12月7日日本偷袭了珍珠港，这个举动惹火了大西洋另一头的美国人，一直保持中立态度的美国搅进了战争之中。4天之后，德国宣布对美开战。

美国参战，正如同德军所担心的那样，美国海军立即征用了"诺曼底"号。原先的三色旗被降了下来，"诺曼底"号改名为"拉法耶特"号，美国军方打算对它进行改装，以作为军用运输船。爱国激情高涨下的美国民众支持这一做法，有数千名工人拥向了88号码头的这艘海上宫殿。他们剥掉原先的豪华装饰并拆除了娱乐设施，像蝗虫一样工作着，希望能早日完成改装任务。原定2月28日以前完成的改装期限被积极的工作热情提前了不少。改装完成之后，该船将在美国舰长罗伯特·考曼德的率领下驶离纽约去往波士顿，再从波士顿带上军备和士兵前往需要增援的地方。德国、意大利以及日本间谍们密切关注着这艘船的改装进度。

3. 火烧"诺曼底"号

1942年2月9日，"诺曼底"号的改装任务即将完成，由于计划不久之后出发，大批医用品、食品、被服以及救生设施被陆续送上了船，它们被四处堆放在船舱内。此时仍有许多工人在进行着尚未完成的改装任务。下午2时34分，人们正在忙着手里的活儿，突然听到一声大喊，"起火了。"大火从头等舱开始蔓延，这天凑巧是个大风天，火在风势的推动下越烧越猛。奇怪的是，当人们匆忙之下准备打开消防栓取水救火时，却发现消防栓竟然没有水，只得眼睁睁地看着大火很快漫过甲板。纽约消防局在 12 分钟后接到报告，赶到码头的消防队员们开始向船内灌水，可是他们来的时候，火势已经失去了控制，一个消防兵发誓说，这是他们见过的最猛烈的大火。在 1 小时之内，整艘船就变成了一艘火船。船上近 3000 名海员、工人、士兵们争相逃命，他们有的从"诺曼底"号的船舷爬过，顺着吊下的绳子跳到码头上，有的则直接从烧着的踏板上逃生。纽约近 3 万市民到港口观看了这场大火。

在拥挤的人群中，一个白头发的矮小老头挤到了一位防卫警察面前，带着浓重的苏联口音，企图让这位警察放他进去。这位老人就是"诺曼底"号的设计者，苏联人魏德米·扬克维奇。熟悉船体结构的他本想要求指挥灭火工作，让船身平稳地坐沉在河床上以便事后打捞。遗憾的是粗鲁的海军和消防局把他轰了出来。他的脸上布满愁容，精心设计的杰作就这样毁于一旦。消防人员继续向燃烧的船身灌水，随着船内积水的增加，他们发现船身正渐渐朝左方翻过去。2 月 10 日凌晨 2 时 32 分，倒霉的"诺曼底"号终因灌水太多而翻了过去，以 79 度角向左倾覆在冰冷的哈得孙河中。在历时一年半的打捞救援之后，1943 年 10 月 27 日"诺曼底"号被捞起扶正，可是这个时候的船已经没有多大用处了。美国海军原本打算将其改造为航空母舰，但是经过计算，其改造费用竟然比新建一艘航空母舰还要高。在反复权衡之下，美国海军终于决定将其解体。

在战备进行到关键时刻，美军失去了最有运输力量的一艘船，此次事件引起了公众的极大关注。为此，美国政府立即成立了几个调查小组以查明事故真相。联邦调查局、海军以及司法部门分别盘问了一百多名证人。两个月后，调查组发布了结论，"起火的原因归结于管理上的漏洞和工人的疏忽大意"。他们调查的真相仍是这样：那天下午，工人们正在头等舱内切割用于支撑玻璃喷泉的钢柱，岂料切割的火花飞溅到旁边堆放的木棉救生衣上，导致大火一下子就着了起来。可是这个结论并不能使美国民众满意，许多疑问仍然存在。为什么在大火燃烧了 12 分钟之后纽约消防队才接到灭火通知？为什么消防栓里竟然会没有水？那天有数千名工人散布在船体的各个角落，为什么就没有人发现纵火者？又或者，这些工人中就有纳粹间谍，是他们制造了这起破坏性事件？现在，谜底已经随着大火而彻底消失了，人们的猜测聚焦在为什么即将大功告成的时候功亏一篑。总之，是否由纳粹间谍纵火成为此次火烧"诺曼底"号事件中最大的一个谜团。

（十六）究竟是失误还是故意——"北极圈"行动秘闻

有战争就会有牺牲，牺牲是为了赢取更大的胜利。在二战中弃卒保帅的事例数不胜数，而那些被弃的卒子直到死的那一天也不知道自己成为被弃的卒子，连死于谁手都没能弄个明白。

1. "北极圈"行动

1940年5月，德国已经占领荷兰，荷兰女王在英国成立联合政府，硝烟仍在继续，只不过这种战争从表面转入了地下。为了援助荷兰地下抵抗组织，英国政府决定在人力、物力以及情报等方面给予荷兰支援，并帮助荷兰当地各地下组织建立秘密无线电联络。由此，荷兰的反德抵抗运动进行得如火如荼，这令德国人感到了恐慌。盖世太保头目施伦堡命令在荷兰的德国反间谍机构头目赫曼·吉斯克斯上校，尽快将荷兰抵抗组织的秘密电台一网打尽，再利用破获的电台向英国方面传递假情报。这个任务被命名为"北极圈"行动。

在任何地方从来不乏叛国者，荷兰也是如此，德国人将这些叛国者称为"V种人"。他们为了一点蝇头小利就可以将自己的同胞送上断头台。1942年春天，一个名叫乔治·雷德赫夫的人因为走私鸦片和珠宝而被捕入狱。在狱中，他打听到一些关于荷兰地下组织的消息。这个组织由冯·得·博哥领导，他与英国SOE（特别行动小组）的两个特工有密切联系。SOE正是让德国人头疼的特别行动组织。

雷德赫夫向德国人告密说他发现了荷兰的SOE地下组织并愿意为德国人效劳，条件是释放并领取相当的报酬。对于吉斯克斯来说，这个V种人无异于天赐之物，他的反间谍机构早就监听到荷兰境内有SOE的秘密电台，虽然苦苦寻找，却一直没有找到。他立即下令取消雷德赫夫的走私罪名，同时释放了他。从当月起，雷德赫夫开始在德国反间谍机构每月领取500荷兰盾的薪水。几星期之后，雷德赫夫打入了SOE地下情报网，很快查到了两部电台的具体地址。根据告密者的情报，盖世太保迅速找出了冯·得·博哥的地下情报网，突袭了荷兰的地下电台，并逮捕了操作电台的情报人员。荷兰的地下反抗组织遭受了极大的破坏。

不过被逮捕的荷兰情报人员并不慌乱，英国情报机构早已告知他们保全自己的方法：一旦他们被敌人抓住，为了避免更大的损失，在德国人胁迫下被迫向组织发情报时，只要发送假情报即可，其识别方式是在某些字母的后面人为地出错，这样就等同于通知伦敦该人员已经被逮捕，所发消息一律为假消息。所以大多数被捕特工都表示愿意与德国合作。吉斯克斯应允他们，只要与德方合作，就保全他们的性命。至此，"北极圈"行动正式展开。

2. 是疏忽还是刻意

1942年6月，吉斯克斯根据一名荷兰告密者的报告，在阿姆斯特丹逮捕了刚刚从英国潜入的荷兰特工哈博斯·劳威尔斯上尉。面对盖世太保的酷刑，劳威尔斯很快就答应为德国发送假情报，不过他并没有真的打算背叛自己的祖国。第二天，为

了避免劳威尔斯在发送情报时做手脚，吉斯克斯特意安排了一名技术人员坐在一旁，尽管这样，劳威尔斯还是镇定地在所发情报中的每第 16 个字母处故意拼错。这样，伦敦方面很快就会得知他已被捕，发送的均为敌方假消息。可是英国情报部门不知是疏忽大意，还是刻意而为。他们按原计划发回更多情报，真实地提供了荷兰情报人员从英国降落到荷兰的具体时间和地点。就这样，几周内，许多 SOE 特工被德国人轻而易举地抓捕。这些特工几乎是刚刚伞降落地就被敌人逮捕了。

截至 1943 年中，数个"叛变"的电台向英国 SOE 发送了大量虚假消息，而英国 SOE 总部也回发大量重要情报，接二连三的灾难便落在了英、荷特工以及英国向荷兰抵抗组织提供的支援物资上。吉斯克斯对取得这样的成绩感到满意，同时他也怀疑一向老练的英国间谍怎么会这么愚蠢，或是他们故意这样？他们之间究竟谁是猫谁是鼠？由于劳威尔斯经常在发报时暗中做手脚，终于被纳粹的技术监视人员察觉了。7 月上旬，技术人员告诉吉斯克斯关于劳威尔斯的情况，德国人很快就处理了他。之后，为了继续利用劳威尔斯的发报机，德国人向英国方面请示是否可以换一个人来操作。出人意料的是，英国方面不问原因就同意了他们的请求。德国技术人员直接成为发假消息的情报人员。

7 月 26 日，更令人不可思议的事发生了。一个名叫乔治·贾布洛斯的荷兰电台操作员乘坐轰炸机降落在荷兰的斯丁维克，几乎在他刚刚落地时纳粹就逮捕了他。令德国人高兴的是贾布洛斯竟然随身携带着明码的 SOE 计划全文。这样一来，英、荷在德国的地下抵抗运动将会受到空前的打击。吉斯克斯利用贾布洛斯的情报和其他资料，定期向英国发送假消息。一次，吉斯克斯指示手下向英国发送荷兰地下抵抗运动者需要军火的假消息。几天之后，数百架载重在 5 吨以上的运输机飞到吉斯克斯的指定地点，投下了大量物资，当然这些物资很快被德国人运走了。

3. 愤怒的卒子

1944 年 3 月末，英国的情报部门开始对"荷兰地下抵抗组织"的真实性产生怀疑，不再发送重要情报给荷兰地下组织，也停止了对荷兰的空投支援。离盟军登陆诺曼底只剩下不到 3 个月的时间。从 1942 年 6 月至此时，英国人共在荷兰空投 95 次物资，其中包括 1.3 万公斤炸药、3000 支步枪、5000 支手枪、2000 枚手雷、50 万发子弹、75 部电台。尽管吉斯克斯曾答应被捕的 54 名特工给他们以活命的机会，可是后来事情超出了他的控制，党卫队头目希姆莱接管了这些人。1944 年 6 月，盟军登陆诺曼底之后，德国人枪毙了其中的 47 名英国和荷兰特工。如果英国间谍机关的失误是真的，那么这些失误亦令本国和盟国的谍报人员付出了惨痛的代价。

二战结束之后，曾被吉斯克斯逮捕的荷兰特工劳威尔斯奇幸存下来。据他后来回忆，在他落入敌手之后，的确按照伦敦方面的要求不断地在假情报中发出自己已经被捕的暗号。可是，以高效率而闻名的英国情报部门却对他们的暗号视若无睹。在战后回忆那段历史时，他坚信英国人此举旨在施苦肉计以掩护诺曼底登陆。1945年10月，荷兰一家报纸公开披露：从1942年3月至1944年4月，为了迷惑德军，使他们相信盟军会在荷兰登陆，英国情报部门故意使数十名荷兰间谍牺牲于德国人的"北极圈"行动中。消息一出，荷兰群情激愤。10月底，荷兰议会组成了以法官丹克博士为首的调查委员会，专就此事进行调查。荷兰政府要求英国相关负责人到荷兰调查委员会听证，但这个要求被拒绝。在外交压力下，英国政府最后勉强同意了丹克前往英国调查，但当丹克要求调查相关档案时，却被告知所有文件在一场突发的大火中烧毁了。

随着时间的推移，曾经轰动一时的"北极圈"行动真正成了一个不解之谜。几十年来，它一直让英、荷两国纠缠不清，究竟是英国的一时疏漏，还是有意而为之？恐怕只有英国情报部门的高级军官和英国当局的高层才会知道真正答案。

（十七）一段永失真相的历史——高级间谍肯特之谜

二战中，各国间谍高手冒着生命危险获取别国情报。他们往往是一些最优秀的人，临危不乱、善于应变，过着一种刀尖上的生活。间谍中最受争议的是多面间谍，他们的背景扑朔迷离，复杂的关系令人们对他们的忠诚难辨真假。

1. 红色乐队

二战期间，苏军总参谋部情报部（简称格鲁乌，GRU）在全世界建立了几个著名的情报网，其中包括欧洲的特雷帕尔情报网、红色乐队情报网、拉多情报网，亚洲的佐尔格情报网，它们在二战期间发挥了巨大作用，也因此被世界各国情报界视之为样板。其中红色乐队情报网是由位于法国、比利时、瑞士和德国等地的多个独立情报小组组成，成员以所在国的左翼和反纳粹人士为主，其中很多人渗透到了德军的高级职位，因此能为苏联提供极有价值的军事情报。

1941年底，欧洲的大片土地已经落入德军之手。在敌占区比利时布鲁塞尔的阿特列巴特大街上，盖世太保监测到从一所公寓里发出非常活跃的无线电信号，并认为这些信号十分可疑。这所公寓恰恰就是化名为肯特的红色乐队情报人员安纳托利·古列维奇居住的地方。1942年11月，肯特在法国马赛被捕。紧接着，红色乐队的大部分成员相继被盖世太保抓捕，其中包括霍罗·舒里茨·波金等几十名活跃在欧洲各地的苏联间谍。随后，红色乐队的领导人利奥波德·特雷伯被捕。至此，红色乐队情报网全面瘫痪。

1941 年，该间谍网被德方破获后，盖世太保缪勒企图以此为契机策反红色乐队成员，打算以红色乐队的名义向莫斯科发送假情报，以达到瓦解反法西斯盟军的目的，这个名为"大赌博"的计划得到了希特勒的批准。机智的特雷伯、古列维奇等人利用这个计划与德国人玩起了猫捉老鼠的游戏。苏德双方利用该间谍网开展了真假难辨的侦察与反侦察活动，红色乐队的情报不仅被放在斯大林的案头，也被希特勒审阅。最后，红色乐队幸存成员转入其他组织活动，而二战中为苏联立下赫赫战绩的红色乐队从此不复存在。

2. 双面间谍

围绕红色乐队情报网的覆灭，其中最大疑点在于是谁出卖了同志、背叛了革命。人们把目光投向了被捕后又得以回到国内的古列维奇头上。

古列维奇 1913 年 11 月 7 日出生于乌克兰的哈里科夫，通晓法语、西班牙语和德语，性格冷静沉稳，具有良好的组织才能，被苏军情报部门看中并吸纳。1939 年初，格鲁乌派遣年轻的他赴比利时参与红色乐队的情报工作，担任译电员和报务员。同年 4 月中旬，古列维奇以肯特为代号来到了布鲁塞尔，与格鲁乌驻比利时情报站站长、红色乐队领导人利奥波德·特雷伯进行了会面。9 月，二战在欧洲打响，谍报小组接到总部开展相关侦察活动的命令。从这时起，以肯特为代号的无线电讯号就源源不断地发送到莫斯科。

古列维奇是一个精明的间谍，他在比利时建立了一家从事零售业的西门克斯股份公司。依托这个公司，布鲁塞尔情报小组迅速与比利时等西欧国家实业界建立起密切联系，从而可以出入比利时、荷兰、德国、捷克斯洛伐克等敌占区。从二战打响至 1941 年间，他们获得了大量德军在欧洲的动向情报。作为小组领导人，古列维奇与长期潜伏在德国空军的苏联间谍（时任高级将领）霍罗·舒里茨·波金会面，获知了德军 1942 年的战略计划，即将主要对苏打击目标转向高加索及伏尔加地区，以期控制石油产地等。得知这一重要情报，古列维奇立即向莫斯科发送，受到苏联情报总部的嘉奖。

1941 年底，盖世太保发现了红色乐队情报网的蛛丝马迹，他们顺着可疑的电波找到了古列维奇的住所，抓走了阿特列巴特大街公寓的发报员。接着，便是上文说过的，古列维奇、利奥波德·特雷伯、霍罗·舒里茨·波金等大批苏联情报人员被捕。许多人被纳粹处死，一些高层间谍则为盖世太保的策反所用而活了下来。为了保存实力，特雷伯一面假意依照德军的大赌博计划发送假消息；一面向莫斯科发送肯特已经被捕的真相，使苏德双方展开了一场侦察与反侦察的情报战。古列维奇先后被关押在布鲁塞尔、柏林，1943 年 12 月又转至巴黎弗雷监狱。1944 年 6 月，盟军在诺曼底登陆，他又被盖世太保转移到柏林。这一次，古列维奇竟然成功策反了盖世太保高官潘维茨。1945年5月3日，古列维奇与潘维茨一起携带着红色乐队的全部材料逃往法军占领区。在亮明身份后，他们被转交给苏军，等待他们的是牢狱之灾。

3. 永无终止

回到祖国之后，古列维奇因为叛国罪而被逮捕，人们怀疑正是因为他的叛变才导致大批红色乐队成员被捕。苏联军事法庭宣判了他20年的劳役，在赫鲁晓夫上台之后，古列维奇再次被宣判。直到25年之后的1991年7月22日，古列维奇才彻底平反。从宣判至平反的那一天，他始终坚持自己的清白，从未承认自己叛变或是出卖同志，他曾表示："红色乐队里没有叛徒，所有成员都是英雄。"

德国情报总局对外侦察部门负责人沙林别尔格在其回忆录中写道，肯特在被捕后立刻就同意与盖世太保合作。对此，肯特另有说法，他在与盖世太保合作发送假情报的过程中，故意向盖世太保透露莫斯科可能会通过仍在德国活动的苏联间谍来验证肯特电台发来情报的真伪，迫使德方不得不增加发往莫斯科的真实情报数量。另据红色乐队领导人特雷伯的回忆录《大赌博》，早在1942年8月，他就命令古列维奇转移至阿尔及尔，但古列维奇担心总部清算布鲁塞尔情报小组被破坏的责任，没有执行特雷伯的命令，从而最终被盖世太保抓获。而古列维奇在生前回忆，1941年12月13日，特雷伯在没有征得古列维奇同意的情况下，私自邀请过去在比利时情报站工作的同事到公寓聚会。而就在这一天，盖世太保展开抓捕行动，包括译电员、发报员在内的多个情报小组成员遭到逮捕。这样，怀疑对象就指向了特雷伯。随着红色乐队成员相继去世，问题的真相更加难以辨明。

以上说法各执一词，无论是以前的苏联还是现在的俄罗斯，围绕谁是英雄、谁是叛徒的争议一直不曾中断。人们仍在争议着古列维奇被捕后是否叛变？是谁出卖了特雷伯、拉多以及波金？在特雷伯向莫斯科总部通报大赌博计划前，是谁在以肯特的名义同总部联系？如果古列维奇真的叛变了，那么他为什么还要回到苏联，难道仅仅是为了博回清白的名声吗？现在，人们开始用宽容的心态来理解和对侍那些曾为国家利益默默牺牲与奉献的情报人员。俄国家电视台的评论指出："最重要的是他（肯特）曾第一个报告了德国进攻苏联以及德军准备转向高加索地区的情报，为卫国战争的胜利做出了重要贡献。"2009年1月2日，95岁的安纳托利·古列维奇因病在圣彼得堡去世，8名俄军士兵列队对天鸣枪，表达对这位老战士的敬意。随着他的离去，所有的红色乐队成员全部离开人世，而那些说不清道不明的疑问则成为再也无法解答的谜团。

（十八） 成本最低的一次军事行动——欺骗希特勒的假尸间谍

3000 年前，古特洛伊城被奥德修斯的木马计所败。3000 年后，新的木马计再次延续了胜利的神话，并取得了远大于《荷马史诗》中所记载的意义。

1. 肉馅行动

1943 年初，北非战场仍进行着如火如荼的战斗，而德意失败的战局已经明朗。在地中海地区，盟军集结了强大的兵力，取得了制空权与制海权的战略优势。为了尽快迫使意大利退出战争，1 月 23 日英美参谋长联合委员会向美国总统罗斯福和英国首相丘吉尔呈递了一份名为《1943 年作战方针》的文件，建议在清除北非轴心国军队之后，在 1943 年 7 月之前发起攻取西西里岛的战役。

西西里岛位于北非与亚平宁半岛之间，与意大利本土相望，是意大利南部的主要屏障。由于战略位置的重要性，墨索里尼在这里部署了 25.5 万人的兵力，盟军要攻取该岛实属不易。1943 年 6 月 11 日，盟军先行攻占了离西西里岛很近的小岛潘特莱特亚。这时，只要略懂军事的人都能看出盟军的下一个行动目标就是对于意大利来说战略地位极重要的西西里岛。西西里岛防守森严，如果攻击意图过于明显，希特勒就很有可能加强这里的防备力量，那么盟军要攻占西西里岛就更不容易了。此时，英国和美国的情报机构接到任务，要制订一个计划来迷惑敌人，使其产生错误的判断。根据他们手头的情报，希特勒认为巴尔干半岛和撒丁岛都是防御要点，这两个地方中的任何一个都是让希特勒悬心的地方，只要其中一个地方发生危险，德国的侵略战争将不可能进行下去。英美情报部门决定将计就计，让希特勒确信事情朝着他所担心的方向推进。可是通过一种什么样的有效途径让希特勒知道他们的行动呢？让谁去呢？在他们拥有的双面间谍中，恐怕谁也没有这个影响力能让德军最高统帅部改变其对西西里岛的战略部署。

就在英美盟军高官绞尽脑汁的时候，英国海军情报处的蒙塔古少校提供了一个诱人的欺骗计划：弄来一具真正的尸体，将其打扮成参谋军官的样子并让他携带着许多真正的高级文件，制造一个因飞机失事后溺水身亡而漂到德军海岸线上去的假象，用这个途径来让敌军捡到盟军刻意泄露的秘密。这个行动没有任何危险性，如果敌人一旦相信，则会产生事半功倍的效果。盟军最高统帅部马上批准了这一行动，并将其正式命名为"肉馅行动"。

2. 假尸间谍

假尸间谍的设想获得首肯后，蒙塔古少校立即和其他本计划执行人员投入到准备工作中。要让德国人上当可不是那么容易的事，因此事情必需做得尽善尽美。他们询问了专业医师关于溺水死者的特征后，找到了一具死于肺炎、肺部有积水的尸体，这就是后来闻名世界的迷惑希特勒的假尸间谍。他们为他起名为威廉·马丁，职务是联合作战司令部参谋、皇家海军陆战队上尉兼代理少校。之所以给了他一个极平常的名字和中等军衔，是避免引起过分注意。然后，他们制订了整个环节中最重要的欺敌文件。文件中有一封英国参谋部副参谋长写给亚历山大将军的私人信件。原信中有以下内容：近来我们动用了许多海空力量在西西里岛附近，目的就是想迷惑德国人，让他们感到我们的下一个进攻目标是西西里岛，如果这个计划成功，就可以把敌人的主要力量从我们真正攻击的目标中引开去……

为了令这个假尸间谍看上去合乎常理，他们还制造了另一封由蒙巴顿将军写给地中海舰队司令坎宁安的信件，由此来进一步证明马丁少校的身份以及前往北非的目的。信中说道：马丁少校正是你所需要的登陆艇专家，你马上就可以如愿以偿了，他是非常能干的人。此次前往北非他还受将军之托给亚历山大带去一封高度机密的文件，请你安排他到达目的地……他可以带给我一些沙丁鱼……沙丁鱼暗指撒丁岛，与上一封信遥相呼应，敌人便不难猜出盟军真正的行动目标为撒丁岛。迷惑敌人是一件细致的事情，为了让这个假尸间谍看上去更真实可靠，工作人员为他配备了许多私人的东西，比如银行的透支清单、两封皱旧的情书、一张情人的照片以及一张向珠宝商订购结婚戒指的账单……这样一个曾经真实生活过的、立体的马丁少校出现在人们面前了。

3. 成功的欺骗

1943 年 4 月 19 日下午，英国"天使"号潜艇载着马丁少校向大海深处驶去。他穿着军装，以链子把公文包系在军服的腰带上，身上套着救生衣，看上去活脱是个因运气不好而溺水身亡的英国军官。在西班牙的韦尔瓦海岸，这里是德国特务活动密集之地，他在此处被抛了下去，随后又会浮上来，很快会被德国人所发现。

就在第二天清晨，一个西班牙渔民在打鱼时发现了英国人的尸体，当即报告了政府当局。验尸结果为溺水窒息而死。很快，西班牙当局就通知英国领事馆，归还了尸体，可是与尸体一起的公文包却没有归还，这正是盟军所要的结果，证明敌人对公文包的消息引起了关注。很快，英国驻西班牙领事馆的武官们开始寻找马丁少校遗失的重要公文包，当然他们是并不知内情的。大使馆开始对西班牙政府施加压力，声称要搜寻失事飞机残骸以证实文件的下落。而在伦敦的海军部公证伤亡处确认了此人已亡的消息，《泰晤士报》上公布了马丁少校的死讯，英国副领事给马丁少校家送去了西班牙海军在马丁墓前鸣枪致敬的照片……一切就像真的一样，滴水不漏。德国间谍立即和西班牙政府交涉，以最快的速度翻拍了马丁少校公文包里的文件，随后原物归还给西班牙。

远在柏林的希特勒听说此事之后，仿佛恰好击中了他的心头，前不久还深信盟军下一步行动目标是西西里岛的希特勒，此时被长久以来悬心的撒丁岛给蒙住了，他丝毫没有怀疑到这只"木马"的真实性。1943 年 5 月 12 日，希特勒终于下达了指示："……最危险的有下列各地……撒丁岛、科西嘉岛和西西里岛……伯罗奔尼撒和多德卡尼斯群岛。要求所有的中海防御有关的德国指挥机关密切合作，用全部兵力和装备，在不多的时间里，尽可能加强这些地区的防范……对撒丁岛和伯罗奔尼撒采取的措施要优先于一切。"于是德军最高统帅部迅速行动，向受威胁的希腊地区派去了大量兵力部队，国家元首党卫旅被调往他们认为最重要的撒丁岛，陆军元帅隆美尔被调到雅典去组织一个集团军。又从驻法、驻苏德军中分别抽调了一至两个集团军运到希腊，原先驻守在西西里岛的大量驻军被匆忙调走……在这之后，1943 年 7 月 9 日夜至凌晨，早已经做好准备的英美联军向西西里岛发动了最猛烈的攻击，守军猝不及防，几小时后，整个西西里岛即被盟军攻占。而正把兵力聚集在地中海希腊附近防守的希特勒听说此事之后，才恍然大悟，但为时已晚。

（十九）空袭行动被泄露了吗——失败的"纽伦堡"计划

二战中，为了蒙蔽敌人的视线，诱使敌方做出错误的判断，盟军曾使用一些弃卒保帅的作战方针，目的是以小的牺牲换取更大的胜利。然而，在二战之后人们对这一做法普遍反感，因为那同样是以欺骗为前提的流血牺牲。

1. "纽伦堡"计划

1944 年 3 月，德国人在东线战场上吃尽了苦头，库尔斯克战役使德军损失巨大，而在西线战场上情况也毫不乐观，盟军在经过数年苦战之后终于开始反攻，他们正有意识有计划地将战火引到德国本土。如果能破坏德国的重工业基地，那么不但可以破坏后备补给，还可以使其腹背受敌，诱其空军回防。德国的制空能力本就不强，这样的安排可以使盟军在开辟第二战场的时候，在欧洲西北地区取得绝对的制空权。

在这一前提下，英美盟军开始制订战略轰炸计划，这个称为"断然计划"的行动目的旨在彻底摧毁德国的工业尤其是与军事相关的工业基础。战略轰炸的优先目标顺序是：1. 战机生产加工工厂；2. 飞机发动机工厂；3. U 艇基地以及船坞；4. 交通运输线；5. 石油、铝和橡胶的生产基地。以盟军的空中打击，迫使德国空军捍卫德国的上空。同时，这个战略计划还可以起到迷惑敌军判断力的作用。对此，盟军战争情报局欧洲处的领导沃伦斯·卡罗尔在实施断然计划前夕对他的美国上司说："如果引诱和欺骗德军回防的目的能够实现，那么牺牲一个人，将会在盟军登陆的诺曼底海滩上换回几千个甚至几万个士兵的生命。"

这年的 3 月 22 日，盟军最高司令艾森豪威尔的助手哈里·布彻少校在为他记下的战事日记中写道："斯巴茨将军（美国的空中轰炸部队司令）对这件事并不感到吃惊，而是承认该计划会让德国空军冒火。"而在前三个星期，英国皇家空军轰炸机部队司令亚瑟·哈里斯空军上将命令气象专家汇报 3 月 30 日夜晚德国的天气预报。可是专家们传来了不利作战的坏消息，那天晚上将会是强风无云天气，有利于德军防空而不利于英国轰炸机的行动。因为强风将会吹散英国战斗机群而且晚上的半月将非常明亮，空中几乎没有云层来隐蔽飞机。尽管有这么多的不利因素，海瑞斯元帅还是命令那天晚上的进攻目标是德国西北部腹地的纽伦堡。该计划作为断然计划的一部分，被称作"纽伦堡"计划。

2. 实施计划

纽伦堡是二战期间德国纳粹的大本营，德国重要的运输枢纽、大经济区之一，是重工业生产汇集之地。执行计划的当天，所有盟军飞行员被天气情况所误导。115 中队的托尼·佛哥提后来曾说："我们被告知那天晚上的大部分时间将会在密布乌云的天空中飞行。"此外，令飞行员们感到奇怪的是，战斗机群将沿着一条"高射炮巷子"行动，这条线路上聚集了德军众多的防空基地。如果德军有所准备的话，他们毫无疑问将会成为德军的炮弹靶子。30 日晚上 10 时 01 分，英国皇家空军从英格兰西南部宁静的夜空直飞德国纽伦堡，整个机群长达 104 千米，宽 16 千米。飞行 16 分钟之后，飞行员们发现根本没有所谓的乌云密布，月光倒是分外明亮，整个机群都暴露在月光之下，糟糕的是越来越强的高空风吹散了机群形状。11 时 23 分，为了诱使德国人混淆英国进攻的重点，英国人组织了两次诱骗性进攻，一次是 50 架"哈里法克斯"式飞机越过北海，进攻柏林和汉堡；另一次是 35 架"蚊"式战斗机进攻亚琛、卡塞尔和科隆。可是，很快他们就发现这些诱骗战术根本没有令德国人上当。凌晨 1 时 12 分，英国空军的数百吨炸药就倾泻在了纽伦堡，整个城市瞬间被浓烟所包围。28 分，正当皇家空军返航之际，却遭到了德国夜间作战机空中伏击。空中伏击战进行了 4 个多小时，皇家空军机组遭受了自战争爆发以来最大的损失。共有 745 名飞行员死伤，159 名飞行员在跳伞后落入了纳粹的魔爪，损失飞机 108 架，另有 53 架飞机坠毁在英国本土。凌晨 5 时，当幸存的飞行员们从弹孔遍布的飞机上爬下来时，脸上充满了痛苦和不解。为什么结局会是这样？难道是有人泄露了行动消息？

实际上，早在行动当天下午 5 时 30 分，德国防空司令汉斯·朱尔敦·斯普夫将军就已经获悉：当晚将有 700 至 800 架英国皇家空军的飞机轰炸德国。这是一个相当准确的重要情报，斯朴夫立即命令 6 个师的空军做好防守反击准备，此外还从远方调集了夜间作战中队，部署在英国轰炸机的航线附近。晚上 11 时 07 分，在盟军第一架飞机飞抵德国边界时，斯朴夫即命令第 1、第 2、第 3 空战师集结在亚琛、法兰克福。此时，德国在西欧部署的夜间作战机几乎全都准确地聚集在皇家空军的飞行路线上。

　　11 时 23 分时，皇家空军的两次诱骗并没有使斯朴夫上当，他从一开始就对盟军的攻击目标十分清楚，在他的指挥下，大批作战飞机都集结在德国东南部的英军必经之途上。11 时 42 分，德国配备了新式的 SN-2 雷达的夜间战斗机加足了油料和弹药，向自己的猎物猛扑而去。在明亮的月光下，英国轰炸机完全暴露在德国高射炮的射程内，在不到一小时内英国损失了 59 架飞机！凌晨 1 时 10 分，皇家空军全部来到纽伦堡上空，向这个城市倾泻了数百吨炸药，而早在半小时前，大多数纽伦堡市民已经躲进了防空掩体。而通常情况下，德国只会在发生空袭前的几分钟才拉响防空警报。就在英国飞机准备返航之际，德国的夜间战斗机发动了激烈进攻。

　　在 4 个多小时里，他们受到了德国地面和空中双重力量的伏击。本来是偷袭敌人，现在反被敌人伏击了。虽说一些位于老城区的工业区遭到了破坏，但大部分地区并未受到太大影响。德军只损失了 5 架夜间作战机，5 架飞机受伤。损失惨重的反而是英国皇家空军！猫儿想捉老鼠，不想却被老鼠反咬了一口。此次轰炸任务并没有对德国的战时生产起到限制作用，德国坦克和大炮的产量一直在增加。皇家空军中尉斯蒂芬·布若后来回忆说：“非常明显，德国人在守株待兔，有传言说进攻计划被泄露了。”是这样吗？如果不是，那么为何整个行动疑点重重？谁告诉了德国人整个行动方案？难道是英国间谍机构搞的鬼？二战盟军预备登陆时期，该机构曾制订了一个“保镖计划”，其主要任务是误导德国人，使其搞不清进攻的地点和时间。“纽伦堡”计划只是保镖计划的一部分。英国情报机构内有一些受控于英国谍报机关的德国“反正”间谍，是他们向柏林汇报了整个计划。泄露“纽伦堡”计划将会使德国情报机构更加信任那些已经被策反的德国间谍，当这些间谍告诉德国人关于盟军大规模进攻的地点的虚假情报时，他们会深信不疑。而这个计划一旦实现，就会使盟军在登陆那天获得更大的胜利。如果真的是这样，这些皇家空军就真的成为刻意安排的牺牲品。在“纽伦堡”计划实施前，一名被英军俘虏的德国飞行员说，在皇家飞行员从英国起飞前的 4 小时，德军的情报官员就告诉他们，当天晚上英国人要进攻纽伦堡。也就是说，他们一早就知道了整个“纽伦堡”计划。

　　在战后，越来越清楚的证据使许多人相信，为了争取更大的登陆胜利，“纽伦堡”计划确实被泄露了出去。在那次行动计划中英国飞行员成了牺牲品。至于纽伦堡行动的真相是什么将永远不会有人知道了。

（二十）台儿庄大捷的谍报英雄——夏文运

1938 年 3 月下旬，日军第 10 师团向台儿庄发动进攻。4 月 3 日，中国军队以 4 万人的优势兵力，包围进攻台儿庄之敌，并击退由临沂增援之敌第 5 师团一部，至 4 月 6 日，取得了歼灭日军约 2 万人的胜利。一场荡气回肠的"台儿庄战役"在 8 年抗战史上写下了浓墨重彩的一笔。然而很少有人知道，这场战役中有一位大连人曾深入敌人"心脏"，为这一战役的胜利做出了巨大的贡献，他就是"台儿庄战役"中重要军事情报提供者——夏文运。

夏文运是大连市金州七顶山人，父亲名叫夏日明，在兄弟中排行老小，俗称"夏老九"，是个车把式。1905 年 12 月，夏文运出生，他上有两个姐姐，下有一个弟弟夏文玉，而叔伯兄弟有好几十个。由于他长得白白净净，又聪明又腼腆，所以被大人们戏称为"夏大姑娘"。1929 年，夏文运考入了日本京都帝国大学文学部硕士研究生，由于经济拮据，他过着半工半读的生活。1932 年 3 月，他于日本京都帝国大学文学部毕业后回到大连，应聘为奉天冯庸大学教授兼校长秘书。同年暑假，他再次返回日本进行论文答辩，拿到了京都帝大文学硕士学位。"九一八"事变后，

夏文运

日本侵占了东北，冯庸大学被迫迁往北京，夏文运因此失业。后经人介绍进入伪满洲国政府机关工作。因其学历过人，日语甚好，被日军看重，于同年担任侵华日军参谋部第二课课长和知鹰二的随身翻译，夏文运因此得以结识了大量的日军高层军官。

1931 年至 1936 年间，两广处于军阀割据的状态，日本侵略军则利用这种分裂局面，打算派遣各色人等去广州游说桂系军阀李宗仁，由于日本关东军参谋部情报课课长和知鹰二与李宗仁有过多次接触，他便派遣得力助手夏文运担当此项重要任务。李宗仁在与夏文运的交往中觉得他为人正派，年轻热情，却不明白他何以甘心事敌，背叛民族，便找机会约夏文运一谈。见面后，李宗仁诚恳地说："我看你是位有德有才的青年，现在我们的祖国如此残破，你的故乡（大连）也被敌人占据，

祖国的命运已经到了生死存亡的边缘，你能甘心为敌服务无动于衷吗？"夏文运经此一问，顿时泪下，当即向李表示："如有机会替祖国报效，万死不辞！"

1937年7月7日，日本军队挑起了"卢沟桥事变"，发动了全面侵华战争。12月27日，日本华北方面军占领济南。两军得手后，马上将目光对准了中国南北大动脉津浦线和东西大动脉陇海线的重要枢纽——徐州。在此危急关头，第5战区司令长官李宗仁临危不惧，决心在徐州门户台儿庄地区给日军迎头痛击，以彻底粉碎日军阴谋，鼓舞全国的抗日士气，与此同时，身在上海的夏文运闻风而动，冒着生命危险收集、传递日军绝密情报。由于夏文运得到和知鹰二庇护，在沦陷区行动自由，他利用与和知鹰二等人多年培养的交情以及与土肥原贤二等日本侵华派的极熟关系，获取了许多极为重要的机密情报，然后通过设在上海法租界一位日籍友人寓内的秘密电台发出。中国第5战区情报科以专用电台接收，专用密码译出。李宗仁对夏文运提供的情报在价值及迅速、准确方面甚是钦佩，称其情报在抗战初期是"独一无二的"。

1938年2月上旬，李宗仁接到夏文运密报：坂垣师团从胶济线进军蒙阴、沂水等地，李宗仁据此料定坂垣将进攻临沂，因此命令庞炳勋军团驰往临沂，堵截敌人。庞军团实际上只有5个步兵团，浴血奋战到3月中旬，渐渐抵挡不住号称"陆军之花"的坂垣师团，向李宗仁求援，而此时南北战线都很吃紧，李宗仁手下无兵可派。危急关头，夏文运又从上海发来密报：日军北动而南不动。李宗仁像吃了一颗定心丸，迅速抽调张自忠的59军北上。庞部、张部并肩作战，在临沂歼敌3000多名，使日军后退90余里，彻底粉碎了坂垣、矶谷两师团会师台儿庄的企图，从而为台儿庄大捷创造了条件。

现代战争，首先是情报战争。事隔多年以后，李宗仁才向世人披露，台儿庄战役的胜利，与准确、及时的情报是分不开的。他在回忆录中感慨地写道："何君（即夏文运，化名何益之）冒生命危险，为我方搜集情报，全系出乎爱国的热忱。渠始终其事，未受政府任何名义，也未受政府分毫的接济。如何君这样的爱国志士，甘做无名英雄，其对抗战之功，实不可没。"

此后，夏文运一直为李宗仁和国民党重庆方面提供情报。1940年12月，他致孔祥熙一封密函，报告他在同年赴日期间搜集到的各种情报，内容非常翔实。太平洋战争爆发后，夏文远频繁递送情报的活动引起日方警觉，不久，夏文运遭到日军搜捕，被迫逃出上海。

1943年至1945年4月，夏文运任伪山西省政府建设厅厅长，据夏文运的女儿回忆，夏文运在担任伪山西省建设厅厅长期间，曾利用自己的特殊身份，经常与八路军进行物质交换，并掩护、解救过包括无产阶级革命家董必武在内的许多共产党人的性命。日本投降后，夏文运在北平被国民政府逮捕入狱，并移交山西省高等法院审判。期间，民国山西省政府建设厅函复山西省高等法院检察处称："伪建设厅厅长夏文运罪行无案可稽。"1947年夏，经北平行辕主任李宗仁保释出狱，1948年回上海定居。

50年代初，夏文运辗转去了日本，与日本妻子及孩子定居东京，退休后以经营料理店为生，1970年11月15日，夏文运因脑溢血而溘然去世，终年72岁，葬于著名公墓东京上野林光院。大连人都认识关向应，但几乎没人知道夏文运，其实抗战很多大战役，都是夏文运提供了重要情报，但夏文运自始至终都与李宗仁单线联系，要不是李宗仁在回忆录里提到了夏文运的付出，估计就没人知道了。现在，他的英名已载入《大连人物志》，其故居也被有关部门列入修复规划。

（二十一）"书生笔下十万兵"——密码破译奇才池步洲

第二次世界大战期间，一位曾留学日本的中国破译专家准确地破译了日军将要偷袭珍珠港的情报，在太平洋战争后期，他又破译出山本五十六座机出巡密电，令不可一世的"海军之花"命丧黄泉，这位两创破密奇迹的中国"暗算天才"就是池步洲。

当年究竟是谁破译了日军偷袭珍珠港的密电，由于事涉军事秘密，官方从来没有公布过任何正式的史料，半个多世纪过去了，其间各种说法莫衷一是。1979年8月，香港《天天日报》发表一篇报道中，第一次有名有姓地明确说出"破译日军偷袭珍珠港密电者为霍实子"。霍实子，早年留学日本，精通日语，回国后先在南京担任"密电检译所"顾问，后出任军事委员会机要室技术研究室第一组少将组长，从事日军密电码的破译研究，这里所说的霍实子就是本文的主人公池步洲。

池步洲1908年出生于福建一个贫困的农家，这户人家子女众多，他排行第八。因家贫未能上学，从小从事放牛、割草等农活，直至他12岁时，才得到了上学的机会，那年他大哥从保安军官学校毕业，全家迁到福州，家庭经济情况有了改善，高中毕业后赴日本留学，池步洲毕业后在中国驻日本大使馆武官署任职，娶了一位日籍姑娘白滨英子为妻。

在池步洲与白滨英子结婚后不久，"卢沟桥事变"爆发，抗日战争正式开始。1937年7月25日，也就是蒋介石在庐山发表抗战演说的第8天，一心想回国参加抗战的池步洲，历经周折，返回中国上海，池步洲在他的回忆录中写道："1937年7月7日卢沟桥事变爆发，深感中日之战事迫在眉睫，作为中国人再也无法安心待下去，应该立即回国，共赴国难。于是稍事摒当，毅然于7月25日携妻及三个子女自东京赴神户，搭乘上海丸仓促赴沪。"

池步洲回国后，投奔南京国民政府。经同学陈固亭介绍，初在"中国国民党中央组织部调查统计科机密二股"做破译日军密电码的工作。其时，一腔热血的池步洲对电码一无所知，但他听同学说，如能破译出日军的密电码，等于在前方增加了10万大军，爱国情深的他就欣然接受了这份工作。1938年2月，池步洲到中统局军政部无线电总台从事日军密电码破译研究工作。随后，池步洲被陈固亭带到了中央调查统计局会见徐恩曾，安排在总务组机密二股，等待侦收日寇密电码，以便进行研译。池步洲说："中统局之所以找我，事后才知道当时蒋介石下令各机关物色留日人才，以便送往军委会，从事日本密码破译工作。我就是由该局所奉命物色的唯一留日学生。"不过，池步洲发现自己和同事一开始都截不到有价值的密报。甚至到1938年6月，池步洲手上的电台还只能接收同盟社发播的明码无线新闻电报，令人啼笑皆非。

池步洲工作时年仅30岁，经验尚无。但是他通过统计发现收到的日军密电，渐渐地找到了越来越多的突破口，此时的池步洲，已经开始对密电产生了兴趣。在重庆两路口那所小小楼房里，他夜间翻阅日本的电报，凭借着数学奇才的头脑和自己对日文的语法结构的精辟了解，终于找到了破译秘诀。在1939年3月不到一个月的时间内，就把日本外务省发到世界各地的几百封密电一一破译出来了。这等于日本外务省的密电码本子，交到了池步洲的手上！为此，军政部给池步洲颁发了一枚奖章，不久，被任命为军政部研译室主任，专门负责关于日军密电码的破译研究。

1941年12月3日，池步洲通过破译截获的一份由日本外务省致驻美大使野村的特级密电，根据当时情况，池步洲判断，日本将向美国开战，开战时间在星期天，地点在檀香山珍珠港海军基地。当这个消息呈递给蒋介石以后，蒋十分震惊，立刻向美国方面通报。但由于美国国内孤立主义情绪的高涨，罗斯福并未重视中国传来的情报。4天后，震惊世界的珍珠港事件发生。事过半个世纪之后，有人从罗斯福的私人日记中发现，他当年收此情报"留中不发"，是有隐衷而不得已——日本的偷袭，将会使美国国会批准美国的对日宣战。

1943年4月18日，指挥偷袭珍珠港的日本海军大将山本五十六及其随从分乘两架专机，由6架战斗机护航，出巡太平洋前线，密电被池步洲截获，这份密电上报蒋介石后，蒋介石立即令人通知了驻渝美方。美军迅速派出16架战斗机空中围击，日军有两架飞机失去保护，一架被击落在机场附近的森林里，一架被击沉海底。第二天，搜索队在森林里找到坠机残骸，正是山本五十六的座机，山本五十六手握军刀，横尸在机骸旁。长期以来，日本方面对山本出巡的日程、路线何以泄露一事无法破解，因为日本海军的密电码是在 4 月 1 日刚刚更换的，不可能那么快就被破译，只能根据种种迹象妄加推测。

池步洲当时破译的并不是海军密电码，而是外务省专用的 LA 码。关于山本五十六出巡的日程，原来有两份电报，一份用海军密电拍发，通知到达地点的下属，一份用 LA 码拍发，通知日本本土。池步洲截获并破译的，是后一份密电。池步洲因在破密方面屡立不世之功，被晋升为国军少将参谋，以文职而晋身将军行列。

日本宣布无条件投降后，1945 年 8 月 24 日，日本驻沪总领事馆用 LA 码向日本本土发了一封密电，大意是：陈公博、岑德广、陈君慧、何炳贤、周陆庠等（均为汉奸），由军事顾问带领，从上海乘军用飞机直飞日本米子机场降落，请派人妥为照料，将陈等秘藏于乡下，这份密电也被截获并破译。蒋介石据此通知东京盟军总部，命令日本投降政府照这份名单将以上人等引渡回国法办。

由于情报工作的特殊性，美国和国民党政府都未公开池步洲在抗战中的贡献。抗战结束后，池步洲反对内战，不愿继续从事密电码研译工作，于 1946 年秋带着妻儿回到家乡福建闽清乡下种田，侍奉老母。1948 年 6 月，池步洲带着妻儿老小来到上海，经同学介绍，在中央合作金库上海分库担任总库专员。上海解放前夕，他自问一生清白，拒绝随蒋军撤退台湾，以"留用人员"身份在中国人民银行上海分行储蓄部任办事员。后转到上海中央合作金库上海分库从事金融工作。晚年的池步洲被选为上海市长宁区政协委员，并撰写《日本遣唐使简史》等多部重要著作。

2003 年，抗日战争胜利 58 周年之际，池步洲的家乡福建省闽清县在台山公园为这位抗日功臣、密码破译奇才竖立了纪念碑。

（二十二）大难不死的间谍——菲尔比

哈罗德·金·菲尔比是世界间谍史上最著名、最成功的间谍之一，他本人是英国人，早期就信仰共产主义，1934 年在维也纳进入苏联情报机关成为情报员。1940 年，他打入了英国秘密情报局，在该局步步高升，最终成为英国情报机关的一名高级要员。他利用职务上的便利条件，为苏联提供了大量重要情报，成绩卓著。1963 年，他由于身份暴露出逃苏联，为表彰他的事迹，苏联政府给他很高荣誉，授予他"红旗勋章"。

1912 年 1 月 1 日，菲尔比出生在印度的安巴拉城，父亲是英国伯爵，是英属殖民地的印度做高级文官，后来还担任过美索不达米亚的内政部长、丘吉尔的顾问等职务。

1929 年，17 岁的菲尔比以优异的成绩进入剑桥大学三一学院学习，这个时候恰逢社会主义运动在欧洲如火如荼，菲尔比在这里开始了他思想上的重大转变，当他拿到大学学位离开剑桥时，他同时确立了要把他的生命贡献给共产主义的信念。

1933 年，菲尔比毕业后，前往欧洲大陆旅行，途经维也纳时，菲尔比接触到了苏联的情报机关，当时苏联急需在英法等国建立自己的情报网，像菲尔比这样的人正是他们所需要的，于是苏联情报机构向菲尔比发出了邀请。素来对共产主义充满好感的菲尔比欣然同意，从此成为一名苏联间谍。

菲尔比成为间谍完全是出于信仰，在他为苏联情报机构服务的数十年里，没有向组织索取过一分钱报酬。

菲尔比回到英国，先是加入亲纳粹的组织英德联谊会，后来他拉着几个朋友创办了一本名叫《评论的评论》的杂志，并自任主编。为纳粹摇旗助威。在生活方面，他开始频繁出入于交际场所，和一些交际花打得火热，夜夜笙歌，醉生梦死。1940 年夏天，菲尔比以他显赫的家世以及在欧洲各国游历、工作的经验，引起了英国情报部门的注意。当时英国急需拓展国外间谍网络，英国情报当局通过《泰晤士报》的一个新闻编辑，向菲尔比转达了吸纳他为英国情报人员的意图。

此时菲尔比也正头疼于如何获得更多的情报，双方一拍即合，在经过了简单的审核与询问之后，菲尔比正式成为了英国的情报人员。从此，这位苏联间谍开始了他的双面间谍生涯，并慢慢向英国情报部门的核心靠近。为了进一步接近英国情报核心，菲尔比也为英国的情报部门做出了不小的贡献，其中让菲尔比名声大噪的是成功破坏了德国的"博登"行动，菲尔比因此受到了上级的重视，职位不断提升，1942 年开始独当一面，成为英国情报机构在北非以及意大利地区的负责人。

德国军方使用的恩格玛密码在 1941 年时就已经被英国破译了，但英国并没有和苏联共享这一成果。即使是在库尔斯克会战最激烈的时候，首相丘吉尔在某些方面与苏联进行了大量的沟通，但大部分详细的情报依旧没有告知苏联。

当菲尔比代理科长职务之后，获得了更高一级的权限，有权查看英军破获的德国有关库尔斯克会战的情报，于是这些重要的军事情报全部被苏联掌握。这些情报对于苏军来说简直是无价之宝，正是有了这些情报，苏军才得以在库尔斯克会战中获得最后的胜利。

从 1940 年开始，菲尔比就一步比一步更接近秘密情报局的核心，而现在他已位于情报局的正中心了，在菲尔比担任新合并的第五科负责人之后，伏尔科夫案件发生了。这个案件不仅本身很有趣，而且它差点断送了菲尔比的远大前程。苏联驻伊斯坦布尔副领事康斯坦丁·沃尔科夫决定叛逃，向英国提出政治避难申请，作为交换条件，他许诺将会交代出潜伏英国外交部的两名苏联间谍以及在英国情报部门的 5 名苏联间谍。沃尔科夫强烈要求英国情报机构不得用电报谈论此事，因为他知道英国的电报密码已经被苏联破译了，英国大使馆只得用邮包将沃尔科夫交代的材料寄回英国。

　　沃尔科夫不仅是苏联驻伊斯坦布尔的外交官，还是苏联情报机构的高级负责人，他手中掌握的机密绝不只是几个间谍的资料，此人叛逃的结果将是苏联在英国甚至整个欧洲情报网的末日。当这份材料摆在英国秘密情报局局长斯图尔特·孟席斯的桌上后，他紧急召见菲尔比，征询他的意见。但当他看到这份材料时不免一惊，为了使思想平静下来，他有意目不转睛地盯着文件，他对局长说："我希望有点时间来进行一下深入的研究，根据进一步的情况，提出适当的行动措施。"局长同意了他的意见，要他第二天一早就向他报告。这件事的结果是当英国情报机关的人再去联系沃尔科夫时他已经不见了，经多方了解，原来是"沃尔科夫酒后失言，不小心走漏了风声，被苏联情报机构秘密逮捕了"。

　　第二次世界大战结束后，东西方两大阵营之间在政治和外交上的对抗、冲突和竞争日趋激烈，菲尔比在担任对苏情报处处长期间，他曾将英美联合向阿尔巴尼亚派驻反共分子的计划泄漏给苏联，当英国情报人员秘密潜入阿尔巴尼亚时，被早已张网守在那里的阿尔巴尼亚人逮了个正着。

　　在 20 世纪 40 年代末至 50 年代初，英美两国针对苏联的颠覆行动中，这种事先计划周密、结果却一败涂地的行动计划绝非偶然，它们背后都有着菲尔比的影子。在这一时期的世界两大阵营的间谍战中，欧美国家屡战屡败，菲尔比当居首功。

　　1949 年，他还被英国政府派往华盛顿，成为英美情报交流系统的首脑人物，同美国中央情报局往来密切。罗斯福、丘吉尔、杜鲁门等人都曾给予他高度的评价，人们相信，不久他就将成为英国情报局的头号人物。当时英美两国正在联合调查多起重要机构中的泄密事件，联邦调查局确信这些泄密事件大部分是苏联间谍所为，但很长时间内一直无法确定这些间谍的身份。

　　直到美国人破译了苏联内务部的电报密码后，事情才有了实质性进展，很快中央情报局的特工就将目标锁定在了英国使馆中的几名高级官员身上，菲尔比很清楚这个即将暴露的同事的身份——英国外交部美洲司司长麦克莱恩，在他的通知下，很快麦克莱恩便逃出了英国，辗转到了苏联。

　　英国情报局从 1951 年起开始怀疑菲尔比的身份，但是他们花了十年时间也无法证明菲尔比是一个双重间谍。直到 1962 年，苏联情报机关的一名高级官员乔治·布莱克被捕，通过布莱克的供词，菲尔比的间谍身份最终暴露。就在英国情报机构决定正式逮捕菲尔比之前，菲尔比凭着自己多年老特工的本事嗅出了暗藏的危险，他借一次参加晚宴的机会，在途中摆脱了跟踪他的特工，然后乔装成一个阿拉伯人，步行 300 英里，成功逃脱。半年之后，菲尔比在莫斯科突然现身，并且高调接受了苏联当局授予他的代表最高荣誉的"红旗勋章"。

菲尔比到达苏联 5 年后，于 1968 年出版了自传体小说《我的无声战争》，讲述了自己身为双重间谍传奇的一生。

1988 年，这位冷战时期最成功、最具破坏性的双重间谍在睡眠中安详地离开了人世，享年 76 岁，他被安葬在莫斯科郊外的一个公墓里，苏联政府为他举行了国葬，享受了最高的国葬待遇。在他的墓碑上简单地刻着："哈罗德·金·菲尔比（1912.1.1—1988.5.11）"。菲尔比死后三年半，他为之奉献了一生的苏联解体了。

（二十三） 希特勒悬赏 100 万法郎缉拿的女间谍
——珀尔·维什林顿

第二次世界大战期间，英国女间谍珀尔·维什林顿离世后不久，英国国家档案局解封了她的秘密档案，令这位谍海英雄的英勇事迹一一曝光。

珀尔·维什林顿（1914 年 6 月~2008 年 2 月），第二次世界大战期间最著名的女间谍之一，2006 年获英国军方颁赠英国皇家空军勋章，她曾领导并组织 2000 多名游击队员从事破坏活动，展开游击战，炸毁了 800 多条德军控制下的铁轨和公路补给线，有效确保了盟军成功实施"诺曼底登陆"，希特勒一度悬赏 100 万法郎的重金，要买她的性命。

珀尔·维什林顿于 1914 年 6 月出生在法国巴黎一个英国移民家庭。维什林顿的母亲一共生了 4 个女儿，她在家里是老大。维什林顿全家生活在巴黎郊区的一幢房子里，生活宁静却不乏乐趣。揭秘档案显示，维什林顿第二次世界大战前在巴黎上学，在法国沦陷前途经西班牙回到英国，之后曾在皇家空军部待过一段短暂的时间。由于厌倦文书工作，她主动请缨加入了英国情报部门"特别行动执行机构"，因为她精通法语，擅长社交手腕，并且枪法和记忆力过人，不久后被提拔加入"特别行动处"，亦即"军情六处"的前身。经过 7 个星期的特别训练后，维什林顿于 1943 年 9 月 22 日深夜乘一架英军飞机，经过超低空飞行伞降到法国中部卢瓦尔河地区。维什林顿后来回忆说，那次跳伞非常危险，夜色很浓，飞机距地面高度大约为 100 米，仅接受过三次跳伞训练的维什林顿犹豫了两次，第三次方才'奋力一跳并最终在黑暗中安全着陆，但不幸的是，她丢失了自己的两个手提箱——里面有所有的钱、换洗衣物和私人物品。"情报人员永远得不到足够多的衣服，丢了鞋则是最大的遗憾。"事后在一份任务报告中，维什林顿这样写道，那年她 29 岁，主要任务是作为法国抵抗组织的情报联络官，传递重要情报。

由于维什林顿法语流利，她被要求假扮成一名化妆品推销员，化名"图扎兰"，前往法国活动，在此后 8 个月内，她从事着危险的信使工作，表面上，维什林顿在法国是一名化妆品售货员，实际上她的任务是向法国抵抗运动的成员传递情报，并将情报通过无线电发报员传回伦敦。1944 年 5 月，维什林顿迎来了她间谍生涯的一大挑战，她的顶头上司，地下抵抗组织的负责人莫里斯·绍斯盖特被德国盖世太保抓了起来，瘦小的维什林顿被组织上委以重任，指挥绍斯盖特手下的 2600 多名反德战士。起初，这支反德武装的成员都是一群衣着破烂的农民，他们的枪支类型也不全面，而且弹药匮乏。在同为间谍的男友亨利·科尔尼奥里的帮助下，维什林顿成功地重组了代号为"摔跤手网络"的地下组织，在她的组织和领导下，这支反德武装组织总共炸毁了 800 多条德军控制下的铁轨和公路补给线，有效确保了盟军成功实施"诺曼底登陆"。并且他们还曾经拦截来往巴黎至波尔多的火车数百次，希特勒甚至一度悬赏 100 万法郎的重金欲取她的人头！1944 年 6 月，盟军登陆法国之后，由于维什林顿名声响亮，在她的活动地区竟有 1.8 万名德军主动向她投降。

后来在维什林顿回忆那段往事时说："最危险的时候则是诺曼底登陆之后的几天，6 月 11 日早晨，我们被 2000 多名德国士兵攻击了，当时我们只有 40 来个人，没有武器，没有经过训练，我们展开了一场让人刻骨铭心的打斗，还好，附近一支约有 100 余人的游击队赶过来帮了我们一把。"对于她的这个故事，实在是令人难以置信。1944 年 9 月，维什林顿与男友亨利双双潜回英国伦敦，一个月后举行了婚礼，1945 年，第二次世界大战结束后，凭借在第二次世界大战中的英勇表现，维什林顿战后被提名获得英国军方的十字勋章，但因为英国军法规定，十字勋章不得授予女性，维什林顿没有得到军人应有的荣誉，最后却被授予英国公民所能获得的最高荣誉——大英帝国勋章，但维什林顿拒绝了这一奖项。维什林顿说："这是一项授予平民的荣誉，对于我来说，我所做的事情与平民没有任何关系。"维什林顿在自己的拒绝信里面写道，这项荣誉对她来说是不公平的。"我所从事的是在敌方占领国内的反纯粹的军事活动，我自己领导过 2000 多名游击队员从事破坏活动，并展开游击战！"

有意思的是，这个组织力极出色，被誉为第二次世界大战最杰出间谍之一的维什林顿，当年竟被教官认为不是"当领导的材料"。据英国国家档案馆最新解密文件显示，一名教官在训练后居然认为："该学员忠诚可靠，却过于小心谨慎，缺乏首创精神和进取心，很难成为领导人物。"

在此后的很多年，维什林顿和家人过着宁静不受打扰的生活，她拒绝撰写任何回忆录和传记，因为她担心这和许多战争故事一样，会被改编成爱情片，虽然她和亨利的爱情的确是在第二次世界大战中发展成熟的。60 多年过去了，当年的英国

皇家空军跳伞教官考希尔 2002 年在电视上偶然看见了关于她的一段访谈，于是专程前往法国拜访，女英雄的往事这才被公之于众，2004 年，英国女王向维什林顿颁布了英国最高级别的巴思爵士奖励。两年后，她终于获得了应得的伞兵飞行勋章，也就是在她去世的前两年才终于拿到她梦寐以求的英国军方勋章——皇家空军的翼型勋章。对此维什林顿欣喜若狂地说："我太兴奋了，等了这么多年之后终于盼来这枚奖章，要知道在过去整整 63 年中，我不停地向周围每一个人抱怨自己遭受的不公正待遇。"

两年后，维什林顿在法国巴黎去世，享年 94 岁。她的讣告用简短的一行字讲述了她传奇的间谍故事——"她曾经指挥抵抗组织杀死 1000 多名德军士兵，并接纳了 1 万多名投降的德军，然后组织他们开展抵抗运动。"英国历史学家邓顿说："她显然是相当勇敢的女性，曾突破盖世太保的防线，协助空军逃到安全地方，又在战场跟纳粹军战斗。"

（二十四）侵华日军中的红色间谍——中西功

中国现代史上鲜为人知的日本籍中共党员、战略间谍、日本人中西功，公开身份是日本社会活动家、日本共产党中央委员、作家。曾打入日本侵华日军的心脏部门和战略情报中心"华中派遣军司令部"，在隐蔽战线做出了具有战略意义的贡献。

在中国抗日战争的烽火岁月里，曾有一批日本革命志士站到了中国人民一边进行反法西斯斗争，成为中共党员的日籍情报人员中西功就是突出代表。他在隐蔽战线做出了中央称道的具有战略意义的贡献，为了信仰，舍生忘死和临危慷慨凛然的气概连敌手也为之惊叹。

中西功是日本三重县人，1910 年出生于该县多气郡一户贫苦人家，从小学习勤奋，19 岁时以优异的成绩获得公费留学资格，前往中国上海，进入东亚同文书院读书，该校主持教学的是中共秘密党员、留日归国的著名经济学家王学文。

当 19 岁的中西功抱着国内同龄人惯用的"浪人"方式闯荡到上海时，他对这个陌生的国度几乎一无所知。在日本质朴善良却受过许多对华歪曲教育的中西功，到沪后发现周围的中国人常用异常眼光看着他们，开始时他认为是"支那人"对日本的固有敌意，经过王学文老师讲解，再认真了解历史，他才知道这是日本的侵华政策所造成的。

东亚同文书院，是日本豪门近卫家族在中国开办的文化交流机构，同时也是日本专门针对中国开办的老牌间谍培训基地。其在日本特工组织中，酷似黄埔军校在民国时代军界的作用。书院的毕业生，凭借严格的训练在日本各特工机构中占有优越地位，同窗之间又彼此协助提拔，仕途上往往飞黄腾达。中西功就读之时，校长就是后来的日本首相近卫文磨。

中西功是东亚同文书院的高才生，他与同学西里龙夫关系甚好，上学期间，他们加入了同学中的一些左的进步团体，随着对中国现实了解的加深，开始从内心同情中国，反对日本的法西斯独裁。很快，中西功就对马列主义产生了浓厚的兴趣，并与同学一起建立了意味着同中国团结斗争的组织"日支战斗同盟"。

1930年，日本海军士官生队到沪参观，实际是为侵略熟悉战场。中西功得知内情后赶印了宣传反战的传单向他们散发，结果被领事馆中的便衣宪兵"特高课"发现，把他关押了9天，释放后还勒令停学一年。第二年，日本海军陆战队发动"一·二八"事变，强令日籍学生参战，中西功马上以"撤出侵沪战争"为口号组织斗争，迫使领事馆同意他们回国。在回国的船上，中西功遇到了尾崎秀实这个改变他一生的人，那一年，中西功22岁，尾崎秀实31岁。当时，尾崎秀实的公开身份是《朝日新闻》常驻上海的特派员，而他的真实身份则是共产国际远东情报局的成员。在中国的三年时间里，尾崎秀实和从事情报工作的苏联共产党党员、德国人理查德·佐尔格合作，经常把日本在华的重要情报转送莫斯科。

1934年，中西功经尾崎秀实介绍回到中国，进入东北满铁调查部工作。满铁调查部是日本在中国最重要的间谍机关之一，因为中西功提供了一系列描述中国内部情况的分析文件，被认为极有价值，他于1938年被提升为满铁上海办事处调查室主任，并兼任日本支那派遣军特别顾问，日本"中国抗战力量调查委员会"上海负责人。同年与中国共产党东北党组织取得联系，随后加入了中国共产党。此后，以中西功、西里龙夫为核心的红色间谍网迅速成立，中西功还在上海建立了一个"特别调查班"，其中包括了大量中共情报人员。中西功的这个特工小组，一开始就有清晰的中共烙印，其成员大多是日籍中共党员，由当时上海的中共地下组织负责人潘汉年领导，在中共上海情报科吴纪光的指导下负责对日战略情报侦察。

1939年，中西功参加满铁调查部"支那抗战力量调查委员会"，打入日本"华中派遣军司令部"这一侵华日军的心脏部门和战略情报的中心。他配合同为日籍中共党员的西里龙夫，把包括日军统帅部的重大战略情报，源源不断地供给了中共的地下组织，传到陕北的中央最高领导机关，这项工作只有他和西里龙夫才能做到，是其他任何人都无法代替的。

从1938年底建立，中西功的情报小组在日军心脏里活动了三年半之久，据八路军总部作战参谋杨迪回忆，当时日军的重要行动，未经发起，我方均能提前得到可靠情报，而八路军总部被袭击和左权将军牺牲等重大损失，则都是发生在中西功小组被日军破获之后。

1941 年，东京"佐尔格小组"暴露，尾崎秀实和佐尔格先后被日本"特高课"秘密逮捕，尾崎秀实被捕，与之关系极密切的中西功显然要受到追查，1941 年底，中西功收到了化名"白川次郎"的人从东京发来的电报，内容是"速向西去"，这个暗号的意思是劝告中西功"从速撤走"，即避往解放区。但中西功却相信尾崎不会供出自己，又考虑到这一岗位他人难以替代，便以高度责任感在半年内迟迟未走。1942 年 5 月，日军第 13 军发动了浙赣线战役，中西功设法取得了"从军调查员"的资格，打算到达浙赣线后相机出走，前往后方根据地。不幸的是，到杭州后，中西功突然被东京直接派来的"特高课"特务诱捕，并押往东京。从得到警报开始，他足足坚持了 8 个月，就在被捕的前一天，中西功还发出了日军进攻中途岛的绝密情报。

经长期审讯，1944 年秋日本法庭下令将佐尔格和尾崎秀实绞决，并将中西功等人判了死刑。宣判书以惊叹的语言称："彼等不怕牺牲，积极努力，用巧妙之手段，长期进行侦察活动，其于帝国圣业、国家安全、大东亚战争及友邦胜负，危害之大，令人战栗。"在东京法庭上，中西功反驳"叛国罪"的指控时说："制止日本侵华战争，能使日华人民从毁灭性的灾难中解脱出来，实现日华和平和日华人民世代友好，这是两国人民的莫大幸福和根本利益所在。"

正是出于这种理念，他与帝国主义的间谍完全不同，提供情报完全出于信仰而从不要报酬，党组织困难时还以个人积蓄倾囊相助。

幸运的是，死刑并没有马上执行，据说是因为中西功在被判刑的同时开始写《中国共产党史》，其翔实的资料和严格的逻辑分析让"特高课"十分感兴趣，于是准备让他写完了再处决。谁知中西功却越写越多，还点名要求同判死刑的西里龙夫协作，两人写到 1945 年 8 月 15 日日本投降，书还是没写完。1945 年 8 月，日本宣布战败无条件投降，中西功亲眼看到了日本法西斯的失败，并于不久后出狱，出狱后的中西功，继续从事着革命活动。

1946 年 6 月，他加入日本共产党，并于同年参加设立中国研究所，1949 年当选参议员，1973 年，62 岁的中西功患胃癌去世。弥留之际，这位老人仍然惦记着中国，他断断续续地说："我真想去看看！看看那些街道，那些胜利的人们，他们有了自己的人民共和国……"

（二十五）潜伏珍珠港的日本间谍——吉川猛夫

吉川猛夫（1912 年 3 月 7 日—1993 年 2 月 20 日）日本海军少尉，偷袭珍珠港前夕派遣到美国搜集情报的间谍。将美国海军的情况调查得非常清楚，为日本偷袭

珍珠港的成功起到了重要的作用。

1941 年 12 月 7 日黎明前，日本一支由 31 艘战舰组成的庞大舰队，其中包括最新的"翔鹤"号和"瑞鹤"号等 6 艘巨型航空母舰和 353 架飞机，在海面上散开得很远，半个月中神不知鬼不觉地驶过了 3500 英里，驶近了太平洋的美国夏威夷群岛。5 时 30 分，首先被派去侦察的两架远程海上飞机，从重型巡洋舰"筑摩"号和"利根"号上迅速起飞，飞越夏威夷群岛的中心瓦胡岛的珍珠港上空，对港内的美国舰队做最后一分钟的侦察核实。侦察结果发现，与前一天晚上东京大本营海军部所传达的"A 情报"完全一致……

日军为了收集美军情报，山本五十六花了很大功夫。据后来的统计数字显示，1941 年 5 月后，日军派到珍珠港的日本间谍多达 200 多人，从各方面搜集珍珠港的天气、水文、地形和美军基地、飞机、舰艇的部署。当中，最出色的一位间谍应属日本帝国海军出身的吉川猛夫。

吉川猛夫，1912 年生于日本爱媛县松山市，1933 年毕业于日本江田岛海军学校。1934 年分配到巡洋舰由良号任海军少尉，由于身体健康的原因，吉川猛夫服役了一段短时间便离开军队，回家休息。

后来，获日本海军官员的介绍，得以以海军预备役军官的身份，在海军省从事谍报情报收集的工作。他开始在英国科，后来调到美国科，在堆积如山的资料中筛选情报。这个工作使他熟悉美舰调动情况，熟记各种海军装备。

作为日本海军情报局美国科少尉参谋，他于 1940 年 5 月接受了"以外交官身份派往日本驻檀香山总领事馆"从事间谍活动的任务，那年他 29 岁。为了不引起怀疑，吉川猛夫特意以大学生的身份报名参加外务省公开招聘书记员的考试，并被"破格"录取。

"我的主要任务是为袭击珍珠港做准备，因此我夜以继日地工作，收集各方面的情报。美国人很蠢，作为外交官，我可以在岛上到处自由行走，我甚至可以租飞机围绕军事设施进行观测。"吉川猛夫常常向人渲染和谈论自己在檀香山那段奇特的谍报生活。

那时的吉川猛夫把主要精力集中在搜集停泊在港口的美军舰船情报上，他乘坐游艇，以旅游者的身份穿梭于夏威夷群岛的各个小岛。他发现，只有檀香山所在的瓦胡岛驻有海军舰队，而瓦胡岛的舰队又集中在珍珠港，吉川猛夫将注意力瞄向了珍珠港。

吉川猛夫乔装成游客，一次照例坐的士去港口游玩，的士司机途中在一茶楼休息，吉川猛夫发现通过这个茶楼的窗户可以清晰地看到珍珠港的情况，心中窃喜，美国方面也有疏忽的时候。

他占用了楼上一间面临海港的客房，一边和艺伎们胡闹，一边居高临下俯瞰港内美军军舰的类型、数量和活动规律，默记在心，回去后再用密码记录下来，不断发往东京。他从来不用望远镜和照相机，所以很少引起美国情报部门的怀疑。

吉川猛夫想方设法与美国军人接近，他开着车在岛上四处跑，载上搭顺风车的年轻水兵，还想方设法从他们口中套取情报。他回忆说："我了解到他们属哪艘军舰，泊在何处，长官是谁。我甚至知道那些水兵去哪个妓院，因此我常常利用妓女、艺伎，付钱让她们代探情报。"

经过多番周密的调查，他了解到，每逢星期天，珍珠港内停泊的舰只数量最多，他还掌握了每艘舰只的确切泊位。日本联合舰队司令山本五十六主要依据吉川的情报，着手编拟了袭击珍珠港的计划。

从 12 月 1 日开始，吉川按照海军部的要求，每天报告珍珠港美国舰队的动向，在日军偷袭的前一天夜晚，吉川还给东京发去特急电报，汇报说珍珠港停泊了战列舰 9 艘，轻巡洋舰 7 艘、驱逐舰 9 艘，3 艘航空母舰和巡洋舰出港未归。当电报转到海上指挥官手中时，日军突击舰队距离珍珠港只有 250 海里了。

1941 年，夏威夷时间 12 月 7 日拂晓 7 时 55 分，日本偷袭珍珠港美国海军基地，使美国损失了 18 艘军舰、300 架飞机和 2500 人，吉川猛夫在檀香山 200 多天的活动终于达到目的。美国人当时并未发现他从事间谍的情况，后来，日美两国交换外交官时，吉川猛夫被释放回国，受到了日本大本营的重奖。

吉川猛夫是谍报战史上成功的案例，凭借他在海军中学到的专业训练，加上在江田岛海军学校培养出来的海军人格，使他成为一名出色的海军间谍。在轰动世界的珍珠港事件中，吉川猛夫为日本的谍报机关立了奇功。战后，吉川猛夫自知罪孽深重，一直担心被当作战犯受审，于是便化名"碧舟居士"，走南游北，遍访日本各处名山古刹，研读禅经，修身养性。

1951 年 9 月 8 日，英、美、法等国与日本在旧金山宣布不再追究一切战犯，吉川猛夫才重返松山市，之后他出版了一本书《珍珠港间谍的回忆》，详细记述他当年在美国的间谍生涯。

（二十六）"东方的劳伦斯"——土肥原贤二

土肥原贤二（1883—1948 年），日本陆军大将，在中国从事间谍活动的日本第三代特务头子，建立满洲国和策划华北自治的幕后人物，土肥原贤二外表文质彬彬，以豪爽重义闻名于旧中国官僚间，有"东方劳伦斯"之称。侵华战争爆发后曾任日本第 14 师团长，参加兰封会战，升任第 7 方面军司令，教育总监，第一总军司令，1948年被远东国际军事法庭判定为甲级战犯，第一个被处以绞刑。

19世纪，日本确定以中国和朝鲜为侵略对象的大陆政策后，在中国建立了许多特务机关。其中，最著名的是一脉相承的日本陆军三大特务机关：清末时期的青木宣纯机关、北洋政府时期的坂西利八郎机关和20世纪30年代建立的土肥原贤二机关。土肥原贤二于1883年出生在日本冈山县，同样也是武士之家。1904年毕业于陆军士官学校，1912年毕业于陆军大学，随后进入参谋本部，被派往北京，任扳西利八郎的辅佐官，成为继青木、扳西之后的第三代特务机关接班人。

土肥原贤二在中国从事谋略谍报活动20多年，他在哪里出现，哪里必然发生政治骚乱或武装冲突，因此中国老百姓送给他一个绰号"土匪源"，西方则叫他"东方的劳伦斯"。

土肥原贤二对于中国人的风俗习惯、方言俚语几乎无所不通，成为日本陆军特务系统中有名的"中国通"。他能说一口流利的北京话，还会说几种中国方言，谙熟中国的政治、历史及风土人情，善于交际，因而还和中国许多军阀和政界要人建立起了微妙的个人关系，这为他从事谍报工作提供了十分便利的条件。

土肥原贤二非常熟悉中国文化，他在华北从事特务活动，有着一套独特的交往方式：对亲日的文化人，亲而不敬，视为猎人养狗；而对文化界的反日文人，反而曲意逢迎。

土肥原贤二

当时北平有个叫管翼贤的人，经常在报刊上发表一些排日文章，在华北的读者中很有些影响。土肥原贤二也想方设法与之联络，他打听到管翼贤的太太喜欢在前门大栅栏的"瑞蚨祥"与"东升祥"两家布店购买衣料，便在这两家店里储备了一笔钱款，每当管翼贤太太在这两家店里买了衣料付账时，店里账房就说："土肥原君已代付久矣。"

账房还一再转告土肥原贤二的话说："此乃小意思，务请夫人与管先生赏脸！"后来，管翼贤下水当了汉奸，不能不说与土肥原贤二使用的伎俩有关。

土肥原贤二认为阴谋只是一种技术，使用越少越好，最大的谋略就是诚心，彻头彻尾的诚心诚意，推心置腹。曾任日本关东军参谋的片仓衷是这样描写土肥原贤二的："不了解他的人，从他的特务活动及其事迹来看，往往想象他是一个阴险毒辣的恶棍，其实他是完全不同的另一种人，他的中国话讲得很好，专爱结交中国朋友，从中国人那里各种情报好像自动地就到了他的手里，他是搜集情报不可缺少的能手，也是日中交往最理想的人才。"

1929 年 3 月，土肥原贤二与关东军的河本大作制造了"皇姑屯事件"，炸死张作霖后受到牵连，他被解聘辞去顾问，转任步兵第 30 团团长。1930 年 10 月，土肥原贤二接受关东军的指令，在华北设立特务机关，以瓦解张学良的势力。1931 年 8 月，土肥原贤二被紧急调往沈阳任奉天特务机关长，参与策划"九一八"事变。"九一八"事变发生后的第 3 天，土肥原贤二出任奉天市市长，但一个日本现役军官出任奉天市市长，非常明显地暴露了侵略者的真实面目，于是 20 天之后土肥原贤二便提出"辞职"，扶植汉奸赵欣伯接替。当年 10 月，土肥原贤二前往天津，把溥仪劫持到东北，在土肥原贤二等人的导演下，拼凑了一个以溥仪为首的伪满傀儡政权，使东北沦为了日本的殖民地。1932 年 1 月，土肥原贤二被调往哈尔滨出任特务机关长，主要任务是稳定北满局势，镇压东北抗日武装力量，为侵占整个北满做准备。1935 年 6 月，他又被关东军派往华北，协助中国驻屯军司令官多田骏，策动各派军阀进行所谓自治运动，企图制造第二个伪满洲国。但因为中国人民的反对，加上吴佩孚拒绝与日本人合作，土肥原贤二的如意美梦才未能实现，这次诱降是他对中国谋略工作的谢幕表演。

1935 年 5 月，土肥原贤二借口中国军队扣留了潜入察哈尔省份绘地图的日本特务，制造"张北事件"，提出取消察哈尔省国民党机关、驻军及撤销宋哲元主席职务等无理要求，胁迫察省民政厅厅长秦德纯签订《秦土协定》。土肥原贤二这一系列的阴谋活动，为日本发动侵华战争敲响了开场锣鼓。

1936 年，土肥原贤二晋升为中将，调任国内留守第一师师长。"七七"事变后，他率领第 14 师侵入华北，直接介入屠杀中国人民的侵略战争，因其进军迅速，被日本报纸称为是"华北战场上的一颗明星"。

1938 年 5 月，土肥原贤二在徐州会战中担任了向中国军队后方进行深远迂回的任务，从而爆发了兰封会战，土肥原贤二两千里奔袭，一路上击败了桂永清和黄杰各军，气得指挥作战的薛岳把这两个败将送到了军法处，蒋介石下达手令："兰封附近之敌，最多不过五六千之数，而我以 12 个师的兵力围攻不克，不仅部队复杂，彼此推诿，溃败可虞。即使攻克，在战史上亦为一千古笑柄。"1938 年 6 月，土肥原贤二负责筹建中国占领区内统一的伪政权，后因汪精卫这颗大明星出场，其他汉奸黯然失色，他才转干它行，在上海设立了特务机构——"土肥原机关"。后调任北满第 5 军司令官，驻扎在佳木斯。1944 年 3 月调任第 7 方面军司令官，驻扎在新加坡地区，1945 年 9 月，在第一军总司令官杉山元自杀后，土肥原贤二接任第一军总司令官，日本战败投降后，土肥原贤二被盟军逮捕，关入横滨刑事所。

土肥原贤二其人，阴险毒辣，两面三刀，居心叵测，善于权术。他不仅是中国人民不共戴天的敌人，而且在日本也声名狼藉。远东国际军事法庭在战后进行查证，确认甲级战犯土肥原贤二犯有侵略战争罪和战争阴谋罪，于 1948 年 11 月 12 日对他判处绞刑。1948 年 12 月 23 日，在判决书下达 41 天后，通过抽签的方式，土肥原贤二第一个走上了绞刑台，他由两名执行宪兵押着，走完 13 级台阶，然后立正站着，此时土肥原贤二的内心深处究竟在想什么，谁都无法知道，但此时此刻的他一定知道，这里是他人生的终点，丧钟正在为他敲响。

（二十七）一吻夺命——韦芳菲

1944 年，犹太女孩韦芳菲 20 岁，正是花儿一样的年龄，这一年，她像一朵蒲公英，在狂风暴雨中被吹离自己的家乡，辗转飘零，终于停留在了英国的一所难民营。她的父亲母亲都已经丧生在纳粹的屠刀下，年幼的妹妹夭折在逃难的一路风尘中，韦芳菲早就学会了坚强，她要活下去，等待战争结束的那一天，看一看，和平该是多么的美丽。

1943 年 8 月，英国军情五处处长皮特里收到了一份密电："德国正在加紧研制无声武器"，军情五处在忙碌半个月后调查出了明确结果：希特勒正组织科研人员在七二一研究所中秘密进行一项研制细菌武器的计划，这种细菌武器是指具有极大危害性的细菌炸弹，估计几个月后希特勒就会将这种可怕的战争产物投入战场。军情五处的任务下来了："必须阻止这样的武器研制出来。"

英国军情五处的特工们对德军负责研究细菌炸弹的七二一研究所做了大量的侦查，七二一研究所设在德国史德格内市一处建筑物的地下室里，该研究所守卫森严，整个细菌研究所直接从事研究工作的大概有 50 人，都是忠诚于希特勒的纳粹分子，很难在这些人中策反成功，唯一可能的就是潜入研究所内部进行破坏。至于如何潜入研究所进行破坏，特工们想了一个最简单的办法，那就是把七二一研究所里一个普通的职员谢丽娜绑架出来，然后再用一个长相酷似谢丽娜的女特工偷梁换柱，混入研究所伺机破坏。皇天不负有心人，在英国的一所难民营里，军情五处的特工们发现一个和谢丽娜长相酷似的女孩，她的名字叫作韦芳菲。

军情五处负责此次行动的莫森立即赶到难民营，向韦芳菲说明了来意，本来他还比较担心自己能否说服女孩，但韦芳菲的态度与决心彻底打消了他的担忧。确实，家庭经历已经让这个不幸的姑娘恨透了德国纳粹分子，现在有这么个机会她当然不会放过。

三个月的时间过去了，韦芳菲已经不再是一个普通的难民，几天后她坐在一架双座飞机的后座上，飞过了德军的边境线，跳伞回到了自己的家乡。在这几个月的训练中，她学会了很多东西，包括跳伞、怎么用定时炸弹以及怎么把氰化钾胶囊藏在自己的牙缝里，现在的韦芳菲，已是英国军情五处的一个情报人员，一个女间谍。

1944 年 2 月的夜晚，英国某空军基地，一架没有任何标志的皇家空军飞机冲上夜空，韦芳菲顺利降落在史德格内市郊区，前来接应的奥伯带她到城中某处地下室，这里关押着被英国情报特工绑架的谢丽娜，韦芳菲惊呆了，椅子上的女孩也惊呆了，她们两个，果真如情报说的，长得一模一样。从谢丽娜口中韦芳菲了解了七二一研究所里所有的人，他们的长相、爱好、工作范围，她特别注意到其中一个关键人物——亨利博士。据谢丽娜介绍，亨利博士是个年轻的天才，这次研究计划的核心人物。他对身边的美女谢丽娜很有意思，经常借工作之便与她见面、聊天，有时还抓起她的手说个没完没了，韦芳菲心中一动，这不正是她想要的吗？

利用谢丽娜的面貌和证件，韦芳菲轻松通过了层层盘查，进入了细菌武器的研究所，工作人员们热情地跟她打着招呼，谢丽娜的工作是整理一些文件和图片，韦芳菲很快熟悉了这个工作，一切都很顺利，可一切都才刚刚开始。手拿着一叠文件，韦芳菲走进了亨利博士的办公室，年轻的亨利博士是这个研究所的主管，也是这次研制细菌武器的核心人物，他对美丽的谢里娜倾慕已久，韦芳菲通过和亨利博士的接触得知所有研究数据都放在博士身后的保险箱里。

1944 年 3 月，韦芳菲接到英国情报部门的通知，必须在四五天内将亨利的研究成果毁掉，韦芳菲想只有毁掉亨利的成果，才能避免一场更大的灾难，她决定要让亨利打开保险柜。韦芳菲来到亨利博士的办公室，把文件放在亨利博士的桌上，当她转身要走却被亨利从身后拦腰抱住，博士深深地吻着韦芳菲，韦芳菲转过头去阻止博士的亲吻，她盯着那双痴迷的眼睛说："你真的爱我吗？你愿意为我做任何事情吗？"亨利坚定地说："当然，哪怕是天上的月亮，我也愿意为你去摘。""那你能把你身后的保险箱打开给我看吗？"亨利转过身去把保险箱打开了，"你看，我打开了，我对你说的每一句话，都是真的。"亨利说着。

"这是我新研究的一种细菌培养方法、生长过程的记载。这是我的心血，上头可是非常重视它的安全呢。"

……

第二天，韦芳菲把炸药藏在一堆馅饼中，带到了亨利的办公室，趁着亨利博士吻她的时候，她掏出一条浸有麻醉剂的毛巾，猛地盖到他的脸上，用力堵住他的嘴，亨利立刻昏了过去。她马上解下博士的钥匙，用它打开了柜门。她把炸药放在那堆文件和样品中，然后关上了保险箱的门。一分钟后，炸药就会自动引爆。韦芳菲做完这一切后，立刻从亨利博士的办公室中退出。爆炸声响起，细菌炸弹的研究成果付之一炬，但是韦芳菲却没能逃脱，她被研究所的警卫抓住了。在研究所的审讯室里，韦芳菲已经做好了死的准备，这时一个人走了进来，是亨利博士，这次爆炸他只受了点轻伤。"为什么这样做？"亨利博士问韦芳菲。

"我要阻止你的研究，我不想看到那么多人被你们的武器杀害。"

"你对他们说，你是因为恨我才这样做的，那样你就可以活下去。你知道吗，我也不愿意进行这样的研究，是他们逼我的，现在他们又逼我把被毁掉的资料恢复，你做的一切其实没有任何意义。"亨利的目光是韦芳菲从未见过的哀伤和真诚。

"你真的爱我吗？"

"爱，我现在依然爱你。"

"那你可以给我一个吻吗？"

亨利紧紧抱住了自己爱的人，深深地吻了下去，他的动作没有任何迟疑。几秒钟后，亨利的脸色变得青黑，嘴角流出黑色的淤血，最后无力地倒在地上，韦芳菲咬碎了藏在牙缝中的氰化钾胶囊，把剧毒的毒药分了一半顺着唾液给了吻她的博士。绑在椅子上的韦芳菲看着倒在自己脚下的博士，闭上了的眼睛，那年她才20岁。

从难民营到训练营，她用三个月由难民转变为间谍，从乘机降落到完成任务，她用一个月炸毁了德军细菌武器的全部实验成果。没有她，也许希特勒的一个战争阴谋又将得逞，没有她，也许半个伦敦亦将遭受史无前例的细菌战。100天，韦芳菲的如花生命瞬间消逝，100天，英国间谍史上又多了一位巾帼英雄。当英国军方为无数英雄立碑纪念时，韦芳菲的名字赫然在列。

（二十八）扑朔迷离的纳粹德国谍王——卡纳里斯

威廉·弗兰兹·卡纳里斯是第二次世界大战时期纳粹德国军事谍报局局长、海军上将。他的一生不仅充满了神秘的传奇色彩，还留下了许许多多的不解之谜。原美国中央情报局局长艾伦·杜勒斯称他为"现代历史上最勇敢的人"，德国情报机构称他为"空中飞人杂技员"。意大利驻柏林武官对他的评价是："毫无顾忌，智力超群。"德国军事情报局说他"诡计多端"。而德国党卫军的突击队队长奥托·斯科尔兹内则说他是"最大的叛国者，自始至终都在直接地、故意地向英国出卖自

　　卡纳里斯出生于德国北部多特蒙德市郊的一个十分富有的资产阶级家庭。1905年加入德意志帝国海军，并于1914年升任为德国海军的一名副舰长。1916年夏天，被德国间谍机关派往西班牙，开始了情报生涯。1923年，在慕尼黑啤酒馆暴动中他结识了戈林，并向戈林表示，自己可以利用军队里的情报机构协助希特勒上台，很快他向希特勒送交了有关德军全体军官的政治倾向、人品素质和经济情况的材料，这对希特勒日后控制德军军官层极为有用。

　　1933年1月希特勒上台，10月在德国海军司令雷德尔的推荐下，卡纳里斯出任局长负责整个德国的情报工作，卡纳里斯一跃登上了德军最高统帅部军事谍报局局长的宝座，并于1936年被授予海军少将军衔，从此他飞黄腾达，并掌握整个德国的情报大权达十年之久。卡纳里斯出任军事谍报局局长后不久，希特勒亲自接见了这位新任局长，并对卡纳里斯满怀希望地说："我想建立一个像英国情报局这样的机构，团结一群人，满腔热情地去工作。"为了重建德国军事谍报局，希特勒赋予卡纳里斯几乎无限的权力，给了无数的资金。卡纳里斯不负重托，他的军事谍报局表现得也很出色，由于1937年前希特勒禁止在英国进行大量的特务活动，因此，卡纳里斯的军事谍报局在英国的工作实际上是白手起家，但到战争爆发前，根据德国军事谍报局自己的档案材料，它在英国安插各式各样的特务不下253名，其中包括几名安插在英国高级官员家的佣人。在仅两年时间中，他下属的人员就猛增到1000人，而战时的人员更高达1.5万人，卡纳里斯也随军事谍报局规模的扩大而很快于1940年晋升为海军上将。

　　卡纳里斯的特工本领也确实令希特勒叹服，1938年慕尼黑会议期间，法军的动员令居然在法国海军司令达尔朗海军上将签署前，就全文落到了卡纳里斯手里，英国陆空军的协作计划，他也有本事搞到。作为一个为法西斯头子希特勒立下过汗马功劳的间谍首脑，卡纳里斯在谍报工作中表现出来的卓越能力和非凡的天分，曾令盟军反间谍机构吃尽苦头，卡纳里斯因而被誉为纳粹的"谍报大王"，并备受希特勒的宠信。希特勒早期的间谍王国主要是卡纳里斯所带领的军事情报局，卡纳里斯以其极出色的个人能力和传奇经历统领军事情报局，成为第二次世界大战期间德国纳粹机关最重要的关键人物。

　　卡纳里斯的发家一开始便是依靠纳粹上台，他在负责情报局工作的十几年间，也为希特勒和他的纳粹党做了巨大贡献，但后来他却走上反对希特勒的道路，至少是因为这个罪名被捕而处决的。这个过程不但充满戏剧化，而且扑朔迷离，至今真相仍隐藏在历史的背后。

　　1938年，卡纳里斯开始对希特勒采取敌对态度，以后他在对第三帝国的敌人进行间谍活动的同时，广为保护反政府的阴谋分子，卡纳里斯实际上成了英国间谍或称"双重间谍"。

具有双重人格的他私下里曾不无忧虑地对心腹说："我觉得德国在这场战争中如果遭受失败，无疑是个灾难，但如果希特勒获胜，那将是更大的灾难，因此谍报局不要做哪怕使战争延长一天的事。"

卡纳里斯在暗中帮了盟国许多的忙，例如法国的吉罗德将军（后来曾一度和戴高乐一起同任法兰西民族解放委员会主席）被纳粹投入监狱后，纳粹头目曾命令将他处决，然而不会讲一句德语，而且是独臂的吉罗德居然越狱成功，英国情报机构后来得到情报，得知卡纳里斯与吉罗德有联系。英国谍报机关对于卡纳里斯有这样的评价：他的插手干预往往令人难以捉摸，使各种诡诈行动变得扑朔迷离。

1942 年，盟军准备在北非实行火炬计划，在直布罗陀集中了大量舰船，盟军舰队中没有航空母舰，明显开往北非的。作为资深海军将领明明知道这些船将开往什么地方，可他却告诉希特勒舰队开往马耳他。1943 年 7 月，意大利发生了政变，墨索里尼倒了台。希特勒为了摸清意大利新政府的态度，派卡纳里斯飞往威尼斯与意大利军事情报头子塞扎尔·阿米会谈。卡纳里斯明知意大利打算与盟国缔结和约，他却对希特勒说："巴多格利奥打算继续站在德国一边战斗下去，意大利是最忠诚的盟国。"这是因为，在卡纳里斯的心中，意大利迅速地无条件投降能使战争早日结束。

然而，如果说希特勒此前还能容忍卡纳里斯的情报工作一而再再而三的失败的话，那么当意大利新政府真的于当年 9 月 3 日与盟国签订停战协定时，希特勒开始怀疑德国军事谍报局不仅无用，而且还背叛了纳粹德国。卡纳里斯的行为开始引起了纳粹秘密警察头子希姆莱的注意。1943 年 3 月，希姆莱的秘密警察逮捕了一名偷运外币的谍报局特工，这名特工供出了谍报局内部的一些"背叛"情况，1944 年 2 月 18 日，希特勒下令解散谍报局。

1944 年 7 月 20 日，谋杀希特勒事件发生后，希姆莱从搜查到的大量文件和日记中发现了卡纳里斯参与推翻希特勒密谋活动的证据，于是把他逮捕。1945 年 4 月 8 日晚，按照希特勒的命令，在德国南部巴伐利亚外佛洛森堡监狱他被处绞刑，此刻，巴顿率领的盟军坦克纵队离此地仅 100 英里，距欧战结束仅 29 天。

党卫军中央保安局局长卡尔登勃鲁纳战后在纽伦堡国际军事法庭上接受审讯时声称："我断定，卡纳里斯是最大的叛国犯。"从来没有直接的证据表明卡纳里斯与英国情报机关有联系，卡纳里斯究竟是不是英国间谍？战时英国特工首脑、原英国情报局局长孟席斯将军断然否定了这个说法。他说："卡纳里斯从来没有把他的国家的秘密出卖给我，或出卖给英国方面的任何其他人，虽然他手下有人这么干，但他确曾帮过我的忙。"既不否定卡纳里斯曾与英国情报部门有过接触，但又断然否定卡纳里斯是英国间谍，孟席斯将军的一番话，更使人如坠云里雾中。丘吉尔首相在英国国会也只是对卡纳里斯等人的反希特勒活动的高度评价："它属于全人类历史上已有的最崇高、最伟大的抵抗运动。"

随着有关档案的不断解密，人们才开始逐渐了解这个习惯将自己藏于幕后的谍海大师，也才能够第一次比较完整地勾勒出他传奇而又悲壮的一生。但由于大批原始档案的毁灭和当事人的死亡，传奇谍王卡纳里斯的真实身份和真实死因或许永远都是一个解不开的历史之谜了，他的一生不仅充满了神秘的传奇色彩，还留下了许许多多的不解之谜。

（二十九）让斯大林叹服的传奇间谍——鲁道夫·勒斯勒

1941 年的 6 月 14、16、17 和 18 日，莫斯科连续接到几份高级情报。情报提供了德军"巴巴罗萨"计划的详细情况，其中包括进攻的日期，以及德国三个方面军坦克的精确数量，甚至连集团军高级将领的姓名都完整无缺。这些情报详尽到令苏联人不敢相信的程度，情报的提供者是一个叫勒斯勒的德国人……

勒斯勒可谓是个情报贩子，在整个第二次世界大战过程中，他先后向瑞士、英、法、美和苏联提供了大量的情报。勒斯勒的情报数量多，内容翔实而准确。这些情报的收集和传递绝不是他一个人所能办到的，这需要一个从上至下的严密组织，可在第二次世界大战战史中，人们始终没有找到关于这个组织的蛛丝马迹，因此，勒斯勒成为第二次世界大战情报史上一个不解之谜。

鲁道夫·勒斯勒于 1897 年 11 月 22 日出生在德国巴伐利亚州的奥格斯堡市，父亲是当地一名普通的林业官员。勒斯勒最早是德国巴伐利亚州的奥格斯堡市一个报社的记者，后来到了首都柏林，并且在文学评论界崭露头角。1934 年，因为反纳粹不得不离开德国到瑞士的卢塞恩定居，并创办了"维塔诺瓦"出版社，1937 年，他失去了德国国籍。

出版社规模不大，但收入足以支付勒斯勒往返于德国和瑞士之间的费用，勒斯勒常常回到德国，与他在国内文学界、艺术界，甚至军界和政界的朋友见面。在这个过程中，勒斯勒发现，不少人和他一样，反对纳粹政权，并十分关心德国政治、军事的变化。通过这些朋友的"帮助"，勒斯勒对德国政治机密和军事动态几乎了如指掌，比如，他可以清楚地了解到德国军队在接下来的 24 小时内的计划，将开赴何方等。也是在那个时候，勒斯勒开始逐渐成为反对纳粹统治的"传奇间谍"。

勒斯勒最初为瑞士、英国和美国的情报机构工作，一开始，由于他不肯提供情报的具体来源，他的情报并不为人所重视。不过很快，同盟国开始发现这个德国人的真正价值，勒斯勒提供的情报能够准确到让人咋舌的地步。1939年，勒斯勒警告说希特勒意图入侵波兰，之后，他又发出了纳粹德国图谋进攻法国、比利时、荷兰甚至瑞士的详细计划。这些情报很快都得到了事实的验证。勒斯勒是从哪里得到这些情报的呢，这是勒斯勒留下的一个谜。据一本战后写的回忆录中说："勒斯勒经常通过一些至今还是个谜的关系得到德国高级军事指挥人员提供的情报。"

很多人在了解勒斯勒之后，都认为他是在第二次世界大战中最有影响力，同时又是最被忽视的间谍。至于情报来源，目前有一种流行的说法认为，提供情报的是纳粹德国国防军的10名上层军官。

勒斯勒提供的精准情报也引起了苏联方面的重视，开始认同他的价值，指示要设法利用勒斯勒这个情报老手。但是，勒斯勒很警觉，只是到了1942年11月才答应为苏联情报机构工作，条件是他和他在德国的同伙需要匿名。莫斯科答应了勒斯勒的条件，从此勒斯勒在苏联的密码电报中的代号是"柳齐"。每个月，苏联方面都会给勒斯勒1600美元来收买他的所有情报，而勒斯勒的表现也证明了他的"物有所值"。他常常能在德国方面刚刚出台一项计划后的数小时内，就向苏联提供有关德国此次计划的详细情报。勒斯勒提供的情报数量之多、质量之高令苏联人吃惊，更让苏联方面匪夷所思的是勒斯勒甚至还能提供德国的情报机构对苏联军力和战略的详细了解程度。

勒斯勒情报的准确性被认为"像真理一样不容置疑"，但仅凭勒斯勒一个人是无法做好如此复杂的情报工作的，建立起一个严密的组织是他获取情报的基础，可是直到如今，人们仍然没有确凿的证据来证明勒斯勒到底是通过怎样的手段获得情报，又是通过怎样的方式和渠道把情报传递到同盟国手中的。

勒斯勒一个人单枪匹马怎么能搞好这么复杂的、一直没有中断的组织工作呢？至今仍然令人大惑不解。当然，他得到了瑞士情报机构的帮助，后来又有苏联情报机构的帮助，但是勒斯勒本身的作用是毫无疑问的。

由于频繁往来于瑞士和德国，勒斯勒的间谍身份终于被德国盖世太保发现了，盖世太保想方设法扰乱他同莫斯科方面的电台信号联系，但非常幸运的是，他们没有完全找到勒斯勒传递情报的方式，但是盖世太保的高级官员瓦尔特·施伦堡一直没有放弃对付身在瑞士的勒斯勒。

第二次世界大战后期，瑞士政府被迫采取行动，逮捕了勒斯勒。由于此前勒斯勒曾经向瑞士政府提供情报，这成为证明勒斯勒忠诚的有利证据。在1944年9月，勒斯勒被判无罪释放，并被允许返回他的出版社继续工作。

第二次世界大战结束了，情报员们各奔东西，勒斯勒留在了卢塞恩，陷入了经济困境的他重操旧业，为捷克斯洛伐克搞情报，不久，瑞士政府再次以"向苏联提供北约机密"为由逮捕了勒斯勒，结果于 1953 年再次受审，被判处 12 个月监禁。这位第二次世界大战谍报奇才的结局甚是凄凉，勒斯勒出狱后，回到了瑞士卢塞恩市，身无分文，穷困潦倒，他曾经服务过的情报机构都没有向他伸出援手。在一个不引人注意的日子里，这位"传奇间谍"悄然与世长辞，世人甚至不清楚他逝世的准确时间，多数人说是在 1958 年，但也有人声称是在 1961 年。对很多人来说，鲁道夫·勒斯勒的名字是陌生的，这个在第二次世界大战中为同盟国的胜利做出过重大贡献的传奇间谍，始终都游离在公众的视线边缘，尽管近年来不断有关于他的资料被披露出来，但在史学家眼中，勒斯勒始终披着一层神秘的面纱。鲁道夫·勒斯勒没有写回忆录，作为一代名谍，勒斯勒把自己的诸多秘密带进了坟墓。

（三十）孤独到死——弗里茨·科尔贝

2001 年 3 月 18 日，英国《星期日泰晤士报》和美国媒体以显著的版面刊出一段惊人的历史真相：一个第二次世界大战期间潜伏在纳粹德国外交部的间谍向盟国提供了上至德国军队作战方案、日本海军作战部署，下至纳粹大屠杀真相等价值不可估量的情报。美国国务院在解密这些情报时评价说，科尔贝提供的这些情报使第二次世界大战欧洲战场提前结束，挽救了无数人的生命，使日本海军遭到毁灭性打击，他是第二次世界大战中真正的头号间谍。

弗里茨·科尔贝 1900 年出生于德国柏林一个社会下层家庭，父亲是一个正直的鞍具匠，十分注重对孩子的教育，在弗里茨小的时候，父亲常常对他说"要做好事""德国人的主要缺点就是顺从""要忠于自己，热爱自由，不要盲从"。中学毕业以后，弗里茨在铁路部门工作，可是他不满足于只是做一个写写算算的小职员，通过业余学习，他考进了外交部，由于他对工作的责任心和勤奋，他被提升为外交部政治和军事事务局领导卡尔·里特尔的助理，此时的他对纳粹发动的那场战争渐渐有了清醒而明确的认识，他反对这场战争，反对希特勒对犹太人惨无人道的种族灭绝，他决定要利用作为卡尔·里特尔的助理，接触许多机密文件的有利条件，把有情报价值的外交部文件偷偷地提供给纳粹的敌对国，帮助他们尽早结束这场罪恶的战争，建立一个新生的和平的德国。

科尔贝的上司名叫卡尔·理特尔，是外交部与纳粹军方高层的联络员，他的大办公桌上，放着大量军事行动细节、外国间谍活动、秘密谈判等机密文件。每天，科尔贝帮着理特尔整理收到的电报，并编写摘要，之后，再负责将电报或文件销毁，科尔贝利用各种机会窃取绝密情报，有时他偷偷地把文件带回家，并把它们复制下来，开始的时候是靠手抄写，后来改成拍照，利用销毁文件的机会，他顺便将其拍摄下来。

1943年8月，他才得到了一个公务旅行的机会——前往瑞士首都伯尔尼任外交信使。科尔贝意识到这是个传递情报的绝佳机会，于是他把办公室的门从里面反锁，脱下裤子，把两个装满绝密文件的大信封绑在大腿上，又用内裤套住。15日晚8时20分，他搭上了前往伯尔尼的火车，他随时可能被抓住，但是他很幸运地躲过了搜查。8月22日，他先去到了瑞士伯尔尼英国领事馆，指名道姓要见领事馆情报部门的最高负责人，情报官员立即将其带进领事馆情报部门负责人亨利·卡特怀特上校的办公室里，卡特怀特冷冷地看了一眼自称是纳粹德国外交部高级官员的这个德国人，扫了一眼他带来的自称是绝密情报的文件，因为那些文件实在太惊人了，这位英国上校根本不敢相信其中的内容，所以他断定这是纳粹设下的一个圈套，于是他冷冷地指着他办公室的门喝道："先生，别把我当成傻瓜，我知道你是一个想让我掉进陷阱的双重间谍，我不会上当的，请你立即滚出去。"半个世纪后，历史证明这位英国上校是第一号傻瓜，他赶走了第二次世界大战中最伟大的间谍，并使英国抱憾终生。

23日，也就是在科尔贝被英国人武断拒绝后的第二天，他决定到美国人那里试一把，美国驻瑞士伯尔尼的联络官吉拉德·迈耶尔对科尔贝的情报同样是将信将疑，但他不像英国人那样一口就回绝了，而是决定当晚就安排美国情报战略局的主管艾伦·杜勒斯与这个德国官员碰一次面。艾伦·杜勒斯简直不敢相信自己的眼睛，一个其貌不扬的家伙在他面前展示了一大堆绝密文件的复制材料，这些材料具有难以估量的情报价值，杜勒斯清楚这些情报将对盟军产生巨大的帮助。

杜勒斯问迈耶尔是否是德国境内反希特勒、反纳粹的秘密斗士成员，科尔贝回答说，他不是，虽说他认识一些反纳粹人士，但他基本上是单独行动，杜勒斯接着往科尔贝身边靠了靠说："说真的，我们现在没法证明你是不是双面间谍。"科尔贝非常冷静地回答说："如果你没有这种怀疑的话，我还觉得你太天真了呢。我现在确实无法证明我不是双面间谍，但这也是我之所以带来如此绝密文件的原因。"为了证实他所说的一切，科尔贝出乎杜勒斯和迈耶尔意外地掏出一卷微型胶卷，当即就递到杜勒斯的手上，并且告诉他微型胶卷里装着他偷偷拍下的186页纳粹德国外交部绝密文件。

由于科尔贝提供的材料实在太好、太有价值了，以至于盟军对这些情报的真实性产生了怀疑。许多人怀疑科尔贝是德国人的诱饵，目的是将盟军引诱到错误的方向上去。1943年8月，美国情报专家立即对科尔贝带来的情报进行仔细的研究，他们先是激烈争论科尔贝会不会是纳粹德国设下的一个圈套，但他们最后断定，这是货真价实的纳粹德国绝密情报。这些情报随后被迅速送到美国总统罗斯福的手中，他一看到这些情报就断定这绝对是真的，立即指示应该把科尔贝发展成美国安插在德国境内最重要的间谍，美国战略勤务办公室决定正式启用科尔贝作为潜伏在纳粹德国外交部里的美国间谍，代号"乔治·伍德"。在战争期间，科尔贝一共向盟国提供了1600份情报，这些情报要用好几个巨大的盒子才能装下，摞起来足足有10米高。所有这些情报代号是"波士顿系列"。对于科尔贝提供这些情报的价值，美国政府在解密后的正式评价是：这些情报挽救了无数人的生命，缩短了第二次世界大战在欧洲战场的时间。

直到第二次世界大战结束，科尔贝的间谍身份也没有暴露，战争结束后，他继续为在柏林的美国人工作，帮助美军查出隐匿起来的纳粹分子，但是科尔贝最终在纽伦堡审判中作为证人出庭，却葬送了他想回到新的外交部工作的打算，新的外交部里仍然充斥着曾在纳粹手下工作的官员，他们把科尔贝视作盟军的走狗和祖国的叛徒，说他是"靠不住的家伙"，科尔贝也没能在联邦德国其他官僚机构中谋到职，他失去了工作、朋友和声誉，战后很多年中，科尔贝在自己的国家被视为"叛国者"，他的名字没有在任何历史书上提及。无奈之下，科尔贝来到美国，但在那里他也没有交上好运，只找到一个在瑞士代销美国电锯的工作，艰难度日，孤独终老。从那以后直到他死，谁也不知道他在哪里，值得一提的是，终其一生，科尔贝也没有因为他从事的间谍工作而收取过任何报酬。科尔贝为何甘冒生命危险充当盟军间谍呢？用科尔贝自己的话说："我的目标是为了我不幸的同胞尽早结束战争，为在集中营中的囚犯避免再受痛苦。"

第二次世界大战期间这个"不顾生命安危反抗纳粹的无名英雄和在没有任何帮助下完全凭良知而战的德国人"、盟国最伟大的间谍似乎就这样永远消失了，美国政府各个部门出于保密考虑，战后50余年间对科尔贝超级间谍一事只字不提，科尔贝于1970年默默无闻的死去，没有任何人公开承认他在第二次世界大战中做出如此大的贡献，许多德国人甚至至今仍认定他是一个叛国贼，但科尔贝对自己所做的一切没有丝毫的后悔，对于科尔贝来说，这样一个认识是坚定的："他不是叛国者，希特勒才是叛国者，希特勒及其统治应该被推翻，一个新的民主的德国将会建立起来。"

（三十一）欲裸身刺杀希特勒的女星——黛德丽

玛莲娜·迪特里茜，也叫玛琳·黛德丽（1901年12月27日—1992年5月6日），德裔美国演员兼歌手，1999年，她被美国电影学会选为百年来最伟大的女演员第 9 名。黛德丽于 1901 年 12 月 27 日出生在柏林郊外的一个小镇，出生时名为玛琳·玛德莲娜·黛德丽，她是家里最小的女儿，父亲是一名皇家警察中尉，父亲的地位让玛琳和她的姐姐度过了一个舒适的童年。在她 5 岁时她的父亲逝世，而后她的母亲和一名普鲁士军官结婚。黛德丽的童年嗜好是音乐，1918 年她在魏玛的音乐学院学小提琴，并于 1912 年继续在柏林学习，她的梦想是成为柏林爱乐乐团的职业小提琴手，但后来她的手受了伤，童年梦想也成为泡影而转向演艺界。

玛琳·黛德丽

20 世纪 20 年代的柏林是一个充满性解放意识的城市，夜晚的酒店夜总会和剧院里充满了这种放纵的气氛，年轻的黛德丽决心要在醉人的柏林夜总会出人头地，黛德丽漂亮、讨人喜欢，她在酒店夜总会里跳舞，并兼职做歌手，很快就过上比较不错的生活。

年仅 19 岁就在充满了放纵气氛的夜总会演唱的经历使她过于早熟，年轻漂亮的她不满足于演唱事业的成功，转行拍起了电影，在 1923—1929 年间，黛德丽出演了 18 部无声电影，但直到 1929 年遇到好莱坞导演约瑟夫·斯藤伯格，她的命运才发生彻底转变，斯藤伯格邀请黛德丽加盟他的影片《蓝天使》，果然这部影片让黛德丽一跃成为国际影星。1930 年《蓝天使》大获成功，她因在其中演唱了歌曲《我从头到脚为爱而生》而红遍全球，一度成为片酬最高的明星，她成了 20 世纪最伟大的偶像，一颗耀眼的好莱坞明星。

在世界影坛中，黛德丽是一个令人惊叹的传奇，其形象代表着高雅和性感的完美结合，她嘴唇单薄，却性感十足。她气质冷艳，却惹人关注。她不论穿什么衣服，都能为服饰注入无限的想象空间。她那美丽、性感，充满诱惑的性感形象深深打动并征服了一代男性观众。

黛德丽还通过她中性的气质征服了公众，她支持男女平等且经常穿着男装，这在当时是非常受到争议的，但也因此成了第二次世界大战中妇女运动的偶像，因嗜好男性服装，曾引发时尚潮流，至今仍有人模仿，开创一种性别模糊的美。从《蓝天使》中的舞女到《摩洛哥》中的痴情女，再到《上海快车》中的风尘女郎，在一系列电影中，玛琳充分展现了她令人窒息的美丽。但到了 30 年代中期，观众不再喜欢她们"高艺术水准"的电影了，她和凯瑟琳·赫本以及葛丽泰·嘉宝等人同

时成为"票房毒药"，在这样的绝境下，电影《大骗局》的崭新形象，挽救了她的事业，剧中她改变原本不可接近的女神形象，成为为命运奋斗，嗓音低沉沙哑、专唱淫词艳语的酒吧女郎，其后因歌声而更加出名，尽管她认为这根本称不上唱歌，倒更像是在说话。

黛德丽纯德国式的美丽和冷艳的气质，很合希特勒的"胃口"，1933年上台后，希特勒非常希望黛德丽回国"报效"。1936年，纳粹德国宣传部部长戈培尔终于在巴黎会见黛德丽，并开出颇为诱人的条件，希望她成为第三帝国艺术界的标志性人物。一年后，黛德丽在英国拍《天命》时，突然有几名希特勒的特使找到她，递上空白支票，表示只要她返回德国，任她开价，希特勒答应把她捧为德国首席女星，但黛德丽拒绝了。作为德国女星，她在第二次世界大战期间面对希特勒的垂青，毅然表现出来的气节、智慧与勇气，更让人敬佩。黛德丽曾对好友说，她拒绝返回德国，就是不愿为第三帝国做宣传，不然，她将成为人类的罪人。

有一天，黛德丽向好莱坞情人费尔班克斯说了一个异常大胆的计划："把希特勒杀死在床上。"黛德丽说她将与戈培尔商谈返回德国的事情，还会向他提出一个条件："与希特勒单独见面。"她说如有必要的话，准备裸身进入希特勒的卧室，而她使用的武器是一个毒发夹。

第二次世界大战期间，黛德丽成为最受欢迎的慰问演出明星。她演唱的歌曲《莉莉·玛莲》，成为传唱在美军与德军士兵两个阵营中的流行歌曲，也是流行歌曲中的经典，这首歌几乎成了第二次世界大战中士兵们的精神支柱，歌曲既是控诉战争，也是一份无法释怀的乡愁。

黛德丽中断了自己的正常职业，一直积极参与并资助战时的避难者和流亡者，她投身反对希特勒不人道的民族主义思想得到国际赞扬，在1947年，她获得了美国最高的公民奖"总统自由勋章"，1950年，法国政府则授予她"法国荣誉军团勋章"。战争结束前，她随着最早进入德国的美军部队重新回到了德国，并寻找自己的母亲与姐妹。而她的母亲于1945年11月过世。

从20世纪50年代开始，黛德丽几乎只发展歌唱事业，并取得极高的成就，成名后期，她的酗酒问题越来越严重，1975年，在澳大利亚一次登台演出中她股骨受伤，从此结束舞台生涯。在3年后，她出现在1979年的电影《漂亮的小白脸，可怜的小白脸》中，在本片中她的角色完全是在轮椅上完成的，这是她最后一次现身，拍摄完本片之后她选择完全离开公众的视线，在巴黎蒙田大道公寓中度过余生。1962年，黛德丽的第一部自传《ABC》出版，1987年发行第二部自传《我是，谢天谢地，柏林人》。

作为世界级影星，玛琳·黛德丽在银幕上的形象与生活中的形象形成奇妙的对应，在她美丽的外表背后，其实涌动着一颗情感丰富的心灵，她用自己特有的风情，征服了那个时代的众多男性，被黛德丽吸引的不止希特勒，她情人的名单就像是电影世界里的"名人"杂志，有长长一大串。1936年黛德丽在英国拍戏时，通过与英国王室关系密切的费尔班克斯了解到，英国国王爱德华八世计划退位迎娶辛普森夫人，在黛德丽眼中，辛普森夫人是名"平凡的平胸女人"，于是她突然生出一个"拯救英国"的想法，她决定插上一脚，向爱德华八世证明"这个世界不只辛普森夫人一个女人"。不过，在一番精心准备后，黛德丽却没能见到英国国王。第二次世界大战期间，黛德丽结识了陆军五星上将艾森豪威尔和巴顿将军，从此，巴顿将军迷上了她。还有大名鼎鼎的作家海明威，在一封写于1950年6月19日的信中，海明威这样写道："你真是越来越漂亮了……你这一生究竟想做什么样的工作呢，是想要轻易地让每个人都为你而心碎吗？你总是如此让我心碎，而我竟是那么的心甘情愿。"

1992年黛德丽逝世于巴黎，官方发布的死因是心脏问题与肾衰竭，但身为她秘书与女友读诺玛波克却有不同说法，她认为真正死因很可能是玛琳·黛德丽在两天内第二次中风后，服用过量安眠药以结束自己的生命。根据黛德丽生前愿望，她被葬在柏林斯都本劳赫大街45号市立墓园中一座朴素的墓中。1997年，柏林市动物园城区将新建的波士坦广场、凯悦酒店和歌剧院及赌场间的区域命名为"玛莲娜·迪特里茜广场"。纪念词写道："柏林的世界电影与音乐明星，为了自由与民主，为了柏林与德国。"

(三十二) "白鼠"——南希·韦克

美丽、睿智、勇敢的南希·韦克是第二次世界大战中最富有传奇色彩的人物之一，总能出色地完成艰巨的任务，同时她也有着超凡的逃逸技能，盖世太保们都对她敬畏有加，德国纳粹因总是抓不住她而送了她一个称号"白鼠"。2011年8月7日在伦敦一家医院辞世，享年98岁。"我憎恨战争和暴力，但如果它们来了，我想不通为什么女人只能挥手送别男人上战场。"——这几乎是贯穿南希·韦克一生的信条。

1912年8月30日，南希出生在新西兰惠灵顿，是六兄妹中最小的一个，她的母亲是个固执、严谨的教徒，她有个不靠谱的父亲：一个记者，想拍摄一部有关毛利人的电影，为此，他私自卖掉家中的房子并一去不返，南希、哥哥、姐姐和母亲随后被人逐出家门。南希的叛逆性格，或多或少与这种家境有关。1岁时，南希跟随家人搬到澳大利亚悉尼，在那里度过了近20年的青少年时光，16岁时，她离家，到一家医院做护士，20 岁时，她从一个新西兰阿姨那里获得 200 英镑遗产，她决定用这笔钱去冒险——乘火车到英国伦敦等欧洲城市旅游，20 岁的韦克只身来到欧洲，成为一名自由记者，她这样说那时的自己："我是一个怀有美好梦想的孤独者。"

1933 年，南希接到任务，采访刚当上德国总理的纳粹头子希特勒。那时，他们大概都没想到，两人会成为不是你死就是我活的对手，不久，她在奥地利首都维也纳并且亲眼看到纳粹对待犹太人的残暴，这个场面使她开始对纳粹产生了由衷的反感，最终使她勇敢地走上了反法西斯的道路。

1939 年 11 月 30 日，南希与法国商人亨利·费奥嘉结婚，两人住在马赛一套豪宅里，南希说："他（亨利）非常英俊，探戈跳得棒极了，他是我一生的爱。"就在南希婚后 6 个月，德国纳粹占领了法国，从此，南希开始了抵抗纳粹的行动，成为一名反法西斯的坚强战士和组织者，她冒险穿过德军封锁线，投入刚刚萌芽的反法西斯运动，作为一名信使，她设法将信息和运送食物给法国南部的地下组织。她利用富商夫人身份弄到假证件，继续留在法国沦陷区，她买了一辆救护车，用它先后帮助 1000 多名潜逃的战俘和盟军飞行员，穿过法国边境逃到西班牙。

1942 年，盖世太保开始怀疑南希是自由法国（抵抗）组织的成员，但没有证据，只好把她标注为"身份不明的间谍"。由于南希总能躲过搜查和抓捕，盖世太保还给她起了一个绰号"白鼠"，意思是她敏捷灵活、不易抓捕。1943 年，在盖世太保的通缉名单中，"白鼠"位居榜首，悬赏金额高达 500 万法郎。同年 11 月，由于自由法国（抵抗）组织出现叛徒，南希转入地下工作，组织认为风险太大，一再要求南希离开法国回到英国。南希说，她离开法国前，丈夫亨利对她说："你必须走。"她记得出门时对丈夫亨利说："我去买点东西，很快会回来。"可是，她再也没有见过他。留在法国的亨利，因为不愿透露南希的行踪，被纳粹残忍杀害。

1943 年，南希几经辗转从意大利抵达英国，加入了反法西斯的英国特别行动组，这是有 470 人、其中 39 人是女性的组织，任务是尽可能多地破坏纳粹占领地的设施。

在行动组，南希接受了英国国防部的间谍训练，包括求生、暗杀、徒手格斗、爆炸、密码传送、无线电运用、监视、夜间跳伞及各种枪械使用等技能。随后，她成为一支小队的队长。

1944 年 4 月，南希和特别行动组另一队员潜回法国中部奥维涅省，负责在当地招募和组织抵抗力量，建立秘密武器库，并负责与英国的无线电联系。南希领导的抵抗军的袭击目标是当地德军的武器装备和人员，目的是在诺曼底登陆日之前削弱德军的抵抗力量。她领导的抵抗军，从开始的 3000 多人发展到最后的 7000 多人。

一个战友后来描述南希说："她是我见过最有女人味的女人，不过，一旦战斗打响，她能顶5个男人。"南希曾说，她希望历史记载的自己是"拒绝了7000个'饥渴的'法国抵抗军男兵的女人"。

第二次世界大战结束后，南希获得很多荣誉：法国颁发的军人最高荣誉——"法国荣誉军团勋章"等，美国的自由勋章，英国的乔治勋章。西方媒体把南希评为"第二次世界大战十大间谍"，她的故事也成为作家的创作灵感。韦克是获得盟国授予勋章最多的女性，唯独在她视为祖国的澳大利亚，韦克却长期没有得到公正的评价，澳大利亚政府拒绝了南希的老兵权利申请，理由是她并非正宗的澳大利亚人，而且从来没有作为澳大利亚军人参加过战争。

2001年，南希迁居伦敦，租住在一家酒店，由于穷困潦倒、没有子女，她把所有荣誉勋章作价7.5万英镑卖掉，用来交房费，英国王储查尔斯得知此事后，代交了南希的所有酒店费用。

"被遗忘"很多年后，2004年，访英的澳大利亚总督杰弗里终于为南希颁发最高荣誉勋章，而这时她已92岁。她曾说，自己不会接受澳政府的勋章，因为"没有爱的奖章是毫无价值的"。

南希生前说，她唯一的心愿是：死后能将骨灰撒在她与战友曾并肩战斗过的法国山冈上。澳大利亚总理朱莉娅·吉拉德发表声明，评价南希·韦克"特别勇敢，足智多谋，敢于冒险，挽救了数以百计的盟军生命，协助法国终结纳粹占领的历史，今天澳大利亚悼念不平凡的南希，她的无私和坚忍会永载史册"。

（三十三）性感女谍——约瑟芬·贝克

约瑟芬·贝克于1906年出生于美国圣路易斯一个贫穷的黑人家庭，10来岁时她前往纽约，靠在夜总会唱歌和跳脱衣舞谋生，她梦想是成为一名舞蹈家和歌星。1925年，19岁的她只身从纽约前往法国开拓演艺生涯，她在巴黎首次登台演出的剧目是《黑人滑稽喜剧》，随后便进入一家名叫"疯狂牧羊女"的著名夜总会演出，很快名声大振，成为滑稽喜剧主要演员。虽然美国人不看好她，但是在法国，她那性感的舞蹈和独特的香蕉裙却大受欢迎，许多艺术家和作家宣称约瑟芬为他们的创作带来了灵感。约瑟芬·贝克迅速蹿红，受到了皇后般的礼遇，一夜之间成了欧洲的超级明星。第二次世界大战前的巴黎，几乎没有人不知道黑人舞女约瑟芬·贝克的名字。

舞台上，她造型前卫，蓄着短发，像一座漆黑的雕塑，加之音乐强劲、动感十足，时而像人体，时而又像机械，约瑟芬·贝克以其性感大胆的舞蹈和柔美歌声一时红遍了法国，被人们誉为世界上第一个"黑人超级女明星"。尽管在当时，约瑟芬·贝克的性感舞蹈和过于暴露的服装遭到众多非议，但世界一些著名艺术家、作家们却纷纷为她正名。20世纪美国最伟大的小说家海明威被她的惊人美貌倾倒，称赞道："她过去是、现在是、将来也是全世界最漂亮的女人。"而20世纪最伟大的画家毕加索则被她的惊人美貌和双眼深深迷醉。法国妇女们蜂拥到美发店要求做和她一样的发型，而她表演的夜总会也场场爆满。1927年，在来到巴黎仅两年后，她就成为全世界价码最高、曝光率最高的明星之一。然而鲜为人知的是，在那耀眼的聚光灯背后，约瑟芬竟然还有另一个"双重身份"——为法国政府工作的秘密间谍。

1937年，约瑟芬成了法国公民，对于这个给予她声誉的第二故乡，约瑟芬充满了感激之情。约瑟芬·贝克是在1940年初被法国军事情报官阿布泰招募为间谍的，阿布泰后来回忆说："我们需要一些能够四处旅行而不引起怀疑的人，于是有人向我推荐了约瑟芬·贝克，她无疑是理想人选。最重要的是，她热爱法国，比法国人更像法国人。"面对阿布泰让她充当间谍的要求，约瑟芬毫不犹豫地答应了。身为黑人的她在美国遭到过种族歧视，但法国却抛弃种族偏见，让她成了一个超级明星。约瑟芬·贝克对阿布泰说："法国造就了我，巴黎人全心全意对待我，我已准备为他们献出生命。"

在情报部门的安排下，她对抵抗组织进行了大力帮助，她给了他们一切，她的房子、汽车、私人飞机、钱。更重要的是，她还利用自己的名望，将抵抗组织的人员安排在自己身边一起旅行，让他们可以打探到更多情况。由于德军的封锁，法国境内的情报很难传递到盟军手中，约瑟芬·贝克于是利用自己的明星身份，经常由西班牙前往中立国葡萄牙，把秘密情报带给驻扎在那儿的英国间谍。第二次世界大战爆发前夕，约瑟芬·贝克在整个欧洲和中东四处巡回表演，表面上，她的工作是劳军挣钱，但她的每一次旅行都为英法情报部门搜集情报。由于她在战前就和纳粹德国的外交官员建立了密切联系，因此她经常身着华丽的晚装出现在各个大使馆、舞会、夜总会并周旋于高官之间，与一切她认为有利用价值的人调情，从而搜集了大量极有价值的情报。约瑟芬·贝克经常将德军要塞的照片塞进了内衣，而她随身携带的乐谱则用密写药水写满了轴心国军队调动的情报。有时，她甚至还会将听来的信息密密麻麻地写在两只胳膊上。

她很清楚自己面临的巨大的危险，1941年，约瑟芬·贝克乘坐最后一批船只逃往了阿尔及利亚，接着又前往摩洛哥，继续为盟军提供有价值的情报。第二次世界大战结束后，约瑟芬·贝克重返巴黎，法国总统戴高乐亲自授予她"战争十字勋章"和"抵抗奖章"。1975年4月，约瑟芬·贝克在巴黎表演了最后一场音乐会后不到一周就离开了人世，数万人出席了她的葬礼。为表彰约瑟芬为国家做出的杰出贡献，法国政府为这位平民的葬礼鸣放了 21 响礼炮。2002 年，巴黎市长还在巴黎的蒙巴纳斯修建了约瑟芬·贝克广场，法国对她的推崇，由此可见一斑。

（三十四）"红衣女谍"——艾林·格里菲斯

1944 年夏季，美英联军在法国南部登陆，有一位女士曾为盟军的这次登陆作战立下汗马功劳，她就是被时任盟国欧洲远征军最高司令艾森豪威尔誉为"铁砧行动"胜利的功臣、曾轰动一时的美国"红衣女谍"——艾林·格里菲斯。艾林·格里菲斯，间谍代号 527。

1943 年，美国姑娘艾林·格里菲斯大学毕业，她正值 20 岁的芳龄，有着如花似玉的容貌。本来，她完全可以在纽约找一份美差，当名模，进公司当职员，或者成为政府公务员。然而此时的格里菲斯小姐却有着一般姑娘不曾有过的理想，她想为反法西斯战争贡献力量。1943 年 9 月的一天，格里菲斯和女友艾米·波特参加一个家庭宴会，她们结识了在美国战略情报局供职的约翰·德比先生，德比很欣赏她的决心，推荐她到了纽约情报局。

根据德比的安排，格里菲斯被一辆"雪佛兰"轿车送到了新特工训练队。也就在这次会面中，格里菲斯被一名叫皮埃尔的男子深深地吸引住了，这是她所见过的最有吸引力的男人。皮埃尔皮肤黝黑，像是一个经常在户外锻炼的运动员，身材虽然不十分高大，但却非常匀称，充满活力。他将同格里菲斯一同接受训练。格里菲斯与这位皮肤黝黑、充满朝气与活力的小伙子一见钟情。训练结束，两人的恋情也达到了炽热程度，皮埃尔送给格里菲斯一枚蓝宝石戒指作为他们永久的信物。

经过 5 个星期近乎严酷的训练之后，格里菲斯奉命去会见美国战略情报局秘密情报处处长谢泼德森。出了华盛顿车站，还是那辆豪华气派的黑色"雪佛兰"小轿车把她送到一座其貌不扬、低矮黑暗的大楼，一个早已等候在大门口的助手把她领到谢泼德森的办公室。谢泼德森对她说："你的任务是在盟军发起南欧登陆的'铁砧行动'之前，我们需要对德国人的行动了如指掌，因此，你是个关键人物。你要去迷惑敌人，使他们无法知道我们的行动计划。"

"你还得去看一场真正的西班牙斗牛，这次行动的代号就叫'斗牛行动'。漂亮的小姐，马上就出发，你对外的公开身份是美国石油公司西班牙办事处的工作人员。"当格里菲斯告辞时，谢泼德森对她轻轻地说了句："愿上帝保佑你。"

1943 年 12 月 31 日，格里菲斯以一名美国石油公司驻西班牙办事处工作人员的身份到了马德里，马德里情报站站长哈里斯是一个性情直爽的人，他嘱咐了格里菲斯几句，便放手让她自己去干了。格里菲斯开始了自己的工作，她穿梭于当地上流社会与办事处之间，以她的机智灵活和美艳绝伦的外貌探听到了许多情报，这些情报被源源不断地送回了纽约。

1944年6月6日，"霸王行动"开始，盟军在诺曼底一举登陆成功，正在人们欢庆胜利的时候，格里菲斯接到了一个更令她欣喜万分的消息：她朝思暮想的恋人皮埃尔即将来到马德里与她一起工作！从这天起，格里菲斯时刻在盼望着皮埃尔会突然出现在自己身边。

正值青春妙龄，又美艳绝伦的格里菲斯凭借其天分和聪明才智拼搏在情报战线上，同时，隐藏在内心深处的爱情火花也难抑迸发，尽管上司对此有着"不能卷入爱情纠葛，一旦发现此类问题，就会被立即送回华盛顿"的特别的规定。此时，她还得到了另一个消息：一个德国盖世太保的"间谍"已打入了马德里情报站。这对格里菲斯来说无疑是一个糟糕透顶的消息，因为这意味着办事处的处境非常危险，也意味着她自己的生命时刻受着威胁，唯一使她感到宽慰的是，皮埃尔很快就要来到她的身边。

几天后的一个晚上，格里菲斯与皮埃尔在一家舞厅里"偶然"相遇了，拥挤的舞池中央，皮埃尔紧搂着格里菲斯，当格里菲斯准备离去时，皮埃尔也站了起来说："艾林，既然咱俩以后要在一起工作，我想我们相爱不违反纪律。"在两人一起走下大理石台阶时，他用手搂着她的胳膊。此时，他说话的声音，接触到她时的动作仍和过去一样吸引着她。从舞厅回来，遵守工作纪律的格里菲斯马上将与皮埃尔会面的情况向哈里斯详细做了报告，哈里斯高兴地说："格里菲斯，人们认为皮埃尔是我们最能干的谍报人员之一，他的经历不凡，你能同他一道工作真是幸运的事。"

哈里斯并告诉她，他们的任务代号"斗牛行动"的第一阶段已完成，为此，她受到了纽约总部的表扬。她将继续参加第二阶段的工作，而这一阶段将是"铁砧行动"取得成功的关键，哈里斯命令她马上与皮埃尔联系，让他带着他的特工小组立即到马赛，盟军将在那里登陆，皮埃尔必须先去那儿做好迎接部队的准备，正是为了这一任务才把他调来的，哈里斯强调，必须让皮埃尔绝对保密登陆地点，最后，他紧盯着格里菲斯，加强语气说："你必须让他充分认识到这次任务非同小可，让他完全领悟这一行动的重大意义，你的这项任务可也不轻啊！"

几个小时后，在皇宫饭店酒吧间朦胧的灯光下，格里菲斯和皮埃尔坐在了一起，"哈里斯有一桩特别任务要交给你，命令是刚刚收到的，一份绝密电报。""总算等到了。"皮埃尔显然很高兴，他拿出一支香烟点上，同时呷了一口雪利酒问道"我什么时候走？""一辆挂着外交牌CD406号的黑色别克轿车晚上9点整在旅馆门前接你，等你一到格塔贾军用机场，你乘坐的那架飞机将起飞。""格里菲斯，你是爱我的，对吗？""我会想你的，盼望你平安回来。再见吧，皮埃尔。"皮埃尔被偷偷地空投到马赛去了，格里菲斯一边惦记着恋人，一边继续她的工作。

几天后，1944 年 8 月 15 日，她从收音机里听到了一个令她万分震惊的消息："十万盟军正在圣特罗佩附近一个渔村登陆。"她一下子呆住了。圣特罗佩在夏纳附近，离马赛相去万里，聪明绝伦的她明白了——打进他们内部的"鼹鼠"不是别人，正是她的恋人皮埃尔！让皮埃尔到马赛是要让他给德国人传递假情报，而她本人则被当作一只钓饵，引皮埃尔上钩，这就是所谓"斗牛行动"的第二阶段。格里菲斯快步赶到办公室，看到人们的脸上都洋溢着喜悦的神情，吉米正坐在收发报机前同美国战略情报局设在圣特罗佩的电台联系。特拉斯科特将军的第 6 军率先登陆，法国德塔西尼将军的军团尾随其后。由亚历山大·帕奇将军率领的美国第 7 集团军担任后卫。尽管德军做了些抵抗，但这次登陆毕竟打得他们措手不及，因此战斗伤亡不像一个半月前在诺曼底登陆时那样大——"铁砧行动"成功了！

格里菲斯感到自尊心受到了伤害，不过，格里菲斯受伤的自尊心不久就得到了恢复，哈里斯告诉她，美国情报部门早知皮埃尔是个叛徒，他们一直没有揭穿他，就是为了让他向德国人传递假情报。德国人很信任他，他传过去的那份情报最终使他们做出了错误判断，这才使盟军在圣特罗佩登陆的"铁砧行动"一举成功。而他们之所以不把实情告诉格里菲斯，那只是为了保护她的安全。不管哈里斯怎么说，格里菲斯的心情都难以平静，这对她的打击实在是太大了，这天对她来说真是灾难性的一天，自己最亲近最信任的爱人，一下子成了"鼹鼠"，尽管她也明白这是事实，但在感情上却仍然难以接受。一想到皮埃尔这个人，她的心就刺痛。她的初恋、对于一个少女来说最宝贵的人生经历已被埋葬了。从那以后，格里菲斯埋葬了她的情感，转战法国、瑞士各地，继续从事秘密工作，成了盟军最出色的女间谍之一，她的奉献得到了报偿。战后，盟军总司令艾森豪威尔将军亲自授予了她一枚军功章。如何评价格里菲斯对"铁砧行动"的贡献，请听原美国总统艾森豪威尔的褒词："在我们的'铁砧行动'中，很难想象一位美丽的小姐所做出的贡献，她是这次胜利的功臣。"

（三十五）瞒天过海——编谎大师"嘉宝"

1944 年的诺曼底登陆战被称为第二次世界大战中的"转折之战"，为了这场战役，盟军进行了庞大而周密的准备工作，利用间谍也是其中之一。在那些有着传奇色彩的间谍中，被认为发挥了最大作用的是一个代号"嘉宝"的间谍。英国广播公司日前披露的一份文件显示，在盟军成功登陆诺曼底几天后，"嘉宝"仍让柏林方面相信，盟军的诺曼底行动是佯攻，纳粹因此未及时调整兵力部署，从而保证了欧洲第二次世界大战场的顺利开辟。有意思的是，尽管"嘉宝"彻底愚弄了希特勒，但深受信任的他在一个多月后却被希特勒亲自批准授予铁十字勋章。

1912年2月14日，普吉·加西亚出生在西班牙的巴塞罗那，家庭经济条件不错，属法西斯主义气味的纳粹德国，对德国的死敌英国颇有好感，很想成为一名对德间谍来帮助英国。

1941年，这个相貌平平、不苟言笑、个子矮小的秃头男子，三次在马德里和里斯本向英国政府代表表示自己想成为间谍报效英国，但他的热情每一次都被粗暴地拒绝。满怀狐疑的英国人很难判定这个西班牙人是一个疯子，还是一个骗子，这个人就是普吉·加西亚——后来赫赫有名的间谍"嘉宝"。

普吉·加西亚在英国人那里碰了壁后并没灰心，他又找到了德国驻西班牙的德国情报站，德国情报机构之一的军事情报局设在马德里有一个半公开的情报站，普吉找到这里，声称自己是西班牙政府的政府职员，狂热支持纳粹，因为将要被政府派去英国伦敦工作，想借此为德国在伦敦做点事情。对于这位找上门来的家伙，德国情报官员最初有些怀疑，但是考虑到纳粹德国的影响力正如日中天，且确实需要在伦敦建立更多的情报点，就收纳了这个"狂热的"支持者。

对于普吉·加西亚的价值，德国人最初也不是很当真，但普吉·加西亚不断发来情报，说他发展了几个下线，并陆续提供了不少翔实的信息，引起了德国人的关注。实际上普吉·加西亚只不过从马德里去了里斯本，通过当地的图书馆和报刊资料加以想象，编造了相关情况。

也许他的故事编得太出色了，于是德国人安排他参加了间谍速成班，学习了秘密书写情报等方法，告诉了他联络密码，还给了他600多英镑这么一大笔启动资金。对于普吉·加西亚，德国人最初并没有抱有特别的想法，给了他一个普通的任务，就是到了英国去努力建立情报网，按照马德里的指示提供一切可能提供的情报。

但普吉·加西亚并非真想投靠德国，他还是想站到同盟国一方，英国使馆不赏识他，他就跑美国使馆，终于说服对方他可以利用德国谍报员的身份为盟军服务，这才去到了伦敦。他在伦敦的任务是协助英国情报机构，向德国驻西班牙的德国情报站发送真真假假的各种军事情报，他的情报站的上级接到消息后，再加密发回德国，英国人通过截获德国的加密信息，再对照普吉·加西亚的原信，很容易地搞明白德军当天的加密法，由此破获了大量德国情报。

1942年4月，普吉·加西亚向英国情报机关展示了自己的这些成果后，果然获得了英国人的重视，并被接到英国"为德国人传递情报"。靠着凭空想象，善于说谎的普吉·加西亚"发展"出一个有着不少于 27 位情报员的情报网。这些人身份各异，经历丰富，有威尔士的雅利安人至上主义者，有常常醉酒的英国皇家空军军官，有语言学家，有愤愤不平的转业军人，这些人唯一的共同之处就是他们都是虚构出来的，都由普吉·加西亚一个人来扮演。

英国的军情五处从 1940 年开始成立了一个发展双面间谍的部门，以求收到对德作战的奇效，普吉·加西亚被安排在这个部门里，碰巧的是这个部门的负责人托马斯·哈里斯能说一口非常流利的西班牙语，这在无形中拉近了他和普吉·加西亚之间的距离。

和其他一些在死亡威胁下被动行事的双面间谍不同，普吉·加西亚和哈里斯一样，主动积极而又充满对抗纳粹德国的理想和热情，由此从 1942 年起直到第二次世界大战结束，他们之间建立了亲密无间的合作关系，两个人在情报工作上的特殊潜能都得到了充分的激发，组成了在英国情报史上组成了堪称最有灵感、最有创造性而又合作最密切的一对组合。也从这里开始，普吉有了一个代号"嘉宝"，而他在德国情报机构里的代号则是"阿拉贝尔"。

在整个谍报运作过程中，普吉·加西亚简直像小说家一样优秀，他之所以代号为"嘉宝"，就是因为他一人分饰多角的表演水平太超群了，他能让同一条消息从多个想象渠道及不同的角度获得，有的说消息是真的，有的怀疑消息的来源，他本人再作为那 27 位想象谍报员的上级，对每个渠道的消息和观点予以分析评论，从容地提出总结性建议，一旦有某个分身引起德军怀疑，他便轻松杜撰出种种意外消除疑点，骗得德国人团团转。

普吉·加西亚关于英国战备的情报经由西班牙源源不断地传出，"淹没"了在西班牙的德国情报机关，使得他们几乎没有再找别人渗透到英国的想法，他们的工作也很受德国上级赞赏。

普吉·加西亚的大胆和创造力更令英国情报机关惊奇，他的英国上级称他是"世界上最伟大的演员"，这之后，普吉·加西亚又通过自己的行动让德国人对他的信任达到无以复加的地步。

此后，普吉·加西亚的情报工作有了质的变化，他不是一个人在战斗，而是拥有了和德国情报机构相媲美的英国情报机关这样一个团队的支持，从此他的工作更为细致、缜密，更具威胁性和欺骗性。

在 1942 年底盟军的北非登陆战中，普吉·加西亚发出情报，称盟军动用了一支包括运兵船和军舰在内的舰队，并涂有地中海特点的伪装色，这份情报很有价值，但情报到达德军情报机关时，登陆战已经开始。

普吉·加西亚被告知："我们很遗憾情报来得太晚了，但是你的这个报告是非常出色的！"德国人对他表示了特别的肯定。"嘉宝"最大的贡献是成功使德国人相信诺曼底登陆是盟军的佯攻，真正的登陆将发生于法国北部的加莱海峡（巴顿将军的"水银行动"）。诺曼底登陆之后，德军几个月内都没把加莱海峡地带的兵力撤出对抗盟军，否则，第二次世界大战说不定要再延长上一年。

1944年1月，德国人告诉普吉，盟军正在准备一场大规模的欧洲大陆登陆行动，期待他时刻关注相关动态。德国人的判断是准确的，美英两国确实正在准备实施诺曼底登陆行动，但德国人不知道的是，这次登陆行动还包含一个很大的情报骗局，普吉则是其中重要一环。

在这个时候，普吉的工作紧张而又繁重，从1944年1月到后来的6月6日诺曼底登陆日的日日夜夜里，500多条情报以几乎一天4条的高频度，从普吉这里经过马德里，被直接转发到柏林，盟军希望引导德军认为登陆的可能地点之一是加莱，普吉的情报发挥了巨大作用，甚至希特勒都认为最有可能盟军登陆之地就是加莱。

具有讽刺意味的是，在整个诺曼底登陆行动中，普吉·加西亚的声望在德国人那里得到进一步加强。

1944年7月29日，他非常意外地被通知，因为他的卓越贡献，希特勒特地批准授予他纳粹铁十字勋章，并称他为特别罕见的能够配得上这个荣誉的人。普吉·加西亚则谦逊而又诚恳地回复道："自己的工作确实不配这个称号。"其实几乎就在同时，英国人秘密授予了他大英帝国勋章。

这么出色的一位双料间谍，一般说来应该是为了钱而干这么危险的事儿，但"嘉宝"普吉·加西亚不是。在第二次世界大战中，德国通过秘密渠道给了他大量金钱，用以支持他的虚构谍报网，第二次世界大战结束后，他的德国上级最后给他一大笔奖金，作为他为德国精忠服务的奖励。普吉·加西亚拿出这些钱跟英国政府合作，实际上是用德国情报机构的资金来支援了英国情报机构的运营，而他自己什么都没要，缓慢退出视线，1949年死于非洲安哥拉。

（三十六）使伦敦免遭毁灭的法国"业余间谍"
——米歇尔·霍拉特

第二次世界大战期间的一天，一个矮个子、结实、46岁年纪、名叫米歇尔·霍拉特的法国人，正准备跨越边境，偷偷地进入中立的瑞士国土。他的肩上扛着一麻袋土豆，手里拿着一把斧子。

从外表上看，他是一个地地道道的伐木者。当这个伐木人迅速向前奔跑时，清晨的阳光已经透过茂密的树林。这个时候发出任何一点声音都可能意味着死亡。因为在森林里和小山冈后面有好多耳朵在竖着倾听——德国巡逻队队员和德国警犬的耳朵。

一位从未受过正规谍报训练的法国商人秘密携带着一份重要的图纸，成功地偷越了法国和瑞士边境。他就是被誉为世界上最有胆魄、最成功和最勇敢的战争间谍——米歇尔·霍拉特。

米歇尔·霍拉特带来的一包粗略绘制的图纸被送到了英国情报部门军情六处，正是这份图纸拯救了伦敦，使之免遭毁灭，从而也改变了第二次世界大战的进程。霍拉特原是一名工业设计师，为了拯救自己的祖国，他变成了一名法国间谍，他曾偷越边境进入瑞士达 49 次之多，每一次他都带有递交给英国政府的军事情报。

他和他的同伴经常精确地描绘出纳粹德国在法国的秘密机场和海岸炮兵群的位置，或者报告整个德国师团的调动情况，这都是十分有价值的情报，然而所有那些机密都不可能同他这一次携带的相比。

1943 年，米歇尔·霍拉特年仅 46 岁。他出生在法国，是一个富有的、受过良好教育的中年男子，第二次世界大战爆发后，他于 1941 年成立了独立于盟国和其他抵抗组织的自己的谍报网络。

霍拉特的组织代号是"行动"，他们从不使用降落伞投送情报，也不冒险使用无线电发报机与外界联系，两年多来，几乎完全是靠霍拉特一个人投资运作。在这一段时间，他找了几个法国人做帮手，他们中有铁路工人、卡车司机、酒吧间雇员、旅馆看门人，一共 5 个人作为核心结成了一个组织，取名为"行动网"。最后这个组织发展到 120 人，这 120 人中有 20 个人后来被德国人抓住处死了，有些人受了伤，许多人都有难以置信的逃生经历。

霍拉特自己有一次深夜从瑞士回来，居然傻得在嘴里叼着一支点着的香烟，当德国人发出"站住"的命令时，他扑倒在地，然后把燃着的香烟插在树上，当他爬行着离开时，两颗子弹钻进了树皮。

1943 年夏天，霍拉特的手下、一位在卢昂工作的铁路工程师向他报告说，整个诺曼底地区突然冒出了大量异常复杂的建筑工地，霍拉特立即伪装成一个新教牧师去了卢昂，他说服一个傲慢的地方官员向他提供了建筑工地的明细。他告诉官员说，他所要做的是确保那些被征用的法国劳工精神上保持安宁，并让官员们查看他手提箱内装满的诸如"基督教婚姻""疾病的根源"等小册子。

一番周折后，他进入了奥费的工地上，换上了工人的蓝布服装。他到了一块空地，那里有好几百名工人。

人们正在浇灌混凝土，在盖新的房子。最吸引他注意的是一个 45 米长的光秃秃的水泥台，上面有一条笔直的蓝线指示标，他拿出指南针发现这个平台——显然是某种发射塔的方向正好直接对准伦敦。

关于德国工程的情报引起了英国的警惕，霍拉特因而被要求全力以赴弄清这个秘密工程，事后表明这个决定是非常正确的。霍拉特和他的助手安德烈等4人开始骑着自行车环游法国北部，他们在3个星期内发现共有60多处同样的神秘的建筑基地，后来又发现了另外40个。

所有这些基地都集中在一条320千米长、48千米宽的走廊地带，大体上同海岸线平行，并且方向都直指伦敦！

但是，它们到底是干什么的呢？机会终于来了，一天，掌握图纸的德国工程师上厕所时看报纸时间过长，忘记了一份重要图纸就放在厕所外挂着的大衣兜里，霍拉特的手下便迅速地将总体规划图临摹下来，图纸显示出，那是世界上最早的无人驾驶的飞行武器之一、V-1型飞行炸弹的发射场，同时显示出导弹发射场正在法国北部建造，其核心部分是一个带有导航轨道的倾斜跑道，飞弹目标直指英国首都伦敦。

在伦敦，盟军的领导人，包括温斯顿·丘吉尔和艾森豪威尔将军，都十分关注德国人在搞些什么名堂。从霍拉特得到的情报似乎表明，那里正在发展一种"无人驾驶飞机"。另外，在波恩霍尔姆的海滩上，一个丹麦人发现有一种显然是从天上掉下的某种奇怪武器的残骸。这一切都说明，有一种新的闪电式武器正在试制，但这种武器究竟是怎么回事？有多大危害？谁也说不好。在巴黎，霍拉特和安德烈一起把总蓝图和他们从其他地方弄到的图纸配合起来描摹，然后他们把描摹好的图纸和现场观察加以核对，最终断定，这竟是一份V-1火箭基地的详细蓝图，而V-1火箭正是希特勒寄予厚望的"杀手武器"。其实6个月以来，英国当局曾接到过一些不确定的情报，说纳粹正在德国北部研究开发一种秘密武器。

他们也从霍拉特那里收到了关于一个神秘发射场正在法国西北部施工建造的报告，霍拉特跨越法国和瑞士边境带给英国驻伯尔尼使馆的那份图纸，最终使英国情报部门完全相信了V-1飞弹对伦敦迫在眉睫的威胁。

为了尽快把图纸送到伦敦，霍拉特决定铤而走险，肩扛麻袋的霍拉特已经渐渐靠近法国和瑞士的边界，甚至能够看见隔离边界的铁丝网。他迅速地跑到铁丝网下，动作麻利地把斧头和土豆扔向铁丝网的另一端，接着，猫起身子试图钻过铁丝网。猛一抬头，一名哨兵正端枪站在他面前，不过，幸运的是，这是个瑞士哨兵，他的枪口对准的是两名正企图朝他开枪的德国兵。双方僵持了一会儿，那两个德国兵只好悻悻地收起枪走了，霍拉特终于长舒了一口气。

对于霍拉特这次送来的情报，英国方面反应很迅速。从1943年12月底开始，在法国的那些发射点，即从诺曼底浅滩至加来那片弧形地段中的 103 个 V-1 型飞弹发射场均遭到英国皇家空军的猛烈轰炸，飞弹发射场受到了摧毁性打击，可没过多久，还是有一批 V-1 飞弹打到了英格兰。

接下来的 6 个多月里，德国人又建起了 40 个规模较小、更加隐蔽的发射场，但很快都被盟军攻占。作为希特勒王牌的飞行炸弹，比它原来的发射计划晚了 6 个月，而且仅有很小一部分得以实施，原来的大规模发射计划是每天至少发射 300 颗，而且要连续发射 8 个月。

霍拉特又回到了法国，几个月之后，由于一个同事的疏忽造成的差错，他在一家小酒店里被捕了，与他同时被捕的另外 3 个人中，一个死在集中营里，其他两个过了三个月被释放了。

霍拉特受到了残酷的折磨，可是他没有向德国人提供任何情报，由于在他身上没有找到同谋犯罪的证据，他未被枪毙，被送到"诺因加默"集中营去了。但他大难不死，最终逃过一劫，一直活到 97 岁高龄。艾森豪威尔在他的回忆录中说：一旦纳粹德国大规模 V-1 飞弹的攻击得逞，盟军 1944 年 6 月在诺曼底的登陆计划很可能会泡汤，这将使战事延长数年，还将给后来德国的 V-2 型飞弹的研发以可乘之机，整个战争的结局可能被彻底改变。而令人难以置信的是，这一空前的谍报行动竟然是由一名不具备"间谍身份"的人完成的。

对于米歇尔·霍拉特在战争时期的活动，英国某军团司令官、陆军中将布赖恩·霍罗克斯爵士给予了很高的评价，他说："谁都不会怀疑，霍拉特完全有资格在勇敢方面获得最高荣誉勋章，可以毫不夸张地说，他是一个拯救了伦敦的人！"

（三十七）破译希特勒密码

在整个第二次世界大战过程中，希特勒始终坚信他可以靠一系列秘密武器打败英国，他曾一次又一次地扬言这些武器会给德国带来胜利。

这些所谓的秘密武器有德国空军，有难以制服的磁性水雷——1939 年冬季，磁性水雷炸沉了 10 多艘英国军舰。另有两件秘密武器是 V-1 飞弹和 V-2 火箭——它们在 1944 年冬天曾经大显威力。

这些秘密武器都被一个接一个地制服了，但是又出现了新的武器，其机密程度使希特勒不敢吹嘘张扬。这就是他的绝密的联络系统——时时刻刻完全安全可靠地向德国海军、陆军和空军指挥官们传达命令和收取报告的手段。从希特勒突破波兰边界直到他在柏林地堡中度过苦恼的最后几小时为止，他都坚信他的海、陆、空联络路线是绝对安全的。

在战争的头 9 个月中，他的这种信念并非完全错误。德国的密码机成为一种可靠的盾牌，躲过了所有盟国的窃听。前线的指挥官们用它接收经过双重密码保护之后发出的、然后译解的电文。任何人从无线电中截收了它，得到的只是一些莫名其妙的文字符号。只有一台真正的密码机接收它才能弄清内容，而这只有在知道了它具体的使用方法和每日使用的密码表后才有可能。

在战争开始后的数月内，希特勒没想到这珍贵的机器并非掌握在他一人手中。当时正在日夜致力于抵抗德国入侵的法国和英国的密码人员，曾在 1940 年 1 月中旬努力探寻德国军队使用的密码。当时他们译解的电文还是 3 个月前从无线电波里截抄下来的，因而毫无军事价值。

1940 年 2 月中旬，英国信号专家获得了意外成功。2 月 16 日那天，英国"格利诺"号潜艇艇长休·普林斯不仅击沉了德国"U-33"号潜艇，而且在其沉落海底的时候，还发现了德国艇长接受命令的密码机。

但是，英国仍不知道密码机的使用方法。在击沉"U-33"号后两个月，即 1940 年 4 月中旬，德军入侵挪威，对密码机安全仍然毫无怀疑的德国空军和陆军司令使用这一看来与打字机一模一样的机器来传达命令。

英国人在窃听和破译过程中不断有所建树。希特勒发往挪威德军的大部分命令，在从柏林无线电台发出后数小时，就被英国情报机关破译了，甚至有些命令在发出不到一小时后就被一字不漏地读了出来。

1940 年 5 月 10 日，德军又侵入荷兰、比利时、法国和卢森堡。他们的密码机开始使用新密码表。英国人起先被难住了，到了 5 月 22 日，他们终于破译出德国空军经常使用的密码用法。霎时间，英国人读出了德国空军发出的绝密电文。有时，一天竟发出 1000 份密电。在最重要的电报中有关于德国前进部队情况的内容，例如，德军转向海洋和敦刻尔克时的作战意图等。

就从 5 月 22 日开始，这些被称为"破译品"的最有用的东西，一部分经电传机，一部分由专人送往伦敦。德国人一点都不知道他们的绝密联络系统已被完全识破。

1940 年 5 月，破译的成功并未能及时在法国溃败方面帮上忙。在法国的英法部队已匆忙撤退。情况常常是这样：当英国人译出德国命令并把它传到法国时，密电上所说的法军阵地已经陷落了。

1. 德国统帅部的图桌上有英国一个席位

法国陷落后，英国孤军作战。但是，英国已经能够破译越来越多的德国最绝密的电报。这简直就像德国统帅部圆桌上给英国设了一个席位。

1940 年 8 月，一份被破译的密电说，德国在没有完全取得对英伦三岛的制空权以前不入侵英国本土。英国当时也发现轰炸英国的飞机已不是原来估计的 2500 架，而是 1250 架。鉴于眼下不再有入侵的威胁，英国便有可能集中一切资源准备应付德军来犯。

这一仗终于打胜了。德国下令取消登陆。英国人收到了这个命令。接着，1940 年 11 月，英国破译的电报表明德军在苏联边境集结，随后柏林又命令把德军转调到希腊和南斯拉夫边境。这些命令发出后数小时之内就被破译了。

在希特勒于 1941 年 6 月对俄国发动进攻后仅仅 6 天，英国密码破译人员又发现了德国密码机的名为"秃鹰"的密码用法，这是专供德国陆军在东部战线使用的。

英国政府并没有垄断这一异乎寻常的情报。6 月 28 日，在英国人读出"秃鹰"的电文之后，丘吉尔亲自下令把这一秘密直接传给斯大林。从密码机上收到的关于德军在东线的具体军事意图，也一次又一次地送到了斯大林手中。

密码机还向它的窃听者透露出德国人正在监听英国的一些密码电报，于是英国人提高警惕，立即变更了这些密码。

日本人曾经对它的轴心国盟友在战场上多次失利犯疑，并警告德国人密码系统可能已不安全可靠了。但是德国人不以为然，他们担心的只是活动在柏林作战决策中心的间谍人员会泄露机密。

英国情报部门有意制造出一系列情况促使德国人这样想。在一切机密传送中，凡提到从密码系统弄来的情报时，都说明是从间谍和特工人员那里得到的。

2. 在伦敦，知道的人不超过 30 个

在伦敦决策圈中，这一秘密也被严加限制，知道的人不超过 30 个，甚至丘吉尔的主要私人秘书也不知道每天送来好几次的那个特别的黄匣子装的是什么东西。唐宁街首相官邸人员不少，但只有首相一人掌握黄匣子的钥匙。

德国人不把日本的告诫看作一回事，而具有讽刺意味的是，日本人自己的无线电密码讯号系统也被英国和美国破译了。地中海主要轴心国盟国意大利自己的一套被称为"坚固"系统的密码讯号系统，也被英国人破译了。在海上，德国下令"俾斯麦"号战舰出发袭击北大西洋的航行船只，这一命令的发出招致了"俾斯麦"号战舰自身的毁灭。不过，这是它击沉英舰"胡德"号以后的事了。1942 年 8 月，德国名将隆美尔在非洲西部沙漠发起进攻，想直取开罗和苏伊士运河。希特勒满怀信心，认为这将敲响英国在中东失败的丧钟。隆美尔和希特勒哪里知道，正是德国的密码系统给英国提供了德国这一计划的详情。

与此同时，被破译的意大利密码向英国的窃听者提供了为隆美尔运送军火和燃料的 5 艘舰只的具体出发时间、路线和货物清单。没等开战，4 艘举足轻重的舰只

——沉没，第 5 艘也在参战当天被击沉。

中东英军司令蒙哥马利还因破译德国和意大利的密码在阿拉曼战役中占了上风。又是由于事先获知德军油船的行进路线的缘故，当它们驶近北非海岸时，再次被英军飞机炸毁。

参战官兵的神勇决定着每次战斗的胜利，但是，他们并不知道，他们身后还有一支强大的队伍在帮助他们，这就是隐蔽在伦敦东北部布莱奇利茅舍下的 5000 多个无名英雄。

（三十八）破译日军密码

1938 年 2 月 18 日上午，山城重庆碧空如洗。国民党军统局密电组突然截获一份由当地发出的密码电报，该电报以杂乱排列的日文字母，呈现出前所未有的编码方式。密电组还没有反应过来，又有十几份类似的密电接踵而至。解码专家们立刻投入紧张的工作。半个小时过去了，密电破译依然毫无头绪。这时，城市上空传来了由远及近的飞机轰鸣声，尖厉的空袭警报也随之响彻重庆上空。9 架日军的轰炸机投下 14 枚炸弹，对重庆实施了抗战以来的第一次轰炸。

此后两个月，重庆接连遭到空袭。每次轰炸前，军统局密电组都会截获十几份由重庆发出的日文密电。面对日军轰炸机的频繁来袭，国军防空部队虽然猛烈还击，但总是毫无效果。日机投弹十分准确，多次命中重要目标，其中包括各盟国驻华使领馆，就连蒋介石在城外的黄山官邸也未能幸免。整个重庆笼罩在惊恐之中。

"七七事变"后，日军在短短 4 个月内相继占领了北平、上海、南京等大城市。1937 年 11 月 20 日，蒋介石宣布迁都重庆，许多政府部门和难民也涌到这里，各种各样的简易房屋随处可见，朝天门码头终日人潮涌动。

1. 生擒日本间谍

眼看日机横行无忌，蒋介石于 4 月的一天紧急召见了军统局副局长戴笠并大发雷霆。当时，军统局掌握着中国最强大的特工和情报资源，但它对日机的轰炸却束手无策，这让蒋介石十分恼火。于是，蒋介石下达一道命令，要戴笠限期破译日军密码。这个戴笠当然也不是等闲之辈，他甚至被称为中国的盖世太保。这一回，当他因破不了日军密码而被蒋介石训斥时，他觉得脸面无光，威严尽失。

军统局的特工紧急出动，四处寻找蛛丝马迹，终于发现这样一个奇怪的现象：每当日机飞来时，总有一些鬼鬼祟祟的人混在百姓之中，拿着镜子朝天直晃。这个举动引起了戴笠的注意，他迅速派人把他们通通抓了起来。经过审讯，发现他们是通过镜子的反光，为日机指示轰炸目标。

然而，这并没有从根本上解决问题。时间一天天过去，密电仍然不断，轰炸仍在继续。10月4日上午，28架日军轰炸机对重庆发动猛烈袭击，炸死炸伤平民60余人。面对咄咄逼人的日军轰炸机和无从下手的密码，戴笠陷入苦闷之中。就在这时，国民党驻美国使馆军事副武官肖勃向他推荐了一本书，使他豁然开朗。这本书名为《美国黑室》，作者是被称为"美国密电之父"的亚德利。他研究日军密码已经有十余年，并在书中详细描述了他破译各种复杂电码的经过。

戴笠

11月，重庆的天气潮湿而又寒冷，朝天门码头依旧人来人往。突然，一个手提笨重皮箱的外国人进入士兵的视线。证件显示，他叫罗伯特·奥斯本。士兵提出要检查他的皮箱，却遭到断然拒绝。正当士兵同这个外国人僵持不下的时候，只见两个便衣冲了过来，掏出证件，在士兵的耳边嘀咕了几句，就把外国人带走了。这个罗伯特·奥斯本正是美国密码之父亚德利。此次，他假扮成皮货商，化名为"罗伯特·奥斯本"，接受国民党军事委员会技术研究室的邀请，穿越重重险阻抵达重庆。国民党军方授予他少校军衔，并安排30多名留日学生，组成了专门破译密码的情报小组。戴笠还给亚德利开出了1万美金的年薪，这在当时可是个天文数字。

亚德利来得正是时候，因为就在当月30日，日本天皇裕仁召开御前会议，决定对重庆进一步实施毁灭性的战略轰炸，以摧毁中国人民的抗战意志。

从1939年1月12日开始，亚德利截获了一连串日军的密电。这些密电十分准确地在早上6时、中午12时和晚上6时从重庆的某个地方发出，其中只使用了48个日文假名中的10个假名。亚德利虽然不懂日文，但是他根据以往的经验，把日文的10个假名对应成从0到10的10个数字。日文电码很快就变成了数字电码，并且显示出某种规律：每一组电码的第一组数字都是"027"，这很可能代表发报地点重庆。早上6时截获的第二组电码是"231"，中午——"248"，晚上——"267"。也就是说，第二组数字表示一日三次发报时间。接下来就应该是内容了。亚德利陷入了沉思。一天，亚德利看了看密电，又看了看窗外，领悟到了什么，迅速赶到国民政府防空司令部，十分肯定地告诉司令部的官员，就在当天下午，日机会来空袭。正在司令部官员将信将疑之际，窗外突然响起了空袭警报，日军果然再次轰炸了重庆。

重庆是有名的雾都，大雾在这座城市形成了一层天然的保护屏障，日军要进行空袭，只能选择晴天。在当时没有相应科技手段的情况下，远在千里之外的日军，又怎么能知道重庆的天气呢？亚德利发现，在8份电报中，有7份的第三组数字都是"459"，只有一份电报是"401"。仔细一看，"401"正好表示今日晴朗。原来，这些密电是在向日军报告重庆的天气。

可是，亚德利破译了电报，仍然不能阻止日机的轰炸。就在当天，日军出动了36架飞机，炸死了200多人。

亚德利决心找到那个发报的间谍。

时间很快到了1939年3月，重庆的春天来了。浓雾慢慢散去，山城轮廓分明，日军发送密电的次数也随之增加。正因如此，亚德利比较容易地测出了发报地点——重庆南岸。再仔细观察，发报的家伙竟然躲在国民党中央政治大学以及一大批高官住所的旁边，就连蒋委员长的官邸也离这儿不远。看来，这个间谍深知，最危险的地方正是最安全的地方。

一天早晨，亚德利和军统特工秘密潜入南岸，侦察到了电报的信号源。临近中午，测向仪捕捉到了信号。当大家靠近一个木屋时，信号变得越来越强。军统特工立即包围了木屋，抓获了日本间谍，还在屋子里搜出了一台发报机和一套气象测量工具。经过审讯得知，此人是由侦察机偷送到重庆来的，他负责向位于汉口的日本空军基地发送气象密码电报。

亚德利本想让这个日本间谍继续在每天的固定时间向日本空军基地发报，不料当他再去找这个间谍时，发现间谍已被军统的人在审讯完毕后，给顺手毙掉了。亚德利只好模仿日谍的手法发送了一份电报。明明是晴天，他却说重庆大雾弥漫，而日军的轰炸机这一天还真的没有来。

1939年5月3日，军统密电组又截获了十几份由重庆发出的密码电报。中午1时左右，刺耳的防空警报响彻重庆上空，日本海军航空兵的45架中型轰炸机由武汉直扑重庆而来。一小时内，日机投下了166枚爆炸弹和燃烧弹，重庆最繁华的7条街道几乎全都被炸成废墟。大火一直烧到半夜。5月4日，日军又投下78枚爆炸弹和燃烧弹，在地面掀起8米高的火焰。接连两天的轰炸，共造成3997人死亡，2323人受伤，4889栋房屋被毁，大约20万人无家可归。这是人类历史上的一次空中大屠杀。这就是震惊世界的"五·三""五·四"大轰炸。

2. 严惩汉奸特务

蒋介石再次把戴笠找去。这一次，他没有责骂戴笠，而是把自己的一种疑惑告诉了对方：为了防止日机轰炸，他特地在重庆周围部署了高炮部队，可是为什么从来就没有打下来一架敌机呢？其中必有玄机。

与此同时，亚德利也陷入了深深的自责，每天泡在茶馆和酒馆里。一日，一个自称"独臂大盗"的高炮营长主动走上来攀谈。这个军官虽然当过绿林好汉，但却能说一口流利的英语。一来二去，两人就混熟了，常常在一起喝酒。有一次，亚德利装着喝醉了酒，顺便问他："你说，你们的高射炮，怎么就打不到日本飞机？""独臂大盗"意味深长地笑了笑，没有回答。亚德利把他的怀疑告诉了戴笠，没想到戴笠也正好在调查此人。说来也巧，过不多久，军事委员会技术研究室传来消息："独臂大盗"有时公然使用驻地附近一个川军步兵师的无线电台，同他在上海的"朋友"互通密电。

亚德利通过反复研究，认定潜伏在重庆的敌特使用的是书籍式的密码，底本是英文小说，其中连续三页的首句用的是 Her（他的）、Light（光线）和 Grain（食物）。接着又发现两个英文单词——"he said"（他说）。他于是断定，只要找到那本小说，就能顺藤摸瓜，解开全部密码。

机会很快就来了——"独臂大盗"竟然邀请亚德利去他家里做客。亚德利意识到，必须抓住这个机会找出那本英语小说。然而，这件事不可能由他一人完成。这时候，一个神秘的女人出现了，她就是年轻漂亮的徐贞。徐贞同亚德利在酒馆相识，也可以说是亚德利的红颜知己。当亚德利把这件事告诉她时，她毫不犹豫地答应下来。

亚德利带着徐贞，如约来到"独臂大盗"的住所。为了助兴，"独臂大盗"也带上了自己的女朋友。晚餐非常丰盛，主客之间谈笑风生，但亚德利和徐贞却始终找不到下手的机会。就在他们十分焦急的时候，防空警报蓦地响了，"独臂大盗"立即起身前去部队值勤。正当亚德利和"独臂大盗"的女朋友谈得十分投机时，徐贞借口去卫生间，找到了"独臂大盗"的书房。亚德利曾事先告诉她，书中的单词可能有被勾画的痕迹，并且应该在连续的几页上出现。

面对书房里那么多书籍，徐贞一时不知如何是好。找来找去，有一本被翻得破损不堪的小说进入她的眼帘——美国作家赛珍珠的《大地》。这部以中国农村为背景的小说曾获得 1938 年的诺贝尔文学奖。徐贞翻开书本，终于在第 17 页上找到被勾画出来的三个单词，接着又在第 18 页和第 19 页上找到另外两个单词。徐贞把书放回原处，走下楼梯，暗示亚德利已经大功告成。

日军密码被破译后，军统迅速抓获了"独臂大盗"，不久就把他枪毙了。他名叫刘作民，早年当过土匪，后投军效力，是汪精卫安插在重庆的暗探。正是他密电中告知日军，轰炸机要保持 3660 米的飞行高度，以避开射程仅为 3050 米的国军高射炮的炮弹。至于那个找到《大地》的勇敢的女人徐贞，其实也是军统之人。

此案很快又牵扯出另一个重要人物——颇受蒋介石信任的德国顾问团成员韦伯，他竟然也被日军收买，曾向日军出卖重庆的军事情报，并参与引导日本飞机肆无忌惮地轰炸陪都。

密码被破译后，日机对重庆的轰炸有所收敛，国民政府趁机修建了许多防空洞，而重庆的老百姓也暂时有了喘息的机会。

1940 年 7 月，亚德利回到美国。他后来在回忆录《中国黑室——谍海奇遇》中，公布了此案的详细经过。

（三十九）南京智破日谍集团

1937 年"七七事变"后，日军迅速占领了平津和华北广大地区，并对上海、南京虎视眈眈，中日之间在隐秘战线上的斗争也随之愈演愈烈。就在这时，国民政府高层爆出了一个震惊世界的间谍案。

1. 奇案迭起

8 月 11 日，蒋介石召集最高国防会议，研究和决定对日作战的国策和战略。参加会议的除了国防委员会副主席汪精卫，军委会正副参谋长何应钦、白崇禧外，还有各大战区的负责人和军委会委员。会议决定对日本实行"制胜机先"的闪电军事行动，趁日军主力集中在华北之时，于 8 月中旬主动在上海发起对驻沪日军的进攻，把战争重心引向东南淞沪一带。在此之前的 8 月上旬，要封锁江阴要塞一带最狭窄的长江江面，并对吴淞口至江阴实行 3 线布雷。这样，一方面可以阻止日本军舰由上海沿江西上进攻南京，另一方面又能截获长江中下游各口岸的日军战舰和商船。然而，蒋介石的命令还没有下达到有关部队，在长江中、上游各港口行驶和停泊的日本军舰、商船，共 20 多艘，就急匆匆顺流而下，冲过了江阴要塞。蒋介石闻讯，即打电话给驻军扬州的空军第 5 大队，令其 14 日凌晨起飞追击日本舰船。空军执行了命令，但为时已晚，除俘获了 3298 吨的日本商船"岳阳"号和 1369 吨的"大贞"号外，其他舰船均已逃到黄浦江中。按照有关条约，中国空军无权轰炸。

8 月 16 日，国民党第 3 战区司令长官冯玉祥决定赴淞沪前线的南翔视察和鼓舞士气。一行人乘车刚出司令部，日机就飞来袭击，他们只得分避树下。敌机离去后，再驱车前行，敌机又至，冯等被迫躲进一所茅屋。敌机在附近投弹十余枚，冯等趁硝烟弥漫之际，命司机驾车冒险前进，但行不多远，敌机再次"光临"，他们急忙下车到瓜田里暂避。下午返回苏州途中，又有 8 架敌机来袭。

8月22日，宋美龄在外籍顾问端纳的陪同下，由南京乘车去上海前线慰劳抗战官兵，行至苏州郊外，突遭日本飞机扫射和炮击。据说，日军飞机飞得树梢那么高，连里面的飞行员也看得清清楚楚。司机为了逃避日军炮火，把车子速度提高到每小时60英里。因路面大都被破坏，在一个急转弯时，一只轮胎损坏，汽车冲进了一条水沟。宋美龄摔断了几根肋骨，端纳也受了重伤，被送往苏州医院。这一事件引起了英国等欧美国家的严重抗议。

8月23日，白崇禧奉蒋介石之命去上海公干，住在先施公司二楼东亚饭店中。当天中午，当上海方面刚要举行宴会为他接风时，几架日机突然飞临公司上空扫射轰炸，一时浓烟四起，弹片横飞，附近一带的商店门窗玻璃被震得粉碎。幸好白崇禧事先得到情报，说是有人要趁宴会之际杀害他，所以他在宴会前十几分钟，便匆匆从公司的后门走掉了。

8月24日，第9集团军总司令张治中要去河湾最前线视察和指挥。他的汽车刚出司令部，就飞来敌机数架，在汽车上空来回扫射轰炸，他与随从只好下车隐蔽。敌机飞走后，他命司机开足马力朝江湾急驰，但车子跑了两里多路，敌机又赶来袭击。他决定弃车步行，不带随从，并在途中遇到一个骑自行车的传令兵，才改用自行车到了江湾第87师师部。

8月25日，蒋介石由第3战区副司令长官顾祝同和侍卫长钱大钧等陪同，乘车由南京到了南翔前线。一路平安无事，所以当夜返回时，他便有点麻痹大意，还想乘来时的汽车到苏州看望受伤的宋美龄。部下建议他改乘火车，他接受了这个建议。当火车快到苏州站时，突然来了十几架飞机轰炸火车，他幸而逃过一难。

8月26日，又一起重大泄密事件在南京发生。当时上海战事激烈，蒋介石多次想亲到上海前线视察与指挥，但日军飞机对从南京到上海的铁路与公路均做了严密封锁，日夜狂轰滥炸，使蒋介石此行极不安全。在25日晚的最高军事会议上，"小诸葛"白崇禧向蒋介石建议："英国驻华大使许阁森明天从南京去上海，接见英侨领袖并会见日本驻华大使川樾茂，委座可以搭乘他的轿车同去。英国在中日战争中是中立国，轿车上插有英国国旗，可以免遭日军飞机轰炸。"蒋当即表示赞同。散会后，蒋介石考虑到一国之首，在本国土地上乘坐他国车辆，有失国体，坚持乘坐自己的汽车，并改为夜间行驶，安抵前线。

第二天，许阁森的轿车开上宁沪公路后，于下午2时许，在嘉定地段遭到两架日机的拦截和扫射。尽管许阁森汽车顶上覆盖着大幅英国国旗，十分醒目，但这无济于事。许阁森的汽车左躲右避，最终还是被炸翻。他被机枪子弹击中，脊骨和肝部受伤，生命垂危，被送往上海租界医院急救。

上述一连串触目惊心的谋杀案震惊中外，搞得国民党政府极度恐慌。蒋介石召来各军警宪特机关的负责人：军统的戴笠、中统的徐恩曾、宪兵司令兼南京警备司令谷正伦等，共同商议对策。蒋介石说："吴淞口布雷等一系列事件，日方知道得如此清楚，说明我们内部有他们的人。你们必须在一个月之内给我挖出来……"随后，蒋介石又向南京宪兵司令谷正伦下达了破案手令。

当时，南京警备司令部确实处于有利地位，因为该机关多年来直接掌管南京的警备和治安，工作人员深入到大街小巷和三教九流之中，耳目密布，情况熟悉。更为重要的是，早在1934年前后，警司就在属下特警二队中专门成立了一个极机密的反日间谍工作机构——"外事组"，组长为特警二队队长丁克勤。"外事组"在日本驻南京使领馆内潜伏了几个内线。接着，"外事组"调查分析了各种线索。

2. 锁定目标

泄密者到底是谁？

偌大的南京，人海茫茫，事情又牵涉到南京政府最高层，而且战争迫近，到哪里去寻找这伙隐藏极深的日谍呢？

白崇禧既是江阴计划的参与者，又是国民党军政要员行踪的知情者，而且正是他建议蒋介石乘坐许阁森的汽车去上海视察。因此，这位来自桂系的政敌就成了蒋介石的第一个怀疑对象。但是，"外事组"经过排查，否定了白崇禧作案的可能性：第一，白崇禧强烈的抗战爱国热情有目共睹，他不可能同日本勾结；第二，就个人品德来说，白崇禧可以同蒋介石进行公开的政治和军事较量，但他从来不干卑鄙龌龊的事情。

就在"外事组"搜索新的目标时，又一件奇案发生了。

9月初，蒋介石指示南京中央军校举行"扩大总理纪念周"，并表示他要莅临大会做重要讲话。中央军校的前身是黄埔军校，现在仍由蒋介石兼任校长。

9月4日上午8时，中央军校和陆军大学的师生首先来到会场，队列站得整整齐齐。党、政、军各部的大员也先后乘车来到军校，小轿车一辆接一辆开进大门。由于这天蒋介石要到场，南京的军警宪特机关加强了对军校的警卫工作，在从中山东路到黄埔路的路上，直到军校大门，军警密布，气氛肃然，军校内则有大量便衣特工巡查。进校的汽车都由在校门口值勤的宪兵一一登记。

与会人员列队静候蒋介石"光临"。但是，半小时过去了，仍不见蒋介石的身影。忽然，学校负责人登上主席台，向与会人员宣布："现在发现有一辆汽车混入学校，其中坐着两名嫌疑人员，宪兵正在搜查，请大家原地不动，听候新的通知。"

不一会儿，有人向会议主持人报告，两名嫌疑人已乘汽车逃出校门，有关军警正在进行追捕。据此，主持人宣布停止举行大会，与会的中央和南京市的军政大员陆续散去。

不久，宪兵带队官向学校负责人报告：进出校门的各单位主官乘坐的车号和人员，均与原先约定相符，只有行政院一辆小汽车是强行闯入的。现在，车上的人打倒值勤人员后，已迅速驾车逃跑。这辆车到底属于谁呢？一查，原来为行政院机要秘书黄浚所有。负责人一听，先是一惊，然后命令宪兵带队官说："此事要严格保密，在没有公布事件真相前，你们不得向任何人泄露。"

此后，"外事组"特工李荣芳又经过多方查寻，最终把侦破目标锁定在黄浚身上。

3. 黄浚其人

黄浚，字哲维，号秋岳，福建闽侯人，1884年生于书香之家。1916年到日本留学期间，结识了一些主张侵华的军国主义者，回国后先与林白水办了一段时间的报纸，后进北洋政府当了一名职员。他写的一本《花随人圣庵摭忆》，被称为民国时期最好的笔记小说之一，得到陈寅恪等文化名人的高度评价。北洋政府垮台后，黄浚通过国民政府主席林森的关系，到南京政府任职。林森与黄浚是同乡，就把他调任为行政院主任秘书，其地位仅次于秘书长。1932年初，汪精卫任行政院院长，在外交上亲近日本，对精通日语与日本事务的黄浚十分赏识，黄浚遂兼任汪精卫的机要秘书，能经常参加政府最高级的军政会议，掌握国家的各种核心机密。1935年11月蒋介石兼任行政院院长后，仍对黄浚宠信不减。1937年夏，黄浚的长子黄晟留学日本回国后，就被黄浚送进外交部担任科长。黄浚生活奢侈，他在南京和上海都有豪华住宅，一向挥金如土，仅靠他一份公务员的工资，完全不够他的挥霍。他必定要找其他门路。

此时，日本驻南京总领事须磨弥吉郎恰巧是黄浚在早稻田大学的同学，黄浚就经常去日本领事馆走动。虚荣、爱财、好色、亲日，这是须磨对黄浚的判断，这样的人是大日本帝国最喜欢的合作者。于是，在须磨的重金收买下，臭味相投的父子俩便叛国投敌，建立了以他们为首的间谍集团。这个集团中有政府里的一些高级军政人员，如军令部的少将高参曹思成、海军部的部员李龙海、军政部的秘书王必贵以及黄浚自己坐车的司机王本庆等。

谷正伦同"外事组"组长丁克勤等人分析，既然黄浚嫌疑最大，就要集中力量侦察他以及所有相关人员，在拿到铁证前不要打草惊蛇。为此，他们秘密成立了一个"侦缉黄案专门小组"，第一步的行动是全面控制黄浚的住宅，并由李荣芳及其助手钟高玉相伴采取行动。

黄浚此时大概也感觉到了风声，其间谍活动变得更为隐蔽。在外人看来，这个国民政府行政院秘书的行为举止并没有什么异常，他每天恪尽职守，深居简出，让"侦黄小组"几乎找不到什么破绽。案情进展陷于胶着状态，离蒋介石限定的时间越来越近了，"侦黄小组"决定主动出击。说来也巧，他们发现经常有一个女孩从黄浚家里出来买东西，一打听，才知道她是黄浚家里的佣人，名叫莲花。几天后，钟高玉扮作流氓"袭击"莲花，再由李荣芳"英雄救美"，如此这般地设定了一条内线。莲花原是江北农村一个贫苦农民的女儿，因父母双亡，被人诱骗到南京，又转手卖给黄公馆。她不断把在公馆内看到的可疑迹象和人员往来情况及时报告"侦黄小组"。

为了加快破案速度，"侦黄小组"又在日本总领事馆大门外的鼓楼公园布置了"小报摊""测字摊"、人力车夫（特工人员）进行监视。奇怪的是，"侦黄小组"仍然看不见须磨来"看望"黄浚，也看不见黄浚去"拜访"须磨。

后来得知，黄浚此时按照须磨的指示，为了逃避嫌疑，两人不再直接见面，而是采取了更隐蔽的途径和手段。不久，黄浚的狐狸尾巴就被捉住了。该小组人员发现黄浚下班后，既不乘车，也不带随从，经常独自一人到玄武湖畔散步。他爱吃巧克力，但从不把糖纸随便扔掉，而是把它夹在一张纸中，放到公园一株大树的树洞里。黄浚走后，就有一个朝鲜人来取情报。"侦黄小组"摸清规律后，曾将纸条取出来照相，然后按原样放入洞中。朝鲜人来取情报时，"侦黄小组"又偷拍了他的照片。但是，不知是因为黄浚有所察觉还是日方又有命令，黄浚后来不再去玄武湖了。

4. 细查线索

"侦黄小组"分析，黄浚绝不死心，一定会让集团中的其他成员来代替自己。果然，监视黄浚汽车司机的钟高玉发现，有个叫小王的司机经常到新街口附近一家外国人开办的"国际咖啡馆"去喝咖啡。他每次进店后，就把自己的礼帽挂在衣帽间的衣架上。几乎与此同时，一个日本人也进店喝咖啡，也把一顶与小王一样的礼帽挂在同一个衣架上。那个日本人喝完咖啡后首先离店，戴上小王那顶礼帽，扬长而去。小王喝完咖啡，则戴上日本人的礼帽离去。"侦黄小组"分析，这里面大有文章。

"侦黄小组"还发现，那个日本人总是戴着小王的礼帽，骑车进入中山路逸仙桥南一家"私人医院"。事后得知，这家"医院"是日本特务机关的一个秘密联络站。那个日本人名叫河本明夫，名义上是日本总领事馆的管理员，实际上是须磨手下的一个情报员。他有时也与黄晟在咖啡馆碰头。

又有莲花报告：有一次她替黄太太打洗脸水路过黄浚的书房时，看见小王从外面回来，走进黄浚的书房，把自己头上戴的礼帽取下向黄一扬，即挂到壁上的衣帽钩上，然后光着脑壳退出房去。这种情况反复出现多次。于是，"侦黄小组"加紧了对司机小王的跟踪监视，终于发现黄浚是用这种特殊的方法在咖啡馆同日本间谍进行联系，交换情报。

　　"侦黄小组"为了弄清情报内容，又设一计：8月26日傍晚6点多钟，正是忙碌的夏日黄昏时分，在从鼓楼广场通往咖啡馆的大街小巷中，人声嘈杂，好不热闹。当河本从"医院"出来，行至与中山路垂直相通的汉口路时，突然从汉口路冲出一个骑自行车的"冒失鬼"，猛地向他冲去。河本躲闪不及，连人带车被撞翻在地，头上的礼帽也滚出了十几步远。"冒失鬼"一眨眼就不见了。

　　河本的自行车摔坏了，手臂也负了伤，但他的头脑还很清醒，跌跌撞撞地要站起来捡地上的帽子。他刚走几步，疼痛难忍，又跌倒在地。就在这时，走上来的一个穿制服的交通警察扶起河本，把他架上汽车，说是送他到附近的马林医院治伤。河本表示，他必须捡回那顶帽子，交警则说："帽子丢不了，我帮你去捡，你不是日本人吗？我们警察是保护日本人的！"

　　撞车人实际上是一名姓刘的特警，交通警察则正是钟高玉。钟高玉把帽子拿到附近一家独门小院，队长丁克勤正在那儿等着他。丁队长把礼帽夹层中的情报拍照后，再将情报按原样放好。钟高玉赶往医院将帽子归还河本，河本捏了一下礼帽，确认情报还在，连声表示感谢。

　　这次的"猎物"果然是厚厚一叠情报，其中有蒋介石刚刚签发的军事命令——调动几个精锐的陆军师移防上海和苏杭，还有南京下关江防要塞地形图、长江江防图等。

　　然而，狡猾的须磨此后又派了一个名叫山口的人代替了河本。

　　5. 一网打尽

　　"侦黄小组"拿到黄浚出卖情报的罪证后，立即报告了谷正伦。谷正伦喜出望外，迫不及待地深夜去见蒋介石报功，并建议立即逮捕黄浚及其集团成员。蒋介石命令"一定全歼，不能使一个漏网"。

　　"侦黄小组"在作了仔细研究后，又设下一个圈套：由丁队长口授，并由小组成员、伪造印信专家皮伯圣模仿须磨的笔迹和口吻，写了一封给黄浚的密信，大意是要黄浚在次日晚上11时，约齐所有有功人员在黄公馆聚会，说是须磨届时将亲自到场，向他们发放巨额奖酬。

　　假信写好后，由"侦黄小组"成员伪装成那家咖啡店的服务员，悄悄潜入衣帽间，将信放进山口那顶礼帽的夹层。山口同河本一样，在店内喝完咖啡，即将小王的礼帽带走。小王也同往常一样，戴上山口的礼帽，去黄浚处报功。黄浚虽然狡猾，但并没有看出其中破绽。

　　蒋介石下达手令，要南京警备司令部将黄浚集团全体捕获。李荣芳紧急约见莲花，探询黄浚的动向，并向她传达了当晚行动的联络暗号。

8月27日夜，侦查人员包围了黄浚公馆。在看到莲花发出约定的灯光暗号后，先由钟高玉化装成邮差，叫开黄浚公馆的大门，然后其他人提着枪冲进庭院，直向客厅扑去……

就在这时，突然从黄浚的客厅里传来"啪"的一声枪响！

原来，莲花在发出约定的灯光暗号以后，知道侦查人员就要进入黄宅，不觉胆子大了起来。她乘黄浚与几个同伙离开书房去餐厅吃喝的机会，迅速潜入书房，把黄浚书桌的抽屉打开，发现一个鼓鼓的牛皮纸信封。这信封正是黄浚准备交给须磨的一份情报资料。正当莲花把信封揣在怀中，匆匆退出房门时，黄浚恰好回房取物。他发现莲花疾步从书房奔向客厅，便喝令她站住。他见莲花不听，心知有异，立即掏枪射击，子弹正好打在莲花背后双肩之间。

就在黄浚枪响后，侦查人员冲进客厅，用手铐铐住了黄浚。再看莲花，她已满身是血，很快死去。这时，其他侦查人员将别的几个汉奸一一捉来，与黄浚、黄晟父子一道押上汽车。接着，侦查人员对这个间谍魔窟进行了全面搜查。

由于战事紧急，南京军法机关连夜对各罪犯进行审讯。在铁的事实面前，各罪犯不得不低头认罪。由蒋介石亲笔签署，最高军事法庭宣布了对黄浚日谍集团的判决：黄浚父子等以卖国罪被判处死刑，其他罪犯分别被判处无期与有期徒刑。1937年8月28日，黄浚父子和其他罪犯共18人被执行枪决。

七、军史钩沉

（一）谁打响了二战第一枪——为纳粹卖命的反纳粹者

战争是一群政治家和野心家制造的灾难，卷入其中并付出代价的是期盼和平的人们。在希特勒掀起的二战中，打响第一枪的竟然是一个为纳粹卖命的反纳粹者，或许这就是非正义者必败的预兆。

1. 反纳粹者

二战时期的德国仍有不少心怀正义感的人是清醒的，他们与纳粹进行着暗地里的较量，反纳粹者们参与到了各种秘密的希望能阻止希特勒发动战争的活动中。二战最初的那场战役，快速击溃波兰，使"闪电战"三个字从此闻名于世。威海姆·卡拉瑞斯上将的阿勃韦尔情报机构起到了关键作用。正是他们在战役进行之前就破坏了波兰的桥梁、公路、铁路等基础设施，以至于波兰甚至还没来得及集结好军队就遭到了灭顶之灾。1939 年 4 月底，德国与邻国波兰还处于表面上的和平时期，希特勒已经开始了入侵波兰的准备活动。卡拉瑞斯上将从德国最高统帅部接到一个特殊使命，要求阿勃韦尔立即成立 16 个战斗小分队，为德国进攻波兰做好前期的准备工作。最高统帅部特别授予阿勃韦尔战斗小分队一项任务——对波兰宣战前的 12 小时可以对其实行挑衅行动，以便为战争的发动寻找借口。8 月 24 日中午，卡拉瑞斯接到最高统帅部赫塞哥中校的通知：元首决定在 8 月 26 日凌晨 4 时 15 分进攻波兰。8 小时之后，赫塞哥中校再次通知卡拉瑞斯的小分队必须在第二天早上 8 时开始行动。卡拉瑞斯立即对他手下的战斗小分队发出了向波兰行动的命令。几小时后，也就是 8 月 25 日晚上，赫塞哥再次紧急通知卡拉瑞斯，元首因为政治原因推迟了进攻波兰的时间，要求卡拉瑞斯尽一切可能阻止阿勃韦尔战斗小分队的行动。可是，卡拉瑞斯的命令已经发出去了，要立即收回成命也不是那么容易的事。卡拉瑞斯及其助手通过电台通知小分队回到德国境内，经过不懈的努力，除一支小分队未得到通知之外，其他所有小分队都被卡拉瑞斯阻止了。而这支未接到通知的小分队由阿波特·海涅中尉指挥，当时正在执行占领波兰一条名叫加仑克夫的火车通道的任务。

2. 战争第一枪

如同很多德国下层军官一样，海涅对这场战争感到困惑。虽说他只是军队中一个小小的"卒子"，但对于是非黑白仍有自己的见解。目睹纳粹在国内进行的种族歧视行径，他从心里觉得憎恨。正当这个时候，海涅被选中指挥战斗小分队来为他反对的这场战争铺平道路，海涅只好硬着头皮上阵了。因为没有接到改变命令的通知，他带领着他的小分队按原计划开始行动。8 月 26 日凌晨，海涅指挥小分队向波兰的火车通道开火，守护铁路的波兰警察很快就被打跑了。在很短的时间内，海涅的小分队占领了临近的火车站。任务完成了，海涅带领小分队在那里等待己方的装甲车开来。可是随着时间一分一秒地过去，就是不见德国装甲部队到来。出了什么问题？海涅寻思着，难道是他们的行动搞错了地方？以为战争已经打响的他问一个被俘的波兰人："怎么了，德国和波兰爆发了战争？"波兰人耸了耸肩，说道："我想没有发生。"海涅拿起火车站的电话向德国情报机关询问，电话那头以一种抓狂的口气回答他："立即扔掉所有的东西，回到德国的边界线。"可是，这个时候已经太晚了，海涅及其小分队已经打响了第二次世界大战的第一枪，6 天之后，也就是 1939 年 9 月 1 日凌晨 4 点 45 分，战争终于爆发了。

（二）西线战场静悄悄——奇怪战争

战争爆发伊始，希特勒麾下的战争机器一往直前，对他们而言，胜利来得是如此容易。正因为英、法、德之间的尔虞我诈，才有了二战初期的奇怪战争。

1. 野心膨胀

1939年3月，《慕尼黑协定》墨迹未干，希特勒就出兵占领了捷克斯洛伐克全境。接着，纳粹德国又盯上了东欧国家波兰。波兰位于欧洲东部，东接苏联，西临德国，南界捷克斯洛伐克，北濒波罗的海，具有重要战略地位。希特勒早就看中了这块"风水宝地"，德国如果占领波兰，不仅能获得大量军事、经济资源，还能大大改善战略地位；既可以消除进攻英、法的后顾之忧，又可以建立进攻苏联的基地。1939年8月23日，德国暗地里与苏联签署了一份共同瓜分波兰的秘密协定，即《苏德互不侵犯条约》。希特勒开始放手对付波兰。9月1日凌晨4时45分，德军轰炸机群像蝗虫一样飞向波兰。几分钟内，波兰人尝到了人类历史上规模最大的空中打击。1小时后，德军在地面和空中战斗力量的紧密配合下，使波兰乃至全世界第一次领略到了"闪电战"的厉害。

2. 宣而不战

按说德国入侵波兰之后，作为盟国的英法两国就应该履行诺言从战场上进行支援，可是这两国仅仅是在政治口头上对德宣战，在绥靖政策的方针下不敢多走半步。就在战争爆发当天上午，波兰政府请求英法提供援助。但是接连几天，波兰政府的种种援助请求，尤其是武器、弹药等，均未得到满足。在国际舆论的压力下，英法联军被迫在开战第三天，即9月3日，才正式对德宣战。

英法两国的115个师集结在西线，而德军只有25个师，在兵力、武器的数量上，英法联军有压倒性的优势。可是宣战后的西线一片寂静，世界战争史上一段奇特的宣而不战的奇观出现了，人们称之为"奇怪战争"。1939年9月3日至1940年5月9日期间，西线的英法联军始终没有接到进攻命令，他们静坐在钢筋水泥构筑的工事背后，茫然地消磨着漫长而又难熬的"战争"时光。眼看着对面的波兰军民在德国人的炮火下孤军血战，却什么事也不能做。为了消除部队的厌烦情绪，防止军心涣散，在大敌当前的情况下，法国最高统帅部在前方军营建立了军人俱乐部，派遣慰问团，增加酒类配给。他们甚至购买了一万多个足球送上前线，以消耗战士们过分充沛的精力和体力。

就这样，波兰成了英法两国政治利益下的牺牲品，在德国战车的疯狂进攻下，波兰军队在四周内就全军覆没了。战场上的机会稍纵即逝，英法宣而不战，他们很快便尝到了这场"奇怪战争"的恶果。两国不仅丧失了最有利的战机，涣散了战斗士气，而且陷入了被动挨打的境地。很快，德军剑指法国，绥靖政策彻底宣告失败。

（三）遭遇深海"野兽"——大洋上的潜艇绞杀战

在二战的大西洋战场上，德国潜艇占据了主导地位，其凶恶的 U 型潜艇和著名的"狼群战术"，使它的潜艇作战成就远远超过其他国家，在世界潜艇战争史上留下了浓墨重彩的一笔。

1. 狼群战术

潜艇最早出现于 18 世纪 70 年代，经过多年的发展与研究，其在海战中的作用终于被世界各国海军界所承认，其中尤其以德国最为重视。1906 年，德国的日耳曼尼亚造船厂为德国海军建造的第一艘潜艇 U-1 成为大西洋上最令人恐惧的武器。一战伊始，德国 U 型潜艇取得了辉煌的战绩。名垂潜艇史册的"一艇沉三舰"是

德国潜艇部队的经典之战（1914 年 9 月 22 日，德国 U-9 潜艇在一个多小时内，接连击沉 3 艘英国巡洋舰）。1917 年 2 月 11 日，德国宣布进行"无限制潜艇战"（德国潜艇可以事先不发警告，而任意击沉任何开往英国水域的商船），共有

德国 U-9 潜艇

111 艘德国潜艇投入了战斗，给协约国，尤其英国造成很大损失，并且牵制了协约国方面的大量人力物力，初次显示了潜艇在现代海战中重要作用和对整个战争的重要影响。虽说德国在一战中战败，但它的潜艇作战成就远远超过其他国家。基于其对潜艇性能和作战理论的深刻研究，在二战的大西洋战场上，德国潜艇占据了主导地位。

1916 年，25 岁的卡尔·冯·邓尼茨被调往潜艇部队。虽然是第一次接触潜艇，但他立即迷上了这种新型海战武器，并由此踏上了他辉煌的海军事业起点。1918 年 10 月初，德国海军上尉邓尼茨在一次战斗中因潜艇发生故障而被英国人所俘。在那一年多的寂寞而无聊的战俘时光里，邓尼茨悟出了一种后来令敌人闻风丧胆的"狼群战术"。所谓"狼群战术"，要从狼说起。狼是世界上生性最凶暴、残忍而又十分狡猾的动物之一，各种野生动物、家畜，甚至人都是它袭击和捕食的对象。它

具有极快的奔跑速度，通常成群活动，因而能够捕杀体型比它大的动物。例如，狼捕食鹿时，就采取多路追击的方法，当鹿在奔跑中遇到障碍物不得不转弯的时候，位于两侧的狼正好包抄上来，这样，即使鹿的奔跑速度比狼快，也难逃狼群的追捕。邓尼茨将军正是受此启示而创造出狼群战术。邓尼茨本人便具有狼一样的性格，寡言残忍，意志坚强。"狼"，现在也可以在海洋里生存，而"饲养"他们的主人就是未来的海军总司令邓尼茨将军。在第二次世界大战中，他放出的"狼群"肆虐于大西洋和地中海，几乎断送了大英帝国的性命。

一战结束之后，邓尼茨回到德国并重新加入了海军。1935 年，希特勒磨刀霍霍准备战争，在公然撕毁《凡尔赛和约》之后 3 个月，德国在一战后制造的第一艘U-1 潜艇便下水了。9 月，德国潜艇部队重新组建，邓尼茨担任了这支以一战时著名的潜艇英雄威丁根命名的潜艇支队的支队长。这时，他把筹划多年的潜艇"狼群战术"投入到训练当中。其战术核心是，当一艘潜艇发现目标后，立即把敌人的速度、航向、数量等情况通知潜艇司令部，自己则一边保持距离一边后撤，由潜艇司令部命令目标周围的潜艇群前去围击，将潜艇部队组成一个宽阔的凹面，让敌方的船队进入，阵内各艇从敌方船队的侧翼和后面像收口袋一样向敌船靠近，待夜幕降临之时，集中起来的潜艇会像狼群一样向目标发起攻击，尤其可使敌护航兵力顾此失彼，从而给运输船队以毁灭性打击，这样可以大大提高攻击成功率，最大的杀伤敌人（潜艇多，携带的鱼雷、火炮就多），减少己方的危险性。到 1939 年 9 月战争爆发时，"狼群战术"已十分完善。要知道，在一战中德国潜艇一艘便已十分厉害，何况现在是一群！

2. 大西洋上的"狼群"

德国制造的 U 型潜艇水下操纵性能良好，可载 533 毫米高爆鱼雷 12 枚至 14枚，其潜航速度为 16 节/小时，可在 20 秒内迅速潜入水中，续航力为 11500 公里，改进后可达到 16100 公里。在 1935 年底，德国潜艇部队已经拥有了 24 艘潜艇，其中 10 艘是 U 型，邓尼茨为指挥长。二战爆发前，德国已经将 17 艘潜艇部署在大西洋上。开战之后，时任德国海军潜艇司令部司令的邓尼茨指挥这些潜艇投入了战斗，在战争初期由于潜艇不多，仍是各艇单独作战，但就是这样，也取得了巨大战果。U-129、U-47 潜艇先后击沉了英国海军的"勇敢"号航空母舰和"皇家橡树"号战列舰，轰动一时。到 1939 年底，在短短数月之中，德国潜艇已经击沉同盟国和中立国船只 114 艘，总吨位达 42 万吨。1940 年 6 月，法国战败，进入大西洋的大门豁然敞开。从比斯开湾到挪威沿海的诸多港口都成为德国的潜艇基地。

从 1940 年 9 月起，邓尼茨不失时机地放出了他的"饿狼"们，实施"狼群战术"，袭击盟军护航舰队，大西洋上开始了一场血腥的浩劫。1940 年 10 月。由德国

"王牌艇长"高特·普里恩指挥的 U-47 潜艇在英国北海峡口的柯卡尔沙洲附近发现了一支代号为 XH179 的船队，该船队由 34 艘运输商船和 6 艘驱逐舰护航组成。这可是个大猎物！他一面紧紧跟随，一面向潜艇司令部发报。很快，在 U-47 潜艇附近的所有潜艇迅速向其靠拢，实施结群作战。这些潜艇刚才袭击了盟军 SC-7 运输船队，此时闻到血腥味，立刻如同鲨鱼一般游了过来。夜幕降临，数十艘英国舰船对此一无所知。点点星光下，这群狩猎的"饿狼"开始了攻击。商船触雷声此起彼伏，爆炸的声响一直持续到天亮，潜艇时而潜入水中，时而又浮上海面，时而在船队前端，时而又扑向尾部，攻击，闪避，再攻击，每上遍布着船骸、尸体、物资，空气中弥漫着焦烟味和火药之气，其景象惨不忍睹。但灾难还在继续，第二天黑夜时分，它们继续攻击，直到打光艇上所有的鱼雷，再也找不到攻击目标时才悻悻离去。

1941 年 12 月珍珠港事件之后，德国对美国宣战，此时德国潜艇在数量上有了大的提高，绰号为"奶牛"的巨型油料补给潜艇，从物质条件上为邓尼茨的狼群战术提供了基础。在新的历史条件下，"狼群"无所顾忌地西进，开辟了新的战场。12 月 9 日，邓尼茨发起了一场针对美国的"击鼓战役"。五只"饿狼"悄无声息地巡游在纽约港口外的水下，从这时起，美国人第一次领略到德国潜艇的厉害。5 艘潜艇各自占领了发射位置，一声令下，鱼雷袭出，靠岸的美国商船瞬间毁于爆炸声中。在击鼓战役期间，他们昼潜夜浮，大打出手。从佛罗里达到查尔斯顿再到威廉斯堡，到处都有被他们击沉的商船。而岸边的炼油厂、油库等也是他们的重点袭击目标。1942 年 1 月至 4 月间，德国潜艇共击沉美国船只 500 余艘，总吨位 300 万吨，有些船只的击沉地点距纽约仅 15 公里，有的甚至是在沿岸人们的注视下爆炸沉没。饱受德国潜艇之苦的美国也开始编组护航，可邓尼茨的"狼群"却狡猾之至，他们不断变化作战目标，南下进入到加勒比海和南美海域，令美、英有限的护航兵力疲于奔命，防不胜防。

整个 1942 年，也就是邓尼茨的"狼群战术"战绩最辉煌的一年，他们不断袭击美国、英国等同盟国在大西洋上的运输船队，给盟军造成了严重损失。每艘德国潜艇的目击沉量常在 100 吨至 200 吨之间，最高时可达 1000 吨。美、英商船的月损失都在 60 万吨左右，且该数字居高不下。在邓尼茨发起狼群作战的高潮时代，有数百只"狼"同时在海上"觅食"，每日每时都有同盟国商船被送入海底。其中，尤以英国损失最大。丘吉尔首相在战时曾说："我们的脖子快被这些小家伙掐断了"他所说的"小家伙"，就是邓尼茨的"狼群"。

3. 克星降临

1940 年秋冬之际，英国船队在德国潜艇的打击下损失惨重。作为一个海洋国家，海上交通对他们至关重要，为了保卫海上交通航线，英国人绞尽脑汁研制新型的反潜武器和设备。第一次世界大战时，英国海军曾利用水听器来搜索潜艇，但这种被动式的聆听装置作用非常有限。一战结束后，英国人研制出了声呐，至1935年时，皇家海军舰队半数以上的驱逐舰都安装了声呐，二战开始，声呐投入了实战，在实战中发现了一些令人不能满意的地方。英国海军在实战中对声呐继续改进，使其能适应新的战争需要。1939年，英国在标准的声呐装置上加装了一个距离显示器，它可以指示发射深水炸弹的最佳时机。这样，声呐性能有了明显提高，在与狼群战术做斗争的过程中发挥了相当大的作用。

1941年春天，北非战役打响，驻埃及的英军物资紧缺，急需增援。3月6日，英国派出代号为OBl293的物资船队开往非洲，该船队由45艘商船和护航舰组成，所有驱逐护卫舰上都安装了英国人最新改进的声呐。在护航途中，护航舰探测到水下的奇怪音响，立即准备好深水炸弹和火炮，一发现目标便予以迎头痛击。此次，有两艘德国U型潜艇被击沉，两艘负伤而逃。德国"王牌艇长"普里恩曾击沉英国舰船16万吨，战功显赫，想不到这次却被英国人收拾了。3月7日，安装了反潜设备的英国"黑豹"号驱逐舰发现了普里恩的U-47潜艇，向其投下了一枚深水炸弹，U-47潜艇推进器轴受损，螺旋桨在旋转中发出尖厉刺耳的声音，普里恩开足马力，拼命逃奔，然而"黑豹"号凭着那灵敏的"耳朵"紧追不放，始终使军舰压在U-47潜艇的上面，不断向海里投下深水炸弹。普里恩想不出脱险的办法，在绝望之余竟选择了停舰坐沉海底！这场追击持续了近5小时，就在深水炸弹快投光时，舰上的音响探测器失去了回声，不一会儿，水下翻起一团巨大的水花，泛起一片乌黑的油迹。

10天之后，英国HXl2护航队击沉两艘德国潜艇，"王牌艇长"克雷齐默尔被俘，另一名德国"王牌艇长"舍普尔和40名水兵丧生。这是德国潜艇自二战以来的首次重大损失，邓尼茨不得不把他的"狼群"从北大西洋全面西撤370公里。

雷达，是英国人发明的另一种反潜装置。早在1936年，英国就成立了雷达研制小组。1937年，一架"安桑"式飞机上首次安装了一部波长为1.5米的雷达，结果收到了8000米外的"罗德尼"号战列舰等舰艇的清晰信号。随着不断地改进，英国以磁控管的技术研制成功了10厘米波长的高清晰度271型雷达。1942年，一艘英国军舰用271型雷达发现了在6400米距离上航行的德国U-252潜艇，并将其击沉。随着更先进的272型、273型雷达的出现，英国在反潜作战方面掌握了一定的主动权。而在这之后，德国潜艇的辉煌时期便成为过去，不列颠这只狮子终于怒吼着反攻了。

除了声呐和雷达之外，英国人还巧妙地发明出在飞机上安装探照灯的方式来进行反潜攻击。当时雷达的最小探测距离恰恰稍大于夜间目视发现潜艇的距离，所以当潜艇夜间在水面航行时，几乎总能避开空中攻击，这个问题一直困扰着英国岸基航空兵。一名叫汉弗莱·戴维德·利的军官提出了使用探照灯搜索的想法，在专家的配合之下，人们把探照灯装上了"惠灵顿"式轰炸机，被称为"利"式探照灯。1941年6月4日，安装了"利"式探照灯的飞机进行了第一次飞行。7月5日，一名飞行员运用"利"探照灯击沉了德国U-502潜艇。自新式雷达和"利"式探照灯投入使用后，德国潜艇在夜间自由活动的"豁免权"一去不复返了。7月16日后，所有德国潜艇都必须潜航通过比斯开湾，它们不得不在白天上浮充电，这样就大大提高了盟军发现和攻击的成功概率。

同时，英国不断发展反潜能力，深水炸弹、新的反潜弹药的问世，使德国潜艇的活动越来越受限制，并且损失惨重。1943年5月23日，邓尼茨下令将全部潜艇从北大西洋撤出，德国潜艇战最终以失败告终。

4. 太平洋上的硝烟

大西洋上血雨腥风，太平洋上亦不太平。在太平洋战场上，人们更多关注的是美日海军之间波澜壮阔的航空母舰大战。不过，翻开二战潜艇战史，尽管德国的"狼群"与英美潜艇扮演了主要角色，但这并不代表日军潜艇不值一提。

1941年12月6日夜，30艘日本潜艇悄然进入珍珠港外海域设伏，其任务是击沉空袭中所有出逃的美军舰只。只是这次空袭太过成功，居然没有一艘美军舰只出现。焦急等待的日本潜艇队在10日才接到向美国西海岸转移作战目标的命令，要求他们去击沉一艘正在驶向美国本土的美军"列克星敦"级航空母舰，或者伺机攻击美国商船队，于是9艘日本潜艇立即赶往美国西海岸。在12月18日至24日整整一星期的时间里，日军潜艇在美国西海岸肆意出没，这群"山寨版"的"海狼"着实把美国人吓了一跳。它们向停在加利福尼亚港口处的商船发动袭击，不过在美国轰炸机的炸弹威胁下，取得的战绩并不大。

在太平洋，美国和日本同样进行了激烈角逐。战前，日本有62艘潜艇，美国有111艘潜艇。战争期间，日本建造了117艘潜艇，并接收了8艘德国潜艇。美国在战争结束时有260艘潜艇，其中206艘为战争时期建造的。日本潜艇拥有当时世界上性能最好的95式鱼雷，它以纯氧和煤油作为氧化剂和燃料，射程是盟军鱼雷的3倍。可是这种攻击力强的鱼雷并不能挽回日本战败的命运。随着日本战争资源的枯竭与美国步入战时经济的繁荣，力量的悬殊使失败成为日本的最终结局。

与德国主要以攻击盟军商船为对象，切断其物资供应有所不同，日本海军一开始总是想通过一次大决战来决定战争胜负，他们让潜艇担负执行发现、跟踪和攻击盟军海军特混舰队的任务。随着盟军情报、技术、方法的改进和舰艇数量上的优势，不讨好的日本潜艇不得不改变作战方法，他们在盟军的航线上巡逻设伏，以击沉盟军商船。二战期间日本潜艇的战果是击沉 184 艘同盟国商船，总排水量 90.7 万吨位。这个数字显然与德国潜艇的战绩相去甚远。1944 年，为了挽回败局，日本海军制造出臭名昭著的人操鱼雷"回天"，这是一种与神风特攻队异曲同工的自杀式袭击鱼雷。11 月 20 日，"回天"鱼雷成功地袭击了美国太平洋的一支庞大舰队。美国人虽然破悉了"回天"鱼雷的秘密，但在很大程度上仍不能有效地防止"回天"鱼雷的自杀性攻击。"回天"自杀性潜艇攻击命中率几乎是 100%，据美国太平洋舰队统计，在停战前的 3 个月里，日本"回天"鱼雷共击沉美军运输船只 15 艘（多为万吨级巨轮）、巡洋舰 2 艘、驱逐舰 5 艘、水上飞机母舰 1 艘、不明舰种 6 艘，合计共 29 艘，一时间，"回天"鱼雷在日本军国主义分子心中声名鹊起。不过，由于"回天"鱼雷生产数量小，才不至于对美军造成更大的损失。

在美日双方的角逐中，美国潜艇并不甘示弱。1944 年 11 月 19 日，日本制造出当时世界上吨位最大的航空母舰"信浓"号。28 日，美军"射水鱼"号潜艇发现了正在进行处女航的"信浓"号航空母舰，在艇长恩赖特的指挥下，向其果断发射了 6 枚鱼雷，其中 4 枚准确地击中"信浓"号，引起了巨大爆炸。这艘世界上最大的航空母舰在第一次航行不足 20 小时就沉没了。这次成功的潜艇袭击成为美国潜艇作战中最牛的一次。1945 年，为破坏日本内海航道，切断其同亚洲大陆的联系，美军太平洋舰队潜艇司令部决定实施代号为"骗子战役"的破袭战，派遣潜艇秘密通过水雷区，突入日本海。总共有数十艘潜艇参加了这次战斗，他们大获全胜，日方总共有数万吨吨位的船只被击沉。战争资源几近枯竭的日本再也无力制造战舰，在遭到原子弹袭击之后，只得宣布无条件投降。

（四）被泄露的情报竟也瞒天过海——"黄色"方案之谜

螳螂捕蝉，黄雀在后。正当英法两国以绥靖政策静观波兰败局时，他们所期望的祸水东引并没有实现，希特勒突然一个回马枪，杀得英法联军措手不及。在捷克斯洛伐克、波兰相继沦陷之后，希特勒对西方的野心大大增强了。

1. "黄色"方案

1938 年 9 月 29 日，英、法、德、意在德国召开的慕尼黑会议上签订了臭名昭著的《慕尼黑协定》，这是以割让捷克斯洛伐克的苏台德地区为代价的。为了自身的利益，英国和法国当局对德国的侵略行为采取了纵容的绥靖政策，使捷克斯洛伐克成为希特勒案板上的一块肉，任其宰割。众所周知，捷克斯洛伐克具有重要的战略位置与发达的工业，如果控制了捷克斯洛伐克，德国东进苏联，可以以它为桥头堡；西进法国，可无后顾之忧。面对嘴边的这块"肥肉"，希特勒早就垂涎三尺了。1939 年 3 月，希特勒出兵占领了捷克斯洛伐克全境。1939 年 9 月，德军又占领了波兰。在捷克斯洛伐克和波兰垂死挣扎的时候，作为同盟国的英法两国却采取了按兵不动的政策。英、法当局的态度，极大地助长了希特勒的气焰。

占领波兰之后，希特勒率领的德军士气高涨，连希特勒本人都未想到胜利会来得如此之快。于是，他开始策划进攻西欧诸国的作战计划。在战局不明的情形下，国际舆论各有评论。美国参议员威廉·鲍瑞称这场战争为"虚假的战争"，英国首相张伯伦则在慕尼黑会议后回国宣称"我从德国带回了和平"，称这场战争为"模糊的战争"。对于德国人来说，这是一场"坐着的战争"，因为自波兰被占领之后，英法联军就一直安静地待在马其诺防线后面，和对面的德军"和平共处"，双方都尽量避免交火。英国和美国的专栏作家们为这场战争披上一层玫瑰色，他们认为这场战争最终将会以各回各的老家收场，战争最终是打不起来的。可是，他们这回错了。1939 年 10 月 9 日，希特勒终于横下一条心，为完成把所有的日耳曼人统一到一个强大的德意志帝国中的愿望，下达了进攻西欧的第 6 号指令。德国陆军总司令部随即开始制订代号为"黄色"方案的进攻方案，该计划实际上是第一次世界大战中"施利芬计划"的翻版，即经比利时中部以法国巴黎为主要突击方向。那时，希特勒原本并不想与英国硬碰硬，他本以为法国投降之后，英国人会接受他的和平计划，可是后来事与愿违。1940 年 1 月 10 日，德军总参谋部一名携带着该计划的军官因座机迷航而在比利时境内迫降，该计划因此落入英、法之手。

2. 百密一疏

事情的详细经过是这样的。1940 年 1 月 10 日，32 岁的德国军官赖因贝格少校和驾驶员穿着便服驾驶一架轻型飞机沿着比利时边境飞行。由于引擎故障，飞机紧急迫降在比利时境内。迫降时，飞机的机翼已经被树枝撕掉了。在附近边防哨所的比利时士兵闻讯后赶到事发地点进行营救。两个德国人均未受伤，他们被带到了附近的比利时军队总部。在那里，他们要求和德国驻比利时使馆武官通电话。在等待比利时讯问人员到达时，赖因贝格少校佯装打盹，正当旁边的比利时士兵开始松懈时，赖因贝格突然跳起来，快步跑到烧得通红的炉火边，将藏在大衣口袋里的一沓纸快速地扔了进去。待两个比利时士兵回过神来时，已经来不及了。恰好，比利时地方长官艾米利欧·罗志上尉正推门入内，打算讯问两个德国人。看到这种情形，他飞快地将手伸进火炉里，将已经开始燃烧的纸卷拿了出来扔在地上，迅速用脚踩在上面扑灭了火焰。他的手受到了严重烧伤。赖因贝格二话没说，冲上去便抢罗志的手枪，两人开始在地上扭打起来。闻讯冲进来的比利时士兵快速制伏了这个狂妄的德国人。

赖因贝格叫嚣着："我完了！我永远不能原谅我所做的！我不是要杀你，而是要杀死自己。"由于他的疏忽，泄露了德军作战的重大机密。比利时的情报机构将烧得焦黄的碎片进行了复原。顿时，一个完完全全的"黄色"方案展现在他们眼前。纸片上写着："西线的德军将在北海和摩泽尔河之间发动进攻……"德军所有的有关进攻法国和低地国家包括荷兰、比利时、卢森堡的目标一一呈现，这是一个重大情报。

为了搞清楚这是否是德军情报机关的一个阴谋，比利时人在监听的情况下，特意让德国驻布鲁塞尔的武官温赫·威林格少将与赖因贝格单独进行谈话。通过电子窃听器，比利时情报人员听到赖因贝格在向威林格汇报说自己成功地将"黄色"方案烧掉后，威林格少将舒了一口气。这令他们不得不相信，这个"黄色"方案是真实的。

远在柏林的希特勒获悉西进情报泄露，陷入狂怒之中。他的密友陆军将军威海姆·凯特尔描述道："元首几乎气疯了，大声咒骂手下人的鲁莽和愚蠢，这些人的行为几乎威胁到他的西进计划，使该计划差点夭折。"希特勒和他的上层高官们认为，"黄色"方案可能已经泄露给盟军。奇怪的是，据德国的情报机构汇报，英法两国的部署没有任何变化，希特勒这才放下心来，继续执行该计划。

3. 按原计划进攻

在1940年初，一些关注战局的欧洲国家从不同渠道先后得到了希特勒将要在西线进攻的消息。在罗马，意大利王子的妻子玛丽·祖丝找到墨索里尼的女婿齐亚诺伯爵（时任外交部长），哭着告诉他，她获悉德军将要进攻她的祖国比利时。齐亚诺伯爵是一位秘密的反纳粹者，他告诉她，"根据我们的最新消息，这种进攻是完全可能的，你应该毫不犹豫地通知比利时国王雷鲍德"。不过，这些人并不是最先获得消息的，消息最灵通的还是英国。英国最秘密的密码破译机构"阿绰"（ultra）早就截获并破译了数百个德军的无线电信号，这些信号都表明"黄色"方案将在近期内实施。此外，英国和法国的侦察机发

威海姆·凯特尔

现，在德国边界有德国步兵和装甲车在大规模集结。毫无疑问，他们都知道一场大的战事即将发生。

为了阻止"黄色"方案，德国国内一个名为"黑色管弦乐队"的秘密反纳粹

组织开始了行动，该组织由德国高级军官和政府要员组成，这些爱国人士坚信希特勒引燃的战火会把德国引向彻底的毁灭之路。4月30日，德高望重的律师穆勒博士抵达罗马，作为黑色管弦乐队的负责人之一，他此行的主要使命是以教皇为牵线人联系英国驻梵蒂冈大使奥斯本，通知他德国将要在西线进攻的消息。消息很快传了出去，在5月2日，布鲁塞尔也收到了比利时驻罗马大使发来的警报。接着，荷兰、法国等国家相继得到了"黄色"方案将要实施的消息。这个时候，德军相继占领了北欧小国丹麦和挪威，德军最高统帅部认为进攻西欧的时机已经成熟。1940年5月7日，希特勒下令实施略做修改的"黄色"方案。早前由于情报泄露，在A集团军群参谋长曼施坦因的提议下，将原计划经比利时中部以法国巴黎为主要突击方向改为以阿登山区为主要突击方向，该建议令希特勒大加赞赏。德国派出250万军队集结在法国、荷兰以及比利时的边境。

　　1940年5月10日凌晨3时，德军如潮水般拥向阿登山区的森林，向南部城市阿琛集结。此次行动的进攻发动时间为3时半，希特勒的司令部就设在一所位于悬崖上的碉堡里。在希特勒抵达司令部半小时后，无数"斯图卡"俯冲轰炸机带着巨大的轰鸣声冲向了正在熟睡中的中立国家荷兰和比利时。在轰炸机的掩护下，德军步兵和装甲车在两小时后冲过了边界，尽管这些中立国家事先已经得到了警报，可是他们的兵力和装备不是士气高昂的德军的对手。盟军的将军们在手足无措的情形下就做了俘虏，连德国人自己都对如此巨大的战果感到惊奇。希特勒率领下的德国军队的胜利终于让英、法两国的绥靖政策以失败告终！然而，盟军高级将领在事先得到情报的情况下，仍然毫无防备，这确实是一个不解之谜。

（五）一个决定影响一场战争——斯大林的错误决策

　　谁是生来就会打仗的呢，何况是如此大规模的战争？在失败和错误中，被锻炼的不仅仅是军队的作战能力，还有领导者的战略决策。

　　1. 以动制静

　　熟悉二战的人都知道斯大林格勒战役，这场战役的惨烈程度早已载入了史册。可是鲜有人知道正是由于斯大林一个错误的决策，导致了斯大林格勒战役的发生。

　　1941年12月5日，苏联军队在冬季进行反攻作战，他们向莫斯科城下的德军发起了反攻，重创德军38个师，粉碎了德军突击莫斯科的企图。就在苏联军队重挫德军的大好情形下，斯大林又收到了来自遥远的东方的好消息，即日本人偷袭了珍珠港，发起了太平洋战争，这样日军对西伯利亚的威胁就暂时解除了。好事连连，斯大林召开了最高统帅部会议，以制订下一步作战任务。苏联最高级别的将领都出席了这次会议，包括有"斯大林救火队员"之称的朱可夫大将、铁木辛哥元帅、总参谋长沙波什尼科夫元帅以及伏罗希洛夫元帅等。会议上，将帅们对形势作了一致的分析与判断，但在下一步的战略方针问题上却出现了分歧，即在局势有利于我方的情况下，是采取攻势作战还是防御作战的问题。

西南方向总司令铁木辛哥元帅认为，要避免战争初期的被动局面就要以攻势战略为主，打乱敌人可能对西南方向进攻的计划。他的建议立即得到了西北方向总司令伏罗希洛夫元帅的支持。然而，总参谋长沙波什尼科夫元帅却反对这一建议，他认为，德军虽然在前期受到挫折，但在兵力上仍然占有优势，再加上欧洲战场还未开辟第二战场，在此之前苏军仍应以积极防御作战为主，为了保存战斗实力，不应立即赋予大部分战略预备队以具体任务。朱可夫大将也认同此观点，会议上，两种观点僵持不下，最后，他们把问题交给了苏联最高决策者斯大林。

2. 战略失误

斯大林是个铁腕人物，他奉行"进攻是最好的防御"的军事理念，认为应该用攻击来牵制敌人的进攻。他看了一眼会场上的将军们，说："同志们，我们如何能让敌人先下手为强呢……尽管积极防御仍然非常重要，但积极防御并不代表消极的等待。我们应以积极的攻势行动，打乱敌人部署，夺取战场上的主动权！"此言一出，无论众将服与不服，都将照之而行。最后，他们制订了在克里米亚、哈尔科夫等方向的作战计划，打算以积极的进攻粉碎德军的进攻。

斯大林的攻势战略方针，给形势好转的苏军抹上了一层凌厉的寒霜。本来，德国的冬季作战之所以失败，完全是由于苏联人会打防御战，他们把自己掩藏在战壕、工事、弹坑等掩体之下，出其不意地给不熟悉地形的德国人以沉重打击，这是在这一阶段最适合苏军的打法。可现在，士兵们却要跳出掩体，与敌人明明白白地硬碰硬，毫无疑问，这是放弃了自己的优势而正中希特勒的下怀。

1942年春天，斯大林决定把克里米亚半岛作为进攻重点，而这里也正是希特勒进攻的重点。一次在克里米亚半岛的大攻即将开始。德军此次进攻克里米亚半岛的人物是赫赫有名的曼施坦因。精明的曼施坦因观察到，苏军将三分之二的兵力集中在半岛北部，而其南部的兵力却薄弱到只有6个师。如果以3个师的兵力出其不意地攻击克里米亚半岛南部，然后向北部苏军后方和侧翼会合，会同北部正面攻击部队形成合围之势，苏军必败。于是，他制订了一个代号为"鸨"字的作战计划。5月8日，当苏军仍在加强北线防御时，曼施坦因的主力已经悄悄迂回包抄到其后方，在合围的形势下向苏军发动了攻击。斯大林的对攻战彻底失败。

1942年7月底，进攻失败的苏军撤退到伏尔加河一线，在那背后，就是他们坚持的最后底线——斯大林格勒。

（六）纳粹密谋袭击美国本土——"帕斯特里欧斯"行动

二战的战火始终未烧到美国本土，对美国而言实在是一件幸运的事。珍珠港事件后，美国人宣布参战。希特勒决定先下手为强。如果不是德国的"帕斯特里欧斯"行动败露，相信美国在当时不会太平。

1. 破坏计划

日军偷袭珍珠港后，远在柏林的希特勒闻知此事不无气恼地说："为什么要惹那个美国人？"希特勒并不愿意同强大的美国作战，因为美国一旦参战，就极有可能成为德国最强硬的对手。一番分析之后，希特勒决定率先向美国宣战，先下手为强。为了给那个远在美洲的巨人一记重创，希特勒责令德国军事情报机构到美国本土搞一些破坏活动，让美国人吃些苦头。于是德国军事情报机构策划了"帕斯特里欧斯"行动，主要目的是派遣熟悉美国的德国间谍到美国大城市发动炸弹袭击，目标包括火车站、犹太人商店、化工厂、水电厂以及重要的运输船只等。很快，他们招募了在美国生活过的一批纳粹间谍，并对他们进行了简单的训练课程。该课程名为"破坏课"，间谍们首先要学会如何隐藏身份融入美国社会、如何使用炸药、如何使用隐形墨水书写、如何炸毁铁轨以及如何驾驶火车等，此外还要学习各种间谍技巧。他们还被带到德国的工厂、火车站、水渠等地进行参观学习，在参观中，他们被告知同类工厂中哪些地方是最易袭击的弱点。最后有 8 名纳粹间谍通过了测试，他们被分战两组参加"帕斯特里欧斯"行动。

2. 行动开始

1942 年 6 月 14 日，一艘德国 U 型潜艇载着第一小组的 4 名纳粹间谍经过 19 天的秘密航行驶近美国东海岸，在浓雾的遮掩下，头目乔治·达斯奇和 3 名同伙在纽约长岛的阿马甘塞特海滩悄悄登陆。他们携带了大量高能炸药、雷管、装有硫酸的水笔，此外还带着 9 万美元现金。几天之后，在佛罗里达州杰克逊维尔市附近的彭特维德拉海滩，第二小组的 4 名间谍也秘密登陆。

第一小组上岸就急着把炸药埋在沙地里，刚换上平民衣服，就被一名在海滩边巡逻的美国海岸警卫队员发现了。当时他们人多势众，巡逻员也拿他们没办法。4名德国间谍飞速赶往附近的火车站，乘坐火车到了曼哈顿。或许是美国经济的繁荣与和平的景象感染了达斯奇，在纽约市转了几圈后，他放弃了袭击的念头，并决定向联邦调查局自首。可是当他来到纽约联邦调查局分部时，那里的特工根本不相信他的供述，反而将他当成一个胡言乱语的疯子。达斯奇决定到位于华盛顿的联邦调查局总部去自首。这时，他的 3 名纳粹同伙正在纽约的夜总会中过着花天酒地的生活，显然他们也忘了袭击美国的任务，而将大部分时间消磨在纽约一家妓院里。达斯奇到达联邦调查局总部后，一开始总部官员也不相信他的"鬼话"，直到他将随身包中的 8.4 万美元全都倒在桌子上，这些官员才开始认真对待起来，并最终相信他说的一切全是真的。当时胡佛任联邦调查局局长，在得悉纳粹特工潜入美国本土密谋袭击之后，立即命令联邦调查局特工和美国警方展开大范围搜捕行动。到 6 月 27 日，另外 7 名潜入美国的纳粹间谍被一一捕获。

（七）艰难的荒岛争夺战——喋血瓜岛

瓜岛全称瓜达尔卡纳尔岛，这座荒凉的火山岛千百年来人迹罕至。1942 年，这块寂静之地突然热闹起来。位于世界两端的两个国家在这里拼了个你死我活，以至于这场战役成为人类战争史上最为惨烈的一次岛屿争夺战。

1. 自负的日本人

自日本偷袭美国太平洋舰队在珍珠港的海军基地之后，美国人彻底从孤立主义情绪中惊醒过来，珍珠港上的每一丝硝烟、每一缕火苗都在刺激着美国人的战斗神经，他们重新认识到这场战争的意义，并全力投入到这场史无前例的大战中。美国总统罗斯福任命切斯特·尼米兹为新的太平洋舰队总司令，这位美国海军的天才级人物在此后长达 4 年的太平洋战争期间，成为日本海军的死敌。在他的率领下，美军很快便在随后的珊瑚海战役、中途岛战役中报了日本偷袭珍珠港的一箭之仇。

接二连三的失败并没有使日军从横行太平洋的自负中清醒过来，为了弥补舰载航空兵力和岸基航空兵力的不足，他们打算进攻新几内亚岛，占领所罗门群岛以及夺取澳大利亚北部海域的战略要地莫尔兹比港，以此来掩护主力行动的侧翼安全。为了实现这一计划，日军决定在所罗门群岛找一个大点的地方建立机场，而这个地方最终定在了瓜岛。1942 年 6 月底，日军派遣总数为 2700 人的工兵部队和 240 人的海警部队开始在瓜岛修建机场，扩建军事设施。自负的日本人太轻敌了，如果美国人在此地发动进攻，区区 3000 人将如何抵挡？而与此同时，美国人也正打算在南太平洋地区建立一个反攻基地，使之成为遏制日军南侵的要塞，他们同样把眼光放在了瓜岛上。很快，根据美军侦察机获得的情报，日军在瓜岛机场建设速度很快，已经接近完工，如果日军此举一旦成功，那么美军在东南太平洋上空将受到严重威胁，日本飞机可以轻易地打击美英盟军来自澳大利亚的补给运输。南太平洋司令罗伯特·格姆利中将指挥部队尽快抢滩登陆瓜岛，以打乱日军战略部署。如此一来，两双眼睛同时聚焦在这个世界上最荒凉的地方，一场血战不可避免。

2. 登陆瓜岛

8 月 7 日清晨，瓜岛上的热带雨林释放出薄薄的轻雾，美国第 1 陆战师师长范德格里夫特陆战队少将率领 1.9 万士兵在 30 余艘战舰的掩护下悄然登陆。8 日，他们轻易地便击溃了日军在瓜岛上的微弱抵抗，迅速占领了瓜岛以及邻近的图拉吉岛等岛屿。面对这个消息，日本战时大本营竟然不相信美军会在那里大做文章，他们先入为主地认为，这只不过是美军的小规模袭击，而非大规模的战略反攻，要夺回瓜岛是易如反掌的事情。当时有情报显示，美军此举只是意在破坏瓜岛机场而非大规模反攻，日军指挥高官对此深信不疑。在获悉美军占领瓜岛之后，他们推测美军在瓜岛上最多不过派遣了 2000 人，所以一开始只向瓜岛增派了 1000 余人的兵力，这些人无疑是去送死。

美国第 1 陆战师以 1.9 万人轻易夺取瓜岛，他们调侃为"小本经营做大生意"。反观日军，轻敌使他们在战术上采取了分散用兵，逐次"加油"的错误方针，不仅导致了后来的多次失利，还极大地增加了伤亡。8 月 13 日，日本战时大本营命令第 17 集团军司令百武晴吉中将指挥瓜岛夺回战，在错误的判断下，他只派出一个团不到 1000 人的兵力作为先遣队登陆瓜岛。18 日晚，先遣队队长一木清直率领 1000 名士兵登陆瓜岛，进入瓜岛深处，21 日凌晨 1 时，一木清直与众士兵落入了美军精心安排的包围圈内，经过数小时激战，一木清直的先遣部队全军覆没。日军争夺瓜岛初战失利。同一天，日军将领山本五十六接到情报，有 9 艘美军舰船将要运输物资到瓜岛，山本五十六认为只要会同百武晴吉中将一起歼灭岛上美军，就可以夺回瓜岛机场并诱出美国海军主力决一死战。可惜，他对瓜岛上的美军实力也进行了错误的判断，登陆瓜岛时只派出了 5000 人。8 月 24 日，在部队登陆之前，山本五十六的舰队与美军第 61 特混舰队在东所罗门海域进行了一场海空大战。本来战争双方势均力敌，可日本人偏偏自我感觉良好，向长官频频告捷，山本五十六在错误的情报下认为美军已经被打败，即命令运输登陆部队的船只在瓜岛靠岸并登陆。

美军第 61 特混舰队司令弗莱彻观察到，日军正在进行一次鲁莽的登陆行动。他决定将计就计以退为攻，等日军登陆后再以岸基机和舰载机予以迎头痛击。果然，在 2000 余人的日本先头部队刚刚上岸后，就被美军火力打得血肉横飞，伤亡惨重。此时，日军终于意识到美军在瓜岛绝不是什么战术袭击，也不仅仅是要破坏机场，而是要把瓜岛作为一个重要的反攻基地。8 月 31 日，日军战时大本营下达命令，在瓜岛方向集中陆海军主力，协同作战迅速击溃瓜岛美军。这天晚上，日军第 35 旅旅长川口清健少将率领 4200 人在夜色下乘驱逐舰强行登陆瓜岛，从此时起，双方开始了一场为期半年的瓜岛争夺战。

3. 战略转折

及至此时，日本战时大本营仍未对美军在瓜岛上的军事实力有清楚的认识，足见在军事情报的准确性上与美军相比相差甚远。他们一点一点地增加兵力，每一次增加都是失败，而美军在第一次登陆作战时就投入了约 2 万人的兵力，作战效果不仅显著而且伤亡也小。在瓜岛的美军指挥官名为范德格里夫特，具有丰富的丛林岛屿作战经验。在 8 月 7 日至 31 日这段时间内，他组织美军官兵在工事、兵力、作战物资方面做了大量的准备工作，他们还讽刺地利用起了日本人自己新修的机场，对日军运输兵力以及运输物资的船只进行了狂轰滥炸，有力地延缓了日军的登陆进程。从 8 月 31 日至 9 月 15 日为止，日军第一次大规模进攻瓜岛的行动以失败告终。

眼见瓜岛战役屡战屡败，日军大本营终于认识到，美国人在瓜岛的力量不可小觑。在此情形下，争夺瓜岛显得益发重要，日军不得不增派大量援军登陆瓜岛。在海军的炮火掩护下，至 10 月中旬，日军在瓜岛登陆作战的兵力已经达到 2.2 万人。他们向岛上的美军发起了一次又一次的猛烈攻击，可均未占到什么便宜。此时，日军在瓜岛面临着严重的物资匮乏，美国人控制了机场，使日军的物资不能及时到达，许多日本官兵饿着肚子在打仗。日军大本营指挥官明白，争夺瓜岛的时间拖得越久对日方越是不利。11 月初，战时大本营再一次发动了大规模进攻，除了继续增援部队之外，还以强大的海军炮火为掩护，在岛上发动了一场全面进攻。面对日军的威胁，美国也志在必得，总统罗斯福下令，将全部可调用的陆海空武器迅速调到瓜岛，以强大的火力支援岛上的美军作战。

随着一次次的失败，瓜岛战役持续到 1943 年 1 月 4 日，日本人终于认清了形势，战时大本营下达了从瓜岛撤退的命令，总共有 1.3 万名日军分三次从岛上陆续撤出。2 月 9 日下午，美军完全占领了瓜岛，成为半年争夺战以来的最后胜利者。整个瓜岛战役，双方共交战 30 多次，日军伤亡十分惨重，总共 3.6 万名岛上日军，有 1.4 万人阵亡或失踪，9000 余人病死，1000 人被俘。反观美军，仅有 1600 人阵亡，4200 人受伤。

本来美、日军事实力自中途岛战役之后只是达到一个临界点，优劣还未充分显露，而在瓜岛战役之后，日军的军事实力遭到进一步削弱，胜利的天平已经开始向美国倾斜。日本大势已去，在自己的血泊中走上了溃败之路。

（八） 一次鲜为人知的失败作战——空降西西里

登陆西西里岛，美英盟军首次在二战中采取了大规模空降作战的方式，可惜此次空降并不像陆军登陆那么好运。艾森豪威尔将军在西西里岛空降战后给马歇尔将军的备忘录中甚至说："我不相信空降师。"是什么令艾森豪威尔将军如此失望呢？

1. 剑指西西里岛

1943 年 5 月，盟军在北非取得了决定性的胜利，为了保证同盟国在地中海的运输航线畅通，并迫使意大利投降，攻占西西里岛成为美英盟军打击德、意法西斯的重头戏。轴心国对此早有防范，西西里岛历来是易守难攻的咽喉之地，作为意大利最重要的南方门户，德意联军守护这条海防线长达四年之久。盟军打算登陆西西里岛时，它由意大利艾尔雷多·古佐尼将军指挥的第 6 集团军（包括有 11 个意大利师和 2 个德国师）严加防范，其中有 6 个师依托坚固阵地组织防御，另外 7 个师作为战役快速机动部队，随时在岛内发生战事的地点之间机动防御。继"肉馅行动"成功实施之后，希特勒做出了错误的判断，把德军主力调往撒丁岛和希腊，但德南线总司令凯塞林元帅依然意识到盟军极有可能进攻西西里岛，将戈林装甲师和第 15 装甲师派往西西里岛，增强了该岛的防御力量。因此，盟军如果从海上登陆，就意味着将与把守在西西里岛海防线上的德意守军展开激战。

执行此次登陆西西里岛计划的是由巴顿将军率领的美第 7 集团军和由蒙哥马利将军率领的英第 8 集团军组成的盟军第 15 集团军群。为了尽快夺取胜利，两位盟军最高长官决定启用新型的空降师配合地面作战，在登陆行动发起之前，先动用美军第 82 空降师和英军空降兵第 1 师，对登陆地域进行突击，压制意大利军队的海滩防御工事，为海上登陆部队开辟登陆场，以保障英、美两大集团军主力顺利踏上西西里岛的土地。这是自二战以来，盟军首次采用大规模空降兵作战的动作。

西西里岛空降计划制订之后，为了确保顺利完成任务，美第 82 空降师和英第 1 空降师作了战前演习准备。詹姆士·盖文上校指挥美第 82 空降师与美空军运输机第 52 联队在乌杰达附近首次进行了空降运输实战演习，这是美空降师自成立以来的首次演习，因而显得十分重要。6 月 20 日前后，盟军把空降战役的时间确定在两栖登陆之前的晚上，在夜色的掩护下顺利着陆。按规定，美第 82 空降师分为两个梯队共 5307 人由盖文上校指挥，由美第 52 运输机联队的 1500 架 C-47 运输机运送。英第 1 空降师在希克斯将军指挥下分为两个梯队，搭乘 137 架滑翔机进入西西里岛。

2. 这不是演习

1943 年 7 月 9 日晚，天气突然变得恶劣，空中覆盖着厚厚的云层，更糟的是个大风天，风速达 15 米/秒。此时的气候条件十分不利于空降飞行，但箭已在弦上，空降计划照旧执行。20 时 45 分，美第 82 空降师的第一梯队起飞，他们的任务是在杰拉以东地区伞降，切断公路，阻止敌军增援，然后协同登陆奥里弗机场，第二梯队负责增援第一梯队的作战。在大风天气下，要准确地驾机飞行是比较困难的，更何况是在夜间。由于领航员缺乏复杂气象及夜间飞行经验，许多飞机偏离了预定航线，向西西里岛的东岸飞去。此时，守护东岸的德、意军队发现了机群，即用高射炮开始对空中进行密集射击。初次参战的飞行员们慌了手脚，一次又一次地反复飞过海岸上空寻找空降场地标。虽说伞兵们早已做好了跳伞准备，可却因为找不到降落位置而迟迟不敢跳伞。折腾一个多小时后，共有 8 架飞机被击落，10 架飞机被击伤，伞兵们无奈之下顾不上方位对与不对，慌慌张张地便跳了下去。在 10 日凌晨，美第 82 空降师的 2000 余名伞兵七零八落地着陆了，许多伞兵，连盖文上校本人在落地后都不相信是否落在了西西里岛上。显然，预定的任务是完不成了，他们只好一边各自为战，一边收拢失散的部队，至中午时，已收拢 200 余名伞兵，在兵力不足的情形下，他们仍击退了德军对美第 45 师登陆场的反扑。

11 日，眼见美第 82 空降师的预定战斗任务未能完成，巴顿将军紧急命令鲁本·塔克上校指挥第二梯队出发，空降在法列罗机场附近以增援美第 7 集团军的登陆部队。由于任务紧急，以至于没来得及通知盟军在西西里海岸附近的海军。当天夜里 10 时 40 分，共有 400 余人的两个先头小分队很顺利地空降在指定地点，可是，当后续分队飞抵西西里岛上空时，地面和海面竟突然射出密集的炮火。载有 1500 名伞兵的运输机连连中弹，有好几架坠入海中。未被击中的飞机被迫散开，偏离了航线，机上伞兵们手忙脚乱地跳出了机舱。令人大跌眼镜的是，这些炮火竟然是盟军的海军舰队和地面部队向自己人开的火。他们早前接到情报说，当天晚上将有 1 个德军伞兵团来空降（实际上是 13 日晚），因此一见到低空飞行的飞机就慌忙开火。结果，有 23 架飞机被击落，37 架飞机被严重击伤，约有 97 名伞兵随坠落的飞机一起葬身大海。恐怕他们至死也没想到是被自己人打下来的。究其原因还是情报有误以及首次空降准备不足等因素造成的。截至 14 日统计全师人数时，人们发现，原有 5300 余人的美军第 82 空降师，已减员至 3000 人左右了。相比美国人的坏运气，英第 1 空降师的情形也不容乐观。7 月 9 日傍晚 18 点 42 分，希克斯准将指挥英军机降第 1 旅 2500 余人，分乘由 137 架 C-47 运输机牵引的 137 架滑翔机朝西西里岛飞去。由于天气恶劣，牵引机为了不使敌军雷达发现而实行低空飞行，当临近西西里岛时也未升高高度，在远距离的情况下便匆匆解缆，当场造成 69 架滑翔机在大风的作用下一头栽到海里，损失 600 余人，其余的滑翔机散乱无序地降落在离目标较远的地区内，其中有的在着陆时被撞毁，只有 2 架滑翔机着陆在指定目标——彭德格朗大桥附近。一番恶战之后，在登陆部队的支援下，他们总算攻下了彭德格朗大桥。7 月 12 日，为了保障英第 8 集团军顺利通过卜利马索尔大桥，蒙哥马利决定使用山拉恩伯里准将指挥的伞兵第二梯队去抢占卜利马索尔大桥。7 月 13 日，英军伞兵第 1 旅在 19 点 1 分左右分乘 135 架运输机和 19 架滑翔机编队向北飞往西西里岛。为了避免盟军护航舰队的误伤，机群在海上曾 5 次改变航线，但当他们飞抵西西里海域的东南角上空时，还是被盟军舰队误认为敌机，在各种高射火器一阵猛射之下，有 11 架飞机被当场击落，27 架飞机因故障或迷航返航。幸存的飞机飞抵西西罩岛上空时，又遭地面德军高射炮射击，运输机共 3 架被击落，35 架被击伤。滑翔机被击毁 4 架，撞毁 3 架，1 架因故障坠海。整个第二梯队大约只有 20% 的兵力降落在指定位置。当时，适逢由德军海尔曼上校指挥的空降师也在卜利马索尔大桥伞降，准备增加大桥的防御。当他们落地时，竟然看见黑暗的夜空中飞来了英国人的滑翔机，并且进入了与自己相同的空降地。双方伞兵立即展开战斗，一番恶战之下，直到 16 日，英军主力部队到达此地后，才终于占领了该桥。

作为美英军队首次进行的大规模夜间空降行动，此次西西里岛空降战役损失惨重。此次空降战后，盟军司令艾森豪威尔在给马歇尔将军的备忘录中写道："我不相信空降师。"一时间空降作战的地位跌入低谷。实际上，这场战役的失败因素是多方面的。它与空降计划准备不够充分、海陆空各兵种缺乏密切而熟练的配合，战场通信联络不畅等因素紧密相关。事实证明，在后来的诺曼底登陆中空降战仍然有其巨大的战术作用。

（九）消失的战舰——神秘的彩虹计划

战争与科学紧密相关，在战争时期，最尖端的科学往往被最先运用到武器实验之中。20 世纪最辉煌的物理成就莫过于爱因斯坦提出的广义相对论、狭义相对论以及统一场论的理论。据传，美国军方曾大胆地对其统一场论进行了一次绝密实验。

1. 大胆的试验

二战时期最显著的一个特点就是大胆运用最先进的科学以研究新型武器，原子弹的成功便是典型的例证。1925 年至 1927 年间，爱因斯坦用德文将"统一场论"发表在一份普鲁士的科学刊物上，一经提出，便令全世界的科学家为之着迷，按照这种理论，物质在一种强力磁场的作用下便会产生屏蔽效应，简单地说就是，人看不见我，我却能看得见人。如果这种理论能应用于战争，那不就是战无不胜了吗？

敢想敢做的美国军方在二战时期，就利用过"统一场论"来进行一项绝密试验。该实验的原理与夏天的路面上由受热的空气形成的雾气造成的效果非常相像。只要借助电磁在军舰周围产生一个强大得令人难以置信的磁场，就会使光线或雷达的无线电波发生折射和弯曲，这样军舰就可以干扰和躲避敌方鱼雷的攻击，后来该目标延伸为周围空气中产生类似的强磁场而使敌人的雷达探测不到自己的存在。可是，后来美国海军最终将其束之高阁，并矢口否认此事。一些媒体声称，这是因为实验中出现了一些出人意料的怪事。

1943 年 6 月，在美国费城海军造船厂停着一艘舷号为 DE-173 的护卫驱逐舰——"爱尔德里奇"号。在这艘普通的船上，实验人员安装了数吨电子实验设备。这些设备经过适当的控制和调节，就可以使军舰周围的光和无线电波弯曲，从而产生屏蔽效应，让敌人无法看见。

2. 不可思议的结果

在一切准备就绪之后，1943 年 7 月 22 日上午 9 时整，在费城的海军造船厂里，"爱尔德里奇"号驱逐舰进行了它的初次实验。当时，磁力发生器的电源被接通，强大的磁场开始在舰身周围形成，只见一片绿色的雾慢慢将"爱尔德里奇"号驱逐舰包围乞求，从视线中将它遮去。随着雾的逐渐消散，"爱尔德里奇"号驱逐舰也踪迹皆无。大约 15 分钟后，实验人员关上了磁场发生器，绿色的雾重又出现，"爱尔德里奇"号驱逐舰则在雾散去的同时在原来消失的地点重新现身。军舰的物质形态竟然从人们眼中消失了，实验的结果远远超出了预想！岸上的人们兴奋地登上驱逐舰，这时，他们觉得有些不对劲，船上的船员们分辨不出方向，还都感到恶心。美国海军将舰上所有船员调换走，并很快换上一批新船员。

10 月 28 日下午 5 点 15 分，"爱尔德里奇"号驱逐舰进行了最后一次实验。工作人员再次开启了电磁场发生器，几分钟后，水面上的"爱尔德里奇"号驱逐舰只能依稀看到舰身轮廓。突然，不可思议的事发生了，一道炫目的蓝光闪过，军舰完全在水面上消失了。几秒钟之后，它匪夷所思地出现在几英里以外弗吉尼亚州的诺福克。然后，像它神秘地出现一样，它又从诺福克消失，再度回到费城造船厂的实验基地。参观实验的人们目瞪口呆地看着整个过程的发生与结束！经过这次实验后，舰上多数船员感到剧烈恶心，有些船员失踪，有些船员发了疯，他们回忆不起在舰上发生了什么事情，后来他们都被判定为"心理健康程度不适合服役"而被迫退伍。美国海军随后封闭了所有消息，这次实验的所有记录也均被列为绝密文件。

（十）失踪的纳粹财宝——纳粹高官偷运珠宝

二战时期，纳粹的铁蹄踏遍了整个欧洲，他们在侵略别国的同时，也像强盗一般洗劫钱财，当然也包括私人财产，这些巨额财富以一种隐匿的方式被藏了起来

1. 复兴计划

二战中，德军从其他国家掳掠了大量财宝，德国国家银行把这些黄金归入自己的黄金储备。这是纳粹侵略的最主要经济来源，也是希特勒将战争持续进行下去的重要资源。一些中立国家为了某种利益给纳粹大开方便之门，比如瑞士、西班牙、

阿根廷、土耳其等。通过瑞士银行的中转，纳粹黄金先被兑换成瑞士法郎，纳粹再用这些"洗"过的钱从中立国家购买战争原料。现在，人们仅仅知道纳粹宝藏大致存于梵蒂冈、瑞士以及南美的银行。除此之外，纳粹财宝有些在战争期间被藏匿，还有些被逃脱制裁的纳粹高官据为己有，最后被战胜国占有一部分，如英国和美国，因而纳粹的黄金赔偿问题至今仍引发许多争议。

2007年春天，英国国家档案馆解密了180份二战时期的绝密文件。其中一份文件显示，在1943年，英国军情五处逮捕了一个名叫埃内斯托·霍普的阿根廷人。此人是德国情报部门的秘密特工，被逮捕时正在西班牙一带活动。英国军情五处从他的居住处找到了无线电台、密码本、伪造的证件以及行动计划等。数周的审讯后，霍普最终向军情五处交代了真相。原来早在二战结束前两年，德国纳粹高官就制订了详细的"复兴计划"，即准备将掠夺来的财富向包括阿根廷在内的一些中立国家转移，以便德国战败后能够尽早恢复元气。与此同时，盟国也在尽力寻回这些财富，然而直到1945年4月初，他们才意识到这项任务的规模之大。

2. 惊世黄金

作为中立国的美洲国家阿根廷，在二战中为纳粹德国的经济活动提供了相当的便利。英国的解密文件显示，二战期间，在阿根廷的许多德国公司将其利润交给当地的纳粹间谍组织充当活动经费。通过小规模的走私活动，许多物资，如德国急需的工业用金刚石和铂金等，仍在源源不断地从阿根廷流往德国。不仅如此，在战争末期，许多纳粹高官逃向中立国家，阿根廷正是其中之一。1944年1月，在美国的压力下，阿根廷被迫同德国断绝了外交关系。

已经被确认的纳粹运送到阿根廷的最大一笔财富，是纳粹高官马丁·鲍曼在1943年至1944年期间，由西班牙转运至阿根廷的大批掠夺财富。美国作家法拉格声称，这些转移记录都保存在阿根廷、英国和美国的档案中。所有运到阿根廷的财物以埃娃·庇隆夫人的名义存入了阿根廷中央银行的金库里。这笔巨额财富后来被庇隆家族侵吞了不少。20世纪50年代，埃娃夫人去欧洲旅行期间，在数家瑞士银行存入了超过8亿美元的资产，由此可见纳粹财富之巨。现在虽然无法确切知道被鲍曼转移到阿根廷的纳粹财产的数量，但它无疑是未被追回的最大一笔纳粹财富。

纳粹高官马丁·鲍曼

另外，在战后还有一则与此相关的传闻。战争即将结束时，一支德国潜艇队携带大量钱财和纳粹要员前往阿根廷避难。1998年，据俄国《真理报》称，约20艘德国潜艇在1945年5月1日至6日间从挪威的卑尔根港起航，在佛得角群岛附近与另外一支德国潜艇队会合。他们在那里获悉德国投降的消息，一些潜艇随后被艇员凿沉，还有一些向同盟国投降，但其中至少有6艘潜艇继续向阿根廷航行。这6艘潜艇内的大量财富，是否流向阿根廷已经成为未解之谜。

（十一）生死诺曼底——D日解密

诺曼底登陆是人类战争史上规模空前宏大的一场登陆战役，它击溃了希特勒所谓的"大西洋壁垒"，使德军陷入两线作战的困境，决定了纳粹德国在二战中的彻底失败，因而被世界历史永远地记载。可是这一登陆战为什么要在1944年的6月6日6时30分进行呢？这里面大有文章。

1. 第二战场的开辟

1941年夏天，希特勒的侵略扩张嚣张到了极致。从北极圈以北，南至比利牛斯山脉，东至维斯瓦河，西达大西洋之滨的半个欧洲均成为德国的囊中之物。最后的东欧平原上最大的国家苏联，一直是希特勒最想征服的地方。6月22日4时30分，希特勒单方面撕毁与苏联签订的《苏德互不侵犯条约》，实施"巴巴罗萨"计划，发动了一次规模超大的突然袭击。猝不及防的苏联在战争初期接连失利，伤亡十分惨重，大片国土沦陷。

丘吉尔首相在苏德战争爆发当天就发表了向苏联提供支援的演讲，美国的罗斯福总统也表明了向苏联提供外交援助的态度。东西方世界之间的争吵暂时停了下来，他们将联手对付共同的敌人——法西斯！1941年10月1日，英国、美国与苏联召开莫斯科会议，签署了著名的《莫斯科宣言》，英、美两国同意在援助苏联的同时，还答应在适当的时机开辟一个相对于苏德战场的第二战场。

斯大林太需要枪、炮、飞机和坦克了，而他更需要的，是把战火再次引向西欧，这样将大大减缓他东线战场的紧张局面，才有可能缓过一口气来反败为胜。1941年是苏联红军在战场上最吃紧的一年，斯大林自7月起就多次写信要求英国在当年就于欧洲开辟第二战场。英国政府对此犹豫不决，因为在二战中其自身也受到了相当大的打击，无论从兵力还是物资上都严重匮乏。在这个时候仅凭英国实力开辟第二战场无异于送死。所以，丘吉尔一直在开辟的具体时间和地点上不给予斯大林明确的答复。

太平洋战争爆发后，美国参战，世界反法西斯阵营中多了一个最有力的盟友。

开辟第二战场有了美国人的加入后，可行性就高了许多。1942年4月1日，美国总统罗斯福批准了陆军参谋长马歇尔将军关于在西欧开辟第二战场的五个条件。可是，为什么却一直拖延到了1944年6月6日呢？

2. 行动开始

第二战场的开辟，主要以美、英联盟作战，因此只要任何一方有不同的意见这个战场就开辟不了。之所以斯大林早在1941年提出的建议被延至1944年，一个原因是提出时美国未参战，英国缺乏实力因而时机不成熟；另一个原因是美国参战后在开辟第二战场的问题上与盟友英国迟迟未能达成一致。尤其是在决定开辟第二战场的作战地点、时间的时候，两个国家曾产生过严重分歧。美国军方坚持在西欧开辟战场，而丘吉尔则打算在地中海区域开辟。1943年11月，在开罗会议上，丘吉尔与美国马歇尔将军甚至吵得不可开交。丘吉尔建议在爱琴海上的罗德岛开战，他认为，如果攻占了这个岛，就可以抢在苏联人前面，从巴尔干半岛向前推进，占领罗马尼亚、奥地利和匈牙利。其意就是宁愿多些损失也不想让苏联人抢头功。可是，美国人并不同意他的观点，坚持要在西欧开辟第二战场。丘吉尔差点没气晕了，他激动地扯着上衣翻领，口沫横飞地对马歇尔说："我告诉你，我们英国皇家军队只知道步枪必须吐火，坦克必须驰骋沙场！"马歇尔将军与他针锋相对地说："假如让我决定的话，我绝对不会让我们的士兵去那个该死的岛上送死，不，上帝可以证明，绝不容许！"其口气更加坚定。最后，不管丘吉尔多么不愿意，在作战实力大大超过英国的美国人的说服下，双方终于达成了在1944年5月发动"霸王行动"的共识。

为了实施这个人类历史上最大规模的登陆战，美英双方派出了自己最精锐的指挥官。盟军以美国艾森豪威尔将军为最高司令，英国名将蒙哥马利将军则担任陆军总司令一职。一时间，他们齐集于英国伦敦，确定以法国北部的诺曼底海滩为登陆地点。为了避免让德国的情报机构知道"霸王行动"的登陆地点，盟军做了大量的保密和欺骗敌人的情报工作。后来，竟然成功地让希特勒误以为是在法国加莱地区登陆，并把大量的德军主力部队调到那里防备。地点是定了，可在登陆时间的问题上却让最高统帅艾森豪威尔作了难。要知道，海、陆、空三军协同作战必须要有一个适宜的气象条件才能达到最好的效果。当时，空军和陆军要求在一个月明星稀、能见度较好的气象条件下登陆，以便于发动火力打击，而海军则提出，最好是在月黑之夜登陆，能见度低才能使德军不便于发挥岸炮火力。三军只有在低潮时登陆的要求是共同的。如何满足不同军种不同气象的天气条件，可真是一个大学问。直到6月4日，盟军得到的气象分析仍旧是"云层低、风大、波涛汹涌"。怎么办呢，战势不等人啊？艾森豪威尔命令盟军负责气象的军官斯塔格迅速拿出一个适宜作战的时间来。经验丰富的斯塔格明白，此时287万人均已做好战斗准备，容不得拖延时间。经过一天的分析，他终于算出了一个相对适宜的作战时间，即6月6日。在5日的一场大雨之后，6日将有一段36小时的宜于三军作战的时间。艾森豪威尔在仔细听取他的报告之后，沉默地思考了一阵，然后，从嘴里吐出了三个词："Let's go!"

就这样，历史在这里在这个时间定了格，1944年6月6日6点30分，庞大的海陆空三军共287万人，如潮水一样向希特勒吹嘘的"大西洋壁垒"奔去。

3. 巴顿缺口之谜

诺曼底登陆战是一次由同盟国诸名将亲自操刀的军事盛宴，艾森豪威尔、蒙哥马利、巴顿全都是赫赫有名的大将。在他们的领导下，诺曼底登陆像一把致命的匕首，插向第三帝国的心脏。其缜密的战术配合，"出奇"情报战的胜利，超低的伤亡率，无一不显示出精兵强将们在军事上的完美演绎。不过，如同世界上没有什么事物是完美的一样，在整个诺曼底登陆作战中，仍然显现了战术配合上的欠缺来。"巴顿缺口"就是其中最典型的一例。

1944年8月12日，盟军把德国第7集团军包围在阵地东端，只剩下法莱斯和阿干坦之间的一个缺口还没有封住，形成一个巨大的口袋，德军被装在这个口袋里，盟军只需将口袋封住，就可以打一场漂亮的围歼战，提前结束二战。可是，这个本应由巴顿将军统领士兵去进行封堵的缺口，却因一个突然的命令而暴露在德军面前，导致数万德军在8月20日盟军的包围圈封合之前溜之大吉。这次安全大撤退被称为"德军的敦刻尔克"，德国历史学家苏拉姆教授描述道，"在德军这一撤退行动中，敌军得以切断并且歼灭全军的机会也就一去不复返"。8月12日，巴顿率领的第3集团军进抵阿干坦，只要他在此时向北急进19公里，就可以到达珐莱斯，与加拿大人和波兰人的军队会师，整个德军将陷入包围圈中。可是，他们没有这样做。13日，巴顿的侦察部队已经接近了法莱斯，途中接到一个奇怪的命令，要他们撤回阿干坦。后来，这个缺口足足敞了一星期之久，德军当然溜了。

作为一名作战经验丰富的老将，巴顿不可能不知道其中的利害关系。下达这个奇怪命令的人，必定是比巴顿军衔更高的将领。而在当时，只有盟军最高司令艾森豪威尔、地面部队司令蒙哥马利、美集团军群司令布莱德雷的军衔比他高。是谁给巴顿发布的命令呢？领导第21集团军的，正是地面作战总指挥蒙哥马利将军。适时，蒙哥马利直接指挥下的英国、加拿大部队正在法莱斯缺口的一侧，从8月7日起，他就对法莱斯发动了代号为"总体作战"的攻击计划。至10日，距法莱斯还有7公里路程，作战双方均损失惨重，蒙哥马利的部队被德国人死死地钉在原地动弹不得。此时，只有在不远处的巴顿部队能完成封闭包围圈的任务了，可是，正在巴顿向法莱斯前进之际，却被美集团军群司令布雷德利电告不得继续向北移动，如果有小部队已经进至"法莱斯附近或者到达阿干坦以北，即应撤回。"这道指令后来成为盟军第二次世界大战期间最引起争论的一道指令。巴顿和他的第15集团军大感意外地眼睁睁地看着数万德军从"缺口"蜂拥而出。实际上，布雷德利并不是命令的发布人，他对撤回的指令也怒不可遏。

4. D日登陆有必要吗

在盟军积极备战"霸王行动"的时候，德国人在干什么呢？希特勒让隆美尔和伦德施泰特两位元帅到西线战场上抵抗意欲登陆的盟军。虽说戈培尔把大西洋壁垒吹嘘得如铜墙铁壁，但国内有作战经验的高级将领都明白，德国一旦开始两线作战就是失败的开始！而这个失败已经在所难免了。对此，德国反情报机构负责人威海姆·卡拉瑞斯早已明了，早在4年之前，他就加入了反纳粹的"黑色管弦乐队"组织，并成为其中的灵魂人物。他们一直努力设法得到美英等国的支持，致力于除掉希特勒，早日结束战争。然而，盟军对他们的建议总是不予理睬。

身为德国情报机构负责人的卡拉瑞斯明白，盟军将要在1944年6月的某个时候发动一次大的进攻，因为在这之前，已经有大批兵力集结在英吉利海峡一侧，卡拉瑞斯不会不知道这场战役的重要性。这个一向谨慎的人在这时已经将"谨慎"二字抛到九霄云外了。在5月下旬，他托一名可靠的法国地下组织人员给英国军情六处领导人曼茨写了一封信。信上再次要求盟军与黑色管弦乐队合作，以避免即将发生的战事。可是，他却不知道盟军要求德国无条件投降，志在必得的他们刀已出鞘，不会理睬他的建议。英国军情六处领导人曼茨给他回了一封信，要他到巴黎的圣安基娜修道院去取回信。

这是一封事关生死的绝密信件，为了挽救德国，尽量减少人员伤亡，他决定铤而走险，做最后的尝试。1944年6月4日下午6时，卡拉瑞斯来到位于巴黎的圣安基娜修道院，在一位嬷嬷的卧室里，他与法国地下组织（该组织在那时受英军情六处的指挥）领导人阿莫德上校见了面。两个敌对势力的领导人在一种不可思议的情形下聚在了一起。阿莫德将曼茨的信交给他。卡拉瑞斯戴上眼镜，开始仔细地阅读这封至关重要的信的内容。一片安静之后，他失望地叹了一口气，说："德国完了。"36小时之后，盟军在诺曼底登陆。至于战场上的伤亡，有艾森豪威尔的话语为证，"只有但丁能够加以描述。一口气走上几百码，而脚下全是死人和腐烂的尸体……"

对于许多德国人来说，如果由盟军和德国内部反纳粹组织合作，除掉希特勒，停止战争将会大大减少伤亡。著名的德裔美国历史学家卡罗来斯·冯·鲁迪查，他在战后长时期内宣传这场战争的不必要性，数百万将士和平民就会免于伤亡。众所周知，德国国内在战争后期已经有许多人在反对希特勒，1944年7月20日的刺杀

事件就是一个明证。可惜的是，盟军的目的是要彻底摧毁这座城，扫除一切纳粹分子及其精神。因而，第二战场的开辟必须而且要彻底。

在这场人类历史上规模最大的世界大战结束之后，丘吉尔首先站出来承认，英美联军在战时没有对德国内部的反抗力量予以理会是一件令人非常遗憾的事情。

（十二）"狼穴"里的爆炸声——刺杀希特勒

时至今日，仍有德国人不堪回首那段战火纷飞的二战岁月，这个曾经为人类奉献出康德、爱因斯坦、莫扎特、贝多芬的国家在二战中是怎么了？难道就没有人发现战争的不义吗？答案当然是否定的。正义和使命感使一些德国人行动起来，他们想用生命挽救国家。

1. 瓦尔基里行动

1943 年，德国军队在二战战场上节节败退，大批德国士兵在异国阵亡或是被俘，其中受伤者残疾者更是无数。许多德国军官在这时开始反省这场战争，他们虽然身处于战场或是指挥所，心里其实早已厌倦了战争，期望能早点结束这场战争。同时，德军军营中早已出现反纳粹组织，他们痛恨希特勒和他的纳粹主义，他把德国引向战争，使这个国家在犯罪，而这一切只有除掉战争狂人希特勒才能停止。在这个时候，一批勇敢的德国军官成立了一个密谋刺杀希特勒的"暗杀恶魔小组"。其首领包括德国陆军总司令部的海尔姆斯·斯蒂夫将军、德国后备军参谋长施陶芬伯格上校等，该组织人数达到数百人，他们都是对纳粹深怀不满的德军军官，愿意牺牲自己的生命来换取德国的和平。在那时，希特勒在国内仍有绝对的影响力，拥有大批纳粹支持者，反纳粹行动是九死一生。可是，如果不杀死希特勒，就还会有成千上万的德国士兵毫无意义地死去，行动势在必行。1944 年 7 月，德军已是强弩之末，暗杀恶魔小组加紧了刺杀希特勒的计划。他们策划了一个名为"瓦尔基里"的行动。"瓦尔基里"在北欧日耳曼神话中是一群美丽而可怕的少女，据说她们飞翔在古战场上，寻找那些该杀死的人。刺杀阿道夫·希特勒，用这个名字再合适不过了。在刺杀计划实施以前，密谋者之一特雷斯克上校曾说："行刺必须进行，不惜任何代价。即使失败，也必须行动。因为问题已不在于具体目的，而是德国抵抗运动在世界和历史面前敢于做出这一决定性的举动。"因此，刺杀行动的意义要远远大于具体目的本身。它表明了德国人敢于推翻希特勒政权的决心和立场。

2. 执行者

刺杀希特勒可不是一件容易的事情。考虑到希特勒身边保镖重重，能接触他的全是德国军界最高层的人，在执行此计划时，必须是能接近希特勒的人，他至少要能有和希特勒握手的机会。而在执行行刺活动的过程中，最好能顺带除掉希特勒的左膀右臂戈林和希姆莱。

暗杀恶魔小组决定让刚刚被晋升为国内驻防军总司令部的施陶芬伯格上校执行这个重大的任务。

施陶芬伯格于1907年出生在德国一个贵族军人家庭，良好的家境和军人门风使他从小养成了保卫祖国，为德国人民战斗的思想。早在希特勒上台执政之前，他就加入了德国国防军，希特勒登上政治舞台之后，受其影响成为一名纳粹的崇拜者。可是在长期的作战中，他逐渐对纳粹党徒们的横行霸道和灭绝人性感到厌恶，对希特勒发动的侵略战争深感不满，这一点尤其体现在他受伤之后。1943年，施陶芬伯格在突尼斯的一次战斗中严重受伤，炮弹炸断了他的右手，左手只剩下三个指头，右眼完全失明。在那之后，他开始深刻反省这场战争，对希特勒在军事上的一意孤行彻底绝望。此番行动他志在必得，能挽救德国于水深火热的战争之中，即使牺牲也在所不惜。希特勒十分赏识这位作战英勇、指挥有方的德国青年军官，曾公开表扬他是一个有思想、很理智的指挥官。因此整个德国高层军官中，没有人会怀疑施陶芬伯格要做什么"坏事"。

在整个刺杀行动中，施陶芬柏格只是行动主要执行者，主要策划者是他背后的德国高层将领，如最高统帅部通讯处处长埃里希·菲尔基贝尔将军、陆军办公厅主任弗雷德里希·奥尔布里希特将军、总参谋部的林德曼将军等。

3. 刺杀始末

当时，在今波兰境内距华沙北面200公里的偏僻树林内，一个希特勒以"狼"命名的俗称"狼穴"的地方，是二战期间纳粹德国东线军事指挥中心。德国的元首大本营周围戒备森严，四周布满了地雷，时刻有荷枪实弹的卫兵手中牵着狼狗走来走去。

1944年7月20日，希特勒召集德国高层军官在这里举行会议。10时30分，施陶芬伯格上校在副官的陪同下手提公文包经过三道岗哨进入"狼穴"的中心，公文包内藏有两颗重1950克的炸弹。那是东线中级指挥官菲利普·冯·伯泽拉格尔为他提供的英国特制炸弹。早在7月初，施陶芬伯格就在包内一直装着这种炸弹，由于机会不成熟而没有引爆，因为反纳粹小组坚持要把希特勒及其主战骨干一网打尽。7月中旬，施陶芬伯格曾二三次与希特勒有过直接接触，但由于戈林和希姆莱均未在场，所以未下决心动手。这一次对他而言则是一个绝好的暗杀机会，希特勒的高官都会来，而且由于官员众多，他可以趁混乱逃出去。

会议本来准备在13时开始，而希特勒却在12时半就开始了会议，这使施陶芬伯格不得不仓促着手组装定时炸弹。对施陶芬伯格这样一个手有残疾的人来说，要在数分钟内组装好炸弹比较困难。当时有几位军官甚至从他附近走过，看见他在包什么东西。但是没有谁会想到，施陶芬伯格竟敢在希特勒的指挥部组装炸弹。由于时间仓促，他在仅装好一枚定时炸弹的情况下便赶往会议室。

此时，希特勒正背朝门，坐在桌子中央。他一边把玩着放大镜，一边听陆军副总参谋长兼作战部部长豪辛格将军汇报东线局势。施陶芬伯格一踏进会议室便向希特勒问候。之后，他在豪辛格身旁就座，把棕色的公文包放在桌腿底下，尽量把它推向希特勒，离希特勒只有 2 米。此时，时针指向 12 时 37 分，还有 5 分钟爆炸。趁大家专心致志听报告时，施陶芬伯格借口打个电话悄悄地离开了会议室。

豪辛格是反希特勒密谋圈的边缘人物，他并不知道这一谋杀计划。他的副官俯身到桌面上来，想更清楚地看一看地图，但是那只棕色的公文包碍事，他想用脚把它踢到旁边去，没踢动，他就用手把它放到了桌子底座的另一边。

然而，可能就是这一挪，救了希特勒的命，从根本上改变了历史进程。几分钟后，一声巨响，会议室顿时笼罩在烟尘中，碎片横飞，数名军官被炸得血肉模糊。

当希特勒被人搀扶着走出会议室时，几乎让人认不出来，他的头发被烧焦，右胳膊肘有轻微淤血，左手掌有几处擦伤，双耳鼓膜受损。暗杀并未成功。原计划中的两枚炸弹施陶芬伯格只使用了一枚，炸弹缺乏足够的威力，再加上厚重的橡木桌面保护了希特勒，使他躲过一劫。

4. 事后余波

在自己的司令部遭到自己人的暗杀，希特勒差点没气晕了。惊魂初定的希特勒立即向密谋者展开了血腥的报复。他向全国广播："我的德国公民们，今天我向你们讲话的目的是让你们听听我的声音，让你们知道我的确安然无恙……"接着他宣布，人人有义务逮捕反叛者，若有抗拒，格杀勿论。希特勒从此之后变得更加神经质、狂躁，不相信任何人，总是感到人们在背叛他。事实上，他离众叛亲离的日子也不远了。

党卫队共抓捕了 5000 多名涉嫌谋刺的男女，其中许多人无辜受到了牵连，这些人多半在逮捕后被枪决。所有"瓦尔基里"行动的直接参与者，在第一时间内被逮捕并处以枪决。他们包括斯蒂夫将军、施陶芬伯格上校、特里斯克上校等人，甚至连他们的亲戚都被抓来处以死刑。不仅如此，此次暗杀行动连累多名德国将领成为替罪羊，包括名噪一时的隆美尔元帅、维茨勒本元帅、克鲁格元帅、哈斯将军、瓦格纳将军等，他们皆以服毒自尽收场。这些人本是德军阵营的精兵强将，损失多员大将，使正在苦战中的德军内部受到重挫。

在德国沉默了 60 年之后，德国人对刺杀希特勒的行动终于有了正面评价。2004 年，德国前总理施罗德盛赞这次英雄壮举："我向所有参加这次行动的人表示钦佩和崇高的敬意，他们为了我们今天的幸福生活献出了生命。"

（十三）法西斯头子的穷途末路——墨索里尼最后的日子

公道自在人心，人民的牺牲满足的是法西斯集权主义个人膨胀的野心。几乎所有的独裁者在位时都飞扬跋扈，专横不可一世，可他们一旦下野，就会受到最无情的还击。

1. 穷途末路

1943 年 7 月，英美联军登陆西西里岛，盟军反抗法西斯侵略战争的胜利曙光已经开始显现。墨索里尼陷入了内忧外患的煎熬之中。他把意大利的命运绑在了德国法西斯的战车上，战争的惨败，使意大利陷入了崩溃的深渊。一时间，民怨沸腾，意大利国内反法西斯运动不断。人们痛恨墨索里尼，正是他把意大利引向绝路。意大利法西斯统治集团内部在一片反对声中分崩离析，包括意大利国王埃曼努尔三世、巴多格利奥元帅、外交部部长齐亚诺（墨索里尼的女婿）都在暗中策划推翻墨索里尼的统治。7 月 24 日夜晚，在意大利中断了 4 年的大法西斯委员会复会，会议决定恢复有民主议会的君主立宪制，并通过了将墨索里尼的全部权力重新交还至意大利国王的决议。25 日，国王埃曼努尔召见了墨索里尼，告知他被撤除一切职务。随后，他被装进一辆救护车押走。到此，墨索里尼才如梦方醒似的明白自己成了阶下囚。几经周折，他被押送到大萨索山。27 日，新上任的意大利总理、巴多格利奥元帅宣布解散法西斯党。

消息传至柏林，希特勒为了救出这个难兄难弟，亲自策划了一个名为"橡树"的营救行动。9 月 12 日，精悍的德国特种兵以空降突袭的方式救出了墨索里尼。之后，墨索里尼在意大利北部萨洛组建了一个意大利社会共和国的傀儡政府。然而，这个短命的政府很快于 1945 年 4 月消亡。4 月 25 日，感到大势已去的墨索里尼和他的情妇克拉雷特·佩塔奇离开米兰逃往瑞士。28 日，墨索里尼和佩塔奇化装成德国兵出逃，被在东戈附近的意大利解放组织的游击队员捕获。为了防止节外生枝，最后意大利民族解放委员会宣布处死他们，在科莫湖边的科莫村外，墨索里尼和佩塔奇在两声枪响后变为死尸。

2. 尸骨之谜

1945 年 4 月 29 日上午 9 时 30 分，墨索里尼的尸体被游击队队员们拉到了米兰，以一种最羞辱的方式出现在米兰最热闹的洛雷托广场上——墨索里尼和佩塔奇的尸体被倒挂在一座车库的大梁上。人们从四面八方蜂拥而至，观看这个大战犯的下场。负责看守这些尸体的士兵根本无法阻止愤怒的人群，他们将满腔怒火都发泄在了这两具尸体上，吐唾沫，用脚踢，向尸体开枪，甚至有妇女在墨索里尼的尸体上撒尿。后来，这两具尸体又被倒挂在广场的一个加油站顶上。墨索里尼的尸体随后被运往米兰大学的医院。最后，墨索里尼的尸体被葬在米兰郊外穆索科区的一座墓地里，坟墓上除了编号384外，没有任何标记。显然，这样做的目的是为了避免墨索里尼的尸体被发现，防止其他法西斯分子对这具尸体加以利用。第二年4月的一天，3个顽固的法西斯主义支持者还是盗走了墨索里尼的尸体，意大利政府历经一番周折之后又将其寻回。随后的12年内，墨索里尼的尸体一直被移来移去，曾经放置过多个地点，譬如修道院、空的别墅等。1957年，墨索里尼的尸体终于被运到他的出生地——普雷达皮奥的圣卡西亚诺墓地下葬。

　　1966年3月，一名美国外交人员前往普雷达皮奥，拜访了墨索里尼的遗孀拉凯拉。他此行的目的是将墨索里尼的大脑切片物归原主。原来，美国人一直觉得这位独裁者是一个疯子，他死去不久，在美国军方的要求下，医生从墨索里尼的头颅中取了一些脑组织作为研究之用。他的脑切片一直放在美国华盛顿的伊丽莎白精神病医院。事隔数十年之后，墨索里尼的尸骨才终于得以完全安歇。历史向人们阐释了这样一个真理：玩火者必自焚，生前受人痛骂，死后也会不得安宁。

（十四）将人类带入战争深渊的恶魔——解密希特勒

　　有人说希特勒是地狱来的使者，也有人说他是天才军事家、演讲家。作为二战的头号战犯．他早已被永远地载入世界历史，背上了千秋骂名。无数英雄在这个战争狂人的叫嚣声中倒下，却不知他可曾想到自己将来的下场？

　　1. 双重性格

　　阿道夫·希特勒，这个臭名昭著的名字，在二战之时才为世界所熟悉。与众不同的是，这个"战争狂人"在童年与青年时期却对自己充满了幻想与期待，即便是在最落魄的时候。

　　1889年4月20日下午18时30分，希特勒出生于德国巴伐利亚和奥地利的边界城市布劳瑙。希特勒的父亲阿洛伊斯是一个私生子，母亲就是阿洛伊斯的外甥女克拉拉，从血缘关系上讲他们属于近亲结婚。很难想象，没有比他更不相称的人来继承俾斯麦、霍亨左伦家族皇帝和兴登堡总统的地位了。或许正是这种不一般的出身造就了希特勒独特的气质和性格。阿洛伊斯性情粗暴，对孩子动辄打骂，使希特勒后来也养成一种残酷暴烈的性格。老阿洛伊斯希望阿道夫将来继承自己的衣钵，成为一名公务员，可是少年阿道夫却想成为艺术家，只要一想到将来坐在办公室里写文件的日子，他就会难受得头疼。同样，他也轻视体力劳动，在最初的青年时期，他靠溺爱他的母亲供养着。从16岁起，希特勒就成为热衷于政治的德国民族主义者，幻想着制订一番宏伟的计划，并爆发出一种压抑不住的演讲欲来。母亲去世之后，希特勒才开始正视谋生的问题。他野心勃勃却又一无所长，在维也纳过了一段流浪汉的生活。之后，他靠卖画养活自己，但这位热爱政治的"画家"很快就把他的单身公寓变成了一个政治俱乐部。在这里，他进行了自己最初的政治演讲，聚在这里的人有上流人士，也有市民阶层的失意者。人们喜欢听他的演讲，因为他的演讲充满了激情与煽动性。就这样，直到一战爆发，他才有了用武之地，在20世纪30年代初他开始平步青云，逐步登上德国的政治舞台。

复杂的身世和经历令希特勒有着怪异的性情，在他的身上明显地体现出两种性格特征。他的最后一任女秘书特劳德·琼格说："希特勒私底下为人非常友善……他在通过对讲机发布命令时，声调比较平和，但当他发表演讲时声调却变得刺耳，姿势也变得夸张，用一些私下从未用过的可怕字眼来攻击犹太人，演讲完毕之后他又变得很安静，仿佛什么事也没有发生过一样。"据1994年12月中旬美国中央情报局披露，他们在1944年2月完成过一篇有关希特勒的心理特征的分析报告，报告中揭示了希特勒变态而复杂的性格。在感情生活上，希特勒步父亲的后尘，爱上了自己的外甥女吉丽·拉波尔。吉丽死后，这段刻骨铭心的畸形感情令他后来再也不亲近任何女性，直到临死之前才宣布与情妇爱娃·布劳恩结婚。

希特勒对自己饲养的动物关怀备至，充满女性般的"仁爱"。一只孔雀死了他会伤心得掉泪，甚至一只昆虫死了，他也会摇头叹息。显然，这是一种女性化的心理特征。然而，他在下令把几十万犹太人送进毒气室时，却没有犹豫超过三秒钟。这位令数百万犹太人在数年内屠杀一空的种族灭绝者，自己却有轻微的晕血症，只要一见到人血，就会感到非常不舒服。他的宣传部部长戈培尔将其美化为"这是元首对生灵的仁慈"。为了缓解精神压力，在夜深人静之际，希特勒要司机以时速超过100公里的速度飞驰，可另一方面，缺乏安全感的他又严格规定，他所乘的汽车最高时速不准超过37公里。他的行为表现看似矛盾，实质上与他变态的性格有着紧密的联系。至今仍有性格分析学家在研究希特勒的双重性格之谜。

2. 希特勒之死

1945年5月4日，苏联军队攻克柏林，一位侦察员在帝国总理府花园的一个弹坑里发现了两具被烧焦的尸体。为了确定这是否就是希特勒与他的新婚妻子爱娃的尸体，苏联军官将男尸的颅骨拿给希特勒的牙医鉴定，牙医从中认出了自己给希特勒做的几颗义齿，从此，希特勒死于自杀就记入了历史之中。希特勒自杀是苏方对外宣称的说法，实际上，就连斯大林自己也不相信希特勒死了。美国前国务卿詹姆斯·比尼斯曾回忆说："1945年7月波茨坦会议期间，斯大林非常友好地和我碰杯，我问他，'斯大林元帅，你对希特勒之死怎么看？'斯大林回答说'他没死，他逃到了西班牙或阿根廷。'"后来，确定希特勒牙齿的牙医翻供，表明他无法肯定那就是希特勒的颅骨，其助手也发表了同样的言论。

4月30日，希特勒夫妇同下属告别，随后走进了地堡。此后在生还的证人中，只有近侍林格一人见过死后的希特勒。其余人只见过裹在毯子里的尸体从希特勒办公室抬出，毯子里究竟是谁，他们并不知道。如果希特勒要逃，在那天午夜逃出帝国总理府防空洞的人多达4万人，希特勒很容易夹在人群中混出去。战争刚结束后的头几周，柏林和德国到处是无家可归的人，希特勒很容易就能消失在人流中。7月10日，一艘德国潜艇出现在阿根廷，8月中旬，第二艘德国潜艇又在阿根廷出现，更增添了斯大林说法的可信度。阿根廷有很多德国移民，阿根廷总统贝隆公开称赞纳粹政策，许多纳粹高官都在战后逃往阿根廷定居。

爱娃·布劳恩

还有人认为，希特勒死于他杀。希特勒执政后，疯狂发动对外战争，对内则实行法西斯独裁，猜忌同僚，滥杀无辜，积怨甚深。在他当政期间，曾发生数起谋杀事件，但都没有成功。在战争后期，一些军官为了早日结束战争，同英美议和，可能趁苏军逼近之机杀死了希特勒。苏联作家尤里安·谢苗诺夫在其著作《春天的十七个瞬间》《奉命要活着》中描述道，希特勒在苏军攻入柏林后，留下遗嘱并决定自杀，他回到了自己的房间，20分钟过去后，奉命为他焚尸的鲍曼等人走进元首办公室，看到他的新婚妻子爱娃已毒发身亡，而希特勒却还在迟疑不决。这时，鲍曼从希特勒手里拿过手枪，对准他的后脑开了一枪，战争狂人就这样结束了生命。

对于希特勒之死，人们争议颇多，甚至有人提出死亡的根本不是希特勒而是他的替身。这更给希特勒之死蒙上了一层迷雾。据一份美国联邦调查局的秘密报告显示，希特勒拥有至少14个替身，但在二战结束后，就没人知道这些替身的下落，很可能在帝国总理府花园中发现的焦尸就是替身的其中之一。

当年，苏军找到疑似希特勒的尸骸后，斯大林没有下令将希特勒的骨骸彻底毁掉，而是装在人弹药箱内，埋在苏军的军事基地里。由于只有少数人知道这个秘密，因此，随着苏军转换基地，希特勒的尸骸一次次被挖出来，转换地点再埋下，他们带着希特勒的尸骸一起转移，前后一共8次。直到1970年，苏联克格勃主席安德罗波夫下令将希特勒的尸骸彻底烧成灰，丢进了柏林的下水道，一直冲到河流，进入大海。有关焚毁过程的记录保存至今。因此，究竟这具尸骸是不是希特勒已经无法重新鉴别了。头号战犯希特勒，在生时专横跋扈，死后却不得善终，这也是对所有独裁者敲响的警钟。

（十五）升腾的恐怖蘑菇云——第一颗原子弹的诞生

现代物理在 20 世纪有了质的飞跃，最先进的物理科学往往被最先应用于武器。而在整个二战研制的武器中，原子弹无疑是威力最大的新型武器。

1. 美德核竞争

20 世纪 30 年代，现代物理发展到新的阶段，核裂变现象成为德、美、英国物理学家研究的对象。德国纳粹为了寻找一种具有巨大威力的新型武器，从 1939 年起就开始秘密研制原子弹。1939 年 9 月初，德国陆军部把铀裂变研究集中于它的管辖下，并邀请了许多知名科学家为陆军研究新型原子武器。其中包括有最先用中子轰击铀元素的奥地利科学家哈恩以及诺贝尔物理学奖获得者海森伯等，由当时威望最高的海森伯负责德国纳粹的核武器计划，陆军部则不断拨出研究资金。而此时的美国并不太重视这方面的研究。1939 年初，丹麦物理学家玻尔访问美国时带去了德国科学家已成功裂解铀原子的消息，引起了美国科学家的忧虑。费米、齐拉特和爱因斯坦联合上书一份有关核裂变的报告给美国总统罗斯福，但当时美国政府仅批给他们 6000 美元的研究经费。

1940 年 5 月 3 日，德军占领了留坎。在这里，他们控制了当时世界上唯一能提供大量重水的工厂。几天之后，德军又占领了有着丰富铀矿的比利时。最后，德国科学家们在法国巴黎获得了他们梦寐以求的回旋加速器。至此，德国人制造原子弹的条件已经具备，什么时候生产出原子弹只是时间问题。希特勒甚至在公开场合声称德国会在较短时间内拥有一种能把人炸到 2 公里远的超级炸弹。但为何直至二战结束，德国人还没有制造出原子弹呢？其主要原因在于许多科学家从心底不愿意为纳粹效力，甚至连海森伯也不例外。作为有社会责任感的科学家，海森伯并不赞成希特勒发展大规模杀伤性核武器，甚至有意隐瞒他们的研究进展。直到 1942 年，当纳粹官员问可否造出原子弹时，海森伯的答复是"不能"。另一个因素是盟军对德国人的原子弹研制计划进行了一系列的破坏工作。

2. 曼哈顿工程

美国当时并非没有可以制造原子弹的专家，只是一直不太重视这个问题。随着德国人狼子野心的昭示，他们觉察到了危险。1940 年 6 月 12 日，卡耐基大学校长布什与罗斯福总统进行了一次仅10分钟的关于国防科学研究的会谈。之后，布什便被任命为国家防务委员会主席。1941年12月6日，代号为"曼哈顿工程"的原子弹计划正式启动。而这一天正是日军偷袭珍珠港的日子。一年之内，第一个原子反应堆就在芝加哥正式运转。1942年，曼哈顿计划的主持者美国格罗夫斯将军任命奥本海默为洛斯·阿拉莫斯实验室主任。正是在他的领导下，美国人赶在德国之前及时地制造出了原子弹，并投入使用，迅速结束了二战。

洛斯·阿拉莫斯位于美国新墨西哥州一片沙漠之地，这里被称为"秘密之城"，星散着许多低矮的办公室、实验室。1945年春，世界上第一颗原子弹"小玩意"开始在离特里尼蒂只有几公里的一个大牧场房子里秘密组装。初夏，原子弹组装完毕。1945年7月16日凌晨5点30分，世界上第一颗以钚—239为燃料的原子弹终于在新墨西哥州的阿拉莫戈多沙漠试爆成功。

（十六）"中国近代建筑史上的第一陵"——中山陵保卫战

1925年3月12日，孙中山在北平逝世。有遗嘱："吾死之后，可葬于紫金山麓，因南京为临时政府所在地，所以不忘辛亥革命也。"

中山陵是中国近代伟大的政治家、革命先行者孙中山（1866—1925年）的陵墓及其附属纪念建筑群，位于江苏省南京市东郊紫金山南麓。中山陵依山而筑，坐北朝南，岗峦前列，屏障后峙，气势磅礴，雄伟壮观，被誉为"中国近代建筑史上的第一陵"，伟大的革命先行者孙中山先生的灵柩于1929年6月1日奉安于此。中山陵是仿宫殿式的建筑，建有三道拱门，门楣上刻有"民族，民权，民生"横额。祭堂内放置孙中山先生大理石坐像，壁上刻有

中山陵

孙中山先生手书《建国大纲》全文。抗战时期，中国军队曾在位于南京紫金山的中山陵区同日本侵略军进行了四昼夜的浴血奋战，南京沦陷以后，中山陵地区遭到了日军的摧残和破坏。

早在抗日战争前，总理陵园就已经做了不少抗战的准备，1935年，陵园曾举行了两次防空演习，其中第二次演习作为京杭镇防空大演习的组成部分，预先在陵园警卫处召集了谈话会，由警卫处处长马湘主持，演习的主要内容是：警戒主要建筑

物、疏散人员、管制交通与灯火等。1934年，国民党《中央党部防空计划书》中特别规定，中山陵墓是防空四大重点地区之一。为了民族抗战的需要，1936年初，当时的中山陵园管理机构陵园管理委员会开始有条件地允许军方介入陵园地区，加强对陵园的保护。抗日战争爆发后，上海经过三个月的抵抗，终于沦陷。日军兵分三路，向南京进犯。担负紫金山总理陵园保卫任务的是国民党教导总队，这是南京保卫战中装备最好、实力最强的一支部队。

1937年12月，日军侵犯南京，中山陵区俨然成为防空备战的军事重地，12月9日，日军分左、中、右三路向南京城猛扑，中路主力沿京杭公路进犯，在麒麟门与教导总队骑兵营遭遇，骑兵营边打边退，沿仙鹤门等地撤到紫金山以北徐坟一带，担任总队左侧警戒。

12月9日上午，教导总队与敌军开始正面接触，他们凭借着坚固的工事，狠狠地向来犯的日寇开火，日军在中国守军猛烈炮火的压制下，横七竖八地倒在阵地前，死伤狼藉，一次又一次的冲锋被击退了。激战到午后，防守老虎洞的教导总队第五团，因阵地比较突出，在敌人步兵、炮兵和空军的协力猛攻下，伤亡十分惨重，只得边打边退，放弃阵地，退至紫金山第二峰东侧的山顶与敌人继续鏖战。12日，日军在不断增援的情况下，展开全面进攻，激战至天黑，防守第二峰的第五团防线被突破，第一团也从西山撤到卫岗一带防御。因此，居守中线的第三团被迫退守梅花山至天堡城一带。当时，桂永清、胡启儒等教导总队高级军官贪生怕死，弃军逃跑，而团以下官兵继续与敌奋战至12日晚间，最后，残剩的中国守军才突围而去。在这场保卫中山陵的战斗中，中山陵警卫大队的卫士也参加了战斗，分队长黄惠三直到12月12日敌人扑向中山陵时，仍在陵墓前坚守抵抗，不幸中弹阵亡，其余卫士分别在灵谷寺、五棵松、二道沟等地的战斗中阵亡。据统计，在保卫中山陵的战斗中，牺牲的孙中山警卫队队员共有26名。

在日军兵临城下，中山先生的遗体确实不能运往重庆的情况下，中山陵卫士成员写下决心书，"誓与中山陵共存亡"，并在孙中山陵寝旁举手宣誓。国民党政府考虑到敌我力量悬殊，而日本方面破坏孙中山遗体的可能性不是太大，最终决定留下人继续守卫陵寝。这一留守，意味着什么，中山陵的卫士们都很清楚，中山陵卫士的留守，得以付出生命为代价，他们也有对生命和家庭的眷恋，但更多的是为国捐躯的英勇和悲壮，凭着对中山先生的忠心耿耿，更是对国家的赤诚，他们做出了义无反顾的生死抉择！

日军侵占南京后，中山陵处于无人管理状态，日军田中部队、涡川部队进驻陵园，在陵园内乱划军事区，将果园一带划为军农区，附设畜牧场，设置木牌，并在陵园内举行军事演习，紫金山森林遭到严重破坏。

（十七）中国抗战劲旅——桂系军团

男儿胆大可包天，

参加敢死队！

沙场血战拼头颅，

视死也如归！

宁玉碎，勿瓦全，

革命将士大无畏，

歼灭敌寇，建立勋功，

看我们无敌的钢军敢死队！

——《桂军钢七军军歌》

在 8 年的抗日战争中，桂军就是唱着这首歌走向抗日战场的。

1937 年 7 月 7 日卢沟桥事变爆发，中国抗日战争开始，在全国人民奋起抗日救亡的形势下，桂系率先响应，7 月 15 日，李宗仁致电南京国民党中央，请下定决心，实行抗战，以民族铁血粉碎日本帝国主义的疯狂进攻。7 月 17 日，蒋介石发表"庐山谈话"指出："地无分南北，人无分老幼，无论何人，皆有守土抗战之责任。" 20 日，李宗仁、白崇禧、黄旭初致电国民党政府，表示："已决誓统率第五路军全体将士及广西全省 1300 万民众，拥护委座抗战主张到底，任何牺牲，在所不惜。" 10 月，李宗仁被任命为第五战区司令长官，驻节徐州，奉命将桂系部队改编北上参战，在"七七"事变后的两个月内，桂军共编成三个军，除原第 7 军、第 84 军外，另成立第 31 军，组成第 11 集团军。

那时的广西人很贫困，当时有很多光着脚板的广西兵开赴江浙前线，但参加抗战的广西子弟兵作战勇敢，宁死不退，而且纪律严明，这从桂系的钢七军身上可以看出，桂系钢七军在抗战时，奋勇杀敌，取得了很大的战绩。日军战史里曾评价道："桂系钢七军是中国军队唯一具有武士道精神的军队！"——桂军有的不是"武士道"，桂军有的是"爱国心"。抗日战争初期，桂军的英勇作战赢得了世人的好评："彼等之勇敢，组织之良好，军事技术之优越，及持久耐战。"为国内外军事观察家"深为羡慕"。

1937 年 8 月时，统帅部决定将津浦线划为第五战区，拟请李宗仁任司令长官，李宗仁感到效命疆场的时机已经到来，便于 10 月 14 日乘飞机离桂转宁，行前李宗仁和白崇禧联名发表《训勉全体将士书》，表示"纵使全国化焦土，我们也要战斗到底；只要有最后一粒子弹，我们也要战斗到底"的决心，希望全体将士"精忠报国，努力杀敌，争取最后的胜利"，1938年3月，第五战区司令官李宗仁率领桂系主力配合其他兄弟部队在台儿庄重创了日军矶谷师团，台儿庄战役，歼敌两万余人，缴获大批武器、弹药，严重地打击了日军的嚣张气焰，振奋了全民族的抗战精神，此次大捷是中华民族全面抗战以来，继平型关大捷等战役后，国民党战场在抗战初期取得的一次大胜利，这一仗不仅是中国抗战以来的空前胜利，也是日本新式陆军建立以来第一次惨败。自全国抗战爆发后，特别是在抗战初期，李宗仁、白崇禧不仅在言论上，而且在行动上实践了他们的诺言，积极投入了伟大的民族解放战争，在淞沪战场上和台儿庄等战役中，写下了光辉的篇章。

日军1939进攻广西，可几乎没能在一个城市和村庄占领超过三个月，因为人人都反抗！北海市的几万市民，为了给被日军屠杀的两百市民报仇，秘密组织暴动，夺取了鬼子的电台和军械库，用棍子和大刀消灭了一个中队120人的日本鬼子。1940年3月，汪精卫在南京建立伪政权。4月李宗仁、白崇禧分别通电声讨汪精卫的卖国行径，表示要"外锄狂寇，内剪巨奸"，抗战到底。1940年11月，日军第三次进攻随枣地区，李宗仁率部奋起抵抗，第84军再次担任防守随枣正面的任务，自11月24日至30日，经七昼夜苦战，粉碎了日军的进犯。

抗战初期，日军一路长驱直入，他们曾经疯狂叫嚣"三个月灭亡中国"，而事实上他们打了8年也没有让中国屈服，1944年冬天，日军攻打桂林，遇到桂军，注定了这是一场恶战，此役日军共集结了近7个师团，15万兵力，桂林守军总兵力不到两万人，至1944年11月10日桂林城陷落，广西守军1.9万余人中，1.2万战死（其中一半被毒气毒死），7000多人因为中毒昏迷不醒而被日军俘虏，而日军的伤亡据日军后来递交大本营的战报中说在桂林一役中阵亡1.3万余人。日本人在战史中高度评价桂林保卫战："漓江之水为敌我两军之血染之为赤，此役是在华所经历到的最惨烈的战役，并非在于规模，而在于敌军之勇猛。"桂林战役后，不少广西的老人说，在美丽的漓江上整整有过近5公里的江面上都是中日两军的尸体，此战役之残酷可见一斑。随后1944年日军再次进犯广西，却在昆仑关损失了4000人，此役号称中国抗日"第一大机械化攻坚战役"，此后直到抗战结束日军也未彻底征服广西。

卢沟桥事变以前，广西常备军仅有步兵师20个团，抗战爆发后，广西先后出兵达120余万，如果加上日军两次进入广西，造成的广西民团部队大量"保家卫省"而参战的话，广西在8年抗战中投入抗日战争的人多达近300万人，人数上仅次于四川，排名全国第二，但是以省居民人数与出兵人数比较的比例，平均每近4个广西人中就有一个人投入到了抗日战场，广西居全国首位。而且广西部队几乎参加了抗战时期正面战场的所有重大战役，可以说，广西为抗战胜利做出了极大的贡献。总的来说，桂军的广大将士在抗日战争中保持并发扬了顽强作战、英勇牺牲的精神和气概，他们和所有为民族独立、国家生存而洒热血沙场、埋忠骨热土的抗日将士一样，将永远为我们所纪念！

（十八） 中国远征军大溃退——唯一走出野人山的女兵

在中印缅交界处有一片方圆数百里的原始森林，60多年前，3万多名中国远征军战士惨死在这片"绿色魔窟"里，这是世界军事史上极其悲惨的一段往事，远征军第22师的女兵活着走出这片原始森林的只剩一名。她就是如今定居在安徽合肥的刘桂英老人。

1920年，刘桂英出生在长沙郊区一个贫寒的农民家庭里。她3岁那年，长沙久旱无雨，因为家里的农田颗粒无收，家人实在养不起她了，只好忍痛把她送给长沙一户姓刘的人家当养女。在她10岁那年，养父和养母相继病逝了，养父的好朋友韩叔叔把她送到长沙贫女院安身。1937年，在贫女院里面学习了7年的刘桂英以第一名的好成绩考入长沙市湘雅医院护士助理班学习护理知识。

抗日战争爆发后，刘桂英同几个热血青年一起报名参加了中国军队新22师。她被分配到野战医院，成为一名女护士兵。战争爆发后没多久，中国仅有的几条国际航线路就一个随着一个被截断了。1938年8月，由20万名中国民间劳动力修建而成的滇缅公路全线通车，全部国际援华物资几乎都经过滇缅公路运进了中国。但到了1941年底，太平洋战争爆发，1942年3月8日，日军攻占了缅甸的首都仰光，切断了中国当时最重要的国际运输线路——滇缅公路，威逼印度和中国的大西南。

为了保卫滇缅公路，中国政府抽调了10万精兵组成远征军奔赴缅甸和英美盟军协同作战，联合抗日，刘桂英就是10万名战士当中的一员。当时中国远征军的军需供应紧张，即使这支号称装备最阔气的第5军，赴缅作战时士兵们也都穿着草鞋，被称为"草鞋兵"。到达缅甸以后，中国远征军浴血奋战，屡挫敌锋，使日军受到沉重的打击。但因为英军配合不力，只顾自己逃跑，致使远征军陷入腹背受敌的危险境地。5月上旬，中国远征军开始撤退，但此时，日军已切断了远征军的归国通道，在不断地后撤中，中英联军的失败已成定局。而日本人又提前占领了从保山通往大理的道路，切断了中国军队回归的后路，英军统帅要求中国军队以难民身份进入印度，这使得杜聿明无法容忍，他毅然决定带部队向北绕道回国。

新38师的师长孙立人与杜聿明意见不合，带领万余名部下随美国史迪威将军撤向印度，更多官兵在中国远征军第一路副司令长官兼第五军军长杜聿明带领下穿越凶险无比的百里原始森林无人区，他们准备从那儿绕道回国。在进入野人山之前，远征军的将士们认为进了森林就能摆脱日军的纠缠，而森林中又有许多的野果野味，战士们万万没有想到，这片原始森林竟然是一条无比凶险的"绿色魔窟"！由于森林里野兽肆虐，瘴气弥漫，疾病流行，缺医少食，加上恶劣的自然环境，致使数以万计的中国官兵葬身于密林，演出了世界军事史上极其悲惨的一段往事。

野人山位于中缅印交界处，绵延数百公里，山上乔木遮天，终年不见天日，猛兽成群，蚂蟥遍地，传说还有野人出没，当地人把这片方圆数百公里的无人区叫作野人山，又叫"魔鬼居住的地方"。1942年6月，数万名疲惫不堪的中国远征军战士走进了野人山，开始了他们的"死亡之旅"。越往山林深处走，山林就越显得阴森恐怖。一到了晚上，狼虫虎豹全都出来了，漆黑的山林里满是野兽的吼声，在山谷里久久回荡，让人毛骨悚然。更加可怕的是，瘴气开始在军队里肆虐横行，路边和草棚里堆满了战士们的尸体，散发出恶臭的味道，闻之使人晕眩。热带丛林也是蚂蟥的世界，下雨之后蚂蟥遍地皆是。人在路上走，它们昂头直立在树叶、草叶上等候，稍一接触，就上了人的身，不知不觉中，它已把你的血吸了出来，发现了蚂蟥，只有在它钻入的地方狠打，它就不得不缩成一团退出来，但不能硬扯，这头扯下来，那头又钻进去。

约半个月后，士兵所带的粮食基本都见底了，一些体弱的士兵开始掉队，杜聿明只得把驮物资的100多匹战马都杀了，战马吃光以后，大家就开始吃皮鞋，吃皮带，就连手枪套也成了他们的食物。当这些东西全都吃光以后，大家就只能够靠树皮和草根来维持生命了。在这条路上布满了士兵的尸骨，有的甚至已被野兽撕碎，但凡有点畏惧的，就不可能坚持下来！

根据记载，当年由杜聿明率领的3万多名长官部及直属部队官兵在野人山陷入困境时，接到重庆方面的指令，要求他们向印度撤退。而这时与他们失去联络的第96师残部却在不知不觉中来到了高黎贡山的脚下，一步步靠近国门。

中国远征军以10万之众出国，活着离开战场的只是4万多人，其中，刘桂英是第22师中唯一一位活着走出野人山的女兵。刘桂英和最后走出野人山的一批战友被送抵印度朗姆茄的中国远征军基地，一个女兵活着走出野人山的消息轰动了整个基地。基地上的印度人、英国人和美国人都佩服地称她为女英雄。每当回忆起当年那场大悲剧，刘桂英的眼睛总是湿润的，她用颤抖的声音说："现在回想起来，我简直不敢相信，自己当年竟然能够活着走出野人山！翻越野人山的时候，我脑子里只有一个想法：就是死也要爬到祖国的土地上去死！"

中国远征军第一次出国作战虽然失败了，更重要的是，中国人正是通过这种牺牲精神才赢得了世界的尊重，中国在第二次世界大战后能够成为联合国五大常任理事国之一，正是数百万抗战将士用生命换来的。1945年1月，中国远征军对盘踞在野人山的日本第 18 师团进行反击战斗，取得了最后的胜利，刘桂英终于回到了阔别三年的祖国。

（十九）劫后余生——千余盟军战俘东北逃脱日军屠杀

在辽宁省沈阳市的东郊，有一座鲜为人知的日军沈阳战俘营，它曾经是日本军国主义在第二次世界大战期间设立的规模最大、级别最高的中心战俘营，这里先后关押了 2000 名盟军战俘，其中包括美军驻菲律宾最高军事长官温莱特中将和美军巴丹守军司令爱德华·金少将。

1942 年 11 月 11 日，盟军战俘 1500 多人从菲律宾马尼拉被运送到中国沈阳，这时的中国东北已经被日本殖民统治达 10 年之久，沈阳改称为奉天。战俘们来到日军奉天战俘营。战俘营里除了美国战俘外，还有英国、荷兰、澳大利亚的盟军战俘，他们来自东南亚战场，共 1500 多名。日军奉天战俘营位于沈阳的东郊，原来中国东北军的驻地，日本占领东北以后，就把这里变成了关押战俘的集中营。在这座破旧的战俘营里，中国东北的严寒给这些刚从热带过来的战俘们以沉重一击。天气真是太冷了，冷雨夹着冰雪，简直糟透了，那个地方让人心情灰暗。除却严寒饥饿和疾病的煎熬，战俘们还无法逃脱无时无刻不在的恐惧，按照战俘营的规定，点名时，战俘们必须要用日语从左到右喊出自己的战俘编号。

战俘营里的二号人物石川上尉满脸横肉，大家给他起了个绰号"公牛"。在奉天战俘营里，几乎每个战俘都领教过"公牛"的凶暴。英国陆军忠诚团第二营列兵瑞莫尔的下巴被"公牛"狠狠地打了几拳，理由是，他给日本人鞠躬时没把手中的煤筐和铁锨放下。

在饥饿和寒冷的威胁下，疾病开始袭击战俘了，战俘们得的病很多都有传染性，所以病菌在营房里迅速传播，患病人数一度达到 800 人，超过战俘总数的一半。第一个冬天就有 200 多名战俘死去。在战俘营，患病的战俘最怕进医院，因为日本人只有等病人奄奄一息的时候才让住院，而进了医院的人，由于根本无药可医，加上无人照料，绝大多数最后都进了停尸房。

1943 年 7 月，奉天战俘营司令松田大佐突然宣布了一个意外的决定：战俘营要搬家。战俘们的"新家"位于当时的奉天东郊，是一个新建成的专用战俘营，条件的改善使战俘们的健康状况逐渐好转。让战俘们感到惊奇的是，有一天日本人突然宣布要给他们发钱，前提是他们必须到新战俘营西边的工厂去劳动。20 世纪 30 年代，日本为了更快地掠夺东北的物质资源，在沈阳建立了一个大规模的工业区，满洲工作机械株式会社是日本三井公司和美国福特公司合作的一个机床厂，太平洋战争爆发后，由于美国人的撤出，工厂需要大量懂英文的技术工人，所以，美军战俘自然成为日本人的首选，在这个工厂里工作的还有大量中国工人。于是，约600名战俘开始到一家名叫"满洲工作机械株式会社"的工厂上工，生产和加工机械部件。这样的日子过了一段，终于有一天，平静被打破了。据美国战俘格罗凯特回忆：一次他和许多接受过机械培训的美国陆军和水兵被安排到工厂劳动，日本人交给他们一些图纸，要求他们按照图纸的要求去完成，战俘们打开图纸一看，大吃一惊：日本人要他们生产的，竟是战斗机起落架上用的齿轮。此时，战俘们终于明白，日本人是要让他们去生产武器，而这些武器即将被用来与自己的国家作战。战俘们决定反击，但他们清楚，如果采取极端手段，日本人肯定会对他们施行残酷的惩罚，于是，他们想了一个办法，当格罗凯特拿来图纸后，他们把左侧的那套图纸扔进炉子。本来要加工左右各64套战斗机起落架齿轮，结果做的全是右边的一套。生产的齿轮只能全部作废。初次反击的成功给了战俘们极大的鼓舞，更多的抗争无声地展开了。英国战俘克里斯蒂说："虽然远离了硝烟弥漫的战场，过着艰难的生活，但我们每个人仍然在同日本人战斗！"接着，战俘们又开始打起日本人车床的主意。他们生产出的产品总是不符合要求：不是螺丝拧不上，就是尺寸不对。战俘们的反抗，日本人并非没有察觉，而是因为他们找不到太多的理由来惩罚，更何况他们还得依靠战俘来生产更多的产品。

1944年11月，美国战俘格罗凯特的一位中国朋友突然告诉他：100架美国轰炸机轰炸了日本皇宫西北仅16千米的飞机发动机制造厂。格罗凯特明白，盟军已将战火烧到了日本本土。12月7日，奉天战俘营里突然拉响了凄厉的警报声，天空出现了黑压压的轰炸机编队，美国战俘一眼就认出来，那是自己的B-29"超级空中堡垒"轰炸机。这时，一架轰炸机突然飞临奉天战俘营上空，紧接着，三枚炸弹投到了战俘营。尽管有17名战俘丧生，但战俘营的人们没有抱怨，他们终于看到了结束自己噩梦的希望，这次轰炸让日本人感觉自己即将失败。不过，日本人并没有消极等待失败的降临，他们制订了一个绝密的计划。

1945年4月，奉天战俘营陆续押来许多盟军高级军官战俘，其中包括帕克少将等26名美国、英国和澳大利亚的将军，由于日军在东南亚的溃败，他们将这些原本关押在那里的重要战俘陆续转移到中国东北，据说，在菲律宾被俘的美国最高军事长官温莱特中将也被转移到了这里，消息被截获后，美军决定筹备营救计划，5月，美国战略情报局成员李奇抵达中国昆明，接受跳伞训练。

1945年8月6日，奉天战俘营里的日本人突然变得疯狂起来，他们见人就打，日本人把战俘们集中到操场上宣布：今天谁也不用去工厂，都站在这里，谁要是站歪了，马上拉出来枪毙。原来，这天上午8时15分，美国名为"小男孩"的原子弹在日本广岛爆炸，巨大的火球在瞬间就摧毁了广岛 60% 的城区，有近 20 万人死亡，这其中就有沈阳战俘营里日本人的亲属。

1945 年 8 月 15 日，日本天皇通过广播向全世界宣布日本无条件投降，第二次世界大战结束，然而，正在憧憬回家的战俘们并不知道，危险正在悄悄逼近，也许，他们中的任何一个人都不能踏上回家的路。根据截获的一份绝密文件显示，日军已做好最终处置俘虏的准备，宗旨是决不允许任何一人逃跑，全部镇压，不留证据。日本人决定实施那个绝密计划，战争结束前一周，战俘们都收到了日本人发放的鸡蛋般大小的 14 个小土豆，他们被告知要离开，这 14 个土豆是他们三天的粮食。原来，日本人是要把他们带到一个煤矿，并在那里将他们全部处决，美国战俘已知道，日本政府曾下过指令，如果美军进犯日本，他们就杀光战俘。

1945 年 8 月 16 日，就在日本天皇宣布投降的第二天，凌晨 4 时 30 分，一架 B-24 "解放者" 轰炸机从中国古城西安起飞，机舱内有 6 名背着伞包的军人，他们就是美军派往奉天执行营救计划的行动小组。营救小组抵达奉天上空。10 点 20 分左右，营救小组人员依次跳出飞机，营救队员着地后，开始询问战俘营的位置，一名中国人主动给他们带路。这时，从前面的一条小路上过来一伙日本兵。他们端着上了刺刀的步枪，营救小组告诉日本人，战争已经结束了。随后，营救队员们被带到日本秘密警察的所在地。营救小组是第一支抵达沈阳战俘营的盟军部队，他们的及时到来，终止了日军企图屠杀战俘的计划。

第二天，营救队员来到奉天战俘营司令官松田大佐的办公室。松田不习惯有这么多的美国人坐在自己的周围，而且也没有向他鞠躬，营救队员说要见战俘营里的最高长官，过了几分钟，美国将军帕克被带了出来，营救队员在奉天战俘营的名单上没有找到温莱特将军的名字，后来，他们从松田那里得知，温莱特将军被关押在离奉天 240 公里外的吉林省辽源市战俘营，那是他们下属的一个分战俘营，在那里还关押着 41 名盟军高级将领，营救小组决定，第二天由李奇带着医生前往辽源。火车行驶一天一夜后，李奇等人来到了辽源战俘营。这是一个非常隐蔽的营区，位于一个被树木掩盖的半山坡上。当营救队员见到温莱特将军时，发现他被日军折磨得瘦骨嶙峋。

1945 年 8 月 8 日，苏联红军出兵中国东北，8 月 20 日，苏联红军解放奉天，接收了日伪机关，控制了机场、铁路等重要目标，其中还有奉天战俘营。战俘们又一次被集合起来，在他们的对面是日本军官和士兵，一名苏联红军少校以苏维埃军事委员会的名义宣布解除日军武装，这时，戏剧性的一幕出现了：一些战俘被挑选出来，一对一地站在日本哨兵的面前，接过日本士兵交出的枪，并转身成了持枪的哨兵，而原来的日本看守则成了俘虏。

一周后，在苏联红军的协助下，温莱特将军等41名高级军官也顺利到达奉天。麦克阿瑟派直升机将温莱特将军从中国东北直接接到东京湾的密苏里军舰上，请他见证日本签署投降协定的那一刻，在日本东京湾停泊的"密苏里"号战舰上，参加了日本投降协定的签字仪式。意味深长的是，当盟军统帅麦克阿瑟签署完受降书后，转身把刚刚用过的钢笔交给了曾在战场向日本人投降的温莱特将军。

在奉天，由于苏联红军提供了交通的便利，战俘们终于开始踏上他们的回家之路，1945年8月24日，第一批29名急需救护的重患战俘乘坐飞机离开奉天，随后，1583名美英等国的战俘也陆续乘火车前往大连，他们分别搭乘美国海军的"救援"号医疗舰和当时最先进的APA-145型运输舰离开大连，在经过40天的海上航行之后，美国战俘们终于抵达了他们久违的国家。

（二十）人间恶魔——侵华日军"673"细菌部队

距离黑龙江省孙吴县城4公里的西关村是个林密花香、风光秀美的好地方，然而，几十年前，这里却是个杀人场，臭名昭著的侵华日军"731"细菌部队的一个支队就设在这里，对外番号为"673"。

1938年，日寇为进一步扩大侵华战争，不惜违背国际法和世界舆论的谴责，建立了一支在世界战争史上规模庞大的细菌部队，灭绝人性地将细菌武器用于战争，细菌部队特别军事区划定在哈尔滨市平房附近，该部队总称为"满洲731部队"，其下设有牡丹江支队为"643"部队，林口支队为"162"部队，海拉尔支队为"543"部队，孙吴支队为"673"部队。

孙吴支队人员初期30多人，1941年增加到80多人，到1945年日本投降时已达120人，孙吴基地的主要任务是培育和繁殖散布细菌的寄生虫，大量生产鼠疫、霍乱等传染细菌和防疫用血清、细菌。关东军"731"本部选择孙吴建立细菌支队，完全出于战略上的需要，孙吴这个地方人口少，可用地多，这里靠近铁路，且有数万名劳工，选取试验对象极为方便，孙吴鼠类众多，有黑线鼠、花色鼠、白鼠、黑鼠、灰色鼠、小眼鼠、大眼鼠，有野鼠，也有家鼠，还有瞎半鼠和水老鼠等，而且这里又发现过鼠疫患者，是对细菌武器的研究试验都极为有利。

"731"部队是20世纪40年代全球最大的研究准备细菌战的秘密军事机构，它的重要分支孙吴支队（673部队）就设立在孙吴铃兰花随风摇曳、花香四溢的铃兰台。据日本的有关资料记载："731部队的北野政次于1942年在孙吴捕获40只黑线姬鼠，在鼠上收集到耶氏历螨203只，将螨制成悬液后再注入黑姬鼠体内，25天后将鼠杀死，用鼠的肝、脾、胃再制成乳状液，经病毒过滤器过滤之后，将此乳状液注入'猿'（经史家考据，此处的'猿'即指中国人）身上，19 天后引起发病，再把发病的'猿'的血液注入另一'猿'体内，亦引起同样的出血热病"。

伪满时期，关东军"673"支队强迫群众交老鼠，责令学生停课捕捉老鼠，人们背后议论着："日本人要这么多老鼠干什么？"在"673"部队的 15 间鼠舍的地下，都建有贮存饲料的地窖，共收养 1000 多只老鼠，其中 10 多只俗名"大眼贼"的老鼠，是属于松鼠科田鼠类的原宗，另外还有兔子、羊等动物，当真相大白之后，人们称日本关东军细菌部队为"老鼠部队"。

为了得到大量虱子作为实验生物，"731"细菌工厂的日本人，从劳工中挑出 10 名年过半百的老头，关进一间空房子，告诉他们从今往后你们就不用去干活了，就在这里养虱子，捉虱子，7 天以后，每人每天要交上 100 只大虱子，后来，这些养虱子的老头都被杀害了。

1938 年 8 月，60 名被日本人称作"马路大"（木头之意）的中国抗日志士被"特别输送"到驻孙吴日军的"673"支队，"673"支队的研究人员随时在他们身上进行"孙吴热"（我国最早发现流行性出血热是在日伪统治时期的孙吴，故出血热又名"孙吴热"）的传染及治疗实验，幸存者后来又成为冻伤治疗试验的对象，这样的"特别输送"无法统计有多少次，日本人为了研究细菌武器，不知惨无人道地杀害了多少中国人！

孙吴支队长西俊英中佐战后在法庭上供述了对十名中国俘虏进行传染坏疽病的实验情景时说："我们将中国俘虏绑缚在间隔 10～20 米的木柱上，然后通过电流，使装有坏疽菌的榴霰弹爆炸，结果 10 个人全部都带有细菌的破片炸伤，同时感染上了坏疽病，经过一星期的痛苦时间后便死去了。"

1944 年 5 月，日本陆军省命令关东军增加细菌武器的生产，以满足日军统帅部在太平洋地区大规模推行细菌战的需要，为特种部队增添了最完善的可供连续生产细菌的新设备，孙吴、海林、林口等支队也相应建立了大量培育细菌的生产系统，这样，一旦"731"本部的设施在战争中被摧毁，各支队可确保正常运转。

1945 年 8 月，日本投降前夕，关东军总司令山田乙三命令"731"部队立即销毁所有实验室和设备之后，"731"直属各支队开始行动，"673"支队实验基地一片混乱，支队长西俊英中佐命令部下把机密文件、研究资料、图书及实验用小动物统统塞进锅炉烧掉，随后，又放火烧毁了房屋，炸毁了军用建筑。战争结束后，以石井四郎为首魔的一伙所谓细菌武器专家，竟然以特种部队的细菌武器研究资料数据、图片等全部呈送美国为交换条件，被美国当权者免除了他们的战犯罪，逃脱了人民的正义审判，真是对正义最大的背叛。

现在，作为罪证的细菌实验房舍虽已荡然无存，但废墟仍在，房舍的基础框架结构仍然清晰可见，中国政府在此立的遗址纪念碑，向后人们昭示着日军在此曾经犯下的、在人类历史上登峰造极的集体战争罪行，提醒着善良的人们永远不要忘记在这里曾发生过的一切。

2000 年，有关专家在黑龙江省档案馆首次发现并公布了"731"部队用活人作细菌试验的原始文字材料——"特别输送档案"，这些材料都是该部队败退时来不及销毁而意外留下的，是侵华日军进行人体试验的直接罪证，并清理发现 300 多件人体解剖用具。战争虽然过去了半个世纪，但战争的阴霾仍在，当人们面对摆物展柜中陈列的防毒面具、日本战刀、老鼠笼、芥子气等残害中国人民的武器时，相信每个人都不会忘记这段被人凌辱的历史，警惕啊，一切爱好和平的人们！

（二十一）是侵略者还是受害者——揭秘"日本开拓团"

向中国东北移民，是日本既定的国策，"日本开拓团"是在"九一八"事变之后，为了真正占领中国，日本向中国派来的组织，不光有军队，还有大量的移民。据不完全统计，日本在侵占中国东北期间，共派遣开拓团 860 多个、33 万多人。为推行移民侵略政策，日本在进行移民的同时又大肆掠夺东北地区的土地。

1932 年，日本在东北成立"日满土地开拓公司"，通过验收、抢夺并销毁地契等方式，大量掠夺东北农民。

"开拓团"强占或以极低廉的价格强迫收购中国人的土地，然后再租给中国农民耕种，从而使 500 多万中国农民失去土地，四处流离或在日本组建的 1.2 万多个"集团部落"中忍饥受寒，其间冻饿而死的人无法计数。

这些无偿强占或以极低廉的价格强迫收购了中国人土地的日本人，由于人均占有的土地太多（20 町步，近乎 20 垧），绝大多数都无力耕作，大部分都租给中国农民耕种，成了地主，而一些日本人对邻近的中国人肆意地强奸、殴打、偷抢，其罪行与真正的侵略军一样令人发指。

1936 年 5 月，日本关东军制定了所谓的"满洲农业移民百万户移住计划"。大批日本农业贫民源源不断地拥入中国东北，成为"日本开拓团"。到 1945 年，日本组织了共计 14 批次、总数为 7 万户、20 万人的集团式开拓移民团侵略中国东北。

1936 年 8 月 25 日，日本把向中国东北移民列为"七大国策"之一，准备从 1937 年起，利用 10 年时间，向中国东北实施移送 100 万户、500 万人的庞大移民侵略计划。据日本估计，伪满人口将在 30 年内由当时的 3500 万人增至 5000 万人，而日本人要成为"满洲国"的五族之一，其人口至少应占到 1/10，即 500 万人。据日本史料记载，伪满时期仅黑龙江地区就有日本移民 13 万人。其险恶的目的是，日本想借此改变东北的民族构成，造成日本人在东北的人口优势，反客为主，霸占东北。

当时日本拓务省曾指出："现在满洲国的人口约有 3000 万人，20 年后将近 5000 万人，那时将占一成的 500 万日本人移入满洲，成为民族协和的核心，则我对满洲的目的，自然就达到了。"

关东军特务部制定《关于满洲农业移民要纲案》提出："农业移民，是以在乡军人为主体，在警备上是屯田兵制的组织，具有充分的自卫能力。" 6 月，所谓"满洲开拓之父"的东宫铁难大尉向日本政府提出《屯垦意见书》，主张由在乡军人为主干，编成吉林屯垦军基干队。这种移民当时被称为"拓务省集团移民"，又称"试验移民""国防移民"。由于这种移民招收对象均为在乡军人，按军队形式编组，并配发武器，因此他们更多地被称为"武装移民"。

在策划首批武装移民入侵行动时明确指出，是"从维护治安的角度着眼"。规定武装移民要"承担关东军任务的一部分"，其作用是配合关东军"镇压反满抗日武装部队"和维持"满洲国"的治安。

通过对各种资料的研究表明，日本对我国东北进行移民侵略的目的是把日本移民组织成强化的武装集团，侵入中国农民居住区，形成由日本人组成的特殊村落或"移民团"，以监视和镇压当地人民。"移民团"依其规模分为"集团移民团""集合移民团""分散移民团"，日本还把农家的次子、三子以下的未成年人集合起来，经过训练后派往中国东北，成为所谓的"满蒙开拓青少年义勇军"，1940 年，日本帝国主义为稳定"青少年义勇队"移民，使之永远扎根于中国东北，实行"大陆新娘"政策，募集在日本、伪满洲居住的 17 岁以上至 25 岁以下的日本独身女子，进行为期一年的"女塾"训练，内容主要是营农和农家事务实习。

1943 年，日本在中国东北设置了 12 个开拓"女塾"训练所，训练结束后，这些女青年与"义勇队开拓团"团员组成家庭，定居中国东北。滨江省开拓女子训练所即是其中之一。

1945 年 8 月 15 日，日本宣布投降后，其在东北的殖民统治机构及伪满当局设立的企事业立刻土崩瓦解。在这一历史的瞬间，分驻在东北各地的日本军队和散居各地的日本侨民害怕遭受报复，一片惊慌，那时局势十分混乱。有的"开拓团"声称接到了奉命回国的指示，有的则认为关东军的命令是要求他们集体自杀。由于形势不明、处处受阻，亡命途中的日本开拓民在山林里狼奔豕突，无路可走。饥饿、疾病交加，一路上倒毙和自杀的不计其数。

在得知日本投降的最初一段时间里，一些人觉得回国无望、前途渺茫，集体自杀现象频频发生。

所有人都盼望早点回国。此时的日本政府已顾不上这些开拓团民了，8 月 20 日，日本外务省发布的训电说："现在还谈不到遣送驻外侨民，应尽可能使驻外侨民停留在现地。"这实际上是抛弃了这些移民。

（二十二）"远东铁骑"——苏联红军第 88 独立步兵旅

"九一八"事变后，为反抗日本帝国主义的侵略，在辽阔东北大地的崇山峻岭、荒原水畔，一支新型的人民抗日武装、一支顽强的雄师劲旅——东北抗日联军诞生了，东北抗日联军共有 11 个军，人数最多时有 4 万多人。其中，第一、二、三、六、七等军是在抗日游击队（共产党领导）的基础上建立的；第四、五两军是在王德林的救国军、李杜的抗日自卫军余部的基础上建立的；第八、九、十、十一军是在义勇军余部和抗日山林队的基础上建立的。在此后的 14 年间，在中国共产党领导下，东北抗联以挽救民族危亡为己任，英勇战斗，前仆后继，有力地打击了日本帝国主义的侵略气焰，为光复东北、取得中国抗日战争和世界反法西斯战争胜利，做出了不可磨灭的贡献。

1940 年底直到 1945 年 8 月，日本关东军全力围剿东北抗日联军，东北抗日联军处于一个最艰难的时期，只好暂时转入苏联远东地区，被编入苏联远东方面军，东北抗日联军缘何离开中国进入苏联，这其中有着怎样的历史秘密呢？

1939 年初冬，在牡丹江虹云商行，东北抗日联军举行了重要会议，到会的有抗联总指挥周保中，抗联总政治部主任李兆麟、中共满洲省委常委、宣传部部长兼第六军政治部主任冯仲云、中共南满省委委员、抗联第三方面军指挥陈翰章、北满省委执委委员、第三军军长许亨植。这几位将领代表硕果仅存的 2000 多名抗联战士，就当前的形势和今后的方向进行紧急磋商。与会同志一致同意了周保中关于"保存力量，越界过江，到苏联远东地区野营整训"的意见。在日本的威胁与挑衅愈来愈严重的情况下，苏联需要东北抗联来牵制日本军队，苏联远东军也需要通过东北抗联来获取日军情报，故同意合作。1940 年 9 月，苏联远东军内务部部长瓦西里给抗联各军主要领导人写信，通知将于 12 月在苏境内召集党和游击队的干部会议，"解决党组织和目前游击队运动的一切问题"，接到此通知后，东北抗联第一、第二和第三路军余部陆续撤至中苏边境苏联一侧进行野营训练。

东北抗日联军退入苏联境内组建了南北两个营地，距哈巴罗夫斯克 75 公里位于黑龙江（苏联称阿穆尔河）边的费士克，森林茂密，因"阿穆尔河"一词的俄文字头为 A，所以这里被简称为"A 营"，先期过境的第二路军总部直属部队，第三路军三支队的 300 余名指战员驻扎于此。

　　在海参崴和沃罗斯诺夫之间的一个小火车站附近，有处被称为"蛤蟆塘"的地方，这里被选为北野营地，取其俄文名称字头称为"B 营"，抗联第一路军警卫营和二、三方面军的 500 余名指战员驻"B 营"。野营部队的后勤供应由苏军负责，军装多用苏军替换下来的棉衣、军大衣、少量的皮大衣和毡靴、棉皮鞋等旧衣物作为补充。伙食供应较好，每名战士每天一千克面包，还有少量的菜、食用油和肉类，这比起在中国东北的深山老林中的生活，已是有天地之别了。

　　1942 年 7 月 20 日，经与苏联远东边疆党组织和远东方面军协商决定，以北野营为中心，凡留在两个野营的抗联人员和由两个野营派回东北以及在东北坚持游击活动的抗联部队一律编入抗联教导旅。

　　8 月 1 日，抗联教导旅正式成立，同时宣布授予苏军番号"苏联红军远东红旗军第 88 独立步兵旅"（也称"中国旅"），周保中任旅长、张寿钱任政治副旅长、崔石泉任副参谋长，教导旅共有 1500 人。抗联教导旅名义上列入苏联远东军序列，所需武器按苏联步兵装备，生活、服装等均按苏军陆军官兵标准供应。9 月 13 日，教导旅召开全体党员大会，成立了"独立步兵旅中共东北党组织特别支部局"，东北党委会既是旅党委，又是全东北党组织的临时最高领导机关。1940 年 12 月 20 日，周保中写信向苏方声明："今后，游击运动的一切必须由东北党组织决定。"

　　1945 年 7 月，第 88 旅派出 340 名指战员作为先遣支队到苏军，进行统一军事训练，其中 160 人分到第一方面军，80 人分到第二方面军，100 人分到后贝加尔方面军，他们作为先头部队的向导执行特种作战任务。7 月 10 日，斯大林来电邀请周保中、崔石泉赴莫斯科会谈，第二天上午，斯大林在克里姆林宫接见了周保中、崔石泉，前共产国际负责人季米特洛夫陪同接见，斯大林笑着对周保中说："你愿意配合苏军作战反攻东北，我真高兴！你梦寐以求的东北解放将要实现了。"

　　7 月底，第 88 旅又派遣 290 名指战员，组成 20 多支特遣队，秘密伞降牡丹江、佳木斯、哈尔滨、长春、沈阳进行战前侦察，将关东军的 17 个战略地堡及中苏边境上的三道边防线情况，无一遗漏地标注成空袭目标。

　　8 月 8 日，苏联对日宣战。8 月 9 日零时，第 88 旅派遣的 340 多名先遣支队（随军翻译、向导、侦察人员）和先期潜伏东北境内的地下抗联小分队战士们，从黑龙江流域到小兴安岭或在边界引领地面部队，或与苏联空军进行地空导航电讯联络。苏联空军在第 88 旅侦察员电讯信号引导下，准确摧垮了日本关东军所有的军事目标，日本关东军经营了数十年的东北防线顷刻瓦解。在此期间，侦察员们不仅摸清了日本关东军的军力部署情况，还多次完成了暗杀、破坏等任务。

　　8 月 12 日，抗联领导人周保中接到斯大林从莫斯科发来的电报，称："东北是你们中国人民的东北，苏联红军的任务是解放东北，建设东北的任务是你们的。"8

月中旬，华西列夫斯基元帅下达了抗联教导旅行动命令，抗联教导旅召开誓师大会，正式决定：中国同志随苏军进军东北。

由于战局急转直下，苏联远东军将抗联反攻作战的任务转变为抢占东北，即抗联随远东军分赴东北各要点，在特定的历史条件下，抗联的任务由反攻作战转变为接收东北。8 月 14 日，日本无条件投降，周保中等人计划抢在国民党之前，控制长春、沈阳、哈尔滨等 57 个重要城市，重建东北各地下党组织。根据这一方案，将400 多人分成 57 个进驻小组，每组按城市大小，多则 10 人，少则 1 人，这一方案电报莫斯科后，即获得苏联最高统帅部的同意，决定方案中的 57 个城市的卫戍司令由苏方担任，其副司令员由第 88 旅派人担任，协助苏军接管当地政权。

在长春担任苏军卫戍司令部副司令的周保中，在完成他的副司令职责的同时，指示各地的抗联人员注意发展武装力量，建立革命武装队伍。当时远东军虽然缴获日本关东军的全部武器弹药，但他们的意图是在战争中获得的武器和战利品绝不交与国、共任何一方，苏联远东军将他们在各地缴获的武器装备，源源不断地运往苏联。但抗联仍然利用一切可能从远东军手中获得了大量武器装备。抗联战士进入战略要地后，迅速投入接收工作，所有的抗联战士都着苏军军装，有苏军军官证书，他们大多数人都会讲俄语，抗联官兵的苏军身份，为中国共产党的部队进入东北、与苏军取得联系、达成默契提供了极大的方便。

抗联首先抢占了东北 57 个战略要点，为中共中央决定 10 万大军挺进东北起到了先头部队的特殊作用，为反对国民党反动派，抗联进占各点后扩建的武装部队，改名为"东北人民自卫军"，周保中任总司令。

"八·一五"东北光复初期，周保中率领东北抗日联军为我党抢占东北开辟了通路，此后，又在东北局的统一领导下，为迎接十万大军、两万干部进入东北架设了桥梁，发挥了特殊的历史作用。

（二十三）第二次世界大战苏联男女失衡——苏联女人与日本战俘的情缘

1945 年 8 月 9 日零时 10 分，集结在苏联远东边境一带的苏联红军外贝加尔方面军、远东第一方面军、远东第二方面军 150 多万军队越过中苏、中蒙边境，从东、西、北三个方向向盘踞在中国东北等地的日本关东军发起了突然袭击。截至 8月 30 日，突袭战争宣告结束，中国东北和朝鲜北部的关东军各部队全部被解除武装。最初，近 60 万日本战俘暂时滞留在中国东北临时日军战俘营里，1945 年秋，几十万日本战俘陆续被从中国东北押解到苏联境内，开始了漫长的劳役岁月。

日复一日地劳役生活也使日俘对异性的渴求愈发强烈，于是，在劳改犯与看押犯人的苏联妇女之间便迸发了难以遏止的恋情，从整体上讲，日本战俘表现得非常好，听话、顺从、态度好，工作比较卖力，还经常参加社会主义劳动竞赛，主动打扫卫生，但让苏联人感到"气愤"的是，虽然身陷囹圄，没有自由，整日在泥煤开采场劳动，但日军战俘却色性不改，还在想着性爱之事，时常说什么"俄罗斯花姑娘地干活"。

原战俘营看守人员斯维里多夫回忆说，一个日军少佐看上了一个名叫维拉的女看守，"我那时虽然只有15岁，却已经明白了一些事情。有一次，他请求我帮忙：'请您换一下夜班，让我和维拉在一起吧，她已经同意到我的帐篷里去了'。我知道，这是不允许的，但我开始可怜他们了，这毕竟也是爱情，我就同意了。"

连续的战争使苏联失去了数千万精壮男性，也使千千万万苏联妇女成了寡妇，据统计，苏联集体农庄男女性别比例由1940年的1：1.1拉大到1945年的1：2.7，于是在劳改营日本战俘与苏联女看守之间便迸发了难以遏止的爱情。

苏联妇女之所以愿意跟外国战俘同居，原因比较复杂，或因为纯洁的爱情，或因为生理方面的需要，或因为精神上的孤寂，或因为物质上的诱惑。有俄罗斯研究人员说："劳改营女管理人员有时出于'物质上的意图'跟外国战俘同居"。比如，有一个劳改营的女护士请一个战俘帮她搞一块手表，很快她就得到了手表，在得到手表的同时她还收到了一张字条："我给你手表，不过你应为此跟我保持亲密关系。"跟外国战俘有染的苏联妇女不仅要冒被开除党籍、开除公职的风险，还要冒健康受损的风险，她们的行为不为组织纪律所答应，也不为社会舆论所支持，尽管如此，苏联妇女跟外国战俘保持密切关系的事件却始终屡禁不止。

当时，苏联政府对待各国战俘的态度存在着一些微妙的差别，至今都无法解释这样做的原因。比如，苏联允许一小批日本战俘同苏联妇女结婚，日本战俘也是唯一被允许留在苏联定居的外国战俘。但是，苏联却不允许德国、意大利、匈牙利等国的战俘同苏联妇女结婚，不允许他们在苏联定居，1946年秋天，德国战俘马克斯·哈尔特曼给苏联内务部战俘和被拘留者事务管理总局寄去了一份申请书，请求允许他加入苏联国籍并同一名苏联女公民结婚。此前他已经给斯大林写过三封信。结果，原先被解除看管的战俘马克斯·哈尔特曼又重新被看管起来，而他的苏联姘妇则被打发到列宁格勒，处在国家安全机关的监视之下。

然而，苏联政府却准许少数日本战俘同苏联妇女结婚，日本人在第二次世界大战期间并没有侵入苏联本土，此外日本人守纪律、服从管理、吃苦耐劳等特点也为他们被准许与苏联妇女结婚提供了一定的便利。在哈萨克地区，就有19名日本战俘经过批准加入了苏联国籍，他们留在了哈萨克并与当地妇女组建了家庭。不过，苏联政府也绝对不会随随便便就给日本战俘开绿灯，只有那些为苏联的利益效力的日本战俘，才有可能被允许留在苏联定居。相当多因为爱情的缘故而希望留在苏联的日本战俘则被拒绝，并被遣返回日本。

季娜伊达在克维托克幼儿园里做厨师，她的第一次婚姻很不幸，当看到村子里出现了一个安静、通情达理且很勤劳的日本男人之后，她情不自禁地爱上了他。谁也不知道这个日本人叫什么名字，大家干脆管他叫伊万。他性格温和善良，完全不像其他人，尽管没有任何的书面证明文件，两人还是住到了一起。

伊万拿定主意，要使自己在苏联的定居合法化、加入苏联国籍，并得到证明其身份的书面证明文件。为此，一天清晨伊万早早起身，吻别了妻子，动身前往泰舍特市，不料这一去就再也没能回来。从一封便函里，季娜伊达获悉自己爱人的真实名字叫作二木，作为到地方当局交涉请求加入苏联国籍的日本战俘被运送到远东地区去了，他将从那里被遣返回日本。

爱情本来就不总是甜蜜的，这种在特殊年代、特殊背景下生发的异国恋情和婚姻，就更为脆弱，稍有寒流袭来，爱情之花就会凋谢。

（二十四）最没面子的战争——人鸟之战

信天翁是一种大型海鸟，它们在岸上表现得十分驯顺，因此，许多信天翁又俗称"呆鸥"或"笨鸟"。信天翁的翅展约 2 米，强劲而有力，它们以毫不费力的飞翔而著称于世——它们能够跟随船只滑翔数小时而几乎不拍一下翅膀。过去，迷信的水手将信天翁视为是不幸葬身大海的同伴亡灵再现，因此深信杀死一只信天翁必会招来横祸。信天翁的翅膀如同极为高效的机翼，使它们能够迅速向前滑翔，而下沉的概率很低。这种对快速、长距离飞行的适应性令信天翁得以从它们在海岛上的繁殖基地起飞，翱翔于茫茫的汪洋大海上空。

第二次世界大战中，一群美国士兵侵犯了信天翁的"领土"，遭到了信天翁的迎头痛击，交战中，信天翁面对装备着现代化武器的美国海、陆、空三军毫无畏惧，它们前赴后继，英勇抗击，终于将美军赶出了它们的"家园"。这场举世无双的人鸟大战被载入美国的"太平洋战史档案"。

美国五角大楼在整编太平洋战史时对一战役加注评语：消灭"敌人"最多的是太平洋上的人鸟战役，歼灭信天翁百万以上；败得最没面子的也是这场人鸟之战，海、陆、空三军竟被信天翁击退。

1942 年夏，美、日在太平洋的争夺战已进入白热化阶段。日本海军为扩大太平洋战果，不断调遣海上军事力量，志在一举拿下中途岛。美军为打破日本海军夺占中途岛的企图，一面加紧补充太平洋舰队的实力，一面抢占中途岛附近的一些小岛，修建工事，准备给日本海军来个迎头痛击。

美国海军部发现北纬30度附近的一个无名荒岛是个十分有利的战略要地，立即派出一艘战舰悄悄前往占领该岛。

当夜幕降临时，战舰就地抛锚。舰长决定先派一小分队连夜上岛侦探，参谋尤里斯一马当先摸黑搜索前进。突然，他发现不远处有一道灰白色的"围墙"挡住了去路，心里十分紧张：难道日本人已捷足先登？尤里斯示意小分队停止前进并随地卧倒，随时准备投入战斗。

10分钟过去了，岛上毫无动静，尤里斯觉得光这样待着不是办法，便将小分队编成两组，一组留在原地作掩护，自己亲率一组前去侦察。

当他们逼近时，才恍然大悟，原来这道"围墙"是一大群正在熟睡的巨型海鸟——信天翁。一场虚惊之后的美国士兵企图越过这道"鸟墙"，岂知"鸟墙"犹如一道弹性的钢铁长城，一只只硕大的信天翁相互依偎，环岛抱成一圈，形成一道无与伦比的"护岛工事"。

美国大兵的行动惊醒了鸟儿，岛上数以万计的信天翁腾空而起，这些海鸟在鸟王的率领下，排着阵势狂叫着，一齐向岸边挤来，把登陆的侦察兵一个个挤下海去。夜战失败，侦察小组于次日白天再次冲向小岛，可是尚未靠岸，满天的信天翁从空中俯冲下来，对这些不速之客一阵疯狂的俯冲，用尖嘴啄、用利爪抓、用翅膀打，弄得这些陆战队员手足无措，狼狈不堪，只好又乖乖地退回去。

信天翁

美国海军部接到报告后，认为情况非常严重，他们必须尽快赶走这些信天翁，抢修岛上的工事，才能有效地抗击日本海军。因此，海军部立即抽调附近海域的其他军舰增援，并从中途岛调出几架飞机助战，同时又派登陆舰向岛上运送坦克和推土机等。于是一场"人鸟之战"又开始了。

美军首先派出飞机对小岛进行轰炸，无数信天翁死于爆炸声中，紧接着大批部队和战车迅速登岸，但由于鸟尸成山，推土机都难以开进。正在这时，他们突然发现天空中有朵朵乌云从四面八方向小岛飘来，直到临近了才看清楚是战败的信天翁

搬来的救兵。美军的轰炸激怒了附近几个岛上的信天翁，它们一批又一批地飞到岛上来与美军搏斗，搞得美军毫无办法，被迫使用毒气来对付鸟群，一场毒气战之后，岛上鸟尸遍野，美军的推土机分队，在高射机枪掩护下开始推走鸟尸。

美军费了九牛二虎的力量在岛上修了一条简易的飞机跑道和公路，但是天一亮就被信天翁占领，信天翁这个顽敌仍然会时不时地落满整个跑道，甚至会舍身撞坏螺旋桨或发动机使飞机坠毁，尽管美军采取了各种措施，信天翁却誓死保卫家园。在震惊全球的第二次世界大战结束后，岛上的枪声仍然不断，演出了一场人与鸟的"持久战"，美军总部迫于无奈，只好命令放弃占领该岛。战后，一个参加了这场"人鸟大战"的士兵面对大海发自内心的忏悔："巨型海鸟信天翁是上苍派来的神鸟，它们神圣不可侵犯，谁要是冒犯了它，就会遭到上苍的严厉惩罚。"

这场罕见的人鸟之战，曾引起了世界上很多科学家的关注，进行了长时间的研究，信天翁为什么会这样誓死保卫自己的家园和援助自己的同类呢？是谁在领导和指挥它们进行这场持久的战争？它们为什么会视死如归地面对强敌毫不畏惧？诸如此类的许多问题，仍未能找到令人信服的答案，成了困惑人们的难解之谜！

（二十五） 纳粹副元首空降敌国——单刀赴会意欲同英国和谈

赫斯这个纳粹德国的副元首曾在德国显赫一时，但战争使他个人黯然失色。战争期间，作为希特勒的副手管理纳粹党是一种很无聊的且不再是非常重要的职务。面对处于重要地位的戈林、里宾特洛甫、希姆莱、戈培尔和将军们，赫斯感到既失望又嫉妒。1940 年，纳粹德国席卷并征服了西欧大陆各国，英军退守英伦三岛，纳粹德国计划对英国实施大规模的空袭，赫斯决定在发起空袭前来个单刀赴会，说服英国和谈，以建功勋。1940 年夏季行将结束之际，一直坚持对苏联"动刀"的赫斯早就有意促成英德之间的和解，以便让柏林集中力量对付东方的强敌，为了早日结束英德之间的战争，为了恢复他以前在他们爱戴的元首身边的地位和他在国内的地位，他决定单枪匹马地安排德国和英国之间的和平，赫斯原计划在中立国与英国的汉密尔顿公爵就和平协议举行谈判，后因未能得到汉密尔顿公爵的满意答复，赫斯决定亲自飞往英国会见汉密尔顿公爵。

1941 年 5 月 10 日下午，赫斯与妻子伊尔莎·赫斯匆忙告别，在副官、传令官、保安官和司机的陪伴下驱车来到德国奥格斯堡机场。赫斯换上德国空军尉官制服，留给副官一封如果赫斯离开 4 个小时之后仍未返回就得尽快转交希特勒的信件，然后单独驾驶业已准备就绪的 Mello 战斗机飞往英国苏格兰。

赫斯给希特勒的信件以"我的元首：当你收到此信的时候我将身处英国"开

头，结尾则表示"我的元首，如果我的计划失败（我得承认成功的机会极少），如果命运决定与我作对，那么此行也不会给你或德国带来不幸的后果，你可以选择任何时机与我断绝关系——就说我疯了。"美国作家威廉·夏伊勒认为，赫斯的动机是清楚的，他真诚希望同英国媾和。次日凌晨3时，飞机来到英伦三岛上空，赫斯跳出座舱直接伞降而下，安然无恙地落在苏格兰境内，任由无人驾驶的战机坠毁，从天而降的赫斯的目的地是汉密尔顿公爵在苏格兰的领地，他希望与后者展开秘密会谈。5月11日，赫斯终于和业已担任皇家空军某歼击航空兵群司令的汉密尔顿公爵相见，公开表明自己就是鲁道夫·赫斯。赫斯说明自己在执行人道使命，元首并不想征服英国而是要实现停战，元首认为德国将迅速赢得战争，而赫斯想停止这种不必要的流血，建议德英双方共同讨论可行的和平方案，同时转达希特勒的和平条件。

赫斯对汉密尔顿公爵滔滔不绝地阐述了自己的立场，坚称英德和解是可以为双方带来极大战略利益的一步，然而非但英国政府的立场没有丝毫改变，连向来对德国抱有好感的汉密尔顿公爵本人也没有被赫斯打动。

6月9日，英国大法官西蒙勋爵亦曾奉丘吉尔之命与赫斯谈判，但此时的丘吉尔早已决心将这场战争进行到底，对赫斯此行的目的毫无兴趣，被转移到伦敦塔的赫斯实际上处于软禁状态，赫斯因而深感失望。赫斯在伦敦塔被关了几天之后，被送进了奥尔特肖特附近的一幢维多利亚式房子里，后来，他又被转到了阿白加文尼郊外的梅恩迪夫法院医院，他在那里一直关到第二次世界大战结束。

赫斯于战时搭乘飞机私奔英国，成了第二次世界大战的最大之谜。赫斯飞英之谜的主要问题包括：赫斯飞英的动机何在？赫斯飞英是自作主张，还是奉令行事？赫斯飞英纯粹是德国的一厢情愿，还是英国和德国事先有过某种默契？这些都引起了人们的广泛关注。消息传开，在各交战国引起了多重反应，希特勒一口咬定这是赫斯的个人行为，他之前根本没有与其进行商量，是"一件愚蠢至极的事情"，意大利方面则开始怀疑柏林意欲背叛盟友，与同盟国勾勾搭搭。莫斯科则相信德国确实有意同英国单独媾和，然后调转枪口进攻苏联，伦敦的态度自然是矢口否认，丘吉尔首相等高层人士大都对此极力回避。

欧洲战事结束后，赫斯于纽伦堡受审，1946年10月，法庭宣判赫斯无期徒刑，赫斯被囚禁在西柏林的施潘道军事监狱，随着1966年10月施佩尔等人的释放，作为施潘道监狱仅存囚犯的赫斯成为"世界上最孤独的人"。

这个监狱由第二次世界大战的战胜国美、苏、英、法四国士兵轮流看守，赫斯在狱中度过了46个春秋，美、英、法三国政府多次以人道主义为由，提出将赫斯假释出狱，但均遭苏联方面的拒绝。

1987 年 8 月 17 日，赫斯乘看守人员不备，在狱中自缢身死，终年 93 岁。赫斯是关押时间最长，也是级别最高的发动第二次世界大战的纳粹战犯，他单机赴英之事，至今仍众说纷纭。从罪行来看，他是最轻的，却关押时间最长，到死不放，已经有违常理，而他的自杀，则更是谜中之谜。从赫斯的情况来看，不由得想起了胡适曾在一篇文章中说过的那句名言：“历史是一个任由人们打扮的小姑娘……”

（二十六）希特勒的私人城堡——“鹰巢”

纳粹头目希特勒的私人城堡——“鹰巢”，位于德国阿尔卑斯山脉 1834 米高的奥柏萨尔斯堡山顶。历史学家曾说：“希特勒一手握着世外桃源般的鹰巢，一手控制着如同死亡工厂的奥斯威辛。”

如今，随着“鹰巢”的重新开放，希特勒手中的这张秘密王牌也像奥斯威辛一样逐渐被世人熟知。

据说当年希特勒为写作《我的奋斗》第二卷来到这里，并深深地迷上了这里的自然风光，纳粹党于是决定在这里建造一幢别墅，虽然只是一幢别墅，其施工难度和工程规模之大却是超乎想象，被称为“鹰巢之路”的 6.5 千米盘山公路被认为道路工程上的杰作，它从坚硬的石头中开凿而出，还有“鹰巢”入口 124 米长横穿花岗岩的隧道，124 米高能同时容纳 53 人的电梯，加上别墅的主体建筑，整个工程耗时 13 个月，动用了 6000 名劳工，花费了 3000 万帝国马克才完成，如果换算成现在的货币大约价值 1.5 亿欧元。

1939 年，“鹰巢”及配套设施终于完工，作为献给希特勒 50 岁生日的礼物，希特勒对他手下的这件作品非常满意，心血来潮时，他还喜欢以此地为背景创作油画。希特勒迷恋贝希特斯佳登的山湖景色，偏爱在山庄上执政和应酬，他每年都要在此逗留数月，鹰巢作为上萨尔茨堡山庄最具代表性的建筑，自然成了希特勒处理军政要务的场所。第二次世界大战开始后，这里成为元首总部。

希特勒在鹰巢以帝国元首的身份接待了英国首相张伯伦、英国国王爱德华八世、罗马尼亚国王卡洛尔二世等多国政要。他还在这里制订重要的政治和军事计划，颁布法律和规定。吞并奥地利、进攻捷克斯洛伐克、入侵波兰和法国、闪击苏联的作战方案，都是在这里签署和密谋的。

德国著名风景区贝希特斯加登拥有阿尔卑斯山的独特迷人风景，“鹰巢”以及山下的贝希特斯加登镇现在已成为人们喜爱的旅游胜地，酒馆、餐厅、豪华酒店，应有尽有。这里不仅能享受德国最好的温泉，也有德国海拔最高的高尔夫球场。但是有谁能想到，20 世纪 30 年代至 40 年代，这两个地方曾是希特勒的个人休闲场所，是他和情妇爱娃·布劳恩带着爱犬经常在此漫步的地方。比希特勒年轻23岁的爱娃在慕尼黑和柏林的政治圈里几乎从不露面。

但在"鹰巢"，她却是活跃的女主人，纳粹党的一些高官为了赢得希特勒的信任，借各种理由到上萨尔茨堡与爱娃套近乎，古怪冷酷的希特勒也需要私人环境，他把上萨尔茨堡看成是家庭氛围最浓的住处。实际上，在第二次世界大战结束前，德国人很少有人知道这座"领袖"的别墅，直到德国被盟军占领，媒体才公开此事，至于"鹰巢"的名字，则出自一位闻名世界的英国记者瓦德·普理斯的战后详细报道。他将"鹰巢"称之为"世界八大奇迹"之一，并给它取名为"鹰巢"，想必是因为第三帝国的国徽是一只老鹰吧。

"鹰巢"也是"元首圈子"的主要活动场所，他们经常在这里喝茶、会客，举行晚会和电影招待会。1944年6月，爱娃还在这里为她妹妹格蕾特尔组织了持续三天的战时婚礼。1945年4月，在"第三帝国"行将毁灭前夕，爱娃将母亲、姐妹从慕尼黑转移到上萨尔茨堡山庄，她自己则与希特勒在柏林"元首地下掩体"举行完婚礼后双双自杀，共赴黄泉。

"鹰巢"不具备对盟军发动突然轰炸的防卫措施，盟军开始对德国大部分地区进行空袭后，纳粹才在上萨尔茨堡地区加强了防空设施，山底铺设了地下碉堡，第二次世界大战结束前，艾森豪威尔在计划占领纳粹德国首都柏林的同时，担心党卫军等纳粹核心军队撤退到阿尔卑斯山中，下令盟军在1945年4月25日对上萨尔茨堡山进行了大规模的轰炸，"鹰巢"也的确成了一个主要的轰炸目标，但并未受到损坏。在政府的交涉下，"鹰巢"在战后也得以免遭破毁。

如今的"鹰巢"仍保持着它最初的原始状态，并吸引了无数的游客，但为防止它成为新纳粹的朝圣地，没有恢复室内的原貌，只是改成餐馆，成为旅游地。现城堡内有餐厅、咖啡厅，还保留着希特勒当时与幕僚开会的客厅和会议厅，展览着一些相关文档，并用电视播放当时纳粹巨头们在此策划占领奥地利或讨论战事的情景。客厅里除了还保存着当年墨索里尼送给希特勒的红色大理石壁炉外，已经没有任何纳粹的痕迹了。"永远不要重蹈覆辙"——这是涂鸦者在鹰巢地下掩体的墙上书写的一行字。

（二十七）代号"伐尔克里"——解密"狼穴"里的爆炸声

1944年初夏，纳粹德国东西两面遭到夹击。四面楚歌、穷途末路，为了挽救德意志民族于行将到来的灭顶之灾，以上校施道芬堡为首的一部分德军军官铤而走险，冒死刺杀这场战争的罪魁祸首希特勒，以达到和盟军议和的目的。

针对希特勒的这次刺杀行动预谋已久，这个计划总的代号是"伐尔克里"复仇计划，这是一个很恰当的名称，"伐尔克里"在北欧日耳曼神语中是一群美丽而可怕的少女，据说她们飞翔在古战场上，寻找那些该杀死的人，这一次，要杀的是阿道夫·希特勒。

最初计划由施道芬堡往东普鲁士拉森堡的狼穴，在会议室内最接近希特勒的位置上安放定时炸弹，接着立即前往通报柏林命令部队接受指挥，并依据希特勒生前批准的影子政府名单而成立临时政府，领导战时德国。

陆军上校施道芬堡伯爵出生在德国斯图加特附近的小城耶廷根，施道芬堡继承了家族的高贵血统，品学兼优，1943 年初，施道芬堡远赴北非突尼斯战场指挥一个装甲师。1943 年 4 月，他在战斗中失去左手两个手指和整只右手，左眼重伤，右眼破裂完全失明。由于无法在野战部队继续服役，施道芬堡奉调回国。战争的残酷使施道芬堡的思想彻底转变，这时的他已是一个希特勒的反对者。1944 年 7 月 1 日，施道芬堡被任命为国内驻防军参谋长，有了接触希特勒的机会，从那时起施道芬堡就一直把炸药放在公文包中，准备见机行事炸死希特勒。

1944 年 7 月 20 日，施道芬堡飞往德军东线司令部——东普鲁士拉斯滕堡的"狼穴"参加军事会议，夹着装有炸弹的公文包匆匆走进会议室。24 名与会者全部聚齐，施道芬堡将公文包放在希特勒右方的橡木大桌桌脚内侧，然后借故在会议中途静静离开了会议室，当时希特勒伏在桌上看着东线对苏联作战的军事地图，并聆听军官叙述战争形势。历史开了个不大不小的玩笑，一位军官不小心碰了一下公文包，出于礼貌随手把它放在桌子底座的外侧，然而，就是这个看来不经意的一挪，却挽救了希特勒的生命，也从根本上改变了历史进程。

中午 12 时 42 分，炸弹爆炸，橡木大桌被炸得粉碎，整栋建筑物崩塌，24 名与会者中 4 个人当场死亡，爆炸的一刻，希特勒正趴到桌面上看地图，厚重的橡木桌子挡住了炸弹，让希特勒逃过了这一劫。当希特勒被人搀扶着走出被炸成瓦砾的会议室时，几乎让人认不出来：他的头发被烧焦，右胳膊肘有轻微淤血，左手掌有几处擦伤，双耳鼓膜受损，镇静下来的希特勒迅速控制了局势，当晚就展开疯狂的清洗。

施道芬堡目睹爆炸，认为在场应当无人生还，于是按照计划与他的副官海夫顿中尉穿过保安封锁线而离开狼穴，然后飞往柏林会合其他在战争指挥部等候的同谋。由于政变者并未能占领电台，使希特勒生还的消息得以传开。起初，柏林的后备军的确有执行施道芬堡的命令，但是指挥官被宣传部部长和元首阻止了行动，政变遂失败。政变主谋：施道芬堡上校、欧布利特将军、基尔海姆上校及海夫顿中尉皆于当晚被捕，并旋即在战争指挥部的庭园内被枪毙。施道芬堡在最后一刻还替战友开脱："今天发生的一切，都是我的主意，作为军人，他们仅仅执行了我的命令，所有责任全由我一人承担。"

"我们神圣的德意志帝国万岁！"这是施道芬堡上校留下的最后一句话，施道芬堡刺杀希特勒的原因并不是希望早日结束战争，而是希望能够单方面和盟军和谈，从而全力进攻苏联！

所以，历史对于这位残疾军人的评价始终充满争议。希特勒事后以行动来回应这起政变，扩大事件而处决了 5000 名反对纳粹政权的人，大批德军高级将领被处死，德国最著名的元帅隆美尔亦受"七二〇刺杀"事件牵连而在 1944 年 8 月 18 日于法国自杀。

在刺杀计划实施以前，其密谋者之一特雷斯克对"伐尔克里"行动下的结论是："行刺必须进行，不惜任何代价。即使不成功，也必须在柏林行动。因为问题已不再在于具体目的，而是德国抵抗运动在世界和历史面前敢于做出这一决定性的举动。其他一切都是无足轻重的。"是的，它标志着德意志民族在希特勒仍然不可一世的时候就主动做出了挣脱其独裁统治的壮举。

在今天的德国，参与这起政变的人皆归于抵抗运动的一部分，被称以"抵抗战士"，有些德国城乡则以部分参与者的名字来为街道命名。施道芬堡因此被人们称为"试图将德国从道德沦丧中拯救出来的爱国者"。

战后历史学家对"七二〇刺杀"的研究比较客观地认为，即便刺杀希特勒成功了，也未必能够迅速结束战争，因为同盟国不支持政变者，也不会因他们成功而改变对德的强硬态度。如果当年刺杀与政变计划成功，反而不利于德意志民族彻底告别纳粹主义与军国主义历史。

很多德国人，包括希特勒都认为，如果德意志民族团结一致，坚持到底，就一定能够获得大战的胜利。人们会认为，希特勒如果还在的话，就他以前惊人的成就，很有可能会力挽狂澜，起死回生。所以，当"七二〇刺杀"失败时，历史的不幸与万幸融为一体，德国人民以最为惨重的代价埋葬了其对希特勒独裁与侵略战争的梦想。

（二十八）被遗忘的法西斯组织——克罗地亚乌斯塔沙

乌斯塔沙，为克罗地亚的独立运动组织，Ustasha 本意就有起义的意思，乌斯塔沙于 1929 年 4 月 20 日在保加利亚的索菲亚成立，其目标是让克罗地亚由南斯拉夫独立，其领导人巴维里契与墨索里尼的意大利法西斯党有密切关系，并且领取其津贴。

以帕维里奇为首的乌斯塔沙是克罗地亚的右翼组织，它统治下的"克罗地亚独立国"在 1941 年参加了轴心国集团，他们奉行纳粹法西斯政策，不仅在克罗地亚搞种族清洗活动，甚至还有的参加了纳粹德国党卫军，组成了党卫军第 13 "圣刀"志愿山地师（克罗地亚第一师）和党卫军第 23 "短剑"志愿山地师（克罗地亚第二师）。最终在 1945 年被南斯拉夫人民军歼灭。

克罗斯亚独立国国旗的底面是横向的红—蓝—白三色，中间有克罗地亚盾面，左上角是字母"U"，这个大写的印刷体字母"U"就是乌斯塔沙的标志。1929 年乌斯塔沙成立的时候，他们仅仅是一个搞恐怖活动的民族主义政治组织，到第二次世界大战他们掌权的时候，已经拥有了自己的武装，参加这一武装的人数在 1944 年达到顶峰，有 7.6 万人之多！

1941 年德国与意大利进攻南斯拉夫，乌斯塔沙组织的军队便趁此时宣布克罗地亚独立，并成立克罗地亚独立国，并加入轴心国阵营。乌斯塔沙当时信奉纳粹的意识形态，他们的目标是建立一个种族上的"纯"克罗地亚，并且视生活在克罗地亚与波黑的塞尔维亚人为他们的主要障碍。

1941 年 4 月 27 日，新成立的乌斯塔沙军队在一个主要由塞尔维亚人居住的村庄古达瓦克展开了大屠杀，以此为开端，乌斯塔沙在克罗地亚独立国境内开始了针对非克罗地亚人的大规模种族清洗。1941 年 6 月，帕维里奇政府的一位部长米勒·布达克公然宣布了乌斯塔沙的暴力种族政策，同年夏季，它的秘密警察头子维耶柯斯拉夫·麦克斯·卢布里奇开始建造集中营。

在它接受纳粹意识形态的同时也带来一个小问题：克罗地亚人本身是南斯拉夫人，这样按照纳粹的标准，他们自己反而成了劣等种族，为此，乌斯塔沙的理论家们不得不编造一套理论用来证明克罗地亚人起源于"非哥特文化"，从而使自己步入雅利安人的行列，乌斯塔沙领导层的家庭成员中有犹太血统或塞尔维亚血统的，会被授予"荣誉雅利亚人"的头衔，但是一些低级别的乌斯塔沙分子不得不依靠杀害自己的塞尔维亚妻子或孩子来证明自己的忠诚。

在外国占领下，整个南斯拉夫境内是山头纷起，当时与克罗地亚的乌斯塔沙针锋相对的有在米哈伊洛维奇上校带领下的塞尔维亚武装切特尼克组织，还有一股势力，就是铁托领导下的南共人民军（游击队）。

1942 年 2 月 6 日，乌斯塔沙分子对迪那里克阿尔卑斯山脉对面的村庄实施了一次残酷的大屠杀，包括 500 名儿童在内的 2730 名塞尔维亚人遇难，乌斯塔沙甚至先于纳粹对异族实施了"最终解决"。这些事实都得到了德国陆军元帅威廉·李斯特及其下属的确认。

根据统计，乌斯塔沙建立超过 10 个集中营，杀害达 9.3 万人，但是塞尔维亚人的切特尼克组织也杀害不少克罗地亚人，这都是导致南斯拉夫族群问题进一步恶化的历史原因之一。

乌斯塔沙的种族暴行招致了意大利人的愤怒，意大利人也不想和乌斯塔沙合作，因此，他们在自己的南部控制区支持切特尼克组织，虽然希特勒坚持要求墨索里尼命令他的部队与乌斯塔沙协同作战，但是意大利将军马里欧·罗埃塔及其他意大利陆军将领根本就对这些命令不屑一顾。

第二次世界大战后期，甚至在德军投降后，乌斯塔沙依然在克罗地亚顽强抵抗，但最终被由铁托率领的人民军所歼灭。

随着第二次世界大战进程的发展，苏联红军和铁托所领导的人民军最终解放了南斯拉夫，1945 年克罗地亚再度并入南斯拉夫。

战后，残余的乌斯塔沙分子纷纷潜逃至国外，大约有 20 起恐怖活动或多或少涉及乌斯塔沙，由于缺少民众支持和南斯拉夫人民安全局的高效，他们一般很难取得成功，帕维里奇流亡阿根廷，南斯拉夫人民安全局的特工在布宜诺斯艾利斯给了帕维里奇致命的一枪。

20 世纪 90 年代初，现代克罗地亚国家独立，克罗地亚人和塞尔维亚人再次陷入战争，图季曼总统对乌斯塔沙组织发表了有争议的言论，声称乌斯塔沙的国家的确体现了克罗地亚的民族传统，一些流亡海外的乌斯塔沙分子也可以自由地返回克罗地亚了。

（二十九）绑架隆美尔——第二次世界大战中英国特种部队最大胆的计划

1944 年，英国特种空降部队的一支特种兵队伍接到了一项"不成功则成仁"的任务——在法国的一座别墅刺杀或抓捕纳粹最强的指挥官之一隆美尔。

6 月 6 日，诺曼底战役打响之后，盟军开始陆续解放被纳粹德国占领的欧洲大陆。1944 年 7 月 20 日，空降特勤队司令麦克利奥准将发布了这道堪称第二次世界大战最为大胆的计划，他要求手下的特种兵队员们，要么将正在战场和盟军作战的德国陆军元帅隆美尔击毙，要么将他绑架到英国，以此作为对希特勒的一个"威胁和打击"。隆美尔被誉为"沙漠之狐"，是希特勒最为倚重的前线指挥官，他曾在北非和西欧地区对盟国军队实施多次打击，给第二次世界大战局势带来很大影响。因此，英国特种部队的精英空降特勤队将隆美尔作为"袭击"目标，并不出乎意料。

起程前，初次上阵的英军特种兵，英国皇家空军特种空勤团（SAS），向来被

视为王牌中的王牌，尽管被寄予厚望，参与此次行动的士兵班尼特却并不感到自豪。他写道，众人起程前吃了一顿"只有国王才能享用的饭菜"，"看那架势，就好像我们要上绞刑架似的"。

绑架计划首先要在隆美尔作战的区域寻找适当的空降地点，并有必要进行短时间据守，根据侦察情况决定是否实施绑架。此外，麦克利奥在命令中还提到将隆美尔击毙的可能性。"击毙隆美尔显然比绑架他容易。宁可确保击毙隆美尔成功，也比试图绑架他但失败要好。"

根据日记记载的内容，麦克利奥的命令被标注为"绝密"级别，麦克利奥要求，"以下要点应牢记在心：如果绑架隆美尔，并将他带回英国存在可能性的话，结果将会产生巨大的宣传价值，针对当地居民的报复行动也将因此减少或者得以避免。"然而，当4名空降特勤队的精锐士兵准备好跳伞空降于一座法国城堡实施计划的前几个小时，这项突击行动却被临时叫停。原来，一场意外的事故让隆美尔逃脱了盟军的刺杀。

1944年7月17日，隆美尔正在诺曼底前线与英国军队鏖战，没想到他乘坐的汽车却遭遇英国空军飞机的轰炸，隆美尔受伤，被随后赶到的参谋们从沟中救出，送到附近的贝尔内空军医院。当地医生用碎布条缠住隆美尔凹陷流血的头部，随后又给他注射了两瓶樟脑油。这种急救方法虽然比较简陋，但挽救了隆美尔的性命。随后他将指挥权交给副手，回到德国进行治疗和养伤。因此，麦克利奥之前制订的绑架计划失去了实际操作的可能性，这项任务被取消了。

"沙漠之狐"虽然逃脱了盟军的生擒或刺杀，却卷入刺杀希特勒未遂的行动。7月20日，在东普鲁士腊斯登堡一座简易木板房里，希特勒正召集高级将领举行军事会议。突然"轰"的一声巨响，一颗预先放置的定时炸弹爆炸了，霎时间，烟雾立即弥漫了整个会场。这是德国反希特勒分子们策划的一次暗杀行动，但希特勒仅受了一点轻伤。为了查清真相，希特勒逮捕了一批可疑军官，在这股清洗浪潮中，不乏隆美尔的老战友和下属。

1944年10月14日，"沙漠之狐"隆美尔被迫服毒自杀，希特勒还假惺惺地为他举行了国葬。一代名将就这样被自己效忠的领袖置于死地，获知情报的盟军在庆幸之余不胜唏嘘。当然，对SAS官兵来说，这样一个为自身扬名的良机就此失却，可能更是他们永远的遗憾。

（三十）"万岁崖"——塞班岛日军臭名远扬

塞班岛最早是由菲律宾等地移民建设起来的岛屿，它的原始美丽被世人所认识，是在 1521 年航海家麦哲伦环球旅行之后，第一次世界大战结束时，塞班岛变成日本的海外领地，大批日本移民在当地经营达 20 余年，1944 年 7 月，美军经过奋战夺取这里，塞班岛成为第一批被盟军攻克的日本属岛。塞班岛是马里亚纳群岛的主要岛屿，守岛日军为小烟英良中将和南云忠一海军中将所辖部队等共 413 万余人，塞班岛战役开始于 1944 年 6 月 11 日，结束于 1944 年 7 月 9 日。

塞班岛是马里亚纳群岛的第二大岛，长约 21 公里，宽 4 公里至 8 公里不等，面积约 184 平方千米，地势中央高四周低，岛上多山峰、丘陵、沟壑、岩洞，制高点是岛中央海拔 450 米的塔波乔峰，岛西海岸有一条覆盖整个海滩的珊瑚礁，加拉潘角将其一分为二，北面形成天然良港——塔那潘港，该港也是塞班岛以及马里亚纳群岛的经济、文化中心，南面为平坦的马基奇思海滩，是理想的登陆滩头。

1944 年 6 月，美国以 7 万人的兵力包围了日本海军司令部所在地塞班岛，在这仅有 120 平方千米的土地上，美国人 3 周内投下 50 万枚炸弹，使塞班岛成为汪洋中的一片火海，岛上的大部地面工事被摧毁。

15 日，美国第二陆战师、第四陆战师在塞班岛西岸查兰于诺地区登陆，傍晚占领登陆场。此时，美军虽然陆上部队已有两万余人，伤亡 2000 余人，夺取的登陆场却只有计划的一半，难以形成有效的防御态势。当晚，日军趁美军登陆场狭小，立足未稳之机，发动了夜袭，企图将美军一举赶下海。日军以 36 辆坦克掩护 1000 多步兵发起冲锋，美军早有防备，照明弹一发接一发，将夜空照得如同白昼，日军的反击刚开始就被发现，美军随即召唤舰炮火力支援，在猛烈密集的舰炮射击下，日军白白损失 700 余人，一无所得。从 16 日深夜到 17 日凌晨，日军又以 44 辆坦克和 500 人发动夜袭，结果遭到了沉重打击，坦克被全部消灭，步兵也损失大半。

6 月 18 日，美军继续发展进攻，陆战四师攻至南部的马基奇思海滩，第 27 师的 165 团轻而易举夺下了最大的机场——阿斯利洛机场，两天后陆战队的战斗机就开始进驻该机场。美军巩固登陆场后，第 27 步兵师登陆增援，并赶修机场和部署炮兵，斋藤意识到由于双方实力相差悬殊，反击已不可能有什么作用，转而重新调整部署，依托岛上最高峰塔波乔峰组织防线。26 日，美军攻占该岛中部制高点塔波乔山，随后向北发展进攻，经过 20 天激战，日军伤亡惨重，只剩 3000 人。6 月 30 日，斋藤在美军越来越大的压力下，率余部退至塔纳帕格村一线的"最后抵抗线"，负隅顽抗，做最后的垂死挣扎。7 月 4 日，美军攻占了福劳里斯角水上飞机基地，将残余日军压缩至东北角的狭小地域，至此日军的最后防线终于被突破，守军大部被歼。7 月 6 日，斋藤和南云向东京大本营发出了最后的诀别电，然后将岛上残余的 3000 名官兵集中起来，部署了最后的决死攻击，当晚斋藤剖腹自杀。

史密斯预见到日军肯定会在最后失败前进行自杀攻击，特意到27师师部，叮嘱部属要加强戒备，严密防范日军的自杀冲锋，但27师不以为然，麻痹大意，7月7日4时，3000多日军突然发起了进攻，军官挥舞着武士军刀，身先士卒带头冲锋，士兵们有枪的带枪，没枪的拿着刺刀和棍棒，甚至头裹绷带、手拄拐棍的伤员也一瘸一拐地冲上来，全然不顾美军的射击，经激战，终将日军这次丧失理智的自杀冲锋粉碎，美军伤亡很大，仅阵亡就达400余人，而日军在美军阵地前遗留的尸体就有1300多具，美军只得挖掘一个大坑，再用推土机将这些尸体推入坑中集体掩埋，日军有组织的抵抗至此结束。

7月7日当天，南云忠一命令日军端着上了刺刀的长枪押着妇女、老人、孩子向岛北端高30米的石崖走去，到了崖边举行"殉难仪式"。在刺刀的威逼之下，抱着自己的孩子的妇女、老人们机械地喊着"万岁"跳下石崖，坠入大海，从此，这个无名的石崖就有了名字——"万岁崖"。日军逼着家属跳崖的第二天，南云忠一又发布了第二道命令，所有军人都要殉职，向天皇效忠，先是全体日军集合向天皇宣誓，接着命令1000多名官兵上山，随后是塞班女子中学的校长带着100多名学生上山，在山上，校长向学生们讲话，"将士们浴血奋战，完成了天皇交给的使命，他们就要殉职效忠了，我们女子中学的学生面临着要被美国兵侮辱的危险，不如将你们美丽的身体献给为天皇效忠的大和民族英雄们，以表慰安……"，在石崖下的司令部里，此时的南云忠一已剖腹自杀。7月10日，美军打扫战场，发现崖下有1053具日军尸体，还有107具少女的尸体，少女们都一丝不挂，这些少女都是塞班女子中学的学生。

60多年过去了，一些日本人在万岁崖上建起许多"慰灵碑"，甚至天皇也前来祭拜，不过山崖上"慰灵碑"多被密密麻麻的口香糖粘得面目全非，当地人说，这是韩国和菲律宾等国战争受害者的抗议之举，这些碑也因此得名"口香糖纪念碑"。在塞班岛战役中，日军伤亡4.1万余人，被俘近2000人，美军伤亡1.6万余人，美军夺取塞班岛，为攻占马里亚纳群岛其他岛屿创造了条件，也为B-29远程轰炸机轰炸日本本土提供了基地，后来美国向日本投下两颗原子弹的轰炸机，也是从塞班属岛天宁起飞的，至今游客们还可到那里参观"原子弹装机纪念地"。

（三十一）被迫追认的现实——对日索赔始末

日本在第二次世界大战期间为建立其所谓的"大东亚共荣圈"，给亚洲各国人民带来了深重的灾难。仅以中国为例，从1937年至1945年的8年间，就被日本帝国主义杀害了3500万人，直接经济损失640亿美元，间接损失高达5000亿美元，

5000亿美元按购买力折合现价，超过5万亿。

至于所有与日本交战国，其损失就更为巨大了。这些损失完全是由于日本发动的侵略战争造成的，理所当然地应该由日本赔偿。

在1945年2月英美苏首脑举行雅尔塔会议时，便制定了要求德意日法西斯国家给予盟国战争赔偿的原则。规定德国应赔偿200亿美元，其中100亿归苏联，80亿归英美，20亿归其他国家。战后，英、美、法、苏对德国实行分区占领，成立盟国管制委员会，德国的赔偿以盟国从各占领区拆迁工业设施抵偿。

在1945年7月，波茨坦会议召开时，日本的败局已定，盟国在会上即拟定了战后日本对盟国的赔偿方针，主要内容是：第一，日本必须进行战争赔偿，但是考虑到日本战后可能的情况，决定让其采用实物支付的方式进行赔偿；第二，赔偿规模不是按照受害国的损失，而是小于损失。在波茨坦会议上盟国已经明确了战后要通过赔偿来剥夺日本战争能力的意愿。与日本对亚洲国家造成的损害相比较，无论如何处置日本显然都是宽容的。

对于日本，以美、英、苏、中为首的同盟国在日本投降后成立了一个赔偿委员会，专门协商日本赔偿问题。1945年11月5日，该委员会一致认为，为了剥夺日本进行战争的产业能力，防止军国主义复活，决定加重日本的战争赔偿。方式是把日本工业设备的一大半拆迁给各战争受害国作为赔偿。为此，指示各国分头调查、统计战争期间的损失，以便具体确定赔偿的方案。

按照美国政府所制定的"临时赔偿方案""先期拆迁"计划将提日本工业设备实物的3%作为直接受日本侵略国家的赔偿物资，其中中国可得15%。但是，随着时局的变化，美国为自己狭隘的战略所考虑，对这个3%的赔偿范围一减再减。最后中国只得到了微不足道的一部分。这期间国民党政府派出的中国首席代表吴半农多次严正交涉。但美国一意孤行，不予理会。中国战时损失，据国民党行政院赔偿委员会的估计，按当时价格计算，不下620亿美元，而中国分得的赔偿物资才约值2250万美元，只占3‰。

而实际上，这个数字也只是画饼充饥——日本一共只支付了22.3亿美元战争赔款，其中数额最大的是菲律宾和印尼，各8亿。而中国、美国、英国、苏联、荷兰、澳大利亚都宣布放弃日本的战争赔款。那么这些国家为什么要放弃对日索赔呢？这就不能不提到美国在这其中的作用了。

战后初期，美国对于日本赔偿的态度还相当积极，后来稍有动摇，但还是于1947年4月4日采取单独行动，发动了"先期拆迁"。可是随着美、苏对立日益尖锐，再加上中国人民解放战争顺利进展，美国的外交政策就有了根本性的转变。在远东方面，美国急盼建立一个反苏反共的基地，而环顾全球，只有在它控制下的日本最符合这个条件。于是扶持日本、抵赖赔偿，就成为美国的基本方针。美国政府于 1949 年 5 月 13 日向盟总颁发临时指令，取消了"先期拆迁"计划的执行，停止了日本对各盟国的赔偿。至此，战后对日索赔的事宜实际上已被美国腰斩。

（三十二）巴丹死亡行军

美菲联军的投降人数约为 7.8 万人，这些人在被押解到约 1000 公里外的战俘营时，以徒步行军为主。在整个转移过程中，日军只提供少许食物——一次给高尔夫球般大小的一个饭团。企图找寻饮水和食物的战俘，大多被日军刺死或开枪打死。

日本人转移俘虏的计划，基于 3 个毫无根据的假设：第一，日军认为巴丹半岛只有 2.5 万~3.5 万人，而实际上大约有 6.5 万名菲律宾官兵、2.8 万名菲律宾平民和 1.2 万名美国人，总数达到 10.5 万人。第二，日军认为美菲联军官兵身体健康，能在没有食物和饮水保障的情况下进行强行军，而事实是，坚守巴丹的官兵在 45 天里，每人每天摄入的热量不足 800 卡，远远不够需要。第三，日军认为他们的撤退计划完美无缺，所有的细节都已考虑周全。实际上，日本军人之间分歧很大，这让俘虏无所适从——听了甲队士兵的命令，会被乙队士兵认为违反了他们的命令，俘虏会挨打；再度服从乙队士兵的命令，甲队士兵发现了又会开枪。这样的事情一再重演。当巴丹死亡行军从马里韦莱斯开始的时候，就与日本人的"完美计划"背道而驰。到处都混乱不堪，小汽车、卡车、马匹、野战火炮充斥道路。日军把他们所有的重装备都运到了巴丹半岛上，想要一举拿下克雷吉多尔要塞。显然，让敌方的大量俘虏滞留在己方阵地上，是不利于日军赢得攻取菲律宾的完全胜利的，所以日军需要尽快把俘虏赶出战场。

4 月 10 日早晨开始行军时，路面有 20 英尺宽，路基是石块，上面撒上碎石子，碎石子上面再撒上细沙。战俘 4 人一排，10 人一列。还没走出去 1 英里，队伍已经松松垮垮，散乱不堪。刚走了一两个小时，战俘就开始减轻负荷，从军用帆布背包里翻出各种各样的东西：牙膏、牙刷、剃须膏、剃须刀、毯子、小帐篷。这些物件被随地丢弃，散布在最初几英里的路段上。

日本兵用战俘听不懂的日语大声呵斥。如果战俘不能对他们的命令迅速做出反应，他们就从路边捡起木棍抽打战俘。他们想让战俘走快点——总是强迫战俘一连"小跑"四五个小时，不准休息。一个名叫汉克的战俘绊了一跤，摔倒在路边的灌木丛里，日本兵立即跑过去，而其他战俘只得向倒下的好朋友大声喊道："赶快站起来！赶快站起来！"但是，一切都已经晚了，日本兵高声叫喊着，把刺刀扎进了汉克的胸膛。在挨了五六刀后，汉克挣扎着站起来，鲜血顺着衬衫往下流。这天晚上，汉克因为流血过多，倒在地上，被一个日本兵开枪打死了。

行军的第二天，一辆日本卡车从战俘身边开过。车里坐着的日本兵手里拿着长长的绳子，时不时地抽打战俘。突然，有个日本兵向一个走在队列外面的战俘抛出了套索，套在了战俘的脖子上，把他拖倒在地。锋利的石块使这个战俘鲜血淋漓，遍体鳞伤，他的身体抽搐着，翻滚着，看起来像一块新鲜的牛排。被拖出100多码后，战俘终于挣脱套索，用手和膝盖支撑着流血的身体，慢慢站起来，大声喊道："你们去死吧！有朝一日，我会以同样的方法对待你们，我会活着把尿撒在你们的坟墓上！"

幸存者克拉伦斯·拉尔森战后在《漫长的回家之路》一书中写道："没有食物倒还不是我们最大的痛苦，最痛苦的是没有水，大多数人都快渴死了。他们一路上拼命找水喝，许多人只要看见水就喝，也不管水有多脏。旅途中有一个休息点正好在桥上，桥下倒是有水，可是水面上漂浮着绿色的泡沫，你根本看不见水。但是，一些人顾不得那么多，跳下去便往水壶里灌水，而我没有下去，因为里面漂浮着几个士兵的尸体。"

又有一次，一个战俘看到路边有一口自流井，在认定附近没有日本兵时，就同另一个战俘快速冲到井边。几分钟之内，大约有10到15个战俘聚到那里，这引起了一个日本兵的注意，他跑过去，一阵嘲笑。这时，前面的5个人喝到了水，第6个人刚准备蹲下喝水，日本兵就举起刺刀，对着他的脖子就是一刀，这个战俘立即双膝跪地，呼吸急促，脸朝下倒在地上，一口水也没有喝上就死了，鲜血染红了自流井。

战俘们每天像僵尸一样进行长途跋涉，从早上6点半走到晚上8点，有的时候甚至要到9点。他们用了4天时间，总算进入巴朗牙城区。菲律宾市民站在道路两旁，扔给战俘各种各样的食物：米糕、蛋糕、炸鸡、甘蔗。突然，枪声响了，菲律宾市民四散逃命，日本看守向他们射击。在日军的枪声和呵斥声中，菲律宾市民逃散无踪。很多菲律宾战俘趁乱跑出队列，混入市民之中，换掉衣服，化装成老百姓。天色完全暗下来时，战俘被赶进一间仓库。仓库实在太挤，以至战俘只能一个挨一个地平躺在地上。有人想小便，只能尿在身上。如果想大便，就跑到仓库的角落里。这天晚上，仓库的地面上满是痢疾患者的粪便，这让很多人感染了这种致命的疾病。

第五天，日本兵让一队战俘暂时停下，等待后面的战俘赶来。再往前走时，一个战俘患了疟疾，发着高烧，站不起来。日本兵走到他身边，用枪托砸他的头，把他打倒在地，然后叫来身边的两个战俘，让他们在路边挖坑，准备把这个生病的战俘活埋。等坑挖到一英尺深时，日本兵命令他们把生病的战俘抬到坑里。这两个战俘摇着头，说他们不能那样做。于是，日本兵就举枪把他们当中的大块头打死了。接着，日本兵又拉出两个战俘，命令他们再挖一个坑。这两个战俘又挖了第二个坑，把生病的战俘和死去的战俘分别放在坑里，然后往他们身上铲土。生病的战俘还没有死，土扔到他身上时，他还发出凄厉的喊叫声。

圣费尔南多是巴丹死亡行军途中最大的城镇。在这里，战俘被赶进了闷罐车。车厢很小，平时可以装进10头牲口或者25到30个人；在日本兵的驱赶下，每节车厢里都塞进了80到100个人。战俘只能轮流坐着，因为车厢里没有足够的空间，让大家都坐下来。车厢中部实在太拥挤，有些战俘呼吸不到新鲜空气，窒息了。战俘们站了5个小时，才抵达离最终目的地奥东纳尔集中营不远的卡帕斯。

在巴丹死亡行军过程中，1.5万人因饥渴或遭日军刺杀而死。活着到达奥东纳尔的战俘全都有病，少数人只患一种疾病，大多数人受到两三种疾病的折磨。这些疾病包括：疟疾、痢疾、营养不良、饥饿、脱水、肺炎、脚气病、白喉。

在美国上校军医詹姆斯·吉莱斯比秘密保存下来的笔记中，对于进入战俘营的新来者是这样描绘的：

……路上来了一群缓慢移动的战俘。他们衣衫褴褛，满身泥污，蓬头垢面，半裸身子，面色苍白，浮肿脱形，毫无生气。他们跌跌撞撞，时而摔倒。有些步履艰难，有些人则站立不稳，躺倒在地，却遭到押送人员的催促……他们四肢肿大了一倍。脸上毫无表情——脸不成形，毫无血色。他们比实际年龄衰老得难以置信。赤脚走在石子路上，用麻袋片遮羞。有些人一丝不挂，眼睛血红，嘴唇干裂，全身是屎。他们就这样来到……"路的尽头"。他们原都是31步兵团、航空部队和高炮部队年轻强壮而机敏的美国人。这确实是凄惨不过的景象，但愿我永远不再看见。

美国自由撰稿人约翰·托兰则在《日本帝国的衰亡》一书中写道："……死于去集中营途中的菲美军人比在巴丹战场上死的还多。抵达奥东纳尔营的只有56000人，但是许多人在中途逃跑了，所以谁也不知道死亡的确切数字。在步行途中死于疟疾、饥饿、殴打或被杀害的人在7000人到10000人之间，其中约2330人是美国人。"

由于日军在集中营里虐待战俘，包括拷打折磨、逼迫苦力、刻意让其挨饿等，因此在抵达营地的两个月内，又死去了约2.6万人。

（三十三）陈纳德与美国飞虎队

克莱尔·李·陈纳德（Claire Lee Chennault），美国空军中将，抗战时期美国援华空军飞虎队队长。他1893年9月6日生于美国得克萨斯州康麦斯，1919年从飞行学校毕业，1923年被派往夏威夷，负责指挥第19战斗机中队，并编写了《战斗机飞行技巧手册》。他曾是一位出色的空战战术家，也是一名优秀的特技飞行员。但是，由于听力受损，又患有支气管炎和低血压，他后来被美国陆军航空队停飞，退役时还仅仅是一名上尉。

1936年1月，中国空军只有约200架能够使用的战机，因此，毛邦初上校邀请他到杭州笕桥的中央航空学校担任飞行教官。同年6月3日，宋美龄任命他为中国空军顾问，帮助中国空军在昆明市郊建立航校，以美国标准训练中国空军，月薪1000美元（在美原薪约200美元）。其后，在洛阳考察航空学校时，卢沟桥事变发生，抗日战争爆发，他当即表示："如有需要，愿意尽力为中国服务。"后赴南昌，被指派指导该地区战斗机队的最后作战训练。

克莱尔·李·陈纳德

陈纳德先后参加了淞沪会战、南京保卫战和武汉会战，与中国和苏联空军司令官共同指挥战斗。他在湖南芷江组建了航空学校，后来又到昆明航校任飞行教官室主任，负责给高级班授课。他还积极协助中国空军对日作战，并且亲自驾机投入战斗。但是，由于当时美日尚未交战，陈纳德迫于日本施加的外交压力，逐渐把公开活动转为非公开活动。

1940年10月，日本空军开始大规模轰炸滇缅公路。这时，蒋介石召见了陈纳德，要他制定一个方案，同宋子文一起去美国，尽可能为中国弄些美国飞机和驾驶员。

1941年，陈纳德在罗斯福的支持下，以私人机构名义，重金招募美军100名飞行员和150名机械师（月薪由在美国的约300美元增至600美元，击落日机一架另奖500美元），以志愿人员的身份参战。7月和10月，200多人分两批来华，队员多半是勇敢无畏、渴望冒险、性格开朗的年轻人。由于在形式上并非正规军，他们的战术研究和训练反而得以自由挥洒。

1941年8月1日，中国空军美国航空志愿队成立，陈纳德担任上校队长。这支航空志愿队的战机上绘有被日本人视为不祥之物的鲨鱼头形，因而被中国人称为"飞虎队"（Flying Tigers）。

正当美国志愿队在缅甸加紧训练的时候，1941年12月7日，太平洋战争爆发，日本开始轰炸缅甸和中国的重庆、昆明等地，中国大后方的城市也频繁遭到日本飞机的袭击。为了同时保卫滇缅公路和大后方的重要城市，陈纳德把飞虎队编成3个飞行中队，留下一个中队在缅甸，另外两个中队前往昆明。

1941年12月20日，也就是飞虎队刚到昆明后几天，陈纳德建立的空袭预警系统从中越边境传来情报，说有10架日本轰炸机从越南机场起飞朝昆明飞来。陈纳德命令飞机立即起飞。当日本轰炸机快要飞到昆明上空的时候，十多架飞虎队的战斗机冲了上去，打下9架敌机，只有1架敌机回到基地。飞虎队没有任何损失。很多昆明人目睹了这场惊心动魄的空战，大家奔走相告，敲锣打鼓到巫家坝机场为飞虎队庆功。

昆明空战后的第三天，驻扎在缅甸同古（今东吁）机场的飞虎队也首次与日军展开血战。飞虎队以损失3架飞机和两名飞行员的代价，击落日机25架。这次空战显示了飞虎队非凡的战斗力，美国媒体迅速给予报道，称飞虎队为"世界上最坚强的战斗集体""最优秀的空中骑士"。于是，名不见经传的陈纳德一下子成了美国的英雄。

飞虎队在昆明集中后，日本空军决心把它一举消灭。在随后的日子里，日军不断袭击巫家坝机场，致使昆明城的空袭警报频频拉响。后来，飞虎队干脆把他们创办的一份月刊命名为《JINGBAO》（警报）。

当时，日本人控制了中国的港口和运输系统，几乎使国民党政府与外界隔绝，这一小队空战人员驾驶着老式飞机，尽管经常面临燃料、零件和飞行员的不足，但他们仍不断战胜远比自己规模大、装备好的日本空军。他们在中国的绝大部分地区上空与日本人作战，连创击落日机的佳绩——在31次空战中，飞虎队员以5至20架可用的P-40型战斗机，共击毁敌机217架，自己仅损失14架。5名飞行员牺牲，1名被俘。

"P-40飞机是飞虎队的主要装备，也是太平洋战争初中期美国陆军的主力战机，最大速度为552千米/小时。太平洋战争中，P-40的对手是日本的零式战斗机。"

对比而言，P-40机动性不如日本零式战斗机，但具有较高的俯冲速度。因此飞虎队往往采用高速俯冲，打了就跑的战术，避免与零式战斗机纠缠。

1942年5月，日军打败在缅甸的中国远征军后，沿滇缅公路乘势攻入中国云南境内，并迅速推进至怒江西岸，整个怒江峡谷内挤满了日军的士兵和车辆。这时，峡谷上空突然飞来一群飞虎队的轰炸机，它们对准公路上的日军猛烈开火，不久就摧毁了峡谷内几乎所有的日军车辆和重装备，击毁了日军搭设了一半的浮桥，彻底打碎了日军试图过江的冒险计划。

1942 年 7 月 4 日，美国航空志愿队转变为美国驻华空军特遣队，陈纳德担任准将司令。

1943 年春，罗斯福总统决定把驼峰航线的物资优先分配给陈纳德。3 月 10 日，美国驻华空军特遣队转变为美国陆军第 14 航空队，陈纳德担任少将司令。7 月 25 日，陈纳德应聘为中国空军参谋长。10 月，中美空军混合联队组成并投入战斗，陈纳德任指挥。

到 1944 年底，第 14 航空队的规模已扩大到 1000 架飞机和两万多人，前方基地遍及湖南、广西和浙江等地。新机场同当年的滇缅公路一样，基本上是靠附近的农民完全用手工建造起来的。中国人对洋人也深感好奇，常常朝对方竖起大拇指，说一声"DINGHAO（顶好）"。美国人也非常喜欢这句话，飞虎队更是对它情有独钟。有些飞虎队队员后来调往欧洲作战，还顽固地将"DINGHAO"这几个拼音字母写在飞机上，弄得敌友双方都莫名其妙。

由于得罪了美国军方某些人士，陈纳德于 1945 年 8 月 8 日无奈地离开中国，提前退休。他在中国生活了 8 年 2 个月零 8 天，与八年抗战结下了不解之缘。在离开重庆之前，十多万市民自发地前来送行，并送给他一把万民伞。几天以后，当他得知日本投降的消息时，他正在埃及上空的回国路上。据说，从不流泪的陈纳德当时激动得热泪盈眶。

1956 年，陈纳德在家乡逝世，美国国防部以最隆重的军礼将其安葬在华盛顿阿灵顿军人公墓。他的墓碑正面是英文的墓志铭，镌刻着他所获得的各种奖章；背面是用中文写的"陈纳德将军之墓"。这是阿灵顿公墓中唯一的中文文字。

（三十四） 驼峰航线

1942 年 5 月滇缅公路被日军切断后，中国的抗战形势骤然变得紧张起来。这时，一支支中国军队从外省紧急调入云南，经过昆明开赴滇西。美国总统罗斯福深感中国战场的重要性，决心在印度和云南之间开辟一条战略物资转运的空中航线，主要由美国空运总队"租用"中国航空公司的飞机、飞行人员和部分军方人员，共同承担这项任务。

新的航线由印度的汀江出发，途径缅甸北部的密支那，再经云南南部飞往昆明。航线全长 800 多公里。不久，日本空军第 5 飞行师团进占密支那，并以此为基地打击航线上的中美飞机，致使盟军不得不把航线北移，使之横跨喜马拉雅山、高黎贡山、横断山、萨尔温江、怒江、澜沧江、金沙江。沿线山地海拔在 4500～5000 米，最高达 7000 米，而当时很多飞机满载货物时只能飞 4000 米高。沿途山峰起伏连绵，犹如骆驼峰背，故而得名"驼峰航线"。

美国空军在"驼峰航线"上一共损失飞机 468 架（平均每月 13 架），牺牲和失踪飞行员和机组人员共 1579 人。

当年曾在"驼峰航线"上飞过 100 多个航班的周炳后来回忆说："'驼峰航线'是一个很大的空域，飞行员在气象、地况、战况变化多端的条件下飞行，是'摸着石头过河'。后来称这条航线是'死亡航线'，确实不为过。很多人都知道航线上有个 100 多公里的'铝谷'，其实那是飞机常失事的几条山谷，晴天时可以看见飞机残骸在阳光下闪出铝的金属光泽。我在空中曾见到一架飞机，迫降在横断山脉的一个山头上，就像一架模型飞机停在一个大土堆上一样，一点没有损坏，甚至看得见飞机号码，但当时无法低空飞行救人。"

"驼峰航线"上的一位美国王牌飞行员也曾回忆说："当时我们运送的主要是汽油、弹药、飞机配件和药品等物资。航线上的任务并不轻松。高海拔加上恶劣的气候、强气流、低气压以及经常发生的暴风雪、冰雹和霜冻，以及日军战斗机的围追阻截，飞机随时都有坠毁和撞山的危险。不少飞行员就是因为天气恶劣，最终燃料耗尽或撞上山峰，落入谷底。即使选择跳伞，飞行员也会落入荒无人烟、野兽出没的原始森林而难以生还。当时流行一句话：你可以沿着失事飞机的残骸找到昆明。"

"驼峰航线"后来又给滇西和缅北反攻乃至全国的大反攻，提供了有力的支持。1942—1945 年，美国通过"驼峰航线"的 8 万架次飞行，总共向中国运送了 85 万吨战略物资和 3.35 万战斗人员。可以说，没有"驼峰航线"，整个抗战局面就要重新改写。

1991—1993 年，政协云南省委员会在国内外多方的支持下，在昆明西玉案山的郊野公园内建起了一座"驼峰飞行纪念碑"。碑上镌刻着如下文字：

飞越当时被视为空中禁区的喜马拉雅山区，海拔五千公尺上下，航线下方群山耸立，似骆驼峰背，飞机穿行其间，驼峰飞行由此得名。驼峰飞行是第二次世界大战中持续最长的大规模空中运输，也是航空史上仅见的在极其艰险的自然环境中进行的战时空运。

（三十五）"史迪威事件"与中印公路

1942 年 1 月 2 日，蒋介石充任同盟国中国战区最高统帅后，即于 4 日致电当时正在美国的国民政府外交部部长宋子文，要他请求美国总统罗斯福选派一名高级将领来华，担任中国战区盟军司令部参谋长。这同美方的想法不谋而合。经过反复磋商，罗斯福选定"想象力丰富、灵活多变、自信心强"的美国陆军第 3 军军长史迪威少将担任此职。

约瑟夫·史迪威（Joseph Stilwell，1883—1946年），美国佛罗里达州巴拉特卡市人。1904年西点军校毕业，参加过第一次世界大战，担任过美国驻华大使馆武官。1926—1929年，出任美军驻天津第15步兵团营长、代理参谋长。他在政治上同情中国共产党，支持中国的民主和进步事业。

3月4日，史迪威以中国战区统帅部参谋长、中缅印战区美军总司令、美国援华物资监理、美国政府出席重庆军事会议代表、中国战区与南太平洋战区联络员的多重身份，带领他的参谋人员和警卫人员抵达重庆。3月8日，蒋介石授命他指挥中国入缅第5军和第6军。但是，蒋史二人从合作的第一天起，就在指挥权、隶属关系和战略战术上出现了严重分歧，以致蒋介石每提出一个观点，都遭到史迪威的反驳。史迪威在日记中称蒋介石是"一头蠢驴"，认为蒋介石是一个"顽固、无知、满脑子偏见和自负的暴君"，并给蒋介石起了一个外号——"花生米"。在美国口语中，"花生米"意为"无聊的人"。相应地，蒋介石则说史迪威"无作战经验，徒尚情感"，"言行无常，似有精神病"。

这年6月下旬，德国加强了在非洲的攻势。为了解救危机，美国军方将全部重型轰炸机和部分运输机调往埃及，其中包括原属中国战区、驻守印度的美国第10航空队和美国派遣来华的A-29轻型轰炸机。美国的这一举动，对第一次遭受缅战失败、失去西南国际通道的中国政府来说，无疑是雪上加霜，蒋史之间的矛盾随之加深。蒋介石指责史迪威工作不力，致使美国援华物资不多又不及时，还命令宋子文同美国政府"重新协商参谋长的职权"，希望美方"最好能主动召回史迪威"。只是由于罗斯福把他的行政助理居里派到重庆调解，并增加了对华援助，矛盾才暂时得到缓解。此后，史迪威倾其全力，在印度和中国云南训练中国官兵。他主张平行援助国共军队，提出把国民党封锁陕甘宁边区的数十万嫡系部队用于抗日前线。史迪威还冲破层层阻力，向延安派出了以包瑞德上校为组长，代号为"迪克西使团"的美军驻延安观察组。

1943年11月底，史迪威随蒋介石参加开罗会议。12月6日，罗斯福在听取史迪威关于中国战场情况的汇报时间道："你认为蒋能支持多久？"史迪威回答："局势是够严重的，如果（日军）再发动一次像去年5月份那样的攻势（指鄂西战役——编著者），蒋可能垮台。"罗斯福于是说："好，那么我们就要物色另人或另一个党来继续工作。"12月12日史迪威自开罗回重庆时途经昆明，他在与助手多恩谈话时称，在开罗时奉罗斯福的口头密令，要准备一份暗杀蒋介石的计划。事后，多恩拟定了3种办法：用毒、兵变、坠机，史迪威选择了最末一种，并要多恩进行准备，等候命令。此后，暗杀计划始终没有付诸实施。但是，史迪威在日记中仍然认为，"中国问题的药方是除掉蒋介石"，"打死大元帅和何（应钦）以及这帮人中的其他人"。

罗斯福当时非常重视中国战场，他认为，假如没有中国，假如中国被打垮了，日本就会把许多师调到其他战场作战，很快拿下澳洲和印度。然而，1944 年上半年，国民党正面战场出现了大溃败。7 月 3 日和 6 日，罗斯福接受参谋长联席会议的建议，两次致电蒋介石，提出目前的危机要求中美授权一人来协调盟国在华的所有军事力量，这个人就是史迪威。罗斯福还说，他将晋升史迪威为四星上将。7 月 4 日，蒋介石在日记中写道："史氏之愚拙虚妄，不法无礼，可谓无人格已极，而余乃自愧国家贫弱，所以遭此侮辱而已。"8 日，蒋介石复电罗斯福，表示原则上同意罗斯福的意见，但希望罗斯福给他一点准备时间，以使史迪威"能毫无障碍地完全指挥中国军队"，并希望美方派人来华安排此事。这当然是蒋介石的缓兵之计——他哪能把一国的主权和尊严拱手相让？他是想让美国用一名新人来取代史迪威，这样既可以继续获得美国的援助，又能拔掉自己的眼中钉、肉中刺。

1944 年 9 月 6 日，美国总统特使赫尔利以调停人的身份来到重庆。一开始，史迪威对他印象颇佳，说他"为重庆吹来了一阵清风"。赫尔利向史迪威保证，他会敲着桌子逼蒋就范。9 月 19 日，重庆美军司令部收到罗斯福发给蒋介石的一份电报，史迪威从译电员手中接过电报，兴奋异常，因为罗斯福在电报中以强硬的口气说道："由于您至今未让史迪威指挥中国军队，这可能造成灾难性的后果，我们将没有机会打通与中国的陆上通道，这将危及驼峰航线，对此您要承担后果和个人责任。"史迪威不加思索，拿着电报直奔蒋介石的官邸。当时，蒋介石正在同赫尔利、何应钦、宋子文等人一起开会。史迪威把电报直接交给蒋介石，幸灾乐祸地瞅着蒋介石的面部表情，搞得蒋介石十分难堪。蒋介石当晚在日记中写道："今日实为余平生最大之耻辱也。"他此时已下定决心，要与史迪威撕破脸皮。

9 月 24 日，蒋介石交给赫尔利一份备忘录，声明中国的主权和尊严与个人人格不能受到损害和侮辱，国家和个人都不能在强制命令下进行合作，否则任何牺牲都在所不惜。蒋介石还对赫尔利说："史迪威不懂政治，我不能让他担任中国战区的指挥。"他要赫尔利转给罗斯福一份电报，请求罗斯福换人。据传，蒋介石还在中执委常委会上拍着桌子说："史迪威必须走！……这是一种新的帝国主义，如果我们同意了，只能变成傀儡，那我们还不如到汪精卫那里去。"

这一回，罗斯福动摇了。经过再三权衡，他于 10 月 5 日复电蒋介石：由于中国战局严重恶化，美国政府将不再坚持任命一名美国军官指挥中国军队。他同意免去史迪威中国战区参谋长和援华物资监理的职务，但希望史迪威能留下来指挥中国云南的远征军和驻印军。史迪威得知此事后，在给妻子的信中气恼地写道："我被踢到了垃圾堆上！"此时，想当驻华大使的赫尔利趁火打劫，给罗斯福发了一份电报，建议解除史迪威的职务。他在电报中说:"如果您偏向史迪威,您将失去蒋介石,并将一同失去中国。"史迪威于是又在日记中写道:"赫尔利用一把钝刀子割断了我的喉咙。"

1944年10月19日,罗斯福致电蒋介石,表示同意由陆军少将魏德迈接替史迪威的工作。一向支持史迪威的美国国务卿马歇尔当天在给史迪威的电报中说:"斧子终于砍下来了。"次日下午5时,史迪威向蒋介石的官邸走去。这是两人的最后一次会面。史迪威婉言谢绝了蒋介石授予他的青天白日大勋章,只同蒋介石一起喝了一杯清茶。史迪威希望蒋介石能够记住,他所做的一切都是为了中国的福祉。他在起身告别时,向蒋介石行了一个军礼,同时说道:"争取最后胜利!"

此后,史迪威主要承担了两项被许多人看来很难完成的使命:一是训练军队并指挥中美缅北反击战,二是继续修筑中印公路,即大名鼎鼎的"史迪威公路"。

日军占领缅甸后,滇缅公路中断,美英援华物资只靠美军的第14航空队运输,即从印度加尔各答启运,飞越"驼峰",再到昆明。飞机运载量有限,不能完成运输部队和物资的任务,因此,1943年8月盟军在加拿大魁北克召开了代号为"四分仪"的战备会议,决定修筑一条从印度到中国的公路,并铺设输油管和输气管,为中国抗战输入更多的血液。

这条公路从印度的利多(也译雷多)起始,途经野人山和胡康河谷的新背样,南插缅甸北部的孟拱和密支那。公路在密支那分为南北两线,南线经缅甸八莫、南坎至中国畹町,北线经缅甸甘拜地,通过中国猴桥口岸、腾冲直达龙陵。两条线路最终都与滇缅公路衔接。也就是说,它实际上是由几条公路合并而成,即959.2公里的滇缅公路、300多公里的保密公路和500多公里的利多公路,全长1800多公里,中间要开凿13个涵洞,架设700多座桥梁。公路的很多路段是双向8车道,这在当时的亚洲公路中首屈一指。在一些沼泽地带,公路是用木材全程搭建。

中印公路于1943年11月破土动工。当时以中国工兵第7团和第12团为主,组成了超过1万人的中美联合工程部队,并招募了5万~8万名印度劳工。孙立人的新38师和美军在太平洋战场上唯一的一支黑人队伍——858空降工程兵营负责武装保卫工作。

1945年1月27日,中国云南远征军同中国驻印军在芒友胜利会师,中印公路也同时开通。接着,从印度开出的第一批105辆卡车满载美国物资抵达昆明。史迪威当时从美国发来贺电说:"我脱帽向那些为中印公路战斗过和奋斗过的男子汉们致敬。"蒋介石则在公路通车典礼上说:"我们打破了敌人的包围。请允许我以约瑟夫·史迪威将军的名字为这条公路命名,纪念他杰出的贡献,纪念他指挥下的盟军部队和中国军队在缅甸战役中以及修筑公路过程中做出的卓越贡献。"

"史迪威公路"在枪林弹雨中为中国战场运送了5万多吨急需的物资。

陈纳德曾对史迪威的长处和短处作了恰如其分的评价。一方面，他认为"史迪威的中国使命无疑是把难度极大的外交工作放到了一位战时职业军人的肩上。……他是一名陆军战士，性格粗犷，勇猛无比，在敌人的炮火下指挥军队作战有如闲庭信步"；另一方面，他又指出，"我与史迪威的全部交往让我相信，他总是把自己完全看成是一名陆军军人，根本不明白外交官的基本职责，而他又没有耐心去弄明白这一切"。

九、惊世揭秘

（一）制造纳粹婴儿——疯狂的生命之源计划

以希特勒为首的纳粹分子自诩是优等民族的后代，为了达到进一步纯化血统，培养所谓更优秀的雅利安人，他们不择手段地施行了臭名昭著的人种繁殖计划。

1．"优秀人种"的证据

希特勒痛恨犹太人，自诩日耳曼人才是世界上最优等的民族。除此之外，其他人种都属于劣等人种，其中强壮的斯拉夫人可以用作日耳曼人的奴役，而犹太人则必须完全从这个世界上抹去。这实质上是一种打着民族主义旗号的种族歧视。继一战失败之后，又逢经济大萧条的德国人丧失了对自己的信心，民族主义的出现就像一道阳光照亮了黑暗，令德国人振奋起来，陶醉于自我的赞美之中。这种极端的民族主义给其他民族带来了空前的灾难，在整个二战中居然有 600 万犹太人被杀害，最终也让德国品尝到了失败的悲痛。

1933 年 1 月，希特勒登上了德国总理的宝座，他扬言要优化德国人种并清除其中的"糟粕"。这项"优化"德国人种的计划由党卫队头子希姆莱全权负责，按照希特勒的授意，这项计划起名为"生命之源"，目标是培育最纯粹的雅利安人。雅利安人就是所谓的非犹太民族的白种人。为了印证德国人是最优秀人种的后裔，希姆莱甚至编造了一个亚特兰蒂斯的神话来支持纯种德国人血统之高贵的谎言。

亚特兰蒂斯是传说中一块沉没的大陆，那里曾经有过高度发达的文明。公元前 360 年前后，古希腊哲学家柏拉图曾描述："亚特兰蒂斯是大陆上的首都，主岛由三条宽阔的运河环绕……"在柏拉图之后，许多科学家和历史考古学家认为那只是一个虚构的文明社会，但仍有不少人对亚特兰蒂斯的存在深信不疑。希姆莱受一本名为《冰盖理论》的书所影响，认为有一个"超级优秀人种"从太空来到地球的亚特兰蒂斯大陆上落户，并创造了发达文明。在亚特兰蒂斯大陆沉没于大海中之时，有一部分"超级人种"的后裔乘船逃离，而德国人就是这些后裔的传人，因而这支种族的后裔是最优秀的。

有了历史神话传说作为铺垫之后，希姆莱为纯化人种计划找到了历史上的"证据"，进而他给这项计划披上了科学的外衣。在达尔文的进化论享誉世界之后，一个名叫弗兰西斯·高尔顿的人（达尔文的表弟）受自然选择理论的启发，提出一种遗传决定成就的理论，在他的书《遗传基因：关于其法则和结果的探究》中指出，"我以最绝对的态度反对人人生来平等的借口"。这个说法与纳粹的种族主义有相通之处。这种理论认为人种是有优劣之分的，只有通过有计划的交配才能解决问题。

2. 生命之源计划

1933 年 5 月，希特勒掌控的德国政府开始了生命之源计划。政府向人民号召：提高种族储备，纯种的雅利安女人不仅可以不工作而且无论结婚与否都鼓励生育，而如有雅利安女人堕胎则属于违法行为。对生育众多的雅利安母亲发放津贴和勋章，而那些没有生育孩子的夫妇则遭到了贬低。1934 年 1 月，为了保证后代的优异，纳粹开始给数以十万计的人实施了绝育手术，包括妓女、精神病人、罪犯、穷人以及含有其他血统的德国人。1935 年 9 月，希特勒在纳粹党代会上通过了两项决议，其中明确规定：只有日耳曼民族和有日耳曼血统的人才是德国公民，而犹太人和吉卜赛人都属于贱民，严禁他们与日耳曼人通婚。

1936 年，希姆莱创办了第一所臭名昭著的"生命之源产院"，又称"生育农场"。非婚生育的雅利安妇女可以在这里安全生下她们的孩子，前提必须是金发碧眼的符合纳粹理想条件的妇女。此后，党卫军在德国各地相继建起 9 所类似产院。在希特勒的纳粹政府的号召下，许多金发碧眼的德国女子响应纳粹号召，在德国士兵开往前线之前与他们发生性关系。以生育新的纯种雅利安人为荣，并把这种行为看作是爱国心的表现。

二战爆发后，纳粹把生育农场设立到了许多被占领的欧洲国家。纳粹要求在这里生育孩子的妇女必须是金发碧眼，与德国国内妇女的爱国心有所不同的是，这里的妇女大多穷困，她们为生活所迫只希望能挣口饭吃，甚至有许多是妓女。在这里出生的婴儿能领到一本假护照，然后送到德国的一个家庭收养，如果生下来的孩子有疾病或是有缺陷，那里的护士会毫不留情地将其活活饿死或是毒死。

可笑的是，党卫军头子希姆莱十分关心生育农场，经常去那里巡视，他甚至在这里放下杀人魔王的架子，发明出一种专给孩子们食用的高蛋白食谱，把自己装扮成一个充满爱心的天使。为了实现"光大德意志民族"的伟大理想，希特勒曾指示希姆莱，如果攻克英国就在英国各地设立生育农场，使德意志民族的后代更加优秀。因为在他眼中，只有属于英国的盎格鲁撒克逊人才能与优秀的日耳曼人相提并论，这两个种族将会培育出世界上最优秀的人种。可惜的是，英国始终未能攻破，希特勒的美梦也最终未能实现。

在欧洲各地的生育农场，希姆莱的党卫军专门四处挑选纯种的雅利安男女，以确保他们将来生出的婴儿是纯种中的纯种人，达到净化种族的目的。这种方式就与畜牧场的配种师所做的类似。由此可以看出，种族优化计划竟然能达到如此疯狂的境地。后来，他们嫌十月怀胎速度太慢，干脆直接对具有雅利安血统和特征的儿童进行绑架，这些儿童必须是金发碧眼，符合纳粹的要求。绑架之后，纳粹将他们送到德国人的家庭抚养，期望他们将来成为优秀的纳粹新生代。那时许多德国家庭因战争而失去了孩子，所以也愿意收养这些孩子。据不完全统计，在二战期间，纳粹在被占领的欧洲各国至少绑架了 25 万儿童。而在战后，只有十分之一的孩子回到了自己的家园，这些孩子中许多往往成了孤儿。而那些在德国人家庭中长大的孩子已经认为自己是个德国人了。

3. 可怜的孩子们

1945 年春天，德国希特勒的纳粹政府摇摇欲坠，为了掩盖罪行，党卫军开始关闭生育农场。他们销毁了所有关于生命之源计划的档案记录，这些档案上记录着孩子的父母名字、照片以及孩子们的出生日期等资料，这样孩子们的真实身份就成为一个个永远也解不开的谜了。至大战结束时，德国国内的生育农场培养出约一万名婴儿。其他被占领国家，如挪威、卢森堡、法国等地的生育农场都培育出相当数量的雅利安婴儿。

二战结束后，数万个"雅利安婴儿"经历了痛苦的成长，他们不知道自己的父母是谁，在学校受到老师、同学的歧视。而那些曾经在生育农场生育过孩子的母亲则受到当地社会的报复，在挪威约有 1.4 万名与德国士兵发生过性关系的妇女被送进了拘留营。许多孩子在长大之后费尽艰辛来到德国寻找出生线索。可是，那些知道底细的人在战后千方百计掩盖自己曾经当过纳粹分子的事实，当然也不会对这些"雅利安婴儿"提供消息。这些孩子永远也无法找到自己的亲生父母，而那些想要找到孩子的母亲也永远找不到自己的孩子。在巨大的阴影之下，他们痛苦地成长和老去，这是悲惨而无辜的一代。真正的罪人是那些制造人种繁殖计划的纳粹分子，正是他们的疯狂，才炮制了无数个人间悲剧。历史提醒人们，种族歧视带来的罪恶是如此的不可原谅。

（二）神秘的终极武器——揭秘纳粹飞碟计划

在二战末期，为了挽回即将失败的结局，以希特勒为核心的纳粹头子们，曾经一度处心积虑的秘密研制过飞碟之类的奇幻武器，并幻想借助神秘的魔法力量，征服整个世界。

1. 飞碟试验

1945 年，二战已经接近尾声，希特勒仍在做垂死挣扎。在柏林上空，一架美军战斗机发现一架德国空军战斗机试图拦截自己，就在他准备按下火炮发射钮的那一刹那，突然一个圆形的碟状飞行器从他的机翼左侧滑过。大吃一惊的美军飞行员迅速回到基地，然后向上级做了汇报。这难道是德军的新式战机？又或者是 UFO？在盟军攻克柏林之后，一个由盟军科学家组成的特别小组紧随英美联军深入德国，搜集德军关于秘密武器的科研情报、研究人员以及设备。他们从党卫队那里缴获大量设计蓝图和草稿，里面的内容令人大吃一惊。原来在 1934 年至 1940 年间，纳粹德国就制造了七款 RFC 系列的飞碟样机，这些证据表明德国在研制飞碟无疑。

1940 年末，德国就成立了一个名为"爆破手研究室-13"的秘密机构，该机构的任务是专门研究制造秘密飞行器，其活动代号为"乌兰努斯行动"。这个秘密机构收罗了一批科学家、工程师和试飞员等顶尖人才。为了缩短研制飞碟的进程，党卫队不惜抢劫了全欧洲的每一个商务部专利局，借以寻找最快的解决途径。利用德国在欧洲战场最初的胜利，党卫队还秘密逮捕、扣押了许多航空专家，他们被集中在奥地利和罗马尼亚的秘密基地，强迫为研制飞碟服务。从军备部增加了大量的贫民、战俘充当苦力，用于搬运和组装各种机械装置，修建深埋于地下的秘密飞碟制造工厂。在德国军方的协助下，科学家们终于制造出一种非常先进的飞行器——"别隆采圆盘"。

2. 巅峰飞行器

别隆采圆盘采用了奥地利发明家维克托·舒博格研制的"无烟无焰发动机"，以"爆炸"为其工作原理，运转时只需要水和空气。飞行器的周围共装置了 12 台这种无烟无焰发动机，它喷出的气流不仅给飞行器提供了巨大的反作用力，而且还能用来冷却发动机。这种发动机不断大量地吸入空气，因此在飞行器上空造成了真空区，从而为飞行器提供了巨大的升力。在战争即将结束的时候，穷途末路的德国空军还妄图利用新式武器来挽救第三帝国的命运。爆破手研究室-13 制造的别隆采圆盘更是在争分夺秒做最后的冲刺。

1945 年 2 月 19 日，在巨大的轰隆声中，一架耗资数百万马克、名为"柏罗湼女战神"号的飞碟进行了试飞，这是它的第一次飞行，也是最后一次飞行。令人震惊的是，在短短3分钟之内，它飞升到了1.5万米的高空，平飞速度高达2200千米/小时。它无须转弯就可以任意向前或向后飞行，还可以直接悬停在空中。1945年，即二战的最后一年，随着苏军即将攻入柏林，这架当时世界上最先进的飞行器被德国党卫队自行炸毁了。尽管苏联红军在攻克柏林后，很快就控制了制造别隆采圆盘的工厂，但是等到红军赶到那里的时候，却什么也没有得到。

维克托·舒博格在战后投向美国。冷战期间，美国曾经许诺重金给维克托·舒博格，要他说出制造别隆采圆盘的秘密，但遭到了维克托·舒博格的拒绝。1958年8月，维克托·舒博格寄给友人的信中写道，那些参与了"柏罗湟女战神"号飞碟研制的爆炸专家和工程师们在战后无人生还。因此现其他国家已经不可能再制造出如别隆采圆盘那样的飞行器了。

（三）森林里的万人坑——卡延大屠杀真相

在那片黑幽而寂静的卡延森林里，悲愤的灵魂们仍在做无声的控诉！比大屠杀更阴暗恐怖的是政治上的虚伪与残酷。阴谋者的侵略行径直接而野蛮，其铁血手腕更令人毛骨悚然。

1. 条约中的秘密

二战中，没有哪个国家像波兰这样被出卖、侵占和屠戮，使这片出生过哥白尼、肖邦、居里夫人等优秀人物的土地遭受了一场前所未有的大灾难。

1939年，在整整一个夏季中，斯大林都在为两个强大的敌人——西方德国和东方日本的边境威胁而焦虑不堪。在这个时候恰巧事情有了转机。8月底，为了避免两线作战的希特勒从柏林派来了和谈使者。苏德之间进行了一次秘密和谈，他们与苏联代表莫洛托夫签订了一项《苏德互不侵犯条约》。就在签订《苏德互不侵犯条约》两天后，希特勒命令德军对波兰发动了闪击战，波兰的盟国英国和法国静坐观战却拒不支援，波兰军民势单力薄，很快濒临绝境之中。9月17日，苏联红军在"解放性讨伐"的旗号下，将部队浩浩荡荡开进了波兰境内，迅速占领了秘密协定中划分给苏方的约20万平方千米的土地，将其分别并入了苏联的乌克兰和白俄罗斯。猝不及防的波兰军民哪里敌得住东西强敌夹击，最终国破城陷，波兰政府流亡伦敦。突遭横祸的波兰居民更是伤亡惨重，仅在华沙，就有25万居民死于非命。在行动过程中，苏联红军拘禁了约2.5万波兰俘虏。其中，约有1.5万波兰军官，被编成146个战俘营，分别关在斯塔洛柏斯克、奥斯塔什戈夫、科泽尔斯克三个集中营。

2. 卡廷万人坑

斯大林自秘密和谈之后，坚信德国短期内铁定不会攻击苏联，没想到希特勒竟然彻底把他忽悠了。1941年6月22日，德国军队实施"巴巴罗萨"计划向苏联开火，猝不及防的苏联一溃千里。在这之后，德军占领了波兰全境。7月30日，苏联与波兰流亡政府签订了反法西斯战争中一致行动的决定。根据这个协定，苏联将对以前被俘的波兰军民予以特赦，并建立一支波兰军队与苏联红军并肩作战。当波兰将军安德尔斯开始组建这支军队时，苏方却只交给他448名波兰军官，而此前上万名波兰官兵却音讯全无。波兰将军向苏方要求获得这些失踪的波兰军官的消息，苏方的回复却是模棱两可的。11月8日，苏外交部部长莫洛托夫向波兰宣称，所有囚禁的波兰人都被释放了，即苏联不再承担寻找波兰官兵的事情。12月3日，斯大林在与波兰总理的会面中说："他们可能逃到了满洲里。"1942年3月18日，在波兰政府的一再询问下，斯大林又说："他们可能在德占区。"显然，这些答案均不能让人满意。同年，一个波兰铁路工人在卡廷地区发现了大量尸体，他将此事报告给了波兰地下抵抗组织。该组织正在对失踪的波兰官兵进行调查，他们发现无论是军人家属还是德军战俘里都没有这些官兵的音讯。这些人仿佛是在1940年4月起就从地球上蒸发了似的。难道那些尸体就是他们？人们不愿相信这个。然而，上万名战俘，平白无故地就这样被弄丢了？

直到1943年4月的一天，德国国防军在苏联斯摩棱斯克附近的卡廷森林发现了一个万人冢，里面有数千具波兰军官尸体。4月13日，德国宣传部部长戈培尔通过柏林电台向全世界广播了德国在卡廷的发现，"一个深沟……28米长，16米宽，里面有3000多具波兰士官的尸体"，并根据德方调查结果指出，这些死去的波兰军官是在1940年德军占领斯摩棱斯克之前就被苏军杀掉后埋在该地的。并且是苏军用德国武器枪杀了这些军官，企图掩盖罪行并嫁祸给德国。两天后，莫斯科电台通过广播宣称德国的消息是"肮脏的臆想，无耻的捏造"。苏联新闻局发表公报称，这些波兰战俘本来在斯摩棱斯克服劳役，1941年夏季苏军撤出此地之后，德国人控制了这些战俘，称其是被"德国法西斯所杀害"。而两者互有说法，一时间，真假难辨，以致成谜。

3. 难解的真相

为了洗清扣在头上的罪名，德国邀请国际红十字会派人前往卡廷就波兰军官死尸一事进行调查。在苏联的干预下，这一调查终未能实现。不甘心的德国人成立了一个由12名来自比利时、保加利亚、芬兰、法国、意大利、克罗地亚等国的专家组成的调查委员会，对卡廷惨案进行了三天的调查。他们得出结论："根据目击者证词以及死者身上的信件等判断，行刑时间应在1940年3月至4月。"这个结论说明上万名波兰战俘是在苏联占领波兰期间死去的，也就是说苏联是卡廷惨案的真凶。可是，苏联在 1944 年初的报纸上否认此事，坚持法西斯德国军队是凶手的说法。1945 年，二战结束，在纽伦堡审判庭上，苏联执意提出第 34 号关于宣称纳粹分子在卡廷森林杀死上万波兰战俘的报告，纳粹战犯对此表示了藐视的态度。最后，法庭没有同意苏联人的指控要求，此案也就不了了之。

二战之后，虽说波兰政府为了和莫斯科保持政治上的一致性，在本国官方材料中几乎不提卡廷事件，可是西方学者却就卡廷事件发表了大量材料。1988 年 7 月，戈尔巴乔夫访问波兰，同意波兰人前往苏联为卡廷惨案遇难者扫墓。1989 年 11 月下旬，波兰总理访问莫斯科时再度要求苏联领导人澄清卡廷真相。1990 年 4 月 13 日，在各方压力下，塔斯社曾公开发表声明，承认苏联对卡廷悲剧负有责任，并深表遗憾。1992 年 10 月 14 日，叶利钦的特使、国家档案馆馆长鲁道尔夫·皮霍亚来到华沙，向波兰总统瓦文萨移交了两包有关卡廷事件的"绝密档案"。瓦文萨手接密档，语音嘶哑，他"感到全身在颤抖"。文档中证实卡廷惨案中的死亡总人数为21857 人。这些被移交的档案只是关于卡廷事件的整个档案中的三分之一，而其他的资料，苏方表示将全部封存起来。2010 年 4 月 7 日，俄罗斯总理普京和应邀来访的波兰总理图斯克共同参加了卡廷惨案 70 周年纪念活动。

（四）胜利大逃亡——敦刻尔克奇迹

绝处逢生，敦刻尔克大撤退无疑是对这四个字的最好诠释。当英、法联军困于德军的包围圈中时，离死亡只有一步之遥。然而，奇迹往往发生在最令人想不到的时刻，无论希特勒的停止前进命令，还是恶劣的阴雨天气，都是一种预示，即幸运女神总站在正义的一边。

1. 不安的敦刻尔克

波兰战役后，德国 A 集团军群参谋长曼施坦因提出了他的"镰刀收割"计划，该计划以越过阿登山区为突破口，迅速突破法国人引以为傲的马其诺防线。阿登山区位于法国北部，比利时境内，森林密布，一向被认为是法国的天然屏障，德国坦克被认为无法从这里通过。但希特勒对此大为赞赏，命令陆军照该计划而行。1940年 5 月 10 日，德军中路主力部队率 1700 辆坦克偷偷越过被称为天堑的阿登山区。德军的进攻，令英法联军难以抵挡，固若金汤的马其诺防线被迅速突破，短短十几天内，德军直扑英吉利海峡，将几十万英、法联军困在法国北部小镇敦刻尔克。

对于希特勒来说，胜利来得太容易，太快了。当他听说法国北部的联军拥入敦刻尔克之后，欣喜若狂地声称："现在，胜利与和平都掌握在我的手中。"他已然把这几十万联军看作自己的囊中之物了。此时，在仅仅60平方千米的海滩上，英、法联军被德军三面包围，背后就是波涛汹涌的英吉利海峡。除非有船只渡他们越过海峡，否则插翅难飞。而在德国空军的轰炸之下，几乎不可能有如此多的船只运送他们。怎么办？后有追兵，前有海峡，头顶上是德军轰炸机，英法联军危在旦夕。

2. 费解的命令

此时，只要德军再收紧一下包围圈，敦刻尔克的联军很可能就会全军覆没。此刻，幸运女神眷顾了他们，不可思议的事情发生了，德军元首希特勒突然发来一个奇怪的命令。

1940年5月23日，德军先头部队第19装甲军在古德里安上将的指挥下到达格拉夫林，此处距敦刻尔克仅16公里，德军右翼的莱因哈特指挥下的第41装甲军也已到达格拉夫林运河一线，后面的数十个师的兵力还在源源不断地跟进。只要他们再把口袋收紧一下，英法联军必败无疑。素有"装甲兵之父"之称的古德里安深谙闪电战之精髓，他明白此刻的重要性，决心再打一个漂亮的围歼战，结束英法军队的顽强抵抗。24日，古德里安集结好进攻用的坦克群，准备突入敦刻尔克进行决定性的一击。可是，在中午时分，他却突然接到了元首的命令：就地停止前进，撤回先头部队，只准许侦察和警戒部队前进。正在吃午饭的古德里安马上意识到，这是一个有利于敌人却不利于自己的命令。他立刻询问总部这是怎么回事儿，对方的回电是，"元首的命令不可更改"。古德里安为痛失歼敌良机而仰天长叹，不仅仅是他，连坦克部队的将领们都十分沮丧。敦刻尔克唾手可得，却被命令停止前进！

对于希特勒的这条命令，人们至今仍存在争议。许多军事学家认为这是希特勒独断专行的一个愚蠢命令。实际上，希特勒的这一命令不能完全归结于此。首先，在法国北部的战事明朗后，德军需要为下一步作战行动保存装甲部队实力。敦刻尔克遍地沼泽，不利于装甲部队前进，没有必要让装甲部队遭受损失。其次，空军总司令戈林向希特勒保证空军可以消灭敦刻尔克的联军。现在还有一种说法是，希特勒故意给英军网开一面，以图在政治上与英国媾和。5月25日，德国陆军总司令布劳希奇元帅仍希望能说服希特勒改变决定，以加紧收缩包围圈，可是希特勒直到48小时后才宣布恢复前进的命令。48小时，这宝贵的两天时间，对于英法联军来说无异于与死神赛跑的时间。

3. 幸运女神的眷顾

基于希特勒的命令，德军收缩的口袋放松了，可是天上的轰炸机一直在不停地轰鸣着。拯救英法联军的那条长40公里的敦刻尔克海岸线，自1940年5月10日以来就从没消停过，海岸上的船坞、码头被炸成一片废墟，只有一条不足1200米长的东堤还可以供船只停泊，这1200米长的东堤成为联军的生命线。为了让更多的士兵有逃生的机会，延缓德军进攻，联军在敦刻尔克加强了防御工事，以更顽强的抵抗来为部队撤离敦刻尔克赢得更多时间。

英国早在1940年5月19日时便已经预见到败局，战时内阁指示海军部制订一个代号为"发电机行动"的远征军撤退计划。这个计划由多佛尔港海军中将拉姆齐指挥。当时，拉姆齐海军中将建议要求加强空中掩护力量，这个建议得到了英国空军战斗机司令部司令的同意，即在满足保卫本土的前提条件下派出战斗机前往敦刻尔克。随着战斗形势的紧迫，英国海军部在26日晚下达了开始执行发电机行动的命令。原先计划的一天撤退一万联军的想法根本行不通了，而要在短时间内撤退40万人简直有点天方夜谭的味道。船只不够，人手不够，怎么办？焦急的英国海军部顾不上保守秘密，开始在沿海和泰晤士河沿岸征集船只，甚至通过广播呼吁所有拥有船只的人参加这场史无前例的大营救，自行驾船去敦刻尔克营救生死一线的英法士兵。在政府的号召下，数以千计的民众驾驶着各种驳船、货船、拖船、渔船、汽艇、甚至私人游艇纷纷驶往敦刻尔克。在发电机行动执行的当天晚上，就有1312名后勤兵返回到英国。

5月27日，德国空军对敦刻尔克港区和海滩进行了猛烈轰炸，一度阻碍了联军从海上撤退。英国本土起飞200架次战斗机竭力掩护撤退船只，可是仍有40余艘船被击沉，这一天仅有7669人被营救回英国。28日，敦刻尔克上空大雾弥漫，德国空军派出的两个轰炸大队由于能见度低而不得不返回。英法联军却因此而得福，抓紧时机运用一切可以运用的船只，运送岸上的士兵。除了东堤，连海滩也利用起来了，士兵们分成一组一组地蹚过齐胸深的海水再爬上小船。这天有6.5万人幸运地安全撤回英国。29日，英法联军仍在撤退，下午时分，阳光显露，德国3个轰炸大队又来了，一艘已经驶离岸边的"奥洛王"号大型渡船被击沉，英国海军损失驱逐舰3艘，7艘受到重创，尽管损失惨重，当天仍撤走了3.35万名士兵。30日，敦刻尔克上空大雾弥漫，英国船只倾巢而出，大小船只共接走5.3万余士兵。31日下午，德军派出9个轰炸机大队在敦刻尔克和海滩上进行大轰炸，英国皇家空军也出动了，但实力相差甚远，这一天是英军自"发电机行动"以来损失最为惨重的一天，共有31艘船只被德空军击沉，其中包括4艘满载官兵的驱逐舰。在这之后，指挥官拉姆齐向英军总部建议，将营救行动由白天改为夜晚。从6月2日之后，撤退行动完全在夜间进行。对此，德国空军把攻击目标改为巴黎，攻击敦刻尔克的任务重新交给了陆军地面部队。但这个时候，大部分的英法联军已经成功撤回到英国。至6月4日，经过9天的奋战，英国终于完成了将33.5万人撤退出敦刻尔克的奇迹，而这些被安全撤回的官兵在后来的反攻中成为具有作战经验的中坚力量。

天时、地利、人和，十分努力再加上三分运气，成就了敦刻尔克大撤退败而不败的奇迹。

（五） 难道是美国人的苦肉计——珍珠港事件再解读

一项冒险的计划，一次万里大偷袭，一个永远解不开的谜。日本人为什么率先挑起战争？信息灵通的美国人为什么等着挨打？或明或暗的幕后事件使珍珠港事件成为人们至今仍在探索的不解谜题。

1. 决定动手

日本在明治维新后逐渐强盛，但是资源匮乏成为其发展的瓶颈，于是便将眼光瞄向了太平洋上星星点点的岛屿，那里蕴藏着丰富的物产与矿藏资源，从 15 世纪起就引来了西方老牌资本主义国家的掠夺。20 世纪 20 年代初，日本开始疯狂扩充海军军备。1939 年 8 月 23 日，日本闻知盟友德国与苏联签订了《苏德互不侵犯条约》，加之以前与苏联的诺门坎战役吃了败仗，便把心完全地放到侵占东南亚的策略上去了。1940 年起，日本宣扬要建立 "大东亚共荣圈"，意图取代原先欧美列强在亚洲与太平洋上的宗主国地位。当时希特勒在欧洲战场势头正旺，英、法等国尚自顾不暇，哪有精力理会日本瓜分远在天边的殖民地。然而这个政策严重损害了美国的利益，美日矛盾日益尖锐。1941 年 7 月 2 日，美国宣布中止美日贸易，冻结日本在美国的所有财产。8 月 1 日，美国又宣布对日本实施石油禁运，英国、加拿大、荷兰等国家也相继对日本实施制裁。这对于资源匮乏的日本来说无异于致命一击。为了获得荷属东印度年产量 800 万吨的石油，东南亚占世界 80% 的橡胶，大量锡、铁、铝、食物，日本毫不犹豫地决定占领东南亚。而要占领这块富饶之地，就必须首先除掉一颗眼中钉——美国。由此，一场大战势不可免。

2. 先下手为强

1941 年 11 月 15 日，日本战时大本营和政府通过了《关于促进结束对美、英、荷、蒋战争的草案》，规定战争要领为："实施闪击战，摧毁美、英、荷在东亚以及西南太平洋地区的根据地……形成长期自给自足的态势……诱歼美国海军……"由此可见日本下定了对美作战的决心。日本海军联合舰队司令山本五十六早年留学美国，毕业于哈佛大学，他太清楚美国的实力，因此选择了以偷袭的方式打击美国在太平洋上的海军舰队基地珍珠港。在美国人不防备的情况下，在战争初期即取得制海、制空权。事实上，珍珠港事件之初，他们确实获得了这一战果。

珍珠港以盛产珍珠而闻名，距美国本上 3870 公里，距日本本土约 5926 公里，扼东、西太平洋之海、空交通要冲，具有重要的战略地位，美国在 1940 年夏季就以此地为海军舰队活动基地，以扼制日本的扩张野心。山本五十六认为只要将美国在珍珠港内的舰队予以摧毁，日军就可放手进攻东南亚和南太平洋地区。当美国缓过劲来时，战争已经结束了。在这一点上，他低估了美国。

1941年12月6日，珍珠港外杀机四伏，日本潜艇特攻部队已经潜抵，另有6艘以航空母舰为主的日特遣部队正在全速逼近。7日清晨7时55分，日本偷袭行动正式拉开序幕。第一波俯冲机尖叫着出现在希卡姆陆军机场上空，迎头就是一阵狂轰滥炸，美海军福特岛机场、陆军惠勒机场同时受到炸弹袭击，跑道、飞机、设施在第一时间被摧毁，毫无防备的美军一下失去了还手能力。日军的鱼雷机、轰炸机、战斗机同时出动作战，猛烈攻击港内舰船与飞机。第一波日本突击机几乎没有遇到任何抵抗便完成了任务，第二波共171架飞机又开始继续进行轰炸，可怜那些尚在睡梦中的美国大兵，有些还不知怎么回事便葬身海底或被大火烧死。

这场日本人蓄谋已久的偷袭获得了全胜，从海上、空中、水下以闪电式全方位攻击，在短短1小时内重创美军在太平洋的海军基地，击毁飞机265架，击沉各型舰只11艘，其余重创、击伤者更是数十艘以上。美军伤亡惨重，总计有2403人阵亡，1778人受伤。日军的代价却远低于此。

3. 传闻中的苦肉计

日军如此大的动作，难道美国在事发之前就一点儿都不知道吗？就在偷袭的前一天晚上，珍珠港的美国军舰曾击沉一艘日军小型潜艇。即便这个事件没能引起相关部门的警觉，那么在日军大批飞机飞往珍珠港的途中，美军驻珍珠港的雷达兵曾向上级汇报"发现大量可疑飞机"，这样的情报竟然也被疏忽过去了。12月6日，也就是珍珠港事件的前一天，美军截获了日本政府发给驻美外交大使的电报，也就是著名的"14段电报"。罗斯福看完最后一段电报时说："这么说是要爆发战争了。"最后一段电报的内容是要求日本驻美大使野村于凌晨1时整将电报转交美国国务卿赫尔。美国的凌晨1时是东京的凌晨3时，是夏威夷的早晨8时，这时日本已经开始偷袭珍珠港10分钟了，也就是说，日本将在开战以后再将电报告知美国。如果消息透露在开战之前，那么偷袭珍珠港的计划将会成为泡影。然而罗斯福此时竟然也疏忽了，一国总统难道会忽视这样重大的情报吗？实际上就是如此。他通知金梅尔把航空母舰调出外海训练，其他舰船一律留在港内。为什么仅仅把航空母舰调出去呢？如果要避免日军偷袭，为什么不把整个舰队都调出去？这是一个谜，由此便引出了罗斯福的苦肉计这一说法。

珍珠港事件爆发之前，美国红十字会夏威夷分会曾秘密接收了数千名医务人员，其中有1500余名是临时调去的。另外，在那段时间，夏威夷分会从总部得到价值2.5万美元的医疗急救品，从秘密渠道接到5万美元药品与物资。难道美国政府事先就知道要打仗，并且会有大量伤亡？现在我们知道美国在战前就已经破获日

二战秘档

本的绝密密码，因此他们对日本外务省与驻美外交使团的通信情况应该是了如指掌。罗斯福有必要以牺牲一个舰队的代价去打破国内孤立主义传统，以换取战争的入场券吗？

如果珍珠港事件是罗斯福的一出苦肉计，那么代价未免太大，作为一国总统，他不可能不明白损失那么多主力战舰、伤亡数千人将意味着什么。

（六）"无川不军"——守护民族大义的川军

抗日战争是第二次国共合作下中华民族反对外来侵略、英勇悲壮的民族解放战争。300万川军出川抗战，64万人伤亡，其参战人数之多、牺牲之惨烈居全国之首！川军同全国同胞一起以血肉之躯筑成一道国防长城！

四川人民在抗日战争中做出的巨大贡献和牺牲，必将成为四川有史以来最光辉灿烂的一段历史。

1937年7月7日夜，卢沟桥事变爆发，7月8日，在重庆主持川军整军会议的何应钦将这一惊天消息通报给在场的300多位参会的川军团以上军官。在这一刻之前，以刘湘为代表的各路川军将领都怀揣着各自的利益，维护着各自的地盘，当"七七"事变这一现实骤然眼前的时候，第一个站起来请缨出战的是第41军军长孙震，他表示："愿率本部官兵，出川抗战"。

10日，从南京回川的刘湘立即电呈中央表达出川抗战的决心，14日，刘湘又通电全国"日军侵略绝非一省一部之问题"，主张"全国总动员，与敌一拼"，10月15日，刘湘被任命为第7战区司令长官，兼任集团军总司令，孙震为副总司令。

省政府秘书长邓汉祥等人，劝多病的刘湘不必亲征，留在四川，刘湘说："过去打了多年内战，脸面上不甚光彩，今天为国效命，如何可以在后方苟安！"在成都少城公园内，人山人海、战旗飘扬，四川省各界在此欢送出川抗敌将士，刘湘、邓锡侯等将领莅会讲话，表示抗战决心，副总司令唐式遵此时一把推开麦克风，朗诵了才写不久的一首诗以明其志："男儿立志出夔关，不灭倭奴誓不还，埋骨何须桑梓地，人生处处有青山！"

带病出征的刘湘，在抗战前线吐血病发，于1938年1月20日在汉口去世，死前他留有遗嘱："抗战到底，始终不渝，即敌军一日不退出国境，川军则一日誓不还乡！"刘湘这一遗嘱，很长一段时间里在前线川军中每天升旗，官兵必同声诵读一遍，以示抗战到底的决心。

川军于1937年初夏步行出川北上抗日，很多军人只有两件单衣，一双草鞋，一路上没有任何补给，对于装备简陋、缺乏训练的川军而言，用"千里赴死"四个字来概括再恰当不过。

川军将士在抗日前线用一次次硬仗中所付出的热血铸就了他们慷慨赴死之名，以邓锡侯为总司令的第22集团军，从北道出川后，官兵们说："今天的抗战，是中国几千年来历史上所无的，如果战胜，则是国家之福，如果战而不胜，将国亡家破，子子孙孙，都要做人家的奴隶牛马！"所以"由成都至宝鸡1800多里路，跋山涉水，要走一个多月。沿途除了少数患病士兵过后赶到外，竟没有一个逃亡的！"

刘湘

在淞沪战场的血战中，川军第43军26师官兵英勇顽强鏖战七昼夜，多次击退日军进攻，被誉为参加淞沪抗战的70多个师中成绩最好的5个师之一。该师付出的代价也极为惨重，全师4000多人，这场仗打完后仅剩下600多人。第120军杨森所部804团奉命收复失掉的阵地。团长向文彬率部当夜恶战，夺回了阵地。但全团官兵，营长只剩彭焕文一人，连排长非伤即死，无一幸免，排长剩下4个，士兵只剩120余人！川军将士以落后的武器装备抗击精锐的日军，所表现出来的英勇作战、吃苦耐劳以及流血牺牲精神，不仅在众多杂牌军中引人注目，就是和装备精良的蒋介石中央军相比也毫不逊色，给全国军民留下了深刻的印象。滕县保卫战，在抗战的历史上，开了守城将士与城池共存亡的先河，也直接促成了台儿庄大捷的胜利。同时，也因滕县保卫战全由川军担负，而一举让川军的顽强英勇名扬天下。为这一战，川军第122师师长王铭章同所部5000余人几乎全部伤亡，但也毙日军4000余人，完成了此次战役中他们所担负的任务。第五战区司令长官李宗仁指出："若无滕县之苦守，焉有台儿庄之大捷？台儿庄之结果，实滕县先烈所造成也！"

又说："滕县一战，川军以寡敌众，不惜重大牺牲，阻敌南下，完成战斗任务，写出了川军抗战史上最光荣的一页。"中共中央主席毛泽东曾为血战死守滕县城的第122师师长王铭章写下了"奋战守孤城，视死如归，是革命军人本色；决心歼强敌，以身殉国，为中华民族争光"的挽联。

为了民族的独立和生存，广大川军将士发扬了四川人民吃苦耐劳、机智勇敢和"有敌无我"的英勇牺牲精神，在抗战第一线与日寇浴血奋战，先后参加了淞沪抗战、南京保卫战、徐州会战、武汉会战、长沙会战、常德会战、长衡会战等，为挽救国家危亡，做出了巨大的牺牲。

1941年1月中旬，日军发动冬季扫荡，猛攻太湖，川军第88军前锋不支，放弃阵地后退，军长范绍增阻住去路高吼："王铭章师长固守滕县以身殉国，何其壮烈！我们如果丢城失地，有何面目回四川见父老乡亲？"

在8年抗战中，四川基本没有受到鬼子的蹂躏，但是有300万川军出川为国抗战，64万人伤亡，参战人数之多、牺牲之惨烈居全国之冠！川军先后有6个集团军另有两个军一个独立旅出川抗战，约占全国出兵抗战军队总数的1/5，是除国民党中央军外的第一大地方武装，以致当时前线有"无川不成军"之说。

8年抗战岁月漫漫，整个中国的钱粮支撑，就主要靠"陪都"所在地的四川这个"大后方"来负担了。抗战最困难时期，估计四川负担了国家财政总支出的30%以上，这么多粮食，是四川百姓勒紧裤腰带奉献出来的！

一个老农说的好："军队去前方打仗，没粮食就吃不饱，就是有条命也不能拼啊，只要能打胜仗，赶走日本鬼了，能过太平日子，我们老百姓暂时吃苕藤树叶，也有想头，比起日本人来抢我们好多了！"

抗日战争是中华民族反对外来侵略英勇悲壮的民族解放战争，8年抗战中，作为抗日战争大后方，四川军民同全国人民同呼吸、共命运，出人、出钱、出粮、出力，为抗日战争的最终胜利做出了巨大的特殊贡献。

1945年8月10日，日本政府的广播以凄哀的声音播出投降书，日本投降了！这成为四川抗战史上最后一个难忘之夜！

当年300万川军，穿一双草鞋、扛一支"老套筒"，带着川中父亲的嘱托，一步一步走向生死未卜的前线，他们为四川赢得了荣耀。1944年7月7日，成都东门城门洞立了由著名雕塑家刘开渠设计的"川军抗日阵亡将士纪念碑"，市民通常称为"无名英雄铜像"。铜像造型是一国民革命军人，着短裤、绑腿、草鞋，手握步枪，身背大刀、斗笠、背包，俯身跨步，仰视前方欲出征冲锋状，形态威武，永远为后人所敬仰。

（七）吉川贞佐命丧开封——国共联手血洗日本特务机关

1940年5月，日本侵华特务机关的重要人物华北五省特务机关长吉川贞佐少将，和数名日军头目被人刺杀于特务机关驻处的山陕甘会馆。吉川贞佐不仅位高权重，且是明治天皇的外甥，手中掌握着大量机密，而这一神秘刺杀事件的背后，却是国共两党特工人员携手合作的结果。由于当时的保密和以后的历史原因，这一壮举被长时间蒙上了一层神秘的面纱。

吉川贞佐，日军陆军士官学校宪兵科毕业，初授予下士官军衔，开始军事生涯。1937年"七七"事变后，被派往中国从事特务活动。不久转到大特务土肥原坚二门下主管情报侦集工作，因能力"超强"得到赏识。

1939年秋，升任华北五省特务机关长的吉川便把特务机关搬到了古城开封的山陕甘会馆，在此坐镇指挥华北各地的日伪特务活动。吉川掌管特务机关后的第一件事就是扩大特务组织。

他先后扩充了青岛、济南、太原、河南特务机关和各下属机构，并通过遍布各地的所谓"情报站""调查班""剿共队"（特务队）及"外勤情报员"组成了严密的情报网。

吉川上任后便把破坏抗日组织、疯狂抓捕"地下抗日分子"作为第一要务。据伪河南警务厅资料统计，日特机关仅在1939年下半年就抓捕中共人员466人、国民党人员105人、军统豫站人员10余人。吉川本人一次就下令杀害抗日志士120余人。为保全党组织免遭破坏，为牺牲的志士和死难同胞报仇，中共河南地方党组织经过再三考虑，决定与国民党河南地区军统组织联手除掉吉川这个恶魔。

这个任务交给了受中共派遣打入国民党军统豫站行动队当组长的牛子龙。国民党河南军统站长立刻对共产党提出的联手刺杀计划表示欢迎，并指令牛子龙尽快与中共方面联系，物色人员实施刺杀行动，牛子龙选中了他的学生郏县小磨山地区组织抗日游击队队员吴秉一来执行刺杀吉川的任务。

吴秉一，又名吴凤翔，郏县人，17岁参加革命，23岁加入中国共产党，抗战期间受党组织委派，在河南郏县小磨山地区组织抗日游击队。接到任务后，吴秉一表示坚决完成任务。他说："我的命已丢了两次，都是党给捡回来的，只要能完成任务，即使再丢一回也没什么遗憾。"

1940年2月19日，吴秉一来到开封便与地下人员徐景吾等接上了关系，吴秉一得知吉川的心腹特务队长权沈斋贪财，便决定用金钱礼品从其身上打开缺口，在徐景吾的介绍下，吴秉一带着大把银圆和名贵药材烟酒到权家"拜访"，表示自己想"归顺皇军另谋出路"，还给了他一份伪造的"花名册"。拿到吴的"花名册"后，邀功心切的权沈斋立马将情况报告给了吉川。此时吉川正为兵力不足和如何"摆平"军统豫站而头痛，听到吴秉一愿意策反牛子龙，并能从小磨山拉队伍"投奔皇军"，心里很是高兴。但慑于伪开封警备司令刘兴周被刺的教训，怕其中有诈，对吴秉一进行了几次周旋、考验，终于对吴凤翔解除了疑虑。吉川命卫士拿两张特别通行证交给吴秉一，要他后天带小磨山队伍的副司令去见他。

山陕甘会馆位于开封市中心偏北，是清乾隆年间由山西、陕西、甘肃三省富商集资修建的一处精美的庭院式建筑。

5月17日6时许，吴秉一和王宝义按照与"华北五省特务机关长"吉川贞佐少将约定时间赶到山陕甘会馆，两人持特别通行证顺利通过大门门卫，穿过深长的庭院来到吉川和汉奸翻译官陈凯居住的后院。吴秉一刚到西屋门前正欲推门，吉川贞佐的卫士开门出来，吴秉一手疾眼快，抬手一枪卫士毙命，屋内大乱。吴秉一趁机封锁屋门，正在拔枪的日军驻开封宪兵队队长滕井治被击毙。接着，吴秉一又调转枪口朝吉川贞佐射击，不料连扣两下都是瞎火。吴秉一扔掉左轮手枪，拔出20响盒子枪，紧扣扳机，将吉川贞佐击毙。此时王宝义亦从南屋赶至，两人迅速收集了文件、手枪，会同等候在山货店街口的姚拴紧等人一起安全撤离。

在此次刺杀行动中毙命的日军高官除吉川外，还有日军驻开封部队参谋长山本大佐、日军视察团团长瑞田中佐等，汉奸陈凯因事外出侥幸保住了性命，吉川是日军在中原战场被中国军民击毙的首位将官，刺杀行动两天后，《河南民报》首先在重要版面向外界披露了这一消息，紧接着国内外不少报纸也相继刊载了这条新闻，成为轰动一时的大事件，参加这次刺杀行动的人被誉为"大无畏的民族英雄"。

（八）没有硝烟的战场——第二次世界大战中中日双方的"伪钞战"

1937年7月7日卢沟桥事变，日本全面侵华战争开始。与此同时，日本军部陆军最高指挥部参谋本部密令日本特务机构，相机配合日军的侵华军事行动，实施破坏国民政府经济的措施。

1938年底，由于日元走软，日军认为用日元维持战争出现困难，于是设立专门机构从事所谓"经济谋略"，寻求在经济上为战争提供支持，从而特务机构伪造法币的行动被密令正式实施。由此，一场惊心动魄的中日假钞之战揭开了帷幕。

由国家出面伪造别国货币，扰乱敌方经济的做法至少已经有200多年的历史。美国独立战争期间，英王乔治三世曾下令伪造"大陆票"以破坏殖民地经济。法国大革命期间，英国故伎重演，伪造了大量法国教会地产券。德国在第二次世界大战中也曾大量伪造英镑，像著名的"伯恩哈德钞票"几乎可以以假乱真。纳粹用这种方法为其间谍活动积累了大量资金。

第二次世界大战中，著名的向英国驻土耳其使馆佣人"西塞罗"购买情报的行动，以及德国特种部队领袖斯科尔兹内为营救墨索里尼而周游意大利等花费均出于此。事实上，第二次世界大战时期伪造别国货币的并不止德国一家，苏联、英国、美国都曾经印刷过大量的别国货币。

近代军阀割据造成了中国长期以来货币不能统一，中国货币混乱状态结束于1935年，国民党政府在该年11月3日颁布了币制改革公告，宣布除中央、中国、交通三家银行外一律不得发行货币，当时中国市面上发行的是"法币"。伪造法币的念头来自日本陆军第9研究所主任、陆军少佐山本宪藏。陆军第9研究所隶属陆军行政本部，专门负责秘密武器的开发。山本宪藏花数年时间研究了中国内地、关外和朝鲜的货币流通情况后提出了伪造中国法币的计划，并请示到陆军省本部，最后由陆军大臣东条英机亲自下令批准实行。

1938年12月，东条英机亲自下达了批准伪造中国货币的命令，根据这一命令，山本宪藏被调出参谋本部，调至陆军第9科学研究所，专门负责这一工作。为此，日本在其本国设立了制造假币的专门机构，在沦陷区也设立了发行和印刷假币的机关。

1940年4月，山本宪藏成批伪造中国农民银行1元、5元、10元面额券共500多万元，又经过特殊工艺将其变成旧钞，秘密运抵中国，并与真法币混合在一起，分别交付日本侵华机关和沦陷区的"商社"等机构使用，这些假法币广泛流行，成为日本侵略者抢购物资、破坏中国金融秩序、谋取侵华日军军费的重要手段。

汪精卫伪政权于1940年3月底成立后，于当年5月设立"中央储备银行"，并开始发行货币。然而"中央储备银行"的货币并不被中国老百姓所接受，由于无法达到从经济上打垮中国的目的，日军便开始伪造中国当时的货币——法币。

1941年12月，太平洋战争爆发后不久，日军攻占香港。日军特高课查获了国民政府设在香港的造币厂、造币机器及没有来得及运走的其他器械，并且在香港九龙的中华书局查获了新近印刷的中国中央银行发行的10元面额纸币一批和印钞机器。日本获得了印刷法币的全部秘密。

为保证伪币的"质量"，日军动用了一切力量，从技术人员开展研究到高级印刷机械，由于伪钞大多使用真正的印刷版，就连专家也难辨真伪。从1939年到1945年的7年间，日本侵略者共制造假法币达45亿元之巨，堪称世界假币制造之最。大量假法币被运到中国，一部分流入汪伪政权及上海青帮手中，另一部分则成为侵华日军的军饷。日军一方面用假法币在中国购买军需物资，另一方面用它在中国收买亲日分子。在战争期间，日军印制的45亿元假法币相当于国民党政府一年的货币发行量，而其中的30亿元被实际使用。没有这些伪钞，日本的侵华战争是打不下去的。

在东条英机的导演下，国统区从1937年到1944年的货币发行量增加了100多倍。令人倍觉惊诧的是，国民党政府不但抵御住了这种"暗战"带来的经济破坏，反而借机反攻，轻而易举从日本人手里套购到了大量黄金、棉纱、布匹等紧俏物资。

令日本人没料到的是，此时法币流动情况却发生了变化，由于日寇疯狂进攻，大半个中国相继沦陷，国民政府逐渐退至西南大后方，孔祥熙遂命令中央信托局成立印钞事务处，令其设计一套可在防空洞生产的钞票，并准备在重庆建立印钞厂，同时对法币进行一次大改版。

而且，不等日寇的伪钞进一步发挥功效，国民党自己就开始了疯狂的通货膨胀的过程，从 1937 年到 1944 年 7 年内，国统区的货币发行量增加了 100 多倍，达1890 亿元，可以说日寇印刷的这点伪钞并没有达到扰乱经济的目的，难怪山本宪藏哀叹地说："中国实在是一个令人望而生畏的国家。"

面对日伪军来势汹汹的"假币战"，国民政府被迫制定并实施了"以假对假"的策略，决心以其人之道还治其人之身。

为切实达到扰乱日伪统治下的财政金融秩序的目的，国民政府密令军统局与英、美两大国造币公司达成合作协议，并秘密策划在重庆歌乐山建立了一座伪造日本钞票的造币工厂。

当时，日本在沦陷区内流通有各种面值日本钞票、伪币和军用票，每当日军发行一种新版纸币时，就由戴笠从汪伪汉奸周佛海处获取日伪银行的印钞票版，带回歌乐山复制并日夜赶印，总数多达 1.5 万多箱。这些伪钞与沦陷区新流通的真钞一模一样，连日本制币专家也难以鉴别。国民政府由此轻而易举地套购到了大量黄金、棉纱、布匹等紧俏物品，给日本沦陷区金融市场以沉重打击，加剧了日伪统治区的通货膨胀。

半个多世纪前的那场大规模的中日战争，是两国在政治、军事和经济上的全面较量。为了配合日军的侵华军事行动，实施对中国抗战经济的破坏，日本当局对中国发动了一场大规模的以假钞为重要手段的货币战。日军的"伪钞谋略"没有特定的受害者，因此也没有就此向日本政府要求赔偿的诉讼，正因为无人追究，所以日本政府至今也没有承认曾印制伪钞的事实。

（九）德国秘密警察——盖世太保的由来

"盖世太保"这个名词是个外来语，在汉语中，"盖世"是指才能、功绩等高出当代之上。比如说"盖世英雄""太保"一词原本是古代官职名。但在武侠中对护卫主子武艺非凡的江湖侠士也有称为"太保"的，比如后唐太祖李克用有 13 个义子，称为十三太保。把它们合在一起组成的"盖世太保"在词意上可谓是天衣无缝，但它却不是中国所创，它是个外来语，而且是音译而来。

盖世太保是德语"国家秘密警察"（Geheime Staats Polizei）缩写 Gestapo 的音译。

它在成立之初是一个秘密警察组织，后加入大量党卫队人员，随着纳粹政权的需要，盖世太保发展成为无所不在、无所不为的恐怖统治机构，纳粹通过盖世太保来实现对德国及被占领国家的控制。

盖世太保是德意志帝国的政治暴力警察。大多数被任命的人员是以前的国家政治警察，加入盖世太保的成员完全是自愿的。在 1943 年到 1945 年，其成员有 4 万到 5 万人。

盖世太保于 1933 年，4 月由戈林作为普鲁士暴力政治警察建立，1934 年希姆莱被任命为普鲁士暴力政治警察的副总指挥，盖世太保拥有不需要借助任何法律就可以随意逮捕人或把人监禁到集中营的特权，他们的主要任务是消灭所有纳粹政权的敌人。

盖世太保最早产生于德国的普鲁士和巴伐利亚两个邦，1933 年纳粹党执政后，纳粹二号人物戈林以普鲁士邦内政部部长身份接管邦警察局，他把政治警察、谍报警察和刑事警察中政治特别部门合并，组成秘密警察处，一个无名的邮局小职员奉命为这个新成立的组织设计一种免费投递的邮票图样时，提议把它叫作秘密国家警察，简称"盖世太保"，一个令人谈虎变色的名称就这样出现了。

1936 年 6 月，希姆莱任德国警察总监、盖世太保首脑和党卫队帝国长官，具体组织实施法西斯恐怖统治。

1936 年 10 月，全国政治警察统一名称为国家秘密警察，希姆莱随即任命后来以"刽子手"外号闻名的党卫军保安处处长莱因哈德·海德里希为盖世太保副首领。海德里希在德国遍布特务网，仅在 30 年代就雇有 10 万名兼职密探，此外，保安处还有 3000 人的专职密探和 3 万名兼职密探。

在纳粹上台后的几年中，成千上万的左派人士、知识分子、犹太人、工会运动者、过问政治的教士，都不经法律程序被投入集中营。白色恐怖下使人的心态扭曲。

当时一位驻柏林的美国记者写道："你的儿子、你的父亲、你的妻子、你的表亲、你的友好、你的上司、你的秘书，都可能是海德里希的组织的告密者。"

盖世太保有"预防性逮捕权"，在纳粹德国时期，成千上万的犹太人、共产党人、左派人士、抵抗战士等都未经法律程序被盖世太保投入集中营。盖世太保是迫害犹太人的机构之一。

被任命有责任执行集体消灭犹太人的任务的盖世太保一级突击大队长埃希曼，在他给希姆莱的报告中估计有 200 万犹太人被枪杀，据历史学家保守的估计，在整个战争中被屠杀的犹太人为 572 万余人之多，约占当时欧洲犹太人总数的一半。

盖世太保不仅对人民实行法西斯统治，还把矛头指向任何阻碍纳粹争取最高权力的上层阶级，对冲锋队血腥的清洗后，又向当时唯一不受控制的陆军军官团开刀，1937 年 12 月，德国军队一号人物、丧偶多年的战争部长冯·勃洛姆堡元帅与其 24 岁的女秘书埃娜结婚，勃洛姆堡迷恋于新婚妻子的美貌，而忽略了对她过去的了解，而柏林警方却握有埃娜做过妓女被判刑的材料，当勃洛姆堡夫妇去意大利旅行时，盖世太保送交的埃娜档案摆到了希特勒办公室的案头，勃然大怒的希特勒当场指示参谋长贝克说："第三帝国不能容忍最高级将军与一个婊子结婚。"下令将元帅免职。

第二次世界大战期间，盖世太保参加特别行动队，随正规部队进驻被占领国家，残酷杀害纳粹占领区人民和战俘，是纳粹党对被占领国家人民进行特务恐怖统治的工具。1942 年 5 月，杀人如麻的海德里希被捷克抵抗运动炸死，战争结束时，戈林和希姆莱在狱中自杀，1946 年纽伦堡国际法庭宣布盖世太保为犯罪组织，为这个遗臭万年的机构画上了一个圆满的句号。

（十）向帝国献身——迷恋希特勒的女人

1944 年 2 月，美国中央情报局撰写了一份有关希特勒心理特征的分析报告。

报告说：尽管希特勒曾与许多女性交往过，但"他对女人似乎并无真正的兴趣"，而且存在变态的报复心理，从行为分析学看，希特勒的恋爱经历极大地影响了他的世界观和人生观。

希特勒在女性领域是一个极其糟糕的心理学家，因为他本身就是一个完美的喜剧演员，很难分辨哪是本性，哪是伪装。所有接近他的人，尤其是女人，总是把自己最美的一面展示出来，而希特勒对她们表现出来的殷勤和虚伪总是信以为真。

希特勒对女性的美总是非常敏感，他在狂热崇拜这种美的时候，总是很乐意赋予这些外表美丽的女人一些优秀的内在品质，而这些品质却总是不能被证实，他在某些美貌女人的身上看到她们的才华，而这才华通常是他异想天开杜撰出来的，他总是固执地认为，他周围的美丽女人都很聪明、有学问，但他的判断却都是不切实际的。众所周知，希特勒第二次世界大战期间曾对 600 万犹太人进行过种族清洗，不为人知的是，希特勒的初恋，竟是一位奥地利犹太少女。

1905 年，时年 16 岁的希特勒和好友库比吉克双双在林兹市街头漫步，突然希特勒拉住库比吉克的手激动地问："你觉得对面那个正与母亲牵手散步的金发姑娘如何？她是那样的苗条动人，我想我已经爱上她了。"那女孩身材高挑，衣着华丽。

经了解，女孩名叫斯坦芬妮·伊萨克，时年 17 岁，她的母亲是位富有的寡妇。虽然伊萨克显然是个犹太姓氏，可是少年希特勒当时对此毫不介意。库比吉克忆述："当斯坦芬妮向希特勒回眸一笑，他便乐透了；不过当她冷冷地走过时，他会感到犹如世界末日般。对于希特勒而言，除了斯坦芬妮之外，任何女人都不存在。"希特勒一厢情愿将她塑造成自己心目中的"女神"，库比吉克曾挑战他这个奇怪的想法，但得来的是希特勒冷言一句："你根本不明白这非凡爱情的真义。"

1906 年希特勒 17 岁时，与斯坦芬妮谈上了恋爱，后来由于种种原因分手，这对希特勒打击很大，因为希特勒认为这场恋爱是他生活中"最美丽、最纯洁、最富于想象力的一场春梦"，心理学家研究认为，正是这场失败的恋爱使希特勒对所有女性不再抱有浪漫想法。

1913 年，希特勒又与一名贫困的德国女工汉娜·霍克斯相恋，希特勒见她天天在公园喂小鸟，就寻找机会与她交流，两人一见钟情。当时希特勒穷困潦倒，靠卖画为生，生活没有保障，后来，汉娜被一位工厂老板看中，离希特勒远去。

1928 年，此时希特勒还未君临德国，但已成党魁，希特勒在政治上春风得意时，爱上了自己的外甥女劳巴尔，希特勒不仅送给劳巴尔各种昂贵的礼物，有时还像小伙子一样和劳巴尔追打嬉闹，他还特意请人将两人的快乐时光录制成胶片保存下来，希特勒有意与劳巴尔结婚，然而希特勒怪异的性格令劳巴尔无法忍受。好景不长，她就和希特勒的以色列司机相恋，希特勒一怒之下解雇了司机。希特勒曾经告诉左右："中年人的生活可哀。"意指上了年纪的人和一个年轻女子相恋时，要处处留神与提防女的移情别向。劳巴尔在希特勒的住所待了两年，1931 年 9 月，23 岁的劳巴尔用希特勒的手枪结束了自己的生命。从此，希特勒在慕尼黑的私人房间被原封不动的保留下来了，保留着从前的印记，希特勒的外甥女劳巴尔曾陪他在那里度过了他最幸福的岁月，他把劳巴尔的肖像挂在了墙上，每逢她的生日和忌日，就在相框周围放上鲜花，希特勒泪眼蒙眬地说，在他的一生中劳巴尔是他"唯一爱过的女人"。

在 20 世纪 30 年代第三帝国强盛时期，希特勒突然情场得意，受纳粹思想蛊惑的德国女性，逐渐迷失了自我，疯狂地崇拜希特勒。几乎每天都有成百上千的德国和奥地利女性给元首写信，表达爱慕之情。

有一天，一个年轻女子成功地闯进了他在慕尼黑的府邸，一见到他，该女子就疯了似的扯掉了自己的贴身短上衣。从那一天起，希特勒不再单独接见陌生女性，他担心单独会面会使他陷入丑闻之中，使名誉受到影响。一名叫安娜的精神病患者，在长达三年的时间里，一直用情书对"元首"进行轰炸，柏林警方认为这种做法对"元首"构成骚扰，于是将她投入死亡集中营。

在这些女性中，他的女秘书爱娃·布劳恩是最坚定的一位。1929年的一天，已经40岁的希特勒像平常那样坐在照相馆里和朋友霍夫曼聊天时，进来一位清纯而美丽的女孩子应聘工作，女孩把希特勒当成了老板，她向希特勒介绍说她是来应聘工作的。让人没有想到的是，这位有名的坏脾气竟然幽默地对她说："你竟然不认识我？不过没有关系，我虽然不是这家照相馆的老板，但我可以向你保证，只要你愿意，你可以永远在这里工作！"这位姑娘才17岁，名叫爱娃。从那以后，希特勒经常找借口到霍夫曼的照相馆去，最终和爱娃发展成了恋爱关系。

在12年的时间里，希特勒深深地依恋着爱娃·布劳恩，尽管爱娃娇弱的体格和金色的头发与他理想中的女人相差十万八千里。他喜欢德国南方女子的那种类型，棕发、强壮、肤色自然。

在多年中，爱娃一直都没有提出和希特勒结婚的要求，因为她明白希特勒需要情感，但是不需要家庭。所以，爱娃既不是家庭主妇，也不是母亲，她只是适应了一个大她23岁并且情感上迟钝的男人的需求，希特勒在爱娃身上构建了一种远离战争、征服和种族屠杀纷扰的感觉，一种能让他在一天的劳累后得以休养生息的家的感觉。当纳粹德军节节败退，不少部下纷纷离他而去时，爱娃却始终不离不弃地陪在他的身边，难怪希特勒不止一次地感叹说："只有我的牧羊犬和爱娃小姐忠于我并且属于我！"希特勒和爱娃于1945年在地堡内自杀身亡，两人在临死前两天才结为夫妇。

对心灵和精神方面的事情希特勒没有任何概念，他借助妇女们对自己的崇拜，在德国发动了一次重大"战役"，要求妇女为帝国献出贞操，放弃保守的婚姻忠贞信条，多与优秀男子交合生育，生下孩子来保卫祖国。于是德国出现了一批由女青年组成的颇具规模的"忠诚与美丽军团"。历史学家赫蒙·艾尔索菲指出："当年参加'忠诚与美丽军团'的年轻女性大都是希特勒的崇拜者和倾慕者，为了'元首'，她们将随时听候他的召唤并为他付出一切。"

对于女性，希特勒总会表现出一种极其自然的殷勤与真诚。他那带有"古老奥地利"口音的殷勤和文雅，给他的言行举止增添了一种不可抗拒的魅力。他对在他手下工作的女性总是十分尊重，而且没有任何偏见。希特勒在他的谈话中承认，女性在他的政治生涯中扮演着非常重要的角色。

因此，在选举运动中，他总是有步骤地迎合女选民的趣味和天性。从一开始，女性就是他传播信仰的热情而狂热的崇拜者。在他动荡不安的事业生涯中，每一次当他碰到难以克服的困难时，都有女人帮他走出困境……

（十一）朱可夫鲜为人知的一次败仗——"火星行动"

1945 年 6 月，遵照斯大林的安排，朱可夫担任阅兵首长出席在莫斯科红场举行的胜利阅兵式，朱可夫在回首往事时，始终称这是"一个终生难忘的日子"。当朱可夫元帅骑着白色的高头大马出现在阅兵场上的时候，包括空军飞行员、坦克指挥官在内的数千名官兵发出一阵又一阵的欢呼声。

那是历史上规模最盛大的一次阅兵式。阅兵式临近尾声时，200 名身穿崭新制服的红军老兵在雄壮的鼓声中，将缴获的 200 面纳粹军旗抛到了列宁墓前被雨水打湿了的台阶上……

1942 年冬天，由朱可夫亲自指挥的一场代号为"火星"的进攻战役，战役结果是占据了绝对优势的苏军付出了重大的伤亡代价，但却没有能够达到战役的目标，可以说这是朱可夫的一场最大的败仗。

苏军的火星行动是苏德战争史中那些不为人知的事件中最为令人注目的，火星计划是作为与天王星计划（苏军斯大林格勒战略反攻的代号）具有相同地位的战役计划一起设计的。

苏联最高统帅部希望通过执行这两个计划，重新夺回东线战略主动权并使红军走上全面胜利的道路，作为苏军 1942 年秋战略布局的中心任务，火星计划其宏大的规模和雄心勃勃的战略企图使其至少和天王星计划同样重要甚至更加重要。

1942 年春，朱可夫凭借莫斯科战役的威望，升任苏军副总司令，指挥莫斯科战区的加里宁方面军和西方面军。朱可夫认为苏军冬季大反攻的侧重点应该是莫斯科方向，目标是围歼勒热夫突出部的第 9 集团军，进而消灭整个德军中央集团军群，彻底扭转被动局面。

斯大林经过考虑权衡，于 9 月 26 日做出决定，同时发动两个战略反攻，目标分别是斯大林格勒的德第 6 集团军和勒热夫突出部的德第 9 集团军。莫斯科方向的反攻由朱可夫指挥，代号"火星"，参战部队两个方面军，总兵力 190 万，火炮 2.4 万门，坦克 3300 辆，战机 1100 架。根据斯大林的指令，朱可夫主要负责"火星计划"的执行，而苏军总参谋长华西列夫斯基则负责"天王星计划"的执行，可以说，"火星计划"是朱可夫亲自制订和指挥的。

根据朱可夫早先的战斗经验，他清楚地知道这不是一个轻松的任务。莫德尔将军的德国第 9 集团军围绕着这个突出部筑起了坚固的防御，并沿该突出部的外围将所有的城镇堡垒化，包括重要城市勒热夫、别雷和瑟乔夫卡。德军还在突出部侧翼的河岸筑垒并清除了横贯突出部的南北向、东西向道路和铁路上的木障。朱可夫和莫德尔都意识到了谁控制了这些道路谁就控制了这个突出部。

虽然茂密的森林和沼泽覆盖了突出部的中部和西部地区，德军还清出了足够多的地域以利于防守和在突出部内机动快速预备队。除此之外，到10月底土路和穿过突出部的许多河流应该已经结冰或接近结冰了。

"火星"作战体现了朱可夫的典型风格，苏军7个集团军将在东、西、北三个方向，以泰山压顶之势对德军第9集团军发起向心攻击，其中主攻方向位于勒热夫突出部的东西两侧。

朱可夫打算从这里腰斩德军防线，围歼第9集团军，然后挥师南下，会同其他5个集团军向维亚兹玛发动钳形攻势，进而围歼德军第三装甲集团军。为了避免在恶劣天气下穿越复杂地形，苏军各部队将以装甲集群为突击箭头，对德军防线进行正面强攻。

"火星"作战计划本来计划于1942年10月后期开始，但一直推迟到11月25日，火星行动长时间的延误给了朱可夫及其方面军司令员以充裕的时间来集结他们强大的部队并使他们做好战斗准备。

为了在进攻方向上尽快取得胜利，朱可夫命令他的方面军司令员在战役之初就集中兵力并投入所有的装甲部队。他希望这样做，苏军的装甲箭头就可以切断德军沿勒热夫突出部侧翼的重要的通讯线、公路和铁路。只等11月底企盼已久的寒冷气候到来后，江河、溪流和沼泽开始冰冻，行动就可以开始了。

朱可夫的战役部署显然低估了德军防守的坚韧和反击能力，德军第9集团军据守勒热夫突出部将近一年，对这块战场了如指掌。德军依托地形构筑纵深防御，将城镇乡村修建成要塞据点支撑防线，精确部署了交叉火力网杀伤突破敌军。

此外，德军中央集团军群拥有强大的战略预备队，战役爆发以后不断增援莫德尔，先后有5个装甲师和一个摩步师也奉命驰援，相比之下，屯兵斯大林格勒的保卢斯第6集团军就没有这么幸运了。

11月25日，苏军斯大林格勒方向的反攻开始一周以后，"火星"作战正式打响。朱可夫的攻势在德军勒热夫突出部的东、西和北翼同时展开，苏军两个集团军兵力超过20万人，坦克超过500辆，他们所面对的德军大约4万人，虽然有着数量优势，这次猛烈的攻势在德军占据的坚固防线之前只得到微小的战果。

整整三天，虽然有强大的坦克支援，他们的进攻在付出了巨大的损失后停止了。然而朱可夫和科涅夫没有被一开始的失败所吓倒，他们命令继续进攻以向南推进，这使得苏军战场上的损失持续增加。

第二周，苏军在东、北、西三面都取得了一定进展，但也都因为德军顽强的纵深防守而显露疲态，不得不转攻为守，苏军攻势成了强弩之末，莫德尔立刻抓住机会反攻。12月7日，德军反击突破最深的苏军第41集团军，德军第一装甲师和大德意志摩步师一个团从北面，第19和20装甲师从南面，向苏军据守的突出部两侧发动钳形攻势。三天以后，德军南北两路会师，4万苏军被包围，索罗马津奉命就地死守，等待救援。

苏军指挥部意识到形势的严重，12月12日晨，新的行动在瓦祖扎河的桥头堡处开始展开，大量第20和29集团军的苏联步兵在全部剩余的坦克的支援下，从瓦祖扎河桥头堡以南发起了进攻，一枚火箭升上天空宣告了进攻的开始，周围的一切都恢复了生机，"前进！""为了祖国！"的喊声响彻战场，一场激烈而残酷的战役开始了，并延续了一整天。进攻在整个突破正面上都没有达到目的，苏军在4000米宽正面上狂热的进攻遇到了加强过的德军反坦克防御阵地，虽然在第20和29集团军突击正面的伤亡是惊人的，朱可夫和科涅夫还是催促其部队继续进攻，进攻持续了三天直到12月15日因为力量枯竭而崩溃。

德军第9集团军12月15日的战报，算是对朱可夫"火星"作战的盖棺定论："敌军统帅虽然在战役策划和最初实施阶段展示了不俗的技巧和适应性，但随着攻势的进程再次表现出一系列痼疾。敌军统帅虽然有所长进，但他显然还是不能抓住有利局面扩大战果。历史反复重演，敌军虽然开局雄心勃勃，进展顺利，一旦遭遇不测和伤亡以后，立刻失去理智，疯狂而徒劳地冲击坚固防线，这种让人无法理解的现象多次出现，在逆境中俄国人往往丧失逻辑思维能力，决策完全靠本能。俄国人本质上迷信蛮力，崇尚压路机式的战术，盲目遵循战前部署，不会随机应变。"

然而，即使是瓦祖扎河沿线和别雷的两个同时到来的灾难性失败也没有完全摧毁朱可夫的斗志，虽然在勒热夫突出部侧翼的行动没有成功，朱可夫直到12月中旬还以第39集团军在突出部北部进攻。由于朱可夫顽固地不去正视现实，到12月15日"火星行动"终究变成了一场毁灭性的灾难，斯大林、最高统帅部甚至连朱可夫自己也知道"火星行动"已经结束了。

朱可夫以他鲜明的个性发动的"火星行动"，苏军的攻势规模宏大而且在人力物力上都占了压倒性的优势，然而他什么都没有做到，当然德军的胜利并不比失败好多少，在给苏军造成灾难性损失的同时，那些德国师也打得疲惫不堪。

几个月后，莫德尔申请放弃勒热夫突出部并得到批准并不是巧合，他和他的集团军再也不能承受一次这样的胜利了。

对苏军来说，斯大林格勒战役的光辉胜利完全掩盖了勒热夫突出部的惨败，朱可夫的仕途丝毫没有受到此次败绩的影响，苏联官方历史上，朱可夫和华西列夫斯基分享了斯大林格勒战役的功劳，一年半后，朱可夫策划并参与指挥了"巴格拉季昂"攻势，一举歼灭德军第9集团军和第3装甲集团军，总算报了一箭之仇。

在第二次世界大战中的苏德战场上，苏联的朱可夫元帅是一颗最为璀璨的将星，作为斯大林最信任的军事将领，他多次在战场上力挽狂澜，扮演了"消防队员"的角色。在苏德一系列重大的战役中，朱可夫都起了关键性的作用。朱可夫作为苏军的胜利象征而受到人们的尊重和赞扬，这不是没有理由的。

朱可夫以其勇气、智谋、胆识和坚定的意志为战争的胜利做出了巨大的贡献，虽然也有过失误，但从整个战争中他的表现来看，朱可夫无愧于一代名将的称号，正如艾森豪威尔所赞颂的那样："有一天肯定会有另一种俄国勋章，那就是朱可夫勋章，这种勋章将被每一个赞赏军人的勇敢、眼光、坚毅和决心的人所珍视。"

（十二）饥饿战役——战争史上唯一的水雷封锁战

第二次世界大战中，美国对日本的内线展开了一场封锁作战，史称"饥饿战役"。是第二次世界大战后期，美国为瘫痪日本经济，摧毁其战争潜力，迫使其无条件投降而实施的一场大规模的水雷封锁战役，它是第二次世界大战期间规模最大的一次封锁战役，也是世界战争史上唯一一次专门使用水雷实施的封锁战役。这次大规模的布雷封锁使日本的一些主要港口成为废港。

日本本土与西南诸岛，中国大陆和朝鲜的海上交通线基本被切断。日本面临全国性饥饿，日军的飞机和舰艇被迫停航，许多工厂被迫关闭，从而更加削弱了日本国民和日军的战斗意志与战斗力。

在第二次世界大战后期，太平洋战场上的战火已经开始烧向日本本土，1944年，盟军占领大部分太平洋岛屿和菲律宾部分领土后，其反攻战线就开始自东向西、由南向北直逼日本本土，但同时盟军自己也遭受了较大损失。美军仅在塞班岛登陆作战中就伤亡1.6万余人，而在菲律宾战役中又伤亡6万多人。根据当时的太平洋战争进程，美国参谋长联席会议估计，1947年才能彻底打败日本，同时还要付出伤亡100万美军官兵的代价。如何缩短战争进程、减少伤亡呢？

经过分析，美军决定在紧缩对日本包围圈的同时，对其本土实施封锁，切断物资供应，瓦解其经济基础，削弱其战斗潜力，使其欲战不能只能投降。

日本是一个工业发达但资源贫乏的岛国。海上交通运输线是它与外界联系的重要途径。庞大的商船队频繁地来往于亚洲大陆与日本列岛之间，维持着其日益增大的战争消耗。可以说，海上交通线就是日本的"生命线"。有鉴于此，美国认为，只要破坏日本的海上交通线，就可以削弱其经济生产能力，摧毁其战争机器。

美军参谋长联席会议授权太平洋战区总司令尼米兹上将主持制定水雷封锁日本本土的计划，此计划因将使日本国民断绝粮食供应而以"饥饿"为战役代号。"饥饿战役"从1945年3月27日开始到8月15日结束，历时四个半月。

1945年1月，美军出动B-29在越南金兰湾、西贡和新加坡海域布下近600枚水雷，这是美军在第二次世界大战中首次大规模实施的航空布雷行动，也是为即将开始对日本大规模攻势布雷进行的一次实战演练。"饥饿战役"之初，从3月末到4月末一个月的时间内，美军共出动246架次B-29轰炸机，布雷2000多个。日本船只被水雷炸沉19艘、炸伤39艘，共计10万吨。起初，日军对使用水雷及水雷封锁尚未引起足够的重视，日本人认为，水雷只是一种防御性武器，水雷封锁也不过是炸沉几艘舰船而已，因此，十分轻视水雷武器和水雷封锁。

早在1943年3月，美军轰炸机在缅甸仰光河布雷时，当地日本驻军便嘲笑"愚蠢"的美国飞行员没有炸到任何目标而把炸弹乱扔进了河里。因此，美军决定采取攻势布雷的方式对日本本岛实施封锁，让日本人措手不及。

当时，日本没有认识到水雷在封锁战中的作用，认为水雷是一种古老的水中兵器，仅能作为一种防御性武器使用，而当美国把水雷用作进攻武器时，日本方面仍然认为水雷无非只能炸沉几艘船而已，并没把它当回事。直到在"饥饿战役"中，己方的200余艘船只接连被炸沉、炸伤后，日本方面才如梦方醒，原来，水雷封锁的真正作用是使航道无法通行。

技术水平的落后使日本无法阻止美军布雷，当时日本只能使用普通炸弹对付美军的水雷，面对美国大规模的空中布雷束手无策，尽管在遭受严重损失后，日本进行了全国动员，组织了包括海军研究机关、各大学有关教授等进行反水雷研究，但没能扭转其失败的命运。

进入6月份，美军的布雷规模越来越大，不仅天上投雷，海军也参加了布雷行动。这个月中，美军又布设了3500多枚水雷，7月初，美军实施全面封锁。日本的军工企业由于原料断绝，纷纷停产或关闭，日军大批飞机、舰艇由于燃料极度缺乏而被迫停飞、停航，直接影响了部队的战斗力，由于航运中断，250万吨大米堆积在朝鲜港口，而日本国内的粮食供应却极其困难，因为要优先保证军队需要，广大平民粮食配给降至最低限度，食不果腹，终日在饥饿线上苦苦挣扎，曾经狂热支持战争的日本国民终于有了末日来临的感觉。

18日，日本主要工业家警告军界人士："如果战争再继续下去，700多万日本人将会饿死。"

在长达四个半月的"饥饿战役"中，美军共布雷1.2万多枚，据日本有关记录记载，日本有670艘舰船被水雷破坏，日本本岛几乎变成一座全面瘫痪的"死岛"。美军此次攻势布雷效果非常显著，平均每布21枚水雷就炸沉日本船只一艘，而美军损失极其轻微，仅损失飞机15架。

"饥饿战役"收到了显著效果，最终实现了全面彻底封锁日本海上交通的战役企图，在物质上和精神上都给予日本以极其沉重的打击，显示了水雷这一古老兵器在现代战争中的巨大作用，加速了日本军国主义的彻底崩溃。

日本是一个资源贫乏的群岛国，对海外物资进口的依赖性很大，但直到第二次世界大战后期，日本也没有组建像样的保卫海上运输线的机构和部署必要的护航兵力，正因如此，美军对日本运输船队的袭击屡屡成功，仅在 1945 年初的几个月，美军就在越南的西贡和中国的香港、高雄等海域击沉日本船只 48 艘，致使日本在美军对其封锁前未能补充更多的物资。

正因如此，在历时 4 个多月的"饥饿战役"中，日本经济瘫痪、战争潜力尽失，也就不足为奇了。

在第二次世界大战时期中的欧洲战场上，德军也曾对苏联列宁格勒实施了长达 900 天的封锁战，但与日本不同，苏联人民凭借着顽强意志进行了反封锁战，并最终取得了胖利。

（十三）英国情报机构的"滑铁卢"——"北极行动"

1945 年 10 月，第二次世界大战刚刚结束，荷兰一家报纸公开披露：从 1942 年 3 月至 1944 年 4 月，英国情报部门故意使数十名荷兰间谍牺牲于德国人精心设计的"北极行动"中，以迷惑希特勒和他的高级将领，使他们相信盟军会在荷兰登陆。

消息一出，荷兰国群情激愤，荷兰议会更是向英国政府提出公开指责和进行事件调查的要求。几十年来，"北极行动"之谜一直让英荷两国纠缠不清，成为第二次世界大战中一个难解的谜团。

第二次世界大战期间，同盟国与轴心国之间的反间谍战空前激烈，交战双方都绞尽脑汁诱使敌方间谍反戈，德国反间谍机关精心策划的"北极行动"可以说是一个范例。1941 年秋天，德国驻荷兰反间谍机构负责人吉斯克斯少校来到德国军事占领区荷兰指挥反间谍活动，过了不久，吉斯克斯就捕获了英国的一个秘密电台，并俘房了电台的报务员劳威尔斯，在劳威尔斯的住处，德国反间谍人员还发现了电台和将要传送给英国总部的三条密码情报。

经审讯得知，劳威尔斯是英国特别行动局在荷兰招募的一名志愿者，英国特别行动局从 1940 年就开始在国外以及德占区逃离的人中招募志愿者，吉斯克斯决定充分利用这个难得的机会，开始大胆酝酿一个与英国人周旋的计划，即著名的"北极行动"。

劳威尔斯被关入斯海弗宁恩市的阿尔克马德兰监狱，经过 6 天的审讯，他答应与吉斯克斯少校合作，按德国人的要求，劳威尔斯在规定的发报时间内向伦敦发回了三份电报，但是吉斯克斯不知道，劳威尔斯的合作是三心二意的，在每份电报中，劳威尔斯都省去了预定的安全检查信号。

按约定，劳威尔斯在发电时每隔 16 个字母就应该拼错一个字母，如果没有这种身份检查，就证明劳威尔斯已经出了问题，电报应视为敌人的欺骗。

第二天，伦敦发来了回电指示：准备在荷兰大量空投物资，以备搞破坏活动之用，同时有一名特工降落，希望劳威尔斯安排好空投场地。吉斯克斯少校笑开了颜，而劳威尔斯却傻了眼。

两天后，在已被德军俘获的秘密电台的"指示"下，英国方面向荷兰空投了一部分作战物资，当吉斯克斯命令德军士兵打开箱子时，发现里面全是满满的军用物资和钞票。3 月 10 日，一封从英国发来的电报到了劳威尔斯的手中："12 日空投彼得·道伦入荷，空投活动代号：保罗。望你部做好迎接准备。"

12 日晚，当道伦按照计划准确地降落到预定区域时，他吃惊地发现迎接自己的不是荷兰游击队员，而是全副武装的德军。

安全信号已经发出，难道伦敦没有意识到自己出了问题？劳威尔斯有些疑惑。但转念一想：不可能，三份电报，每份电报都省去了安全信号，如果伦敦疏忽了，那也不可能三份电报都疏忽了。那么，到底为什么伦敦还相信自己的电报，并且还要向荷兰投入投物呢？只有一种解释：伦敦已经知道他的被捕，但出于某种目的，它准备把这种联系保持下去。

于是，劳威尔斯也放心了。他心安理得地发出了以后的电报。此后，伦敦方面又接二连三地空投了特工人员、武器弹药、食品、经费等到荷兰，而这些物资都被德军"照单全收"。

吉斯克斯少校从俘虏的间谍那里学到电文编码和传送规则，他以荷兰抵抗者的身份和伦敦建立了一条新的联络通道。

从此，他更加肆无忌惮地与英国特别行动局玩电文游戏。有一次，伦敦命令荷兰特工破坏德军的一个雷达站，吉斯克斯便把自己的人化装成荷兰抵抗战士，对这个设施实行了一次流产的进攻行动，然后向伦敦发报说已经尽力，但没有成功。为了进一步向英国特别行动局证明，还特意引爆了一艘载满金属碎片的驳船。

劳威尔斯继续向伦敦发报，每次他都省去了安全信号，他希望伦敦已经发现了他的被捕，但他发现，事实恐怕不是如此，越来越多的空投物资落入吉斯克斯手中，越来越多的间谍成了吉斯克斯的俘虏。劳威尔斯意识到，伦敦可能真的把他的安全信号忘记了，他决定另找途径向伦敦告警。

在一次发报时，他通过精心计算，选择了一组虚码，在电文中夹入了被捕的信息，他以为如此清楚的告警，伦敦不可能不发现，但是他又失望了。伦敦方面对发生在荷兰的这一切竟然毫无察觉，劳威尔斯在给伦敦的发报中出现过几次"不正常"的行动，但始终没有引起伦敦方面的警觉，反而引起了德国人的注意。德国人立即通过其他渠道向伦敦"请示"，由另一名"后备"发报员取代劳威尔斯。这一"请示"居然顺利地得到伦敦方面的批准。

吉斯克斯的事业越搞越大，到 1943 年中，落入德军控制的英国秘密电台已有 5 部之多，德国人通过它们向英国传送假情报，甚至虚构出一支 1500 人的游击队，骗取了大量军用物资。

1944 年 2 月，两名特别行动局间谍皮埃特·多雷恩和约翰·尤宾客从荷兰返回伦敦，根据他们的汇报，一到达荷兰，就被敌人抓获，他们凭借着在特别行动局接受的训练，设法逃离虎口，在一个牧师的帮助下，两人安全地抵达西班牙。但是伦敦特别行动局的官员却认为他们是在说谎，因为他们从吉斯克斯少校编造的假电报中得知，这两个间谍已经为盖世太保工作，后来这两个人被英国人送到了布里克斯顿监狱。但此事多少也引起了英国的情报部门对"荷兰地下抵抗组织"的真实性产生了怀疑，此后便不再将重要的消息传给荷兰地下组织，也停止了对荷兰的空投支援，此时距盟军登陆诺曼底只剩下不到 3 个月的时间。

在整个"北极行动"中，德国人共收到英国人的 95 次空投物资，计有 1.3 万千克炸药、2000 枚手雷、3000 支步枪、5000 支手枪、50 万发子弹、75 部电台和足够开一个小银行的 50 万荷兰盾。空投到荷兰的 52 名特工中有 47 人被杀，整个荷兰地下组织有 1200 人因此而丧生。

吉斯克斯少校开始注意到英国特别行动局的电文越来越"褪色和乏味"，由此推断出英国人开始警觉起来了，但他依然希望能通过"北极行动"了解盟军登陆计划，但他的如意算盘没有实现，终于在 1944 年 4 月的愚人节那天，他向伦敦发了最后一份电报，以结束"北极行动"。

电文对英国秘密情报局和特种作战局的无能极尽奚落之能事："伦敦，宾厄姆、勃朗特诸公：我们理解你们力图在无须我们帮助的情况下在荷兰干一番事业，我们对此深表遗憾，因为我们在这个国家充当你们的唯一代表达如此之久，并彼此感到满意。然而，我们可以向你们保证，如果你们想要来大陆访问我们，不论其规模多大，我们都将一如既往，给予你们的特使们以同样的关切和热情的欢迎。"

战后，人们对"北极行动"提出了种种疑问：秘密情报局和特种作战局是不是在了解敌人控制了情报网的情况下仍然向德国人空投了大量间谍和物资，以对德国人进行战略欺骗？劳威尔斯确实在不断地发出自己已经被捕的暗号，但以工作效率高而闻名的英国情报部门却对他的暗号熟视无睹，不能不让人产生怀疑。另外，皮埃特·多雷恩和约翰·尤宾客逃回去指出问题后，伦敦方面仍然坚信是德国人使用的反间计，英国人的这些举动甚至令德国人都产生了怀疑，吉斯克斯少校在一份报告中写道："也许'北极行动'的大泡沫已被刺穿，而我们还被蒙在鼓里，我们无法摆脱这样的想法，以至于自己都不相信自己了。"他在战后回忆那段历史时，坚信英国人是在施苦肉计，意图蒙蔽德军，掩护诺曼底登陆。随着时间的推移，曾经轰动一时，被称为英国情报机构"滑铁卢"的"北极行动"，真正成了一个不解之谜。

究竟是英国的一时疏漏，还是有意而为之？恐怕只有英国情报部门的高级军官和英国当局的高层才会知道真正答案。

（十四）殒命在中国战场上的日军最高将领——大角岑生

大角岑生（1876~1941年）海军大将，男爵。日本海军大臣，20世纪30年代海军舰队派清洗条约派的得力干将，大角岑生在中国视察时坠机殒命，是日本在中日战争中阵亡官阶最高的海军将领。

大角岑生，1876年5月1日生于日本爱知县三宅村，幼名亲一。早年以第三名的成绩毕业于日本海军学校，海军大学毕业后，被派往法国。归国后，以尉官衔先后在日本海军多艘舰船服役，数年内连获擢升。先后出任过海军元帅东乡之副官、军令部参谋、海军部军务局长、第三舰队司令官。

1931年4月，大角岑生晋升为海军大将，从而也成为侵华战争和太平洋战争的策划者和指挥者。大角岑生曾经历过两次世界大战，是日军高层中主张侵略中国和东南亚国家中最积极的人物之一。

1937年"七七"事变和"淞沪会战"之后，以大角岑生为统帅的日本海军，即派航空母舰侵驻珠海市唐家湾的外海，封锁和骚扰我海上运输和捕鱼活动，并经常派飞机袭击广州及周边的铁路、公路交通线，后占领了珠海的三灶岛辟设机场，其中，日军"南进"夺取东南亚，也是他参与策划的"杰作"。

大角岑生

1941年初，大角岑生为密谋策划扩大南侵东南亚及发动太平洋战争做实际准备，专程来到中国。大角岑生先飞抵上海、南京、武汉等地，与日军中国派遣军高级指挥官进行必要的接触。尔后，在日本海军驻中国南京伪国民政府（汪精卫）军事顾问、著名的"中国通"须贺彦次郎少将的陪同下，到达广州。

1941 年 2 月 5 日晨，广州天气晴好，大角岑生率高级幕僚乘坐海军运输机"微风"号从广州飞往海南岛，在那里组织南太平洋舰队为进攻香港和东南亚做准备。飞机起飞十几分钟后，在途经伶仃洋上空时遇到旋风，而此时飞机引擎也发生故障，被迫折返珠江口西岸，拟就近迫降三灶机场修理，不料又遇上大雾，飞机迷路后闯入中山县第八区中国军队的阵地上空。我挺进第三纵队防空观察哨发现了日机，即报纵队司令袁带，袁当即下达射击命令。

这一天清晨，在中山县八区斗门赤坎村附近，突然传来一阵阵刺耳的飞机引擎轰鸣声，打破了清晨山村的寂静。据目击者说，当飞机飞过三灶岛"万人坟"上空时，中间那架座机剧烈地晃动了一下，前后两架护航机一跃而过，中间那架大座机却像飞蛾扑火那样，撞在山上"也"字山坳上。袁带率领部队迅速赶到坠机地点，先行封锁了三条进山的路口，接着进行搜索。

在徐徐的余烟中，官兵们找到了 10 余具血肉模糊的尸体，其中有两具佩戴着日本海军将官服饰。从证件上查明，一名是海军大将大角岑生，他的头部中弹，额头炸裂，鲜血染红了雪白的海军将官礼服。此次同机毙命的还有海军少将贺彦次郎、角田中佐、白滨中佐、见忠五郎中佐、松田大尉和机长黑寅雄、副机长兴野广明、机械师高冈真治和米见次郎等 11 人。

搜索部队还在现场发现了日军的军用地图、笔记本、指挥刀及镍币；在两只保险箱里，还放着大量日军绝密文件。后来，搜索部队将这些东西装成两大木箱，辗转运回粤北的中国第 7 战区司令部。

大角岑生的座机被击落的当日下午，日军紧急出动飞机百多架次，在珠海和新会沿海编队做拉网式低空搜索，寻找飞机残骸。大赤坎村民估计日军会来收尸，遂于当天下午即由仵工把所有的尸体运至山下，晚上用麻包袋将全部尸体装运到安丰围的黄扬河边，沉入水底。

后来，尸体漂到下游，村民怕日军寻踪而至，将尸体捞起深埋起来，称霸一生的大角岑生在异国他乡落得个葬不见尸的下场！

第二天，也就是 2 月 5 日，中国中央通讯社、中央日报、新华日报、大公报、港澳的报纸以及广播均报道了空军发布的一条消息："三次出任日本海军大臣，时任军事参议官的大角岑生大将，在中国战场上毙命！"

当时，这条特大新闻震惊了国内外。几天后，日本海军省也发布了大角岑生毙命中国战场的文告，但是在文告中声称是因为天气原因所坠机。对于日本海军方面来说，除了要尽快消除这个事件对海军士气造成的影响外，更重要的是要夺回那些大角岑生随身携带的机密文件。在这里，机密文件中包括了很多日本海军关于进行太平洋战争方面的计划。要是这些计划被公之于众，那世界就将哗然。

这是大角岑生第一次光临中国的土地，1935 年大角岑生因 1931 年的"九一八"事变而受封男爵，但他之所以受封的理由仅是"事变勃发时的海军大臣"，这件事受到海军内部的嘲笑，陆军部对此事更是愤恨不平。现在看来他这个"男爵"不是白得的，他终于还是为此付出了他应该付出的代价。

（十五）"一生风流"——墨索里尼与佩塔西

贝尼托·墨索里尼，意大利法西斯党魁，独裁者，第二次世界大战的元凶。1922 年至 1943 年期间任意大利王国首相。

墨索里尼在 1925 年 1 月宣布国家法西斯党为意大利唯一合法政党，从而建立了意大利法西斯主义独裁的统治。

墨索里尼是一个沉溺于女色的人，对于女人来说，他的诱惑力也是致命的，这种诱惑力和他的"政治煽动力"基本相当。无疑地，墨索里尼很有吸引力。

1926 年，在罗马与墨索里尼会面的丘吉尔夫人在给她丈夫的信中写道："他（墨索里尼）给人以极深的印象，他是一个很普通很自然又非常庄重的人，他笑起来很迷人，有一双极为漂亮敏锐的金棕色眼睛，你可以看他的眼睛，但不能仔细去看……他会让你充满一种令人感到舒适的惊奇。"

当权伊始，墨索里尼月平均收到 3 万封信，他的一班工作人员的任务就是专门查看这些信件。来自女性的信件分成"认识"或"新识"两类。

如果那些"新识"女人中有被认为是适合的，她们的信件就送交墨索里尼，然后再由他来决定是否要安排见面。有一位波伦亚的女性为了想与墨索里尼有一次约会，曾在 5 年里写了 642 封信。

据当年墨索里尼身边的亲信披露，墨索里尼由于整日忙着周旋在情人中间，再加上其他花天酒地的娱乐生活，在整个夏天，他通常每天只花两三个小时用于"办理公务"。

墨索里尼一生以风流成性著称，克拉雷塔·佩塔西是他生前最为宠爱、交往时间最长的情人，在佩塔西写于 1932 年至 1938 年间的日记中，令墨索里尼当年的"荒淫秘史"首次浮出水面。

佩塔西在她的日记中披露了墨索里尼大量的让人目瞪口呆的"荒淫秘史"！这些日记可谓是一部关于墨索里尼的"私情全记录"，甚至详细到每一分钟。

佩塔西 1912 年出生于罗马一个富裕之家，父亲是有名的医生，母亲是贵族家庭的女儿。佩塔西年少时就是墨索里尼的狂热崇拜者，而且这种热情与日俱增。1932 年，年仅 20 岁、新婚一年的佩塔西首次与年近半百的墨索里尼见面。当时 49 岁的墨索里尼早已结婚，而且是 5 个孩子的父亲，但还是被这位充满青春活力的美人吸引，4 年后，佩塔西正式成为墨索里尼的情人。

墨索里尼允许佩塔西使用他坐落在帕拉佐·威尼斯的一所小型公寓，她在那里经常听听肖邦的音乐，阅读勃朗宁的诗，在那里她可以抽烟（墨索里尼讨厌抽烟），她很快成为大独裁者在波西亚诺城堡的女主人。

佩塔西在日记中袒露心声，对墨索里尼其他情人非常嫉妒，由于担心墨索里尼背叛她，她要求墨索里尼每天至少给她打 12 个电话，每半个小时打一次，因为佩塔西始终怀疑墨索里尼瞒着她和其他情妇鬼混，1938 年 4 月，佩塔西发现墨索里尼与前女友帕洛泰利激情重燃，便与他对质。

"好吧，我的确做了……我想见她，我觉得这么做也没有犯罪，我只是和她在一起待了 12 分钟。"

"是 24 分钟！"佩塔西打断他的话。

佩塔西在日记中披露，墨索里尼有一次竟大言不惭地告诉佩塔西，他的精力旺盛过人，最多的时候曾同时拥有 14 个情人！

墨索里尼称，对他而言，只和一个女人睡觉的想法简直"不可思议"。他说："有一段时期我同时与 14 个女人交往。"

许多墨索里尼的手下都将佩塔西视为"一个贪财、虚荣且嫉妒心极强的轻浮女人"，在决定跟随墨索里尼离开米兰逃亡时，她还不忘将她最名贵的首饰——一枚 12 克拉钻石的戒指缝在胸罩的背带里，手提包里还放进 4.5 万瑞士法郎的私房钱。

1944 年，面对法西斯穷途末路的形势，墨索里尼的情绪更加颓丧，除了整天和他的情妇佩塔西鬼混外，对于一切都悲观失望了，据司机艾克勒·波拉托披露，当时佩塔西为了讨墨索里尼的欢心，竟将自己的亲妹妹米丽亚姆也"拖下水"，两人双双为"元首"提供服务。

除了佩塔西之外，墨索里尼的众多情妇也都遭到了"相当优厚的待遇"，墨索里尼给情妇每人都发了一笔数目不小的"封嘴费"，以免她们将自己的隐私向外界传布。墨索里尼甚至下令，给"至少一名"他深为宠爱的情妇发放"终身养老金"，以包管她在年老色衰之后仍然能够"衣食无虞"，不过这笔"养老金"对于佩塔西来说显然毫无用处——1945 年 4 月，在墨索里尼和佩塔西逃离意大利途中，二人在科莫湖边的小镇栋戈被意大利共产党逮捕，并于第二天双双被执行了枪决。

之后，墨索里尼和佩塔西的尸体更被倒挂在米兰市洛雷托广场一个汽油站的大

梁上示众，最终埋葬在米兰穆索科区墓地一处无名坟墓中。

随着法西斯政权开始遭到越来越多人的反对，墨索里尼也隐隐产生了不祥的预感，日记披露，1938年3月，墨索里尼对佩塔西说："你知道我为什么害怕死亡？因为我害怕离开你。我死之后最多两年，你就会找到一个新的情人，从此将属于另一个人，而我那时却死了，这是多么可怕啊。没有你我将无法生存，我是为你而生，也将和你一起去死。"墨索里尼没有想到的是，他当时所说的话在七年之后竟会"一语成谶"。

（十六）滇缅公路——抗战的生命线

在中华民族艰苦卓绝的抗日战争中由滇缅公路、中印公路和驼峰航线构成的运输大通道，在很大程度上支撑着抗日战场战备物资的运输和大后方的经济供应。其中，滇缅公路的修筑和使用尤其震撼人心。对于中国的抗战来说，这条蜿蜒上千公里的公路，确是一条不可或缺的生命线。

1. 形势逼人

抗战爆发后，日军迅速占领了中国北方的京津地区和南方的南京、上海、汉口、广州等市，中国沿海几乎所有的港口相继落入敌手。

当时，旅居海外的华侨纷纷捐款捐物，筹集了大批国内急需的物资。国民政府也拿出极为宝贵的外汇，从西方国家购买了大量物资，特别是汽车、石油、武器、药品等，并将之堆放在越南的海防港——滇越铁路的起点。在越南受到日军威胁后，中国只有一种选择——在大后方的云南建设一条通往印度洋的交通线。

早在抗战刚刚爆发的1937年8月，云南省主席龙云就向蒋介石提出了《建设滇缅公路和滇缅铁路的计划》。据说，蒋介石当时连声叫好，并要铁道部和交通部"照此办理"。后来，由于建设滇缅铁路的工程过大，国民政府决定暂缓修建。于是，滇缅公路的建设就被提上了日程。

1937年10月，在上海沦陷之前，国民政府官员火速赶到昆明，同云南省政府协商建修滇缅公路事宜。11月初，最后方案确定下来，这条公路由昆明经下关、保山、龙陵、芒市、畹町出国，在缅甸的腊戍同缅甸的中央铁路连接，然后再通达仰光。

滇缅公路的路线确定后，龙云即派缪云台作为特使，前往缅甸同英国殖民当局洽谈解决在缅甸筑路的问题。

1938年1月，滇缅公路总工程处紧急成立。由于时局空前紧张，国民政府提出了公路建设"先求通、后求好"的方针。据此，龙云严令公路沿线的地方当局在

1937 年底以前开工，限期 3 个月之内建成一条简易公路。所谓"简易公路"，就是先整路基，再在上面铺上碎石，并用压路机压平。

2. 艰巨的工程

1938 年初，滇缅公路沿线近 30 个县约 20 万劳工被征集到公路上。由于严重缺乏施工机械，他们只能用自己的双手来修筑这条世界上最为崎岖的公路。这些劳工绝大多数是老人、妇女和孩子，因为此前云南的青壮年都已开赴前线。这支世界上最奇特的筑路大军来自不同的民族，大多穿着用蓝色土布制作的衣服。孩子们带来了自家的宠物：狗、鸡和长尾巴小鹦鹉。在傣族地区，跟着大人做工的孩子还带着猴子。

当时，修路的压路机就是一种大石碾子。这种碾子高约 1.8 米，重约 3~5 吨。如果采石场就在附近，人们便就地取材，但更多的时候是要到较远的地方去寻找石料。当然，在筑路工具中，最引人注目的还要数满眼的竹背篓。

罗巍曾在《建设抗战生命线——滇缅公路》一文中写道："滇缅公路修建之难，主要难在公路经过 80% 的路段是崇山峻岭，而这其中又有一半是要通过坚硬的岩石地段。在这些地方，筑路者只能通过爆破来开山劈石，为滇缅公路强行开路。工地上没有筑路专用的炸药。由于时间紧迫，筑路者们只好用传统的黑色火药代替。然而，黑色火药的威力实在太小，有时候，如果炮眼凿得太深，里面的火药会像放焰火一样向上飞溅，而不能把石头炸开。为此筑路者们只能搞无数小规模的爆破，平均 1 天至少 5000 多次。爆破之后，更艰巨的工作开始了。筑路者们必须把爆破现场清理成为平整的公路，还要把附近松动了的岩石全部清除掉，以保证日后的行车安全。"

工程开始后，大规模爆发的疟疾很快就夺去了众多筑路者的生命。从各地赶来的劳工一批批地来，一批批地死，死去的人无法统计。当年的公路管理局局长谭伯英 1945 年移居美国后，在他用英文写成的《滇缅公路》一书中说："在那些日子里，我们无法知道明天谁将离我们而去，许多不可代替的工程师和能干的工人都死了，人越来越少，工程随时可能停下来。"但是，滇缅公路每天仍以巨大的代价艰难地向前延伸。

3. 架设三座钢索大桥

滇缅公路上共有 3 座大桥：惠通桥、昌淦桥和功果桥。在这 3 座桥中，惠通桥最为重要。1942 年 5 月 4 日，日军从缅甸突然攻入云南西部，直抵该桥，中国军队为了保护大西南后方，被迫把桥炸毁。

1938 年春天，为了能在怒江和澜沧江上建造能够通行载重卡车的柔性钢索大桥，桥梁总设计师徐以枋先生被派往缅甸，向仰光的一家桥梁构件厂定购所有建桥器材。他从工地出发，步行约 500 公里，走到中缅边境的畹町，然后乘汽车抵达仰光，便一头扎进工厂不肯出来。他在办公室里搭了一张床，夜以继日地拼命工作。谭伯英在《滇缅公路》一书中对这位设计师充满了敬佩之情："他的忘我精神给这家工厂留下了极其深刻的印象，并且得到了回报。厂方保证以最低价格提供他所要求的所有东西，并保证在最短时间内加工完成。"

要把建材运到造桥的河边，途中须穿越 485 公里的丛林小径。于是，数百名劳工和无数骡马开始了他们在大森林里的漫漫征途。大概花了 1 个月的时间，这些材料才运到建桥工地。此时，两边的桥塔已经建好，下一步就是铺设钢索。这需要派人把一卷很长的绳子带过河去，绳子的另一端连着建桥用的钢索。工程师们试图用木船把人渡过去，但船一下水就被河水冲向礁石，撞成碎片。无奈之下，工程师们只能指派水性好的人带着绳索游过去，而这无异于自杀，许多人为此献出了生命。但是，附近的老百姓表示，他们愿意为国家冒险。于是，一些水性很好的男人陆续下水，终于有一位名叫王兆友的强壮汉子成功游到对岸。

原定的 3 个月的工期很快就到了。在台儿庄战役胜利，举国欢腾的气氛中，滇缅公路总工程处向龙云申请，工程延期至 5 月底完工。龙云向沿途各县发出十万火急的鸡毛信，严令县长们加强督导，但是到了 6 月底，滇缅公路仍未通车。此时，武汉保卫战已提前打响，龙云坐不住了，下达命令：各路段官员和工程技术人员"因恶习太深，敷衍成性，任意拖延，皆应从严惩处"。

1938 年 8 月底，滇缅公路通车，几乎没有举行任何仪式就马上投入使用。

这条公路全长 1153 公里，其中在中国境内长 959.4 公里。它跨越地球上以高大陡峭闻名的怒山、高黎贡山和在高山峡谷之间以水流湍急而著称于世的澜沧江和怒江。滇缅公路的两端分别是中国的昆明和缅甸的腊戍。从腊戍往南，经过缅甸中部城市曼德勒可直达缅甸首都仰光。从昆明往东北方向，经过贵阳，是连接中国战时首都重庆的西南公路。所以，中国政府从海外采购的军火以及盟国的援华物资，可以从仰光港运抵中国的大后方，直至中原腹地。

滇缅公路的建成震撼了全世界。当时的美国驻华大使詹森在 1938 年回国述职之前，专程到滇缅公路的沿线进行了考察。回国后，他在国会向美国人民发表演说时说："此次中国政府能于短期内完成此艰巨工程，此种果敢毅力与精神，实令人钦佩。且修筑滇缅路，物资条件异常缺乏，第一缺机器，第二纯系人力开辟，全靠沿途人民的艰苦耐劳精神，这种精神是全世界任何民族所不及的。"

4. 争分夺秒运输忙

滇缅公路刚一竣工，马上就成为中国与外部世界联系的唯一的一条运输通道。这时，它又多了一项任务：往大后方运输生活用品和工业原料。为此，国民政府军事委员会成立了西南运输处，负责该地区军用物资的运输和进出口业务。当务之急是大量招募和培训司机。

这时，旅居海外、特别是旅居东南亚的华侨，向祖国伸出了救援之手。华侨领袖陈嘉庚于 1939 年 2 月 8 日发表了《南侨总会第六号通告》，号召华侨中的年轻司机和技工回国服务，与祖国同胞并肩抗战。这个通告很快就传遍了东南亚各地，志愿回国服务的华侨司机和修理工共达 3192 人，他们被称为 "南侨机工归国服务团"。从 1939 年 2 月到 8 月，南侨技工先后分 9 批回到祖国，在昆明的潘家湾接受两个月的军事和政治培训。这些司机过去大多在城里开车，来到云南后，他们几乎都要从头学习如何在崎岖的山路上避险。

滇缅公路的黄金时代并没有延续很长时间。从一开始，日本人就想方设法要把公路切断。1940 年日军占领越南后，他们的飞机就开始从越南的基地起飞，轰炸滇缅公路全线。在不到半年的时间里，日军为了轰炸昌淦桥和惠通桥，共出动飞机 400 多架次。每次空袭之后，大桥抢修队就不分昼夜地工作。1941 年 1 月 23 日，满目疮痍的昌淦桥终被炸断，3 个月后才被修复。

在 1940 年欧洲大战全面爆发以后，中国孤军抗战的形势出现转折。西方盟国、特别是美国，开始考虑对中国进行大规模的援助。为了提高公路的运输能力，从 1940 年春起，国民政府的交通部先后花费巨资向美国的美孚石油公司订购了 2700 吨柏油，开始铺设从中缅边境的畹町到保山的柏油公路。与此同时，国民政府还从美国购买了大量工程机械。1942 年 3 月，当滇缅公路西段的柏油路正紧张铺设的时候，日军突然向缅甸进攻，仰光随即陷落。是年 5 月，日军长驱直入，攻入云南境内，并迅速占领了怒江以西的广大地区。此时，花费巨资修建的滇缅公路西段的柏油路正好把怒江以西的路段铺设完毕，由于日军的快速推进，大量工程设备还来不及撤到怒江以东，就连同西段柏油路一起全部落入敌手。

直到 1945 年日本投降后，滇缅公路才又重新开通。

（十七）胜利病

在 1942 年的头几个月里，失败的气氛笼罩着华盛顿和伦敦，东京却沉浸在一片狂欢之中。日本每取得一次新的胜利，市民们就排着长队，挥动着旗子，踏着冬雪，来到皇宫的城门前举行庆祝大会。大东亚共荣圈正在异常迅速地确立，似乎显示了帝国军事力量的不可战胜。他们狂飙式的武力征服，为日本赢得了一个广袤的帝国，这个帝国有着丰富的粮食、原料和潜在的市场。世界上很大一部分的稻米生产，地球上多半的天然橡胶，3/4 的锡矿和很大一部分不可缺少的石油资源，现在都可以用来满足日本工业和这个工业为之服务的胜利的战争机器的贪婪胃口。

耐人寻味的是，东京军方把持的政府只限于制订"第一作战阶段"的战略计划，这个阶段只安排了征服东南亚的时间表。这个目标已经很快地实现了，胜利的速度和规模使日本领导人滋长了自满和过分自信的情绪。这种情绪后来被称作"胜利病"；它的症状很快就在确定战略目标时显露出来，这个国家的军事、工业和行政管理能力远远达不到这些目标。

帝国参谋本部面临着两个根本问题：第一，如何牢牢守住他们极为分散的帝国，同时迅速地与美国求得和平解决。第二，如何安抚和管理他们业已征服的领土，以便利用现成的人力和原料，加强日本的军事力量。"胜利的果实很快就要掉到我们的嘴里。"裕仁天皇在 1942 年 3 月 9 日预见性地对他的内大臣木户侯爵说，那一天是他的 42 岁生日，是预定的"第一作战阶段"结束的日期，日军以占领仰光纪念了这个日子。在此之前 48 小时，爪哇岛上的最后一批盟军部队投降了。

保卫一个新的分散的帝国，同时着手开发这个帝国，以便消化经济"胜利果实"，已经成为日本人关心的主要战略和行政问题。但是，东京缺乏被它撵走的欧洲列强的殖民经验和行政管理能力，犯了利用皇军强制推行同样严厉的军事统治的错误，这种统治已经使满洲和大陆中国的人民疏远了日本。日本宣称它为亚洲人解放了亚洲，对这种说法本来抱有同情的人很快就遇到了占领军的铁拳头。在仰光，日本兵的骄横使那些留下来欢迎向往中的"解放者"的市民们感到非常沮丧，日本兵追逐妇女，"到处打骂缅甸人，强迫他们做拖木头、担水的活儿"。为了共同驱走正在撤退的英军而成立的 3 万"缅甸解放军"，终将掉转枪口对准新的统治者。从监狱中释放出来领导爪哇傀儡政府的革命领袖艾哈迈德·苏加诺也将如此。

在菲律宾，由"亲日派人物"若斯·洛雷尔（他的儿子正在巴丹同美国人并肩战斗）领导的行政委员会保证忠于本间将军。他希望以此平息广大人民的怒气，但是，同其他由日本人扶持起来的傀儡政权一样，在亚洲新秩序的范围内允许成立的"独立政府"，终究只不过是发布皇军命令的橡皮图章而已。

实际上这是实施严厉的军事管制法的占领。太阳袖章必须佩戴，见了日本兵必须鞠躬，夜里走路不带提灯的人格杀勿论，西方电影和文学作品统统取缔，学校课程日本化。日历也换了，1942 年变成了从第一代日本天皇登基时算起的 2062 年。为了全部消除西方的影响，宪兵队的特别支队像东方的盖世太保一样进行活动，根除那些为老殖民政府服务过或者对西方表现出同情的人。华人受到特别残酷的待遇，因为多数日本兵憎恶对大陆中国进行的旷日持久的战争。仅在新加坡，就有 7 万华人被兜捕和审问；5000 华人被监禁，多数仅仅是因为皮肤上刺有花纹；许多华人被当作拼刺刀的活靶子，骇人听闻地遭到处决。

对于在新征服的领土上落入日本人手中的 50 万欧洲平民（其中许多是妇女和儿童）来说，尔后的 3 年是被野蛮监禁和横遭剥夺的 3 年。许多人还没有到达人满为患的监狱和拘禁营地就断送了性命，幸存者常常沿着丛林小道跋涉数百英里，然后像牲口一样地被关在这些监狱和拘禁营地里。巴厘巴板的所有白人都被杀死，以示对他们破坏石油设施的惩罚。英国外交大臣抗议香港居民遭受的残酷暴行，日本人肆无忌惮地奸污和屠杀年轻姑娘乃至尼姑，使香港的国际观察家毛骨悚然。爪哇和苏门答腊的荷兰人受到惨重的迫害；在菲律宾，3000 多名美国平民被关在马尼拉郊区圣托马斯大学校园的有刺铁丝网里，又挤又脏地住了 3 年，既缺食物，又缺医疗。

日本人无视俘虏的生命，对战俘极不人道。帝国军人是用武士道——中世纪武士阶级遵守的道德规范，集严格的禁欲主义和大乘佛教的人我否定于一体——的严格纪律训练出来的，练就了要为天皇死战的性格。万一战死，就会为他的家属带来荣誉，本人的灵魂也得到自我拯救。军人训导手册明确规定："记住这样一条：当俘虏不仅意味着自己身败名裂，而且意味着父母妻小永世不能抬头。最后一颗子弹无论如何要为自己保留着。"对于一个日本军人来说，当俘虏远不如死去的好。谁当俘虏，他实际上就不复存在——他的名字从他的乡村或城镇的花名册中除去。日本人就是这样变成了宁死不降的盲信武士。这样的条件作用使普通的军人丝毫不理解西方的道德观念，他把所有的战俘视作只能蔑视并像奴隶一样地对待的下贱货。

在 1942 年头几个月里投降的 15 万盟军战俘，经历了奴役、饥饿、疾病和死亡的漫长岁月。日本外相东乡茂德曾经保证他的国家将遵守 1929 年的日内瓦公约，这个公约提出了国际公认的俘虏待遇条件。然而，日本国会从未批准这个条约。由于东京政府没有制订任何行动准则，处理俘虏只由当地军事指挥官酌情决定。他们是严格根据武士道而不是根据日内瓦公约来处理战俘的。日军自己的士兵经常缺乏食物，300 个战俘营里的俘虏只好挨饿。日本公然违反西方国家公认的准则，强迫多数战俘从事异常沉重的体力劳动。许多人被秘密送往满洲的煤矿和硫黄矿；另外一些人在疟疾流行的浓密丛林里修筑公路和铁路；还有少数人被送进特殊医疗试验营，供作动物试验之用。被日本人俘虏的人，绝大部分未能活下来，不是死于饥饿、流行病，就是死于看守指挥官的残酷虐待——许多看守指挥官在 1945 年以后作为战犯接受审判和被处决。

日本政府对所谓共荣圈的赤裸裸的经济剥削，同日本军方的残酷暴行不相上下。"我们没有任何限制。他们是敌方的人。我们可以抓捕他们，为所欲为。"这就是 3 月 14 日日本军方和企业家在东京举行的联络会议制订的基本政策。贪婪地掠夺东南亚的资源和原料，为了满足日本制造商尤其是强大的"财阀"的利益，这些

"财阀"现在派出代理人掠夺新的领土，授予他们这种特许权的是给工业界下达的指示："目前南部地区将是原料来源地和我们的制造品市场。必须采取措施阻止这个地区的工业发展。工资必须尽量压低。"为了榨取所有的外国资产并监督采用新货币，成立了南部地区开发银行。新货币表面上是日元，但是根据东京做出的秘密决定，日元得不到日本储备的支持。新钞票像雪片一样地印了出来，加剧了由于日军征用了所有的食品供应而造成的恶性通货膨胀。

在几个月的时间里，整个东南亚就像"满洲国"和朝鲜那样，沦为日本的经济殖民地。根据东京的命令，工资削减了一半，传统的农业方式被推翻，日本给每个地区强制规定定额，削减稻米生产，以便种植更多的棉花来满足战争的需要。日本人急不可待地掠夺东南亚的石油和原料储备，破坏了整个地区的交通网。他们强征庞大的商业船队为军方服务，由于缺乏有效的组织，贸易变成了只图日本致富的单行线交通。

远东的正常贸易往来被迅速破坏。仰光码头上的稻米发霉腐烂，马来西亚人却在挨饿。"你们是在东京街头悬起人头吗？"新加坡的一位女招待就那些盗窃本国粮仓的人被抓住后受到野蛮惩罚的问题质问一名日本记者。"高傲自负的英国人走了，粗鄙卑劣的日本人来了。"这就是同一名日本记者在走进拉弗尔斯饭店时的悲哀想法，这个饭店已经改名为昭南饭店，只接待日本同胞。日本人的殖民统治更加令人不堪忍受，因为这是亚洲人对亚洲人的统治。由于实行了严格的配给制，食品供应减少了，本来总是被营养不良和流行性疾病所折磨的国家，营养更加不良，疾病更加流行，对新的统治者的憎恨迅速传播开来。在东南亚被日本占领后的6个月中，经济普遍衰败，在东京"新秩序"的严厉统治下的各国人民，仇恨满腔地咒骂"共荣圈"是"共穷圈"。

正如短视的日本官僚和冥顽的日本军队不能胜任有效管理东南亚的任务一样，日本军事领导人也未能解决如何防守新帝国漫长的太平洋环形防线的战略问题。

（十八） 滇西大反攻

1912年，由渡边正夫指挥的日军第56师团的6个联队，以及第2师团和第18师团各一部，在缅甸打败中英美联军后，由腊戍向滇西进犯，于5月1日侵入中国云南边境，5月3日占领畹町，接着占领芒市、龙陵、腾冲，一直打到怒江边的惠通桥西岸，致使大批难民从桥西蜂拥而来。中国守桥部队为防万一，事先在桥上安放了炸药，并派宪兵在桥上维持秩序。

日军先头部队为了夺取惠通桥，竟化装成难民，赶到离桥不远的地方。这时，从桥东开来一辆卡车，想要逆行过桥，因而堵塞了道路。情急之下，宪兵以"妨碍执行军务罪"，把车主拉到河边，一通乱枪将其击毙。化装成难民的日军听到枪声，以为是中国士兵发现了他们，慌忙开枪乱射。中国士兵马上还击。但是，日军火力太猛，大桥眼看守不住了，慌乱中有人想到炸桥，便马上点燃了导火索。中国军队随后陆续赶来，在怒江东岸严密布防，挫败了日军渡江的企图。中日两军在怒江两岸形成对峙局面。

时间过去两年，国民政府没有在该地区组织大规模的反攻，甚至也没有制订相应的计划，致使抗日大后方的安全受到严重威胁。当时，重庆的国民政府甚至已做好了再次迁都的预案：一旦战事不利，就把首都迁到西南边境上的西康省，在那里继续战斗。

1. 渡江作战千难万险

1943年初，滇西的中国军队在驻防怒江、游击作战的同时，开始了大规模的整训。美军也通过"驼峰航线"，向中国运来大量的武器装备，并开始对滇西30个师的中国军队进行训练，其中包括培训了500名军医，为每个作战师配备了野战医院。

盟军最高当局要求中国尽快发起反攻，但蒋介石为了保存实力，显得极为谨慎。他在给罗斯福回电中说：如果再强行投入超出中国国力的战斗，必将招致日军入侵云南、四川，造成新疆革命、山西赤化与最终全国赤化的局面。中国战区盟军参谋长史迪威对此很是气愤。1944年3月，经美国总统罗斯福同意，史迪威向蒋介石发出最后通牒：如果中国中央政府不愿反攻，他将把援华物资提供给愿意反攻的中国其他军队——这当然是指共产党的军队。在美方的压力下，蒋介石答应派宋希濂的第11集团军和霍揆彰的第20集团军，共约20万人组成新的远征军，由卫立煌统领，即刻开赴怒江前线。远征军司令长官部也从楚雄移到马王屯。这就是1944年中美关系史上有名的"怒江危机"。

当时防守滇西的日军主力仍是第56师团。日军在怒江沿岸并没有密集设防，而只是在怒江以西的腾冲、龙陵和松山3个地方驻扎重兵。在这3地中，松山又是重中之重，因为它正好在滇缅公路的咽喉惠通桥的附近。

1944年4月，蒋介石签署了《中国远征军怒江作战命令》。他还致电远征军说："此次渡江出击之胜负，不仅关乎我军之荣辱，且为我国抗战全局成败之所系。"丘吉尔立即致电蒋介石，对中国决定发动怒江攻势表示欣慰，说他会"伫候其进展之佳音"。

5月11日，第11集团军集结在怒江东岸的两万多部队，在怒江150公里正面12个渡口，开始强渡水流湍急的怒江，拉开了滇西大反攻的序幕。

强渡怒江的具体计划是绝密的，为了出敌不意，出发命令甚至只提前几个小时才下达。由于橡皮艇数量不足，渡江部队事先在江边悄悄埋放了许多木船和竹排。不过，由于日军在怒江对岸的防守比较薄弱，大雾又为渡江行动提供了掩护，整个渡江战斗进行得较为顺利，满江的橡皮艇、木船和竹筏迅速抵达对岸。在总共 11 天的时间里，远征军唯一的损失是 17 名后援人员乘坐的木船触礁倾覆。

　　第 11 集团军渡过怒江后，按照作战计划，有 3 个师的部队绕过松山去围攻龙陵，另有 3 个师的部队攻打松山。

　　松山位于怒江惠通桥西北约 6 公里处，海拔 2260 米。滇缅公路由惠通桥向西，环松山过腊勐街，经狭长起伏的冈岭滚龙坡而至龙陵。日军以两年的时间在松山腊勐构筑大堡垒群 16 座，小堡垒群 5 座，各堡垒间均有隧道直通，还有储备充足的粮服弹药仓库，工事至为坚固。

　　然而，最先横亘在中国远征军前面的是高峻陡峭的高黎贡山。山上的灰坡，是到达山顶的必经之路。为了夺取这个阵地，远征军第 198 师 592 团的官兵同日军展开了残酷的厮杀。在第二次冲击失利后，师长叶佩高亲临前沿阵地，给自己立下军令状："如若第二次攻不下灰坡，这里便是本人的成仁之地！"叶佩高平常穿衣服比较随意，那天却穿上了他的毛呢军装，威风凛凛地站在坡下。一营人冲上去后又退了下来，但听见师长"给我打回去"的命令，他们又转身向灰坡冲去。就这样，战士们抱着炸药包，握着手榴弹，奋战 3 个昼夜，终于拿下了灰坡，而他们付出的代价是有近 3000 人长眠在登山途中。

　　在山地行军中，后勤供应是最难解决的问题。在这关键时刻，滇西民众为远征军成功翻越高黎贡山做出了巨大贡献。腾冲北边只有 10 个乡，要凑 1 万多民工十分困难，于是，3000 多妇女加入了运粮队伍。男的背 60 斤，女的背 40 斤，由于下雨，民工们又冷又饿，路上就病死了 300 多人。

　　一天，在攻取日军一个据点后，有士兵发现，路边的水坑里泡着十几具尸体，他们的大腿、臀部和胳膊上都有刀割的痕迹，而且深入骨头。这是怎么回事？美军联络官弗兰克·多尔将军很快

叶佩高

世界传世藏书

二战通史

二战秘档

一四四七

就揭开了日军令人发指的惊人秘密。当他们冲到日军一个指挥部的食堂时，发现日军竟把人肉当成美味佳肴。日军已经整理好的尸体，像干柴一样堆在地上，有的被剥了皮，有几个人只剩下骨头架子。多尔将军还看见有的日本兵正在晾晒人肉肉干、咸肉，而另一些日本兵正在烹煮人肉，其状令人恶心。

当地老百姓还向远征军讲了这样一个故事：和顺乡一个名叫寸长宝的男人，一天被日本兵抓住。日本兵先让他到菜园里弄些大葱、生姜，然后又把他捆在树上，剖开他的肚子，掏出他的心脏煎了吃。

在渡江战斗打响十几天后，远征军秘密调整战略部署，右路第 20 集团军继续做出进攻姿态，迷惑敌人，左路第 11 集团军则沿怒江东岸向南行进。所有部队车辆都在夜间行军，不得开灯或暴露目标。

1944 年 6 月 1 日凌晨，远征军左翼在 30 架美军 B-25 轰炸机猛烈轰炸中展开攻势。第 11 集团军一个加强师随即开始仰攻松山第一个日军据点腊勐寨。第 71 军军长钟彬中将从望远镜里看得清楚，士兵们搜索前进，保持警觉，等待敌人出现。前进 500 米，日军枪声未起，再进 200 米，日军仍然沉默。不妙！钟军长心中突然涌起一丝不祥的预感。刹那间，无数烟柱腾空而起，地雷和手榴弹的爆炸声盈塞山间，滚滚黑烟吞没了中国士兵的身影。日军的机枪响了，不是 10 挺，也不是 50 挺，而是超过了 100 挺。机枪、掷弹筒、山炮从隐蔽的地堡中喷吐火舌，交叉射击，大量士兵倒在敌人密集的火力之下，第一轮进攻仅仅持续了 15 分钟即告失败。据说当时上去 400 人，下来时不到 10 人。后来，美军的大炮和飞机继续猛轰松山上的日军工事，摧毁了部分地面上的碉堡，但是，中国士兵再次冲击时，更多的暗堡又从冲锋的士兵身边向他们开火。

松山初战不利，双方僵持了 1 个月。7 月 1 日，怒江大桥修复通车，总司令卫立煌派出李弥将军的第 8 军赶来增援。远征军直属炮团以及军、师炮群的百余门大炮随后也被运送过江。

松山为何屡攻不下？原来，在它失守的两年中，日军腊勐守备队作了长期固守的打算，他们以松山主峰为中心，筑起了腊勐街、长岗岭南、竹子坡、鹰蹲山、滚龙坡等坚固的据点。每个据点可以独立作战，又互为犄角，相互照应。各阵地以中国地支子丑寅卯辰巳午未来命名。日军严守机密，不仅远征军的谍报部门对堡垒分布一无所知，就连当地居民也被蒙在鼓里。事后得知，日军当时宣称松山是插在中国喉咙上的一把钢刀，他们所说的"喉咙"指的就是滇缅公路。他们认为，中国即使用 100 万军队攻击 100 年也打不下来。

松山外围阵地被攻克后，主峰上仍然有密密麻麻的工事。按照过去的速度，要在 9 月 18 日前攻下松山几乎是不可能的。军长李弥急得团团转。有一天，他的美军顾问突然想出一个办法——挖地道，把地道一直挖到松山主峰日军阵地下面，用成吨的烈性炸药把它炸掉。

8月初，远征军开始秘密挖掘通往松山顶峰的隧道。挖了近20天后，敌人发现了，也开始反挖。但是，日军兵力有限，进展极慢。远征军一边挖，一边往隧道里背了几百箱炸药，并设置了两个起爆点。隧道完工后的一天，只听3吨TNT黄色炸药轰隆一声巨响，土块石块夹杂着破铜烂铁、胳膊大腿满天飞，日本兵鬼哭狼嚎。松山的最高峰被拿下来了，日军在这一据点的守备部队几乎全部被炸身亡。

与此同时，美军飞机在大雨中冒着危险，空投了大量弹药和给养，驻扎在昆明的美军飞虎队也派出战斗机，突袭日军装甲部队，击毁了敌人几乎所有的坦克和辎重，这才使前线部队稳住阵脚。

1944年9月7日下午，距离国耻纪念日还有9天，松山上的残敌被全部肃清。历时3个月的松山之战，远征军死伤6763人，日军死伤850人，双方阵亡人数之比接近8∶1。当天，东京广播电台宣称："腊勐（松山）守军全员玉碎。"

2. 日寇把腾冲变成迷宫

1944年7月，正当远征军左翼向松山日军阵地猛攻时，右路军霍揆彰率领的第20集团军的5个师分别攻下南、北斋公房，完成了对腾冲的四面包围。

腾冲旧名腾越，是南方丝绸之路上的一座古城。该城战前有5万人口，城墙周长约4公里，高约7米，厚约4米。日军盘踞腾冲两年多，在城内修筑了30多座重点堡垒和四通八达的战壕。

8月2日，美军第14航空队的60多架轰炸机猛轰城墙，地面部队也发射了数千发炮弹。攻城的6个团阵亡了数百士兵，然而，古老的城墙纹丝不动。美国飞行员在投弹后，仍在空中观察：难道日本人掌握了什么不可思议的城防加固方式吗？这种中国明朝修建的城墙不可能原本就这样坚固吧？

殊不知，腾冲是座石城，它的城墙是用当地火山岩建成的，不像北方城墙那样把砖和土作为建筑材料。火山岩不仅坚硬，而且表面光滑，富有弹性，如果炸弹投落的角度不对，就会被向外弹开。两年前，这道城墙没有成为阻挡日军的"长城"，今天却被日军当成抵抗远征军的重盾！后来，美军飞行员在云南驿机场想了个办法，在炸弹上装上两根钢钎，然后在城墙上找准位置投弹，钢钎插到城墙的石缝里，城墙就被炸开了。美军每天都出动十几架飞机，最多时一天出动60架，终于在城墙的东南西北炸开了缺口，为远征军官兵开辟了道路。但是，等待远征军的却是日军经营了两年，充满杀机的一座迷宫。

8月18日，远征军各攻城部队从3个方向突入腾冲城区。这里大街小巷交错，高房巨宅毗连，日军据守其间，同中国士兵殊死搏斗。原第53军副师长王理寰回忆说："敌人利用街道城垣及群众房屋顽强抵抗，进行巷战，我伤亡很重，每取一墙或一院落，非先用炸药爆破，将墙垣房屋炸倒，则不能前进。"进入腾冲城5天，巷战推进速度极为缓慢——城西的部队推进了15米，城东只推进了10米，而且代价极大。

8月30日，当第53军166师从城东进入，攻打文昌宫时，部队在一座大钟前被挡住了。这口大钟是大明景泰元年为了纪念这座古城而铸造的，现在，许多中国士兵竟然死在它的前面。后来发现，日本人把这口钟当作掩体，在钟上凿了一个大洞，子弹就是从这个大洞里射出来的。远征军士兵发现这个洞后，就用步枪、机枪朝洞射击，但是无法准确地击中目标。此时，一名士兵搞来一根木棒，猛敲大钟，直到钟内没有响动了，才把钟抬了起来。仔细一看，发现钟里的那个日寇已经死了。他两耳流血，鼻子流血——他被钟声震死了。

霍揆彰在9月9日得到消息——蒋介石火了，电令卫立煌务须于9月18日即国耻日前夺回腾冲。霍揆彰随即签署一项命令："自明日起，限5天内将各地域之敌彻底肃清，违限者，各军师长应负贻误之责。"9月10日，中国远征军实施了最后的总攻。日军长官吉野孝公在回忆录中写道："（日军）剩下的守备队兵力有350多名，中国军队根本不把兵力很少的我们放在眼里，抱定最后一击的决心，像狂涛一样席卷而来。奋战，奋战，城内战场在充满怒吼和叫骂的激烈肉搏中化成一片血腥的荒野。中国人在我军的抵抗下付出了沉重的代价，他们拉起我战友们的尸体和重伤员的身体绑到阵前，或将其堆在一起，这显然是为阻止我方反击而采用的攻心战术。这一招，确使我军的斗志在一定程度上受到了挫伤。"在从9月9日到9月12日的4天中，远征军伤亡军官128名，士兵1132名。很多排长、连长都已负伤或阵亡，部队只能由营长、团长亲自带队冲锋。其时，城里难见好砖好瓦，几乎每片树叶上都有枪眼。

《扫荡报》记者潘世征在《战怒江》一书中说，就在这时，他看到了一个非同寻常的场面："我军登上南门城墙后，发现对面北门一条一条小巷里常有三三两两的女人穿着花花绿绿的衣服从那儿匆匆经过。有一件事非常值得我们警惕，那就是多数来自日本的营妓。营妓的生活同士兵一样，每天两包饭团或者一包饼干，她们戴上钢盔，帮助士兵搬运弹药，甚至用机枪或手枪向我军射击。"

滇西沦陷后，即1942年5月，日军在芒市三棵树、树包塔和龙陵县镇安街首先建立了慰安所。此后，凡日军师团部、联队部、大队部驻地均如法炮制，甚至一个中队到某地暂驻也要设立临时慰安所。初期慰安妇数量不多，因而军官之间或士兵之间常常发生争夺慰安妇的械斗，甚至发生士兵枪击军官的事件。5月底，日军从台湾运来100多名慰安妇，并命令龙陵维持会给日军提供600个"花姑娘"。当时，龙陵的老百姓大多逃入深山，于是日军四处扫荡，到处搜索，把抓来的妇女当作慰安妇，先后在董家沟、白塔、龙山卡、平戛、腊勐等地建立了慰安所。在被迫充当慰安妇的当地妇女中，有 3 个妇女的丈夫也被日军抓去烧水，而日军就当着她们丈夫的面蹂躏她们。

失败在即，吉野孝公终于接到命令：准备突围。他回忆当时的情景说："虽然师团命令确保死守到 10 月，但无论如何，谁也不想死在守不住的地方。" 9 月 13 日，太田大尉给师团部发出最后一份电报，大意是，在敌人炮火的绝对控制下，我们已经忍受了前所未有的痛苦，请理解全体官兵的心情。接着，太田大尉发出冲出去的命令，要生存人员集中进行游击战。潘世征在《战怒江》中还记载了日本营妓的结局——她们在日军突围前，同重伤员一起被"处理"了。据一个替日本营妓打洗脸水的 10 岁左右的中国女孩说，当时她们全都躲在一个大防空洞里，一天黎明时分，忽然来了一个日本军官，用枪逐一结束了总共 13 个营妓的生命。

吉野孝公对腾冲日本兵的命运做了夸张和煽情的回忆："昭和十九年九月十四日早上，腾冲守备队三千余人的生命在玉碎的美名下，犹如风中的灯烛，摇晃着熄灭了。"然而，事实并非如此，日本兵并没有发动所谓玉碎式的自杀冲锋。据远征军 594 团团长董铎记录："残余日军被迫集结于城南二百米方圆的地区内，此时，我军发动喊话：'放下武器，投降不杀！'穷途末路的敌人只得乖乖地立起白旗。"

经过血战，整个腾冲城仅剩下两座比较完整的建筑，其中之一就是腾冲的文庙。第 20 集团军战报称：1944 年反攻腾冲以来，历经大小 40 余战，毙敌联队长藏重康美大佐以下军官 100 余员，士兵 6000 余名；中国军队伤亡军官 1334 员，士兵 17275 名。

1945 年 7 月 7 日，腾冲军民在城南建起了一座"国殇墓园"。墓园占地 5 公顷，其中埋葬着把热血抛洒在滇西战场上的 9000 多个中国英灵和 14 名美国官兵。园内有蒋介石、于右任、何应钦、卫立煌等撰写的挽联。中国改革开放后，毕世铭先生根据自己的童年回忆并经过多方查证，完整地恢复了墓园当年的一草一木。

3. 龙陵大捷

1944 年夏天，几乎在远征军攻击腾冲城时，左翼宋希濂部也在围攻龙陵城。

边陲重镇龙陵古名黑水笼，东汉永平十二年为哀牢县。东距松山 70 公里，北距腾冲约 100 公里，扼滇缅公路要冲，沿途山峦起伏，地势险要。一旦失去龙陵，日军在滇西事实上已无险可踞，因此，日军在龙陵周围的高地构筑了大量永久性坚固堡垒网群，在城内每一幢房屋都筑有堡垒，每堵砖墙上都有枪眼。日军准备在龙陵挡住远征军的西进，使之有可能"将主力集结于芒市周围，在龙陵方面击灭云南远征军主力之后，前出至怒江一线，在援救腾勐、腾冲守备队的同时，切断印中之

间的联络"。

龙陵之战前后出现 3 次反复。第一次攻击于 6 月 5 日开始，第 11 集团军第 71 军第 87 师、第 88 师向龙陵发起攻击，第 2 军第 76 师向平达进攻，直逼日军第 56 师团驻地芒市。6 月 10 日，远征军先后攻克了镇安街、黄草坝、腾龙桥等，从而切断了龙陵与芒市、松山、腾冲的公路，并一度攻入县城。城内日军仅 300 余人固守 3 个据点。当时连降大雨，空中补给和老百姓的骡马运输都很困难。远征军渡江以来所消耗的弹药未能及时补充，粮食也几乎告罄，士兵便以芭蕉根、山芋充饥。

在这次战斗中，第 88 师副师长熊新民率军攻打龙陵城外日军据点老东坡，战斗进行得异常激烈。据他记述："攻打老东坡接连调换了三个团，步兵协同攻了好几天，还是攻不下来。我在返回尖山寺师指挥所途中，突然传来消息，说老东坡已经被我军占领了。我立即赶往老东坡，登上山头，亲见敌阵地被我打得七零八落，到处血迹斑斑，罐头、饼干、纱布、绷带丢弃满地。看到敌人的狼狈相，我们都感到高兴和自豪。此时，我军连电话兵都下坡追击敌人去了。"

此战结果还来不及证实，前线的第一个捷报就传到了重庆，国民政府军事委员会立即向新闻界宣布了龙陵大捷的消息，后方各大报纷纷刊载，同盟国的新闻媒体也做了报道。

然而，日军在短暂的沉默之后，发布通告宣称，龙陵仍在他们控制之下。事实确实如此。远征军第 71 军某部机枪手王德五回忆说："我们营打掉了日本人的仓库，里面尽是军大衣和军靴、干粮、罐头，一些兄弟以为龙陵就此拿下，于是扛起战利品就想占为己有，不料不大一会儿，遍山的日本人又反攻过来，我们打不过，不仅退出城来，而且死伤大半兄弟。军大衣、军靴扔得到处都是。"就这样，日军再度占领了龙陵城。错报军情让蒋介石在同盟国首脑的追问下颜面尽失。两个月后，宋希濂调回后方休养，由黄杰代任第 11 集团军总司令之职。

1944 年 7 月中旬，远征军第 71 军集结 5 个师约 3 万兵力，从东、北、南 3 面向龙陵县城一带的日军据点发起第二次围攻。日军迅速增派第 56 师团、第 2 师团主力 15000 多人增援龙陵，向远征军发动疯狂反扑。这是远征军指挥部始料未及的。总司令卫立煌意识到，日军战略部署或许出现了重大转变。以往日军的增援，大多是小股部队，多至两三千人，少的只有几百人，而现在突然出现的 1 万多日军，是从哪儿钻出来的呢？直觉告诉他，日军肯定是耍了什么花招。他请盟军空军指挥官密切注意滇缅公路上的日军动态。美军侦察机最近几天拍回的照片引起了他的注意：芒市南面沿路多了许多奇怪的"小树丛"。在每天拍回的照片上，"小树丛"的位置都有变化，有的居然消失了。卫立煌立即命令情报部门彻查这些会移动的"小树丛"。游击队的侦察报告最后证实，这些"小树丛"是日军的军车和帐篷——所有车辆都盖有绿色的防空网，有的还漆成树丛状的伪装图案。紧接着，远征军长官部又从缅甸地下组织获得情报：日军第 33 军纠集近 4 个师团的兵力，正在向中国军队西面的芒市、龙陵靠拢。卫立煌随即部署第三次攻击龙陵。

10 月底，中国远征军各部向龙陵守敌发起总攻。机枪手王德五又回忆道："第三次攻打龙陵时，我们做了充分的准备，在炮兵火力和美国双身子飞机（P38 轰炸机）轰炸后，我们几个师的部队一起围上来，经过激烈的巷战，终于把日本人压缩在一个小面积内。巷战时，我们一步一步地打到街心，与日本人面对面。街这边是我们，街那边就是日本人，就连歪把子机枪都看得清清楚楚。"

1944 年 11 月 1 日，远征军各攻击部队向中央合围，在 300 门大炮和美国空军的协同下，一鼓作气攻占了日军在城中的核心据点。3 日凌晨，中国远征军收复龙陵。据 11 集团军黄杰将军回忆："此役我曾经过三次攻略，敌亦曾经过两次增援反扑，为全战役中时间最长、兵力最多、战斗最惨烈之会战。计敌共死伤 10620 员名，我军共死伤 28384 员名，约为一比二点七。"

收复松山、腾冲、龙陵的三大会战，在世界军事史上统称为"龙陵会战"。在中国抗日战争中，这是唯一一次由中国军队在正面战场上发起并全歼日军的战略进攻。克复龙陵后，日军赖以盘踞滇西的强固阵地均被扫除，日本侵略者被驱赶到芒市一线的一马平川之地，无险可守。中国远征军各路部队在滇西中缅边境各处勇猛出击，继攻占畹町后，又相继拿下芒友、猛卯、术遮，将日军在滇缅路上的归路截断，大踏步向西追击。

1945 年 1 月 28 日，中国远征军、中国驻印军会师于芒友。在举行会师典礼时，中国远征军在通往祖国的大路上拉起白布横幅："欢迎驻印新军凯旋回国！"卫立煌长官、索尔登总指挥、孙立人军长、黄杰总司令威武地站在旗杆下面。卫立煌致辞说："今天是会师东京的开始。"索尔登将军致辞说："到东京会师去，让两国的国旗飘扬在东京上空。"

会师典礼之后，中国远征军便启程回国，而中国驻印军为确保中印公路安全，返身攻打腊戍去了。

（十九）日军"731"细菌部队

1932 年，根据天皇饬令，日本军部组建了最初的细菌武器研究机构——"细菌研究班"，对外称"防疫研究室"。1936 年，日本在哈尔滨、长春成立了臭名昭著的"731 部队""100 部队"，此后又成立了北京"甲字 1855 部队"、南京"荣字 1644 部队"和广州"波字 8604 部队"。1942 年，在新加坡"冈字 9420 部队"成立后，日军的细菌部队就形成了具有一定作战能力的完整的细菌战体系和指挥系统。

"满洲731部队"原名关东军防疫给水总部，对外又称"石井部队""东乡部队"或"加茂部队"，它是抗日战争期间日本在本土以外创建的一支从事细菌战研究和人体试验的秘密军事医疗机构，也是日本帝国主义者屠杀中国人民的主要罪证之一。

关东军司令部1937年8月曾下文规定：今后在涉及细菌战时，一律使用"细防"（细菌防疫）的昵称。

"731"特别军事区划定在哈尔滨附近的平房区，其细菌工厂占地300多亩，拥有从事细菌战的研究人员2600余人，其中将级军官5名，校级军官30余名，尉级军官300余名。1936年到1942年7月由石井四郎中将担任部队长，1942年8月到1945年2月由北野政次少将接任部队长，1945年3月到同年8月又由石井重任部队长。"731"之下设有牡丹江"643"支队、林口"162"支队、海拉尔"543"支队和孙吴"673"支队。

孙吴"673"支队位居黑龙江省孙吴县城4公里外的西关村，这里林密花香、风光秀丽。初期仅30多人，1941年增加到80多人，而到1945年日本投降时已达到120人。细菌基地的主要任务是培育和繁殖散布细菌的寄生虫，大量生产鼠疫、霍乱等传染细菌和防疫血清。

"731"本部选择孙吴建立"673"支队，主要有两方面的考虑。首先，这里人口少、耕地多，靠近铁路，还有数万名劳工可供选取试验对象之用；第二，这里有品种繁多的家鼠和野鼠，如白鼠、黑鼠、黑线鼠、花色鼠、灰色鼠、小眼鼠、大眼鼠、瞎半鼠、水老鼠等，而且历史上曾有过鼠疫患者。

据日军档案资料，其时，关东军为了繁殖细菌，发放给当地居民两万个捕鼠笼，要求居民捕捉活鼠45万只。"673"支队据此强迫当地群众上交老鼠，还责令学生停课捕鼠。支队的15间鼠舍建有贮存饲料的地窖，养有老鼠1000多只，其中有些俗名为"大眼贼"的老鼠属于松鼠和田鼠的原宗。支队还养有羊、兔子等实验动物。

为了大量收集实验用虱子，"731"细菌工厂曾从劳工中挑选10名年过半百的老头，把他们关进一间空房，并向他们交代，他们今后不用再去干活，其任务就是养虱子、捉虱子，7天以后每人每天须交出100只大虱子。后来，这些老人都被杀害了。

日方有关资料明确记载："731部队的北野政次于1942年在孙吴捕获40只黑线姬鼠，在鼠身上采集到耶氏历螨203只，将螨制成悬液后再注入黑线姬鼠体内，25天后将鼠杀死，用它的肝、脾、胃再制成乳状液，经病毒过滤器过滤后，将此液注入'猿'（指中国人）身，19天后'猿'就发病，此时再把发病的'猿'的血液注入另一'猿'的体内，后者也染上了出血热病。"

1938 年 8 月，60 名被日本人称为"马路大"（意为"原木"）的中国抗日志士被"特别移送"到"673"支队。"673"支队的研究人员随时在他们身上进行"孙吴热"的传染及治疗实验，幸存者后来又成为冻伤治疗试验的对象。孙吴支队长西俊英中佐战后在法庭上供认："我们把中国俘虏绑缚在间隔 10～20 米的木柱上，然后通过电流，使装有坏疽菌的榴霰弹爆炸，结果 10 个人全部被带有细菌的碎片炸伤，同时感染上了坏疽病，他们经过一星期的痛苦挣扎后便死去了。"

战争期间，被关东宪兵队申请或指令"特别移送"到"731"部队的人员共计 372 人，其中包括中国人、苏联人和朝鲜人。

筱冢良雄曾是日本"731"部队的一员，日本投降后，他很快良心发现，成为少数揭露"731"罪行的日本人之一。他说：我开始听到"原木"这种说法是进入少年队 6 个月以后，在夜间楼外经常亮起车灯和出现响动，内务班长让我们进屋，不准走出去，这是在搬运"原木"。

"原木"是材料的意思，即"731"部队进行实验所用的活体材料。之所以叫"原木"，就是说人可以像木头一样被自由切割。

口字形建筑的 7 号楼和 8 号楼关押着日本宪兵、特务机构专为"731"部队掳获的中国人，他们是抗日战士、国民党和八路军的军人。

为了提高细菌的杀伤力，"731"部队用人体进行实验。我所属的柄泽班用 5 名中国人进行了细菌的毒性实验和身体解剖。

我们先采来 5 个人的血液，检查他们的免疫能力。第二天，给其中的 4 人注射 4 种不同的鼠疫疫苗，还有一人不注射，然后比较实验结果。一周以后，再注射疫苗。一个月后给 5 人注射含有固定菌数的鼠疫菌液，5 人全都患上了鼠疫。

其中解剖的第一个男性的英勇表现，至今使我记忆犹新。他头脑清楚，像是知识分子，常骂我为"日本鬼子"，对我怒目而视。我不敢看他的眼睛，他愤怒的眼神吓得我浑身发抖。然而，当时一旦接到命令什么都得做，不能表示半点怀疑。当时那个中国人只注射了鼠疫细菌而没有注射疫苗，因此最先感染鼠疫，两三天后开始发高烧，全身发黑，几天过后濒临死亡状态。负责管理"原木"的特别队员用担架把他抬到我所在的解剖室，全身穿着胶皮防菌衣的细田军医中尉命令我给他洗身体，我尽量不去看他的脸，用橡胶管和板刷给他冲洗。

开始的时候，我感到害怕，用板刷洗他的面部时有些犹豫，但立即招来中尉的训斥。我闭着眼睛冲洗完他的身体后，中尉把听诊器贴在他的胸部听心脏跳动情况。随后，大山军医大佐就命令开始解剖。细田中尉给我递了个眼神。手脚被固定的中国人突然睁开眼睛，像给这种暴行作证一样，转头看看四周，然后眼睛凝视天花板。他好像在喊叫着什么，但干裂的嘴唇没有发出声音，只是动了动。细田中尉左手按住他的头，右手拿手术刀，一下子切断他的颈动脉，血液忽地一下喷出来。20 分钟以后，中国男性的肉体被切成一片片的，散乱在解剖台上。像这样的身体解剖有很多班在做，在晚上洗澡时，经常听到队员之间互相询问，"今天你扳倒几根原木？"对方回答："扳倒两根。"队员之间说到解剖的"原木"时，量词用"根"。为了毁尸灭迹，身体解剖后的尸体放在燃烧炉中焚烧。就这样，在两个月内，我杀害了 5 名中国人，现在想起来感到恐怖和羞愧，然而在当时，我的确是没有人性的"日本鬼子"。

1945 年 5 月，日本陆军省命令关东军增加细菌武器的生产，以满足日军统帅部在太平洋地区大规模推行细菌战的需要。为此，日军为特种部队增添了最完善的可供连续生产细菌的新设备，孙吴、林口等支队也相应建立了大量培育细菌的生产系统，这样，一旦"731"本部的设施在战争中被摧毁，各支部均可确保正常运转。

抗日战争期间，日军曾在浙江省宁波地区（1940）、湖南省常德地区（1941）和浙赣铁路沿线（1942）实施了无比残忍、令人发指的细菌战，犯下了滔天罪行。

1945 年 8 月，在日本投降前夕，关东军总司令山田乙三命令"731"立即销毁所有实验室和设备，"673"支队长西俊英中佐便要部下把机密文件、研究资料、图书及实验用小动物统统塞进锅炉烧掉，随后又放火烧毁了房屋，炸毁了军用建筑。战争结束后，以石井四郎为首的一伙细菌武器专家，竟然把细菌武器研究资料、图片等作为交换条件，全部交给美国，从而免除了战争罪行。

2000 年，有关专家在黑龙江省档案馆里发现并公布了"731"在活人身上进行细菌试验的原始文字材料——"特别输送档案"，以及 300 多件人体解剖用具。这些东西是"731"败退时来不及销毁而意外留下来的。

现在，作为罪证的细菌实验房舍虽已荡然无存，但废墟仍在，房舍的基础结构仍然清晰可见。中国政府在这里树立了一个遗址纪念碑，向后人昭示着日军曾经犯下的灭绝人性的战争罪行。"731"遗址作为爱国主义教育基地，还被确定为国家 12 个重点红色旅游项目景区景点，并被中宣部批准为第六批国家级文物保护单位。

九、名将之死

（一）一场离奇的车祸——巴顿将军之死

1945 年 12 月 21 日下午 5 时 55 分，"铁血将军"巴顿在德国海德堡的第 130 驻地医院停止了呼吸，享年 60 岁。

"一个士兵最好的归宿，是在最后一仗中被最后一颗子弹打死。"这是美国巴顿上将的名言。然而这位在一战和二战中屡建奇功的"铁血老头"最终并不是光荣地战死在沙场上，而是死于一场离奇的车祸。

1. 最后行程

巴顿广泛的知名度由其无往不胜的功绩、鲜明特立的个性以及人格魅力造就。美国《纽约时报》上曾有过这样一句话："早在战争结束之前，巴顿就是一个传奇人物。"

1945 年 6 月 7 日，欧洲盟军取得胜利刚刚一个月，乔治·巴顿来到美国波士顿，受到当地民众的隆重欢迎。他站在敞篷车上向欢呼的民众致意，看上去兴高采烈，可是内心里却感到悲伤。那时几乎所有在欧洲战场上打过仗的将军都已经奔赴太平洋战场，只有他未领到新的任务。虽说巴顿已经 60 岁，但他仍对战斗充满着渴望，他打算回到他驻守在德国南部的第 3 集团军去。临行前，巴顿用悲凉的语气告诉他的女儿："女儿们，我走了，我再也见不到你们了。"这不祥的话把女儿们吓了一大跳，岂料一语成谶。来到欧洲之后，他在日记中写道："我觉得我就要走到生命的尽头了。"在记者招待会上，他再一次不当的言论（说纳粹党与美国的民主党、共和党很像）导致了国内的批评，五角大楼只好把这位经常惹麻烦的主从第 3 集团军又调到了新成立的第 15 集团军，主要任务是编写美军在欧洲战场的历史。

2. 离奇的车祸

1945 年 12 月 9 日清晨，在德国的板德拉海姆，巴顿和老朋友豪伯特·盖打算去打猎。他们登上了一辆 1938 年产的凯迪拉克轿车，司机是 19 岁的二等兵豪雷斯·伍德瑞，他们后面跟着一辆装着猎狗和打猎设备的美国军用卡车。当天天气非常寒冷，天空飘着小雪。

出发一小时之后，巴顿下了车，查看那些轰炸后的废墟，地上的雪沾湿了他的袜子。上车时，他坐到了靠司机的前排座，以便烤干湿了的袜子。一会儿，车子在一个美军检查站前停下，巴顿再一次下车，让后面的军用卡车司机把车上的猎狗带下来。他说："让它到伍德瑞旁边暖和会儿，不然会冻死它的。"于是，巴顿在开车之前坐到了后排座盖将军的旁边。在高速路上行进了约 16 公里后，来到曼海姆城外。这时的交通很顺畅，中午 11 时 45 分，车在一个公路铁路交叉口处停了下来，等着一辆 1.6 公里长的载货火车驶过去。岔路口的另一端是一辆通用公司制造的军用卡车，司机是罗伯特·汤姆森下士。驾驶室里还坐着他的两个朋友。卡车上的前排位置只能坐两个人，而他们竟坐了三个人，这是违反交通规则的。当横在中间的火车过去之后，两边的车流开始向前移动，就在巴顿坐的凯迪拉克过铁道时，军用卡车与凯迪拉克撞到了一起。

交通事故看上去并不严重，因为双方在刚刚启动时车速都不太快，卡车几乎没有受损，只有凯迪拉克的散热器凹了进去。轿车里的三个人中，只有巴顿受了伤，当时他被惯性向前甩去，头部重重地撞在司机座后面降得很低的隔板玻璃上。他的头耷拉着，前额头皮被掀了起来，创口在眉骨上方大约 3 英寸处，血流如注，呼吸困难，连手指也动不了了。不远处的哨所医生雷德·希德飞速赶到现场，经初步检查，发现巴顿的颈椎已经断了。90 分钟后，巴顿被送进了第 130 驻地医院，这时的他从颈部以下全部瘫痪。在意识清醒之际，他对医生说："主啊，请让我休息吧！"12 天后，巴顿的病情引发了脑血栓，1945 年 12 月 21 日下午 5 时 50 分，他的心脏突然停止了跳动。

巴顿被安葬在美军第 3 集团军位于卢森堡的哈姆公墓，他和他的 600 名部下埋在了一起。他的墓碑上刻着这样几行字："乔治·巴顿，第 3 集团军司令，军号 02605。"

对于他的离奇车祸，许多人猜测是谋杀，凶手可能是纳粹，也可能是苏联人，还有可能是美国人自己，甚至有人跳出来自认是刺客的。种种猜测加上巴顿自己的死亡预言令整个事件充满了神秘色彩。

（二）"东北飞鹰，空军战魂"——高志航

抗日战争初期，中国空军健儿们曾在空战中英勇杀敌，捷报频传，屡建奇功。其中有一位最受人们称颂的英雄，他的名字叫高志航。他是中国空军驱逐司令兼第 4 大队大队长。虽然他在抗战开始后不久，在敌机的一次空袭中牺牲了，但他的英雄事迹在中国抗日战争史册上闪耀着夺目的光辉。

高志航，1907 年 5 月 14 日生于辽宁省通化县三棵榆树村一贫农家庭，原名高铭久。父亲高景文，母亲李春英，在家里 8 个孩子中为长子。13 岁的他为减轻家庭负担，毅然投笔从戎，17 岁，考入东北陆军军官教育班，研习炮科。1924 年，东北军为发展航空事业，要甄选两批学生赴法国学习飞行，高志航去报考，但因为"人还没有枪高"而遭到淘汰。那时他的身高也才 1.67 米，他不甘心，就写了一封法语信寄给当时的东北军司令张学良。并把自己的名字"铭久"改成"志航"，以表明自己献身航空的决心。张学良不懂法语，就找到了当时奉天中法中学的校长，没想到校长把高志航夸了又夸，说高志航是他最好的学生！就这样，18 岁的高志航如愿飞赴法国木拉诺高等航空学校学习飞行。很快，高志航就在法国学会了每一项飞行科目，并且掌握了不少高难度飞行动作，成了飞行员中的佼佼者。1926 年结

业回国，历任东北航空中尉驾驶员、空军少校分队长等职。

1928 年，高志航飞赴满洲里执行任务，在当地的一间商店里，他遇见了白俄流亡贵族葛莉亚。葛莉亚只会说俄语和法语，说了半天店员也不明白，说得一口流利法语的高志航上前解了围，结果两人在满洲里私下结了婚。不久从国外进口了一架飞机，试飞的时候，操纵杆弹出，把高志航的腿打断了，当时找了个日本医生接骨，那医生很不负责，连碎骨头都没清除就接上了，导致高志航的腿开始肌肉萎缩。葛莉亚见情形不对，跑到哈尔滨找到她认识的一个著名的犹太医生，由这位医生出面给东北航空委员会写信，表示要重新治疗，航空委员

高志航

会才把高志航转院到这位医生手中。就是这次手术，才发现上次日本医生治疗马虎。葛莉亚精心照料高志航几个月，他终于恢复了，但一条腿比另一条腿短了，从此高志航得了个"瘸子飞行员"的绰号。葛莉亚挽救了丈夫的腿，也挽救了中国空军战神的命运。很多人都说，没有葛莉亚就没有高志航！1929 年高志航调任东北航校飞行教官。

1931 年，"九一八"事变爆发，东北沦陷。高志航辞别双亲，只身入关。辗转找到了在法国航空学校的同学邢铲非，在他介绍下，1932 年高志航到了南京，找到中央航空署，见到了航空总队队长毛邦初。毛邦初表示久仰高志航的飞行技术和训练水平，"当前国家正在用人之际，中央航空署欢迎你。但是航空署规定，凡空军军官不能与外籍女子通婚，听说大队长夫人系俄国贵族之后，本署不能违背规定，还请高大队长慎思，二者善择其一"。高志航和葛莉亚两人感情深厚，听到消息后抱头痛哭。后来两人想出了办法，表面上分开，但是高志航给葛莉亚在郊区租了民房，两人还是在一起偷偷厮守。结果被毛邦初发现了，把葛莉亚驱逐出境，葛莉亚从此再无音讯。

1932 年，培训结业后的高志航因其东北军的身份受到排挤，只能作为一名无单独飞行资格的空军少尉见习。在 1932 年春航委会第一次检阅时，高志航的飞机虽在起飞时出现过小小意外，但其在整个飞行过程中的娴熟技巧却给在场的所有观摩者们留下了深刻印象。结果非但未受到处分，反被提升为第 8 队的中尉分队长。在第二次检阅时名列第一，随后成为航校驱逐机班的上尉教官。不久，高志航奉国民

政府之命前往意大利购买战机。其间应邀在意大利上空表演了他的飞行特技，深受称赞，并受到了墨索里尼的召见。然而，该国军火商却以大批金钱向他行贿，企图向他推销一些落后的机型，但遭到了他的断然拒绝，并决定改向美国购机。最后不辱使命，顺利从美国购回了100架"霍克"式驱逐机。回国后，政府随即组建了5个飞行大队，任命他为第4大队队长，并晋升中校，辖21、22、23中队，协助总队长毛邦初工作，在南昌集训驱逐机部队所有飞行员，培养出如：刘粹刚、柳哲生、董明德、李桂丹、郑少愚、乐以琴、罗英德等优秀飞行员。

1936年10月31日是蒋介石的50岁生日，这天，航委会特别在南京举行了一次有英、德、意等国空军参加的空战技术和飞行特技表演，当时正留守杭州的高志航闻讯后，主动驾机前往参加。其间，他以自己的拿手好戏在空中尽情展示，博得场上各路嘉宾的阵阵喝彩，亦使几支欲争高下的外军特技队相形见绌。表演结束后，蒋对他的高超技术赞不绝口，很快，消息就通过国内外的各种媒体传了出去。从此，高志航的名字在军中几乎人人皆知。

这时的高志航已经再次结婚，对方是当时上海英语专科学校的校花叶蓉然，她是女学生给空军英雄献花的代表，而高志航是当时万众瞩目的英雄，可是两人结婚后时常有摩擦，高志航喜欢打猎、摄影，而叶蓉然喜欢打牌、交际，生活习惯完全不一样。

1937年7月，卢沟桥事变爆发。为防止日军突破连云港，陷中原，下武汉、切断中方后方资源及退路，空军第4大队于7月中旬由原驻地江西南昌秘密进驻河南周家口机场待命昼夜随时备战。由于淞沪会战爆发，13日中午大队接到航委会命令，全队紧急转场华东，以杭州笕桥机场为前进基地。14日当天早饭后，时任第4航空大队大队长高志航飞南京开会，行前指示空军第21中队队长李桂丹率21、22、23各中队按命令提前行动。下午，在经过冒雨、穿云，克服恶劣气象条件的长途飞行后，第4航空大队21、23中队先行达到笕桥机场，高志航大队长也从南京直接飞抵笕桥。而此刻正好收到最新日机进袭情报，敌大型轰炸机若干向笕桥方向而来，高志航立刻前往起飞线前，以喊话、手势命令正在降落的21、23中队队员赶快再次起飞，利用最后一点余油拦截日机。高志航立刻驾机起飞，空战中率先击落日机一架，这是中国空军首次击落日机。在10多分钟的空战中，全大队此役共击落敌机6架，中国空军无一损失。"八一四空战"首战告捷，这是中国人首次击落日军飞机！创造了4∶0的纪录，"8月14日"遂被定为国民党的空军节。

8月15日清晨，日本海军航空队第二航空战队派出多批飞机从"加贺"号航母上起飞袭向杭州，高志航再次击落日机一架，后左臂中弹返回机场，杭州各界得知后，纷纷前往广慈医院慰问，时任中华民国军事委员会委员长的蒋介石特汇来一万元大洋，并专电褒奖，责令送其到相对安全的汉口治疗。出院后，晋升为空军驱逐机上校司令，专责南京防空任务，指挥第 3、4、5 三个航空大队，并兼任第 4 航空大队大队长，第 4 航空大队亦被命名为"志航大队"。

1937 年 11 月，高志航奉命赴兰州接收苏联援华的战机，根据命令他率援助的战机飞至周家口。因天气恶劣，留原地待命。11 月 21 日，周家口机场接到报告，有 11 架日机向该机场飞来，他立即下令作战，然而此时日军战机已飞至机场上空，在日机的俯冲轰炸下高志航登上座机，刚进入机舱既被早有准备的日军战机投下的炸弹击中而殉国，时年 30 岁。高志航生前多次豪言："身为中国空军，怎么可以让敌人飞机飞在头上！"他也是用实际行动，痛击日寇，维护了中华民族的尊严，为人们所敬仰。

高志航牺牲后，国民政府和军委会追授高志航少将军衔，在汉口商务会大礼堂举行的追悼会上，蒋介石亲自主持，并敬献花圈致哀，上书"高志航英雄殉国，死之伟大，生之有威，永垂千古"。周恩来也参加了追悼会，称赞高志航"是中华民族的英雄，为抗日牺牲的，为民族牺牲的。"1946 年 8 月 14 日，中共方面在延安举行了纪念"八一四"空战大捷座谈会，纪念高志航及其战友的英雄事迹。高志航追悼会之后，高志航之弟高铭魁和随行官员护送英烈灵柩，准备由湖北宜昌经水路送往重庆安葬。1937 年 11 月 28 日，灵柩运抵宜昌。宜昌学生戴着白花，举着"壮志未酬身先死，长使英雄泪满襟""战魂犹在"的标语，为英魂送最后一程。由于战争之故，后其灵柩被送到湖北宜昌安葬，安葬地点即现在的宜昌市夷陵大道 181 号老医专院内，两棵香樟树与一棵桂花树之间，由于担心日军报复开挖，没有留坟头和立碑。1993 年，92 岁高龄的张学良为这位东北同乡、当年的部下题词："东北飞鹰，空军战魂"。

（三） 不屈的头颅——东北抗日名将陈翰章

"为了祖国，我要投笔从戎，用我手中的枪和我的鲜血以及生命，赶走强盗，消灭敌人。"这是 1930 年 12 月一个初中毕业生在毕业典礼上发出的豪迈誓言。10 年后，他用自己的鲜血和生命实践了自己的誓言。他就是抗日名将陈翰章。

陈翰章，东北抗联一路军智勇双全的高级将领，1913 年 6 月 14 日出生于敦化县城西半截河屯的一个农民家庭，家里有 6 口人，生活很艰难。1925 年，陈翰章就读于敦化城内私立宣化小学读书，被誉为敦化"小才子"，1931 年春到文庙小学任教。陈翰章原本是一介书生，通晓日语，因此，当地的东北驻军"曲团"极想拉陈翰章到"曲团"去当文书，他们找到陈翰章的家封官许愿，又威逼利诱，企图

"征服"这个读书人，但是，陈翰章都断然拒绝了。

1932年9月13日清晨，告别新婚不久的妻子，陈翰章到太平山村投奔了救国军前敌总司令吴义成部任文书。在这个时期他结识了周保中将军，并为周保中所器重。10月10日，救国军攻打了宁安，陈翰章任战地鼓动队队长。当部队冲进宁安后，突击队队长中弹阵亡，攻击受挫，在这紧急关头，陈翰章自荐任突击队队长指挥战斗，按计划完成了战斗任务，这是他从军后参加的第一次战斗。宁安战斗之后，陈翰章被提拔为前敌总司令部秘书长，暗中在王润成家加入了中国共产党，成为周保中得力助手。

陈翰章

1935年2月，陈翰章担任东北反日联合军第5军2师参谋长，率部在宁安、额穆、敦化、蛟河等地打击日军。7月，王德泰的二军与杨靖宇的抗联一军合编为东北抗日联军第一路军，原二军二师改为五师，不久五师师长史忠恒牺牲，陈翰章继任第5师师长。

"七七"事变后，第五师转战在绥宁各地，牵制日伪军兵力，配合全国抗战。当年秋，率第5师一部在敦化沙河沿一举歼灭日伪军百余人。1938年5月，率部进入宁安县陡沟子部落，一枪未发，将一个伪军自卫团全部缴械。7月，他率第5师部分兵力参加抗联第二路军主力西征。在镜泊湖水电站，全歼日军守备队，炸毁镜泊湖发电站，致使日本侵略者苦心经营数年的水电站，仅开工半年，就受到严重破坏，被迫停工达3年之久。

1939年，陈翰章出任抗联第一路军第三方面军指挥，不久，即取得大沙河战斗的胜利。大沙河战斗，历时4天，共打死、打伤和俘虏日伪军500多人，缴获轻机枪7挺、步枪300余支，及大批军用物资。自1939年以后，陈翰章率领抗日健儿驰骋沙场，屡立奇功，日寇为捉拿他发出"一两肉一两银、一两骨头一两金"的重赏。为了动摇陈翰章的抗日意志，日军在频繁军事"讨伐"的同时，不断对抗联和陈翰章进行政治诱降，敌人逮捕了他的父亲和妻子，逼迫他们进山劝降。他坚定地表示：自古忠孝不能两全，要抗日就不能苟且偷生。为了不连累妻子，他劝妻子择人另嫁。最后，他说：我决心抗日到底，为了抗日，就是全家人都被日本人杀了，我也决不回去当一天亡国奴。

1939年夏，陈翰章与魏拯民指挥所部攻点打援，继取得攻占安图大沙河等胜利之后又成功地指挥了寒葱岭伏击战、智取额穆县城等战斗。在东北抗日战争中立下赫赫战功，被人们誉为"镜泊英雄"。1939 年 8 月下旬，第三方面军第 4 师、第 5 师 600 余人在大蒲柴河密营会师后，在苇塘岭上设伏，阻击敌人，但很快发现敌人远远超过抗联部队，如果部队后撤，失去有利地形，后果不堪设想，陈翰章果断的指挥所部决定血战到底。他们发动突然袭击，敌军不知抗联有多少人，一下乱了阵营，激战到深夜战斗结束。第二天天刚亮，开始搜查阵地，发现打死日军大佐一名，经审问俘虏得知，这支讨伐队由森林警察两个大队、伪满军两个大队、关东军两个大队共 2200 多人组成，由牛岛大佐亲自指挥的。第三方面军敢于同 4 倍于己的敌人血战并取得胜利，充分显示出抗联的英雄气概与胆略。这次战斗结束后，陈翰章把所部编为 13、14、15 三个团，装备也有了极大改善。在 1939 年春到 1940 年春这一年中，是陈翰章所部战果最为辉煌的时期，他们四处出击，取得了许许多多的胜利，给予日寇以沉重的打击，被日酋称为"最为显著"的"有力之匪"。

　　1940 年，东北抗日联军进入最艰苦的时期。杨靖宇总司令及第一方面军指挥曹亚范将军先后殉国，抗日联军进入最艰苦的时期。这年春天第三方面军打开了明月镇以后，决定分开活动。这一时期东北抗联剩余部队大都撤到苏联境内，为了牵制敌人，陈翰章带不到百人的一支部队到北满活动，继续转战在敦化、宁安等地区。1940 年 12 月 6 日夜，陈翰章带部队向小弯弯沟前进，途中一个战士叛变投敌，敌人立即调来重兵包围了小弯弯沟。在敌众我寡的情况下，陈翰章等十几位勇士与敌人激战两个多小时，战士们纷纷倒下，陈翰章孤身一人与敌人对峙。敌人企图软化他，提出优厚条件让他投降。陈翰章不为所动，回答说："死也不当亡国奴！"最终身中数弹，慷慨殉国，年仅 27 岁。

　　东北抗日联军最后一面大旗倒下了。据日伪资料记载，1938 年到 1940 年，第三方面军与日伪战斗次数达东北总战斗次数的 55%。二师、五师、第三方面军在陈翰章的指挥下，纵横吉林、滨江、牡丹江、问岛、东安、通化六省，威胁京图、拉滨、滨绥、图佳 4 条战略铁路线，作战数百次，堪为功勋卓著。至今，东北仍流传着这样的民歌："镜泊湖水清亮亮。一棵青松立湖旁，喝口湖水想起英雄汉，看见青松忘不了将军陈翰章。"

　　日军割下他的头颅，送到伪满首都新京（长春）邀功请赏，他的遗体躯干被运回敦化，安葬在他家乡附近的山坡上。1948 年 10 月长春解放后，中共党组织派人找到了他的遗首，恭迎入东北烈士纪念馆，1955 年又安葬于哈尔滨烈士陵园。为纪念东北抗日联军，第一路军第三方面军总指挥陈翰章将军，敦化、额穆、蛟河县人民于 1946 年 8 月 15 日在敦化县人民政府院内建立了陈翰章烈士纪念碑，背面刻有记叙陈翰章生平事迹的碑文："……人孰不死，若烈士之死是为国家民族独立，为人民解放奋斗而死，诚可谓抗战英雄矣！身虽死而精神常在，其功泽永留东北，其气节甚为楷模，实不愧中华民族优秀男儿也。"

英雄逝矣，但英名永存。敦化人为了纪念陈翰章将军，将他的出生地命名为翰章乡，当地中学也命名为翰章中学，陈翰章将军为国捐躯已经70多年了，至今却仍然身首葬在两处，这不符合中国人的传统，也让敦化人在感情上无法接受。敦化人希望能在陈翰章将军100周年诞辰之时，把将军的遗首请回敦化，身首合葬一处，重建将军墓。

（四）抗日忠烈——姜玉贞

1937年秋，日军突破平型关，太原危在旦夕。中国军队包括中央军、晋绥军、八路军及其他部队在爱国主义的旗帜下团结作战，组织了忻口战役，保卫山西。第14集团军下辖李默庵的第14军和郝梦龄的第9军共4个半师，加上阎锡山的部队和八路军，总共约30万的兵力。在晋中忻口一带与日军展开了血战，狠狠地打击了日军的嚣张气焰，消灭了大量日军，鼓舞了全国人民抗战必胜的决心。

姜玉贞

原平保卫战是这一战役的前哨战，国民党第66军第196旅5000余官兵在旅长姜玉贞将军的领导下浴血奋战，寸土必争，狠狠打击了日军，坚守原平城10天，迟滞了日军的推进，掩护我主力在忻口一线集结布防，保证了整个战役的胜利，最后姜玉贞将军与全旅大部分官兵与城同殉，壮烈牺牲，为中华民族的子孙后代树立了在反抗外来侵略的斗争中，不畏强暴，勇于为国捐躯的光辉榜样。姜玉贞所部第196旅全旅覆没，阎锡山为其赋诗："全区原平战最烈，三团只剩500人，据守三院11日，玉贞旅长兼成仁。"

姜玉贞出身贫苦，自小养成了勤奋勇敢的习性。1913年，陕西督军陆琅斋招兵，为摆脱贫困处境应召入伍，编入商震团。1916年秋，跟随商震投奔了山西督军阎锡山。因其作战勇敢、功绩显赫而深得上司器重，在晋军中号称"猛将"，1934年，晋为陆军第34军66师196旅少将旅长，率部驻防于娘子关、井陉一带，旅部在阳泉。1937年"七七"事变爆发，日本对中国发动了全面进攻。姜玉贞撇下寡母幼子，毅然奔赴抗日战场，率所部奉命北上，在繁峙以北的小石口一带布防，旋又奉令南撤，退守原平。

原平镇坐落在忻口以北 30 里，是进攻忻口的必经之路，姜玉贞将军率全旅官兵从各防地集结原平镇后，迅速做好战斗准备，这时第二次世界大战区长官部转来命令，要求第 196 旅应不惜任何代价坚守原平镇 7 天，阻敌南下，以掩护主力部队向忻口一线集结。1937 年 10 月 1 日起，日军精锐的坂垣师团前锋到达原平镇一线，从三面包围了原平镇，10 月 4 日中午，日军独立第 15 混成旅团由崞县迂回而来，原平攻防战打响。

虽然是身处险境，但是全旅的士气仍很高。中日两军在城外展开激烈的争夺战。姜玉贞白天亲临第一线指挥，夜晚巡视战地，鼓励官兵杀敌报国。有时亲率小股部队进行夜袭，出其不意地打击敌人。在双方兵力武器装备极端悬殊的情况下，姜部城外部队遭到重大伤亡，城外的阵地逐渐缩小，激战两天后，为了保存实力，姜玉贞决定撤入城内，固守城池。

进攻原平的日军坂垣师团是日本军队中的精锐主力，他在侵华战争中除在平型关被我八路军消灭一部分外，从未吃过大亏，他自认为中国军队不堪一击，没想到却在小小的原平镇久攻不克，他们恼羞成怒，重新调整部署，集中炮兵，协调步、炮、坦克作战行动，继续向原平发动猛烈的进攻，原平战斗日趋白热化。到了 10 月 7 日，天黑了下来，7 天的防守任务总算完成。姜玉贞决定开始清点部队，跟参谋长筹划撤退路线。这时，一纸电报飞来，令他续守 3 天。此时日军已差不多占了东半城，我军伤亡过半，弹药也所剩不多。有人主张撤退，"王军长三个旅守崞县才守了 6 天，我们一个旅守原平就守了 7 天，阎长官那里也交代得过去吧？"姜玉贞知道不少人看到第 19 军撤守心里不满，如果不坚定军心，仗就没法打了。他立即大声说："有我姜玉贞在，就有原平在，我姜玉贞誓与原平共存亡！"谁都没再说话，跟上这样的旅长，除了豁出命去，也实在没什么好说的。

战斗进行到 10 月 10 日下午，第 196 旅仅剩千余人，第 413 团团长崔杰阵亡，第 392 团团长张振铃重伤，营连排长大都伤亡。最后旅长姜玉贞率官兵退守城西南角，右臂受伤的姜玉贞给阎锡山发报："我旅正与敌人逐院逐巷死拼，请长官放心。我已告忻口前线指挥郝梦龄将军，在援军未到忻口，新阵地未布置好以前，姜某绝对死守原平，望长官绝不因原平危机而生顾虑。"10 日夜，守城任务完成。姜玉贞命令幸存的官兵从城墙上预先挖好的一个土洞突围，自己又带领卫兵返回阵地继续战斗，准备死战到底，最后他被几名警卫连推带撞地拥出城墙。他们刚突围不久，被日军发觉，出动步兵、骑兵、坦克追了上来，再次发生战斗，一发炮弹炸伤了姜玉贞的左腿，卫兵赶忙抬起他撤退，但姜玉贞担心这样行动太慢，目标又大，会连累大家，坚持不从，让卫兵快走。这时敌人坦克离他们只有几十米远了，姜玉贞拼命挣扎着要卫兵放下他。为了缩小目标，卫兵只好把他放下，隐蔽在附近的庄稼地里。姜玉贞流血过多，昏迷了过去。日本兵追了上来，用刺刀杀害了他。姜玉贞壮烈牺牲时，年仅37岁。

此战结束了，从原平城向南通往忻口的公路上，到处可见国民党军的执法队，其他部队的溃兵一律收容，执法队将冒充伤兵的士兵查出后砍头，并将鲜血淋漓的人头悬挂在路旁的树上以做效尤。但执法队对第196旅退下的官兵则是礼敬有加，执法队的人讲："这是阎司令长官和卫总司令的命令。"原平之战，姜玉贞与全旅大部分官兵英勇殉城，但换来了成功坚守10天的胜利，为忻口布防赢得了时间。全旅生还官兵仅500余人，此役日军伤亡千余人，不得不停下来休整。这样，就为中国军队有充裕的时间在忻口布防，为尔后取得忻口会战歼敌两万多人的战绩，奠定了基础。任弼时同志在《山西抗战的回忆》一文中说："我们对于崞县特别是原平守城的晋绥军那种英勇壮烈牺牲精神是非常钦佩的，由于他们的英勇抵抗，从正面迟缓了敌人的前进，使增援的生力军得有充裕的时间集结于忻口，使忻口后来能够坚持将近1月的抗战。"

姜玉贞殉国后，全国各主要报刊纷纷发表悼念文章，许多大中城市的各界爱国人士，举行公祭活动，痛悼忠魂。当时的国民政府也予以明令褒扬："查姜玉贞久历戎行，夙称忠勇。此次奉命抗战，苦战经时，坚守围攻，竟以身殉，眷怀忠烈，轸悼实深，应以明令褒扬，并追赠陆军中将，交行政院转饬军政部从优议恤，以彰忠烈。"1979年6月，山东省人民政府追认姜玉贞将军为革命烈士。烈士的家乡辛集为姜玉贞将军建造了纪念碑，供人们凭吊。

（五）永远的丰碑——杨靖宇

杨靖宇（1905～1940年），原名马尚德，字骥生，汉族，河南省确山县人，中国共产党优秀党员，著名抗日民族英雄，东北抗日联军的主要创建者和领导人之一，1932年，受命于党中央委托到东北组织抗日联军，历任抗日联军总指挥政委等职。率领我东北军民与日寇血战于白山黑水之间，他身经百战，出生入死，屡立战功，在冰天雪地、弹尽粮绝的紧急情况下，最后孤身一人与敌人周旋战斗后壮烈牺牲。牺牲后，当被残忍的日军割头剖腹，发现他的胃里尽是枯草、树皮和棉絮，竟无一粒粮食，也无不为之震惊。

1931年"九一八"事变后，杨靖宇受中国共产党委派，任中共哈尔滨市道外区委书记、市委书记、兼满洲省委军委代理书记。1932年秋被派往南满，组建南满游击队，任政治委员，创建了以磐石红石砬子为中心的游击根据地。杨靖宇首先整顿和改编了磐石、海龙游击队，并以此为基础，建立了东北人民革命军第一师，亲自担任师长兼政委。从此，中国共产党在东北终于有了一支有规模、成建制的抗日武装。

1933 年，杨靖宇的第一师主力南下到通化地区，首战为旅长邵本良，强攻三原浦，智取凉水河，三战三捷，声威大震。日伪军连遭打击后，加紧对东北抗日联军的军事讨伐，在对杨靖宇所领导的抗联一方面搞经济封锁和政治诱降，同时对杨靖宇悬赏缉捕。在极端艰难的条件下，杨靖宇以"头颅不惜抛掉，鲜血可以喷洒，而忠贞不贰的意志是不会动摇"的崇高气节，继续坚持战斗。

杨靖宇充分发扬统一战线的优势，不计前嫌，不念旧恶，提出了"谁抗日，咱们就联合谁"的口号，并大力合纵连横，发展壮大队伍。到 1934 年 2 月下旬，在杨靖宇的努力下，17 支抗日武装，1000 余人集合在三岔子山林中，成立了"抗日联军总指挥部"，杨靖宇将军任总指挥。自此"东北抗联"这杆大旗始终飘扬在白山黑水之间，长期转战东南满大地，打得敌人心惊胆战，威震东北，有力地配合了全国的抗日战争。

杨靖宇

杨靖宇指挥所部与日伪军作战数百次，沉重打击了日伪军，扩大了游击根据地。到 1936 年，抗日联军已发展壮大到 11 个军，组成三路大军分别由杨靖宇、周保中、李兆麟任总司令，鼎盛时期有 4.5 万人，而由杨靖宇兼任总司令的第一路军位居三大主力之首。

抗联的兴起，掀起了一次又一次的抗日高潮，仅 1937 年就发动较大规模战斗33 次，毙伤日军 1300 余人，俘敌 120 余人，有力地钳制了日军的大主力入关，配合了全国抗战。1939 年秋季以后，为了消灭东北抗日联军，敌人发动伪通化、间岛、奉天"三省联合大讨伐"，对抗联部队发起长时间的大举进攻。敌人为能早日抓到杨靖宇这个"大头目"，调集重兵对杨靖宇部实行野蛮、残酷的"包围追击"，"梳篦式""踩踏式"的"讨伐"。

东北是日本帝国主义妄图征服中国，进攻苏联的战略基地，也是其扶持的伪满洲国的根基。因而，侵略者将东北抗日联军视为眼中钉、肉中刺，必欲拔除而后快。日本侵略军在政治上实行撤屯并村，迁移民众集中居住，共建立集中居住区454 个，实行保甲法，一人通匪，杀其全家；一家通匪，十家连坐，阻隔了抗日联军和人民群众的联系。经济上实行严密封锁，断绝抗联的粮食及物资供应。军事上不断进行"蓖梳式""踩踏式"拉网扫荡，迫使抗联的游击区域逐步缩小，部队减员严重。

对于抗联部队与日寇斗争的艰苦程度，彭真同志曾予这样总结："我们共产党20多年领导的革命斗争中，有三件最艰苦的事。第一件：红军二万五千里长征；第二件：红军长征后，南方红军的3年游击战争；第三件：东北抗日联军的14年苦斗。"

在缺衣少粮、艰难困苦的条件下，杨靖宇和战士们依然主动出击，四处打击敌人。1938年6月，杨靖宇将军率部在文字沟设伏，全歼号称"皇军剿匪之花"的索旅四二团主力390余人，接着又袭击了日伪苦心经营的"南满生命线"的咽喉——老岭铁路隧道，歼敌100多人，炸毁了隧道，给敌人以沉重的打击。

1939年，在东南满地区秋冬季反"讨伐"作战中，杨靖宇与魏拯民等指挥部队分散游击，杨靖宇率警卫旅转战于蒙江一带。1940年初，正是吉林省长白山区最冷的季节，气温下降到零下40多度，杨靖宇和他的东北抗日联军战士依然出没在林海雪原，与日寇的重兵周旋。为了保存力量，缩小目标，杨靖宇决定，把部队化整为零，分散活动。他只留下十几个战士。由于他指挥作战机动灵活，使敌人始终无法掌握他的行踪和去向。后来叛徒供出了杨靖宇的行踪和去向，敌人遂缩小了包围圈，1940年2月22日晚，杨靖宇最后的两个贴身警卫聂东华、朱文范也在下山寻粮中不幸牺牲。被敌人连续围追堵截5天5夜的杨靖宇只身来到了三道崴子，2月23日上午，杨靖宇遇到了4个上山打柴的樵夫，托其买些食物和一双棉鞋，为首的伪甲长赵喜廷假意答应，却立即出卖了杨靖宇。下午4时，杨靖宇没能等来买食物的山民，却被敌人里三层外三层的包围起来，激战中，他因身中数弹而光荣殉国，时年35岁。

在日本侵略者留下的战场实录中有这样的记载："讨伐队已经向他（杨靖宇）逼近到100米、50米，完全包围了他。讨伐队劝他投降。可是，他连答应的神色都没有，依然不停地用手枪向讨伐队射击。交战20分钟，有一弹命中其左腕，'啪嗒'一声，他的手枪落在地上。但是，他继续用右手的手枪应战。因此，讨伐队认为生擒困难，遂猛烈向他开火。"

杨靖宇牺牲后，日军根据连续追踪估算，杨靖宇缺粮有半个月，完全断食在5天以上，能够在零下30多度的气温下存活并坚持战斗，简直是一个谜。为了解开这个谜，敌人解剖了将军的胃，看见胃里竟没有一颗粮食，只有棉絮、树皮、草根。

1946年，东北民主联军总部决定，为纪念杨靖宇将军英勇、光辉的一生，将杨靖宇牺牲地蒙江县改为靖宇县，保安村改为靖宇镇，以示永久纪念。当地人民在靖宇镇杨靖宇遗体埋葬处修建了靖宇陵墓，举行了追悼大会，并在群众强烈要求下，在墓前当场枪决了汉奸王士洪、桑文海和告密者李正新、赵廷喜，为杨靖宇将军报仇雪恨。抗战胜利时，中共地下党组织寻找到了杨靖宇的遗首，长春解放的第二天，杨靖宇将军的遗首由军官张羽率5名战士，乘专列秘密护送到哈尔滨，安放在东北烈士纪念馆，并隆重举行了公祭大会。1949年，郭沫若为杨靖宇题词为："头颅可断腹可剖，烈忾难消志不磨，碧血青蒿两千古，于今赤旗满山河。"

（六）不能忘却的纪念——铁血将军汪亚臣

半个世纪前，东北三省沦陷，汪亚臣举旗抗日，把一支"反满抗日救国义勇军"发展成为我党领导的东北抗日联军第十军。在长达近十年的抗日斗争中，他率队开辟了五常、舒兰东南山区的抗日游击区，活动在东起宁安，西至第二松花江，南起吉林省蛟河，北至绥滨线以北方圆4500平方千米的广大山区和平原。汪亚臣率领抗联十军不断袭击日伪军把守的重镇，与敌进行大小战斗上百次之多，给日本侵略者以沉重的打击。

汪亚臣，曾用名汪雅臣，王景龙，原籍山东蓬莱。1911年生，工人出身。他幼年丧父，跟随母亲、哥哥来到吉林省五常县。念过一年私塾，15岁，只身到苇河县当上了伐木工人。一度流落江湖，沦为土匪，因擅使双枪，报号"双龙"。"九一八"事变爆发，国难当头，汪亚臣劝告土匪头子保胜停止劫掠、举旗抗日。保胜祜恶不悛，继续抢劫百姓。汪亚臣无奈之下，联合手下有正义感的弟兄，铲除了保胜，在弟兄共同推举之下，汪亚臣成为"双龙"队队长。

1934年，赵尚志在珠河成立"东北反日游击队哈东支队"确立党对抗日武装的领导。汪亚臣得知后毅然去掉自己的番号，改称"反满抗日救国军"，亲往赵尚志部队，主动接受领导，受到赵尚志、冯仲云、韩光等同志的热烈欢迎和亲切关怀。1935年，中共珠河中心县委对于汪亚臣部的抗日活动了解颇详，决定将汪亚臣的部队改编为东北人民革命第八军，同年，汪亚臣光荣地加入中国共产党。

1936年，汪亚臣率领队伍来到五常县北部同第3军第3师主力汇合后，在尖山子同珠河县负责人会晤。将队伍正式改编为东北人抗日联军第十军，汪亚臣被任命为军长、侯启刚任政治部主任、王维宇任参谋长。自此这支由传奇将军汪亚臣率领的勇猛善战的部队，活跃在哈东、三肇地区，屡传佳绩，沉重地打击了日本侵略者，创建了自己的抗日游击区。在长达近十年的抗日斗争中，他率队开辟了五常、舒兰东南山区的抗日游击区，活动在东起宁安，西至第二松花江，南起吉林省蛟河，北至绥滨线以北方圆4500平方千米的广大山区和平原。汪亚臣率领抗联第十军不断袭击日伪军把守的重镇，与敌进行大小战斗上百次之多。

1941 年，抗日战争进入到严酷的阶段。日军对抗联第十军除更加疯狂地进行军事"围剿"外，又加强了特务活动。敌人还封锁山道，以隔断群众与抗联第 10 军的联系，妄图饿死、冻死汪亚臣等抗联十军将士。1940 年秋，仅剩 80 多人的抗联第 10 军，依然以五常县 95 顶山为根据地，坚持抗日游击战争。1941 年冬，抗联第 10 军的营地屡遭日军破坏，部队断了粮，汪亚臣和战士们以野菜、树皮充饥，坚持抗战。

汪亚臣

1941 年 1 月 29 日，汪亚臣军长和军部 20 余名战士，转战到五常县石头亮子，后被叛徒告密，敌人出兵，分三路前来围攻。汪军长当即命令副军长张忠喜带领部分战士向东突围，汪军长带领部分战士坚守西面阵地，掩护队伍突围，张忠喜抢上东山高地时壮烈牺牲，其余数名战士冲出了重围。汪亚臣军长端着机枪带领警卫人员冲向东南方向，在东山坡上，汪军长连续中弹，滑下山坡，被敌人围住。汪亚臣大义凛然，坚贞不屈，痛斥日寇不止，在敌人抬送其到贾家沟途中，光荣为国捐躯，时年 30 岁。

汪亚臣将军牺牲后，日寇将他的头颅割下，悬挂在五常县最繁华的十字街西北角一商店门前电线杆子上。旁边立着一个醒目的木板，上写："匪首双龙"而被"示众"三天，之后把将军的遗首泡在防腐药水里打算送往新京请赏，后因故搁置，就把汪亚臣将军遗首埋在伪署大院西南的监狱墙根下。如今五常市已将这条路命名为"亚臣路"，而汪亚臣将军牺牲的沙河镇蛤蜊河子村则被命名为"双龙村"。

汪亚臣领导的抗联第 10 军，同日军浴血奋战近 10 年，在抗击日本帝国主义侵略的斗争史上，谱写了光辉的一页。抗联第 10 军在五常、舒兰等地抗日的事迹，至今有口皆碑，一直为后人所传颂、敬仰。1946 年五常解放，1948 年已被五常县人民政府接收的伪公署监狱南墙出现裂缝，需要重新修葺。工人们掀开地板时，意外发现了一个长方形玻璃箱，里面安放的正是汪亚臣将军遗首，五常县政府当即采取措施，将其妥善保管起来。1954 年，经中央内务部和文化部批准，哈尔滨市政府在哈尔滨烈士陵园修建陈翰章、汪亚臣烈士墓。1955 年 4 月 5 日，哈尔滨市各界人民召开隆重公祭大会，将汪亚臣将军的遗首安放在哈尔滨市烈士陵园。公祭汪亚臣将军的祭文中写道："在抗日战争中汪亚臣将军十年如一日，英勇地站在民族解放斗争的最前列，为中华民族的解放，献出自己的生命。汪亚臣将军的崇高品质和英雄气概，将永远铭刻在人民的心中，英雄的事迹永垂不朽！"

（七）雪原孤忠——赵尚志

赵尚志是著名抗日将领，东北抗日联军创建人和领导人之一。中共中央发表的《八一宣言》中，称赞他为"民族英雄"。

中国共产党领导的东北抗日联军，是中国最早对日作战、历时最长且条件最艰苦的一支抗日武装。抗联将士抵御着难以想象的严寒和饥饿，在极其艰难困苦的条件下，与数十倍于己的强大日军顽强战斗，有力地打击了日本在中国东北的殖民统治，为全民族抗战做出了巨大的贡献。在此过程中，东北抗联也蒙受了巨大的牺牲。据不完全统计，先后参加东北抗联的 5 万多将士大部分血染疆场，120 多位师以上干部战死。被称为"南杨北赵"的杨靖宇和赵尚志，就是其中的杰出代表。

赵尚志（1908～1942 年），辽宁朝阳人，1925 年加入中国共产党，同年入黄埔军校学习。1926 年 5 月，他回哈尔滨参加建党工作，历任东北反日游击队哈东支队司令，东北抗日联军第三军军长等职。他指挥的抗日联军与日寇周旋在林海雪原，驰骋在松花江两岸，创造了东北战争史上的奇迹，被东北的父老乡亲称为"北国雄狮"。

赵尚志

1927 年 3 月，赵尚志在长春开辟党的工作，被奉系军阀的宪兵逮捕，在狱中以"赤色分子"的罪名一再遭受严刑拷打，但始终没有暴露自己的真实身份。"九一八"事变后，赵尚志在党组织的营救下出狱，被任命为满洲省委军委书记，后来又被派到张甲洲领导的巴彦游击队，任参谋长。

1933 年 10 月 10 日，珠河县委在三股流水万屯召开大会，宣布成立珠河反日游击队，赵尚志任游击队队长，李福林任政治指导员。赵尚志在会上带领队员庄严宣誓："我们珠河游击队的全体战士，为收复东北失地，争取祖国自由，哪怕枪林弹雨，哪怕刀山火海，万死不辞。誓为武装 3000 万同胞，把日寇驱逐东北，为中华民族的解放独立而奋斗到底。"此后，赵尚志带领游击队先后在三股流、石头河、板子房等地发动群众，建立了游击根据地。1934 年初，日军决定对他组建的抗日游击队进行"围剿"。赵尚志带领抗日游击队采用机动灵活的游击战术与日军进行作战，多次跳出日军的包围圈，并在冰趟子对日军进行伏击，击毙日军200多名。对于赵尚志出色的军事才能，日军慨叹道："小小的满洲国，大大的赵尚志！"

这一地区，除了抗日游击队，还有10余支反日山林支队和义勇军，为了贯彻执行党的抗日统一战线政策，赵尚志奔走于各个队伍之间，耐心、细致的做思想教育工作，提出了抗日到底、武装群众、联合各反日部队共同抗日的主张，使得各队头领在"不投敌、不卖国、抗日到底"的条件下联合起来，成立了东北联合军司令部，并推举赵尚志为总司令，在不到一年的时间，他们与日寇、伪军进行了上百次的战斗，并使抗日根据地扩大到了珠河、宾县、延寿、方正、阿城、五常、双城等县。1936年1月12日至28日，根据赵尚志的提议，在汤原县吉兴沟召开了具有重大历史意义的"东北反日联合军军政联席会议"，成立了"东北民众反日联军总司令部"、入会者一致推荐赵尚志为任北满抗日联军总司令。东北抗日联军第3军、第4军、第6军、第7军、第8军、第9军、第10军、第11军就是在汤原吉兴沟会议上，直接或间接联合起来的抗日部队。这些部队在吉兴沟会议的大联合旗帜下，自愿加入了东北抗日联军，并在总司令赵尚志的统一指挥下，相互支持，共同奋战，为东北抗日事业做出了重大贡献。

1936年8月间，赵尚志被任命为东北抗日联军第3军军长和第二路军副总指挥。在一年多的过程中，由于赵尚志卓越的指挥才能和细致的组织工作，抗联第3军活跃在松花江两岸20多个县境内，在打击日伪军的战斗中取得了辉煌的战绩，部队也因而得到了迅速发展，在原6个团的基础上，扩编成7个师，共6000多人，并挫败了日伪军的多次重兵"讨伐"。

1937年，"七七"事变以后，中国的抗日战争全面爆发。驻扎在中国东北的日本关东军加紧了对抗日联军的"围攻讨伐"。日本关东军司令植田谨与东条英机参谋长纠集日军3万余人，妄图在3年里消灭一切抗日力量。这一时期日军的军事进攻使东北抗联各部都遇到了前所未有的困难，按照党的指示，江北抗联陆续进入苏联境内进行休整。赵尚志组织了在苏联的东北抗日人员100余人，建立起一支精干的武装队伍，回到了东北，再次投入了战斗。

1939年后，由于日伪军连续派重兵"讨伐"，抗日战争进入艰苦时期，日本关东军曾悬赏一万元，通缉赵尚志，叫嚣"一钱骨头一钱金，一两肉得一两银。"日军还多次派遣特务奸细混入抗日军内部，企图暗杀他，均未得逞。

1941年秋天赵尚志从苏联回到东北后，他才知道，自己6000多人的部队，在仅仅一年多后，已经死的死散的散，所剩无几了。赵尚志决心重建抗日队伍，由于急于扩充实力，在吸收队员时，他"饥不择食"，来不及认真考察，被日伪特务混入，最终引来了杀身之祸。随着日本关东军对东北抗日根据地"围剿"的加剧，东北抗联逐渐陷入了困境。1942 年 2 月 12 日，赵尚志受特务刘德山诱骗，率领包括刘德山在内的 5 名抗联战士去袭击梧桐河警察分驻所，当他们快到梧桐河警察分驻所时，刘德山趁赵尚志不备，从背后向赵尚志开枪，子弹从腹部穿过，赵尚志立仆在地。毕竟是赵尚志，他操起手枪，朝刘德山打去，刘的头、腹部各中一弹，当即毙命。

刘德山，原名刘海峰，黑龙江珠河县人，老猎手，枪法奇好，是被日本人收买来刺杀赵尚志的。赵尚志因伤势过重昏迷过去，醒来后，发现自己躺在日本人的爬犁上，他说："只想死在千军万马中，没成想死在刘炮（刘德山）手里。"

此时，他才知道，此行自己身边的 5 个人中，就有两个是汉奸。百战不殆的天纵之才赵尚志，最大的敌人不是日军，而是身边层出不穷的汉奸，他一生最遗憾的事情就是死在了叛徒的黑枪下。

即便是敌人，也对赵尚志的气概流露出了崇敬。在日本关东军司令部《满洲共产抗日运动状况·1942 年》中留下了这样的记载："赵尚志受致命重伤，仅生存 8 小时。于此期间，对审讯之满人警察官称：'我是赵尚志。''你们和我不同样是中国人吗？你们却成为卖国贼，该杀！''我死不足惜，今将逝去，还有何可问?'除发泄等言语之外，缄口不言，一直睨视审讯官，置刀枪痛苦于不顾，显示无愧于匪中魁首之尊严，而终于往生。"

由于伤势过重，赵尚志因流血过多而壮烈牺牲，年仅 34 岁。凶残的日军把他的头割下运到长春，把他的躯体扔到冰冷的松花江中。

新中国成立后，为了表彰赵尚志的抗日功绩并永远缅怀这位抗日英雄，人民政府把珠河县改名为尚志县，把他的牺牲地改为尚志村，把哈尔滨的一条主要街道命名为尚志大街。

（八）铁道游击队的传奇人物——"飞毛腿"洪振海

抗日战争时期，在鲁南的枣庄、临城一带，活跃着一支铁道游击队。这群机智勇敢的游击健儿，在纵横数百里的铁路干线上与日军斗智斗勇，创造了一个个震撼人心的传奇故事。而这些故事，大都与他们的大队长——洪振海的名字联系在一起。

洪振海，又名洪衍行，1910 年生，山东滕县人。自幼随父亲在枣庄路矿谋生，迫于生活，和矿区的穷孩子们一起爬火车搞煤炭和粮食，练就了飞登火车的本领，人称"飞毛腿"。

1938 年 3 月 18 日，枣庄被日军占领。洪振海和王志胜、刘景松一齐奔向峄县

人民抗日武装驻地墓山，正式参加了共产党领导的苏鲁人民抗日义勇总队。当年11月，按照上级"迅速建立抗日武装"的指示，他发动路矿工人建立了一支数十人的秘密抗日武装——枣庄铁道队。这支精悍的队伍在抗日战争最艰苦的烽火岁月里不断发展壮大，到1940年上半年，枣庄铁道队已发展为上百人的抗日游击队，经上级批准，改名为八路军鲁南铁道大队，洪振海任大队长。

洪振海青少年时期的苦难经历，养成了他豪爽、讲义气的禀性，他十分同情穷苦矿工和百姓，经常用从火车上搞来的煤炭、粮食接济他们，因此在铁路一带人缘很好。这些都为他后来在铁路上开展对敌斗争打下了基础。1940年春，日军对鲁南山区频繁"扫荡""封锁"，使山区抗日部队的生活极其困难，活动经费异常匮乏。铁道队受命从敌人那里搞资金，解决部队的暂时困难。6月的一天，一列运钞车刚出枣庄，洪振海等人便跃上车头，杀死了所有押车的日伪军，并将5个装钱的帆布袋扔下了车。这一战共毙敌12人，缴获伪币8万元、短枪3支、长枪12支、手炮1门、机枪1挺，从此，"飞虎队"的威名便迅速传开了。

铁道游击队因长期活跃在津浦铁路沿线而得名，也因为有了铁路的便利，才有了游击队员们截火车、炸铁轨的传奇经历。在抗战困难时期，他们截火车得来的武器弹药、布匹服装成为抗日武装给养的有效补充来源。在洪振海等人的领导下，鲁南铁道大队在敌人严密控制的铁路干线、枣庄矿区和微山湖区，紧紧依靠路矿工人和湖区群众的掩护与帮助，采用灵活机动的战术，活跃在千里铁道线上，神出鬼没地打击敌人，他们扒铁轨、炸桥梁，撞火车、截物资，越战越勇、越战越强，成为一支威名远扬、威震敌胆的抗日英雄部队。

1941年，开辟一条连接华东根据地和山东根据地的交通线成为燃眉之急，按照部署，铁道游击队承担起了构建秘密交通线的任务。当时日伪在津浦沿线严密控防，重要据点设有由伪军把守的碉堡，碉堡以外的路段则挖有很深的封锁沟，并派有日军日夜巡逻。通过一段时间的渗透，加上"飞虎队"杀高岗、截火车的威名，驻守碉堡的伪军基本上对交通线不闻不问。在这条秘密交通线上，铁道游击队先后护送刘少奇、罗荣桓、肖华、陈毅等各级党政军领导数10次，千余人成功地从这里跨越敌人严密封锁的津浦铁路，直至抗战胜利。

1940年12月，日军加紧对铁道大队活动地区的"扫荡""清剿"，并把阎成田伪军团从泰安调到临城一带布防。1941年6月，洪振海带领铁道大队配合兄弟部队，一举歼灭阎团驻微山岛上的一个营，从此微山岛成了铁道游击队的活动根据地，高峰时期，铁道游击队曾发展到200余人。

铁道游击队力量的不断壮大让日军伤透了脑筋。1941年夏天，日军专程从济南搬来特务头子高岗，企图一举消灭铁道游击队。高岗是个中国通，对铁道游击队造成了巨大的威胁，不少帮助铁道游击队的老百姓也因此惨遭毒手。7 月的一个夜里，洪振海带领十几人化装成伪军巡逻队，奇袭临城。这次袭击干净利落，前后用了不到十分钟时间，除干掉高岗和其警卫石川外，还缴获步枪 30 余支、机枪两挺、手枪 3 支和子弹数千发，铁道游击队员则无一伤亡。

铁道大队以微山湖为依托，在枣庄到滕县的广大地区，与敌人展开激烈的斗争。铁道大队时而集中打击敌人，时而分散袭扰敌人。在铁道大队的打击下，敌人变本加厉，采用扫荡、围剿、收买叛徒种种伎俩，妄图把铁道大队一口吞掉，但都均告失败。1942 年 6 月，日伪军 3000 余人包围微山岛，并对我方形成合围之势。此时微山湖地区包括铁道游击队、运河支队、微湖大队等队伍约 2000 人，敌众我寡，战斗在夜里 11 点打响，一直坚持到第二天中午，我方已牺牲百余人，突围势在必行。于是，岛上队员穿起早已准备好的日军服装，化装成日军，然后由反战同盟的日本人小山口、田村伸树与日军用旗语联系妥当后，安全突围。陈毅同志曾为铁道游击队写诗一首："横越江淮 700 里，微山湖色慰征途。鲁南峰影嵯峨甚，残月扁舟入画图。"赞美他们的英雄情怀。

1942 年 4 月初，临城的日军纠集伪军 1000 余人，分两路突然包围了铁道大队的驻地黄埠庄，妄图将铁道大队一网打尽。在敌人兵力占绝对优势的情况下，洪振海为了给遭日军摧残的老百姓报仇，不顾大队政委的劝阻，带着 60 多名游击队员和敌人激战，结果陷入敌人重围，他和队员们全部壮烈牺牲。洪振海牺牲时年仅 32 岁，遗体就地安葬于黄埠庄，两年后迁至其家乡。洪振海牺牲后，铁道大队分队长刘金山被全体队员推举为代理大队长，1942 年 5 月，刘金山被鲁南军区正式任命为大队长。

1944 年，世界反法西斯战争取得重大胜利，鲁南抗日军民也度过了最艰难的时期，进入到局部反攻阶段，从这年 2 月起，刘金山带领铁道大队取得了一系列反击日伪顽军战斗的胜利，如反击湖西顽军胡介藩部、韩继尧部战斗，程子庙战斗，高庄战斗，奇袭临城伪区部战斗及攻克赵坡战斗等。

现今《铁道游击队》一书中把洪振海和后任大队长刘金山结合在一起，创作了大队长刘洪这个人物。刘洪这个名字是洪振海和刘金山两位原型人物姓的结合，刘洪的性格，也结合了前后两任大队长的性格特点，而且尽量选取他们身上的优点，都被揉在了刘洪这个人物身上。洪振海这位抗日英雄，他组织参加了多次惊心动魄的战斗：打洋行，劫票车，夜袭临城，坚守微山湖等，他是真正的好汉，真正的民族英雄，一个顶天立地的中国人，在枣庄抗日史册上留下了浓重的一笔。

（九）卫国战争中被枪毙的大将——巴甫洛夫

德米特里·格里戈利耶维奇·巴甫洛夫（1897～1941年），苏联将领，第一次世界大战时应征入沙俄军队，1919年加入红军，参加过国内战争。1940年6月起任白俄罗斯特别军区司令。1941年获大将衔。苏德战争爆发后，任西方面军司令。因指挥重大失误，同年7月1日被解职，不久被处决。

比亚威斯托克突出部位于白俄罗斯首府明斯克（时为西部特别军区军区司令部）以西，是突入波兰境内的一块弧形区域，南北宽度约在100公里。直到开战以前驻守在此处的西方面军依然按照其指挥官巴甫洛夫大将的命令行事，区区一个比亚斯托克突出部集结了苏联西方面军近3/4的部队。

巴甫洛夫

其第3、4、10集团军分别位于该突出部的北、西、南三面，就是这样的一个简单部署导致了整个西方面军的灾难。

1941年6月22日凌晨，德军突然出动数百架飞机轰击苏军西方特别军区的26个机场，当天击毁苏军飞机738架，西方面军的空军在第一天就被基本消灭，一举夺得了制空权。德军第三装甲集群从苏瓦乌基地域出发，在苏军西方面军和西北方面军的接合部突破防御，尔后向维尔纽斯、明斯克方向发起进攻，第9集团军随后跟进；第二装甲集群从华沙以东地域出发，迂回布列斯特要塞，继而向斯卢茨克、明斯克方向快速推进，第4集团军随后跟进。一星期后德军攻占明斯克，西方面军大部被合围。而在这一星期中，作为方面军司令员的巴甫洛夫始终没能有效地指挥下属部队。

战争爆发的第一天，德军中央集团军群即成功包围了3万苏军部队，包括布列斯特要塞地区的苏军筑垒部队。次日，西方面军仓促发起反击。但由于兵力分散，准备仓促，装备短缺，同时未建立有效的通信联络方式协同作战，并未对德军形成重点突破。反击部队伤亡惨重，各种作战物资消耗殆尽。

坐在第13集团军司令部中，巴甫洛夫得不到前线足够的汇报，对自己其他三个集团军的现状一无所知。德军位于哪里，下一步准备如何行动他都没有任何概念。他只是坐在集团军司令部中向比亚威斯托克突出部的部队不停地下达根本无法完成的任务："坚守与反击！"

远在莫斯科苏联总参谋部的朱可夫大将根据空中侦察获得的零星情况，很快意识到西方面军正身处险境当中，如不及时通知整个西方面军很有可能遭遇灭顶之灾。他立刻打电话给西方面军司令部，却怎么也找不到西方面军司令巴甫洛夫大将。至此，苏联统帅部基本失去了与西方面军司令部的实际联系，对其现状一无所知。

1941 年 6 月 23 日，德军占领格罗德诺。苏军第 10 和第 3 集团军各一部向该市实施反突击，未达目的。24 日，德军占领维尔纽斯。巴甫洛夫大将急令西方面军预备队前出比亚韦斯托克突出部，殊不知这样正好在无意间"配合"了德军博克元帅的战术部署。将整个西方面军的部队投入到德军部队所织成的两个口袋中。25 日，德军向西方面军深入后方实施两翼包围，使其面临被合围的危险。29 日，德军第 9 和第 4 集团军在比亚韦斯托克以东地域会合，完成了对比亚韦斯托克—明斯克地区苏军 50 多万人的战略大合围。

几天后，总参谋部的朱可夫大将受斯大林调遣前往西南方面军司令部救急。他首先要找到巴甫洛夫这个神龙见首不见尾的指挥官，这个任务让朱可夫颇费了一番功夫。他从方面军司令部开始找，一路找至第 13 集团军司令部才把巴甫洛夫找到。从谈话中朱可夫看出巴甫洛夫对西方面军现况的了解是稀里糊涂的，而且指挥极其不力，在这样危急的局势下显然巴甫洛夫已不能胜任方面军指挥官这一职务。斯大林接到朱可夫的汇报之后指示立刻撤销巴甫洛夫的指挥权，遣送回莫斯科接受审查，由铁木辛哥元帅接替方面军司令员职务。

7 月 9 日，被围苏军大部被歼，一部分分散突围，据德军战报：此役俘虏苏军约 32.4 万人，缴获坦克 3300 多辆、火炮 1800 余门，几乎占领白俄罗斯全境。

斯大林无论如何接受不了这个事实——那样一个强大的西方面军一星期就完了！巴甫洛夫大将在开战后的种种作为令他极其失望。同时，西方面军在明斯克地区的最后命运也让斯大林愤怒不已。于是，西方面军司令巴甫洛夫大将、方面军参谋长克里莫夫斯基赫少将、西方面军通讯主任格里戈里耶夫少将和第 4 集团军司令员科洛布科夫少将等人被送上军事法庭。几天之后，身在莫斯科接受审查的巴甫洛夫大将迎来了对自己最后的判决——死刑。让巴甫洛夫不能接受的是，判处其罪名居然是叛国罪。巴甫洛夫想向斯大林申诉，但已没有这个申诉的机会了。斯大林就此事发出通知："我警告，无论是谁，如果违背军人誓言、忘却对祖国的责任、玷污红军战士的崇高称号、表现懦弱和惊慌失措、擅离战斗岗位以及未经战斗即向敌人投降，都将受到军法最严厉的无情惩罚，此命令向团级及以上所有指挥员传达——苏联国防委员会人民委员约·维·斯大林"。

巴甫洛夫大将的结局无疑是极为悲惨的，他是红军在苏德战争中死亡的最高级别将领之一，但他却不是死于战场，而是死于自己人的枪下。巴甫洛夫大将的死应该说也是有一定道理的，他晋升得太快了，在没有具备相应的能力之前就承担了过重的责任。在1941年初的大演习中，朱可夫指挥的蓝军就以与后来德军差不多的打法击溃了巴甫洛夫指挥的红军。可尽管如此，直到战争开始，巴甫洛夫没有采取任何有效的改进措施。战争爆发后，巴甫洛夫完全慌了神，竟跑到一个集团军里去，等于放弃了对方面军整体的指挥，加剧了混乱，的确是失职。但是巴甫洛夫大将也确实挺冤枉，因为当时德军是将主力投入西方面军正面，而红军的主力却在西南方面军，即使让朱可夫指挥西方面军，恐怕也不免要打败仗，尤其是以叛国罪枪毙巴甫洛夫大将那更是完全子虚乌有。

（十）"闪击将军"——瓦杜丁

尼古拉·费奥多洛维奇·瓦杜丁，苏联大将，卫国战争期间曾任苏军副总参谋长、沃罗涅日方面军司令、西南方面军司令、第一乌克兰方面军司令等职。被称为"闪电将军"和"小土星"，是第二次世界大战中与朱可夫、崔可夫等一样优秀的将领。

瓦杜丁于1901年12月生于沃罗涅什省（今库尔斯科州）的一个中农家庭，其祖父格利戈利是一位当过18年骑兵的老人，家规很严，全家有26口人。父亲费尔多是位忠厚善良、沉默寡言的农民，母亲叶菲莫夫娜灵敏好动，心地善良，养育了五男四女，终日在田里和家里辛勤劳作。1909年瓦杜丁入小学，毕业时在亲友和教师资助下才得以进入中学和商业学校，后因经济困难不得不中途退学，当上了一名乡公所的抄写员，这段经历使得他在今后的岁月中一直写得一手漂亮的字。

瓦杜丁

瓦杜丁于1920年参加红军，次年加入苏联共产党，1922年至1937年期间曾先后毕业于波尔塔瓦步兵学校、基辅高等联合军校、伏龙芝军事学院及总参军事学院。入伍后的瓦杜丁参加了在卢甘斯克、斯塔罗别利斯克地区对马赫诺匪帮的战斗，经受了战争的洗礼，经受住了严格的考验。1931 年至 1941 年间，瓦杜丁历任师参谋长、西伯利亚军区司令部第一部部长、基辅特别军区副参谋长、参谋长、苏军副总参谋长兼作战部部长。瓦杜丁对于苏军的现代作战理念的形成，对于军事思想都有深刻的影响。在卫国战争中，瓦杜丁展示了他非凡的军事才能，苏军的几次重大战役都离不开他的身影。他指挥果断、行动神速，其部队经常能出其不意地出现在敌人的侧后，使敌猝不及防，故被誉为"闪击将军"。

1941 年 6 月 22 日，德国法西斯发动对苏联的闪电攻击，苏德战争爆发。至 6 月下旬，北路德军强渡了西德维纳河，列宁格勒受到严重威胁。6 月 30 日，瓦杜丁奉命调任保卫列宁格勒的西北方面军参谋长，当时列宁格勒正面临严重的威胁，西北方面军屡遭挫败，军心涣散，司令部也基本丧失工作能力。瓦杜丁沉着冷静地分析战况，整顿司令部，汇合溃散的兵力，使西北方面军的战斗力得到迅速恢复。他还亲自率领诺夫哥罗德苏军战役集群参加战斗，粉碎了德国曼施坦因集团军对列宁格勒发动的数次突击，击退德军 40 余千米，使德军遭受了重大的损失，这也是苏联战场上德军第一次被击退。他的工作，为后来朱可夫到列宁格勒扭转战局、稳定防御打下了基础。

1942 年 5 月，瓦杜丁再次担任了副总参谋长，作为最高统帅部的代表在布良斯克方面军做了大量的工作。经历了莫斯科城下的失败严冬后，德军在苏联战场上逐渐恢复了作战能力，并逐渐重新掌握了战场的主动权。1942 年 7 月，沃罗涅什方向的形势急剧恶化，为了加强该方向，他被任命为司令员。此时的德军已经渡过了顿河，前锋已经进入沃罗涅什，形势岌岌可危。他上任之后，表现出了独当一面的大将风范，沉着应战，指挥若定，他以频繁的反冲击和积极行动来挫败敌人的进攻，将强敌阻于沃罗涅什城下。

当德军的主要进攻方向转向斯大林格勒，沃罗涅什战线变为次要战场时，瓦杜丁从全局出发，没有转入防御，而是主动出击，用飞机轰炸、炮兵轰击，用步兵出其不意地进行冲锋，以积极的行动钳制德军，使其不能从沃罗涅什附近向斯大林格勒抽调兵力。瓦杜丁高超的用兵能力和纵览全局的战略观念取得了显著的成效，不仅制止了德军对沃罗涅日城的进攻，而且打乱了德军对斯大林格勒的进攻部署，受到了最高统帅部的高度评价。

1942 年 7 月 17 日，德军第 6 集团军（司令为保卢斯上将）辖 13 个师约 27 万人，在 1200 架飞机的支援下，向斯大林格勒发动了强大的攻势，斯大林格勒告急。希特勒企图通过实施这一战役，将苏军主要的预备队吸引到苏德战场的南翼，以削弱莫斯科方向上的苏军力量，并改善苏德战场北翼的德军态势。指望在战场的南翼得手后迂回进攻莫斯科，继而灭亡苏联。10 月 22 日，瓦杜丁来到西南方面军，指挥这支部队参加了具有战争决定意义的斯大林格勒会战。11月19日凌晨，苏西南方面军和顿河方面军实施了强大的突击，揭开了斯大林格勒战役反攻的序幕。当天，瓦杜丁率西南方面军与顿河方面军一道发动强大的侧翼突击，实现了这一集团作战计划，从而使斯大林格勒战役转入反攻。

11月23日，瓦杜丁率部与斯大林格勒方面军会师，切断了敌军的退路，形成了对保卢斯的德国第6集团军的包围。为解救保卢斯的第6集团军，德军于11月底组建了顿河集团军，由曼施坦因指挥，于12月12日对苏军发起了猛烈的攻击。对此，瓦杜丁指挥自己的部队以攻对攻，一举击退了曼施坦因部队。此役成为结合正面突击，组织实施强大侧翼突击的典范，被称为"小土星"战役。这一仗使曼施坦因的部队再也没能力来救援了，它使得保卢斯的33万被围部队陷入了绝望的境地，弹尽粮绝的德军第6军团不得不于1943年2月2日全部投降。

斯大林格勒保卫战成为苏德战争和整个第二次世界大战的转折点，瓦杜丁因此获得了苏联一级苏沃洛夫勋章，并于2月12日晋升为大将，这时他年仅42岁。这次会战的胜利对苏军具有另外一个极为重要的意义，就是闪击战不再是德国人的专利，苏军也成功地运用了这一战术。

1943年3月，瓦杜丁再次担任沃罗涅日方面军司令，奉命防守库尔斯克突出部的南翼，消耗敌人的战斗力，再协同草原方面军和西南方面军右翼进行反攻。在瓦杜丁的正确判断下，7月5日凌晨2时20分，正当德军行将发起总攻的时候，密集的苏军炮火暴雨般从天而降，瓦杜丁指挥航空兵和炮兵对德军曼施坦因部队进行了突然袭击，使德军损失惨重。

7月12日，双方在库尔斯克展开了第二次世界大战中规模最大的一次坦克遭遇战。在莽莽的大草原上，1200多辆坦克和自行火炮进行了殊死的搏斗，德军的"虎"式和"豹"式坦克尽管装甲和火力都有优势，但在如潮水一般的苏军坦克群面前最终不得不退却了，瓦杜丁率领苏军取得了此次会战决定性的胜利。这次战役还显示出瓦杜丁极强的组织能力，他善于精确地协调诸兵种的行动，形成强大的突击力量，以雷霆万钧之势迅速摧毁敌军的作战能力，他自己也获得了"闪击将军"的美称。

1943年10月20日，沃罗涅什方面军改称乌克兰第一方面军，在瓦杜丁的指挥下，继续挥戈西进，强渡了第聂伯河，并于11月6日解放了乌克兰首府基辅。1944年1月至2月，乌克兰第一方面军和第二方面军协同作战，在科尔松—舍甫琴科夫斯基合围了德军重兵集团，再一次表现出他在指挥方面军快速集群等方面的能力，使苏军获得了第聂伯河会战的胜利。

1944年2月29日下午4点，瓦杜丁和往常一样，在8名警卫人员的陪同下，离开罗夫诺前往第 60 集团军检查工作。19 时 40 分，瓦杜丁及其随行人员到达米利亚蒂村附近时，突然听到一阵零落的枪声。当瓦杜丁停下车来查明情况时，一群匪徒从一所农舍的窗户里开了一阵乱枪，一发子弹击中了瓦杜丁的腿部。由于在后送的途中没有进行很好的包扎，导致失血过多。4 月 15 日，在基辅医院动手术时，这位年仅 43 岁的大将心脏停止了跳动，结束了他从士兵到大将传奇式的一生。1944年 4 月 17 日下午，基辅 12 万居民参加了瓦杜丁大将的葬礼，同时莫斯科 24 门礼炮齐鸣 20 响，向这位苏联英雄致哀。瓦杜丁的一生虽然短暂，却为苏联卫国战争的最后胜利做出了卓越的贡献。他在指挥方面军快速集群实施果敢机动方面的成就为苏联军事科学的发展写下了非常重要的一笔。

瓦杜丁是苏联卫国战争中涌现出来的一名杰出的年轻将领，在苏联卫国战争中是一名难得的智勇双全、军政兼优的指挥员。他生前曾获得列宁勋章、红旗勋章、一级苏沃洛夫勋章、一级库图佐夫勋章和捷克斯洛伐克勋章各一枚，1965 年 5 月 6日被追授"苏联英雄"称号。

（十一）第二次世界大战美国头号空战王牌——理查德·邦格

1945 年 8 月 6 日，美国在广岛投下"小男孩"原子弹的同一天，一名驾驶美国新式 P-80"流星"喷气式战斗机的飞行员在进行试飞时，由于发动机故障而牺牲，虽然飞行员已跳伞，但很不幸伞衣未能打开，试飞员失事原本是很平常的，但他死后，美国举国悲痛，一座机场以他的名字命名，他的家乡建立了一座纪念馆，因为他的经历实在不平凡，他就是曾让日本空军闻之色变的美国第二次世界大战头号王牌飞行员——理查德·邦格。

邦格是第二次世界大战美国头号王牌飞行员，他拥有随时随地参加空战而无须上级批准的特权，1941 年 12 月 7 日，日本海军特混舰队偷袭美国海军太平洋舰队基地珍珠港，揭开了太平洋战争的序幕。虽然美国奉行"先欧后亚战略"，军队主力和战争资源的大部分在很长一段时间内都

理查德·邦格

投向了欧洲战场，但太平洋战争并没有因此减色。尤其是构成太平洋战争主干的海

空大战，更具独特风采，成就了美军在第二次世界大战中位居前列的一批空战英雄。

邦格出生于威斯康星州的圣玛丽，他是家中9个孩子中的长子，其父少年时从瑞士迁居美国，其母亦有英国贵族血统，他在校园里是个公认的优等生，而且热衷于体育，他还是钓鱼高手和猎手。1928年，少年的邦格迷上了航空，因为他寄给总统的信被空运到白宫，他后来回忆道："当飞机从我家屋顶飞过时，我想我会成为一名飞行员的。"1941年邦格入伍，参加陆军航空队学习飞行，第二年1月从航校毕业。在航校期间他是出名的调皮捣蛋，由于他顽皮胆大，在飞行学员期间经常违犯军纪，捅了不少娄子，人们都叫他"坏小子"。

尽管如此，邦格却具有极高的飞行天赋，似乎天生就是飞行员的料，几乎是与生俱来的良好的空间感觉和灵敏的反应使他可以轻松完成各种复杂的飞行动作，成为校内出类拔萃的飞行员。一个P-38检测飞行员说："邦格是我遇到的最天才的空中飞行员，我无法在训练时摆脱他的尾追。"——在当时一旦被对方从后"咬住"，往往就意味着自己已经被击落。

1942年初秋，太平洋战争正酝酿着重大转折，日军南进的狂潮迅速席卷了中太平洋和东南亚，9月间，一支新的美国陆军航空兵战斗机大队从本土来到了莫尔兹比，加入第5航空队序列。新大队带来了陆航飞行员盼望已久的一种新式飞机——P-38"闪电"式飞机，这种飞机装有两台发动机，两中垂尾。它马力大，火力强，航程远，飞机速度和爬升率都胜出日本人的"零"式一筹，陆航飞行员终于有了能战胜"零"式飞机的利器。第五航空队司令乔治·凯利将军在新来的飞行员中，一眼就看见了他的老部下邦格，"现在，该让我见识见识你的真本事了！"凯利看着邦格对所有飞行员说："荣誉属于击落日机最多的飞行员。"邦格记住了这句话。

1942年12月27日，隶属于第五航空大队的邦格第一次驾机升空作战，12驾P-38飞机从莫尔兹比基地起飞，在5400米空中遭遇30多架"零"式战斗机，邦格首战告捷，打下了他平生第一架敌机，在随后的10天之内，他又打下3架飞机，这使得他在同期参战的飞行员中第一个成了"王牌飞行员"。

1943年3月，太平洋战争中美军展开了全面反攻，邦格在拉包尔上空大显神威，战绩扶摇直上，7月底他已击落16架敌机，成为第五航空队的头号杀手。到了1944年初，邦格的战绩达已达到了27架，超过了美国人心中超级空战英雄象征的一战头号王牌飞行员里肯巴克。

当年5月3日，邦格被召回国，在五角大楼做了报告，并参观了议会，与议员们共进午餐，还在一些基地访问和讲演，在国内，他受到社会各界的狂热欢迎，被报章奉为"伟大的战争明星"。

9 月 10 日，邦格再次回到西南太平洋战场，向已是远东空军司令的肯尼将军报到，但这次他的任务不是上场厮杀，而是被任命为空军基地的射击教练，并被禁止飞行——当时太平洋战局已日趋明朗，美国不愿在胜利的前夜再损失这些优秀的人才。这期间他在酒会上认识了一位漂亮的小姐玛姬，两人一见钟情，疯狂热恋并很快订婚，返回部队后，邦格立即将恋人的大幅肖像贴在自己座机的左侧机头，后面就是代表击落敌机数目的众多太阳旗标记，于是，他的座机被称作"玛姬—洛克希德闪电战斗机"。

1944 年 10 月，美军在莱特湾登陆，第 5 航空队进驻它科班和达兰格军用机场，麦克阿瑟和肯尼亲自迎接，邦格利用这个机会请战并得到允许，10 月 27 日下午，邦格又驾着他心爱的战机战斗了，他那停滞了半年的战绩纪录重新向前滚动起来，第二天纪录上升到了 33 架。

凯利马上给阿诺德发出一封幽默诙谐的信："邦格，那个被建议不要参加战斗的飞行教官现在已把他的战绩提升到了 33 架。"阿诺德的回信同样幽默："邦格少校为他又击落 3 架日机所做的辩护已被司令部以一种快乐的怀疑主义情绪记录在案。"

12 月 12 日，邦格成了美国历史上最杰出的空战王牌飞行员，麦克阿瑟司令亲自为他举行了一个授勋仪式，并称赞"理查德·邦格是一个在新几内亚至菲律宾之间主宰了整个天空的人。"

在获得勋章后的第三天，邦格少校获得了他的第 40 个战绩，书写了美国空军史上最辉煌的一笔。

当月 29 日午夜，肯尼将军再次下达了邦格回国的命令，邦格回国后，奉命参加喷气式飞机的研制，担任试飞工作。

在邦格离去以后，太平洋战场又涌现出一批空战新星，如威廉·肖莫，首次参战就赢得了 7 次胜利，一战成名，但他们都不足以对邦格的头号射手宝座构成威胁，邦格在美国王牌榜上的排名一直保持到战争结束。

1945 年 8 月 6 日，美国在广岛投下第一颗原子弹的这一天，邦格在驾驶 P-80 式喷气式飞机起飞时因发生机械故障遇难殉职，年龄还不到 25 岁，9 天后，他的战友们迎来了日本无条件投降的日子。第二次世界大战期间远东盟军空军司令乔治·肯尼在闻听到邦格殉职消息时说："我们不仅喜欢他，我们也为他感到自豪，为他骄傲。当我听到他的死讯时，他的每一个成绩都历历在目，邦格少校——战争之中美国王牌的王牌，将注定永远保持他的纪录！"

（十二）"名将之花"凋落黄土岭

1939年10月下旬，日本华北方面军共两万多人，分多路对晋察冀抗日根据地进行冬季"扫荡"。11月3日，由涞源出动的日军500余人，被八路军歼灭于雁宿崖村。战斗刚刚结束，晋察冀军区第1军分区司令员杨成武立即意识到，恼羞成怒的日军一定会找八路军报复，于是命令部队脱离战场，隐蔽起来，做好连续战斗的准备。

果然，11月4日早晨，日军"蒙疆驻屯军"总司令兼独立混成第2旅团旅团长阿部规秀中将，率领独立步兵第2、第4大队1500余人，分乘90多辆卡车，向雁宿崖方向急进，企图寻歼晋察冀军区第1军分区主力部队。

雁宿崖是位于涞源县境内的一个险峻关隘，坐落在三岔口和张家坟的河床西岸，东边是连绵起伏的高地，最宽处三四十米，形似一个口袋。如果将敌人诱入这条死谷，敌人就插翅难逃。此刻，八路军就潜伏在黄土岭的群峰之间。

阿部规秀统领的独立混成第2旅团，在日军中堪称精锐，而他本人又是在日本军界享有"名将之花"盛誉的陆军大学的高才生。他擅长运用"新战术"，被称为"山地战专家"和"俊才"。1938年10月，原第2独立混成旅团旅团长常冈宽治少将被八路军在广灵县张家湾击毙，日军遂调阿部规秀出任该旅团旅团长一职，对其寄予厚望。这个骄狂的阿部规秀在此次出兵之前，写了一封家书："爸爸，我从今天起去南方战斗，回来的日子是11月13、14日。虽然不是什么大战，但也将是一场相当大的战斗。我们打仗的时候是最悠闲而且最有趣的，支那已经逐渐衰落下去了，再使一把劲它就会投降。……圣战还要继续，我们必须战斗。那么再见。"

11月7日，天空开始飘洒雨丝，云雾蒙蒙，有些阴冷。狡猾的日军先由小部队在前头开路，占据有利地形，然后才让大部队跟进，逶迤前行。但是，他们没有发现八路军已经完成了对他们的包围，乖乖地钻进了奇妙的"口袋阵"。下午3时许，当日军全部进入峡谷时，只听八路军指挥员一声令下，百十挺轻重机枪同时向日军密集扫射，一时间黄土岭上浓烟滚滚，杀声震天。日军伤亡惨重，阵势大乱，慌忙抢占了几个小山头，企图冲出包围。八路军把包围圈越缩越小。

阿部旅团在遭到突然而猛烈的袭击后，好不容易才发现大队长堤赳中佐的指挥位置在一个小山坳旁，较为隐蔽，于是就向那里转移。当阿部规秀到达小山坳时，又发现半山坡上有一处独立院落，便决定把指挥所设在那里。

"太暴露了！太暴露了！"堤赳中佐惊叫起来。

"那里有老百姓，最安全、最安全！"说着，阿部率先向山坡爬去。

这座四合院里住着陈汉文一家 13 口人。几个日本兵把他们全家赶到南屋，把一个条案抬到屋门口，铺上地图，再给阿部搬来一把太师椅。他们还在南耳房里架上电台、报话机和手摇发电机。

下午 4 时许，八路军第 1 团团长陈正湘在望远镜里看得清楚，在南山根东西向的山梁上，一个身穿黄呢大衣、腰挎战刀的日军指挥官和几个随员，正举着望远镜观察战况；在距山包 100 米左右的一个独立小院内，也有挎着战刀的日军指挥官进进出出。陈正湘判断：独立小院可能是日军的临时指挥部，南面小山包可能是日军的临时观察所。他当机立断，命令通讯主任跑步下山急调炮兵连。炮兵连上山后，陈正湘指给他们两个目标，要求他们务必将其摧毁。炮兵连长在目测距离后说："直线距离约 800 米，在有效射程之内，保证打好。"随着几声炮响，小院里腾起一股股烟尘，望远镜里再也看不见人影。4 发炮弹全部命中目标，其中一发正打在日军指挥官中。

此时，阿部正在南屋的条案前看他的地图。一发炮弹在距南屋门口 3 米远的地方爆炸，弹片夹杂着碎石飞向阿部和他的参谋人员。

南耳房的几名日军官兵大多受了伤，陈汉文一家却安然无恙。大家暗中称奇："八路军的炮弹，神！"70 多岁的陈老汉后来回忆当时的情景说："当时屋里进来 3 个日本人，一个穿着像是军官模样的人面对门口坐在我家椅子上，另外两个忙着摆弄一个什么东西，现在想应该是发报机一类的东西吧。这时一发炮弹落在院子中央，轰的一声巨响，房子都在颤抖。两个日本兵因为有墙挡着没有受伤，而那个脸朝门口坐着的军官却被飞来的弹片击中，当即倒在地上。院子里的日本兵随即冲进来，把倒地军官抬起来迅速撤走了。"

日军战史也曾描述说：阿部旅团长把指挥所迁至附近一家独立院落中，立即召集各大队接受命令。在准备下达整理战场的命令时，突然飞来几发迫击炮弹，在院里爆炸，阿部的右腹和双腿数处负伤，但他仍大叫："我请求大家坚持！"然后跪在地上，俯首向东方遥拜，留下最后一句话："这是武人的本分啊。"说着就倒了下去。负伤后约三四个小时，即 7 日晚 9 时 50 分死去。

在部队进行战斗总结时，中共中央就从日本广播电台的广播中得知，阿部规秀旅团长已经在黄土岭丧命，于是立即将这一喜讯转告晋察冀军区。聂荣臻司令员马上打电话给杨成武："告诉你们一个好消息，延安拍来贺电，说你们击毙了阿部规秀中将，并向我们祝贺。"杨成武又惊又喜，抓起电话就转告陈正湘："老陈，告诉你，咱们打死了一个日本兵的大官！"

"大官，有多大？少佐，中佐？"

"比他们大！"

"大佐?"

"再大一点儿!"

"少将?"

"是中将!一名日军中将!"

参战各团知道这个消息后,四处寻找阿部规秀的遗物,当天就找到穿在一名战士身上的镶着两颗金星领章的阿部规秀的黄呢子大衣。很快,一把嵌有银菊花的指挥刀也被找到了,那是阿部家族的族徽。

11月12日,日本《朝日新闻》在第一版用整版篇幅报道了阿部规秀阵亡的消息,并在粗粗的黑框中刊载了阿部的戎照和生平。消息内容是:

本报华北前线记者川崎秀子报道:11月7日,富有山地"扫荡"经验的阿部规秀中将,亲率精旅,冒雨酣战,官兵争先冲杀,战至中午,皇军完全置于必胜位置。下午4时,不料敌军炮弹从天而降,将军右腹和双腿负伤,但他未被重伤屈服,大声疾呼,要坚持打下去。然后俯首向东方遥拜,留下一句话:"这是军人的本分啊!"

11月23日,东京各大报又登载了一条发自中国战场的消息:《名将之花凋谢在太行山上》。《朝日新闻》称:"自日军成立以来,中将级将官的牺牲,这是没有先例的。"

黄土岭战斗之后,驻张家口日军警备司令小柴"屈尊"给杨成武写了这样一封信:"麾下之部队武运亨通,常胜不败,鄙人极为佩服。现鄙人有两件事求教,一是请通知鄙人在黄土岭、雁宿崖被麾下部队生俘的皇军官兵数目、军职及他们的生活近况;二是战死的皇军官兵是否埋葬、埋在何处?可否准予取回骨灰,以慰'英灵'?"

阿部规秀毙命20天后,他的骨灰运抵东京,全市下半旗为这位罪魁致哀。

中共中央、八路军总部和全国各地的友军、抗日团体的著名人士,纷纷祝贺晋察冀军区取得的胜利。全国各地的报纸也纷纷报道黄土岭战斗经过,刊登各种祝捷诗文。蒋介石闻知此事也异常高兴,并给延安八路军总部发了贺电:

朱总司令:

据敌皓日(9日)播音,敌涞村部队本月江日向冀西涞源进犯……支日阿部中将率部驰援,复陷我重围,阿部中将当场毙命等语。足见我官兵杀敌英勇,殊堪奖慰。饬将上项战斗经过及出力官兵详查具报,以凭奖赏,为要。

十、历史悬案

（一）被日军称为"人间魔鬼"的中国第一杀手——王亚樵

在中华民族悲壮的抗战史上，有过一个现在几乎让人遗忘的组织——"铁血锄奸团"，汉奸卖国贼听到这个名字，无不闻风丧胆，噤若寒蝉，而锄奸团团长就是号称"民国第一杀手"的斧头帮帮主王亚樵。

在那个风雨飘摇的时代，王亚樵这个大名鼎鼎的神秘人物行踪飘忽、神出鬼没，屡屡出手不凡。封建余孽他杀，党政要人他杀，贪官污吏他杀，日本鬼子他杀，汉奸特务更是不在话下。

王亚樵的一生极具传奇色彩，也颇具个性，他早期参加同盟会，响应中山先生的革命主张，1911年辛亥革命爆发时，王亚樵在合肥李文忠公祠组织军政府，宣布独立，担任合肥革命军司令以响应革命，当年王亚樵才25岁。其后一直活跃在反对军阀割据的时代大潮中，"四·一二政变"后，王亚樵走上反蒋的道路，成了蒋介石又恨又怕的人物。一个美国女记者对于王亚樵这样评价："他绝不同于西方的那些黑手党组织以制造恐怖作为生存方式，也不同于中国古老土地上的传统土匪杀人越货谋生。他既非政治家也非军事家，然而他又有相当深沉的政治头脑和精湛的军事常识。同时还保留着一种桀骜不驯的匪性……"

王亚樵的重要助手也曾说过："……王亚樵既未通读'马克思列宁主义'，也不相信'神与国家'。他有平等思想，同情劳动人民，否认一切权威。为了救人一难，不惜倾家荡产，万金一掷；听人家几句恭维，也可拔刀相助，不计后果。他是一个精神旷达，乱七八糟的好汉……"

在20世纪20年代和30年代前期，上海滩上提起"九爷"，提起"斧头党"，无不为之色变。就连流氓大亨杜月笙、黄金荣等人也胆战心惊，常常告诫门徒说："斧头党的事，多一件不如少一件，能躲就躲。"

沈醉先生曾风趣地说：世人都怕魔鬼，但魔鬼怕王亚樵。蒋介石一提这个人，假牙就发酸，戴笠若是听说这个人又露面了，第一个反应就是检查门窗是否关好，而汪精卫的肋巴骨硬是被王亚樵这三个字活活敲断的，连上海滩超级恶霸黄金荣、杜月笙一类流氓泰斗遇上王亚樵，也得赶紧绕着道儿走。

"九一八"事变后，爱国将领马占山奋起抗战，捍卫国土，全国人民纷纷捐献筹款，以人力物力支援马占山。上海爱国人士沈钧儒、褚辅成、朱子桥、王亚樵、吴迈、李次山等千余人集会支援马占山抗战。

王亚樵、李次山负责筹募经费，以财力、物力、人力支援东北抗日。并指派其部属盛瑜去东北组织抗日义勇军，配合马占山抗战。张学良引咎辞职来到上海戒烟，"迎接"他的是一枚取去引信的炸弹。这是警告使东北 3000 万同胞沦为奴隶的民族罪人张学良，希望他能重整军队，与日寇决一死战。

王亚樵

"一·二八"事变时，日军 10 万之众突然袭击上海，宣称 24 小时占领京沪，19 路军全力反击，上海数百万军民投入抗战，有钱出钱，有力出力。

王亚樵当天于桃园里 44 号召集部众紧急宣布"全力以赴抗日"，宣布成立淞沪抗日义勇军，配合 19 路军浴血奋战。王亚樵组成"决死军"选拔精干人员组成"敢死队"，袭击了日本司令部。王阿毛是上海北四川路云飞汽车行司机，跟随亚樵多年，受亚樵之命锄杀日寇汉奸，一天阿毛驾驶云飞行卡车，经北四川路，日军强令阿毛装载日军数十人及武器弹药开赴前线，阿毛驶至黄浦江边，加足马力，飞至江心，与日军同归于尽，阿毛殉国之年不到 30 岁。

"出云"号兵舰是日军入侵上海的主力舰，王亚樵命敢死队龚湘龄选拔水手 7 名进行训练，乘渔船拖水雷出吴淞口，由守卫吴淞海防 19 路军翁照垣旅暗中护送至"出云"号兵舰附近，水手入海将水雷密送至"出云"号舰底，轰炸"出云"号兵舰，虽未炸毁但受到震伤。

1932 年 4 月 29 日，日本天长节，刚刚在"一·二八"淞沪战争中获胜的日本方面在上海虹口公园举行祝捷大会，11 时主席台被定时炸弹轰塌，日军高级将官和官员伤亡程度为日俄战争前所未有。

日军侵华早期最高司令官白川大将在所谓"淞沪战争祝捷大会"上被炸出 5 米多远，命归西天，日本驻华公使重光葵一条大腿失踪，国人皆传颂他为"抗日英雄"，日本人称他为"人间魔鬼"。事后，蒋介石问戴笠是谁人所为，戴笠答系王亚樵通过支持朝鲜人所为。戴问蒋如何处置？蒋介石令送 4 万元给王亚樵，一个名叫胡抱一的把钱送至上海拉都路交给王亚樵，并要王亚樵书复答谢。王亚樵说："他（指蒋）拥百万之众而不抗日，我们老百姓抗日，无须答谢。"

王亚樵的刀枪几乎触动了中国大地上他所能光顾的所有的阴暗角落，也因此遭受了来自日、伪、特、帮数重势力的围追捕杀。王亚樵则一直把蒋介石当作他的一个目标，接二连三地组织暗杀活动，引起蒋介石的极大震动，蒋介石悬赏百万收购王亚樵的人头，汪伪政权派出特务层层布防，欲置王亚樵于死地，日本谍报机关步步紧追，屡设陷阱引诱王亚樵投身罗网。

王亚樵这个"好汉"在情感上也是丰富而多情的，历史总是如此相似，英雄总是倒在女人的手下，这个俗气的定律，王亚樵也没有避免。1936 年 9 月，王亚樵的部下余立奎被捕后，余立奎的小老婆余婉君和孩子的生活费用由王亚樵提供，戴笠手下的特务侦知这一消息后，用 10 万元加美男计收买了余婉君，9 月 20 日，余婉君假说有事，约王亚樵到她家去，王亚樵不知是计，只身前往，结果丧生在戴笠手下的乱枪之下，到头来，一代英豪还是因女人而陨落，而那个余婉君被利用完了后当她扑向新情人怀中时，也被一刀送去与王亚樵结伴同行了。

王亚樵手无一兵一卒，敢于带着一帮弟兄同拥兵百万、位至极尊的蒋介石周旋达 14 年之久，表现了惊人的胆略和卓越的才华，当蒋介石听说这个来无影去无踪的"暗杀大王"被杀身亡后，大大地松了口气，此后的确过了几年安稳日子。

就是这样一个热血男儿，他在中华民族最危难的时刻，其实用他的一生来抗日，把一腔男儿热血都用在了拯救国难之中，从这个境界上来说，王亚樵是一个民族英雄。他一生不党不群，用一己之力戮力抗日，因而王亚樵也就只能是个草根英雄、绿林好汉。不管历史如何评判，其骨子里的爱国情怀是任何人都无法抹杀的，虽是"匪"，但却决不同于上海滩上杜月笙、黄金荣之流。

王亚樵的墓现坐落在磨店乡政府以西约 1000 米荒草岗上。墓的四周用水泥土砖块围砌，石碑上镌"王亚樵之墓"。碑后碣文称："纵观公之一生，可谓特立独行，无私无畏。公以'暗杀大王'名于世，实则疾恶如仇，从善如流。为人急公好义，宽厚仁慈，是以中国近代史上之奇男子也。"

（二）"友谊和平天使"——嘎丽娅

嘎丽娅，这是一个被尘封了 60 年的名字——她没有烈士的名分，却永远活在中俄两国人民的心中，她没有坟墓和传记，但普京却为她的纪念碑亲笔题词。

这是绥芬河历史上悲壮苍凉的一幕，一个生在绥芬河、长在绥芬河的 17 岁中俄混血少女，为了绥芬河的解放，走上战火纷飞的战场劝降日军而牺牲的故事。

嘎丽娅，1928年2月18日，出生于中国黑龙江省绥芬河市。父亲张焕新是中国人，母亲菲涅，则是白俄后裔。

嘎丽娅取俄姓名嘎丽娅·瓦西里耶夫娜·杜别耶娃，实际上，家人叫她嘎拉。嘎丽娅幼年和少年是在温暖的家庭关爱中无忧无虑度过的，1941年6月，和同学丽达共同获得俄罗斯侨民音乐会金百合歌手奖，所唱歌曲《白色的刺梅花》获一等奖。1942年12月，她14岁那年，在绥芬河露西亚俄侨学校毕业，1943年1月10日，留校代理音乐课、日语课，两个学期后回家帮助父亲打理生意。

嘎丽娅受过正规学校教育，又生活在多民族环境中，与日本邻居相处，她轻松地学会三国语言。嘎丽娅1.70米左右的身材，眉清目秀，端庄、秀丽，时值17岁豆蔻年华，但命运却让她走向炮火纷飞的战场，1945年8月9日零时10分，苏联150多万军队从东、北、西三个方向，在4000多公里的战线上越过中苏、中蒙边境，向日本关东军发动突然袭击。绥芬河市城区被苏军攻克，但天长山要塞内的日军还在负隅顽抗。这个要塞内有以石岛长吉为首的450名日军，也有佳津磨街长带领的150名日本百姓，苏军几次攻击未果，伤亡不少。

海拔719米的天长山位于绥芬河市阜宁镇，夏日，这里外表平坦，绿色葱茏，如果不是当地人介绍，根本想不到这是亚洲最大要塞群。自1934年日本侵略者把绥芬河作为军事禁区，修筑要塞，天长山成了绥芬河要塞的重要部分。天长山要塞群处于中俄边境，与东宁要塞群共同构成日本关东军对阵苏联的东部防线，在当时号称"东方马其诺防线"。

要塞里的日本妇女和儿童面临与日军同归于尽的命运，苏军不忍平民在战争中伤亡，在对天长山要塞发起进攻前，决定找个懂日语的人前去劝说日军保全要塞里妇女儿童的生命，缴械投降。

在苏联红军的登记处，一位负责人向在场的人们询问："谁会说日俄两种语言？"不知是谁用俄语回答了一句："嘎丽娅·杜别耶娃会说日语。"绥芬河几千人口，是个小镇，嘎丽娅人很出众，很多人认识她，大家都把目光投在她身上。嘎丽娅和苏联人谈过后走到母亲跟前平静地说："妈妈，红军军官让我当翻译，跟他们上北山去劝日军投降。"嘎丽娅的母亲不同意，嘎丽娅很镇静地说："不要紧的，要塞里面还有我的日本同学呢。"据后来的证据表明，要塞里有些日本小孩确实是嘎丽娅的朋友。

或许，她想日本人垮台了，此行有苏联红军的保护，不会有危险；或许，她抱定了决心，就是危险也要转告她的日本邻居和伙伴应该走出山洞，免得伤及无辜妇幼。我们无从知晓她究竟想了什么，只知道当时她是那么从容镇静。嘎丽娅的母亲流着泪，默默地把自己头上的一方新的红头巾摘下来，戴在心爱的女儿头上，望着女儿向天长山走去，而这一走，善良勇敢的嘎丽娅再也没有回来。从此，嘎丽娅走进了绥芬河人的心中，走进了传说，走进了永恒，走进了历史。

她随同 4 名苏联士兵走上了炮火纷飞的天长山要塞战场，深入虎穴，去完成劝降的使命。

据传说，嘎丽娅曾经到天长山去了三次，第二次去时，日本军官说再给一些时间准备，答应下午 3 时放下武器投降。第三次上去的时候，日军突然开枪射击，将同去的苏军打死，嘎丽娅被拖进了山洞。现场的情形没人看到，只能成了一个留在人们心中挥之不去的谜。

山下的苏军等了一个晚上不见人下来，知道坏事了，于是下令炮轰。1945 年 8 月 15 日，天长山要塞的日军投降，仅余 26 名士兵。战斗结束后，嘎丽娅仍不见回来，也没有消息。人们在山上只找到了嘎丽娅的红头巾，却一直没找到人。当时炮火将很多尸体炸飞，山洞都已被苏军炸塌，里面压着许多的尸体，花朵一样的嘎丽娅在战火中走了，走得如此安静，又走得如此轰轰烈烈。

战后，天长山要塞投降的 26 名日军被遣送回国，苏军也很快撤离，没有人为嘎丽娅的事作证，在那个年代，怎么会有人去关心一个死在炮火中的平民百姓啊，嘎丽娅的死成了一个悬疑，更没有人追认她为烈士。

在绥芬河当地概况和简史稿中只有"张焕新的混血姑娘三次上天长山劝降"的一句，没有任何具体记述，所有历史档案都没有。

如今，嘎丽娅在人间留下的只有一张她 15 岁时与其长兄张国列摄于 1943 年的合影，照片中的嘎丽娅美丽、恬静、从容、含蓄，谁见了都会赞叹，张国列先把这张照片赠给朋友米苏林，嘎丽娅牺牲后，米苏林把照片又送回了嘎丽娅母亲手里，并由她一直带在身边。

一位叫菲多尔琴科的苏联军官，因这次劝降行动而获得一枚红星勋章。30 多年后曾两次在电视节目中讲述了嘎丽娅的事迹，并认为勋章应该属于嘎丽娅。时隔 60 年，嘎丽娅才回到了绥芬河，绥芬河市人民纪念着"和平使者"嘎丽娅，筹建了以她名字命名的公园，在嘎丽娅公园，33 位苏联红军战士栽下了嘎丽娅喜爱的白桦树，中国抗日老战士栽下了嘎丽娅喜爱的云杉，有心人把白桦树和云杉组合成了汉字"唇"——蕴含着中俄两国人民一衣带水，唇齿相依。

1945 年 10 月 8 日，这个为了绥芬河的解放而献出自己 17 岁生命的中俄混血姑娘，如今化身成"友谊和平天使"的雕塑矗立在绥芬河和平广场上。中俄人民一起在新落成的嘎丽亚的塑像前献花，苏联老红军说："她永远昭示着人民对友谊与和平的祈盼和期待。"

在刚刚落成的嘎丽娅雕像前，来自俄罗斯远东铁路局退休老职工们组成小合唱团献上了写给战争的两首歌曲——《仙鹤》和《喀秋莎》。"我们把这两首歌曲献给永远 17 岁的嘎丽娅！"

嘎丽娅的青铜塑像由世界著名的俄罗斯列宾美术学院设计完成。塑像中的嘎丽娅步履坚定，手中挥舞着妈妈留给她的红头巾，回头望着家乡——这是一段凝固的历史，美丽勇敢的嘎丽娅将永远伫立在她所热爱的家乡。

俄罗斯总统普京亲笔致信建议在纪念碑刻上这样一段话："俄中友谊就是相互理解、信任，我们将铭记过去，展望未来。"

（三）"长刀之夜"——血洗"冲锋队"

1934 年 6 月 30 日，希特勒在柏林和慕尼黑制造"长刀之夜"，对纳粹冲锋队头目恩斯特·罗姆等人进行了清除行动。当日希特勒从波恩飞抵慕尼黑，以冲锋队头目企图进行政变为由，将罗姆等人逮捕并处决。在此次事件中，大约有数百名冲锋队头目被处决，希特勒进一步巩固了自己的权利，而党卫队则逐渐取代了原先冲锋队的位置。恩斯特·罗姆是希特勒在夺取德国政权的道路上立下汗马功劳的亲密战友，然而当希特勒即将登上权力顶峰之时，罗姆却被枪杀在了监狱中，希特勒为何对自己浴血奋战十几年的朋友如此绝情？

罗姆于 1887 年 11 月 28 日出生在巴伐利亚州的慕尼黑，1914 年初开始从军，一战期间在德军中服役。1918 年，罗姆作为一名空军上尉，仍然在魏玛共和国的新军里服役，1920 年加入纳粹党，并迅速成了希特勒最早的拥护者之一，积极协助希特勒组建冲锋队。1923 年的啤酒馆政变失败后，罗姆于次年被法院判处入狱 15 个月，但在判刑后随即获释，希特勒再次让他负责冲锋队。到了 1932 年末，冲锋队人数已经超过 50 万，成为希特勒手下一支强大的武装力量。冲锋队是一群强暴之徒，利用极端暴力的行为中止反对党的会议，罗姆在希特勒夺取德国政权道路上，立下了汗马功劳。

1933 年 1 月，希特勒当上德国总理后，罗姆及冲锋队以"国家社会主义革命"先锋自居。罗姆及冲锋队期望德国会推行激进改革，同时为他们带来更大的权力和回报。罗姆公开批判德国社会所有的传统阶级，但希特勒恰恰需要这些人的支持。罗姆认为需要进行第二次革命，以清除这些寄生虫，同时要求冲锋队成员宣誓效忠于他，这可不是希特勒想听到的消息。那些协助希特勒取得政权的商界人物对罗姆的主张感到不安，希特勒迅即向商界保证不会有二次革命。许多冲锋队员出身于工人阶级，支持推行社会主义路线，对新政府缺乏社会主义色彩感到失望，罗姆曾经公开批评希特勒没有贯彻国家社会主义革命。1934 年 1 月，罗姆对纳粹外交家卢戴克说："阿道夫再也不能像以前那样任意践踏我的主张，我已经今非昔比了，别忘了我有300万冲锋队，所有关键职位都被我的人占据，阿道夫也知道我在国防军里也有不少朋友，如果阿道夫讲道理，我们就心平气和地解决问题，如果他不这样，我就打算使用武力了——不是为了我自己，而是为了我们的革命！"

1934年2月，罗姆要求冲锋队与国防军合并，陆军大加反对，认为冲锋队只是一群乌合之众，合并会引致军队失去荣誉及纪律。1934年4月，罗姆因为希特勒明确拒绝了他改造国防军的建议，异常恼火，开始主动和纳粹党内外的社会主义派别接触，寻求他们的支持，准备在纳粹党代表大会上同希特勒摊牌，罗姆不自量力地将自己同希特勒的路线之争升级成为权力之争，等于是为自己敲响了丧钟。

1934年4月11日，希特勒和军事领袖登上了巡洋舰"德意志"号，他们向希特勒提出了一宗交易，他们将支持他的独裁政权，但是他们要以罗姆的死作为回报。希特勒清楚其中的政治含义。但是他迟疑不决，罗姆是他认识最久的老战友之一。1934年6月，国防部部长勃洛姆堡以兴登堡总统的名义向希特勒发出"最后通牒"，"如果德国的政治局势持续紧张，总统会考虑颁布戒严令。"希特勒稍后亲自从兴登堡那里证实了该"通牒"，希特勒明白戒严令一出，自己将会失去权力。此时，盖世太保提供的最新材料显示，罗姆正在策划一次政变，准备在6月底发难。虽然希特勒明白这种材料通常水分不少，但如今已是箭在弦上，不得不发，终于痛下决心。

1934年6月初，慕尼黑的党卫军已接到命令，要在某一天做好准备，死亡名单已经确定好，就等着付诸实施。罗姆为了缓解紧张气氛，于6月19日宣布冲锋队放假一个月，休假期间禁止身穿制服，以向希特勒显示政变云云纯属谣言。他自己于6月7日前住田园诗般的泰根湖畔休养，临行前警告说："为了从一开始就避免产生与此有关的误解，参谋长声明，他在恢复健康后会立即继续全面执掌他的职务，我保证，冲锋队现在是，将来也是德国的命运。"

6月29日，希特勒前往巴特戈德斯贝格的德莱森酒店，晚上他接到了从柏林发来的消息，局势严峻，慕尼黑的冲锋队已经进入紧急动员状态。向希特勒提供这种故意伪造情报的是希姆莱，他们是要促使希特勒迅速做出一个极端的决定，不让他像往常那样犹豫不决，他的党卫队领导人在此扮演了一个关键的角色。6月21日，希特勒面见总统兴登堡，获得同意使用武力清洗冲锋队，紧接着希姆莱起草了一份黑名单，希特勒亲手勾销了名单上150个名字。1934年6月30日早晨7点，希特勒的车队在一辆国防军装甲车的护送下冲进罗姆等人下榻的疗养院，这一天是盖世太保声称的冲锋队发动政变的日子，但疗养院门口只有一个冲锋队员站岗，而罗姆和他的党羽都还在熟睡之中。

那些人悄悄地包围了公寓大楼，身着黑色皮大衣的希特勒走了进来，他为带来这些麻烦向老板娘道歉，然后队伍冲上了楼梯，一名刑事警官敲响 21 号房间的门，罗姆穿着内衣开门，希特勒走进去，骂道："你是个叛徒！你会被枪毙！"他吼道。冲锋队负责人海纳斯从隔壁房间走出来，这次行动总共逮捕了 7 个冲锋队的高级负责人，匆匆找来一辆车把这些人运去了慕尼黑的斯塔德尔海姆监狱。在慕尼黑，泽普·迪特里希拿到一个名单，希特勒在名单上用绿笔勾掉了 6 位冲锋队领导人的名字，慕尼黑的冲锋队大队长兼警察署长的施奈德胡贝尔临死前还在问："泽普同志，怎么回事？我们是无辜的。"

名单上少一个勾，罗姆还活着。希特勒说："看在他的伟大功绩的份上，赦免了罗姆。"

现在，希特勒必须要考虑罗姆的命运——是让他待在监狱里，还是让他永远沉默？他最后无法回避，因为罗姆不是个二流的对手，而是个非干掉不可的民众领袖。1934 年 7 月 1 日下午 6 点，达豪集中营的指挥官艾克进入了罗姆的牢房，将一把装有一枚了弹的手枪放到罗姆的桌了上，15 分钟后，由于牢房里没有发出任何声音，艾克打开牢门和党卫军军官进去了，伴随着三声枪响，罗姆倒在了地上，他死前说的最后一句话是："我的元首，我的元首！"

在临死前，恩斯特·罗姆曾说："我要希特勒亲自开枪打死我。"但是希特勒没给他答复，政治就是政治，有时候为了某些利益，必须去牺牲另一些利益，尽管有些难过。

（四）"死亡天使"——约瑟夫·门格尔

"在逃亡的日子里，一个永远惶惶不安的人，却从不曾后悔。他长着天使的面孔，却有一颗魔鬼的心。他名义上是个医生，可实际上却是个恶魔。在他的医学研究中，用来做人体试验的是几千的犹太人，而不是白鼠。但他晚年却难逃恐惧的惩罚。"

约瑟夫·门格尔，1911 年 3 月 16 日生于德国巴伐利亚州金茨堡一个富有的企业主家庭，拥有双博士头衔。第二次世界大战爆发后，门格尔作为一名党卫军军医，服役于武装党卫军"维京"师。第二次世界大战时，德国武装党卫军"维京"师是一支战将云集的部队，但在这些充满传奇色彩的大人物背后，有一个人不应该被遗忘，他没有指挥过一兵一卒，他拿手术刀的时候比拿枪的时候多，他在战场上以救人为天职，在战场下以杀人为乐趣，他就是"维京"师军医官，有"死亡天使"之称的约瑟夫·门格尔。

门格尔在苏联前线获得过二级铁十字勋章、一级铁十字勋章、黑色战伤勋章以及一枚为德国人民服务奖章。1942 年他在俄国前线受伤，并被部队宣布不适合继续服役，随后，被调到奥斯维辛集中营，成为奥斯维辛集中营医学和实验科研处处长、主任医生，并很快成为了奥斯维辛集中营的首席医务官。他经常炫耀自己是那里唯一一个佩戴这么多勋章的医生。

约瑟夫·门格尔

门格尔曾是纳粹德国设在波兰的奥斯维辛集中营的希特勒冲锋队军医，这个执掌生杀大权的"白衣天使"却是不折不扣的"死亡天使"。在众多纳粹集中营医生中，门格尔无疑是知名度最高的一个，素有"死亡天使""死神医生""屠夫"等称号。他尽可能多地"消灭"不能劳动的囚犯，惨无人道地用活人进行"改良人种"试验，先后有约 40 万被关押的无辜生命惨死在他手下，其中绝大部分是犹太人。当时，这个党卫军医生每天亲自接收那些从各地运来的犹太人，阴森森地挥舞着一根小棍，负责对俘虏进行筛选，决定哪些人被杀，哪些人被用来做苦力，哪些人用来在集中营里做试验对象。他把这些可怜人分成两行，一行直接走向焚尸炉，一行暂时留下来。据估计，从 1943 年到 1945 年，经门格尔之手就有 38 万人死于非命。

门格尔的杀人政策很古怪，例如他在距地面 150～156 厘米的地方划了根线，凡是身高不在这两根线范围内的孩子一律被送进毒气室。偶尔门格尔也亲自大开杀戒，他天生有洁癖，而且还是个完美主义者，他将那些皮肤上有斑点和小疤痕（如阑尾手术留下的）的人统统送进毒气室。

曾是奥斯威辛囚徒的亚历山大·德克说："我从来就无法接受门格尔认为自己做的是严肃认真的工作，他只是在试验他的权力，他完全可以开一家屠宰场。有一次我亲眼目睹一次腹部手术，门格尔在没给手术对象麻醉的情况下移走了他肚子里的器官。还有一次，在没有麻醉的情况下移走了心脏，这让人感到恐怖。门格尔在他的权力之下走向了疯狂，没有人问他为什么这个人会死，为什么那个人会死，在他手上死的人无法统计，他在科学的名义下做这些实验，但实际上这完全是疯狂的。"

门格尔的理论是："人和狗一样，都有谱系，有人在实验室里培养出了良种犬，我也能在里面培养出优良人种来。"这个恶鬼作为人种生物学家，还负责执行一项大规模的种族灭绝计划。他希望能发现一种遗传学上的秘密，来培养出纯种的雅利安人。为此，他在实验室里对 200 对孪生儿做了试验，通过这种试验，门格尔认为他可以使德国妇女生多胞胎，从而较快地为第三帝国提供公民。

在奥斯威辛，门格尔做了很多双胞胎试验，经过一系列试验，这些被他称之为"豚鼠"的孩子就一个个消失了。

他最为著名的试验是关于眼球的试验，门格尔将颜料注入孩子们没有麻醉过的眼球，孩子的眼睛大多因此失明，那种撕心裂肺的疼痛自不必说。

据另一位集中营医生说："1943 年 9 月，当我来到吉普赛营地时，看到一张木桌上摆满了眼球。所有这些眼球都被贴上标签、编上号码。眼球的颜色有淡黄色、淡蓝色、绿色和紫罗兰色。"

幸存者回忆起当年在奥斯维辛集中营，笑容可掬的"门格尔叔叔"给他们带来糖果和衣服。然后他们就被带上了涂有红十字标志的大卡车或者他的私人汽车，并被直接送往医学实验室。这个血债累累的门格尔在大战结束后，却奇迹般地逃脱了正义的制裁。据说，门格尔在战后一段时期曾伪装成一个普通医生相当平静地住在多瑙河畔他家的附近，只是到 1949 年，他在大屠杀中的罪行受到查询，自知罪大恶极的门格尔才带着其波兰情妇维尔玛仓皇出逃。1951 年他用一张西班牙的假护照逃到阿根廷，从此便从人间蒸发了。

战争结束后，国际社会对门格尔的追踪始终没有放弃，在维也纳还成立了专门搜捕门格尔的犹太人组织。

以色列曾向巴拉圭和哥伦比亚派出上百名特工暗杀门格尔，门格尔无论逃到哪里，追捕者经常是接踵而至，但总是让他逃之夭夭，有时简直是让他从手缝中溜掉。为了找到门格尔，一些犹太富翁几年来已花了上百万美元，德意志联邦共和国在 1981 年 1 月曾根据他的新罪证，发布了新通缉令，门格尔的头被悬赏十万美元。有人说，门格尔就像一只丧家犬，东逃西窜，陷阱处处——也许这种让他每时每刻都处在被追捕的恐惧之中的生活本身也是一种复仇方式吧！

1963 年，他曾进入巴西境内的坎迪多·戈多伊镇，那里居住着众多德国裔居民，打那以后，小镇的双胞胎出生率便一路飙升。在那儿，他终于有能力实现其未竟的梦想——打造金发碧眼的纯雅利安"优等人种"。国际社会试图抓捕他的努力进行了整整 35 年，但他还是安全地以各种化名过着隐居生活，直到 1979 年 1 月 24 日他在巴西游泳时溺水身亡，但是人们还是将信将疑，怀疑这可能是个骗局。直到 1992 年，当从遗骨上提取的 DNA 与从门格尔遗孀那儿得来的血样的 DNA 对上号后，终于盖棺定论："这的确是声名狼藉约瑟夫·门格尔的遗骸。"门格尔死亡的消息传出后，很多人感到快慰。搜捕门格尔的犹太人组织把为捉拿门格尔而募集的

100 万马克赏金捐赠给了 150 位曾被门格尔当做试验品而幸存下来的受害者。

圣保罗警方档案馆将门格尔的私人信件、日记以及公文公布于世。那些文件显示，这个臭名昭著的德国纳粹医生、在集中营毒气室杀害了几百万人的屠夫，直到临死时仍然毫无悔改之意，他的文化和政治观念仍然停留和定格在 1945 年。他从来没有认识到，当年在奥斯威辛所犯下的纳粹暴行应该受到谴责，他认为，自己只不过是杀死那些已经被判处了死刑的人而已……

（五）纳粹黄金之谜——"默克斯宝藏"

第二次世界大战期间，德国纳粹军队掳掠了被占领国家的银行金库，然后将掠来的大量黄金成批成批地运回德国。不仅如此，纳粹法西斯还从死于纳粹集中营的受害者身上掠夺了大量的黄金首饰，甚至残忍地撬下了一些集中营受害者的金牙，然后将这些金饰运回国内全部熔化，铸成金条，上面刻上"德意志帝国银行"字样。

纳粹把掠夺来的黄金归为自己的黄金储备，并以此作为战争的主要经济来源。德国将这些黄金通过中立国兑换成货币，并用于纳粹和中立国进行贸易，而恰恰是这些贸易使纳粹得以进行更大规模的战争，掠夺更多的黄金。战后，由于中立国的不合作，使被掠夺黄金的归还工作陷入困境。

在第三帝国还未彻底崩溃之前，纳粹党上层官员就制订了周密的复兴计划，纳粹早有计划，把在战争中掠夺的财富运往其他国家隐藏起来，与此同时，盟国也在尽力寻回这些财富，然而他们直到 1945 年 4 月初才意识到这项任务的规模之大，形势之复杂。阿根廷在第二次世界大战期间是中立国，战后在胡安·多明戈·庇隆将军任总统期间执行的移民、金融政策吸引了数以百计的纳粹成员到阿根廷避难。近年来，一些犹太人国际机构指控纳粹把第二次世界大战期间劫掠来的价值近 60 亿黄金，通过一些中立国银行"洗净"后转移到阿根廷隐匿，虽然没有确凿证据证明这一说法，但国际社会对此的怀疑从未停止。

在轴心国的所有中立帮凶中，没有哪个国家在对纳粹的贡献和帮助方面比得上瑞士。因为瑞士没有什么资源，这种贡献便主要体现在金融支持方面。瑞士为纳粹提供了周到而多样的洗钱计划，使纳粹能轻松无痕迹地把掠夺来的财富漂白。而且瑞士为纳粹的贸易提供了大量外汇。战后，瑞士还鲸吞了大量的犹太人的无名存款。所以，瑞士实际上是纳粹黄金的最大拥有者和受益者。第二次世界大战结束后，在同盟国的压力下，瑞士银行才承认保存了价值 8800 万美元属于比利时的黄金。经过协调，瑞士只同意交出 6000 万美元，相当于今天币值 7 亿美元的黄金，估计只占存放在瑞士的"纳粹黄金"总数的20%。1996年9月，关于这批黄金的最新信息传出去后，激起了一股以犹太人组织为主的寻宝热。

据传，1944年4~5月期间，行将灭亡的纳粹德国曾将大批掠夺来的黄金用卡车从柏林的德意志帝国银行运出，准备运往其他地方埋藏起来。日前，有人在一片森林地区发现了众多人体残骸，据信是当年兴建纳粹藏金地堡的奴隶劳工的遗骨。相关档案显示，在希特勒军备军品部部长阿尔伯特·施佩尔的命令下，纳粹德国半军事性政府机构"托特组织"，于1944年指挥大批劳工和奴隶，坐船前往莱比锡市附近的莱纳沃德森林。有传言称，在纳粹军官的监督下，这些劳工不分昼夜辛苦劳作，终于在那里修建起了一个大型秘密地堡，用于储存纳粹黄金。而在地堡建成后，这些劳工和奴隶全部被纳粹残忍杀害。

1961年，西德政府派出大量人力物力，在莱纳沃德森林地区四处挖掘，试图找到那个失踪的纳粹"黄金窟"。然而，就在挖掘过程中，森林中的一座老矿井突然泄漏出大量神秘的有毒气体，西德政府派出的"挖宝大队"只得匆匆撤退，寻宝活动由此中断。1996年前，美国士兵诺尔曼·斯考特也曾试图在莱纳沃德森林里寻找黄金。据他声称，第二次世界大战末期盟军占领了纳粹德国，当时一名垂死的党卫军士兵曾亲口告诉他，德意志帝国银行的黄金就埋藏在这里，然而斯考特同样什么也没有找到。

第二次世界大战引起了许多争论和困惑，甚至在战后50多年，这些争论仍在继续，纳粹黄金便是其中之一，目前对这些财富的数目存在很大分歧，唯一可以确定的是，大部分财富的价值至今天依然难以准确估算。此外，还有很多纳粹财富可能已被用于其战后复兴。

1996年9月中旬，美、英两国政府有关部门突然向世人公开了两份历史文件，比较可信地证实了"纳粹黄金"的存在。美国的这份文件是1946年美国驻法国巴黎大使馆的经济参赞麦钦德写给美国国务卿的一封信。信中说，美军1945年4月在德国某地的盐矿曾发现了纳粹德国藏匿的8300多根金条、各种金银器物、现金及数百幅欧洲早期的名画。

德国历史学家希尔马·普洛什在研究了一批最近解密的航拍照片之后，惊喜地发现，一座当地修建于1944年8月的沙土建筑工事，从外形来看酷似人体的头颅。普洛什相信，这颗"头颅"正指向纳粹的"藏金地堡"！据悉，德国历史学家准备对莱纳沃德森林展开新一轮的寻宝挖掘，借此解开纳粹德国的地下黄金之谜。按照当今国际市场价格估算，这批黄金至少价值5亿英镑！而按照相关国际法，如果德国方面挖出了这批巨大的宝藏，它将全部归挖宝方所有。

（六）"绝不拿元帅换士兵！"——斯大林之子死亡之谜

雅科夫·朱加什维利是斯大林的长子，在苏联卫国战争中，于1941年被德国俘虏，1943年希特勒曾企图用雅科夫交换在斯大林格勒被苏联军队俘获的德军元帅鲍卢斯，但被斯大林拒绝，斯大林让中立国的红十字会转告希特勒："我绝不用元帅来换士兵！"

60年前，苏联最高领导人斯大林的大儿子雅科夫在与德军的激烈交战中被俘，随后惨死在死亡集中营里，掌握这一真相的美国也因紧跟着发生的美苏冷战而拒绝向苏联方面提供任何相关的情况，雅科夫之死是第二次世界大战最大的未解谜团之一，也是第二次世界大战史学家争论最激烈的话题之一，雅科夫是被德军打死的吗？雅科夫被俘后是否说了对苏联政府不利的话？雅科夫死于英国盟军之手？雅科夫因羞愧撞电网自杀？所有的这些谜团都是世界史学家们想弄清的焦点。

1932年11月7日，十月革命15周年，红场上举行大游行时，雅科夫的母亲娜杰日达和工业学院的同学们走在接受检阅的行列中，可是几天后，报上发布消息，说她于8日逝世，讣闻没有提到她的死因，也没有刊出医生的最后诊断，这不能不在社会上引起疑问，她的死成了众人猜测的谜，那年娜杰日达31岁，而雅科夫不到两岁。14年后，雅科夫来到莫斯科，同父亲、继母阿丽卢耶娃和继母的两个孩子生活在一起，这使得雅科夫和他的父亲斯大林的关系很冷淡，雅科夫大学毕业时，迎来了第二次世界大战的爆发。雅科夫在战争爆发当天就主动要求入伍，到基层部队，结果他被分配在一个陆军炮兵团当了连长，1941年5月，雅科夫作为第14炮兵师的一名中尉随同部队向西进发，抗击入侵的德国纳粹。

苏联卫国战争头几年，法西斯俘虏了数十万苏军战士。斯大林之子雅科夫同样没有逃脱这一厄运。1941年初，苏联红军在斯摩棱斯克战役中失利，7月11日，雅科夫在维捷布斯克城下（今白俄罗斯境内）被俘。雅科夫被俘的消息在第一时间被传回莫斯科，并通知给了斯大林本人。据朱可夫在回忆录中描述：斯大林慢慢地在房间中走动着，然后自言自语地说，"雅科夫逃不掉的，法西斯会杀死他"，"他们会把他单独关押，他们会鼓动雅科夫背叛祖国"，"不过雅科夫就是死也不会背叛的"。

当德国人发现他是谁后，戈培尔臭名昭著的宣传机器立即运转起来，7月20日，德国人通过电台向全世界宣布他们俘虏了斯大林的儿子，他们把所谓雅科夫亲笔写的传单发往苏联前线。宣传材料中还包括一张德国军官同雅科夫谈话的照片。下面的说明是："如果如此著名的苏联军官和红军指挥官都能投降，这说明对德军的任何抵抗都是无意义的。"在宣传材料的背面有一封据说是雅科夫写给他父亲的信，说他受到了优待。其他的传单则鼓励更多的苏联人投降，传单说："连你们最高领袖的儿子都已经投降了，你们为什么还要做无谓的牺牲？"而事实是，雅科夫顶住了巨大压力，没有参加宣传活动。

8月16日，斯大林签署所有被德国俘房的苏军士兵和军官都是叛国者的第270号密令，当1942年冬天来临时，德国第6军占领斯大林格勒的企图被挫败了，弗里德里希·冯·鲍卢斯将军手下的军队遭到苏联军队的围攻，15万德军被歼。2月2日，鲍卢斯带领9.1万人投降。希特勒认为，鲍卢斯被苏军俘房，已经犯下了不可饶恕的罪行，应该接受第三帝国的审判和惩处，1943年，瑞典人伯纳多特受希特勒之托，以红十字会代表的身份拜见斯大林，提出要以雅科夫交换德军元帅鲍卢斯，斯大林通过瑞典红十字会断然拒绝说："我绝不用元帅来换士兵！"

斯大林作为苏军最高统帅，不得不顾及成千上万儿子也沦为德军战俘的苏联父母的感受，或许，这是斯大林"大义弃子"的真实原因。人们现在只知道斯大林和雅科夫之间那种紧张的父子关系，以及斯大林拒绝用纳粹德国元帅鲍卢斯来交换自己的儿子，却不知道这位苏联领袖也曾对儿子出手相救。据后来披露的证据还表明，斯大林根本不像人们认为的那样放弃了他的儿子，斯大林一直为他儿子的命运而担忧，并于1942年两次下令苏联军事情报机构采取营救行动。一次是当雅科夫还被囚在吕贝克附近时，第二次是在雅科夫被转移到萨克森豪森集中营后，然而，斯大林最终还是没有救出他的儿子。

莫斯科方面为营救雅科夫的行动计划了好长时间，而当任务被派下来时，行动队队员们根本没有深究是谁下达的任务。而在挑选行动队队员时，看重的是一些基本素质：理性、力量、冷静、勇敢、果断、坦然面对死亡、誓死保守秘密，等等。雅科夫被德军俘房后，先是被囚在吕贝克附近时，正是后来又被转移到德国萨克森豪森集中营。该集中营内专设有"A"牢房。德国法西斯将其称之为"优待"牢房。德军在这牢房内专门囚禁"有价值"的战俘，以便在必要时用以和苏、美、英等国交换其被俘的高级将领。除斯大林的长子雅科夫外，在"A"牢房内囚禁的还有苏联外交部长莫洛托夫的侄子瓦西里·科科林和英国的一些飞行员。

苏军情报部门还利用种种情报，为行动队仿造了这座德国集中营，仔细研究了集中营的方位，分析了看守的弱点。出发前，队员们被告知，他们将在行动结束后受到斯大林的亲自接见，因此"必须要完成一切可能完成和不可能完成的任务"，让领袖宽心。听罢此言，小伙子们热血沸腾，纷纷表示要誓死完成任务。行动小组出发了，他们顺利地在敌人腹地实施了空降，藏起了降落伞后，开始向集中营进发，这一过程没留下一丝痕迹。在离集中营约12公里处，他们开始观察和判断，经过长时间的刺探，行动队最后发现，雅科夫已经在一天前被转移到另一个集中营了，迫于无奈，小组决定中断任务，按原计划返回，返回的路非常艰难，不少人为此丧命，但没有一个人沦为俘虏。值得一提的是，雅科夫遇难后，斯大林就将自己的儿媳妇、雅科夫的妻子梅策尔关了起来，理由是，怀疑她向德国方面透露了行动队的消息，但在几年的关押后，斯大林又将梅策尔放了出来。1942年，第二支小分队被派往前线，营救当时被关押在萨克森豪森集中营的雅科夫，但其结局仍是以失败告终。

1943年4月15日，雅科夫扑向了这座集中营的电网，并且身中多弹。当时官方的党卫军报道说，雅科夫是在跑向铁丝网时被哨兵打死的，但现在人们知道这是为打动希姆莱而编造的。对证据进行了仔细研究后证实：哨兵的确是向雅科夫开过4枪，但现在知道，他打中的是雅科夫的尸体，至于雅科夫被俘后的死因，一直存在着许多的说法，雅科夫档案文件原存德国，第二次世界大战结束后被转交美国，此前一直保存在华盛顿国家档案馆处于保密状态，使这件事成为世界学术界60多年来一直试图解开的疑团之一。

有一种说法曾流行一时，说雅科夫的死亡原因是卡廷屠杀事件导致的，1940年发生的"卡廷屠杀事件"，直到1943年3月波兰人的尸体才被德国人发现，当集中营的一个看守把有关这一发现的报道给雅科夫看时，他嘲笑雅科夫说："看看你们这些杂种都干了些什么？你们到底是人吗？"雅科夫和集中营里的波兰人是好朋友，而且他们还两次试图越狱，但没有成功，显然，德国报纸1943年披露的关于他父亲屠杀波兰军官的消息使他深受刺激，雅科夫崩溃了，他已经到了绝望的地步。4月14日，在雅科夫自杀的前一天，他同一名英国人发生了激烈冲突，他看不上英国人对纳粹毕恭毕敬的样子，而英国人则用"卡廷屠杀事件"攻击他，因此这被认为是最终导致他采取疯狂逃避行动的原因。于是有人说："现在真相大白了——这位炮兵中尉是扑在集中营的电网上自杀的，因为他得知他父亲1940年在卡廷屠杀了1.5万波兰人而感到羞愧难当。"也就是说雅科夫是因为羞愧难当而结束了自己的生命，绝望和悲伤是导致他自杀的原因。这些证据的确从某种程度上减轻了英国军官们的责任，人们原来认为是他们的嘲笑把雅科夫推上绝路的。这种说法突出了卡廷大屠杀对雅科夫产生的灾难性影响，他可能无法接受是他父亲下令屠杀的说法。此外，斯大林那个"所有被德国俘虏的苏军士兵和军官都是叛国者"的命令对雅科夫的心理打击也是巨大的，再加上斯大林的"我绝不用元帅来换士兵"，这一切，似乎都印证了他自杀的理由。

60年后，美国政府终于将它所知道的真相还给斯大林的孙女、雅科夫的女儿加利娜，加利娜这才看到了英雄父亲的死亡报告！所有的这些记录都说明，雅科夫在死亡集中营被关押期间表现得十分英勇，从来没有向纳粹德军表现出丝毫的妥协，更没有投降，死亡通知书和现场报告最原始的资料显示，雅科夫是在准备逃离死亡集中营，眼看就要越过电网，跨出后就容易逃生时，被纳粹看守发现，哨卡上的重机枪疯狂扫射，结果被当场打死的！雅科夫身中至少15发子弹，这使得其他各种各样的说法不攻自破！

　　一位不愿意透露姓名的美国官员告诉记者说，移交给斯大林孙女的这些一手文件能一扫长期以来就斯大林大儿子被俘后怎么死的各种争议，终于能一锤定音了！美国助理国防部长杰宁斯在移交档案仪式上说："我们美国人今天有幸能为一个俄罗斯家庭的加利娜提供有关她父亲命运的部分答案，使得她对第二次世界大战中不幸死亡的父亲最终的命运有了真正的了解！还有，我们在第二次世界大战这场艰苦卓绝的战争中是坚定的盟友，所以我们会永远尊敬那些倒在战场上再也回不了家的英雄们，对英雄的纪念不论什么时候都不算晚！"

（七）从英雄到叛徒——弗拉索夫将军"叛国"真相

　　在第二次世界大战史上，弗拉索夫是一个传奇性的人物，作为苏联红军杰出的将领，他曾经建立过无数功勋，但在卫国战争那些最艰苦的岁月里，弗拉索夫的信念动摇了。在纳粹的集中营里，他完成了从红军英雄到法西斯帮凶的思想蜕变，像那个疯狂年代的许多人一样，弗拉索夫指望依靠德国人来改造苏联的社会制度，这不仅是徒劳的，而且把他自己永远刻在了历史的耻辱柱上。

　　弗拉索夫生于下诺夫哥罗德一个信奉东正教的中农家庭。在他还在新城神学院读书时俄国革命爆发。1919 年弗拉索夫决定退学，在简单学习了一些农学后他加入苏联红军，当时其所在部队主要在乌克兰、高加索和克里米亚半岛活动。1940 年 7月，也就是希特勒挥师入侵苏联的一个月后，德国第 6 集团军已经兵临乌克兰名城基辅，苏联人急需新的部队来填补缺口。苏联西南方面军司令基尔波诺斯上将和时任前线军事委员会委员赫鲁晓夫决定，以弗拉索夫担任一支临时拼凑的第 37 集团军司令。弗拉索夫上任后收容前线溃败的军士，重整第 37 集团军，并迅速组织起防御。8 月中旬，第 37 集团军击退了德军在基辅西南的攻势，守住了基辅的正面防线。为表彰弗拉索夫的功绩，斯大林亲自命令用飞机把弗拉索夫接到莫斯科，并授予他列宁勋章和红旗勋章，任命他为防守莫斯科的第 20 集团军司令。

　　1941 年 11 月的莫斯科保卫战中，德军的第三装甲集群和第四装甲集群从北面突破了苏军的防线，莫斯科岌岌可危，弗拉索夫很快率第 20 集团军以强行军堵住了突破口，把德军阻挡在莫斯科运河一线，此战后被授予"莫斯科保卫者"的称号。（受此称号的将领寥寥无几）当时担任苏联《红星报》特约记者的著名作家伊利亚·爱伦堡奉命去采访为保卫莫斯科立下殊勋的这支部队，其中谈到弗拉索夫时，爱伦堡以相当抒情的笔调写道："战士们亲切地和信任地看着自己的指挥员，因为弗拉索夫的名字与进攻紧密联系在一起。"莫斯科战役结束后，他被斯大林再次授予列宁勋章和红旗勋章，晋升为方面军副司令和大将军衔。1942年3月，弗拉索夫担任第二突击集团军司令，受命北援列宁格勒。

弗拉索夫

1942年6月，弗拉索夫的部队在列宁格勒被德军包围，据估计，被围兵力达13万人，斯大林钦点华西列夫斯基到前线救援弗拉索夫，第二突击集团军一度从德军防线上打开了一个缺口并转移了大量伤员，但德军最终封闭了突破口，在突围无望的情况下，6月25日9时，弗拉索夫命令第二突击集团军以小队形式分散突围，整个集团军遂宣告解体。7月13日，第二突击集团军的残部被德军消灭，被俘官兵3.3万人，弗拉索夫在一个叫皮亚特尼察的小村子成了德国第38步兵军的俘虏。据说，被俘的弗拉索夫一路上总是在问："在德国人看来，他这样的将军是否会被枪毙？"德军施韦尔特纳大尉回答说："对于率领自己的部队战斗到最后一分钟的将军来说，被俘并不是耻辱。"

集中营的生存条件是十分恶劣的，据统计，整个战争期间，有250万苏联俘虏死于集中营。对弗拉索夫来说，集中营的情况不可能不对他有所触动。一方面是大量的俘虏从前方蜂拥而至，另一方面是面临死亡的无情折磨，而集中营的消息完全是有利于德国人的。看到越来越多的同行走进集中营，弗拉索夫和其他人有理由相信，苏联已经输掉了这场战争。

在当时的苏联，根本没有"战俘"这个概念，只有"逃兵、祖国的叛徒和人民的敌人"。俄罗斯联邦刑法典第58条也规定，将被俘红军战士的家属交法庭审判，同时将这些家属流放到西伯利亚。在这种情况下，不管被俘的苏军士兵愿意与否，他们除了在集中营里成为"烈士"，或是与德国人合作反对祖国之外，已经别无选择，弗拉索夫现在唯一能做的就是与德国人合作。他为自己的行为找到了许多开脱的借口，比如："难道流更多的血不是犯罪吗？难道俄罗斯民族的主要敌人不是布尔什维主义和斯大林吗？难道奋起反对斯大林及其同伙不是每个俄罗斯人首要的神圣义务吗?""在有丛林和沼泽的那个地方,我终于得出了结论:我的义务是动员俄罗斯民族投入反对布尔什维克政权和建设新俄国的斗争。"也就是从那一刻开始,弗拉索夫把自己绑到了德国人的战车上了。

1942 年秋天,弗拉索夫答应与德国人全力合作,他成了投敌者军队中最有威信的苏军将领,1942 年 12 月 27 日,弗拉索夫亲笔写了题为《我为什么走上了与布尔什维主义做斗争的道路》的公开信,对苏联社会制度和斯大林本人进行了攻击和指责,同时号召每个俄罗斯人都起来与苏维埃制度斗争,为建设一个自由平等民主的新俄国而奋斗。公开信被印成几百万份的传单撒在苏联的战场上,并且作用和影响很大。在这份宣告中,布尔什维克被宣布为"俄罗斯人民的敌人"和战争的罪魁祸首。号召俄国人民团结起来反对斯大林,建立一个没有布尔什维克和资本主义的崭新俄国,弗拉索夫和他的助手还希望靠德军的援助将被俘的苏联士兵组成几个师,由他们来指挥。尽管弗拉索夫表现出与德国人合作的意愿,但是起初包括希姆莱在内的纳粹党高层人物却对他不屑一顾。希姆莱认为弗拉索夫是一个"蠢猪和叛徒",希特勒公开表示他永不考虑建立由俄国人组成的部队,此后,弗拉索夫一直被软禁在柏林近郊,只是偶尔露面干一些带有政治色彩的宣传工作,即到战俘营说服战俘投降,去前线鼓动苏军士兵叛逃等。直到 1944 年 9 月战事吃紧,德国战败的征兆已清晰可见时,在纳粹的宣传部长约瑟夫·戈培尔的劝说下,希特勒终于同意组建"俄罗斯解放军",希特勒屈尊接受弗拉索夫参加他们的队伍。

1944 年 9 月 16 日,党卫军头子希姆莱秘密召见了弗拉索夫,双方签订了组建"俄罗斯解放军"的协议书。1945 年 1 月 28 日,希特勒正式任命弗拉索夫将军为俄国武装力量总司令,授中将军衔,并授权他从集中营里招募士兵,这支新部队被命名为"俄罗斯解放军"。从此,弗拉索夫离开柏林,穿上德军的制服,开始了他罪恶的叛国军事生涯,拥有三个师的俄罗斯解放军仍然很快建立起来。其中第一师由原苏军第 389 坦克师师长谢尔盖·布尼亚琴科上校任师长,第二师师长是原红军旅级政委兹韦列夫上校,第三师师长是原苏军少将、步兵军军长米哈伊尔·沙波瓦洛夫。据不完全统计,俄罗斯解放军的总兵达到了 5 万人,主要由原苏军被俘士兵以及旅居欧洲的俄罗斯侨民组成。这支所谓的俄罗斯解放军可谓生不逢时,它成立时第二次世界大战已接近尾声,西方盟军和苏军正在步步紧逼,法西斯德国行将就木。弗拉索夫和他网罗的一伙俄罗斯民族败类深知如果德国战败,他们肯定逃不脱苏联政府的惩罚,因此死心塌地为希特勒卖命。在 1945 年 2 月 11 日俄罗斯解放军第一次正面对苏作战,他们上战场的时候,作战非常顽强,但是这与其说是自觉的英雄主义,还不如说是人人自危的垂死挣扎。随着苏军在东线节节推进,为了挽救即将覆灭的命运,其他各路效忠德国人的俄罗斯叛军纷纷投奔弗拉索夫麾下,弗拉索夫的俄罗斯解放军仍然壮大到 10 万人左右。

1945 年 4 月底，捷克斯洛伐克爆发了反法西斯武装起义，党卫军对起义者大开杀戒，关键时刻，起义军领导人病急乱投医，派代表向俄罗斯解放军求援。俄罗斯解放军第一师师长布尼亚琴科认为这是个千载难逢的良机，他劝说弗拉索夫帮助起义者，认为如果那样的话，今后的捷克斯洛伐克政府为表示感谢将会向俄罗斯解放军提供政治避难权，起初弗拉索夫否决了提议，但是最后还是实施了反水，出兵布拉格，打败了进攻布拉格的德军。即便如此，在 5 月 8 日俄罗斯解放军还是被迫逃出布拉格，因为捷克共产党要把俄罗斯解放军交给苏军。5 月 10 日弗拉索夫和俄罗斯解放军在西线向美军投降，5 月 12 日在前往与美军会谈的路上，弗拉索夫的汽车被苏军包围，跟随的美军军官不允许苏军带走弗拉索夫，但弗拉索夫被强行压上车，并且有几名俄罗斯解放军人员被当场枪决，此后弗拉索夫被关押往莫斯科。1946 年夏天审判开始，1946 年 8 月 1 日施行绞刑，这也是苏联官方公布的最后绞刑死刑，此后绞刑被废除。迄今为止，弗拉索夫为何会在被俘后背叛祖国，甘愿为虎作伥的动机仍然是一个难解之谜，弗拉索夫的真正动机是什么呢？用贪生怕死之类猜测来研究弗拉索夫这种层次的人，显然不会得到令人满意的答案，毕竟他曾是一个出生入死、为苏联红军立下过汗马功劳的英雄。

弗拉索夫一生结过两次婚。1933 年与女医生安娜·米哈伊洛芙娜结婚，两人有一子。1936 年大清洗时两人离婚。弗拉索夫叛国后受尽牵连，被关到集中营。弗拉索夫的第二次婚姻在 1941 年，妻子芭芙洛芙娜在其被处决后一直奔走为其恢复名誉。弗拉索夫另有一私生子，其孙现在俄罗斯海军服役。

（八）苏联的"悲剧"元帅——库利克

库利克，是第二次世界大战前苏军少有的几位元帅之一，也是个命运最奇特的苏联元帅，在早期的战争生涯中，他曾 5 次负伤，也算是个英勇无畏的军人。在苏德战争爆发后因一系列指挥作战表现的不够坚决，被撤销元帅军衔，降为少将，1950 年又因发牢骚被捕杀，真可算是苏联元帅中的一个悲剧人物。他的名字现在很少为人知晓，但他第二次世界大战初期从元帅被降为少将的特殊经历，却长久为军事史家所注目。

格里戈里·伊万诺维奇·库利克，1890 年出生于波尔塔瓦的农民家庭，1917 年十月革命之后，库利克加入红军，在察里津保卫战的时候，当时斯大林作为大本营的代表到察里津（就是后来的斯大林格勒）督战，库利克是第 14 集团军的炮兵指挥官，他指挥的炮兵在对正在集结准备总攻的白军突然进行火力急袭，对战争的进展起了极大的作用，他从中组织和实施，居功至伟，因而被称为"察里津炮王"，并由此成为斯大林的亲信。1939年，库利克出任苏联副国防人民委员兼总军械部部长，主管红军的武器开发，1940年晋升为苏联元帅，时年50岁，并荣获"苏联英雄"称号。

　　1941年6月22日，法西斯德国对苏联突袭，次日下午，斯大林亲派库利克作为统帅部代表，去最前沿的西方面军，和布琼尼一样，他的个人勇敢是毋庸置疑的，但不幸的是，库利克几乎一上战场就陷入了战场的混乱中，他显得毫无作为，受到了斯大林的责备。有一次他接连几天和大本营失去了联系，当斯大林以为他被俘或被打死的时候，前线传来报告，他们找到了库利克元帅，他当时正在履行一个连长的职责，试图用卫队将一些溃兵收容起来，从此，斯大林开始对这位老战友在复杂局势下掌握部队和应变的能力产生了怀疑。

格里戈里·伊万诺维奇·库利克

　　1941年秋季，库利克被派往列宁格勒前线当第54集团军司令。第54集团军是直属大本营的独立集团军，负责在沃尔霍夫和姆加突出部的作战。朱可夫大将受命担任列宁格勒保卫战的指挥，具有强烈进攻意识的朱可夫几乎马上就和保守的库利克发生了冲突。当时朱可夫要求库利克马上从外侧向姆加突出部发动一次进攻，以牵制德军向列宁格勒的攻势，缓解列宁格勒守军的困境。库利克认为以他目前的兵力和装备，发动进攻只有失败的可能，因此一再拖延。库利克这种只从自己方面出发而置全局于不顾的行为，把当时在列宁格勒城内指挥作战的朱可夫气得半死，直接到斯大林那里告状，于是斯大林将他调到西南方面军任职。

　　库利克被以大本营代表的身份派去指导罗斯托夫和刻赤半岛的防御，真是凑巧，新官上任的库利克面对的正好又是曼施坦因，这次库利克又是发现自己的兵力不足。（过后看来，他的悲剧正在于他总是"发现自己的兵力不足"，他命运的几次转折点皆因如此，曼施坦因正与他相反，所以他二人在这场战争中的命运也正好相反）他认为自己的兵力不足以守住刻赤半岛，因此库利克断然决定放弃刻赤半岛主动退往高加索，其实库利克这一次又是过于谨慎了，他不知道曼施坦因的兵力也不足，在没有攻下背后的塞瓦斯托波尔之前，曼施坦因根本没有力量渡海峡进攻高加索腹地，库利克这个决定导致的结果是在刻赤半岛失陷的同时，罗斯托夫也失陷了，这一次他是彻底激怒了斯大林，库利克被剥夺了苏联元帅军衔和苏联英雄称号，并被送上军事法庭，总算还好，没有落得巴甫洛夫大将被枪毙那样的下场，库利克从元帅被降为少将，他又回到了老本行，去当了一个军的炮兵指挥官。斯大林还算顾念旧情，又给了他一次证明自己的机会，1943 年 4 月，库利克又被调任近卫第 4 集团军司令，并给他升为中将军衔。库尔斯克会战第二阶段，库利克指挥精锐的第四禁卫集团军参加反击，老天真是爱和他开玩笑，也许是想给他一个雪耻的机会吧，他的正面，又是他的冤家对头曼施坦因，不过此时的曼施坦因已经是名震四方的顿河集团军群的司令，元帅军衔（两人的军衔正好调换了个儿，一个由中将到元帅，一个由元帅到中将）。这次库利克没退避，不幸的是，近卫第 4 集团军吃了败仗，并且丧失了进攻能力，库利克因未能胜任自己的职责，9 月又被撤职。从此以后，库利克只能是在后方担任苏军后勤组织工作了，他的确不适应现代战争。

战后，库利克又晋升为中将，担任一个偏远军区的副司令，而这个军区的司令也是一个失意的家伙——前斯大林格勒方面军司令瓦里西·尼古拉耶维奇·戈尔多夫上将。这两个不得意的家伙凑在一起免不了要发发牢骚，他们可能以为在偏远地区没有人会注意他们，再加上库利克原本是"宫廷重臣"，所议论的当然免不了有些被下面的人以为是"宫廷秘闻"之类的东西。他们不知道其实他们的举动早就被贝利亚的秘密警察所监视和告密。1947 年 1 月 11 日，因被指控"组织反苏活动""发表背叛性和恐怖性的言论"库利克被苏联国家安全部逮捕，关进莫斯科的苏哈诺沃监狱，1950 年 8 月 2 日对其正式提出了指控。8 月 23 日，库利克被苏联最高法院军事审判庭追究战时的过失，处以死刑和没收财产，翌日即遭处决，终年 60 岁。

总的来说，库利克是一个能力平庸的将领，一个神秘的悲剧人物，但是无论如何还是不应该受到最终那样的对待。最后的审判中，对库利克的指控甚至还包括为德国人当间谍，故意破坏战前的军备建设，说库利克不是内战时的库利克，是德国人冒充的云云。1956 年 4 月 11 了，总军事检察院经过调查得出结论，认为对库利克的逮捕是根据调查得出结论，认为对库利克的逮捕是根据侦查机关伪造的材料进行的，是没有根据的，据此，苏联最高法院军事审判庭因库利克案件"缺乏犯罪要件"撤销其案件，5 月 30 日，苏共中央主席团宣布为其恢复党籍，1957 年 9 月 28 日，已经长眠于黄泉之下 7 年的他才被苏联最高法院宣布恢复苏联元帅军衔、苏联英雄称号以及一切政府奖赏。

（九）原子弹梦的破灭——英军摧毁希特勒重水加工

1944 年 2 月 20 日清晨 10 时 45 分，一辆满载的渡轮"海多罗"号正颠簸着穿过波浪滔滔的挪威廷斯贾克湖时，忽然间船的甲板下一声闷雷似的爆炸响声，渡船在剧烈的爆炸中摇晃起来，停滞不前。不到 5 分钟，"海多罗"号便沉下了湖底——同它一同沉没的是希特勒想占有世界上第一颗原子弹的梦想。

1940 年 4 月 9 日 5 时许，德军向北欧国家丹麦、挪威发起突然袭击。德军仅用 4 个小时就占领了丹麦全境。与此同时，德军多路登陆并空降部队，也把侵略的魔爪伸向挪威。德国赤裸裸的入侵行动，表面上看是为了满足其扩张、掠夺资源的需要，但另一个鲜为人知的目的，就是占领挪威制造重水的维莫克化工厂，抢在盟国之前，制造出原子核武器。

维莫克化工厂在被德国占领的挪威境内，位于首府奥斯陆以西 150 公里处的特拉马克山区，在这座戒备森严的工厂内，重水正在以一点一滴的速度被生产着、积蓄着。这里是全世界为数不多的几个重水生产地之一，也是德国唯一的重水生产地，它的产量每月大约有 10 千克。重水从表面上看，同普通水没有任何区别，但它是控制原子核反应的理想减速剂，直到 1942 年，全世界的重水总量不过数百磅。真正了解重水含义的人们知道，作为制造原子弹的必备物质，这区区数百磅重水左右整个战争局面。

在希特勒的命令下，这家工厂夜以继日地生产着重水，照这样的速度生产下去，大约两年后，德国就可以得到建造一座核反应堆所需要的 5000 千克重水。英国首相丘吉尔闻讯后忧心忡忡，决定从源头上开刀——彻底摧毁纳粹制造重水的维莫克化工厂。

最初丘吉尔想对维莫克化工厂实施轰炸，但很快就被否决了。原因是对于四周有群山环抱的维莫克化工厂来说，轰炸很难伤到工厂的皮毛。最后，英国战时内阁将这项艰巨的任务交给了"哥曼德"特种部队，由特种作战司令科林·宾格斯具体指挥，国家安全协调局首脑斯蒂文森保障协调。

"哥曼德"特种部队是英国在第二次世界大战期间着手培养的一支训练有素、具有深入敌后作战能力的部队，归英国的特种作战司令部指挥。它专门以爆破、淹没等特殊手段削弱德国的物质力量，因此，丘吉尔形象地称它为"非绅士风度作战部"。英国特种作战司令部制定了代号为"燕子"的破袭计划。按照该计划，英国特种作战司令部精心挑选的 4 名挪威籍突击队员打"前站"，他们被空投到维莫克化工厂附近，在与当地的情报人员接上头后，负责接应后续突击队员。英国联合作战部尽管在敢死队行动方面颇有经验，但向挪威派遣特种突击队，去完成这样一个异常艰险的任务还是首次。斯堪的纳维亚山脉横贯挪威全境，每座山峰都充满着生死未卜的危险。接近极地的斯堪的纳维亚半岛上空，气流变化莫测，使挪威成为欧洲一个最不利用空降式滑翔部队来发动进攻的国家。

1943 年 1 月 19 日，两架轰炸机各自牵引着一架乘有 16 名突击队员的滑翔机，飞临挪威上空。不幸的是，由于英国皇家空军首次用轰炸机牵引滑翔机，缺乏经验，再加上天气不好，两架滑翔机先后坠毁，32 名突击队员除数名被俘外无一幸存。这次行动惊动了德军，他们对维莫克镇加强了防卫。2 月 16 日，由 6 人组成的"枪手"突击队再次出发，被伞降到了距维莫克西北 45 公里一个结冰的湖面上，不久就和先头到来的 4 名队员接上了头，2 月 27 日，队长罗尼宣布了最后行动的命令："全体人员一律穿英军制服，分为两组：掩护组和爆破组，晚上 8 点准时出发。每人带两片氰化钾，任何人在可能被俘时都必须服毒，不能让德国人抓到一个俘虏。"

2 月 27 日晚 8 点，突击队抱着必死的决心悄然踏上雪橇出发了，趁德军正在换岗的空当，队长罗尼悄声向大家下达了开始行动的命令。黑暗中，7 名突击队员顺着通道向重水车间摸去，一切都如同他们在英国训练时在复制品上所做的一样，队员在能造成最大破坏之处——重水电解池周围迅速绕上炸药和导爆索，等队员撤离后，一声沉闷的爆炸声从重水电解池车间传来，撕破了夜空的宁静。加上情报员共 11 名的突击队花了几个月时间历经千辛万苦拉响的这一沉闷的爆炸声，终于令德国人耗费数年建成的重水实验室在几秒钟内陷入瘫痪状态，也最终让 450 千克极其珍贵的重水从炸毁的水槽中流出，顺着工厂的污水沟流掉了。

1943 年底，伦敦接到密报说：维莫克化工厂通过一年的修复又重新恢复生产重水，有一批相当于 6 个月产量的重水将于 1944 年 2 月从维莫克化工厂运往德国。显然，不能让德国人转移重水的计划得逞，留守在挪威维莫克化工厂附近的特种兵接到命令后就立即投入行动。2 月 19 日晚他们混上了准备运送重水的"海多罗"号渡轮，在该船的底部安装了一枚定时炸弹。20 日上午 10 点整，载着重水的"海多罗"号准时起航，10 点 45 分，定时炸弹爆炸，仅仅 5 分钟的时间，德国最后一批珍贵的重水连同其设备一同沉入了挪威的廷斯贾克湖湖底。英国经过长达 3 年艰苦卓绝的不懈努力，在付出了沉重代价之后，终于炸毁了德国赖以生产原子弹的重水工厂，并阻断了其重水运输线路。这对希特勒的打击是致命的，其制造原子弹的美梦也随之彻底灰飞烟灭。

其实后来有些资料显示，炸毁德国的重水生产厂并毁掉其已生产出来的重水，借以延缓德国制造原子弹的时间，这仅仅是出于盟国自己的杞人忧天而已，当时德国生产的重水并不是用于制造原子弹，不然的话重水生产厂哪会才有几十个兵守卫？而运重水的船连个守卫都没有，会那么轻易地就让他们随便上去？在整个破坏活动中英国人差不多如同出入无人之境，这些事实都足可以说明，德国当时并没有开始研制原子弹，英国特种兵在经过多年精心准备去炸毁两个毫无戒备的民用目标，实在没什么值得大惊小怪的。

（十）"资本主义的杰作"——第二次世界大战时美英对苏联的支援

在苏联的卫国战争期间，英美等西方国家对苏联给予了大量的物质援助，战后的人们出于各种原因，就这些援助的数量和它们对苏联卫国战争的重要性各执一词，一直争论不休。半个多世纪过去了，随着以往的一些档案的公开，我们已可以对其有个比较清晰的认识。

英国人艾伯特·西顿说："如果美国和大不列颠在苏德战争期间严守中立的话，毫无后顾之忧的德国和轴心国军队将会把苏联碾得粉碎。"事实是不是这样的呢？尽管战争不承认"如果"，但人们也不妨就着艾伯特·西顿的话，去了解一下英美在苏联卫国战争中对苏援助的内幕。

1940年底，丘吉尔紧急致函美国总统罗斯福求援，罗斯福提出以租借方式援英。1941年3月，美国国会通过租借法案，授权总统向与美国安全有重大意义的国家用出售、转让、交换或租借等方式提供武器和军用物资。《租借法案》的出台使美国走向反法西斯战争的重要一步，意味着美国完全放弃"中立"政策，实际上已介入欧洲国家的反法西斯战争。

1941年6月苏德战争爆发，当日，丘吉尔就发表广播演说，向全世界宣称："我们要对俄国和俄国人民给予力所能及的一切援助。"第二天，美国代理国务卿威尔斯发表声明，支持苏联。罗斯福在审阅这个声明时，用铅笔加上了一句结束语："在今天，对美洲各地的主要危险是希特勒的军队。"此后，为了利用苏联去对抗德国，英国对苏联给予了物质支援，美国也依据《租借法案》对苏联予以了大量的物质援助，这些来自西方国家的物质援助无疑在苏联的卫国战争中起了极大的作用。第二次世界大战结束后，苏联部长会议副主席沃兹涅先斯基曾表示，盟军援助的武器装备只占苏联生产总量的40%。整体来说，这些援助所起的作用并不是很大，无论如何也不可能对卫国战争的进程产生决定性影响。在苏联解体后，俄罗斯的一些媒体披露，美英盟军援助苏联的武器装备远远不止这个数字。

与苏联人不同，美国编年史家把《租借法案》的作用一直都看成是苏联能够继续战争的决定性因素，美国学者罗伯特·约翰逊在1969年出版的专著中论述了美国援助对于苏联至关重要的军事经济作用。但是，由于缺乏有关苏联生产的相关资料，他无法表明美国和英国提供的援助在苏联的个别至关重要的生产中所占的分量，虽然他能够列举出根据《租借法案》所供应物资的详细清单。这份供应物资的详细清单大体是：战机1.83万余架，坦克13000多辆，舰船400多艘，以及大量的汽油、粮食和钢材等。

红军高级将领朱可夫曾对一位作家表示，如果没有美国的钢，我们能够生产那么多坦克吗？据统计，第二次世界大战期间，盟国援助的装甲钢占苏联生产总数的一半左右。据俄罗斯空军著名的历史学家莱贝德夫少将说，第二次世界大战期间，盟军总共向苏联援助了18300余架各型作战飞机，约占苏联生产战机总数的20%，美英总共还提供了150万吨高质量的汽油，比苏联生产的总数还多。

美国通过《租借法案》援助苏联的物资名目繁多，多达上千种之多，在战争中，苏联大量工业品产能不足的情况下，这些援助有力地分担了苏联已经疲惫不堪的工业的压力。客观地说，这些产品大多数苏联不是不能生产，但是，苏联的人力极为紧张，如果把这些人力投入到这方面，对战争有极大影响的坦克、飞机、大炮就无法达到这样巨大的产量。

美国和英国的援助武器平心而论，援助的数量是很大，但其在先进程度上都是做了保留的。英国向苏联提供的MKⅣ坦克被称为"丘吉尔"坦克，丘吉尔曾开玩笑说："以我名字命名的坦克的缺点比我还多。"在整个卫国战争的战场上，苏军的先进武器那还得靠自己。但锦上添花不如雪中送炭，由于在战场上的巨大损失急需弥补，此时数量巨大的西方援助所产生的作用也是不可以低估的。

对于这些冒着德国飞机潜艇的威胁穿越冰海送来的援助，斯大林兴奋异常，他从来都没有因为盟国以次充好而抱怨过，只是强调"这些还不够，我们的军队需要更多的先进武器对付德国法西斯"，终于这个国家以强大的人海淹没了柏林，吞噬了百万关东军，在这些永载史册的瞬间，除了T34和伊尔2等有苏联特色的社会主义兵器，很多西方盟国援助的武器也发挥了巨大作用，被苏联官兵戏称为"资本主义的杰作"。

对于西方援助的重要性西方人下的结论是："没有西方的援助，苏联不仅可能难以赢得卫国战争，而且甚至无法抵挡德国的入侵。"比如罗斯福总统的特使霍普金斯曾在1941年7月31日信函中宣称："斯大林认为如果没有美国人的帮助，英国和苏联就不可能和德国强大的物资实力相抗衡，因为德国拥有其所占领的欧洲领土的全部资源。"

得承认，西方当时对苏联的援助是起了极其重要的作用，但不是绝对的作用。现代战争的胜负不是只靠飞机、大炮、坦克的数量决定的，尤其这样的全面战争，是对一个国家综合实力、总体力量的考验，全体苏联人民英勇牺牲的精神才是苏联卫国战争胜利的根本。况且英美对苏联的援助从其出发点来说，也是出于自己的需要，无所谓谁帮谁的问题，这一点连美国自己也知道，不然的话，为什么最后美国要求秋后算账，偿还部分贷款和货款时，苏联人却以自己功劳巨大却没有得到和英国人相同的援助数量而作罢呢？

（十一）"金百合计划"——指向死亡的宝藏

山下奉文是第二次世界大战期间的日本陆军大将，曾任侵略东南亚的日本第14方面军司令官，由于性情残酷，作战勇猛，被人称之为"马来之虎"，其人战后作为战犯已被绞死在马尼拉。这个曾经涂炭生灵，搅得东南亚人不得安宁的魔鬼，就是死后也搅得当地人心神不宁，着魔疯狂。

据说此人死前曾和他的部下在东南亚掠夺、搜刮了大量金银财宝和各国货币，藏在菲律宾的某处。山下奉文藏宝曾被预估价值超过千亿美元之巨，以至于美国可以利用被挖掘出的黄金作为冷战经费。考古界通常认为分散各处的埋宝点共有175处，这种说法的来源是因为山下奉文的司机被俘后的证词，此人还亲自带领挖掘了12处藏宝点，但可疑的是，这12个藏宝点虽然黄金巨量，但比起整个藏宝只是小菜一碟，而山下奉文至死未透露半句藏宝的口风。

战后40多年来，有关这笔财宝的传说扑朔迷离，时而甚嚣尘上，活灵活现，时而又销声匿迹，若无其事。到底山下奉文藏没藏财宝，藏了多少，尤其是藏在哪里，这些至今还没有一个人能说个明白。

1986年，菲律宾发生"二月革命"，马科斯总统及其家属仓皇出逃，据报道，马科斯一家逃离马尼拉时，携带了几十只装满黄金、珠宝、美钞的大木箱。然而，这些财宝不过是马科斯几十年间敛聚的财产中的一部分。菲律宾"廉政公署"于1991年7月31日公布的数字说，所发现马科斯在瑞士银行存有黄金多达5300多吨！"廉政公署"又称，马科斯在香港的银行里有5个秘密账户，存款总额多至10亿美元以上。马科斯如此巨额的财产来自哪里？1992年2月，他的遗孀伊梅尔达·马科斯坚称她的丈夫找到了"山下奉文宝藏"而致富。第二次世界大战期间，日军在东南亚一带大肆烧杀掳掠，犯下重重罪行，也积聚起大量的财富。日军当年的财物掠夺，"犯罪"范围包括中国、中印半岛、泰国、缅甸、马来亚、婆罗州、新加坡、菲律宾和荷属东印度群岛等地。抢掠对象是各地的民宅、教堂、寺庙、银行、商店，还有倒台的政府、黑帮犯罪集团及地下经济团体等。据40年代最保守的估计，那几年战争所"创造"出来的日本"战利品"，价值高达数百亿美元，单只黄金一项就有6000多吨。这数目只限已知抢来或买来的可靠财物，另外还有钻石、翡翠、玉器、佛像等珍宝，古董、首饰，不计其数。当时到手的"战利品"部分已"安全"送到日本收藏，但随着后来战争形势急转直下，日军兵败如山倒，加上盟军封锁海上通道，致使大量财富滞留在菲律宾境内。从1944年开始，当地居民就传言，日军东南亚战区司令，有"马来之虎"之称的大将山下奉文奉天皇旨意将大批黄金藏在了一些隧道中，这一行动被称为"金百合计划"。

1945 年，日本在菲律宾宣告投降，山下奉文也投降了，由于在藏宝时期山下奉文杀掉了很多具体的执行者，所以，秘密被严格保守。日本战败后，山下奉文被处死，这批财宝就留在了菲律宾，只有美国人提前得知菲律宾境内有大量宝藏存在，所以在以后的几年内，美国陆续挖掘出价值几百亿美元的财宝运回国内。

战后菲律宾掀起了掘金热，马科斯十分热衷于寻找山下奉文的宝藏，他曾下令在全国 172 个地方同时展开掘金寻宝行动。

但据一个名叫洛克萨斯的美籍男子的说法，山下奉文的宝藏最早是他发现的，后被马科斯劫走。据说，马科斯根据洛克萨斯提供的情况，找到藏宝所在位置，出动重型机械，开山掘土，终于获得大量藏金。于是山下奉文宝藏就被转到马科斯名下，并被秘密转移重新埋藏起来。

早在 1975 年，当时的菲律宾总统马科斯就曾委托国际贵金属公司来人商谈菲律宾寻宝事宜。

这家公司在从事寻找黄金和贵金属方面很有经验，1983 年马科斯宣称，已经在圣地亚哥要塞地下找到了财宝，不久将公布于世，但马科斯此举只是想让那些打山下奉文宝藏的人死心。实际上直到他下台，也未能见到任何财宝的踪影。

巨大的宝藏不会永远沉寂，永远是一波又一波寻宝者手中的罗盘所指的方向，山下奉文藏金的数量之巨大，历史上也许找不到几个来与之相比，巨大的诱惑使得那些眼珠血红的掘宝者相互之间已展开了血腥的竞争。

第二次世界大战结束后，大批美国、日本、菲律宾的掘宝者进入了马尼拉，他们分批进入碧瑶山区丛林和菲律宾诸岛海域，目标就是那上千亿的宝藏。他们昼伏夜出，行迹隐秘，被当地人称为"幽灵"。不过，这些"幽灵"在后来的掘宝者抵达之前，都变成白骨嶙嶙的大小骷髅，传说中的藏宝地点，后来陆续有掘宝者互相残杀的事件，增添了不少"新魂"。

由于地利之便，马科斯大有收获，这些挖掘出的黄金珠宝都成了他的私有财产，每次黄金的变卖都会引起伦敦黄金交易市场的剧烈波动，这也引起了很多国家的注意，秘密不再是秘密，很多国家派出秘密小组深入到菲律宾境内及海滨开始寻宝工作，1988 年 2 月 12 日，经菲律宾政府批准，美国人罗伯特·科惕斯开的"国际贵金属公司"悄悄来到马尼拉，在具有 300 多年历史的圣地亚哥堡发掘据称埋在这里的山下奉文宝藏，为此，菲方派出了数 10 名军人保护掘宝现场。美国联邦调查局官员曾提醒菲律宾有关部门，"国际贵金属公司"的老板罗伯特科惕斯有诈骗前科，该公司曾以在菲掘宝相号召，吸引一些人入股投资，其中可能有诈。

然而，兼任联合挖宝委员会主席、菲律宾总统国家安全顾问苏里亚诺先生，在1988 年 8 月 27 日举行的记者招待会上表示，已在圣地亚哥堡地下钻探到黄金细粒。他透露，在圣地亚哥堡地下 15 英尺处埋藏着 27 桶金币和首饰，还有 2700 块黄金，总值不下 17 亿美元，估计在几个月内可望找到。消息传出后，不少菲律宾人和外国人纷纷合作成立挖宝公司，在菲各地破土寻宝，一些古墓、城堡、教堂、校园被挖得面目全非，可是都一无所获。那些投资者恐怕个个是"竹篮打水一场空"，但他们无法向"国际贵金属公司"索赔，因为他们入股时曾签署了愿意承担一切风险的文件。

到底山下奉文藏没藏财宝，藏了多少，尤其是藏在哪里，这些至今还没有一个人能说个明白，或许这就是那个不可一世、双手沾满东南亚人民鲜血的刽子手给菲律宾人民留下的最后一个不祥之梦。

（十二）宝藏不翼而飞——"阿波丸"号沉没之谜

1976 年至 1980 年的 4 年间，交通部上海海上救助打捞局曾承担了一项举世瞩目的重大打捞工程，即后来被称之为新中国的第一次"水下捞宝"工程。这就是对沉没在我国福建沿海平潭海域达 30 余年的日本籍万吨级远洋邮轮"阿波丸"号的打捞。

1972 年，时任美国总统的尼克松首次访华，开启了中美关系史上新的一页。除了在政治方面表示友好，经济层面寻求沟通以外，尼克松一行还向中方提供了一份特殊的礼物——"阿波丸"号沉没在中国海域的具体方位和装载货物清单。美方还表示，希望和中国政府合作打捞"阿波丸"号。

在关于"阿波丸"号的档案中记载着："据确实报告反映，'阿波丸'号里面装有工艺品、艺术制品和贵重物品，这些都是在战争期间，日本占领中国之后，从中国偷运出去的。"

"阿波丸"号通体乳白色，被称为"幸运之神"，1945 年 2 月 17 日，"阿波丸"号装载 800 多吨物资，驶向东南亚，并从东南亚带回 2000 多名乘客。同时，它还秘密地装运了 300 多吨橡胶、3000 吨锡锭、2000 吨钨、800 吨钛、40 吨黄金、12 吨白银、50 箱工业钻石、50 箱珍珠玛瑙和部分货币，总数达 50 亿美元之巨。

这艘船于 1943 年 3 月 5 日下水，名义上是商船，但却是按照军事性能及要求打造的，无论从规模、性质、性能来讲，都是真正意义上的军事舰船。建成后的"阿波丸"号全长 154.9 米，总吨位 1.15 万吨，最高时速 20 节。在与它同类型的 4 艘商船都被改造成轻型航母后，它却隶属日本邮船公司，先后 6 次往返于日本——

新加坡航线，为陆军运送给养。在这期间，它曾受到炸弹的爆破和美军鱼雷的攻击，但依然完成了任务，因此被日本军方誉为"不沉之舰"。

4月1日午夜时分，该船行至中国福建省牛山岛以东海域，被正在该海域巡航的美军潜水舰"皇后鱼"号发现，遭到数枚鱼雷袭击，3分钟后迅速沉没。除1人外，2009名乘客、船员以及船上装载的货物全部沉入海底。

"阿波丸"号的航行是经过美日双方商议过的，日美双方决定把它改装成运送救援物资的运输船，它在前往东南亚的航行中，获得了绝对安全保证。

为了万无一失，双方约定："阿波丸"号拆除船头的高射炮和舰首炮，撤走士兵，在船体画上绿色十字，以便识别。在"阿波丸"号南下的同时，美军展开北上攻势，航行的每一天，它都和攻击日本本土的美国飞机擦身而过。凭着一纸承诺，"阿波丸"号成为太平洋上唯一一艘可以安全行驶的日本巨轮，也是日本在太平洋上进行物资、人员运输的唯一希望，没料到却在台湾海峡被击沉没。

查理·拉福林"皇后鱼"号潜艇艇长，就是他下令击沉"阿波丸"号的。这次成功的攻击并没有给拉福林带来荣耀。在以后的很长时间里，他都不停地向各种人申述：在能见度极低的浓雾沉沉的海上之夜，最后当手下救起那个死里逃生的日本俘虏时，他才明白他可能击中的不是一艘军舰，沉船的名字叫"阿波丸"号。

就在下达攻击命令后的半个月，他就被送上了军事法庭，接受最严厉的审判。因为"阿波丸"号是一艘标示有绿色十字的，获准在东南亚海域运载民用救援物资和非战斗人员的船只。根据战时各方达成的协议，不得对此类船只进行军事攻击。这是一场离奇而又空前的海难，随同船只一起葬身海底的，还有2008条生命，那么在这场空前海难的背后，是否另有隐情呢？

2008个人从此沉入深深的海底，里面有罪行累累的战犯，有高级专业技术人员，还有老人、妇女和婴儿，这是太平洋发生的历史上最大的海难！对于这次攻击，在美军军事法庭上，拉福林辩解说：当时由于浓雾笼罩，能见度几乎为零，据声呐显示的信号判断，这是一艘军舰。此外，9个小时前"海狐"号刚攻击过敌运输船，因此以为是日军要进行报复。

1946年2月22日，"阿波丸"号事件中唯一的幸存者夏田堪一郎被遣返日本，受到了驻日美军最高司令官麦克阿瑟将军的接见。没有任何资料表明，麦克阿瑟对这位幸存者说了些什么，事实是，从这以后夏田将所有蜂拥而来的记者关在了门外。在长达20多年的时间里，"阿波丸"号上奇迹般生还的唯一获救者，始终对那天夜里发生的真相保持沉默。

"阿波丸"号沉船引起了世界的注目，极富传奇色彩。一段时间内，美国、英国、德国、法国等许多西方大国纷纷向我国政府提出前来打捞或与我国联合打捞的要求。由于"阿波丸"号沉没在我国领海内，根据国际海洋法规定，"阿波丸"号沉船属中国主权所有，任何国家和个人未经中国政府批准，都不得进入中国领海内打捞作业，只有中国政府才有权对"阿波丸"号进行打捞。

"阿波丸"号在海底沉睡了 32 年，这是传说中当代世界上最大的一笔海底财富！那么，在这笔财富当中，会不会包括日军从中国掳掠去的旷世珍奇呢？1977年，中国政府向世界公布，准备打捞"阿波丸"号沉船，此项工程称为"七七·一三工程"。1977 年 3 月，中国打捞公司的调查船和海军合作，奔赴沉船地带，经过一个多月的勘察、测量，终于在 5 月 1 日发现了目标。于是，遵照中央领导的指示精神，根据中国打捞力量的现状，海军与交通部经过多次协商，决定联合打捞"阿波丸"号。

1977 年至 1980 年，在我国福建省平潭县牛山岛以东海域进行打捞，初步打捞出的物品就很出人意料。除了资料记载的橡胶、锡锭等物品准确相符外，人们发现了伪满洲国内阁总理大臣郑孝胥去世时，分赠给后人的文物圆砚，以及郑孝胥之子郑禹的印鉴，而历史记载"阿波丸"号乘员全部是日本人。

这说明，日本人搜罗携带了中国北方的文物宝器上了"阿波丸"号，作为世界最重要的文化遗存"北京人"头盖骨化石很可能就在其中。

只可惜，在中国方面进行的"七七·一三"号工程，由于当时的技术条件和潜水员的体能所限，于 1980 年停止，在打捞上来的物品中，没有发现与"北京人"头盖骨化石相关的任何线索。如果说发现目标是个困难的过程，那么打捞则是个艰险的历程。一直到 1980 年 7 月 6 日，整个"阿波丸"号才得以重现天日。但疑惑也随之而来，对照当年的存货记录，货物全部找到，但唯独没有那 40 吨黄金。

从"阿波丸"号装上货到被击沉，中间并未停过船，那么 40 吨黄金怎么会不翼而飞了呢？这不仅令我国政府困惑，也为世界所不解，究竟谁拿走了这 40 吨黄金，则仍然像沉在海底的谜。人们没有找到黄金，也没有发现"北京人"头盖骨化石的踪影，有人产生疑问：也许种种传言只是日本为了打捞 2008 具骸骨而故布迷阵？

中国政府本着中日友好和人道主义精神，先后于 1979 年 7 月至 1981 年 4 月期间，在上海以中国红十字会和中国上海海难救助打捞公司的名义，分三批向日本方面移交了捞起的死难者遗骨和遗物，对此，日方深表感谢。日本政府代表厚生省大臣桥本龙太郎在 1979 年 7 月 4 日的交接仪式上说："我们将永远铭记贵国所采取的人道主义精神，坚信这对日中两国的友好亲善将起着桥梁作用。"

根据打捞发现，"阿波丸"号所中的三颗鱼雷不可能导致它断成两截，也不可能使这样一艘万吨巨轮在短短的 3 分钟内就迅速沉没，所以说"阿波丸"号的沉没本身也是个不解之谜。

（十三）"克里普斯方案"——"二战"期间克里普斯为何突然访印

二战中，世界反法西斯战争正在如火如荼地进行，作为反法西斯主力的英国却在集中精力对付轴心国的同时，悄悄派遣政府要员克里普斯突然访印，他们用意何在？

战争中总是会有一些匪夷所思的事情发生，比如二战期间英国政要克里普斯突然访印的事件就疑云重重。要知道，当时世界人民的反法西斯战争正在如火如荼地进行，英国作为反法西斯的主力国，需要集中精力和轴心国决战。而在此战争的关键时刻，英国的下院领袖、掌玺大臣克里普斯却在1942年春，带着解决印度问题的《宣言草案》（亦称《克里普斯方案》），风尘仆仆地飞往印度首都新德里访问。在大战关键时刻，英国当权人物为何要采取这一行动？

多年以来，历史学家对这一问题进行了深入细致的研究，大致形成了这样四种观点：

1. 丘吉尔决定说

鉴于丘吉尔在二战中应对纳粹德国的果敢表现，有人提出克里普斯访印一行是丘吉尔本人做出的决定，这是出于对当时战局的考虑。日本于1941年12月7日偷袭珍珠港，太平洋战争爆发，为了实现"大东亚共荣圈"的迷梦，日本加速了侵略步伐。1942年春，日本先后占领了新加坡、仰光，并且威胁到南亚次大陆的安全。印度的东大门——孟加拉国和马加拉斯也随时有沦陷的可能。素以维护大英帝国利益而著称的丘吉尔首相，为了维护自己的殖民地印度免受日军蹂躏，当机立断，派遣克里普斯访印，以此来加强英国的地位。

2. 罗斯福干预说

一些美国学者则认为是美国总统罗斯福的影响和干预促成了这一行动的实施。因为太平洋战争爆发后，英美两国同日本对南亚次大陆的争夺更加激烈了。当时，中美两国政府首脑考虑到盟国的共同利益以及印度所处战略地位，曾多次要求丘吉尔早日解决印度问题，以争取印度人民尽快投入反法西斯战争。

3. 工党压力说

一些历史学家从英国政局内部来分析，认为克里普斯访印一行是迫于英国国内工党的压力。众所周知，战时英国联合内阁中，在对印度政策问题上存在意见分歧，工党内出现一股势头，要求丘吉尔改变以往的政策，放弃僵硬政策，缓和矛盾，争取让印度也加入战争中来，特别是克里普斯，力主改善英印紧张关系。丘吉尔害怕内阁分裂，在工党的压力下，被迫做出上述决定。

4. 印度呼吁说

也有人认为，当时战火日益逼近印度，印度人民的独立呼声日益升温，强烈要求脱离英国的殖民统治。第二次世界大战爆发后第 3 天，即 1939 年 9 月 3 日，林利思戈总督没经各党派的同意，就擅自宣布印度参战。全印度人民奋起抗议他的这一决定，反英反战情绪高涨，印度自由派一些人士萨普鲁等人也联名上书，直接呼吁丘吉尔本人要求英国采取实际行动，以缓和日趋尖锐的英印矛盾。

为打破政治僵局，巩固统治，英国于 1942 年 3 月派遣克里普斯访印，提出宣言草案，但没有满足国大党在战时建立国民政府和印度人掌管国防的要求。

对于克里普斯在二战期间突然访印的真正原因，历史学家还在不断进行研究，希望有朝一日它的谜底能最终浮出水面。然而，和历史上其他神秘莫测的大事件相比，它只能算是一个小谜团，只是在历史的长河中投下了一颗小石子，泛了泛水花，便悄无声息了。

（十四）宝藏藏于何处——"沙漠之狐"的藏宝之谜

在第二次世界大战中，德国有一个素称"沙漠之狐"的陆军元帅，他在广阔的沙漠上能够出奇制胜，以弱胜强，而且大发战争财。他在北非作战时，短时间内搜刮了巨大的财富，并藏在突尼斯城中。

随着战争的继续，德军在北非全线崩溃。此时的隆美尔将军队向突尼斯城退去，准备将宝藏从海上转移到意大利南部。

但是，此时英国军队已经取得了地中海的海空控制权，从海上转移财宝的方案行不通。隆美尔于是派出了一个特别小分队，将这些财宝转移到撒哈拉大沙漠中一个秘密的地方。

这些财宝包括价值连城的金刚钻、绿宝石、红宝石、蓝宝石、大量的金币以及各种珍奇古玩，装了整整 90 多只木箱和一只大钢箱。没有人能够完整估算出这批宝藏的价值，也因为如此，引来无数后来者对这批神秘的宝藏垂涎三尺，不惜花费巨大代价去寻找。

1943 年 3 月，这支特别小队在隆美尔的亲信汉斯·奈德曼陆军上校的带领下，十几辆军车浩浩荡荡趁着夜色向神秘的撒哈拉大沙漠前进，可是，几周之后，英国无线电新闻广播播出一条新闻：在杜兹附近沙漠边缘的一次战斗中，英国截击并歼灭了一支装备精良的德军小分队，德军士兵全部战死。

这个德军小分队正是隆美尔派去埋藏宝藏的军队。他们成功将财宝埋在撒哈拉沙漠中某个地方，在返回杜兹途中遭到了英国部队的伏击。

这个消息一传来，知情人都非常震惊。因为如果这个小分队的队员全部战死，那么，这批宝藏的地点就成了绝世之谜了。谁也不知道他们将宝藏具体埋在了哪个地方，甚至连隆美尔自己都不清楚。

这批宝藏就像一块磁石一样，吸引着世界各地冒险家和探险家们走进撒哈拉大沙漠去追寻它的踪迹，可是，直到今天，依然没有重大发现。几十年来，因为寻宝而发生的惊心动魄的闹剧在一幕幕上演。

其中，最为著名的当属使无数人倾家荡产的"皮切尔·弗莱格案件"，皮切尔利用人们的巨大野心制造出一个又一个谎言，最终以荒谬的闹剧收场。

1948 年 6 月，一位自称皮切尔·弗莱格的年轻人来到法国驻德国斯图加特的领事馆，申请前往法国科西嘉旅行的签证。

但是，他档案上的经历引起了签证官的注意。他曾经是德军党卫队的一名潜水员。那么，他此次前往科西嘉的真正目的是什么呢？

在签证官的要求下，皮切尔·弗莱格讲述了一段离奇的经历。

1943 年 9 月，皮切尔曾经奉命前往巴斯提亚市外的圣弗罗伦海湾的海底找到并标记了一个能容纳 6 只铁箱的隐蔽之地。

第二天，他随着 4 名带着 6 只铁箱子的军官再次来到此处，用六分仪测下了这个点的坐标，皮切尔暗中偷看到了这个数据，并记下了此处特征。然而，两天之后，他却被盖世太保逮捕，随后被调到东方前线去打仗，而那 4 名军官则被枪决，因为他们所运的 6 只箱子中全是偷来的财宝，而且极有可能就是隆美尔的宝藏。

这段神奇的经历吸引了众多人的眼球，但是，这其实只是皮切尔的一个谎言而已。事后，皮切尔亲口承认，在法国政府的逼迫下，自己无奈中编造了这个谎言，其实，隆美尔的宝藏根本就不在海中，而是另有他处。

几天后，法国政府派出人员和皮切尔来到巴斯提亚市外的圣弗罗伦海湾，并没有发现如他所说的地理标记，甚至连大致方位都是错误的。最为重要的是，这位德国前党卫军的潜水员，居然不会潜水。

这样一个明显的骗局在进行了几个月艰苦的打捞过后不得不以闹剧收场。皮切尔被判处两个月的监禁，而此次打捞至少花费了法国政府一百万法郎。

皮切尔出狱后，受到了众媒体的追捧。因为在他监禁期间，法国和德国的报纸分别就隆美尔宝藏是否真有其事进行了报道。有证据显示，隆美尔宝藏曾被扔进了海中。

1949 年，出狱不久的皮切尔在海边散步时突然离奇失踪，从此下落不明。有人推断他，极有可能因为隆美尔宝藏事件被当时的黑手党杀人灭口，皮切尔的失踪更加坚定了人们对隆美尔宝藏确有其事的信念。

此事过后，又有一些人雇佣潜水员向皮切尔曾经说过的地方去探宝，但是，迫于黑手党的威胁，最后都不了了之。

1961 年，人们对于皮切尔事件的争议仍在继续。一位爱尔兰记者戈德利在《美国周报》上发表文章指出，在经过他的详细调查过后，认为皮切尔·弗莱格所说的一切都是虚构的，根本没有宝藏。

此事一出，一片哗然，令人意想不到的是，他居然得到了"已经死去"的皮切尔的邀请，来到德国见到了皮切尔真人，而且皮切尔还向他"坦白"了自己的身份。

此次皮切尔的说法是自己其实是一名意大利海军基地的水兵，曾经将一批珍宝沉入巴斯提亚港中，沉宝地点正对着一座被炸毁的寺院。1962 年，信以为真的戈德利和好友林克根据皮切尔的消息开始准备探宝。

1963 年 4 月 19 日，戈德利的探宝快艇"潜海者"驶达巴斯提亚港，在出港的途中受到一艘海轮的跟踪。随后，海轮上传来一张字条："我想就隆美尔珍宝一事警告你，已有多人为此丧命，这些珍宝是我们的！"赤裸裸的威胁让戈德利和林克只好结束了这次寻宝。

不久之后，又有一位记者在报纸上质疑皮切尔所说宝藏的真实性，并大骂其为骗子。皮切尔在德国的一家报纸上发表声明，承认自己一辈子都在撒谎，但是珍宝是确有其事的，它被藏在意大利的一座寺庙里。

皮切尔上演的这一场闹剧最终惨淡收场，很多人为此付出了高昂的代价。但是，即使如此，人们对于隆美尔宝藏的热情依然高涨。

它究竟在哪里？是撒哈拉大沙漠的某个秘密基地，还是如皮切尔所说的寺院海底或者是意大利的一座寺庙，今天，我们都无法确定。"沙漠之狐"的藏宝也成了一个未解之谜。

（十五）引人注目的巨大财富——犹太人的宝藏真假难辨

欧洲有句口头禅："世界的财富在犹太人的口袋里，犹太人的财富在他们的脑袋里。"从犹太人的文化传统历史来看，他们赚钱具有双重目的，一是为了经济，二是为了宗教。犹太人几乎家家都有大批的财富，他们的善于经商和富有是所有民族艳羡的。

二战中，纳粹仇视犹太人，要夺走他们的黄金、珠宝、戒指、项链、耳环、艺

术品等各种值钱的物品，没收他们世世代代积累的财富，甚至还对他们进行疯狂的大屠杀。犹太人被德国人搜掠一空。

但是在战争结束后，这些引人注目的巨大财富却不知所踪。国际犹太人组织、有关国家政府、寻宝者、探险家还有遇难者的后人，都积极奔走寻找这笔财富，但是始终下落不明。

1. 犹太人的财富会在哪里呢？

20 多年后，这笔财富终于有了线索。在希腊雅典犹太人总部，负责人康斯坦丁尼会见了一个不愿意透露姓名的神秘男子。

神秘男子告诉康斯坦丁尼，他知道一批沉入希腊海域的财物。神秘男子说，他曾在 1957 年因犯罪被判入狱，与纳粹刽子手默登被关押在一间牢房里。默登非常奇怪，他总是一个人一边用手指在地上画东西，一边嘴里还絮絮叨叨着什么。这很快引起了神秘男子的揣测。后来，他想尽一切办法，才让默登说出了实情。默登告诉他说，自己思考的是一笔价值连城的宝藏。而这批宝藏正是德国法西斯从犹太人那里掠夺而来的，价值高达 10 多亿美元。

神秘男子听了以后非常惊喜，于是他和默登便想方设法出狱，还商讨怎样打捞到那笔宝藏。之后，默登用手在地上给他画了一幅有关宝藏位置的地图。

康斯坦丁尼立马就想到，默登就是不久前被希腊军事法庭判处长达 25 年劳役的那个默登。他当年在纳粹入侵希腊时，担任执行屠杀犹太裔希腊人的最高官员，主要职责就是集中屠杀希腊港口城市萨洛尼尔的犹太人。在希腊的犹太人，和德国的犹太人一样都无法逃脱厄运。每一个犹太人在被德国人处决前，他们值钱的东西会被搜刮掉，每天纳粹总部都会收到的犹太人的珠宝等东西，这些都难以估量出实际的价值。

但是默登入狱后，没服完刑期就在 1959 年被神秘获释，还被德国有关方面派来专机接回了德国。康斯坦丁尼心里马上就明白德国人急着使默登"获释"，是想得到这批犹太人的宝藏。

但是据后来逮捕的纳粹战犯说，默登这个人贪得无厌，非常吝啬，性格专断。他往往把财物私自收藏起来，私自享有，应该是不会把这批宝藏的下落告诉其他人的。

2. 康斯坦丁尼对神秘男子的话表示怀疑。

康斯坦丁尼随后向上司做了汇报："我感到此人所说的一切似乎有些不可思议，但我必须承认他所提供的一切资料，例如该批宝藏的具体描述，以及默登个人鲜为人知的一些嗜好和日常举动，可信度非常高。只有和他常年在一起的人才会了解得这么清楚。因此，我决定依照他的指示进行打捞。"希腊政府非常想得到这笔财富，所以康斯坦丁尼得到了强有力的支持。

这个神秘男子与康斯坦丁尼还订立了协议：这次寻宝行动一旦成功，那么宝藏将会分成两部分，一半归希腊政府所有，一半由当地犹太人的组织与这个神秘男子平分。然而在将要开始探宝的时候，这个神秘男子却因欺诈罪而入狱。

在这种情况下，虽然这个神秘男子被关押在监狱里，无法和康斯坦丁尼的团队一起行动，但他运用一些通讯设备向探宝队提供了详细的信息。根据神秘男子提供的信息，探宝队在希腊中南部的卡拉迈海域进行了一系列对犹太人宝藏的打捞行动。

由于他的"遥控"控制着整个探宝队的行动，所以这被称为欧洲第一次"遥控探宝"。这一次的遥控指挥激起了世界各地寻宝者的兴趣。

可是直到后来，所谓的宝藏仍然没有被找到。这批犹太人的宝藏是真是假，那个神秘男人提供的信息是否属实，至今也无法得到证实。但是依然有许多寻宝者非常热衷这项事业，盼望着早日得到宝藏。

（十六）"世界第八大奇观"——"琥珀屋"为何不知所踪

琥珀屋是普鲁士国王威廉一世在加冕过后，令丹麦的琥珀雕刻家杜索在波茨坦设计的一间由琥珀雕琢而成的房屋。经过 8 年的时间，杜索于 1708 年完成了这件被称作"世界第八大奇观"的艺术作品。

这间琥珀屋共有 12 块护壁镶板和 10 个柱脚。周围精巧的饰件都是由杜索以高超的技艺设计而成。它们可以组合成任意奇异的构图，这保证了威廉一世每天都可以观赏到琥珀屋不同的姿态。它们时而是各种古怪的形状，时而又是千姿百态的琥珀花朵和琥珀雕刻。更奇特的是，它们可以组合成各种不同的文字，威廉一世每天还可以欣赏到拼花墙上叙述的传说故事。整个琥珀屋天然一体，无任何人工雕琢的痕迹，仿佛造物主生花妙手亲手所创。传说波斯王子访问圣彼得堡，见到这富丽堂皇的琥珀屋，径自脱下了鞋子，生怕弄脏了琥珀屋的地板。

随着时间的流逝，暴露在阳光之下的琥珀屋部分琥珀墙面变得固定不牢，纷纷脱落。国王得知后重罚了两位建筑师，然后将琥珀屋从王宫移到一座城堡的贮藏室内。后来，瑞典侵略普鲁士，为之颇为头疼的威廉一世就想找到别国结盟。刚好1709 年时，俄国的彼得大帝一世通过波罗的海打败了瑞典军队。于是，威廉一世就为与俄国结盟积极活动起来。为表示自己对俄国的友好态度，1712 年，威廉一世将琥珀屋作为礼物送给彼得大帝一世。

彼得一世得到琥珀屋后，对它十分喜爱，于是就将其布置在沙皇的冬宫里。但

彼得一世仍觉得欣赏不够，就又将其挪到小冬宫内，自己长年住在琥珀屋内直至病逝。彼得一世病逝后，彼得一世的女儿伊丽莎白·彼得罗芙娜得到了琥珀屋。善于装饰的伊丽莎白决定在琥珀屋的基础上增添一些新的视觉效果。于是她请来意大利雕刻家马尔特里与来自哥斯尼堡的5名工匠重新布置琥珀屋。马尔特里经过仔细思考，将22面镜子巧妙地镶嵌在宫墙与护墙板之间，在琥珀屋中形成了重叠的特殊视觉效果。

重新布置琥珀屋的工作持续了很长一段时间，总共又消耗了600千克琥珀。这使得琥珀屋的规模较之前有了更大的拓展。重新布置的琥珀屋自然也有了更高的艺术价值。这座琥珀屋从此就坐落在叶卡捷琳娜宫，供宫里的人参观欣赏，直到1941年，德国纳粹占领普希金城。

纳粹到达普希金后，将叶卡捷琳娜宫洗劫一空。琥珀屋自然也在纳粹劫掠名单之列。与纳粹同行的德国博物馆馆长命令一批士兵拆除琥珀屋里的全部装饰，然后将其分别装入22个箱子内，运往哥尼斯堡。哥尼斯堡艺术馆馆长罗德对这件艺术作品非常重视，他让工匠把琥珀屋零件带到奥尔登宫的二楼大厅里重新拼装。尽管德国工人很小心地将琥珀屋拼装起来，但最后还是发现，一些零件受到了损坏，甚至还有一些不翼而飞。再次布置的琥珀屋也因此艺术价值大打折扣。

1945年，苏军逼近哥尼斯堡。纳粹知道自己战败无疑，于是他们将琥珀屋重新拆除，藏入城内"勃留特利赫"旅馆的地下室。虽然史书上如此记载，但自此以后，人们再也未见过琥珀屋。为了使这件艺术珍宝重见天日，多少年来，人们一直锲而不舍地探究着这个秘密。

其中苏联寻找琥珀屋最为卖力，甚至专门成立了一个寻找琥珀屋的小组。他们到德国专程访问哥尼斯堡艺术馆馆长罗德。但罗德却说时间太久，已记不清收藏琥珀屋的确切位置，要回家仔细想想。可回到家第二天，他就神秘死亡。于是小组又找到曾负责保管包括琥珀屋在内的一些艺术展品的苏联妇女库尔任科，但她却因为当时的情况太过混乱，不确定琥珀屋是连着城堡被烧成灰烬，还是与其他艺术品混在一起被藏了起来。

寻找琥珀屋的最后一条线索也就此中断。正当小组垂头丧气之时，一封化名鲁道夫·林格尔的人的来信提示了一些线索。据说琥珀屋是被藏在斯泰因塔姆的地下室中，而这个地下室就在哥尼斯堡。但小组根据信的提示，至今仍未找到琥珀屋的半点踪迹。

或许琥珀屋至今仍然在哥尼斯堡市，或许琥珀屋已经在战争中被销毁。我们不能确定哪一个才是历史的真相，还需要时间来揭开。

（十七）二战谍影——不明飞行物"观战"之谜

说及第二次世界大战，有太多太多的人物和战事被大家所熟知。人们无法忘记几千万人的死亡，无法忘记成千上万座城市的毁灭，无法忘记战场的硝烟弥漫。但也有一些事情人们至今还津津乐道，免不了茶余饭后讨论一番。

那就是 UFO。提到 UFO，人们总是抱着怀疑和好奇的心态。当 UFO 出现的时候，总是笼罩着神奇、神秘的色彩，发生一些诡异的事件，供人们去探求真相。尤其是当不明飞行物出现在战场中，更是让人浮想联翩。民间也流传着种种传说：最早是德国发现了 UFO，然后是苏联人和美国人打败了德国，秘密夺走了德国的 UFO 资料。接下来，几大国家都有了 UFO 坠落的传闻。再往后，几个国家的科技突飞猛进……

当然，这些都是传说。事情到底是不是真的，官方没有给出任何回应。然而，事实是，二战期间各个大国都付出了大量人力和财力去调查有关不明飞行物的事件。那么，到底又发生了什么事情，让这些大国的领导阶级变得坐立不安？到底出现了哪些 UFO，让二战的空中战场上笼罩了神秘莫测的色彩？

下面，让我们来看几个发生在战场上的故事。

1942 年的 2 月 26 日的晚上，荷兰的一艘叫作"号角号"的巡洋舰，正在海上进行着本职工作。船员们认真地搜寻着附近的海域，确保着本国的安全。然而就在巡逻的过程中，恐怖的事情发生了。一个辨认不出具体样子的飞行物跟踪上了"号角号"，"它长得就像铝制的圆盘，"船员们事后回忆道。它就像监视着"号角号"一样，紧紧跟随在船的上空。巡洋舰的船员们在惊诧了片刻之后，立刻意识到了危险的存在，将所有的大炮对准了不明飞行物。然而它似乎并不害怕也没有要躲闪的意思。舰长发现了它似乎没有要攻击的意思，于是下令撤销了大炮的攻击准备，继续前行。飞行物还是紧紧地跟着"号角号"，并不超过也不落后，就这样持续了大概 3 个小时的跟踪！最后，不明飞行物突然开始加速上升，并迅速地消失在夜空之中。据船员们的推测，当时它飞走的速度至少有 6000 千米每小时。

就在荷兰人发现 UFO 的半个月之后，德国的第 5 航空大队也同样遇到了不明飞行物的光临。1942 年的 3 月 14 日，警报声突然在"巴纳克"秘密军事基地响起，天空赫然发现了奇怪的不明飞行物。德国飞行员费舍尔立刻驾驶着飞机按照指定地点追赶上去，并且成功地拦截了它。当费舍尔看到了这架不怀好意的来者，他完全呆住了：这是一架 10 米长的小型飞机，没有机翼！根据他的回忆，UFO 尽管没有机翼，却能非常平稳地停留在半空中，"我看到了它的前端有天线一样的装置"。之后，更加让他瞠目结舌的事情发生了，这个纯金属的 UFO 以像光一样的速度上升，然后瞬间消失在了宇宙里。那种速度，估计是人类无法企及的。

类似的神秘事件一件又一件地发生着，让全世界的军界高层们怒不可挡。人们无法忍受如此高端的科技以玩弄一般的态度游走于各个国家之间。但是，尽管大家投入了大量的精力去调查，还是没有任何实质上的进展。

这究竟是外星人乘着他们的飞船来调查地球的战争，还是第三世界的军事集团自己制造的高科技武器？没有人知道真正的答案。也许有一天，人们会迎来外星朋友的光临，到时候一切疑问都会迎刃而解了。

（十八）不可思议的外太空——二战失踪美机在火星上吗

火星是太阳系由内往外数的第 4 颗行星，基本上是沙漠遍野，地表沙丘、砾石遍布。然而，当你有一天在观察火星时，竟然发现有第二次世界大战时期的美国轰炸机，而且正在规律地飞行，会不会觉得这是大卫·科波菲尔的魔术表演？会不会怀疑自己正身处于魔术师的舞台？然而这其中有一个不可思议的故事。

1945 年 12 月 5 日，二次世界大战战火初熄。在美国佛罗里达州的芬德代尔堡基地，有 5 架还带着火药味的美国航空格鲁门轰炸机前往大西洋进行海上巡弋。当他们进入百慕大三角地带时，几架飞机却突然消失得无影无踪，美军甚至连一丝的求救信号都没有收到，就跟他们失去了联络。基地赶紧派遣马丁水手式（PBM）巨型水上飞机前往该海域搜寻救援，但让人吃惊的是这艘 PBM 也没有再飞回来……

美军尝试了任何可能的方式去搜索失踪飞机的信号，却一无所获。两个小时之后的 19 时零 4 分，神奇的事情发生了，几架失踪的飞机不知从哪发来了微弱的无线电呼救信号"ＦＴ……ＦＴ……ＦＴ……"芬德代尔堡空军基地顿时沸腾了，但又瞬间冷却下来。他们清楚地知道，这几架飞机的燃料按道理讲早已耗光，求救信号又太过微弱，无法辨别具体位置。

基地最终放弃了对他们的搜救工作。"遇难"的 5 架飞机连同飞行人员，无论是名字还是资料记载都被军方从军籍名册中删去了。事件已过去数十年，岁月流逝，物换星移，军中人员换了一批又一批，人们已经不再记得它们……

有谁会预料到，50 年后，有人发现这些失踪的轰炸机竟出现在遥远的火星。

1995 年，美国的天文学家克芬德·路丁博士声称他无意间在观察火星时，竟意外地看到有 4 架带有美国军徽标志的第二次世界大战时期的轰炸机。更让他惊讶的是，这些飞机不但不是静止地存在于火星表面，而是正在以非常规律的编队方式运转飞行着，飞行速度达时速 4 万千米，就像是有飞行员在里面驾驶一样精准。这个消息一经公布，顿时议论声四起，哗然一片，有人说他凭空编造事实，有人说他在帮美方制造迷雾，甚至有人说他是个疯子。但令人不解的是美国官方拒绝对此次发现做出任何评论。这究竟是美国军方的一场骗局，还是真的存在什么神奇的力量，将这5架轰炸机中的4架搬运到了火星？

这位美国天文学家则似乎早就料到会有反对，批评甚至咒骂的声音出现，这一切也似乎在情理之中。毕竟让人们相信这种事情，无异于告诉大家"瞬间移动"，甚至外星人真的存在。但这些负面评论丝毫没有阻碍他对于该发现的热情，他始终坚持自己看到了那几架曾经在第二次世界大战时失踪的美国轰炸机在火星飞行。他现在关心的唯一问题是，他不知道这些大铁疙瘩是怎样从地球进入火星的，他们在火星上为何会被人操作般地飞行着。

不管这次发现是真是假，它还是让人们联想到了之前苏联卫星的月球探测。早在1987年3月，苏联通过卫星传真在月球的背面拍摄到过一架美国轰炸机停在陨石边，而当苏联卫星1988年7月22日再次前往该地搜寻扫描时，那架美军飞机却不见踪影。这是不是意味着，它并不是停泊在表面，而是在无规律地运动着……

一次接一次不可思议的外太空发现，让人们不约而同地想到，这是不是外星人的行动之一。美国航天航空物理学家莱特博士带领着一些科学家经过讨论，认为最大的可能性是：存在着这样一艘UFO母舰，它经常停留在百慕大三角区几百千米上空，来监视海上发生的一切。当地球人完成一次重大的飞行活动，里面包含了他们认为有获取价值的信息，UFO就向下投放一个子飞碟，从地球上取走飞行活动的样品。那些莫名其妙失踪的飞机船舰很可能就是在进入魔鬼三角区的时候被UFO掳走，而没有留下一丝痕迹的。

这样的解释，好多科幻小说家会觉得热血沸腾。但究竟这些失踪的飞机，是怎么被"乾坤大挪移"到了外太空，又或者这些根本就是美方的战争迷雾？

然而这一切的答案都是未知。

（十九）钢铁防线的覆灭——马其诺防线为何轻易失守

法国的马其诺防线号称"固若金汤"的钢铁防线，然而这一堪称伟大的防御工事在二战中却轻易被德军越过，从而成为世界军事史上最大的笑柄

1．"固若金汤"

第一次世界大战后，法国付出了500万人的死伤代价，法国民众认为应该增强国家防御力量来阻止敌人进攻。在这种普遍的防御思潮下，法国政府决定先在东北边境的梅斯、劳特尔和贝尔福构筑3个独立的筑垒地域，于次年施工。1929年12

月，A.L.R.马其诺新任法国陆军部部长，在他的努力下，法国国会于1930年通过了沿东北部边境修建绵亘防线的巨额拨款。该工程总造价近50亿法郎（1940年），相当于法国一整年的财政预算。防线也因为马其诺部长的努力而被命名为"马其诺防线"。从1929年起，法国政府就开始修筑"马其诺防线"。来自法国殖民地的大量劳工从1929年起至1935年，日夜劳作了6年才将工程的主体部分基本完成。整个工程总共有5600个防御工事，大小碉堡1533个。防线内的主体工事一般距地面30米，其中工事内储存的粮食和燃料一般可令士兵在三个月无须出洞一步。每一组工事都包括一个主体工事（包括指挥部、炮塔、发电设备、修理设备、医院、食堂）和一些观察哨所，号称"固若金汤"。在这样的工事后面，伤亡率自然大大减少。可是，德国人偏偏不走这条路，能奈其何。

2. 不堪一击，终成笑柄

自从有了"马其诺防线"之后，法国上下一致认为，从此可以高枕无忧了。法国统帅甘末林将军说："马其诺防线是法国的英吉利海峡"。他们将大批部队安置在这条漫长的防线上，这样一来可供用于机动作战的部队就减少了。德国闪击波兰之后，布置于"马其诺防线"后的几十万英法联军奉旨在那里奉行着只防御不进攻的作战方式，以至于眼睁睁地看着波兰人民送死。法国总理勃伯鲁姆说："这个工事虽不是进攻型的，但用于防御是绝对没问题的。"德国人会有那么笨，要打到敌人枪眼上去吗？不，德军南方集团军群参谋长埃里希·曼施坦因向希特勒提出一个新的作战方式。集中优势兵力于阿登山区，以装甲摩托化部队的优势直插索姆河，把联军的战略部署割裂开来，在北路德军的协同下再合围英法联军。

1940年5月14日，德军机械化部队翻越阿登山区，当英法联军发现这一企图后，匆忙向阿登山区的色当方向调集部队，但为时已晚。德军的装甲部队坦克群快速通过阿登山区，侵入法国，直接把军队插到"马其诺防线"的背后，几十万德军以每天进攻30公里至40公里的速度向法国纵深推进，很快便兵临巴黎城下。而固守在"马其诺防线"的英法联军居然还在顽强地等待着敌人的正面进攻。之后，腹背受敌的英法联军在突如其来的德国机械化装甲部队面前，一溃千里。号称欧洲第一陆上强国的法国，在一个月时间内就向德国投降，其失败原因并非因为"马其诺防线"修得不够好，而是败在战略思想以防为主。

（二十）菲律宾地下的财宝——山下奉文藏宝之谜

与纳粹德国一样，日本在进行法西斯侵略的同时也从事着强盗的行径，他们将亚洲尤其是东南亚各国积存了几千年的财宝抢了个精光。战争结束后，如同废墟般

的日本神奇而迅速得以重建，难道正是这些劫掠的财富之功？

1. "马来之虎"的最后使命

二战期间，日本由于本土资源匮乏，以战养战成为他们的主要战争经济来源。日本在战争期间抢到了数量相当大的黄金。据20世纪40年代末的估计，日本从东亚地区获得的财物达数百亿美元，其中仅黄金一项就达6万多吨，诸如钻石、珍宝、字画等更是不计其数。日本一个由天皇亲自任命的以皇族成员为负责人的"金百合"组织，就专门负责搜刮被侵略国的财富。仅从中国内地就运走了价值20亿美元的财宝。随着战争的深入，日本人感到末日的惶恐，"金百合"组织决定将尚未运回国内的宝物就地埋在吕宋岛上。此时，他们还以为可以实现有条件停战，在战后保住对菲律宾的控制。

负责主持"皇家藏宝点"建设的日军将领是号称"马来之虎"的山下奉文。1941年11月9日，山下奉文被任命为第253军司令官，负责进攻东南亚。在东南亚的侵略战场上，山下奉文仅用不到两个月的时间，即占领了马来半岛以及新加坡，取得了"南进"的重大胜利，山下奉文也因性情残酷，作战勇猛，因而被人称为"马来之虎"。占领了新加坡后，山下奉文命令专人制订了周密的"肃清华侨计划"，对当地华人进行残酷的大屠杀。在屠杀的同时，侵吞这些华人的家财，东南亚许多华裔豪门家族在二战之后都不复兴旺。

2. 最后的宝藏

在山下奉文向美军投降的二三个月之前，曾制造了一起惨烈的"8号坑"事件。当时，正值日本人在吕宋岛上的藏宝工程结束之际，山下奉文和一些日本皇族负责人邀请所有参与工程建造的工程师们在深山里的"8号坑"举行盛大的告别仪式。在午夜时分，山下奉文和

山下奉文

皇族成员趁工程师酒醉之时溜出了坑道，随后下令用大量炸药将坑道所有出口堵死。那些工程师和财宝被一起埋在了"8号坑"中。山下奉文在撤退时曾下过一道命令：日军离开马尼拉时不要破坏这个城市。

1945年10月29日，在中国和英国政府的要求之下，山下奉文被作为战犯交付盟军马尼拉军事法庭审讯。经过一个多月的审判，马尼拉军事法庭最终于12月7日判处罪大恶极的山下奉文死刑。1946年2月23日，双手沾满鲜血的战犯山下奉

文在马尼拉市郊的巴尼约斯刑场被执行绞刑。

战后四十多年来，有关日本人藏在菲律宾的财宝传说扑朔迷离。一种说法是，一部分财宝被美国人找到，以此为日本人的战争罪行进行开脱；另一种说法是，菲律宾总统马科斯于1975年曾委托国际贵金属公司来人商谈菲律宾寻宝事宜。据一位当时幸存的埋宝者称，日军在菲律宾的藏宝地点竟有170多处。1983年马科斯宣称已经在圣地亚哥要塞地下找到了财宝，不久将公布于世。但马科斯此举只是想让那些打山下奉文宝藏主意的人死心。实际上直到他下台，也未能见到任何财宝的踪影。然而，1986年马科斯垮台后，新政府发现他的个人资产竟高达几十亿美元，而他在1966年接任总统职位时资产不足6万美元。对此，他的妻子解释道，马科斯曾说过这些财产是来自日军的宝藏，也有人认为这是替马科斯贪污受贿开脱罪责。

无论如何，日本人在菲律宾的宝藏令无数寻宝者着迷。至今仍有不少菲律宾人和外国人纷纷合作成立探宝公司，在菲律宾到处寻宝，一些被认为是藏宝的古墓、城堡、历史古迹、教堂和校园等，大部已被挖掘得面目全非。

（二十一）离奇的出走——赫斯疯了吗

二战中发生过许多戏剧性的事件，赫斯出走英国便是其中典型的一例。作为纳粹帝国的第三号人物，赫斯为什么要在德国如日中天之际上演如此一出好莱坞式的拜访呢？一直以来，这都是一个尚未解开的谜。

1. 离奇出走

鲁道夫·沃尔特·理查德·赫斯，1894年4月26日出生于埃及的亚历山大里亚，父亲为德国批发商，14岁后回到德国莱茵上学。1920年，赫斯偶然参加了希特勒的一次演讲，对他的口才佩服得五体投地，从此加入纳粹党，成为该党的第16名成员，此后一直追随希特勒，成为他亲密的朋友兼私人秘书。1923年1月，赫斯参加了希特勒的慕尼黑啤酒馆暴动，失败之后，赫斯逃到了奥地利，当他得知希特勒被捕之后，主动回到慕尼黑向警方自首，自愿伴随希特勒到兰茨监狱服刑。在狱中，他帮助希特勒撰写《我的奋斗》一书。在希特勒登上德国总理的宝座后，1933年4月21日，赫斯被任命为纳粹党副元首。此后，他统管除外交和武装部队外的一切事务。

1939年9月，希特勒挑起了二战，横扫欧洲各国，击败法国之后，1940年纳粹德国开始空袭英国。实际上，希特勒的最终敌人是苏联，他并不愿与英国的战争旷日持久地打下去，更不愿意两线作战，他期望能与英国和谈，而丘吉尔并不吃这一套。就在这时，传来一个令人震惊的消息，赫斯叛逃到英国了。1941年5月10

日深夜，希特勒收到一封赫斯给他的信件，上面写着："我的元首，当你收到此信的时候我已经身处英国……如果计划失败（我不得不承认成功机会极小）……也不会带给你或德国不幸的后果，你可以选择任何时机与我断绝关系，就说我疯了。"在信的后面附有赫斯计划的与英国的和平协议。两天后，德国广播电台对外发布了赫斯叛逃的公告，称其是因为患有精神错乱而出走。13 日，英国政府宣告了赫斯于苏格兰降落的消息。德国宣传部长戈培尔随之又发了一篇公告，称赫斯由于幻想症而企图采取以个人行动促成德国与英国的和解，并把他称为灾难性幻觉症的牺牲品。

对于德国的辩解，二战各国均另有说法。苏联斯大林坚信，赫斯是在希特勒的密许下作为特使到英国，专为议和之事，企图将矛头对准苏联。而在赫斯炮制的《我的奋斗》一书中，的确有要同海上强国英国共同对付苏联的内容。丘吉尔首相则认为，赫斯此行目的是不可理解的，法西斯盟友墨索里尼因此而怀疑德国三心二意同英国媾和，出卖盟友。至今，人们关于赫斯出走英国的幕后真相，仍是众说纷纭，不得其解。

2. 驾机飞英

1941 年 5 月 10 日下午，赫斯在匆忙中与妻子告别，在副官等随从的陪同下来到德国奥格斯堡机场。临走之前，他交给副官一封信，告诉他如果在四个小时后仍未见他回来就将此信交给元首希特勒。然后，他独自一人上了 Me-110 战斗机飞往英国。在这之前，希特勒曾禁止他飞行，赫斯自己密请梅塞施米特飞机制造公司总裁为其提供 Me-110 战斗机，为此他集中精力学习驾驶技术和空中导航，收集有关气象资料，标记飞行路线图等。可见，这一切他是早就蓄谋的。晚上 11 点 09 分，赫斯抛离飞机，伞降在苏格兰的汉密尔顿公爵住宅区所在的格拉斯哥附近，飞机坠毁的巨大声音引起了当地人的注意。一番询问之后，1941 年 5 月 11 日，赫斯终于见到了他久已想会见的皇家空军某歼击航空兵群司令——汉密尔顿公爵上校。

赫斯为什么要密见汉密尔顿公爵上校，他的动机是什么呢？一直以来人们做了许多猜测。赫斯的儿子沃尔夫·赫斯认为，赫斯的好友豪斯霍弗父子一家与英国汉密尔顿公爵关系密切，在 1940 年夏季末，赫斯在豪斯霍弗父子的帮助下拟订德英和平停战协议。因为德国要想避免两线作战就必须要与英国停战。赫斯本打算在中立国与汉密尔顿公爵见面，可是未能得到满意的答复，于是赫斯决定冒一次险，只身飞往英国，以他作为希特勒的忠实信徒而言，这种冒险行动不是不可能的。在英国，赫斯公开向汉密尔顿公爵表明了自己的身份，说自己就是鲁道夫。此行是为了执行人道使命，停止流血战争，德国并不想征服英国，建议德英双方采取和平谈判的方式共同商讨停战事宜。赫斯还要求保证他的人身自由和行动安全。在与汉密尔

顿公爵会见之后，英国数位大臣奉丘吉尔之命与其会谈，然而会谈并没有多大实质上的意义。赫斯被转移到了伦敦塔，在那里他处于软禁状态，正如赫斯给希特勒信中所写的"我不得不承认成功机会极小"，他对此次飞英行动深感失望。之后，他一直被英国政府软禁，在1945年10月8日，被转移到纽伦堡。

3. 待解之谜

赫斯飞英最关键的疑点在于，是他自作主张还是奉命行事？英国与德国之间是否真的有某种默契？对于这些谜，人们有很多说法，但没有哪一种是有直接证据证明的。

就说希特勒接到赫斯留信，并没有像往常那样狂怒，而是不动声色地暗中通知戈林和里宾特洛甫。按赫斯在信中的约定，如果和谈成功，他将给苏黎世的姑妈拍发电报。但在5月11日，希特勒并未收到来自赫斯的只言片语。两天之后，希特勒才对外发布赫斯不知去向的公报，公报上并未说明赫斯去了哪儿。5月13日，英国人公布了赫斯降落于苏格兰的消息，德国举国震惊，为了安抚德国人的情绪，希特勒不得不再次发表声明，批判赫斯的行为。然而，这只是表面上的样子。希特勒对赫斯的家属仍然照顾有加，在获悉赫斯的父亲逝世之后，希特勒立即给赫斯的母亲发去私人唁电，其属下纳粹高官莫不随之发去唁电。从这个角度推断，赫斯飞英的行动是在奉旨行事，而希特勒后来所谓的赫斯患了妄想症、精神错乱等，只不过是因为和谈失败而找的托词。

另据赫斯的儿子沃尔夫认为，赫斯飞英是受了英国情报部门的诱骗而中了一个圈套。最重要的事实是，英国在赫斯飞英之前就已经掌握了其飞英的具体计划和日期。当日，赫斯飞抵苏格兰时，汉密尔顿公爵正在苏格兰西海岸的特恩豪斯空军基地值班，之前他还曾亲自驾机升空观察。苏联最近公布的克格勃绝密文件也支持了这一说法。充当苏联间谍的英国人菲尔比对此提供了两份绝密文件，文件显示在赫斯飞英之前给汉密尔顿公爵写的信早已被英国情报部门截获，赫斯在信上认为英国国内有大批反战势力，这些反战势力企图利用他来达到与德国和谈的目的。因此，英国情报局将计就计，假意对赫斯应允谈判和平条件，将其诱骗到了英国。不知情的赫斯在落入英国苏格兰之后即被软禁。

二战结束之后，赫斯被纽伦堡军事法庭判处无期徒刑。1947年7月，赫斯被转移到西柏林的施潘道盟国军事监狱。在一些同狱的纳粹战犯被一一释放之后，赫斯成为整个监狱仅存的囚犯，他孤独、体弱多病，每年花费大笔经费，沃尔夫·赫斯一家为争取释放赫斯而作了长期的努力，可是赫斯声称不请求宽恕，他认为他的名誉比自由更加重要。美、英、法三国政府曾数次从人道主义立场提出将赫斯假释出狱，但苏联方面均予以拒绝。1987年8月17日，赫斯趁看守人员不备，在狱中自缢身亡，终年 93 岁。

（二十二）"淡水"陷阱——解密中途岛海战

中途岛海战不仅是太平洋战争的转折点，也是一次著名的以少胜多的经典战役范例。此战之后，美日双方的战略攻防发生了转换，出现了有利于盟军的局面。

1. 最后的赌注

在偷袭珍珠港事件中，日本海军大将山本五十六是最大的赢家，在东京受到轰炸之后，他向战时大本营提出攻打中途岛。中途岛是美军在太平洋上重要的飞机中继站，美国随时可以命令这里海军基地上的飞机直接打击日本本土。为了避免轰炸东京的事件再次发生，也为了打击美国海军舰队，战时大本营同意了山本五十六的建议，决定引蛇出洞，将其永远消灭在太平洋上。

中途岛因位于北美洲至亚洲的太平洋航线中点而得名，它是美军在太平洋上的重要海空侦察基地。这块海上弹丸之地对于美国人意义重大，一旦中途岛出现危急情况，美军的主力舰队必将出击，这样仍然占据海上军事优势的日本海军就可以与其决一死战。熟悉美国的山本五十六深知美国的战斗实力，他曾对首相近卫文麿说："凭日本的工业实力，根本不能与美国为敌，同其抗衡，如果非打不可，在开始的当年或一年中可以奋战一番，并有信心争取打胜仗。但战争如果持续下去，以致拖到两年、三年，那就毫无把握了。"也就是说与美国的战斗要速战速决，因此山本五十六始终想以一次大的最后对决来结束与美军的战斗，即使不能取得最后胜利，也可拖延时间使日本获得喘息之机，为将来的谈判争取有利条件。中途岛一战将会是一场最后的赌博，山本五十六把宝都押在上面了。

1942 年 5 月 5 日，日本战时大本营下令攻占中途岛和阿留申群岛西部岛屿，战斗的主要突击方向为中途岛，阿留申群岛为次要方向。为什么要在进攻中途岛的同时进攻阿留申岛呢？主要目的有两个：一是惑敌，二是以此牵制和分散美国太平洋舰队。参加攻击中途岛的日本舰队分为两个主要部分，即南云忠一率领的由 4 艘航空母舰加上护卫编队组成的第一机动舰队。攻击中途岛基地的美国守军，随后与山本五十六率领的 10 艘战列舰组成的主力舰队一起拦截及消灭来援的美国舰队，完成孤立中途岛和摧毁美国太平洋海军力量的使命。此次战役，日本海空军几乎调集了所能调集到的最大力量，包括 400 架舰载机、8 艘航空母舰、11 艘战列舰、65 艘驱逐舰、21 艘潜艇等，大有决一死战的架势。

2. 密码破译

与此同时，美国人在干什么？自珊瑚海海战后，美国切斯特·尼米兹海军上将

清楚地知道此时日本的海上实力仍处于优势地位，他们随时仍可发动一场大的进攻。为了弄清日本人的下一步行动，尼米兹要求美国海军情报局人员夜以继日地截获并破译日军电报密码。5月上旬，在英国及荷兰相关单位的紧密配合下，美海军情报局开始成功解读日本海军主要通信系统JN-25。5月20日，美情报人员截获了日军一份很长的电报，经破译得知日军将要袭击一个代号为"AF方位"的目标。可是"AF方位"代表的是什么呢？有可能是夏威夷，也有可能是中途岛，这个问题让尼米兹犯了难。一名海军军官想出了一个投石问路的方法，即先在中途岛发送一条假消息密电，以确定"AF方位"到底是不是中途岛。尼米兹于是下令让情报人员从中途岛向珍珠港发出一封淡水告急要求支援的电报。日本人果然上当，两天后美海军情报局截获到一则JN-25的电报，内容为"AF的淡水供应少得可怜"。这样，美国海军便确定了日本海军将要袭击中途岛的计划。

针对日军计划，尼米兹开始了一系列调兵遣将。最初岛上的守军并不多，至6月初中途岛的美国守军增至3000人，飞机由24架增加到121架。在中途岛外围设立了三道弧形警戒线，数十艘潜艇在不同海域内进行巡逻，侦察机在中途岛以西1670公里上空侦察，以便及时发现日军。除位于太平洋西南方的"企业"号、"大黄蜂"号航空母舰被紧急召回中途岛外，抢修又三天的"约克城"号航空母舰也被编入了作战序列。在作战战略上，尼米兹认为首先要解决掉的便是南云忠一的4艘航空母舰，因为以这支航空母舰舰队的实力完全可以摧毁中途岛海、陆、空的防御系统。至于攻击阿留申群岛的日军很明显是在声东击西，这一点日军的情报已经透露得非常清楚。

3. 关键对决

6月4日凌晨，日本联合舰队到达作战地点，天气晴朗，有利于空中作战。南云忠一指挥第一波攻击的144架飞机向中途岛扑去。美军侦察机很快发现了它们，并向岛上美军发出战斗警报。迅速升空的美机与日机在中途岛上空展开了一场激战。之后，第一拨攻击指挥官向南云忠一发去电报说未发现美军舰队的存在，并请求第二拨攻击队继续空袭。此时，尼米兹埋伏在中途岛的舰队收到中途岛被攻击的消息，立即按计划朝日军航空母舰舰队驶去。

南云忠一见空中的美军飞机渐渐散去，便断定中途岛附近没有美军航空母舰，如果有早就趁航空母舰空虚之际攻来了。于是南云忠一下卸下飞机上原用于攻击美国舰队的鱼雷，改挂炸弹去空袭中途岛。就在日军紧张换弹的时候，南云忠一又收到巡逻机的电报，在中途岛以北发现美国航空母舰编队。惊慌失措的南云忠一再次下达换弹命令，把大部分已经改装上的炸弹再换成鱼雷，此时可用于攻击美军舰队的只有几十架俯冲式轰炸机，没有战斗机作掩护，就意味着只有被动挨打的分。一时间，南云忠一的第一机动舰乱成一团，海军把刚刚装好的炸弹拆卸下来又换上鱼雷，而拆下来的炸弹来不及入库，甲板上到处是炸弹。返回的第一拨攻击机因为无法降落和再次安装炸弹，只得向北方撤去。如果不是满甲板的炸弹，美国海军也不会占到如此大的便宜。

正当日军航空母舰一片混乱时，美军舰载机出现在其上空，两批先行攻击的鱼雷机并未给南云忠一造成大的伤害，而后来的第三拨俯冲式轰炸机才真正要了他的命。美军轰炸机在云层的掩护下连投连中，炸弹引爆了甲板上四处堆放的炸弹，形成连锁反应，日军4艘航空母舰均在重创之下沉没。更倒霉的是此次战役使日本损失了大部分具有丰富作战经验的航空兵，日军的空中作战能力受到巨大打击。此战中，美军大获全胜。此战之后，日本开始走向衰败之路，从战略进攻转为战略防御。中途岛海战也成为世界军事史上一次以少胜多战役的典范。

（二十三） 美军史上最成功的截杀——山本五十六死亡真相

山本五十六，因成功策划珍珠港事件而被称为日本"海军之神"。日本人把他当成英雄来崇拜，美国人却恨他入骨，誓要为珍珠港死难士兵复仇。1943年4月18日，山本五十六在美国空军的一次偶然袭击下死去。他死不瞑目。这次袭击事件真的是偶然吗？

1. 捡来的机密

1942年12月7日，日本海军成功偷袭了珍珠港，美国人将这一行动的策划者山本五十六列为头号敌人。美国海军情报人员一直试图从截获日军的电报中发现其踪迹，以便寻机击毙山本五十六。

1942年底至1943年初，两艘日本潜艇相继在西太平洋触礁沉没，美国潜艇闻风而动，迅速找到了那两艘沉没的潜艇，并从上面获得了大量绝密电报文件。这些文件随后被送往美国海军情报部进行破译。1943年4月14日深夜，一位美军情报人员惊喜地喊着"这个情报太重要了"。原来这份情报显示"山本五十六于4月18日上午8点45分视察肖特兰基地"，只是还无法确定这份密电的可靠性。在发现这份电报的前一天下午，美国海军情报部截获了日军一份内容很长的密码电报，情报人员们正在努力破译。三天后，他们终于破译了该份密码电报，内容竟然和在潜艇上找到的电报内容一样，只是更加详细与准确。这表明日军密码电报是真的。

事实的确如此。1943年4月，山本五十六在"伊号作战"结束后，决定利用一天时间乘坐飞机前往拉包尔、肖特兰和布因等前线基地进行视察，以激励日军官兵的士气。由于此时美军飞机活动半径范围已经覆盖到山本五十六前往视察的路线，因此很多人都认为此行太危险而劝他不要前住，但山本五十六却执意要去。

4月17日，这份暴露了山本五十六行踪的重要电报被送到美国切斯特·尼米兹海军上将的手中。由于情报事关重大，尼术来兹随即将情报上呈到美国海军部部长诺克斯的手里。诺克斯也不敢擅作主张，将情报送到了罗斯福总统的案头。在罗斯福做出击杀决定之前，还发生了一段小插曲。

按照西方传统的军事伦理来看，在战争中伏击对方统帅被认为是一种极卑劣的行径，不是骑士的风格。对于究竟要不要批准伏击山本五十六的行动，罗斯福犯了难。这时，美国海军舰队总司令金海军上将指出，山本五十六要去的地方是前线，在作战区域内，一名海军大将和一名普通的士兵是一样的，他们都是合法的射击目标。何况山本五十六还是毫无信用发动偷袭珍珠港的元凶，早已失去了国际法的保护，即便他活到战争结束，也要接受军事法庭的审判。随后，海军部长诺克斯在征求了随军主教关于截杀敌方统帅是否违背道德之后也表示同意。

最终罗斯福亲自做出决定："截击山本五十六。"诺克斯主持并拟订了一个名为"复仇行动"的计划，决定在山本五十六到达最后目的地布干维尔时将其击落。至此，山本五十六的生命进入了倒计时。

2. 死不瞑目

所罗门战区航空部队的米切尔少将，在南太平洋战区司令哈尔西的密令下接受执行复仇行动。按照哈尔西的原话："要想尽一切办法击毙山本五十六……此令不得转抄和保存，战后立即销毁。""不惜任何代价击毁目标，然后火速撤离战场，避免更多行动。整个复仇行动要保持绝对秘密。"接受任务之后，米切尔少将与中尉兰菲尔商议，把截击地点选在了卡伊里湾以北65公里的空域里，该处离山本五十六的目的地机场只有7分钟航程。

4月18日黎明，天空晴朗，执行"复仇行动"的飞行员被再次命令不惜一切代价歼灭山本五十六座机。7时半，战斗空中编队向布干维尔飞去。为了避开日军监测，战斗机关闭了所有无线电台，只靠罗盘和速度表导航，以超低空（不到10米）飞行。在飞行了960公里后，他们比山本五十六的窿机提前50秒到达预定空域。此时，美战斗机分成两组，一组是兰菲尔领航的攻击群；一组是米切尔领航的掩护群，他们分别爬升到不同的高度。

9时34分17秒时，卡伊里湾以北65公里处上空出现了8架日本飞机的身影。其中以两架三菱"一"式陆攻快速运输机为主，六架"零"式战斗机护航。发现目标后，米切尔的掩护机群立即引逗"零"式护航机离开轰炸机，"零"式护航机果然上当，向高空的美国机群追了上去。紧接着，兰菲尔的攻击机机群加大油门向山本五十六座机飞扑而去。一架日本"零"式战斗机俯冲下来意图插在两者中间，但是兰菲尔在就要撞上它的瞬间按下了炮弹发射钮，"零"式战斗机顿时灰飞烟灭。山本五十六的轰炸机降低高度，企图逃跑，兰菲尔和他的僚机（由雷克斯·巴伯中尉驾驶）紧追不舍，在瞄准之后，兰菲尔连续发射了一长串 20 毫米的机关炮弹。在激烈的缠斗中，山本五十六座机右引擎、机翼中弹，爆炸起火。接着，在又一阵猛烈射击下，山本五十六座机两翼折断，坠毁于离卡伊里湾几千米的丛林中。

第二天，日军找到了山本五十六飞机的残骸，他们发现山本五十六头部中弹而亡，死时手握军刀，眼睛是睁着的。日本当局直到 5 月 21 日才宣布"山本五十六壮烈牺牲"的消息。由于美国的保密工作做得好，在战争结束前，日本人一直认为山本五十六的死是一次意外。

（二十四）德国"猎手"被欺骗了——丘吉尔逃脱纳粹劫杀

丘吉尔，闻名于世的"英国斗牛"，在大英帝国血雨腥风之际出任首相，以倔强而鲜明的主战立场遏制了希特勒在欧洲称霸的势头。作为希特勒的眼中钉，一场针对他的暗杀行动开始了。

1. 密谋刺杀

1943 年，二战的两大阵营开始了攻防转换，希特勒两线吃紧，盟军一改战争爆发以来的颓势，开始发起反攻。出于对不利战局的恐惧，希特勒暗中制订了一个劫持和刺杀反法西斯领导人的计划。他首先将矛头对准了丘吉尔。希特勒向德国国防军军事情报局局长卡拉里斯传达了劫持或者刺杀丘吉尔的指令，令其收集相关情报。

要在英国本土劫持领袖人物是一件难度很大的事，他的保镖、情报人员随时跟随左右。正在卡拉瑞斯感到棘手之际，打入英国情报机构的德国间谍克劳斯发回一份重要情报："11 月 6 日，星期六，丘吉尔将赴斯德特莱康司坦卜尔村附近的英国皇家空军基地视察，晚上将在离村庄 8 公里的一家农场度周末。"卡拉瑞斯立即将这个消息告知了党卫军头子希姆莱。希姆莱找到特种作战经验丰富的海军中校拉德尔，向他下达了元首要秘密劫持丘吉尔的密令。拉德尔中校经过侦察得知，斯德特莱康司坦卜尔村附近的空军基地是专门用于训练英国空军特种部队的地方，他策划了一个伪装潜入计划。

2. 兵不厌诈

11 月 5 日深夜，施坦因纳和数十名德军特种兵伞降在斯德特莱康司坦卜尔村的一座教堂附近。6 日深夜，一个迷路的英国通信兵撞上了施坦因纳的部队，并很快被俘虏。施坦因纳从他包里搜出一份文件，发现接收人是梅尔什姆庄园的英国情报官考克伦上校。根据之前获取的情报，丘吉尔和考克伦住在同一个楼里。几分钟后，施坦因纳就伪装成为一名英国通信兵，向梅尔什姆庄园疾驶而去。他很顺利地用"送给考克伦上校的公文"骗取了警卫的信任，并按警卫指示到了三楼，一阵查找后，在一处窗户外看到丘吉尔正在屋里办公。由于他上三楼的时间过长，警卫起了疑心，也上到了三楼。正当施坦因纳准备闯进丘吉尔的房间时，警卫们向他开了枪，混战中施坦因纳被当场击毙。

这场以劫持为主的谋杀无疾而终，事实上此时丘吉尔正乘坐军舰行驶在去往马耳他的地中海上，德国人彻头彻尾被英国人骗了。原来英国的情报系统"超级机密"早已在 1940 年破译德国恩尼格玛密码机的密码，对德国人的行动计划了如指掌。为了保障中、美、英三国领导人在 11 月 22 日于开罗举行会议的安全和顺利。英国情报部门故意向德军泄露，关于首相亲临视察斯德特莱康司坦卜尔村附近的空军基地的假情报。为了保障整个计划的完美，他们还邀请到一位长相酷似丘吉尔的演员来扮演丘吉尔，把一切都弄得跟真的似的。德国人果然上当。

（二十五）希特勒为何逼死隆美尔——"沙漠之狐"死亡真相

二战中，隆美尔、古德里安和曼施坦因并称纳粹德国三大悍将。这三人中，隆美尔的经历最富有戏剧性，他先被希特勒提拔为大本营卫队长，后又因战功卓越被授予元帅军衔，最终却因涉嫌参与暗杀希特勒事件而被迫自尽。英国首相丘吉尔曾经这样评价他："如果我可以撇开战争造成的破坏来说，他是一位伟大的将领。"

1. 初入军旅

隆美尔 1891 年 11 月出生在德国南部城市海登海姆的一个知识分子家庭，父亲是中学校长，母亲普通教师。在老师和同学眼里，少年时代的隆美尔是一位爱学习、守纪律的好学生。他体质柔弱，性格内向，书生气十足，爱好数学和机械，最大的理想是成为一名受人尊敬的工程师。最初，隆美尔对军事不是太感兴趣，但在父亲的鼓励下，他报名参加了德国陆军，随后进入但泽皇家候补军官学校学习。一战爆发时，隆美尔是一个普通的步兵排长，跟随大部队转战于西线、罗马尼亚和阿尔卑斯山地。经过战争的锤炼，此时的隆美尔和学生时代大不相同，不但意志坚定、勇猛过人，而且已经显示出出众的军事才能。

1938 年，隆美尔出版个人专著《步兵进攻》一书。这本书偶然间被希特勒看到，他对书中"进攻、进攻、再进攻"的军事思想大为赞赏，决定接见隆美尔。两人相见甚欢，隆美尔被提升为元首大本营卫队长、少将军衔，成了希特勒身边备受宠信的近臣。

1940 年初，隆美尔在希特勒的安排下调任第 7 装甲师师长，他终于和自己最喜爱的装甲兵结了缘。当年 5 月 10 日，希特勒发动了蓄谋已久的闪击法国的行动，隆美尔的第 7 装甲师一马当先，成了德军的"先锋官"。5 月 12 日下午，隆美尔率部抵达马斯河，此时河上的两处桥梁已被撤退的法军所炸毁，德军前进的步伐受阻。隆美尔不但和步兵们一起第一批渡过了湍急的河流，还指挥着坦克通过浮桥渡河，打退了法军的反冲锋。此后，隆美尔的第 7 装甲师一路高歌猛进。6 月 20 日，第 7 装甲师占领了法国西北部港口城市瑟堡，成为最先抵达英吉利海峡的德军部队。在 40 天的战斗中，隆美尔的装甲师前进了 350 多公里，俘获法军 9.7 万人，缴获装甲车 485 辆、卡车 5000 辆、火炮数百门，而第 7 装甲师仅仅只付出了伤亡 2000 余人的微小代价。此战过后，第 7 装甲师成为德军装甲部队中战绩辉煌的王牌师，隆美尔也荣获了一枚由希特勒亲自颁发的骑士十字勋章。在这次对法作战中，隆美尔总结出了一条经验：在两军交战时，谁先用火力压制住对方，谁就可以获得胜利；在战场上静待战况发展的人，往往会被对方击败，因此即使没能准确地发现敌军目标，也要先发制人。这个经验成了隆美尔的军事信条，在北非战场被他很好地贯彻了下去。

2. 大起大落

1941 年 2 月 6 日，刚刚晋升为中将的隆美尔奉命前往希特勒在柏林总理府的办公室。在那里，希特勒递给他一本印有英国北非远征军司令奥康诺中将照片的杂志，隆美尔马上领会了元首的意思——德国要出兵北非，帮助即将崩溃的意大利军队挽回败局。很快，隆美尔被任命为德国非洲军团司令，并于 2 月 12 日先期抵达了北非。

当时北非的意大利军营中弥漫着失败和恐惧的气氛，大部分人已经捆好包裹准备撤回意大利。隆美尔到达这里之后，立即以手中仅有的两个德军步兵营举行了一场盛大的阅兵仪式，身穿沙漠迷彩服、头戴钢盔的德国士兵顶着灼热的烈日雄赳赳地走过阅兵台，这让意大利人深感震惊。让自己的友军多少鼓起了些士气后，隆美尔于 3 月 31 日掀起一阵进攻旋风，一个德军装甲师和一个意大利装甲师组成的混合部队向英军发起了攻击。一时间，英军措手不及，不到一个星期就狼狈地退却了近 300 公里，而德军则像恶狼一样在身后紧追不舍。隆美尔率领着其司令部的指挥人员乘着指挥车冲在部队战斗最激烈的地方，亲自进行战场指挥。4 月 6 日，德军占领了除港口托卜鲁克以外的大片地区，隆美尔的坦克只剩下"一汤勺"的油料，机枪也只剩下了最后一排子弹。

为了保住北非最好的港口托卜鲁克，英国人向北非大举增兵，鼎鼎大名的英军第 7 装甲师也被调到了北非。6 月 15 日，英军对隆美尔发起了代号为"战斧"的大规模进攻。隆美尔灵活使用手中的装甲部队，最终挫败了英军的进攻。此战后，隆美尔被晋升为上将。此时，他的手中已经有了 3 个师的兵力，非洲军团总算有点军团的样子了。在此后的整个夏天，隆美尔每天都乘着指挥车颠簸着穿越沙漠，视察自己的每一座兵营。他要求每处阵地都要储备足够维持一周战斗的粮食和弹药，所有部队都必须进行大量实弹演习，他的目光已经盯住了英军重兵把守的托卜鲁克港。

　　然而就在隆美尔进攻之前，恢复了元气的英军于 11 月 18 日抢先发起了代号为"十字军战士"的进攻。为了打垮狡猾的"沙漠之狐"，英军投入了近 1000 辆坦克，而隆美尔手中的坦克只有英军的 1/4。经过 3 周激战，德军伤亡惨重，隆美尔不得不下令撤退。1942 年 1 月，隆美尔将部队有组织地撤到了利比亚的卜雷加港。在这里，隆美尔得到了急需的坦克和燃油，他决定再次反攻。英军又一次被隆美尔的闷棍打晕了，接连丢失了数处战略要地。6 月初，德军再次逼近托卜鲁克。这次英军已经没有那么好运，6 月 20 日隆美尔下达了对托卜鲁克总攻的命令。第二天清晨，德军就攻克了这座防卫森严的要塞，3.5 万名英军成了德国人的俘虏。这场胜利让整个柏林陷入了疯狂之中，希特勒颁布命令，隆美尔被晋升为元帅。就这样，从 1937 年开始隆美尔用了 5 年时间就走完了由少将到中将再到上将，最后到元帅的晋升之路，可以说北非战场是他军事生涯的顶峰。

　　然而胜利的背后也隐藏着巨大的危机，德军在将近半年的战斗中损失了不少的坦克和弹药，士兵们疲劳不堪，车辆缺少燃油，尽管德军距离埃及港口亚历山大只有 120 公里，却已是强弩之末。就在这时，隆美尔遇到了他一生的对手——英国名将蒙哥马利。其实这两位将军有很多相似之处，他们都喜欢深入部队，鼓舞士兵的士气；他们也都性格孤僻，很难接受别人的意见；甚至他们都不喝酒，不吸烟，生活极有规律。当然他们也有不少不同之处：隆美尔是运动战的高手，蒙哥马利则是防御战的专家；财大气粗的蒙哥马利手中有 1400 辆坦克、1300 架飞机和 23 万士兵；而隆美尔却只有 9 个不满员的师和 540 辆坦克、350 架飞机。在巨大的实力差距和蒙哥马利这位同样优秀的指挥面前，隆美尔没能再次上演以弱胜强的好戏，非洲军团在 1942 年 10 月的阿拉曼战役中遭到了惨败。1942 年 11 月 8 日，艾森豪威尔指挥的美军在卡萨布兰卡登陆，德意军队陷入了英美的夹击之中。1943 年 3 月，希特勒将隆美尔召回德国。5 月 13 日，隆美尔从广播中收听到了 25 万名德意官兵在突尼斯投降的消息，这对他来说无异于晴天霹雳，此刻的隆美尔仿佛已经看到了第三帝国大厦将倾的景象。

　　1943 年 7 月，赋闲在家已经 4 个月的隆美尔被希特勒任命为驻意大利北部的集团军群司令。之后由于盟军在西西里岛成功登陆，希特勒又于 1944 年 1 月将隆美尔调至法国北部，担任 B 集团军群的司令，负责"大西洋壁垒"的守卫工作，以阻止盟军在法国西海岸登陆。7 月 17 日，诺曼底登陆开始后的第六周，隆美尔在从前线返回指挥部的途中被盟军轰炸机炸成重伤，被送到柏林医院急救。就在隆美尔返回柏林两天后，以刺杀希特勒为目的的"7·20 事件"震惊了全世界，逃过一劫的希特勒下令大肆搜捕反对他的军官。8 月 12 日，参与刺杀希特勒的军官戈台勒被逮捕，盖世太保从他箱子里搜出一个文件，上面赫然写着让隆美尔出任未来政府陆军司令的字样。在此之前，隆美尔就向希特勒提交了一份联合英美对抗苏联的计划，但被希特勒严词拒绝，因此盖世太保怀疑隆美尔加入了密谋集团。气急败坏的希特勒下达了屠杀令，让盖世太保给自己的陆军元帅保留一个体面的死法。10 月 14 日中午，两名盖世太保驱车来到隆美尔的住处。他们给隆美尔带来了希特勒的最终判决——要么自杀，家属不受牵连；要么在审判后被处决。最终，隆美尔选择了自杀。由于没有详细的资料证明，隆美尔到底是不是参与了刺杀案，以至于他的死亡原因成为一个悬疑。有人认为，他可能是被希姆莱等人栽赃陷害。也有人认为，他可能参与刺杀案。孰是孰非，得由历史去评说了。

（二十六）失踪的瑞典辛德勒——瓦伦堡下落成谜

辛德勒，一位普通德国商人的名字。由于他在二战期间拯救犹太人的义举而闻名于世。实际上，不只德国的这位辛德勒，更多的"辛德勒"为拯救犹太人而不惜代价。"瑞典辛德勒"劳尔·瓦伦堡因其非凡的成就和离奇的结局而被人们铭记至今。

1. 瑞典辛德勒

"凡救一命，即救全世界。"一位获救的犹太人把这句犹太法典上的经文，刻在一枚金戒指上送给了救命恩人辛德勒。在 20 世纪那场战争背景中，辛德勒的形象闪耀着最人性的光辉。实际上，人间从不乏善良，类似辛德勒的人物在世界各地都存在着，瑞典的劳尔·瓦伦堡便是其中之一。

劳尔·瓦伦堡出身瑞典首富瓦伦堡家族，该家族自 19 世纪起以航运业起家，至今已经延续了 160 余年的财富神话。他们掌控着瑞典经济的半壁江山，金融、银行、机械、军火无不涉足，与英、法、德、匈等国的政界、金融界有着很深的关系。他们生存在社交界的顶层，是瑞典王室之外的第一大望族。瓦伦堡家族从上至下信奉基督教，家族中多出牧师，当教会在 20 世纪影响越来越小后，他们认识到外交对家族影响力的重要性，家族中的许多人改做了外交官，其中的一位，劳尔·瓦伦堡以被称为"瑞典辛德勒"而闻名于世。

劳尔·瓦伦堡于1912年8月4日生于瑞典首都斯德哥尔摩。显赫的家世使瓦伦堡从小受到了良好的教育，加上他机智过人，尤其擅长语言学、建筑学，这对他将来成为外交官起到了积极作用。瓦伦堡秉承家族经商的传统，年轻时期就和犹太商人劳厄在匈牙利开了一家贸易公司。从那时起，瓦伦堡与犹太人、匈牙利人建立起良好而密切的关系。1944年，穷途末路的德国法西斯在斯大林格勒战役中元气大伤，在这时盟友匈牙利看到了德国的脆弱，提出要分道扬镳。暴怒的希特勒立即将矛头对准匈牙利。这使在匈牙利布达佩斯生活的23万犹太人的生命岌岌可危。为了拯救这些无辜的人，瑞典外交部、美国战争难民委员会以及世界犹太人大会经过商议，认为必须派遣一位瑞典人负责解救布达佩斯的犹太人（作为中立国的瑞典可以颁发一种特殊护照庇护犹太人）。这个瑞典人必须与匈牙利关系密切，通晓匈牙利语而且不排斥犹太人。这个时候，瓦伦堡家族也清醒地看到了德国的衰败，此时帮助犹太人将扩大整个家族在商业以及政治上的影响力。32岁的瓦伦堡临危受命，成为解救计划的执行人。之所以称瓦伦堡为瑞典辛德勒，主要在于他拯救犹太人的不凡功绩。在整个拯救行动中，瓦伦堡共帮助约10万犹太人逃过劫难。

1944年7月，瓦伦堡被任命为瑞典驻匈牙利使馆一等秘书，这个职位只相当于一个小小的参赞，不过由于他的特殊使命又使其权力远大于此。瓦伦堡并不直接听命于大使，他的手下有一支特别行动小组，而他本人则有权跟瑞典国王联系。那个时候正值纳粹德国实施所谓"犹太人问题的最终解决办法"。在匈牙利，20多万犹太人即将成为纳粹中央保安局（盖世太保）犹太处处长艾斯曼要在短期内解决的对象，因此瓦伦堡的解救工作刻不容缓。

盖世太保艾斯曼来到布达佩斯的当天就发布了驱逐全部匈牙利犹太人的命令。被驱逐的犹太人仓皇离开自己的居住地，徒步赶往奥地利。瓦伦堡和他的行动小组开车向犹太难民发放食品衣物。在到达匈牙利布达佩斯的头三个月里他就解救了两万多犹太人。瓦伦堡的解救途径主要是发放一种瑞典的特别护照，犹太人只要拿着这种护照就可以避过纳粹的抓捕。在解救任务最为紧张的10月，特别护照已经来不及做得精细，由一纸油印件加上瓦伦堡个人的签名而取代。在战乱的日子里，这种油印件竟然也能行得通，油印机日夜不停地转动着。他把油印的护照散发给犹太人，然后要求纳粹当局允许持这一瑞典特别护照的人由他带回布达佩斯。

在到达布达佩斯之后，为了尽快帮助犹太人逃出魔爪，瓦伦堡采取了各种不循常规的解救方法，只要能救人，方法都是其次。他以瑞典机构的名义租下了许多住宅作为犹太人的暂时避难所，他在这些"瑞典屋"前升起瑞典国旗并宣称是瑞典领土，当时约有1.5万多犹太人通过这种方式避过劫难。此外，瓦伦堡还采用了一些非常规手段，他利用家族在商界和政界的影响力，以重金贿赂布达佩斯的纳粹官员，使其继续以瑞典外交领地的名义存在下去。有一段时间，德军驻匈牙利司令施密特·许贝尔准备"清洗"布达佩斯的"隔都"，瓦伦堡派人写了一封"恐吓"信，警告他如果下令执行这个计划，瓦伦堡在战后定将他送上正义的绞刑架。施密特·许贝尔看到纳粹的帝国梦已行将破灭，败局已定，为给自己留条后路，便放弃了执行该计划的打算。纳粹党卫军对瓦伦堡恼羞成怒，他们曾一度打算暗杀瓦伦堡，但他多次奇迹般地死里逃生。据史料记载，至苏联军队攻入布达佩斯时，仍有9.7万犹太人生活在该市的两个"隔都"中，加上在匈牙利其他地方的犹太人，总计约12万人。因此据估计瓦伦堡至少挽救了10万犹太人的生命。

2. 神秘失踪

1945年1月15日，苏联军队攻下了布达佩斯，犹太人的命运暂时得以好转，瓦伦堡本人却厄运降临。由于瓦伦堡的解救行动受到美国的支持，于是苏联高层官员怀疑他是美国间谍兼犹太复国主义分子（该组织反苏联）的支持者。1月17日是人们最后一次看到瓦伦堡的日子，那天驻匈牙利的苏军司令部向他发出邀请，希望双方能共同就犹太人的有关事宜商谈。瓦伦堡和他的司机驾车前往位于匈牙利东部城市的德布勒森苏军司令部。从此，34岁的瓦伦堡就神秘失踪了，亲人们再也没见过他。

自瓦伦堡失踪之后，他的家族从未停止过对他的国际营救，瑞典政府不断照会苏联，希望尽快释放瓦伦堡。起初，苏联政府否认曾经诱捕瓦伦堡，表示并不清楚他的下落。但有确凿人证的瑞典政府和瓦伦堡家属哪里肯就此放过，向苏联要人的交涉并没有放弃。1957年，随着国际形势和国际关系的变化，苏联政府终于发表官方声明：瓦伦堡已于1947年因心脏病发作而死在莫斯科的卢比安卡监狱。但是苏联并没有提供任何有关瓦伦堡死亡的直接证明。因此，瓦伦堡是死是活及其下落仍然是个谜。1982年，瑞典政府将与此事有关的情况对外作了公布，引起了国际社会的关注。如此一位在二战中功绩非凡的外交官竟然离奇失踪，历史在这里给善良的人们以沉重的启示。瓦伦堡问题虽然仍旧未得到澄清，但他的义举使人们把他称为"瑞典辛德勒"，美国、以色列等国家为他举行了许多纪念活动。1981年，美国授予瓦伦堡为荣誉公民，里根总统称瓦伦堡是一位"伟大人物"。1985年1月17日，至少有25个国家的瓦伦堡委员会举行了纪念活动。瑞典首相帕尔梅也发表声明称："瓦伦堡今天成为人道主义和自我牺牲精神的象征。"

瓦伦堡的下落向来为人们所关注。他到底是死是活，去向何处说法不一。许多人认为，瓦伦堡自被诱捕后一直被关押在苏联的劳改营里。1955年，一位名为德莫尔的意大利外交官被苏联释放。他说当时瓦伦堡和他关押在同一所监狱里，他们还以在牢房的墙壁上敲击出莫尔斯电码的方法建立了联系。另一位获释的英国商人及间谍格雷维尔·温说，他在卢比安卡监狱曾经遇到过一个大喊"我是瑞典人"的犯人，温认为这个人极有可能就是瓦伦堡。波兰犹太人卡林斯基在获准从苏联移居以色列后曾表示，在被苏联监禁期间他曾三次见过这位瑞典人，最后一次是1959年10月在莫斯科的弗拉基米尔监狱里。另据斯德哥尔摩国际法庭上列举的证据表明，至1980年瓦伦堡仍然活在人世，当时他被监禁在列宁格勒的一座监狱里。种种证据显示，瓦伦堡在被捕后的最终去向是在苏联的监狱里。但他究竟是死是活，则成为永远的不解之谜了。

（二十七）深海里的运宝船——"阿波丸"号沉没之谜

"阿波丸"号的沉没仅仅只是一个开始，在那之后，无数人对它魂牵梦萦。一系列的打捞并未揭开它神秘的面纱，传说中的财宝至今仍静静地躺在中国台湾海峡福建牛山岛一带的海底。

1. 深海沉船

1945年4月1日，太平洋战场上展开了美日双方最惨烈的冲绳岛之战，日本人疯狂地阻止美军登陆。是夜，台湾海峡浓雾弥漫，美军"皇后鱼"号潜艇舰长查理·拉福林上校负责在这片海域附近实行警戒和拦截日本军舰的任务。就在前一天晚上，他收到司令官的新命令，"可以对经过台湾海峡的任何日军舰船实施攻击"。晚上9时48分，海面大雾浓重，"皇后鱼"号的视线范围缩小到180米以内，只能凭声呐系统来发现目标。两分钟后，声呐显示在距离"皇后鱼"号约27公里的东南方向有一艘船。这是个令人振奋的消息，拉福林从望远镜判断那是一艘万吨级以上的军舰。"皇后鱼"号发出警告，令其减速接受检查。但是巨轮不但不理睬，反而将航速突然提高到18节，开始仓皇逃窜。

拉福林立即下达追击命令，"皇后鱼"号全速赶超，他和舰上的士官们虽因大雾而始终未看清这艘巨轮的身份，但肯定它是一艘日舰无疑。为了不让目标逃离出牛山岛海域，再加上之前收到的可以攻击任何日舰的命令，拉福林以军人的果断下达了发射鱼雷的命令。第一枚鱼雷击中了日舰，巨大的爆炸使它猛烈地抖动了一下，可是这枚鱼雷并未阻止日舰继续行进的步伐，日舰也没有发出任何表明身份的信号。拉福林此时更加确定他的攻击没有错，接着又发出了三枚攻击鱼雷，随着接下来的三声巨响，舰船的主体结构被炸上了天，随后整条巨轮断为两截，形成两个巨大的火球急速下沉。晚上11点05分，不明身份的日本巨舰彻底沉入了海底。

10分钟后，"皇后鱼"号才赶到了日舰沉没现场，巡视灯下的海面上是密密麻麻的死尸和无数的死鱼。当时，仍有少数幸存者在海面上，美军官兵正准备对他们施救，可是充满了恨意的落水者全部拒绝援救，他们抛掉了救生的悬浮物，在高呼"天皇万岁"的口号中做出了与船共沉的选择。据事后统计，当天在那艘船上有2009名船客，美国水兵只救出了一名幸存者夏田堪一郎。实际上，他是被一个卷起的巨浪直接抛上了"皇后鱼"号的甲板。这样算起来，共有2008人死于这次事件。这个后果是拉福林始料未及的。他不知道，在此后他将为这一鲁莽的攻击命令而不停地向各色人等申诉，每一次申诉都是一种痛苦与折磨。

2. 奇怪的放弃

4月10日，日本通过驻瑞士代表团就"阿波丸"号事件向美国政府发出质询。同时，美国政府接到来自太平洋舰队潜艇部队司令的紧急报告，得知拉福林上校击沉的正是日本"阿波丸"号。这令美国政府措手不及，立即召开紧急会议制定应对之策。为什么美国人会如此在意"阿波丸"号？原来美国政府为了援救落入日军之手的数万名美国战俘和在日的美国侨民，通过国际红十字会与日本政府达成了一个对日占区盟军战俘和侨民实施人道主义援助的协议。美方提出由日本派一条商船，专用于运送美国援助给战俘和侨民的药品、食物、服装等物资；日方提出交换条件，美国政府必须允许这条商船搭载在东南亚作战负伤的日本官兵回国。"阿波丸"号就此成为一艘美国政府可以放生的船只，而对于在东南亚地区即将战败的日本人来说，这是一艘"希望之舟"。

"阿波丸"号于1943年3月5日建成下水，本身是一艘军舰，曾专事运输军事物资的任务。在美日双方的约定下"阿波丸"号撤掉了高射炮和舰首大炮，在船体明显部位涂上白色以及标明绿色十字，成为一轮专事运输的舰船。然而，因战争而物资消耗殆尽的日本利用这艘不受攻击的船做了更多的事情。这也为"阿波丸"号后来的沉没埋下了祸根。在最后一次航行中，"阿波丸"号按照与美方约定的航线，装载着2000吨救援物资，从雅加达至新加坡再经中国海到达日本。一路上，有2009名困于东南亚的日本人挤上了原设计装载人数236人的货轮。与过去不同的是，"阿波丸"号此行有些奇怪，在夜色降临时，络绎不绝的卡车在日本宪兵的监视下紧急吊装上船……

"阿波丸"号被美方击沉的消息传回日本国内后，引起轩然大波，日本公开指责美国弃两国协议于不顾，给日方造成重大的财产与生命损失，要求美国政府公开道歉并赔偿日方的一切损失。自觉理亏的罗斯福只好将击沉"阿波丸"号的指挥官撤掉了军职，承认对击沉"阿波丸"号负有责任，承诺赔偿日方的一切损失。但也提议此事留待战后再行解决。1945年8月10日，也就是日本天皇最终宣布无条件投降的前5天，新组的铃木内阁向美国政府提出了详细的索赔条款：赔偿2008名遇难者抚恤金72万美元，赔偿规格、条件均与"阿波丸"号相当的船只一艘。美国政府同意在战争结束后进行赔偿。1945 年 8 月 15 日，日本天皇宣布无条件投降！1949 年 4 月 14 日，日战后执政党提出：主动、无条件放弃"阿波丸"号事件的赔偿要求，其善后的一切问题由日本政府自己承担！这不啻一个 180 度大转弯。究竟是怎么回事呢？

原来美军在日本投降后获得了大批绝密文件，其中包括"阿波丸"号装载军事物资的证据。据此，美方重新做出结论，"阿波丸"号装载大批战略物资，属于严重违约行为，美军潜艇有充分理由对其发动攻击。心细者不难看出整个事件是有疑点的。为什么拉福林会接到任何日本船只都可以攻击的命令？或许美国人早就听闻日军利用"阿波丸"号运输军用物资。据唯一幸存者夏田堪一郎回忆，"阿波丸"号一离开新加坡，就有美军飞机低空飞行，第二天美军潜艇开始跟踪。或许，此番攻击是美方早有预谋。

3．"77·13 工程"

"阿波丸"号在中国的领海内沉没了。然而，它的沉没仅仅只是一个开始，人们普遍更多关注的是传说中巨轮上的价值 50 亿美元的财宝，而不是 2008 个沉入海中的生命。据估算，这批财宝包括有：40 吨黄金、12 吨白金、15 万克拉的工业钻石，此外还有遗失于 1941 年的"北京人"头盖骨。20 世纪 80 年代初期，美国、日本多次与中国大使馆联系，要求参与打捞"阿波丸"号沉船，中国政府对此一一表示了拒绝。

1976 年底，中国政府领导人李先念责成海军和交通部积极配合，开始着手实施对"阿波丸"号的打捞工作。1977 年 4 月 5 日，中国国务院、中央军委正式向海军、交通部和福州军区下达了编号为国发 77 年 13 号的文件，明确指示同意勘测打捞"阿波丸"号沉船的方案，"77·13 工程"正是以此命名。4 月 27 日凌晨，交通部部长顾问张智魁，率领着指挥舰 3100 吨的"沪救捞 3 号"，2600 马力拖轮和海军的测量船、救生船各一艘，海军的 101、403 两艘猎潜艇组成的庞大打捞编队，进入福建平潭岛，并在那里设立了打捞基地。地方政府组织了当地的许多渔民，一起加入打捞工作中。当时，参加打捞的人数上千，仅正式的潜水员就多达 600 余人。张智魁率人深入群众，详细询问了当地一些知道事发情况的老渔民，获得了沉船位置的重要情报。5 月 4 日，中国对"阿波丸"号的打捞行动正式开始。这是中国历史上堪称规模最大的深水打捞，以当时中国的条件来打捞这样一艘万吨级的巨轮其困难是可想而知的。

艰苦的打捞行动历时 4 年之久，中国以蚂蚁啃骨头的方式一点一滴、年复一年地打捞，终于在 1980 年下半年完成了持久的打捞任务。但除了大量的橡胶、锡锭以及沉船遗骨等外，并没有打捞到传闻中的金银财宝。1987 年 7 月，美国一家不死心的打捞公司，在经中国政府同意并派出 6 名潜水员随船监督下，再次赴"阿波丸"号沉没海域意图搜寻这 40 吨黄金，结果还是无功而返。那么，这些价值数十亿美元的财宝究竟到哪里去了呢？难道只是一个传闻，而事实上是没有吗？人们等待着历史来解读真相。

（二十八）盖世太保头子神秘失踪——缪勒的最终去向

盖世太保是德国纳粹无所不为的恐怖统治机构。二战结束后，盖世太保头目海因里希·缪勒如同人间蒸发一样失踪了，其下落之谜被全世界历史学家公认为最神秘的谜团之一。

1. 失踪的缪勒

声名狼藉的"盖世太保缪勒"是二战中的纳粹大屠杀元凶。在二战结束之时，人们发现他竟然失踪了，纽伦堡军事法庭把他作为国际战犯法庭第 7 号通缉犯进行通缉。可是，许多年过去了，缪勒就像从人间蒸发一样，没有丝毫踪迹。

海因里希·缪勒，1900 年生于德国慕尼黑。一战中，他是德国最著名的战斗机飞行员之一。战争结束后，他回到了故乡慕尼黑，成为当地一名警察。20 世纪 20 年代末期，海因里希开始崭露头角，作为一名反共骨干，他因向盖世太保首领希姆莱提供反共秘密报告而受到注意，在 30 年代的短短几年时间内，缪勒在纳粹党内的地位连连提升，最终成为盖世太保的一把手，执掌着恐怖的生杀大权，成为纳粹德国令人望而生畏的实权人物之一。

海因里希·缪勒

缪勒是忠实的奉行反犹政策的纳粹，他的权力令他有机会对犹太人大开杀戒。战争期间，他亲自对党卫军下令，将德国、波兰、荷兰以及捷克斯洛伐克境内的所有犹太人逮捕并统统关进了奥斯维辛集中营；1942 年 1 月 20 日，15 名纳粹高官在制定屠杀欧洲犹太人的"最后解决方案"上签字，缪勒便是其中之一。由于这一屠杀令，在 1942 年到 1945 年间共有 600 万欧洲犹太人被屠杀。在纳粹法西斯即将战败时，他下令处决所有在布切法斯特集中营里的关押人员。

作为希特勒忠实的信徒，缪勒表示在任何时候都效忠于希特勒。1944 年 7 月

20 日，德国军官施陶芬伯格在"狼穴"开会时，将一枚炸弹放到了希特勒的脚边，制造了一起企图炸死希特勒的暗杀事件。可惜的是，希特勒并没有被炸死。他责成盖世太保头目缪勒对这起谋杀事件进行调查。许多德国高级军官（包括无辜者）被牵连进来，包括赫赫有名的陆军元帅隆美尔、德国前参谋总长贝克将军、柏林警察部队总司令冯·赫尔道夫伯爵在内的 4000 多人，在缪勒的命令之下一律被处以死刑。1945 年 4 月 30 日，缪勒向在柏林城内的纳粹冲锋队员发布最后一条命令："誓死保卫柏林，直到最后一个人，最后一颗子弹。"随后，他来到希特勒的地下室，向希特勒以及戈培尔等人说：他将突围出柏林，找到其他德军援军前来拯救元首和大家。他这一走就再也没有回来，从此杳无音信。

2. 下落成谜

战争结束后，由于缪勒活不见人死不见尸，纽伦堡军事法庭把他定为第 7 号国际战犯进行通缉。50 年来，有关缪勒的音信，人们有以下几种说法。一些德国历史学家认为：缪勒在离开希特勒的"鹰巢"之后登上了一辆装甲车准备出逃，在冲出柏林的途中与盟军坦克部队迎头相撞，被一通炮火送上了西天。另一种说法是：缪勒乔装之后成功溜出盟军的搜捕队，逃到了中东、埃及或者是南美地带，过着隐姓埋名的生活。先后有数位民间人士声称在东德、阿根廷、巴西、大马士革等地看到过他。此外，还有一种被别国政府利用的说法。传闻缪勒在离开柏林总统府地堡后落入苏联红军的手中，他用情报换得了活命的机会。甚至有人认为，他曾一度被派到捷克斯洛伐克进行间谍活动。

最惊人的消息是德国 ZDF 电视频道记者拉尔夫·皮尔科维克的报道，他称缪勒没有死，而是落入美国人手中，并成为冷战工具。皮尔科维克是个细致的人，正是他在别人未发现的细节当中了解到这一惊世新闻。

随着时间的流逝，美国国家档案馆解密了一批关于二战中的秘密情报档案。其中包括 135 页关于杀人魔王缪勒的秘密档案。少数感兴趣的美国历史学家在观看后大失所望，那上面并没有多少有价值的东西。这些被封闭了半个世纪的档案资料又被再次放回到档案馆的某个角落里。一次偶然的机遇，德国 ZDF 电视频道要制作一套关于二战人物的片子，记者皮尔科维克奉命前往美国国家档案馆翻查资料。他从档案馆里调出关于缪勒的档案一页页地读着，突然三张不起眼的记录卡引起了他的注意。这三张打印的记录卡非常小，如果不是一页一页地翻读根本不会有人发现。关键在于，打印卡片纸上竟然落有美国国家档案馆首席档案专家乔治·夏洛的大名。这表明了这三张卡片上内容的真实性和重要性。

在接下来的四个月中，皮尔科维克仔细研究了卡片上的内容，结果发现：缪勒竟然是落入了美国人手中！他说："缪勒甚至加盟美国情报部门，成为美国用于对付苏联的一张王牌！我手上的三张卡片便是铁证。"随着三张卡片的曝光，缪勒的踪迹终于浮出了水面。

卡片的第一张，标明时间为 1945 年 12 月 26 日，内容为德国巴伐利亚阿尔滕斯塔特平民拘禁营里，一位美国谍报人员偶然发现了盖世太保头目缪勒，在报告上级之后，很快派重兵秘密将其押往德国西北部伊尔默瑙由美军控制的集中营里。此次押解有一道绝密令，即鉴于缪勒特殊的身份，手里掌握有大量对美国有益的情报，所以有关他被捕的消息要绝对保密。卡片第二张标注时间为 1945 年 12 月 28 日，内容为缪勒被列为国际战犯名单上名列第 7 的通缉犯，美国情报司令部奉命追捕他。卡片上详细描述了缪勒被逮捕时的外形特征，包括身高、头发、眼睛、整个神情等。卡片第三张的标注时间为 1946 年 2 月 1 日，内容为美情报人员对缪勒进行的秘密审讯结果，已通过绝密渠道转交给陆军司令部和中央情报局。在记录最后特别写着："本案于 1946 年 1 月 29 日告结。"虽说三张卡片记录上并没有详细说明关于缪勒的下落和处置情况，但有一点是皮尔科维克可以断定的：即在战争结束时，缪勒没有死，也没有逃亡，而是落入了美国人手里。

1999 年 4 月 8 日，英美媒体公布了德国 ZDF 电视频道关于皮尔科维克的报道，迅速在国际社会掀起了一场轩然大波，人们纷纷呼吁美国公开历史真相。国际犹太人组织更加震惊，强烈要求美国政府、国会立即对这一事件进行彻底的调查。位于美国洛杉矶的西蒙—文森塞尔中心是专门负责在世界范围内追捕纳粹战犯的总部。早在 1996 年，该机构就已经开始着手对缪勒的下落进行调查，当时他们要求美国中情局、司法部和当时的国防部长科恩按《信息自由法案》提供缪勒的有关档案，可是这个要求被各方置之不理。直到两年后，他们才收到 15 页没有任何价值的内容档案；他们还被告知，出于保护国家安全的考虑，绝大部分关于缪勒的档案仍属保密之列，所以仍不能交给中心。此次媒体曝光之后，西蒙—文森塞尔中心主任哈尔在记者发布会上表示：关于有证据证明美国人拘禁了缪勒的说法确实"非同小可"。如果属实，那么美国政府应该公开缪勒下落的真相。前战犯调查官、各方战犯组织秘书长洛德贾纳尔认为：美国情报局可能将其纳入自己的旗下当特务，并且缪勒当年是以他所知道的苏联人的秘密才得以苟活。即使是这样，人们至今仍不清楚第 7 号纳粹战犯缪勒的下落。在二战结束后，并不是缪勒一人逃出，很多盖世太保的重要人物并没有受到法律的制裁。他们中的一些人在战后逃往他乡，隐姓埋名，过着逍遥自在的日子。

（二十九）他究竟是傀儡还是元凶——日本天皇为何未被审判

二战结束后，德国纳粹元首希特勒畏罪自杀，作为日本最高统治者的裕仁天皇却没有被列入战犯之列，也没有被处决，成为二战后人们关注的最蹊跷的事件之一。

1. 免死金牌

原子弹宣告了日本法西斯的末日。1945 年 8 月 15 日，日本裕仁天皇宣读了《终战诏书》，向日本民众和全世界宣布日本无条件投降。作为发动第二次世界大战的三大轴心国之一，日本在东南亚尤其是在中国犯下了滔天罪行。现在该是他们接受全世界人民审判的时候了。为了对日本战犯进行罪孽清算，盟军在战后的东京设立了远东国际军事法庭；包括东条英机在内的重要战犯纷纷被送上军事法庭接受审判，在众多战犯被处决的同时，作为发动战争的日本最高统治者裕仁天皇却没有对战争罪行负责。就连军事法庭审判长澳大利亚法官威廉·维著也认为："如果不审理天皇，战犯一个也不能处以死刑。为了维护法律的公正，他应在国内或国外受到拘禁。"

1945 年 9 月 27 日，一个历史性的会面决定了天皇的命运。这天上午 9 点，裕仁天皇身穿燕尾服，头戴礼帽，正式与盟军驻日占领军总司令——美国麦克阿瑟五星上将会见。这是一次具有特殊意义的会见，裕仁天皇承认"对于日本政府的每一个政治决定和军事行动……我是唯一的责任者"。此次会面，裕仁天皇给麦克阿瑟留下了极好的印象，这位上将在若干年后的回忆中说："在当时，我感到我面对着日本第一个当之无愧有素养的人。"随后，在麦克阿瑟的指示下，裕仁天皇表示了否定日本统治世界的"大东亚"态度，愿意肃清国内的黩武精神。

在结合了美国国家利益以及将来国际形势的通盘考虑后，麦克阿瑟向总统杜鲁门汇报："不能把日本裕仁天皇作为战犯逮捕"；他还提出挑起战争的是日本国内执掌军队的军国主义官员们，是他们打着日本天皇的旗号进行了这场非正义的战争，考虑到天皇长久以来对日本民众的特殊影响力，保留天皇有利于帮助盟国占领控制日本。正是在麦克阿瑟的建议下，考虑到国与国之间政治上的需要，远东国际军事法庭审判员以投票表决的形式做出了裁决：凡涉及日本天皇的各类起诉，均不予受理。日本裕仁天皇由此获得了美国基于国家利益及全球战略考虑的一块"免死金牌"。

2. 另有秘闻

1946 年 4 月 3 日，远东委员会决定对日本天皇不予以起诉。6 月 18 日，远东审判首席检察官基南在华盛顿宣布对日本天皇不以战犯论处。与华盛顿相呼应的远东审判日本辩护团一致通过决议："不追究天皇及皇室。"消息传出，举世哗然。日本投降后，部分日本民众、受害国、国际仲裁机构都认为，作为战争期间的国家元首裕仁是发动战争的元凶，理应作为头号战犯接受审判与惩罚；并再三提出应废除日本天皇制，改变日本现存的政治体制。然而历史在这时却跟人们开了一个玩笑。就在东条英机等7名日本甲级战犯被执行绞刑时，战争中的日本最高领袖裕仁天皇却安然无恙，这是历史的错误，还是天意安排？不可否认的是美国麦克阿瑟将军与裕仁天皇战争罪行的赦免有着莫大关联。欧洲著名记者斯特灵和西格拉弗夫妻合著的描写五代日本皇室内幕的传记作品《大和王朝》中指出，在华盛顿宣布日本破产之际，美国却在1945年至1948年间在菲律宾的许多山洞里掘出价值数十亿美元的金银财宝，其中一部分很有可能落入了麦克阿瑟的腰包，由此麦克阿瑟受贿包庇了裕仁天皇。这一说法使这段历史的真相显得扑朔迷离。

（三十）行刑前的离奇自杀——是谁给了戈林毒药

二战结束后，盟军在纽伦堡对德国战犯进行了最后的审判，戈林是被审判的德国官员中级别最高的将领。尽管他竭力为自己辩护，但是仍被宣判了死刑。然而就在临刑前的夜晚，他却服氰化钾自杀了。人们至今仍无法弄清那些令他逃脱法律制裁的毒物是从哪里来的。

1. 戈林的末日

赫尔曼·威廉·戈林，德国纳粹的二号人物。他长年跟随希特勒，曾策划并参与啤酒馆暴动和国会纵火案，为希特勒的掌权立下了汗马功劳，深得其信任和赏识。二战爆发之前，戈林执掌德国的经济大权和军队建设，积极扩充军备，为希特勒发动战争准备物质条件。1939年，戈林成为德国历史上首位空军元帅。1941年6月29日，希特勒颁布法令，指定戈林为其继任者，并授予专为其创制的纳粹德国最高军衔——帝国元帅。这使得戈林的地位在德国超出所有军种元帅，权极一时。他建立集中营，签署"最后解决犹太人"的文件，犯下一系列滔天罪行。然而用历史的眼光看来，戈林更适合当一个建设部长或后勤部长。随着二战进程的推进，这位纳粹元老在一系列战事中暴露了其军事能力的欠缺，不列颠空战便是典型的例子。一些平时对戈林不满的将军元帅开始在希特勒面前打他的小报告，戈林逐渐失宠。1945年，纳粹德国走向末路，戈林以接班人自居。希特勒大怒之余，将其以"叛国罪"逮捕，投进了监狱。二战结束，德国战败，戈林最终和众多德国战犯一起被送上了纽伦堡国际军事法庭的审判大厅。

戈林在关押期间，由于其身份特殊，为了避免其服毒逃避法律制裁，监狱方面对他采取了严密的看守。入狱时，狱守先彻底搜查他的全身，除必需衣物和卫生用品以外，其余的几乎都被没收。戈林的囚室四周安装着铁栅栏，窗户也用铁丝网围着，另外还设了一处用于监视的高望台。房间的每个角落都有士兵把守，囚室内除了床和椅子，再没有别的。后来戈林被转到纽伦堡监狱第五囚室，并受到更严格的管制。除了一套供换洗的衣服外，其他衣物都被收走。床是固定在地上的，桌椅只是在白天才给他搬进囚室，晚上又搬走。屋里所有电器和金属物都被拆走，连窗玻璃也换成透明的有机玻璃。囚室内的灯整夜亮着，以便看守透过门上的监视镜来观察他的一举一动。每次战犯出庭时，监狱都会对囚室进行仔细检查，防止囚犯私藏物品用来自杀。即便是这样严格的管制，还是让戈林钻了空子。

2. 服毒自尽

随着审判的深入进行，纳粹战犯一一被量刑定罪。法庭上，戈林竭力为自己辩护，否认自己是反犹太者，否认屠杀犹太人，宣称自己无法控制纳粹党的作为等。一名懂德语的谍报人员和心理学家古斯塔夫·吉尔伯特负责审判人员与纽伦堡战犯的沟通。在监狱中的最后一段日子，吉尔伯特与戈林作了近距离的沟通和观察。他的回忆录《纽伦堡审判》中写到了 1946 年 4 月 18 日夜间所观察到的戈林的表现。当时审判活动因为复活节而休庭三天。

"戈林在自己的囚室里显得焦躁不安，他不断擦汗，表现得非常警惕和消沉，他对正在进行的审判非常不满。他曾说过自己对于纳粹所做的一切无法控制，也否认自己是个反犹太主义者，更否认自己参与了这些暴行，然而一些犹太人提出要揭穿他的谎言……"据艾尔伯特·斯皮尔报告说，在匈牙利的犹太人幸存者做完证言之后，他听到戈林说："天哪，怎么还有犹太人？我以为我们已经清除掉他们了。看来有些人又溜走了。"

最后，在人证物证面前，法庭认定戈林罪大恶极，判处绞刑。戈林似乎也预感到自己的末日已经不远了，他拒绝了同家属的最后见面，并委托兄弟艾尔伯特·戈林照顾他的妻子和女儿。在对纳粹执行绞刑那天，烦躁的戈林反而平静下来，他在囚室里看了会儿书，还记了笔记。晚饭后，医生为他做了体检。对戈林的绞刑定在 1946 年 10 月 15 日午夜 12 时整。晚上，他同前来告别的神甫聊天，之后便睡下了。晚上 9 时 20 分，中尉军官乌特尔开始出来巡视牢房，经过戈林的囚室时，看到他仰面躺卧着，看上去就像是睡着了一样。乌特尔忽然觉得很奇怪，因为几乎所有死刑犯在行刑之前都是睡不着的。晚上 10 时半左右，看守戈林的守卫约翰逊突然发现戈林将双手举起放在胸口上，随后头向墙内一歪。觉得不对劲他急忙向囚室内冲去，发现戈林已经自杀了！

戈林在绞刑执行前两小时自杀的消息很快传开，立即引起了震动。这是戈林对法庭判决的藐视，他因自杀而逃避了全世界人民对他的审判。显然这位大名鼎鼎的纳粹战犯不愿意在公开场合被绞死，罪有应得的他没有得到应该属于他的死亡方式。经法医鉴定，戈林是在服下了剧毒化学物氰化钾自杀的。谁能想到在一个连蚊子都不能自由进出的囚室里，戈林居然能从容地服毒自杀。于是问题产生了，他的毒药是从哪儿来的？为了查明这个问题，调查人员彻底检查了戈林在囚室中的私人物品，最后在他的奶油罐中发现了毒药瓶。这说明在整个关押期间，戈林一直携藏有毒药。可是这个奶油罐并没有在戈林身边，它早已被警察没收，放在监狱的储藏室中。那么在如此严密的监视下，戈林是如何把毒药顺利取出来的？到底是谁帮了他？一时间众说纷纭，至今仍无定论。

一种说法是戈林一直将氰化钾藏在其私人行李中。他的妻子埃米·戈林在戈林死后多年向外界透露说："此事一定是一位美国朋友所为。"她在 1946 年 7 月最后一次探视戈林时曾问过他有没有胶囊，戈林立即回答说没有。这位所谓的美国朋友便是至今为止嫌疑最大的人——惠利斯中尉。当时惠利斯中尉掌管行李间的钥匙，戈林在监狱期间曾送过小礼物给他，两人关系一直不错。在斯韦林根的《赫尔曼·戈林自杀之谜》一书中，他的结论是戈林曾提出条件让一位监狱工作人员（可能是惠利斯）为他从行李间取出物品或行李。最后一次拿的时候，戈林取出了隐藏的胶囊。或者还有一种可能，即他本人可能未经登记获准进入行李间；同样，最大的可能还是经惠利斯批准，并让他在那里自行其是。然而这一切都只是一种猜测，没有任何证据证明是惠利斯帮助了戈林，在戈林死亡的那天，至少有 11 名监狱工作人员与他有密切接触。更何况惠利斯早已去世，死无对证了。

另一种说法是，一位名叫海尔波特·李·斯蒂弗斯的美军退役士兵在 2005 年宣称，他当时在美军第 1 步兵师第 26 连队服役，负责纽伦堡国际军事法庭的守卫工作。一天，他与一位德国女性坠入情网，在她的要求下将一支自来水笔交给了戈林，而毒药就藏在笔中。这位士兵当时并不知道那支自来水笔里藏有毒药，直到戈林自杀成功后，才恍然大悟。由于害怕被起诉，他将这件事隐瞒了 60 年之久，并为此一直深受良心折磨。

近年来，关于戈林毒药来源的最新说法是，毒药是藏在戈林陶土制的烟斗里的，在要被处决的那天戈林将烟斗剖开；也有人说他将毒药藏在肚脐里；也有人说戈林吞服了缓慢释放毒素的毒药……林林总总，不一而足。戈林自杀后的尸体与其他被绞死的纳粹战犯放在一起，拍完照后被火化，火化后的骨灰被美军倒进了一条小溪里，戈林自此灰飞烟灭。人们至今仍无法查明戈林是从何处获得毒药的。

十一、纳粹暴行

（一）犹太人的苦难

每当犹太人聚集在犹太会堂，纪念一年一度的逾越节时，他们总说："在每个时代，人们总是群起攻击我们，企图摧垮我们。"事实也是，在犹太人 3000 多年的漫长历史中，他们始终受到迫害，大部分时间是在流亡和漂泊中度过的。

经过一再迁徙，犹太民族已成为散布全球的民族。1939 年第二次世界大战爆发以前，全球约有 1600 万犹太人，其中欧洲约 900 万（苏联和波兰各 300 多万），美国约 500 万。据初步统计，20 世纪 80 年代末，全世界的犹太人为 1298 万。

1. 历史的凄风苦雨

4000 多年前，在地中海东南海岸与阿拉伯半岛之间的无边荒漠中，横亘着一块葱翠肥沃的"新月"形土地——巴勒斯坦。闪族的一支迦南人首先在这里建立了城邦国家。公元前 21 世纪，闪族另一支的"始祖"亚伯拉罕，"遵照最高神灵耶和华的神启"，渡过伯拉河，也来到新月之地。迦南人称他们为"希伯来人"，意思是"渡河而来的人"。后来，为躲避自然灾害，希伯来人迁到埃及尼罗河三角洲东部。

公元前 13 世纪末，希伯来人在摩西的带领下返回迦南。前 11 世纪~前 962 年，大卫王建立了统一的希伯来王国，定都耶布斯城（今耶路撒冷）。接着，所罗门王把王国带入了一个"黄金时代"。所罗门王逝世后，前 926 年，希伯来王国分裂为南北两个部分，北部称"以色列"，南部称"犹太"。前 722 年和前 586 年，两国先后被亚述人和巴比伦人所灭，以色列人被掳至亚述，犹太人则被掳至巴比伦。后者 70 年后回到故土，建立犹大省，因此他们此后就被称为犹太人。

在此后长达 2000 多年的流亡生活中，犹太人又被波斯人灭过一次，被希腊人灭过一次，被罗马帝国灭过一次。公元 1 世纪，罗马帝国攻占了巴勒斯坦，犹太人举行过多次大规模的起义，但都遭到血腥镇压。截至公元 135 年起义失败，在 1 个多世纪里，罗马统治者屠杀了上百万犹太人，最后又把剩下的犹太人赶出巴勒斯坦。

公元 12 世纪，犹太人向东迁入亚洲西部的帕提亚帝国，11~12 世纪向西迁入北非和摩尔人统治的西班牙。13 世纪向欧洲扩散，持续了四五百年。到了中世纪，欧洲人把犹太人口的增长看作是在欧洲社会蔓延的灾难，犹太教及其宗教活动在基督教社会中产生了广泛的恐惧感。罗马教皇英诺森二世曾组建十字军进攻犹太人，并且声称："杀一个犹太人，就能拯救自己的灵魂。"

15世纪初，德国开始驱逐和迫害犹太人，此后很多欧洲国家起而效尤。犹太人大批迁到东方的奥斯曼帝国，一些人则逃到东欧。犹太人在波兰受到前所未有的欢迎，被允许从事各种职业。波兰吞并乌克兰后，犹太人作为波兰的代理人迁到乌克兰。

1648年，乌克兰爆发起义，300多个犹太城镇毁于战火，10万犹太人被屠杀，这在犹太历史上被称为"1646和1649的神意"。18世纪，西欧的非犹太人把犹太人限制在犹太人居住区。

历史的磨砺铸就了犹太人的特质：坚忍顽强、勤奋好学。19世纪中叶，随着资本主义的发展，犹太人在欧洲工商业中成为一支重要的力量。他们善于理财，擅长投资，开办了许多大工厂、大公司、大庄园。多数犹太人居住在城市里，比较富有，为德国的崛起发挥了显著作用。正是在这种时代背景下，德国犹太人中产生了诗人海涅、作家伯尔尼、生物学家欧利希、化学家哈伯、科学社会主义的创始人马克思。

2. 纳粹的大肆杀戮

19世纪后期，德国出现了大量的反犹出版物，涌现出一些反犹政治党派。1913年春，24岁的希特勒离开维也纳，多年的流浪生活在他的心头酿成无比的仇恨，特别是对"犹太人的马克思主义"的刻骨仇恨。纳粹党党报、党刊充斥着反犹言论，宣传犹太人是罪犯、叛徒，是马克思主义者。纳粹的反犹书刊常有一幅描绘一个色眼迷迷的犹太人在阴暗角落里伺机强奸日耳曼金发女郎的漫画。

施特赖歇尔从1922年起就是希特勒最忠诚的随从，他创办了一份黄色周刊《冲锋队员》，专门刊载犹太人的"性罪行"，其文字之淫秽，连很多纳粹党徒都不屑一顾。他的书刊还称"犹太人是人形魔鬼"。1938年9月，施特赖歇尔在一篇社论中把犹太人比作瘟疫和"为了人类利益必须铲除的寄生虫"。

第二次世界大战期间，纳粹德国对犹太人实行了灭绝政策，酿成了现代文明史上的一大悲剧。

1941年7月31日，纳粹党二号人物戈林授权党卫队中将海德里希"为在欧洲的德国势力范围内全面解决犹太人问题做好一切必要的准备"，即从肉体上消灭犹太人。为此，从9月19日开始，德国警方强行使用"犹太教六芒星形标志"。

1942年1月20日，"万湖会议"召开。会上，帝国保安总局局长海德里希宣布通过把犹太人"送往"东方和"其他办法"，在全欧洲"最后解决犹太人问题"。

是年 7 月下旬，被集中在华沙犹太人居住区的大约 35 万犹太人，开始被有计划地押解往特雷布林卡灭绝营。

在战后进行的纽伦堡审判期间，法庭曾听取当年奥斯威辛集中营长官赫斯的证词。据他估计，这个集中营仅在他任职期间（1940 年 5 月 1 日至 1943 年 12 月 1 日）就害死了 250 万人，另有 50 万人死于疾病或饥饿。他供认："在奥斯威辛集中营有两名党卫队医生检查刚押运来的囚犯。犯人必须列队在其中一名医生身边走过，在他们走过他面前时，他就以手势当场做出决定。适于劳动的人被送进集中营，其余的立即被送进灭绝营。儿童因年幼不能劳动，一律都被消灭。还有一个方面，我们比特雷布林卡做得稍好的一点是，在特雷布林卡的被害者几乎都知道，他们将被消灭，而我们在奥斯威辛尽量欺骗他们，使被害者相信，他们是去消灭身上的虱子的。当然，他们也时常会看出我们的真实意图，所以我们有时也碰到一些骚扰与麻烦。妇女往往把孩子藏在衣服下面，但是我们一经发现马上就把孩子送去处死。"

他还说："杀死在死亡室里的人，需要 3 分钟至 15 分钟，根据气候情况而定。我们知道里面的人什么时候死了，因为他们停止了叫唤。在一般情况下，我们等半小时再打开门，并把尸体拖出去。尸体搬走之后，我们的特别行动队便从死人身上取下戒指，并挖出镶在牙上的金子。"

纽伦堡《判决书》也说："毒打、断粮、拷打和屠杀都是司空见惯的事情。1942 年 8 月，达豪集中营的犯人被用于残酷的试验。受害者被浸泡在冷水里，直到他们的体温降到 28℃ 立即死亡为止。其他的试验包括：在高压室里作高压实验、测定人在冰水中能活多久的试验、毒气弹的试验、传染病的试验以及用 x 射线或其他方法使男人和妇女丧失生殖能力的试验。"

"尸体焚烧之后，骨灰被用作肥料，在某些情况下，曾试图把尸体的脂肪利用为制作肥皂的工业原料。为了搜索犹太人，以把他们'最后解决'，还派出特别部队遍布欧洲各地。德国全权代表被派往诸如匈牙利、保加利亚等仆从国家，负责把犹太人运往灭绝营里。众所周知，到 1944 年底，在奥斯威辛集中营杀害了 40 万名匈牙利犹太人。还有证据证明，从罗马尼亚的一部分地区迁走了 11 万名犹太人，目的就是把他们'干掉'。受希特勒委托执行这项计划的阿道夫·艾希曼估计，实行这项政策的结果共有 600 万犹太人被杀害，其中 400 万人是在灭绝营里被消灭的。"

到底有多少犹太人死在纳粹的屠刀下？这一数字多年来一直处于争论之中。有人推测 400 万，有人说是 600 多万，世界犹太人大概的估计是 500 万左右，而当年在纽伦堡起诉书上的数字是 570 万。在纽伦堡审判中，两个党卫队的目击者供述，仅秘密警察犹太处处长艾希曼就杀死了五六百万犹太人。多年来，在西方学者的著述中，大多认为是400万~600万。我国学者较多地采用了600万之说。

（二）希特勒为何要屠杀犹太人？

希特勒是个极端的种族主义者和反犹主义者。他在《我的奋斗》中写道："雅利安人的最大对立面就是犹太人。"他把犹太人看作是世界的敌人，一切邪恶事物的根源，人类生活秩序的破坏者。究其原因，除历史沉淀的偏见之外，至少还可以从以下几个方面加以探究。

1. 宗教的情结

基督教是世界上流传最广、信教人数最多的宗教。在欧洲，特别是在西欧，人们普遍信仰基督耶稣。虽说基督教的经典《圣经》之一的《旧约全书》，原是犹太教的经典，两教之间有着密切的历史渊源，但是，基督教教义认为，是耶稣的12门徒之一的犹大为了30块银币而出卖了上帝之子，是犹太人将耶稣钉死在十字架上，这就造成了基督徒在情感上对犹太人的仇视。因此，信奉基督教的欧洲人在宗教感情上很难接纳犹太人。这种宗教感情的社会化，又逐渐衍化成一种大众化的厌恶犹太人的社会心理。同样，这种社会心理也成为一种文化沉淀，世代"遗传"，并随着岁月的推移，逐渐与社会经济政治相结合，使之成为一种随时可以被利用的社会政治的潜在力量。当这种潜在的东西被政治野心家利用时，就会像火山一样喷发，成为一种疯狂的社会驱动力。

在当时的德国和奥地利民族内部，民族主义思潮盛行，原有的宗教情绪在现实利益冲突的激化下，使人们本来已有的反犹情绪更加激烈。在这种社会氛围的熏陶下，希特勒的"仇犹反犹"观点逐步形成，并迅速成为这股社会情绪的主导。德国和奥地利民族"仇犹反犹"的社会情绪极大地刺激了希特勒的政治野心，使其民族主义思想恶性膨胀，为其日后仇犹反犹灭犹政策和措施制造社会价值取向，培植政治力量。

2. 现实的需要

20世纪20年代末30年代初的世界经济危机，严重打击了德国经济，使德国的工业生产倒退到19世纪末的水平。经济危机不仅激化了国内的阶级矛盾，而且还刺激了垄断资产阶级对外扩张的野心。"德意志民族必须从掠夺的土地和生产空间中寻找出路"，希特勒的这一争霸世界的主张，得到了德国垄断资产阶级的拥护和支持。然而，要建立一个德意志民族的日耳曼帝国，需要巨额资金提供财力保证。在国力衰落的情况下，把手伸向富有的犹太人，成为他们的不二选择。

另外，居住在欧洲各地的犹太人，较之其他民族不仅富有，而且素质也高。面对这样一个民族，希特勒及其党徒既感到仇恨，又觉得胆怯。在他们的心目中，犹太人这个特殊的社会群体，是他们实现"第三帝国"美梦的严重威胁。这无疑加剧了希特勒对犹太人的仇恨和政治嫉恨。加上当时德国社会政治生活完全处在一种极端的疯狂中，使希特勒的"仇犹反犹"观点不仅有了适当的社会环境，而且还得以迅速蔓延开来。

　　3. 狂暴的病态心理

　　希特勒是奥地利海关一个小官吏的私生子，从小缺少良好教育，青少年时代整天流浪在维也纳和慕尼黑街头，这铸就了他既自私又狂妄的性格。正如他小时候的一位班主任老师所说："希特勒缺乏自制力，至少被大家认为性格执拗、刚愎自用和脾气暴躁。"加上他患有痉挛性神经质，发起癫狂来甚至会趴在地上啃地毯。从有关史料中可以看出，狂暴是希特勒性格的典型特征。例如，1942 年的一天，纳粹德国武装部队外科医师扎尔·伯罗赫奉命去晋见希特勒，希特勒的爱犬就猛扑这位医师，吓得医师魂不附体。医师被迫与它细声细语地说话，它很快就平静地趴下来，把前肢搭在医师的膝盖上，两眼温顺地看着医生，并与医师逗笑。希特勒见此情景，暴跳如雷："它是完全忠于我的唯一生物，可你把它骗去了，我要杀死它。"希特勒的声音越来越高，简直到了嘶叫的地步，怒吼着威胁要监禁医生。类似这样的事情时有发生。狂暴加嫉恨，又造就了他的狠毒和残忍，希特勒是一个有严重病态心理的政治狂人。

　　如果孤立地看，上述任何一个原因都很难构成对犹太人的灭绝性仇杀。只有当这些原因融合为一体时，才能产生使犹太民族在劫难逃的社会效应，而希特勒则是把这些原因巧妙地结合在一起的罪魁祸首。

（三）生死攸关的签证

　　1910 年 5 月 12 日，德军逼近比利时首都布鲁塞尔，盖世太保要缉拿的要犯犹太教主教钱姆·布鲁格带着妻子和 5 个孩子匆匆登上末班火车逃到法国。布鲁格一家先在法国西南部的波尔多城犹太教主教堂住下。一天，一个十分偶然的机会，克鲁格在街上遇见当时葡萄牙驻法国总领事阿·门德斯。交谈中，克鲁格向门德斯讲述了这里的犹太难民将遭受德国法西斯迫害的事实，恳求门德斯出面帮助。门德斯随即拍电请示里斯本是否向难民发放签证。未等里斯本回电，门德斯就给克鲁格一家办了签证，并让克鲁格告诉其他难民，只要需要，任何人都可以获得签证。

　　阿里斯蒂德斯·苏泽·门德斯 1885 年出生在葡萄牙卡拉尼亚斯·维利阿图的

一个富有的天主教家庭。1910 年从法律学校毕业，几年后开始从事外交工作。他生活优裕，婚姻美满，膝下共有 14 个儿女，节假日就回到离里斯本 350 公里的卡拉尼亚斯·维利阿图老家，在那里有他自己的一座法式 45 厅房的大别墅。二次大战爆发后，葡萄牙宣布中立，门德斯把幼小的孩子放在国内，自己和妻子安杰利娜带着老大乔斯·安东尼奥与老二佩德罗留在波尔多。

德国威斯巴登的一家印刷厂厂主亨利·斯佩特，在 1933 年纳粹没收他的工厂后携带妻子和两个幼子逃到布鲁塞尔，现在也来到波尔多。他已获得去 3 个国家的签证，正苦于拿不到西班牙的过境签证。当时西班牙规定，持葡萄牙签证者过境时免签，因此，当他听说门德斯总领事很有同情心时，就赶到葡萄牙总领事馆。

正当门德斯以最快的速度办理签证时，里斯本的回电到了：任何情况下都不允许向犹太人发放签证。于是，门德斯不得不考虑如何处理来自里斯本的命令。他知道，葡萄牙独裁者安东尼奥·萨拉查不想得罪希特勒，要挽救难民只有违抗命令。门德斯将他的决定告诉家人，他说："我宁肯违抗人的命令而顺从上帝的意志。"于是乔斯与佩德罗一起帮助父亲审理签证申请，他们每天从早晨 8 点工作到次日凌晨两三点。签证申请表用完了，就用普通稿纸代替。普通稿纸用完了，就用任何其他纸张做签证，盖上领事馆的印章后，签上阿里斯蒂德斯·苏泽·门德斯这一决定生死的名字。在短短的几周内，门德斯一家签署了约 3 万份签证，其中 1/3 的签证发给了犹太人。

6 月 20 日，德军的轰炸机群出现在波尔多上空，22 日法德签署了停战协议。纳粹就要来了，等待办签证的难民陷入极度恐惧之中。

当时，门德斯的侄子西泽来到波尔多。据西泽回忆，为办签证，许多人星夜兼程赶到波尔多。葡萄牙领事馆的楼梯上、办公室里到处都挤满了疲惫不堪的难民，有的睡在椅子上，有的睡在地板上，他们甚至连饭也顾不得吃，生怕错过办签证的时间。一位教授带着 4 袋黄金来找门德斯，要用两袋黄金换签证，门德斯给他办了签证却分文未取。

罢免门德斯的命令到了，同时，外交部还特派两位官员乘坐高级轿车前来"护送"门德斯一家返葡。当他们的汽车驶过法国的巴约讷城时，门德斯看见驻该城的葡萄牙领事馆外面聚集了一群难民。他下车走到执行里斯本命令的副领事面前，愤怒地说："我没有被罢免，我还是你的上司。"于是，门德斯用副领事的印章给大批犹太难民发放了签证。

门德斯到达法国边境小镇昂代时，看见一群难民绝望地站在一家商店门口，他强行要司机停车前去问个究竟。交谈中，门德斯得知这些人已听说西班牙将要关闭西法边界，正愁没法获得过境签证。门德斯示意让这些人跟他到附近一家酒吧，要了些纸，为他们一一手写签证——这种没有政府印章的签证，在外交史上或许是独一无二的——门德斯写道："以葡萄牙政府名义，请西班牙政府对持本签证者予以通行的便利。"葡萄牙总领事阿利斯蒂德斯·苏泽·门德斯毫不退却地说："我还是总领事。"门德斯让这些难民跟在自己车后，然后命令司机沿小路慢慢行驶。不出门德斯所料，这条路通向的西班牙边境哨所只有一个哨兵，又没有电话。于是，门德斯以葡萄牙总领事的身份，向哨兵担保他送来的这些人均持有入葡的有效签证，哨兵只好放行。

门德斯回到里斯本后，葡萄牙外交部以违抗命令为由将他除名，并取消了他所有的养老补贴和退休金。

在获救人的心目中，门德斯是个了不起的人物，而在政府部门，人们都说他是个疯子，甚至连老朋友也疏远他。他向议会写信申辩："我所做的一切是遵守宪法，并且体现了葡萄牙人民的仁慈。"结果毫无回音。为了养家糊口，门德斯不得不变卖家产，最后连他的别墅也忍痛变卖了。

1954年的一天，贫困潦倒的门德斯离开了人间。在萨拉查统治的年代，葡萄牙新闻界受到严格控制，所有报道大战期间救助难民的文章无一提到门德斯的名字。

1966年，以色列当局在祭奠大屠杀中牺牲的英烈时，首先正式承认并赞扬了门德斯高尚的英雄行为，并特制了门德斯纪念章。

1974年，葡萄牙发生政变后，门德斯的女儿乔娜曾写信给政府，请求为门德斯恢复名誉。两年后，外交部有人建议免去门德斯"违抗命令"的罪名，并赞扬他的人道主义精神，但在众多高级官员的反对之下，此事不了了之。

1986年，移民到美国加州的门德斯的儿子约翰·亚伯朗茨写了一份致葡萄牙政府的请愿书，请求为其父平反，在请愿书上签名的多达4800人。

1987年6月，门德斯7位家人来到耶路撒冷的正义园纪念门德斯时，受到以色列总统哈伊姆·赫尔佐克的接见。

同年，葡萄牙新任总统苏亚雷斯访美时，在葡驻美大使馆接见了门德斯一家。他说："我们总是委屈最优秀的儿子，现在我们要给一位过去和现在都为祖国争得荣誉的人追授葡萄牙自由勋章。"

1988年3月，葡萄牙议会投票通过决议，恢复门德斯生前的外交部职位，并向其家人发放抚恤金。表决结束后，全体代表起立向门德斯默哀致敬。

（四）辛德勒与国际义人

奥斯卡·辛德勒（Oskar Schindler，1908~1974），德国商人。他在第二次世界大战时期，在纳粹大肆屠杀欧洲犹太人时，以生产军需品为名，通过聘用大批犹太人而拯救了这些杀戮目标。

辛德勒生于波希米亚（奥匈帝国即今捷克）的一个富裕商人家庭，其家在 20 世纪 30 年代的大萧条中受到冲击。德军入侵波兰后，辛德勒为了赚钱，来到这片新的土地开展业务。他以低廉的价格收购了克拉科夫的一家工厂，开始生产搪瓷器皿。他录用了大约 1300 名犹太人为其工作。他初期聘用犹太人，只是为了金钱，但他后来思想感情发生了变化，进而主动保护犹太人。

奥斯卡·辛德勒

1942 年，纳粹拉网式地在克拉科夫搜捕犹太区内的犹太人，将他们赶进克拉科夫的普拉佐集中营，波兰犹太人只得四处逃避、藏匿。这使辛德勒大为震惊，迫使他重新思考人生的意义。他与当地的指挥官阿蒙·歌德合作，把 900 多名犹太人转送到邻近的工厂。他曾两次因试图谋反而被捕，但两次都躲过了牢狱之灾——他往往通过贿赂政府官员而逃过检查。为了避免德军在败退前屠杀犹太人，辛德勒于 1944 年 10 月设法将 1200 名犹太工人迁移到位于捷克布瑞恩利兹的工场。一旦有他工厂的犹太人被误送到奥斯威辛集中营，他就会设法使他们回到自己身边。1945 年 5 月，布瑞恩利兹获得解放。

战后，辛德勒移居阿根廷。在一连串投资失利后，他于 1958 年宣布破产，返回德国。1974 年 10 月 9 日，他在德国希尔德斯海姆逝世，享年 66 岁。

以色列大屠杀纪念馆为表彰辛德勒在第二次世界大战中竭力拯救犹太人，褒奖他为"国际义人"。

辛德勒临终前的几年住在一位医生朋友的家里。他同这位医生是在以色列结识的。新发现的文件显示，20 世纪 60 年代末，以色列犹太人发起了一场要求德国人对纳粹暴行进行赔偿的运动，德国政府多次向以色列派出专家小组了解情况。正是在这个时候，辛德勒于 1970 年在以色列迷人的海滩遇到了他生命中"最后的爱人"——这位医生的妻子。穷困潦倒的辛德勒住到医生家里，他们为他提供了一个小房间。男主人悉心照顾患有心脏病的辛德勒，辛德勒与女主人保持着情人关系。

辛德勒唯一的遗物是一只破旧的黑箱子，这只箱子一直留在医生家里，从来没有被打开过。这家的男女主人去世后，他们的儿子在清理遗物时发现了这只尘封的皮箱。箱子已经发黑，但上面的字迹依然清晰可辨：奥斯卡·辛德勒。

皮箱里塞满了辛德勒写于 20 世纪 40~60 年代发自慕尼黑、布宜诺斯艾利斯、法兰克福、纽约、耶路撒冷、特拉维夫等地的几百封信件，成堆的剪报、照片、保险单据、抵押证明以及辛德勒工厂的位置草图等，其中最珍贵的就是那份所谓"辛德勒的名单"——被他拯救的犹太人的名单。

1993 年，美国导演史蒂文·斯皮尔伯格把澳大利亚作家托马斯·肯尼利的《辛德勒方舟》改编成了影片《辛德勒名单》，真实再现了当年的恐怖景象，充分体现了伟大的人性的光辉。该片轰动全球，并赢得了 7 座奥斯卡金像奖。从此，"辛德勒"这个名字便成了冒险拯救犹太人的象征。

"辛德勒"不止一人：弗兰克·福利被称为"英国的辛德勒"，拉乌尔·瓦伦贝格被称为"瑞典的辛德勒"，艾琳娜·森德勒和瓦里安·费赖伊被称为"美国的辛德勒"，而何凤山则被称为"中国的辛德勒"。

2000 年，何凤山被以色列政府追授"国际正义人士"称号，名字刻入犹太人大屠杀纪念馆的"国际义人园"里。2001 年 1 月 23 日，以色列政府在耶路撒冷举行隆重的"国际正义人士——何凤山先生纪念碑"揭碑仪式，石碑上刻着"永远不能忘记的中国人"。2005 年，何凤山被联合国正式誉为"中国的辛德勒"。

何凤山，字久经，1901 年 9 月 10 日生于湖南。由于家境贫寒，父亲早亡，何凤山一家靠母亲给挪威一家教会打杂、洗衣的收入维持生计，何凤山本人被母亲送入挪威教会开办的信义小学读书。1921 年，聪颖好学的何凤山考入美国雅礼会在长沙创办的雅礼大学。1929 年，何凤山考取德国慕尼黑大学公费留学生，后获经济学博士学位。1933 年回国，代表湖南参加在美国芝加哥举办的百年纪念博览会。利用在美国约一年的机会，他抽空在芝加哥大学攻读国际公法和英美文学，为以后走入外交殿堂奠定了基础。

1934 年，中国与土耳其建立外交关系，贺耀祖作为首任公使奉命前往筹设使馆。正在湖南省政府为省长何键当秘书的何凤山，被同乡贺耀祖选作使馆人员，担任二等秘书。1937 年初，何凤山以一等秘书衔二等秘书身份，被调往奥地利维也纳使馆任职。正是这一外交使命，把何凤山与犹太人的命运连在了一起。

到任后的何凤山，迅速打开了局面，成为中国驻奥地利公使馆不懂德文的临时代办童德乾倚重的对象。卢沟桥事变后，他不仅撰文在奥地利报刊上介绍事实真相，而且还在中国侨民大会上发表演讲，鼓励侨民做政府的后盾。针对奥地利民众关心中日问题的情形，他精心准备，在奥地利著名社团"民主宪政会"演讲，揭露日本侵华的种种事实，引起轰动。随后，邀请他的人络绎不绝，他甚至到捷克的首都和南部地区进行演讲，演讲内容被书商冠名以《迎头痛击》出版，在社会上广为流传。他还组织了"中奥文化协会"，借以推进两国关系发展。

1938年3月，德国吞并奥地利。不久，希特勒命令各国驻奥使馆一律撤销，改为总领事馆。5月，南京国民政府宣布撤销公使馆，成立领事馆，委任原使馆代办何凤山为总领事。由此，奥国命运的变化，将何凤山推到了与犹太人命运相关的风口浪尖。

德国吞并奥地利后，纳粹分子迅速煽动反犹狂潮，犹太人店铺被捣毁，店主被送入集中营。面对灭顶之灾，犹太人纷纷决计出走，希望能躲避纳粹魔爪。但是，当时的世界能接纳犹太人的地方并不多，尤其是犹太人想去的美国，签证条件十分苛刻。于是，很多犹太人就想到了有世界自由港之称的中国上海，并想从那里转赴他处。这样，中国总领事馆就成了犹太人获取"生死签证"的重要窗口。

然而，何凤山却面临困境。一方面，外交部训令对于犹太人签证不予限制；另一方面，中国驻德国大使陈介却出于对当时中德关系的考虑，要求禁止发放签证。但何凤山依然不加限制地向犹太人发放签证，使许多犹太人获得了生的希望。在1938年4月至1939年间，何凤山最多时一个月就给500人发放了签证，据保守估计总人数当在4000以上。

何凤山的行为引起德国不满，驻德大使陈介更是大为光火，以调查副领事周其库"出卖签证，贪赃枉法"为名，派人到维也纳总领事馆调查。最后查无实据，不了了之。但何凤山已失去了大使对他的信任，随即被外交部调离维也纳。不过，他的善意举动，为世界和中华民族留下了一笔不朽的精神财富。

（五）纳粹集中营

1933年3月21日，德国党卫队首领希姆莱在达豪建立了第一所实验性的集中营，这为后来在其他地方建立集中营树立了样板。这些集中营包括：1936年9月在奥拉宁堡附近建立的萨克森豪森集中营，1937年7月建立的布痕瓦尔德集中营，1938年5月建立并因战时用吉卜赛儿童进行活体解剖实验而臭名昭著的弗洛森堡集中营，以及1933年在奥地利建立的茅特豪森集中营。拉文斯布吕集中营于1934年开始使用，1938年以后改为妇女集中营。这些集中营公开的名称是"国家举办的劳动自新营"，这清楚地说明其目的是改造在押犯人。营门上写着："劳动就是解放"。希姆莱认为，集中营的作用是制造恐怖气氛，使纳粹的秩序得到遵守。1933—1944年，有上百万德国人被关进集中营，那些被视为"危害分子"的人注定要被清除，而首批被害者则是患有精神分裂症的病人。

在战争过程中，老的集中营用来收容从被占领国放逐到德国的囚犯，新的集中营不断兴建，其中最著名的有波希米亚的特莱西恩施塔特（特雷津）集中营，波兰的马伊达内克、奥斯威辛和施图特霍夫集中营，阿尔萨斯的纳茨魏勒—施特鲁特霍夫集中营，波罗的海诸国的考纳斯和里加集中营，以及德国本土上的诺因加默、格罗斯罗森、贝尔根—贝尔森和多拉集中营。到1942年，经过增加附属机构，整个集中营系统已拥有上千个拘留所或灭绝营。

1940年6月14日在波兰克拉科夫和卡托维兹之间建立的奥斯威辛集中营，于1942年1月变为一座用来加速"最后解决办法"的灭绝营。凡被认为不能工作的犹太人（婴儿、老人、怀孕的妇女、残废人和病人）就被送到奥斯威辛，并立即送进毒气室。其余的人（约占新来的人的20%～40%）被送往劳动营做工。在那里，当他们被工作和饥饿折磨得精疲力竭时，也被送进毒气室。

1941年夏天，希特勒在战争的掩护下，决定消灭犹太人，因此在屠杀了400万人的奥斯威辛集中营和声称杀害过100万人的马伊达内克集中营两处增设了灭绝设施。此外还兴建了4个专门消灭犹太人的集中营：切尔诺集中营，有31万以上的犹太人在这里被杀害；贝乌泽茨集中营，每天能屠杀1.5万人；索比鲍尔集中营，每天杀害2万人；特莱布林卡集中营，每天杀害2.5万人。

1942年3月在奥斯威辛附近的布热津卡（比克瑙）开设了第二座集中营。这是一座巨大的营地，打算容纳20万名囚徒，装备了4座焚尸炉，每座焚尸炉都有自己的毒气室。第三座集中营是一所由法尔本管理的合成橡胶厂的劳动营，位于莫诺威辛，是1942年10月开设的。有关这些集中营的全部文件都被党卫队销毁了，因此没有办法确切地了解到底在奥斯威辛死了多少人，有人估计数量有400万人。

受害者的衣服、钱财和其他贵重物品被抢劫一空后，首先被送进理发室，因为头发在制造潜艇员穿的特种鞋子方面特别有用。然后诡称给囚犯消毒，把他们送进毒气室。再后从死尸中拔取金牙，检查肛门和阴道内有没有藏匿珍宝。最后将尸体当作制造肥皂、肥料和其他产品的原料，装进焚尸炉。

从1936年初开始，由党卫队派往集中营的警卫人员自称为"骷髅队"。集中营内部的纪律由集中营主任和典狱长负责。这些"军官"为了显示权威，携带一种用皮带包裹的铅头棍棒。集中营的工作人员也常常被关进牢房，他们也许面临这样的选择：或者同德国人沆瀣一气，或者自取灭亡。愿意出力报效的人，作为交换条件，将得到较好的食物和宽厚的待遇，这些人往往比他们的主子更加残忍。

一小撮党卫队员采取"分而治之"的办法，就能威胁一大群绝望的囚犯。犯人胸前戴着不同颜色的三角形标记，用来识别犯人的编号、囚禁原因和所属国籍的开头字母。紫色代表由于道德或宗教原因而拒绝服兵役者，绿色代表普通罪犯，浅红色代表同性恋者，黑色代表反社会组织者，红色代表政治犯，犹太人则佩戴两个互相重叠的三角形，其中有一个三角形是倒置的，构成犹太教的六芒星形。

当苏军和盟军从东、西两面进逼，集中营猝然奉命转移时，囚徒们面临着最坏的噩运。他们中间不能行动的被仓促消灭，其余的人在 1944~1945 年隆冬的严寒中徒步或乘敞篷车长途跋涉。在向"死亡进军"中，沿途到处都是子弹从后颈射入的尸体，盟军曾发现一堆堆的裸体尸首。那些党卫队来不及杀害的人也已经是极度衰竭。1945 年 4 月 13 日，在英军解放的贝尔根——贝尔森集中营里，空地上弃置了 1 万具尸体，其余 38500 人仍然活着，但已经濒临死亡，只有 1/3 的人能被救活。

据美国大屠杀纪念馆截至 2013 年的研究材料，战争期间，纳粹集中营和隔离区多达 4.25 万个，在集中营里死亡的人数很难统计，估计约为 770 万到 1100 万人。

在严酷和惨烈程度上有别于集中营的纳粹强制劳动营，是由希特勒亲自倡导的。他在 1939 年 3 月 23 日宣称："非日耳曼领土上的居民将不被征召服军役，但将参加劳动。"1940~1945 年，德国从欧洲各国动员了近 1000 万人到第三帝国的工业和建筑部门强制劳动。

东方的"劣等人"构成纳粹征集的劳工的多数，1938 年是捷克人，1939 年是波兰人，1940 年是罗马尼亚人，1941 年是南斯拉夫人和苏联人。他们的处境只比集中营送进工厂做奴隶的人稍好一点，工资极低，营养极差，遭受严重的歧视和虐待。他们多数是建筑工，在被称为"大西洋壁垒"的托特筑垒系统中干活。托特死后，德国军备部长阿·施佩尔成了欧洲劳工的总监。

随着德国战争机器需要的增长，施佩尔转向西欧国家寻求工程技术人员，以代替被动员入伍的德国人。1941~1942 年，德国在法国、比利时和荷兰的劳动机关还招募过"志愿人员"，有几千工人签署了劳动合同。1942 年 6 月，希特勒指派弗·绍克尔征召追加劳工，皮·赖伐尔就利用"宽赦囚徒"方案来满足绍克尔的要求。1943 年 2 月 16 日，强制劳动营征集了 1939 年到 1944 年毕业的 60 万法国人和 22 万比利时人。这些人中的许多人在获准休假后拒绝返回，有些人逃往英国，还有一些人参加了抵抗运动。

（六）人间地狱——在波兰的德国法西斯集中营

波兰是第二次世界大战中牺牲最惨重的国家之一。在那里，到处可以看到纪念在战争中牺牲的烈士和被害人的铜像石碑，令人怆然恻然，但是，更使人触目惊心的，是德国法西斯集中营的遗迹，这是真正的人间地狱。

地狱原来只存在于人们的想象之中。在四川大足，在新加坡的万金油公园，我看到过人们用石雕、泥塑表现的地狱情景，但是这些比诸法西斯集中营，只能说是

"小巫见大巫"。用集中营的方式那样大规模地虐待、屠杀欧洲各国的爱国者、平民和战俘，把地狱变成现实，却是德国法西斯的创造。

在一个阴雨的早晨，我从华沙驱车170公里到卢布林去参观马伊达奈克集中营遗址。第二次世界大战中，德国法西斯把波兰作为进攻苏联的跳板和基地，对波兰的统治格外严酷，波兰全境集中营密布，其中恶名最著名的当推奥斯威辛和马伊达奈克集中营，这也是德国法西斯在欧洲设置的两个规模最大的集中营。

马伊达奈克集中营建于1941年。最初计划囚禁2万至5万人，用以为卢布林地区的纳粹党卫队的工厂和建筑工程提供劳动力。后来计划扩大为拘留25万人，但这一计划只完成了20%。尽管如此，从1941~1944年，这所占地270公顷的集中营先后共拘禁过50万人，其中36万人惨遭德国法西斯的残杀。

集中营坐落在一片开阔空旷的原野上。长方形的营地又分为6个场区，每个场区内有22座木板棚屋，分为两列，用来监禁囚徒。营地边上另有一排14座棚屋作为工场和仓库。毒气室和焚尸房则设置在营地的角落上。

集中营由纳粹党卫队1200人守卫，周围架设着双重铁丝刺网，通以高压电流。18座岗楼上和6座岗亭内，装备着机枪和探照灯，士兵们日夜监视着整个营地。夜晚，还有党卫队带着警犬在周围巡逻。这一切设施，使囚徒几乎是插翅难逃。营地周围的铁刺网上赫然挂着德、波文的告示牌，上书："警告！集中营区，止步，严禁照相，可以不加警告随时开枪。"

来自欧洲各地，有50多个国籍的50多万名囚徒进过这个集中营。其中波兰人最多，主要是"政治犯"，其次是来自各国的犹太人和一部分苏军战俘，囚徒中也有中国人。德国法西斯把他们看作是敌人和"劣等民族"，必欲置之死地而后快。

波兰的德国法西斯集中营

囚徒大都是用货车经铁路运来，车厢内像沙丁鱼罐头一样塞满了人，车门紧锁，一路上即不给食物也不供水。一到卢布林火车站，纳粹党卫队便吆喝殴打，驱赶囚徒快步走向集中营。体力不支，跟不上队伍的，途中被枪杀。

到达营地后，囚徒先集中在标有"洗澡与消毒室"的棚屋外面。身体虚弱、不适于劳动的人首先被挑选出来，送进毒气室杀死。大部分还有劳动力可供榨取的人，被命令脱光衣服，交出所有个人物品，然后洗澡。据一个囚徒说，起初，法西斯分子只是用几只大桶，装上掺了消毒液的浑水，囚徒被迫一个接一个地跳进桶内，法西斯分子则不时把他们的头按到水下"消毒"，一桶水洗数百个人也不更换。以后修了浴室，实行"淋浴"，但是德国兵随心所欲掌握阀门，忽而射出热水，忽而猛放冷水，囚徒们往往身体还没有淋湿就匆匆忙忙被赶出浴室。

接着，光着身子的囚徒排队进行登记。发给他们一身蓝灰色条纹的囚衣、囚裤，冬天则多发一顶便帽、一件外衣和一双木底鞋。每个囚徒被编一号码，代替姓名；必须佩戴一个三角形标志，不同的颜色表示不同的拘禁原因，上面还有一个字码，表明国籍。

囚徒们被分配到各个场区的棚屋内居住。每座棚屋本来只能住 250 人，但有时却要挤入 500~800 人。起初，囚徒只能席地而卧，后来搭起了上下三层的统铺。铺的是草垫，盖的是薄毯。人人虱子满身。有一位囚徒说："虱子和跳蚤很快变得不可忍受了，特别是在晚间，根本不可能睡觉，全身又痒又痛，有些人抓身上的疮伤。"

膳食极坏。早餐是半公升咖啡代用品或草茶，午餐是一碗稀汤，晚餐是与早餐一样的饮料加 200 克面包。一星期两次增添 2 片马肉腊肠或一汤匙甜菜酱或人造奶油。每人每日摄入的热量不过 1000 卡，而重体力劳动者一般需要 3600~4800 卡。

但挨饿的囚徒必须承担沉重的劳动。法西斯把囚徒组成约 300 个劳动队，为集中营的修建和运行，或者为德国法西斯的军工厂和私人企业从事劳动。每天劳动 10—12 小时，星期天也不能休息。劳动时，他们经常遭受殴打、酷刑，甚至被枪杀。一位囚徒说："劳动队成员回营时常常拖着成堆的尸体回来。还没有死的，被人搀扶着，当他们在营门口被放下时，他们手脚并用，身体擦过冰冻的土地，爬着回棚屋去。有些人回棚屋后，想靠墙站立，但无法站直。"

非人的生活条件摧残了囚徒们的健康。他们个个骨瘦如柴，疾病缠身。伤寒、痢疾、痂疮等传染病流行。1943 年春、夏季，3/4 的囚徒得了斑疹伤寒。马伊达奈克集中营死亡率极高，在所有法西斯集中营中居首位。

法西斯有一整套刑罚手段迫害囚徒。通常是鞭打、双手反捆悬吊。还有在集中营周围的双层高压电网之间长时间罚站，结局往往是囚徒的死亡。企图逃亡的一旦被发现，立即当众吊死。每天的点名也成了折磨囚徒的手段。囚徒们从劳动场所回营之后，不论风沙雨雪，必须排队立正在营场中间的空地上，听候党卫队一一点名，时间长达两小时。有的囚徒经受不住，摔倒在地，就会同死者一起被送进焚尸炉。

设置集中营的根本目的在于屠杀、灭绝。用非人待遇慢性杀害囚徒还嫌不够，集体枪杀和毒气谋害囚徒就更加利索和直截了当。1943 年 11 月 3 日对犹太人的一次大枪杀便是一例。亲身经历这一事件的诺瓦克博士写道：这一天，"从清早起，成队的囚徒被提出去——证明是犹太人——在壕沟里被机关枪射杀。高高的杆子上的扩音器放送出狐步舞音乐，枪声与音乐交织在一起。……集中营被 3 层党卫队人员包围起来，每一座岗楼上有 3 挺机枪准备射击。……18000 多名犹太人就这样被杀害了。"

用毒气屠杀始于 1942 年秋。设有毒气室的棚屋外面挂的牌子却是"洗澡与消毒"。囚徒们被勒令脱光衣服时，还以为是要去洗澡。但是一进水泥构筑的小室，铁门就被扣上。从墙上管道和屋顶气孔喷出的竟然不是水而是毒气，惊恐的囚徒涌向铁门，但逃生无望，最多只能作几分钟的垂死挣扎了，这样的毒气室在此集中营就有 7 个。所使用的毒气是"一氧化碳"和"环酮 B"，前者杀人约需 40 分钟，后者原是烈性杀虫剂，用来杀人只需 10 分钟。据不完全的德国档案材料，1942~1944 年间，有 7711 公斤的"环酮 B"送到这个集中营。

与毒气室配套的是焚尸炉，这是法西斯向德国公司定做的。最大的一间焚尸房里设置了一长排连接起来的焚尸炉，每天可烧毁尸体 1000 具，但是还不够用，法西斯干脆用废弃的卡车底盘架起尸体在露天焚烧。

据估计，在马伊达奈克集中营牺牲的 36 万受难者中，约有 20 万人死于非人待遇，16 万人是被直接屠杀的，其中又有 25%是在毒气室中被毒死的。

法西斯既杀其人又谋其财。囚徒们的一切财物，包括服装、首饰、金钱，在进集中营时就已被剥夺。他们的头发被剃光，法西斯用以制造毛毡和保暖袜。他们被杀害之后，所有的眼镜和所镶的金牙、银牙也被夺去。在焚尸炉旁边的一个小房间里，设有一个长方形的水泥台，就是用于剥去尸体上的贵重饰物的。德国法西斯甚至还把没有完全焚毁的尸骨磨成粉，作肥料之用。

面对死神的狞笑，集中营里的许多囚徒并没有丧失勇气和斗争的意志。一批批的囚徒依靠机智和勇敢，千方百计逃出去了。集中营里有波兰工人党的地下组织和左翼组织《鹰会》在活动。囚徒们互相帮助，有的还组织学习和文娱活动。雕刻家 A·M 波涅茨基创作出有斗争意义的石雕来鼓舞伙伴们，如他雕刻了一只大乌龟，寓意"慢慢劳动"，这是囚徒们对抗法西斯的强迫劳动的一句口号。他雕刻的另一只石头蜥蜴，象征爱国者的地下斗争活动。这两件大石雕，形象生动，栩栩如生，现在陈列在展览棚里。囚徒们还在营地里建造了一座纪念牺牲者的《三鹰柱》，柱子不高，柱顶有 3 只石鹰振翅飞向高空，显示了囚徒们争取自由的不屈意志。

参观完至今还保存着的集中营的部分设施，空中落下了凄凄细雨，我们的心情如天色一样黯然沉重。刚刚看到的囚徒们所戴的千千万万顶便帽和被屠杀的儿童们留下的成堆的小鞋子，一直在我们眼前晃动着。第二次世界大战至今已 70 年，世界又经历了许多风雨，冷战——热战反反复复，人类几次被推到大战的边缘。所幸运的是，今天世界发生了深刻的变化，形格势禁，大战的威胁减退，理智渐占上风。但是天下并非从此太平，恐怖和暴力仍在地球的许多角落肆虐。马伊达奈克集中营的骨灰池的纪念建筑顶上镌刻了这样一句警语："我们的命运是对你们的警告。"是的，要避免历史悲剧的重演，人们还得做不懈的努力。

（七）令人发指的暴行

1. 奥斯威辛灭绝营

最大的也是最出名的灭绝营是奥斯威辛。这个灭绝营在快要完蛋的时候，曾创造一天毒死6000人的纪录。一度担任该营长官的鲁道夫·赫斯本来是一个曾犯谋杀罪的罪犯。

从近处看，毒气室及其附设的焚化场丝毫不是外表可怕的所在。上面是修整得很好的草地，草地四周还种上花；入口处的牌子上写有"浴室"字样，毫不生疑的犹太人以为只是把他们带到浴室来消灭虱子，而且他们在进去时还有美妙的音乐伴奏！

伴随着这些令人回忆起幸福和快乐年华的音乐，男女老幼被带进"浴室"。有时还领到毛巾。他们一走进"淋浴间"，这才开始看出有些不对头了，因为多至两千人像沙丁鱼似的被塞进了这个单间，根本无法洗澡。这时重实的大门马上推上了，加了锁，还密封起来。死亡室的顶上砌有蘑菇形通气孔，它们被修整得很好的草地和花坛掩盖得几乎一点也看不出来。勤务兵们站在这些气孔旁边，准备好一接到命令，就把紫蓝色的氢氰化物或称"齐克隆B"的结晶药品投下去。

刽子手们通过门上装着厚玻璃的窥视孔可以看到里边的情况。下面那些赤身露体的囚犯们有的仰头望着滴水不出的莲蓬头，有的望着地上在纳闷，为什么看不到下水道。毒气发作效果需要过一些时间，但是囚犯们不用多久就看出毒气是从上面的气孔放下来的。这时人人都吓慌了，一齐向离管子远的地方拥去，最后冲到巨大的铁门旁边。在大门附近，他们堆成了一个金字塔，人人身上发青，血迹斑斑，到处湿漉漉的。他们互相抓着、掐着爬过去，一直到死还不松手。

二三十分钟后，这一大堆裸露的肉体都不动弹了，抽气机把毒气抽掉，大门打开，"特别队"的人员进来接手工作了。这些人都是被囚禁的犹太男子，营部答应他们免于一死，并给以足够食物，作为他们做这种人间最可怕工作的报酬。

仅仅在奥斯威辛一个集中营里，到底屠杀了多少不幸的、无辜的人？赫斯本人在他的供状中估计，有"250万人是在毒气室和焚尸炉中被消灭的，至少还有50万人死于饥饿和疾病，总数约为 300 万人"。后来，在华沙法庭审判他本人时，他将这个数字减少为 113.5 万人。1945 年 1 月红军占领了这个集中营以后，苏联政府进行过一番调查，获得的数字是 400 万。

2. 医学试验

在寿命不长的"新秩序"时期，德国人的某些行为与其说是产生于大规模屠杀欲，不如说是出于纯粹的虐待狂。纳粹的医学试验便是一个例子。

"试验"的方法各种各样。囚犯们被置于压力试验室，受"高度"试验，直至停止呼吸。他们被注射致命的斑疹伤寒和黄疸病毒。他们被浸在冰水中作"冷冻"试验，或者被脱光衣服放在户外雪地里直至冻死。他们还被用来进行毒药弹和糜烂性毒气的试验。在专门囚禁妇女的腊文斯勃鲁克集中营，被称为"兔子姑娘"的成百名波兰女犯受到毒气坏疽病的创伤，其余的女犯则被进行"接骨"试验。在达豪和布痕瓦尔德，吉卜赛人被挑选来试验靠喝盐水究竟能活多长时间，是怎样活的。在几个集中营，以各种不同的方法大规模地对男女犯人进行了绝育试验，因为正如一个党卫队医生阿道夫·波科尔尼有一次在给希姆莱的信中所说："目前囚禁在德国的 300 万布尔什维克可以使之绝育，这样，就可以使他们做工，而又不至于繁殖，仅仅这个想法就展示了远大的前景。"

另一个胸怀"远大前景"的德国医生是斯特拉斯堡大学解剖学研究所所长奥古斯特·希尔特教授。他的专业是搜集布尔什维克的头盖骨，希尔特教授不要已经死掉的"犹太族布尔什维克政治委员"的头盖骨。他建议在这些人还活着的时候，先把他们的头量一量。

"新秩序"的主子们不仅搜集骨骼，而且还搜集人皮。有人发现它们可以用来制造极其精美的灯罩，其中有几只是专门为布痕瓦尔德集中营长官的老婆依尔斯·科赫夫人制造的。文身的人皮似乎最受欢迎。一个德国囚犯在纽伦堡谈到这个问题：

"……所有文身的囚犯奉命须向医疗所报告……对囚犯们检查以前，其中刺得最好、最具有艺术价值的，就用注射毒药的办法杀死。然后将尸体送往病理学部门，把一片片符合要求的文身人皮从尸体上剥下来，并作进一步的处理。成品送给科赫的老婆，做灯罩和其他家具上的装饰品。"

1941 年春，腊彻尔博士参加德国空军在慕尼黑举办的一个特种医学训练班时，突然异想天开。他说他吃惊地发现，关于飞行高度对飞行员影响的研究工作已陷于停顿，因为"一直找不到人来进行试验"。

于是拨来了一些囚犯，腊彻尔博士开始工作了。

他把慕尼黑的空军减压室搬到达豪集中营附近，那里有活人随时备用，被当作试验的豚鼠。先把空气从这个装置里抽掉，使其中的氧气和气压近似在高空中的状态，然后，腊彻尔博士就进行观察。下面是一个典型的观察情况：

"第三个试验是试验人体在相当于 29400 英尺高空时的失氧反应，受试验的是一个 37 岁的健康的犹太人。呼吸继续了 30 分钟。4 分钟以后，受试者开始出汗和扭动头颈。"

"5 分钟以后，出现了痉挛增大状态；从第 6 分钟到第 10 分钟，呼吸急促，受试者失去知觉。从第 11 分钟到第 30 分钟，呼吸减慢，每分钟只吸气 3 次，到这段时间终了时，呼吸完全停止……停止呼吸后大约半个钟头，开始解剖尸体。"

在腊彻尔博士办公室内工作过的一个奥地利囚犯安东·巴霍莱格也描述了这些试验，不过不是那么有科学味道而已：

"我曾亲自从减压室的观察窗中，看到里面的囚犯站在真空中，直到他的两肺破裂……他们会发狂，扯掉自己的头发，想努力减轻压力。他们在疯狂中用手指和指甲抓破自己的头和脸，伤害自己。他们用手和头撞墙，高声号叫，努力减轻耳膜上的压力。这些情况总以试验者死去告终。"

腊彻尔博士的"冷冻试验"有两种：第一种是观察一个人最大限度能忍受多冷的气温，超过这个限度才会冻死；第二种是，找寻经受了极端寒冷而尚未冻死的人重新回暖的最好办法。

集中营的囚犯瓦尔特·奈夫曾在腊彻尔博士手下担任护士，他用外行话给"医生案件"提供了一份描述水冻试验的材料：

"这是一次最残忍的试验。两个俄国军官从战俘营中被押解出来。腊彻尔把他们的衣服剥光，赤身浸入水桶。一个钟头又一个钟头地过去了，这一次，这两个人待了整整两个钟头还能应声答话，而一般情况下，最多只待上 60 分钟就会失去知觉。他们恳求腊彻尔给他们注射安眠剂，但怎么恳求也不答应。在快满第 3 个钟头时，一个俄国人向另一个说道：'同志，请你跟那个军官说，开枪把我们打死吧！'另一个人回答道，他不指望这个法西斯豺狼会发善心。然后，两个就握手道别，彼此说了一句'再见，同志'……试验至少延续了 5 小时，那两个受试者才死去。"

（八）希特勒的谋杀罪行

希特勒杀人如麻，令人发指。他不仅有目的有组织地残杀民族对抗者，而且还乱立名目虐杀无辜，造成各民族的大悲剧。

1939 年 9 月 1 日，希特勒签署了在德国屠杀伤病员及病残者的指令。该指令签署后，约有 10 万人被称为"无用"的德国人，其中包括接受治疗的病人、被隔离的伤病员、残疾人、精神病院的犹太人，还有 3000 多生理发育不全在专门学校学习的儿童，都遭到屠杀。1941 年，屠杀行为被制止。原因是：一方面，乱杀无辜遭到越来越多公众的强烈抗议；另一方面，希特勒妄图建立由病人组成的杀人队（代号 T4），去屠杀犹太人。

1939 年 9 月始，屠杀的厄运又降临到吉卜赛人的头上。为根除"劣等种族"，希特勒下令：对吉卜赛人决不手软。自此，在东欧各国的吉卜赛人到处受到围捕。被捕的吉卜赛人源源不断地被送往希特勒所设置的灭绝营地。残杀吉卜赛人从未得到披露，屠杀行动是在暗中进行的。大规模的屠杀是在 1941 年和 1943 年。据统计，被屠杀的吉卜赛人达 50 万。仅在德国，从 1939 年到 1945 年，25 万吉卜赛人最终只剩下 5000 名幸存者。

1939 年 10 月，波兰被占后，希特勒第三次大开杀戒，屠杀的对象主要是知识分子和社会名流，包括牧师、教师、教授、新闻记者、企业家和政治人士。1940 年 7 月 2 日，纳粹头子海德里希在一份报告中提到，"元首发出了一项特别命令，消灭波兰人的指令传到了千万人中间"。据波兰官方声称，至战争结束，大约有 600 万波兰人的头颅在希特勒的屠刀下落地。

德军在占领苏联大片领土后，又挥动了血淋淋的屠刀。1944 年 5 月 1 日，根据德国军队高级指挥部的资料，在 500 万到 600 万苏联战俘中，47.3 万人被处决，近 300 万苏联士兵死在战俘营里。对苏联政治人士的残杀，主要由德国人组成的别动队执行。到 1942 年 4 月，在苏联占领区，北部的第一别动队杀死了 25 万人，中部的第二别动队杀死了 7 万人，南部的第三别动队杀死了 15 万人，最南线的第四别动队屠杀了 9 万人。

（九）波罗的海纳粹暴行

第二次世界大战期间，在波罗的海沿岸地区，共有 60 多万平民和苏联战俘被折磨致死，其中许多人被毁尸灭迹。

位于立陶宛的波纳里镇上有一个公墓，它曾埋葬过数万名第二次世界大战期间无辜被杀的老人、妇女和儿童，这些人之所以遇害，有的因为是犹太人，有的因为曾对德军做过一点微不足道的抵抗，有的只是因为生病。在从波罗的海地区沿岸撤退之际，德国法西斯为了销毁罪证，烧毁了这些尸体。波纳里的公墓因此而成了一个巨大的火葬场，"波纳里火葬场"由此得名。

在卢比扬卡（苏联克格勃所在地）的档案库里有一份独一无二的文件——波纳里火葬场的囚犯尤里·法尔伯的回忆材料。联邦安全局中央档案馆的工作人员、哲

学副博士弗拉基米尔·马卡罗夫说，虽然战争已经过去，但这份文件仍足以让任何一个正常人惊惧颤抖。

他介绍说："这份文件的作者尤里·法尔伯是莫斯科的一名电子工程师，1941年参军到了前线，在一场战斗中成了德军的俘虏，后来经历了波纳里火葬场的噩梦。虽然遭受了非人的待遇，但他不仅活了下来，而且成功地逃离了那个人间地狱。法尔伯先是参加了白俄罗斯游击队，后来又进入国家安全人民委员部少校警官沃洛基京的行动小组。在此期间，他写了一份书面材料，回忆德国法西斯1941~1944年间在波纳里的残暴罪行。1944年9月13日，苏联国家安全人民委员梅尔库洛夫下令将这份材料转交给负责调查德国法西斯占领军及其同谋罪行的国家紧急委员会主席什维尔尼克。"该委员会随即赴波纳里进行调查，后来将调查结果提交纽伦堡国际法庭。

调查结果中写道："波纳里的大规模枪杀场于1941年7月建立，一直使用到1944年7月……从1943年底开始焚烧尸体，一直延续到1944年6月。在这段时间里，共从总容积为21179立方米的9个坑内挖出并焚毁了至少10万具尸体。"

下面便是这份材料的内容。

……公路左侧的铁丝网旁设有岗哨，门口写着："禁止靠近。危险。地雷。"场地中央还有一道双层铁丝网，里面是一个直径24米、深4米的大坑，大坑四壁垂直陡峭，由巨大的石块砌成。坑内有一间大木房子，这便是我们的住所。我们都被上了脚镣。然后德军指挥官开始训话："你们将从事一项对国家具有重大意义的特殊工作……"

我们开始工作。来到一个直径100米的大沙坑，铲两锹沙土就会发现一具具腐败的尸体。沙坑旁边搭建了一个大灶，这是一个每边长约7米的方形台子。我们首先需要清理死人身上的沙子，然后将尸体抬放到灶上，一个紧挨一个。放满一层后，上面铺上杉树枝和一些干柴，再倒上汽油，然后再放下一层尸体。大约放上3500具尸体后，将其点燃焚烧。尸体一般要烧上三天三夜，最后只剩下灰烬和个别残余的碎骨。这些碎骨还要用锤子捣成粉末，然后再用铁筛子筛一遍，筛过的骨灰与大量的沙土掺在一起，最后将这些掺着骨灰的沙土倒回大沙坑。

"特殊工作"的意义至此完全清楚了——刽子手企图掩盖自己的罪证。德国军官对此毫不隐瞒："敌人的宣传机器到处宣称：波纳里有8万人被屠杀并掩埋。这是胡说八道。让他们过几个月来找吧，想怎么找就怎么找。他们一具尸体也找不到。"波纳里的这些大沙坑里到底掩埋了多少具尸体，这一点不得而知。德国人说有8万。其中5.5万是犹太人，俄罗斯人和立陶宛人约有将近1万，剩下的是波兰人。

有一个沙坑里埋着 250 具全裸女尸。当囚犯们被运到波纳里火车站时，所有男性囚犯都被赶下车厢。德国人要求剩下的女囚脱下衣服，只穿内衣。女囚们拒绝了。刽子手们当即冲上车厢，对妇女们一顿毒打。车厢门打开了，赤身露体的妇女在德国秘密警察的凌辱驱赶下走向埋尸坑（距离至少有 400 米）。在实施集体屠杀前，德国人又强行将女囚身上的内衣、胸罩脱掉……所有妇女都浑身是血。刽子手的棍棒上沾满鲜血、头发和皮肤，甚至还沾着人肉……

有一个沙坑里埋着数百名神职人员，他们身着长袍，手拿十字架；还有一个沙坑里埋着数百名苏军战俘，其中大部分是军官。在挖尸体的过程中，我们多次挖到怀抱婴儿的母亲……许多儿童的头骨常常是破裂的——刽子手们为了节省子弹，拎着孩子的双腿，将他们的头摔向大树……

即使是焚尸工作开始后，屠杀仍在继续。德军将一队队手无寸铁的囚犯双手反绑，赶到沙坑旁，用机枪扫射，幸存者再被用手枪射杀。仅 1944 年 3 月的最后一周就有 450 名犹太人、50 名茨冈人和 15 名波兰人被杀害。

我们这批尸体搬运工共有 80 人……尸体腐败的气味让人难以忍受，许多 1941 年掩埋的尸体已成糊状，简直无法搬运。有的尸体已粘在一起，无法分开。我们的担架上常常不是一具尸体，而是一堆尸体。我们当中有的人根据衣服和头发认出了自己的妻子、孩子和父母，有一个名叫多吉姆的工人亲手从坑里拖出了母亲、妻子和两个妹妹的尸体，并将这些尸体抬到焚尸灶上。

每当那名德军指挥官来视察，我们的工作尤其紧张。这名贵族军官居高临下，监视每一个人，挑选病人送"医院"。如果有谁生病或丧失劳动能力，便会被拖到不远处。不久，我们就会听到一声枪响，病人"痊愈"了。

在没膝的死人堆里干上两个月，你便不再惧怕死亡。昨天你还在与工友聊天，今天你却在焚烧他的尸体。当你看到军装笔挺、养尊处优的德国军官，仇恨的怒火便会在心中燃烧。一定要逃出去，向见到的每一个人，向全世界大声说出我们在波纳里所看到和经历的一切。

然而怎么逃呢？四面都是陡峭的石壁，上面还有电网、地雷和哨兵。往上走是没有出路的，那么就只好往下走了。沙坑的底部有一个 1.5 米见方的储物窖，里面通常会储存一些食品。我们便从窖底挖地道。地道总长 30 多米。由于土质疏松，用手挖就可以。但是地道顶部不断向下掉土，我们便用木板和支架加固。我们从搬运的尸体身上找到了刀剪锉锯等小工具。为了不被德军士兵发现，我们晚上一起唱歌，只有一人躲在床下锯木板和支架。

我们 80 人编为 10 组，每组都任命了组长。大家排出了先后次序，相互传授了爬行要领。只有两三个人自私自利，其他所有人都服从分配。大家不是为了自己活命，只求有人能逃出去，哪怕不是自己。

4月15日，地道又延伸了40厘米，距离地面只剩下10厘米了。第一批共20个人除去腿上的锁链，爬进地道。天黑之后，我们捅开剩余的10厘米土层，爬出洞口，向铁丝网匍匐前行。四周一片漆黑。忽然一声枪响，四面枪声大作，但我们依然有序前进。借着枪口冒出的火光，我看到从地道口到铁丝网爬满了人，估计不少于30人（这一数字后来得到德军的确认）。终于爬到了铁丝网跟前，我们满怀成功的喜悦。此时可以确信，我们当中肯定有人可以活着出去。4月22日，我们的小组经历千辛万苦，终于在日戈里内村找到了游击队……

对于波纳里的这段历史，犹太女作家玛丽·罗利尼凯特（德军集中营幸存者）曾有过这样的描述："波纳里的松树林中战前就挖了许多大坑，当时是用来储存汽油和石油的。战争爆发后，这些土坑就成了公共墓地。德军将囚犯带到这里，说是要来干活，实际上是要执行枪决。囚犯被带到土坑边上枪毙，死者、伤者一起推入坑中掩埋。邻近村庄的居民战后曾说，在波纳里，大地在颤抖，地面时常出现断臂残肢。宗教信徒说，这是因为大地不接受冤死鬼。战后的波纳里建造了纪念碑，而那片恐怖的墓地则荒草丛生……"

（十）一个弗里茨的日记

弗里德里希·施密特是德国第1坦克军团第626分队的战地秘密警察的秘书。这就是他的称号。这位秘书曾经写过日记。日记是从今年（1942）的2月22日开始，一直记到5月5日为止。他的这本日记是在玛留波尔附近的布琼诺夫卡村写成的。下面就是从这本日记里摘录出来的一些段落：

"2月25日。我没有预料到，今天会成为我生活中最紧张的一天。……女共产党员叶卡捷琳娜·斯科罗叶多娃，在俄国人进攻布琼诺夫卡的前几天，就已经知道了这件事情。她痛骂了那些和我们协力合作的俄国人。12点钟的时候，我们把她枪毙了。……沙姆森诺夫卡村的一个老头儿萨威里·彼特罗维奇·斯捷潘连科和他的妻子，也被枪毙了。……此外，还杀掉了戈拉维宁的爱人和一个4岁的小孩。午后4点钟左右，解来了4个18岁的女孩子，她们是溜着冰从耶叶斯克偷跑过来的。……皮鞭子把她们教训得更驯服了一些。这4个都是女学生，并且都很漂亮。……在挤满了人的监房里面真是可怕得很。

"2月26日。今天的事情是我从来没有体验过的。……漂亮的塔玛引起了我很大的兴趣。然而又解来了4个青年人和一个女孩子。无论怎样用嘴说服，无论怎样用皮鞭施以最残酷的拷打，都丝毫没有一点办法，这些家伙真是顽强得可怕！那女孩子没有流眼泪，她只是死死咬紧牙齿。……在无情的拷打之后，我的手酸得都不能动弹了。……我享受了两瓶白兰地酒。一瓶是冯·菲斯特伯爵参谋部的科赫中尉的，另一瓶是罗马尼亚人的。我又非常高兴了。外面吹着南风，开始融雪。战地宪兵队第一连的人，在布琼诺夫卡北边 3 公里的地方，抓到了 5 个 17 岁左右的青年人。他们都被解到我这儿来。……我就开始用皮鞭拷打，我把皮鞭的柄打得粉碎了。我们是两个人一齐打的。……可是他们丝毫都不承认什么……又解来了两个红军。……照样是拷打。……我右手的肌肉已经发痛了。外面在继续下雪。……

"3 月 1 日。又是一个战地的星期天。领到了 105 个马克和 50 个芬尼。……今天又在罗马尼亚人那里吃了一顿午饭。我吃得真好。……下午 4 点钟的时候，突然来人请我到冯·菲斯特将军那儿去喝咖啡。……

"3 月 2 日。今天很不舒服。突然拉痢疾了。我不得不躺在床上。……

"3 月 3 日。审问了要我调查的那个波诺马连科中尉。波诺马连科在 3 月 2 日这一天头部受了伤，就逃到罗莎·卢森堡集体农场里去，在当地化了装和躲藏起来。藏匿波诺马连科的一个人家，起初还撒谎。用不着说，我把他们痛打了一顿。……晚上，又解来了 5 个从耶叶斯克来的人。正像往常一样，都是些青年人。我还是利用我擅长的简便的方法，把他们拷打一番，要他们认罪。天气是更加暖和了。

"3 月 4 日。今天是晴朗的有太阳的天气。……下士伏伊格特把皮匠亚历山大·雅库宾科枪毙了。他的尸体被我们丢进了万人冢。我的身体整天痒得真难过。

"3 月 6 日。我捐出了 40 个马克作为'冬赈捐款'。……

"3 月 7 日。我们过得更好了。我领到了牛油、鸡蛋、鸡和牛奶，我们每天都吃着各式各样的冷盘。……下午 4 点钟的时候，又解来了 4 个年轻的游击队员。……

"3 月 8 日。下士施普里格瓦尔德和勒德曼夫人从玛留波尔回来了。他们带来了邮件和给格罗谢克关于枪决的指令。……今天我已枪毙了 6 个人。……有人告诉我，说从快活村又解来了一个 17 岁的女郎。

"3 月 9 日。太阳在微笑着。白雪在闪着光，甚至就是这样金黄色的太阳也不能使我高兴起来。今天是个劳苦的日子。我 3 点钟就醒了。我做了一个可怕的梦，这是因为我今天必须枪毙掉 30 个被我们捉来的青年人。今天早晨，玛利娅为我做了一个很好吃的蛋糕。……10 点钟的时候，又解来了两个女孩子和 6 个青年。……我只得无情地把他们打了一顿。……继而就举行集体枪毙：昨天是 6 个，今天又是 33 个迷途的羔羊。我饭吃不下去。假如他们将来捉住我，那就糟糕了。我自己不能再相信布琼诺夫卡还有安全。毫无疑问，大家一定都憎恨我的。而我又必须这样做。我的亲人们怎能知道，我是怎样度过了难挨的一天！深坑里差不多完全堆满了尸体。而这些布尔什维克的青年又死得多么英勇。这是什么缘故呢？是因为他们对于祖国的爱，还是因为渗入他们血肉中的共产主义所造成的呢？其中有些人，特别是女孩子们，几乎都没有流一滴眼泪。这也是一种勇敢。我们命令他们都脱光了衣服（衣服我们要拿了去卖）。……假如这里的人把我捉住，那我才真糟糕呢！

"3月11日。对于低级人种只能用鞭子来教训。在我的住宅旁边，我造了一间很好的厕所，我还在前面挂了一个大的牌子，禁止一般人使用这个厕所。……在我们卧室的对面，是乡长的办公室，到田里去做工的人们，每天早晨都要到他那里去。虽然我贴着布告，但他们还是使用我的厕所。为了这件事情，我把他们痛打了一顿！今后我还想为这件事情枪毙几个人。

"3月13日。由于工作特别繁忙，我已经好久不写家信了。说真话，我也不想写信给家里的人。……接着，我就下令拷打一个57岁的俄国人和他的女婿，因为他们对德国人有所不敬。后来我又到一位罗马尼亚的上校那儿去了。……

"3月14日。天又重新寒冷起来。今天又拉痢疾了，并且心脏部位很痛，我要他们去请医生。……他作了诊断，说是胃部消化不良和心神不宁。……今天我下令把一个17岁的女孩子柳德米拉·丘康诺娃枪毙掉了。我必须杀掉许多青年人，大概正因为这样，我的情绪有些神经质。

"3月17日。我早晨起来后的第一件工作是下令用马车将第五个俄国跳伞兵从医院里载来，并在万人家前面把他枪毙了。之后，我平静地过了一天。午饭后散步一会儿。土地又冻起来了。

"3月19日，我躺着。下令将我们的军医官请来。他检听了一下，说我的心脏是正常的，他认为我的病是心绪不宁。他给了我一些治疗便秘的丸药和治痔疮的油膏。……我们有一头很好的猪，我们准备做许多腊肠。

"3月21日。像这样可怕的日子，我们在布琼诺夫卡还没有经历过。晚上，出现了一架俄国的轰炸机，这架飞机投下了照明弹，接着就丢下了12颗炸弹。窗子的玻璃都震得发响。我躺在床上听见了飞机的响声和爆炸声，你们是不难想象出我在当时的心境的。……

"3月23日。今天我审问了一个女人，这个女人抢了我的女翻译勒德曼夫人的东西。我们拷打了她的光屁股，甚至勒德曼夫人看到这种情况时也流了泪。接着我在村里散步，看一看我们的屠夫，他正为我做腊肠。……后来又审问了两个青年人，他们想从冰上跑到罗斯托夫去。我们把他们当作奸细枪毙了。继而又解来了一个青年，他几天之前溜着冰从耶叶斯克来。……这时候，他们把用肝脏做的腊肠送来了。味道还不错。我想再拷打一个女青年团员。……

"3月27日。一夜平静地过去了。……我审问了两个在近郊乱跑的14岁的孩子。下令拷打一个女人，因为她没有登记。

"3月28日，访问了魏伊奈尔上校。下午6点钟的时候，下令枪毙了一个男人和一个女人，他们想从冰上逃跑。……

"4月1日。领到了相当于108个马克数目的卢布，这是一大包钱。瓦里娅又为我按摩和洗过澡。……

"4月10日。太阳很晒人。当早晨玛利娅推开窗子的时候，明亮的阳光照满了我的床。现在我的鼻肿了。玛利娅为我捉虱子。冰已经融解了。现在我们只怕飞机。我又拷打了好几个女孩子和青年人，因为他们逃避登记。其中有一个是村长的女儿。当天气暖和起来的时候，我心里老是不愉快，我那时就想起轰炸机。

"4月11日。大家都因为我的来临而高兴。他们把我当皇帝一样地接待。我们的晚饭吃得很好，还喝了伏特加酒。……

"4月12日。每天早晨我都喝热的牛奶和吃煎蛋卷。……工作少下去了。……我们现在只以当地为范围来工作。刑罚就是拷打，或者是枪决。我更常常用鞭子拷打他们的光屁股。

"4月16日。今天是个平静的日子。解决了村长和民警局长之间的争执后，接着拷打了3个男人和一个女人，他们是违反禁令跑到布琼诺夫卡来找工作的。……后来我又拷打了一个女人，她承认自己曾做过女救护员。……我从罗马尼亚人那里接受过好几次伏特加酒、纸烟和糖。我又变得非常高兴。格罗谢克终于办成了一件事，推荐我因服役有功，应获得二等宝剑十字章，因此我得到褒奖了。

"4月17日。女孩子们（玛利娅、安娜和薇娜）围着我的床唱歌和嬉戏。……晚上有人送了一个消息来，我立即带了一个翻译去，当地将事情解释清楚了，完全是些娘儿们的流言。我在自己的住宅里面，拷打了两个女孩子的光屁股。……

"4月18日。是个阴沉的落雨的日子。我叫了许多痛骂战地秘密警察的女孩子来，我把她们都痛打了一顿。"

战地秘密警察秘书弗里德里希·施密特的日记，我就摘录到这儿为止了。我费了很大的力气才把这些可怕的句子抄下来。好像在全世界的文学里面，还没有写过像这样可怕和卑鄙的恶人。他枪毙了许多青年人，但他又害怕飞机。这是个可怜的胆小鬼。他夜里睡不着，因为害怕轰炸机会飞来。这是一个真正的属于良种的德国人。他们因为他服务有功而奖给他一个宝剑十字章，这并不是白费的，他不是勇敢地拷打过许多俄国的女孩子吗？他甚至还英勇地杀死了一个14岁的小孩子。这是一个不洁的懦夫，他害怕一件事，"假如突然被他们捉住了呢？"因为恐惧的缘故，他生了疥疮和患了痢疾。这是一个炫学的德国人，他记录下他一共吃了多少鸡蛋，枪毙了多少女孩子，并且怎样治痢疾。这是一个肮脏的畜生，他为了高级人种呕吐了一厕所。这是一个狂荡者和虐待狂者，他欢天喜地地承认，"拷打了许多女孩子"。他没有任何一种人的感情。他不爱他自己的亲人，他甚至找不出一个温暖的字样来讲起该诅咒的德国。这是一个刽子手的腊肠师傅，他只提起腊肠。他很贪财，他计算他自己为了刽子手的工作所领到的钱，他计算着马克和芬尼、卢布和戈比。有一次，某一件事启发了这个疯狂的畜生，他看见俄国的青年人和俄国的女孩子们英勇地忍受拷打，他怀着恐惧的心情问道："这是什么缘故呢？"这是一个被人类优越的光辉弄得晕眩了的畜生！

这位战地秘密警察的秘书的日记，是一个特别重要的文件。是的，我们从前也读过关于枪毙人的可怕的指令。是的，我们从前在德国兵士的日记中，也找到过一些关于杀人和拷打人的记事，但那些都是些枯燥无味的记载。现在这个德国人自己把全部的事情描绘出来了。现在这个德国人告诉了全世界，他自己究竟是什么样子。

我请求各国的新闻记者，把这位秘密警察秘书的日记发表在所有爱自由的国家的报纸上。让英国人和美国人知道这位弗里德里希·施密特的工作。让中立国的人民也知道这件事。这位德国的征伐者，这位戴宝剑十字章的骑士，这位冯·菲斯特伯爵的最亲近的助手应该要扬名全球。

我请求我们这个美丽的、真诚而纯洁的国家的读者和公民，仔细地读一读这个德国人的日记。让他们对于无耻的侵略者的憎恨变得更强烈吧。这些句子会使得任何一个苏联人不能安眠的。他看见在他自己的前面，站着一个生了疥疮的刽子手，这个刽子手为了拷打一个俄国女孩子的柔软的身体，把鞭子的柄都打断了；他看见在他自己的前面，站着一个德国人，这是个腊肠师傅，是个出卖被枪毙了的人们的衣服的小商人；他还看见一个杀死 4 岁的小孩子的刽子手。男工们、女工们！制造出更多的炮弹、地雷、子弹和炸弹吧，制造出更多的飞机、坦克和大炮吧！成千和上万像弗里德里希·施密特这样的德国人，正在我们的土地上疾驰，折磨和杀死我们的亲人。

我请求我们英勇的红军指挥官和战士们，读完弗里德里希·施密特的日记。战士朋友们，记住，在你们前面的正是弗里德里希·施密特。用不着多讲一句话——只拿起武器来就行，要把他们杀得一个不留！读完了关于在布琼诺夫卡死难的弟兄们和姊妹们的记事之后，我们要宣誓：不让敌人中有一个人能活着跑掉！一个都跑不掉，一个都跑不掉！